교회사에 기록된
오늘의 역사 보기 365

교회사에 기록된 오늘의 역사 보기 365
ON THIS DAY
1998년 도서출판 은성
초판 발행: 1998년 10월
지은이: 로버트 J. 몰간
옮긴이: 엄성옥
ⓒ 은성출판사 1998
발행처: 도서출판 은성
등록: 1974년 12월 9일 제9-66호
주소: 서울시 동작구 상도5동 126-60
전화: (02) 962-9072
팩스: (02) 957-6476

주문처: 서울시 동대문구 청량1동 235-6
전화: (02) 962-9072
팩스: (02) 957-6476

출판 및 판매에 관한 모든 권한은 본 출판사가 소유하고 있습니다. 출판사의 사전 서면 허락없이 상업적인 목적으로 번역, 재제작, 인용, 촬영, 녹음 등을 할 수 없음을 알려드립니다.
Printed in Korea
ISBN: 89-7236-200-X 33230

Originally published in English under the title: *On This Day* by Robert J. Morganin 1997. This Korean version is published under the translation contract with Thomas Nelson Publisher in United State.

On This Day

by
Robert J. Morgan

translated by
Sung-Ok Eum

교회사에 기록된

오늘의 역사 보기 365

로버트 몰간 지음
엄성옥 옮김

서문

　1996년 10월 22일, 런던 「타임즈」의 1면에는 "국가의 유산을 도둑질하는 국민"이라는 제목의 글이 실렸다. 그 기사의 내용은 카불에 있는 아프가니스탄 국립박물관이 황폐화되고 있다는 것이었다. 한 때 이 박물관에는 세상에서 가장 위대한 유물들, 즉 페르시아, 인도, 중국, 중앙아시아 등 여러 문화의 유물이 소장되어 있었다. 그러나 아프가니스탄 회교 반군들은 전시실을 폭파하고 진열장을 깨뜨리고 유물들을 약탈한 후 쉽게 환금하기 위해 세계 여러 곳에 내다 팔았다. 로켓탄이 박물관 지붕에 떨어져서 고대의 청동 유물들이 몇 톤이나 되는 잔해 속에 파묻혔다. 선사시대의 도기들은 싸구려 도자기처럼 취급되어 가방에 던져 넣어졌다. 20세기에 발굴된 가장 위대한 고고학적 발굴물 중의 하나인 배그램 유물들도 사라졌다. 세상에서 가장 오래된 주화 중의 일부인 거의 4만개의 주화들이 없어졌다. 과거에는 아프간 역사의 보고(寶庫)였던 박물관은 군사 기지화했다. 그리고 무질서한 현재의 상황 때문에 소중한 과거가 파괴되었다. 한 국가가 그 역사를 상실한 것이다. 역사가 없으면 문화적 유산도 있을 수 없다. 그리고 과거로부터 물려받은 유산이 없다면, 미래에 넘겨줄 유산도 있을 수 없다.
　예수 그리스도의 교회에도 동일한 일이 일어날 수 있다. 현대 기독교는 최신의 추이들, 현재의 도전들, 현대적인 방법 등에 관심을 갖고 있다. 나 역시 그렇다. 그러나 그 무엇도 나로 하여금 교회사를 구성하는 구름같이 허다한 증인들을 방문하듯이 오늘날을 직시하게 만들지는 못한다. 알렉산더 솔제니친은 "우리가 우리 자신의 역사를 알지 못한다면, 우리는 동일한 실수와 희생과 어리석은 행동들을 되풀이할 수밖에 없을 것이다"라고 말했다.
　필립 샤프는 "만일 우리에게 교회사에 대한 철저한 지식이 없다면,

교회를 든든하게 하려는 우리의 수고가 어떻게 효과를 거둘 수 있겠는가?"라고 했다. 역사는 하나님의 말씀 다음으로 풍성한 지혜의 기초이며 모든 성공적이고 실질적인 행위를 위한 확실한 지침이며, 또 앞으로도 계속 그래야 한다.

우리는 이 책에서 기독교 연대기를 경건한 글의 형식을 빌어 편안하게 훑어보려 한다. 이 책에서는 암브로스부터 시작하여 진젠돌프에 이르기까지 기독교 2000년 역사에 등장하는 인물들의 일화를 수록하여 독자들에게 감동을 주고 도전을 주며 영혼을 깊이있게 해주려 한다. 이 책에서는 각각의 이야기를 그 일이 실제로 발생했던 날에 말하는 형식을 취한다.

기독교 역사는 대단히 매혹적인 모험들의 저장소이다. 거기에는 거룩한 인물들과 감정을 밖으로 드러내는 인물들이 무척 많이 등장한다. 그들 중에는 우리로 하여금 무서워 어깨를 으쓱하게 만드는 인물도 있고 웃음을 터뜨리게 만드는 인물도 있다. 그리고 또 많은 인물들을 우리를 진지하게 만들며, 우리를 자신의 사명 및 우리 주님께 더욱 헌신하게 만들기도 한다. 나는 내쉬빌에서 청년들에게 설교하면서 많은 종류의 예화들을 사용했지만, 실제로 역사에 등장했던 악한이나 충실한 영웅의 이야기를 할 때에 청중들이 가장 조용히 설교를 듣는다. 기독교의 과거사는 최고의 드라마이다.

예수 그리스도께서 부활하신 후로 매일, 하나님의 백성들은 주님의 일을 하고 주님의 나라를 건설하는 데 자신의 은사를 사용하고 피를 흘리기도 했다. 엄청나게 많은 사건들이 발생했지만, 대부분은 하늘나라에만 알려져 있을 뿐 우리는 알지 못한다. 일부 이야기들은 우리에게 전해져 내려왔는데, 그 중에서 일부를 이 책에 수록했다. 이차적인 참고자료들이 항상 정확한 것은 아니며, 나는 가능할 때면 자세한 내용들을 추적하여 밝혀내며 사실들을 검증하려 했다. 혹시 부주의로 인한 오류가 발견된다면, 후일 다시 책을 낼 때에 바로잡겠다.

이 책을 출판하기로 기획한 스티브 캠프와 교회사가인 폴 해리슨 박사에게 심심한 감사를 표한다. 그리고 각각의 글을 검토하면서 입력해 준 테네시 주립대학의 찰스 세릴에게도 감사한다. 케빈 하퍼는 자료 조사를 도와 주었다. 토마스 넬슨 출판사의 테리 미첼과 필 스토너의 도움에도 감사한다. 내 아내 캐트리나는 이 책을 조사하고 검토해주었고,

훌륭한 제안도 해주면서 나를 보살펴 주었다. 내가 집필을 하는 마지막 시기에는 나의 누나인 앤과 매부인 스티브가 가정의 무거운 짐을 대신 져주었다.

　마지막으로 나는 특별히 내쉬빌에 있는 도넬슨 회에서 베풀어준 도움과 사랑에 감사한다. 그들은 주님의 교회 내에서 자신이 서 있는 위치에서 나름의 역사를 만들어가고 있다. 그들은 그들 자신이 생각하는 것 이상으로 나에게 큰 힘을 주었다. 나는 이 책을 사랑하는 마음으로 그들에게 헌정한다.

1월

서로 겸손으로 허리를 동이라 하나님
이 교만한 자를 대적하시되 겸손한 자
들에게는 은혜를 주시느니라 그러므
로 하나님의 능하신 손 아래서 겸손하
라 때가 되면 너희를 높이시리라
　　　　　　　　　　－벧전 5:5, 6－

1월 1일 — 즈빙글리

성경을 한 권, 한 절씩 단순하고 순수하게 설교하는 일을 통해 사람들의 삶을 변화시키고 역사를 변화시킬 수 있다. 즈빙글리를 예로 들어보자.

울리히 즈빙글리는 1484년 1월 1일 스위스 알프스에 있는 목동의 오두막에서 태어났다. 그의 부모는 그에게 하나님에 대한 사랑을 가르쳤다. 그는 매우 총명했다. 그는 잠시 교사 생활을 하다가 사제가 되었다. 그는 10년 동안 글라루스라는 마을에서 시무했는데, 그곳에서 그는 에라스무스와 서신 왕래를 시작했다.

이 시기의 스위스 교회는 무척 타락했었다. 1516년에 즈빙글리는 아인지델른으로 옮겨갔는데, 그 역시 죄와 힘들게 싸우고 있었다. 이 젊은 사제는 새로 부임한 이 마을에서 이발사의 딸과 친하게 되었고 이 마을에서도 에라스무스가 새로 출판한 헬라어 신약성서 사본을 빌려서 필사했다. 그는 그것을 항상 가지고 다니면서 열심히 읽고 여백에 주를 써넣고 암기했다. 순수한 성서가 제 역할을 발휘하기 시작했으며, 즈빙글리의 삶과 설교는 새로운 활력을 얻었다. 곧 그는 취리히 대성당의 주임 목사가 되었다.

그는 1518년 1월 1일에 취리히에 도착하여, 36살 되던 생일에 의무를 수행하기 시작하면서 사람들에게 충격을 주었다. 그는 교회의 예전, 그리고 설교의 토대로 사용되는 주간 성경강독을 버림으로써 천년이 넘도록 지켜져 온 전승을 파기하고 대신 신약성서를 한절씩 가르치는 일을 당장 시작하겠다고 선언했다. 그날 그는 마태복음 1장에 기록된 예수님의 족보에 관해 설교했다.

그 시대에는 그러한 설교는 매우 급진적이었지만, 취리히는 그 설교를 사랑했다. 취리히 청년들에 대한 즈빙글리의 관심, 페스트가 창궐했을 때 보여준 그의 용기, 쾌활한 성격 등으로 처음에 그의 개혁 사상에 대해 품었던 의심은 해소되었다. 후일 즈빙글리에 대한 반대 세력이 일어났을 때, 그의 행동들을 평가하기 위해서 취리히 시의회 및 관심을 가진 600명의 시민들이 모였다. 그 회의(1523, 제1차 취리히 논쟁)에서는 즈빙글리에 대한 지지를 다짐했고, 그의 사역을 장려했다. 사람들의 삶은 변화되었고, 하나의 역사가 이루어졌다. 즉 스위스 종교개혁이 시작된 것이다.

아브라함과 다윗의 자손 예수 그리스도의 세계라…주께서 선지자로 하신 말씀을 이루려 하심이니 가라사대 보라 처녀가 잉태하여 아들을 낳을 것이요 그 이름은 임마누엘이라 하리라 하셨으니 이를 번역한즉 하나님이 우리와 함께 계시다 함이라

(마 1:1, 22, 23)

대 바실

1월 2일

바울은 고린도 교인들 중에는 중요한 가문 출신이 그리 많지 않다고 했다. 하지만 부유한 가정에서 태어난 사람들도 일부 있었을 것이다. 기원 후 3세기에 카파도키아(오늘날의 터키)의 가이사랴에 부유한 기독교 가정에서 한 아기가 태어났다. 그의 부모는 그의 이름을 바실이라고 지었다. 바실이란 "왕처럼 위엄있다"는 의미이다. 부모님은 그를 콘스탄티노플과 아테네에 있는 가장 좋은 학교에 입학시켰고, 좋은 성적으로 졸업했다. 바실은 자신을 높이 평가했으며, 위대한 인물이 될 것이라는 꿈을 품고 고향에 돌아왔다. 그러나 그를 기독교 신앙으로 이끈 누나는 그에게 겸손하라고 했다. 누나는 "사람들 앞에서 유명해지는 것보다는 하나님 앞에 충성하는 것이 낫다"고 말했다.

바실은 조용히 연구하고 기도하고 저술하는 생활을 간절히 원했다. 그는 자신의 집 소유인 아이리스 강변에 지내면서 가난한 사람들을 도와주고 복음을 전했다. 그는 너무나 위대한 인물이었기 때문에, 기독교를 무섭게 반대한 황제 줄리안이 그를 자신의 고문으로 삼으려 했다. 그러나 바실은 그 제안을 거절했다.

하지만 유세비우스의 호소는 거절할 수 없었다. 유세비우스는 교회가 외적으로는 제국의 공격에 직면해 있고 내적으로는 위험한 이단의 공격에 직면해 있다고 경고했다. 그래서 바실은 은둔생활을 청산하고, 남은 여생을 공적인 사역에 보냈다. 그는 정통주의를 수호했고, 그리스도의 본성에 관한 훌륭한 메시지를 전파하고 저술했으며 삼위일체에 대한 글을 썼다. 370년, 바실은 유세비우스의 뒤를 이은 감독이 되었다. 그는 능력있는 감독으로서 훌륭히 교회를 운영했다. 바실은 사재를 들여 문둥병자들을 위한 병원을 세웠는데, 아마 이 일은 교회 역사상 최초의 일일 것이다. 그는 자비로운 사람이었으며, 자신이 친히 병자들을 돌봐주었다. 가이샤랴 외곽에 소재한 교회, 학교, 병원, 구호소, 수도원 등으로 이루어진 복합적 공동체는 하나의 마을이 되었는데, 바실리아드라 불렸다. 그가 수도사들과 수도원을 위해 작성한 규율은 오늘날의 정교회에서도 사용되고 있다.

바실은 379년 1월 1일 세상을 떠났다. 매우 많은 사람들이 슬퍼했다. 그는 매년 1월 2일에 기념되는데, 서방 전통에서는 이 날을 대 바실 축일로 지정하여 기념한다.

서로 겸손으로 허리를 동이라 하나님이 교만한 자를 대적하시되 겸손한 자들에게는 은혜를 주시느니라 그러므로 하나님의 능하신 손 아래서 겸손하라 때가 되면 너희를 높이시리라(벧전 5:5, 6).

1월 3일　　데이비드 브레이너드

　데이비드 브레이너드는 병약하고 쉽게 낙심하는 연약한 청년이었다. 그는 미국 식민주의 인디언들에게 전도하기 원했다. 그는 최초로 매서 추세츠의 어느 종족에게 전도하면서 위험과 싸워야 했다. 그는 몰랐지만, 그를 노리던 용사들은 그의 모든 움직임을 파악하고 있었다. 그러나 그들이 활을 당기려 하자, 그들은 브레이너드의 옆에서 방울뱀이 그를 공격하려는 것을 보았다. 그런데 갑자기 그 뱀은 공격을 포기하고 도망쳐 버렸다. 용사들은 브레이너드가 뱀에 물리지 않은 것이 "위대한 영"의 덕분이라고 생각했다.

　그러나 그 사건도 브레이너드의 복음 사역의 열매를 거두게 하지는 못했다. 1743년에 그의 선교 사역은 실패한 것이나 다름없었다. 그의 낙심은 더 커졌다. 그는 "나는 여행으로 무척 피곤한 상태였다. 그 여행에서 나는 큰 곤경을 겪었고, 강에 빠진 적도 있었다"라고 기록했다. 그 다음 해에도 상태는 별로 나아지지 않았으므로 그는 더욱 낙심했다.

　1745년 1월 3일, 브레이너드는 하루 종일 금식기도하기로 작정하고, 신령한 능력을 부어주시기를 간구했다. 그는 요한복음 7장의 "나를 믿는 자는 성경에 이름과 같아 그 배에서 생수의 강이 흘러나리라"고 하신 약속대로 이루어 달라고 요청했다. 그리고 그는 요한복음 7장을 본문으로 거듭하여 설교를 했는데, 그 후 그의 사역은 많은 결실을 거두었다. 알콜 중독자였던 그의 통역자 타타미도 회심했다. 타타미의 삶은 즉각적으로 크게 변화되었고, 브레이너드의 설교 통역의 질도 변화되었다. 수십 명의 인디언들이 구원을 받아 세례를 받았다.

　브레이너드의 몸은 갈수록 쇠약해졌다. 결국 그는 1747년 29세로 조나단 에드워즈의 집에서 세상을 떠났다. 그러나 그의 이야기는 헨리 마틴, 윌리엄 캐리, 아도니람 저드슨 등 선교 사역에 동참하려는 사람들에게 큰 감동을 주었다. 그의 일기는 초기 미국 역사에서 가장 능력있는 기독교 서적 중의 하나가 되었다. 그의 일기에는 다음과 같이 쓰여 있다.

　"내가 여기 있사오니, 나를 보내소서. 나를 세상끝으로 보내소서 거친 땅, 광야에 사는 시나운 이교도들에게로 나를 보내소서. 세상의 모든 안락을 버리게 하소서. 당신을 섬기는 일이며 당신의 나라를 땅이 이루기 위해서라면 죽음도 두렵지 않습니다."

명절 끝날 곧 큰날에 예수께서 서서 외쳐 가라사대 누구든지 목마르거든 내게로 와서 마시라 나를 믿는 사는 성경에 이름과 같이 그 배에서 생수의 강이 흘러나리라 하시니 이는 그를 믿는 자의 받을 성령을 가리켜 말씀하신 것이라…(요 7:37-39)

한스 브렛

1월 4일

네덜란드 여행 안내서에는 풍차, 둑, 그리고 은빛 스케이트를 타고 있는 한스라는 이름의 소년에 대한 내용이 있다. 그러나 1521년부터 1578년 사이는 평화롭지 못했다. 한스라는 청년을 비롯하여 수백 명의 개신교도들이 학살당했다.

한스 브렛은 앤트워프의 빵집에서 일하면서 홀어머니를 부양했다. 이 두 모자는 개신교도였으며, 한스는 시간이 날 때마다 성경공부를 하고, 교회에서 새신자들이 세례를 받을 수 있도록 그들을 가르쳤다. 어느 날 저녁, 빵집 문을 두드리는 소리가 들렸다. 한스가 문을 열어보니 경찰서에서 온 사람이 서있었다. 집은 포위되었고, 한스는 체포되었다. 그로부터 몇달간 당국에서는 한스를 심문하고 고문했다. 한스는 갇혀 있는 어두운 감방에서 어렵게 어머니에게 편지를 보낼 수 있었다.

> 이 잔인한 늑대들에게 저항할 수 있는 힘은 오직 하나님께만 기대할 수 있습니다. 따라서 그들에게는 우리 영혼을 지배할 힘이 없습니다. 그들은 정말로 늑대보다 더 잔인합니다. 그들은 우리의 몸을 찢는 데 만족하지 않습니다. 그들은 우리 영혼을 삼켜 죽이려 합니다.

한스에 대한 심문은 갈수록 더 심해졌다. 그러나 심한 고문으로도 그의 신앙을 꺾을 수 없다고 판단한 당국에서는 그에게 화형을 선고했다. 1577년 1월 4일 토요일, 사형집행인이 한스의 감방에 와서는 그에게 혀를 내밀라고 명령했다. 형리는 그의 혀에 쇠로 만든 죔틀을 채우고 단단히 고정시켰다. 그 다음에는 빨갛게 달은 쇠로 한스의 혀끝을 지졌는데, 그 때문에 한스의 혀는 부어올라 죔틀에서 빠져 나오지 못하게 되었다. 그것은 한스가 처형장에서 설교를 못하게 하려 한 것이었다. 형리들은 한스를 마차에 태워 처형장으로 데려가서 기둥에 사슬로 묶고 산 채로 화형에 처했다.

역시 한스라는 또 한 사람, 한스 데 리스는 두려움에 떨며 그 광경을 지켜보고 있었다. 그는 불길이 꺼진 후 한스의 유해에서 떨어져 나온 죔틀을 찾아냈다. 얼마 후에 그는 한스 브렛의 어머니와 결혼했다. 그리고 한스 브렛의 유해에서 찾아낸 죔틀은 여러 세대가 지나는 동안 충성된 신앙의 상징이 되었다.

> 대대로 주의 행사를 크게 칭송하며 주의 능한 일을 선포하리로다 주의 존귀하고 영광스러운 위엄과 주의 기사를 나는 묵상하리이다 사람들은 주의 두려운 일의 세력을 말할 것이요 나도 주의 광대하심을 선포하리이다(시 145:4-6).

1월 5일   기둥위의 성자 시므온

처음 몇 세기 동안 교회는 제도적으로 성장했는데, 이 시기에 교회에 들어온 사람들이 모두 큰 인물들은 아니었다. 이에 대한 반작용으로 많은 기독교인들은 가난하고 순결하고 분리된 고독한 삶을 택했다. 수도원 형태가 발달했으며, 때로 자기 부인과 관련한 수도사들 사이의 경쟁이 일어나기도 했다. 아마 이러한 경쟁에서 승리한 사람이 시므온인 듯하다.

시므온은 390년경에 소아시아 동남부에 있는 길리기아에서 목동의 아들로 태어났다. 13살 때에 팔복에 관한 설교를 듣고 감동을 받았다. 그는 집을 떠나 어느 수도원에 들어갔지만, 곧 그의 자기고문 행위 때문에 그곳에서 쫓겨났다. 시므온은 시리아 사막으로 들어가서 여러 달 동안 발에서부터 목까지 쇠사슬을 감고 지냈다.

그의 거룩한 행동을 보기 위해 사람들이 몰려왔기 때문에, 시므온은 사람들의 시선을 피하기 위해서 기둥 꼭대기에서 생활하기로 결심했다. 그는 처음에는 약 2미터 높이의 기둥 위에서 생활했지만, 점차 더 높은 기둥을 만들었으며, 마지막에는 높이가 약 18미터나 되는 기둥에서 생활했다.

기둥 위는 매우 좁아서 편히 쉴 수 없었으며, 자다가 떨어지지 않기 위해서 난간을 만들고 밧줄로 몸을 묶었다. 제자들은 사다리로 그에게 음식을 가져다주고 쓰레기를 내려왔다. 결국 밧줄이 그의 살 속에 스며들어 썩어서 몸에는 구더기들이 들끓었다. 상처에서 구더기들이 떨어지면 시므온은 그것들을 집어 올려 다시 상처 위에 놓아주면서 "하나님께서 네게 주신 것이니 먹어라"고 했다.

시므온은 기둥 꼭대기에서 30년간 비바람과 더위와 서리를 맞으며 살았다. 그러나 만일 그런 생활의 이유가 사람들을 피하기 위한 것이었다면, 그는 중도에 그만두었을 것이다. 아주 많은 사람들이 그를 보려고 몰려 왔는데, 시므온은 매일 그들에게 설교를 하면서 기도, 이타심, 정의 등을 강조했다. 그는 이웃간의 분쟁을 해소시켜 주었고, 돈을 빌려주는 사람들을 설득하여 이율을 낮추게 만들었다.

그는 촛대 위의 촛불로 비유되었다. 그는 09세로 세상을 떠났다. 그러나 그를 본받아 기둥 위에서 생활하는 은둔생활이 1,000년 이상 지속되었다. 교회사에서는 그의 이름은 1월 5일에 그의 이름이 기억된다. 서방 전통에서는 이 날을 주상성인 시므온의 축일을 지킨다.

이 세상의 음행하는 자들이나 탐하는 자들이나 우상숭배하는 자들을 도무지 사귀지 말라
(고전 5:10)

찰스 스펄전

1월 6일

목회사역을 하는 데 있어서 가장 위험한 요소는 낙심이다. 많은 하나님의 일꾼들은 결과가 빈약하거나 사람들이 많이 모이지 않을 때 용기를 잃는다. 이런 사람들에게 찰스 스펄전은 하나의 교훈을 준다.

스펄전은 사람들이 사람들이 모이지 않아 초조해본 일이 거의 없었다. 처음부터 무수히 많은 사람들이 그의 설교를 듣기 위해 모였다. 1854년, 그가 런던 교구에 부임했을 때, 교인은 232명이었다. 곧 그가 설교하는 곳에 많은 사람들이 몰려왔기 때문에, 때로 그는 교인들에게 다음 주일에는 새신자들이 들어올 수 있도록 교회 밖에서 예배를 보라고 요청할 정도였다. 그가 설교할 때에는 거의 항상 6,000명 이상이 모였으며, 24,000명이 모인 적도 있었다. 스펄전은 생전에 거의 천만 명의 사람들 앞에서 설교를 했다.

또한 역사적으로 그의 글은 아주 널리 읽히고 있다. 오늘날 스펄전의 글은 어느 시대의 기독교 작가보다 많다. 그의 주일 설교 집록은 교회 사상 단일 작가가 저술한 책들 중 가장 방대한 것 중에 속한다. 사람들은 그는 "설교의 왕자"라고 부른다.

그러나 아이러니하게도, 스펄전은 작은 교회의 능력을 보여주는 증인이다. 1850년 1월 6일, 주일날, 잉글랜드에 눈보라가 몰아쳤기 때문에 15살된 찰스는 항상 다니던 교회에 갈 수 없었다. 그는 가까운 곳에 있는 감리교회에 갔는데, 그곳에서는 불과 몇 사람이 난로 주위에 있었다. 목사님도 아직 도착하지 않았다.

몸이 여윈 사람이 일어서더니 이사야 45:22―너는 내게로 돌아오라 내가 너를 구속하였음이라―을 낭독했다. 그 사람은 무슨 말을 해야 할지 궁리하면서 계속 그 본문을 되풀이하여 읽었다. 마침내 그는 뒷편에 서 있는 찰스를 발견하고는 그를 가리키면서 "젊은이, 그리스도를 바라보시오!"라고 소리쳤다.

그 청년은 실제로 그리스도를 바라보았다. 후일 스펄전은 "그 작은 교회를 떠나 눈을 맞으며 집으로 돌아오는 동안, 나는 모든 눈송이들 하나하나가 나에게 내가 발견한 용서에 대해 말해준다고 생각했습니다"라고 말했다. 집에 돌아온 찰스를 본 어머니는 그의 표정을 보고서 "너에게 놀라운 일이 있었구나"라며 소리쳤다. 실제로 그랬다. 때로 작은 연못에서 가장 큰 고기가 잡히기도 하는 법이다.

너희 중에 남아 있는 자 곧 이전의 이전 영광을 본 자가 누구냐 이제 이것이 너희에게 어떻게 보이느냐 이것이 너희 눈에 보잘 것이 없지 아니하냐…내가 너희와 함께 하노라 만군의 여호와의 말이니라(학 2:3-5).

1월 7일 순교자 존 후퍼

신실함은 위대함의 표식인 명성을 능가한다. 사람들 모두가 어거스틴, 루터, 그래험 등과 같은 이름을 가질 수는 없다. 사람들 중에는 아버지의 뜻을 행했지만, 세월이 흐르면서 이름이 잊혀진 사람들도 있다. 존 후퍼를 예로 들어보자. 그는 1495년에 잉글랜드의 서머셋셔에서 태어났다. 그는 옥스포드에서 수학하는 동안 로마서가 그의 영혼 구원과 영원한 행복에 깊은 영향을 주는 책임을 발견했다. 그리하여 그는 로마서를 깊이 연구하면서 밤낮으로 몰입했다.

후퍼는 다른 선행이나 공로가 없어도 그리스도의 죽음만으로 구원받기에 충분함을 발견했다. 그는 "나는 사악한 예배와 거의 우상숭배 상태의 마음에 의해서 하나님을 모독해오다가 마침내 주님을 올바르게 알게 되었다"고 고백했다.

그는 종교개혁 신앙 때문에 위험하게 되었기 때문에 말을 빌려 타고 해안을 따라 프랑스로 도피했다가 다시 취리히로 갔다. 그곳에서 그는 헬라어, 신학, 즈빙글리의 저술들을 공부했다.

에드워드 왕 때에 영국으로 돌아온 후퍼는 의회와 국왕 앞에서 설교를 했다. 그가 지치도록 사역하는 모습을 아내는 경계하면서 지켜보았다. 그러나 잔인한 메리 여왕이 즉위하여 개신교도들을 탄압하면서 그의 사역은 종식되었다. 후퍼는 플리트 감옥에 갇혔다. 감방 안에는 썩은 밀짚으로 된 침대가 있었는데, 그 곁에는 하수구가 있었다. 1554년 1월 7일, 후퍼는 편지에 다음과 같이 기록했다.

> "한편에는 이 감옥의 오수가 흐르고 있고, 다른 편에는 시의 하수가 흐르고 있기 때문에, 나는 여러 가지 병에 감염되었다. 문은 닫혀 빗장이 질려 있고, 쇠사슬에 묶여 있으면서 나는 슬퍼하고 도움을 청했다…나에게 위로가 될 만한 것이 하나도 없었다. 그러나 나는 하나님께 모든 것을 맡겼다. 죽든지 살든지 하나님의 뜻을 이루실 것을 원했다."

후퍼는 곧 자기 소명을 완수했다. 화형을 당하는 동안, 사람들은 그와 함께 기도했다. "하늘에 계신 우리 아버지 이름이 거룩히 여김을 받으시오며 나라이 임하옵시며 뜻이 이루어지이다…"

미쁘다 이 말이여 우리가 주와 함께 죽었으면 또한 함께 살 것이요 참으면 또한 함께 왕 노릇할 것이요 우리가 주를 부인하면 주도 우리를 부인하실 것이라 우리는 미쁨이 없을지라도 주는 일향 미쁘시니 자기를 부인하실 수 없으시리라(딤후 2:11-1).

엘리자벳 후톤

1월 8일

그리스도를 위해서 일하는 데 있어서, 여성들은 무척 강하다. 조지 폭스는 1600년대에 퀘이커 운동을 시작하면서 이 사실을 깨닫게 되었다. 그는 처음부터 여성 설교자들을 환영했다. 그가 처음으로 회심시킨 사람은 잉글랜드의 노팅험 출신의 부유한 중년 부인이었다. 그 부인은 곧 퀘이커파 최초의 여성 설교자가 되었다. 그녀는 이 신앙 때문에 감옥에 갇히게 되었고, 영국의 여러 감옥을 전전하다가 60세 때에 비로소 석방되었다. 그리고 그녀는 보스톤으로 가기 위해 통행권을 신청했는데, 당국에서 허락하지 않았으므로 배로 버지니아까지 가서 거기서부터는 걸어서 뉴 잉글랜드를 향해 갔다.

그녀는 작은 어려움은 피했지만 큰 어려움을 만나게 되었다. 총독 존 엔디코트는 그녀에게 아메리카에 온 이유를 물었다. 그녀는 "나를 보내신 분의 뜻을 행하기 위해서입니다"라고 대답했다. 그녀는 다시 감옥에 갇혔다. 그리고 여러 해 동안 그녀는 보스톤을 드나들면서 감옥을 들락날락했다. 그녀는 늙었음에도 불구하고 많은 매를 맞았다. 캠브리지에서는 끝에 매듭이 달린 채찍으로 열 대나 맞았다. 워터타운에서도 채찍으로 맞았고, 에드헴에서도 맞았다.

그러나 그녀는 굽히지 않았다. 거의 70세가 다 되었을 때, 그녀는 "사람들의 영혼을 향한 사랑 때문에 나는 어떤 고난이라도 기꺼이 당할 수 있습니다"라고 말했다. 마침내 그녀는 영국으로 돌아와 국왕 찰스 2세에게 다음과 같이 편지를 썼다.

> 폐하께서는 나라를 하늘과 땅의 하나님이신 주께 드리십시오. 그 분은 이 나라의 주인이십니다. 그리고 폐하의 힘과 권력을 예수 그리스도께 드리십시오. 그 분은 왕중 왕이십니다. 그리하시면 폐하께서는 어느 때보다 더 존귀하게 되실 것입니다.

찰스 2세는 이 호소를 받아들이지 않았다. 1671년에 그녀는 더 이상의 모욕을 당하지 않고 선교 사역을 하기 위해 서인도제도를 향했다. 1672년 첫 주에 배는 목적지에 도착했지만, 퀘이커파 최초의 개종자요 최초의 여성 설교자인 엘리자베스 후톤은 병으로 1월 8일, 세상을 떠났다. 그녀는 참전 중에 전사한 군사인 듯이 자마이카의 모래밭에 묻혔다.

세 번 태장으로 맞고 한 번 돌로 맞고 세 번 파선하는 데 일 주야를 깊음에서 지냈으며 여러 번 여행에 강의 위험과 강도의 위험과 동족의 위험과 이방인의 위험과 시내의 위험과 광야의 위험과 거짓 형제중의 위험을 당하고(고후 11:25-26).

1월 9일
기도의 사람, 로버트 쉐페이

주님은 각 사람들에게 독특한 인격을 주신다. 주께서 특별히 선택하신 종들 중에는 특이한 인물들이 있다. 쉐페이가 바로 그런 사람이다.

쉐페이는 1820년 독립기념일에 태어났다. 어머니가 돌아가신 후, 그는 버지니아 주 에빙돈에 사는 숙모의 집에서 지냈다. 그는 1839년 1월 9일에 회심했다. 당시 그는 19세였다. 설교하라는 소명을 느낀 그는 대학을 중퇴하고 감리교 순회설교자로 버지니아 산악 지방을 다니며 복음을 전파하기 시작했다. 그는 기이한 방식으로 복음을 전했다. 한번은 울프 크릭에 있는 어느 오두막집에 초청받아 갔다. 그는 전에도 이 가정을 그리스도께 귀의시키려 했으나 실패했었다. 그러나 이번에는 상황이 달랐다. 그 집 식구 한 사람이 방울뱀에게 물렸는데, 희망이 거의 없는 듯했다. 쉐페이는 그 집에 들어가자마자 무릎을 꿇고 기도했다.

> "오 주님, 방울뱀들이 출몰하게 해주심을 감사드립니다. 방울뱀에게 물리지 않았다면, 이 가정에서 당신을 부르지 않았을 것입니다. 다시 방울뱀을 보내어 발을 물게 하시고, 또 한 마리를 보내어 존을 물게 하시고, 큰 뱀을 보내어 이 집 가장을 물게 해주십시오."

그는 이런 식으로 기도했던 것으로 유명하다. 그를 아는 사람은 "쉐페이는 내가 아는 사람중에서 가장 기도의 능력있는 사람이었습니다만 설교는 그다지 강하지 못했습니다"라고 말했다. 한 번은 산 속에서 밀조업자를 만났다. 그는 말에서 내려 무릎을 꿇고는 하나님께 "밀조업자의 양조기계를 박살내달라"고 기도한 후에 일어나서 여행을 계속했다. 그런데 큰 나무가 양조기계 위에 쓰러져서 기계가 망가졌다. 주인이 기계를 다시 만들자, 쉐페이는 다시 기도했고, 이번에는 홍수 때문에 기계가 못쓰게 되었다. 그의 기도는 정직하고 솔직하며 평범한 기도였다. 한번은 이웃집에 초대받아 갔는데, 기도 요청을 받았다. 닭고기 푸딩을 좋아하는 쉐페이는 이렇게 기도했다.

> "주님, 이 집의 선한 안주인으로 인해 당신께 감사드립니다. 이렇게 훌륭한 음식을 주시니 감사합니다. 그렇지만 음식 중에 닭고기 푸딩이 있었으면 더 좋았을 것입니다. 아멘."

로버트 쉐페이의 설교와 기도는 격식에서 벗어난 것이기는 했지만 많은 산악지대 사람들을 하나님의 나라로 인도했다. 그리고 그는 "기이한 전도자"라는 별명을 얻었다.

각각 은사를 받은 대로 하나님의 각양 은혜를 맡은 선한 청지기같이 서로 봉사하라 만일 누가 말하려면 하나님의 말씀을 하는 것 같이 하고 누가 봉사하려면 하나님의 공급하시는 힘으로 하는 것 같이 하라(벧전 4:10-11).

위대한 전도자 조지 휫필드

1월 10일

누군가가 말하기를, 하나님께서는 문을 닫으실 때마다 언제나 창문을 여신다고 말했다. 휫필드의 경우에 보면, 많은 문들이 닫혔지만, 하나님께서는 세상을 활짝 열어 놓으셨다. 조지 휫필드는 옥스포드 재학 중이던 1735년에 기독교인이 되었다. 그는 곧 설교를 시작했는데, 그가 강단에 올라설 때마다 엄청나게 많은 사람들이 몰려왔다. 1739년 1월 10일 수요일, 국교회 목사로 안수받기 위해 옥스포드로 갈 준비를 하고 있었다. 그의 일기에는 이렇게 기록되어 있다.

> "나는 약 세 시간 정도 잔 후에 5시에 일어났다. 10시에 그곳을 떠나 저녁 5시에 옥스포드에 도착했다. 옥스포드에 들어가면서, 나는 내가 그곳을 떠난 이후로 받은 자비를 회상했다. 나는 말로 표현할 수 없을 만큼 많은 자비를 받았었다. 내가 그 자비를 기억하여 내 심령이 녹아지기를..."

그는 목사 안수를 받은 후 교회의 문들이 열릴 것이라고 기대했지만, 실제로는 그와 반대였다. 많은 목사들은 그의 성공을 질투했다. 어떤 목사들은 그가 감리교도, 모라비아인들, 그밖에 다른 비국교도들과 제휴한 것을 신뢰하지 않았다. 또 휫필드는 비판적인 발언 때문에 사람들로부터 따돌림을 받았다. 웨일즈의 복음전도자인 하웰 해리스가 야외에서 설교함으로써 선풍을 일으키고 있었는데, 휫필드는 자신도 야외 설교를 해야 하는 것이 아닌가 하는 생각을 했다. 휫필드는 2월 17일에 브리스톨 교회에서 석탄을 캐는 광부들에게 최초로 옥외 설교를 했다. 약 200명이 그의 설교를 들었다. 곧 만 명이 참석했는데, 그로 인해 묘비, 나무등걸, 임시 강단 등에서 설교하는 생활이 시작되었다.

휫필드의 설교는 감동적이었다. 그의 생생한 상상력, 탁월한 기억력, 힘찬 음성, 그리고 진지함이 청중들을 사로잡았다. 그의 설교는 2마일이나 떨어진 곳에서도 들렸다. 그의 성량이 매우 풍부했기 때문에 영국인 배우 데이빗 개릭은 "내가 휫필드씨처럼 '오'라는 발음을 할 수 있다면 좋겠다"고 했다.

그 해, 25세의 휫필드는 미국 식민주들을 여행하면서 대각성의 불을 밝혔고, 많은 사람들을 그리스도께 인도했다. 보스톤에서 행한 그의 마지막 설교에는 미국 역사상 가장 많은 2만 3천명이 모였는데, 그것은 보스톤 전체 인구보다 많은 수였다. 그는 사도 바울 이후로 역사상 가장 위대한 복음 전도자라 한다.

여호와의 말씀이 내게 임하여 이르시되 내가…너를 열방의 선지자로 세웠노라 하시기로 내가 가로되 슬프도소이다 주 여호와여 보소서 나는 아이라 말할 줄을 알지 못하나이다 여호와께서 내게 이르시되…내가 너를 누구에게 보내든지 너는 가며 내가 네게 무엇을 명하든지 너는 말하라(렘 1:4-7).

1월 11일 — 스캔들에 휩싸인 목사, 비쳐

1980년대 TV를 통해 전도하는 복음전도자들로 인한 추문이 일어나기 오래 전에도 미국 기독교에는 성직자들의 추문이 있었다. 당대의 가장 인기있는 목사인 헨리 와드 비쳐는 1870년 "세기적인 추문"을 일으켰는데 오늘날까지도 완전한 내용을 아는 사람이 없다.

브루클린의 플리머스 교회의 목사 비쳐는 재치있고 정력적이며 영웅적인 정치 활동가로서 인종간의 평등이나 여성 학대 금지와 같은 운동을 추진하고 있었다. 그는 신학적으로는 진보적이었고, 미국에서는 가장 잘 알려진 설교자가 되었다. 그러나 그는 강연이나 교회 일 때문에 집을 떠나 있는 때가 많았으며, 점차 아내 유니스로부터 멀어졌다. 비쳐는 넓은 어깨, 아름다운 머릿결, 표정이 풍부한 푸른 눈의 인상적인 인물이었다. 그와 관련된 소문들이 나돌기 시작했고, 엘리자벳 틸튼이 그의 삶에 개입되자 소문은 마치 거품 일듯이 넘쳐 흐르기 시작했다.

엘리자벳의 남편인 테오돌 틸튼은 기자였으므로, 그녀는 외로웠다. 그녀는 상담을 받으려고 비쳐를 찾아갔고, 곧 막역한 친구가 되었다. 1870년에 엘리자베스는 자신이 비쳐와 특별한 관계라고 고백했다. 비쳐는 키스한 것과 정서적인 도움을 준 것 외에는 다른 일이 없었다고 주장했지만, 상황은 달라지지 않았다.

그러다가 1875년 1월 11일, 틸튼이 자기 아내의 사랑을 식게 만들었다고 비쳐를 고발함으로써 공개되었다. 유니스는 남편을 지지했지만, 마음 고생으로 머리가 하얗게 되어 할머니처럼 되어 버렸다. 재판이 계속 되면서 그 소문은 전국에 퍼졌다. 결국 배심원들은 막다른 골목에 달했다. 비쳐를 지지하는 사람들은 미심한 점을 선의로 해석했고, 「뉴욕 타임즈」는 1875년 7월 3일에 그 문제를 사설로 다루면서 그를 지지했다. "전국의 지각있는 사람이라면 비쳐 목사의 명성이나 지위나 거룩한 소명을 감안할 때에 비쳐 목사가 그런 식으로 사생활을 하지 않았을 것이라고 인정하지 않을 수 없을 것이다."

비쳐는 주일날 그의 설교를 방해한 일에 대해 사과하는 변호인단에게 다음과 같이 말했다. "안식일에 구덩이에서 나귀를 꺼내주는 것은 합법적인 일입니다. 그러니 더 큰 나귀도 없고 더 깊은 구덩이도 없었습니다."

사람이 감독의 직분을 얻으려 하면 선한 일을 사모한다 함이로다 그러므로 감독은 책망할 것이 없으며 한 아내의 남편이 되며 절제하며 근신하며 아담하며 나그네를 대접하며 가르치기를 잘하며(딤전 3:1-2).

햄프톤 궁의 회의

1월 12일

역사적으로 가장 유명한 성경에 교회의 개혁 요구를 모조리 거부했던 술고래요 입이 거칠고 이기적인 동성연애자의 이름이 들어 있다는 것은 무척 이상한 일이다.

감옥에 갇힌 스코틀랜드의 메리 여왕의 아들 제임스 4세는 자기 잇속을 차리는 영주들에 의해 양육되었다. 그는 자라면서 점점 더 경건해지고 훌륭한 신학 교육을 받았다. 그는 매일 교회에 갔다. 그렇지만 그는 무례하고 거칠고 소란하고 자만심이 강하고 성적으로 부도덕했다. 게다가 그는 교활했다. 그는 37세 때에 엘리자벳의 뒤를 이어 잉글랜드의 왕이 되었다. 스코틀랜드를 떠나 잉글랜드로 오면서 그는 거의 1000명이 서명한 "천명의 탄원서"를 지니고 있는 한 무리의 청교도들을 만났다. 그 탄원서는 교회 내의 갱신을 요구하는 것이었다. 제네바에서 이루어진 성경 번역 및 존 폭스의『순교사』에 감명을 받은 청교도들은 교회의 정화를 원했다.

기성 교회 성직자들은 청교도들의 요구에 반대했고, 새로 등극한 왕은 자기의 왕국이 분열되었음을 깨달았다. 그는 1604년 1월 12일에 자기의 햄프톤 궁에서 교회 지도자들의 회의를 소집했는데, 청교도들은 자신들의 요구를 강력하게 제기했다. 제임스는 그들의 요청을 거절했고, 때로는 격노하여 그들에게 호령을 하기도 했다. 회의가 끝날 무렵, 그는 청교도들을 향해 팔을 휘두르면서 "저들을 국교도로 만들지 못한다면, 그들을 이 나라에서 철저히 괴롭히거나, 그보다 더 좋지 않은 일이라도 하겠다"라고 소리쳤다. 많은 청교도들은 국교회에 대한 희망을 버리고 성경이 가르치는 대로 적은 무리가 모여서 예배를 드리기 시작했다. 그들에게는 분리주의자들이라는 별명이 붙었다. 이 박해받은 작은 무리들로부터 1611년에 침례교도들, 1620년에 미국으로 도피한 필그림들, 그리고 기타 다른 분리파 집단들이 생겨났다.

그러나 햄프톤 궁에서 제기된 한 가지 문제에 관한 한, 국왕과 청교도들은 의견의 일치를 이루었다. 청교도인 존 레이놀즈가 새로운 성경 번역을 요청했을 때, 제임스는 즉시 그것을 수락하며 "나는 지금까지 한번도 제대로 번역된 성경을 본 적이 없다. 그리고 제네바 번역본이 가장 좋지 않다고 생각한다"고 말했다. 7년 후에 흠정역 성경이 나옴으로써 제임스가 영국 교회사에서 가장 인정받는 인물이 되었음은 참으로 우스운 일이 아닐 수 없다.

왕의 마음이 여호와의 손에 있음이 마치 보의 물과 같아서 그가 임의로 인도하시느니라 사람의 행위가 자기 보기에는 모두 정직하여도 여호와는 심령을 감찰하시느니라

(잠 21:1-2)

1월 13일 — 에이미 카마이클 (인도에서 사역한 선교사)

젊은 사람들은 자신의 적성을 깨닫는 데는 시간이 걸린다. 에이미 카마이클는 벨파스트에서 성장하면서 아무 걱정 없이 살았다. 그러나 아버지는 빚만 남긴 채 돌아가셨다. 그 후 계속되는 압박을 겪으면서 에이미는 영적인 일에 관심을 갖게 되었으며, 1886년에 그리스도께 삶을 헌신했다. 그녀는 자신의 소명과 관련하여 많은 갈등을 하다가 "너는 가라"는 말씀에 크게 감명을 받았다. 그리하여 1892년 1월 13일에 에이미는 일본으로 해외 봉사를 떠났다.

그러나 에이미는 자신이 그곳에 적합하지 않는다고 느껴 자신에게 적합한 곳을 찾기 위해 노력했다. 그녀는 상하이로 떠났고, 그 후에 돌연 세일론으로 떠남으로써 가족들과 친구들을 실망시켰다. 영국으로 돌아온 에이미는 인도로 가기로 결심했다. 그러나 몇년간 그녀는 그곳에서 자신이 활동할 영역을 발견하지 못했으며, 동료 선교사들로부터 비판을 받기도 했다. 그러나 그녀는 점차 아이들이 자신을 잘 따른다는 것을 알게 되었다. 이 때문에 사람들은 그녀가 자녀들을 홀리고 있다고 생각했다. 어느날 그녀는 힌두 사원으로부터 도망쳐 나온 겁에 질린 한 소녀를 만났다. 힌두교도들은 은밀하게 아이들을 신전의 창녀로 이용하고 있었다. 인도에서는 부모들이 여자 아이들을 신전에 팔아넘기는데, 아이들이 8살이나 9살이 되면 그들은 힌두신들과 혼인을 하고 매춘을 했다.

대부분의 사람들은 그 이야기를 믿지 않았다. 에이미는 이 잔인한 행위들이 사실임을 증명할 증거를 수집하기 시작했다. 그녀는 몇명의 소녀를 더 구출했고, 1904년에는 19명의 처녀들을 책임지게 되었다. 그녀는 유괴범으로 고발되기도 했고, 죽이겠다는 위협도 받곤 했다. 그러나 그녀가 돌봐야 할 아이들은 갈수록 늘어만 갔다. 1945년에는 버림받은 아이들을 돌보는 에이미 도나버 협회에는 수천 명의 아이들이 있었다. 그 아이들은 자라서 기독교 가정을 이루고 지도자들이 되었다.

이 기간 동안 에이미 카마이클은 또 다른 사역, 즉 저술을 위한 시간을 마련했다. 그녀는 1951년에 83세로 도나버에서 세상을 떠났는데, 그 때까지 인도에서 행한 그녀의 사역 및 승리하는 기독교 생활에 관한 책은 35권이나 되었다. 그녀는 자신이 활동할 자리를 발견하고 그 자리를 충실하게 채운 것이다.

이에 의인들이 대답하여 가로되 주여 우리가 어느 때에 주의 주리신 것을 보고 공궤하였으며… 어느 때에 병드신 것이나 옥에 갇히신 것을 보고 가서 뵈었나이까 하니 임금이 대답하여 가사라대 내가 진실로 너희에게 이르노니 너희가 여기 내 형제 중에 지극히 작은 자 하나에게 한 것이 곧 내게 한 것이니라 하시고(마 25:37-40).

월터 루이스 윌슨   1월 14일

　의학 박사인 월터 루이스 윌슨은 자신의 간증이 열매를 거두지 못하는 것으로 인해 번민했다. 1913년 어느날, 윌슨의 집을 찾아온 프랑스인 선교사가 "당신에게 있어서 성령은 어떤 분이십니까?"라고 물었다. 윌슨은 "하나님의 세 위격들 중 한 분이십니다…교사시요, 인도자시요, 삼위일체 중 제3위이십니다"라고 대답했다. 선교사는 "당신은 내 질문에 대답을 하지 않으셨습니다"라고 도전하듯이 말했다. 이 말에 대해서 윌슨은 풀이 죽어 "성령은 나와 무관한 분이십니다. 나는 그분과 아무런 접촉이 없으며 그분이 없이도 아무 탈없이 지낼 수 있습니다"라고 대답했다.

　이듬해인 1914년 1월 14일, 윌슨은 개혁감독교회 목사로서 후일 무디 성경협회의 회장이 된 인물인 제임스 그레이의 설교를 들었다. 목사는 로마서 12:1을 본문으로 설교하면서, "이 구절은 우리가 누구에게 우리 몸을 바쳐야 하는지 말해주지 않는다는 것을 여러분은 알고 계셨습니까? 우리 몸을 바쳐야 할 대상은 예수 그리스도가 아닙니다. 주님은 몸을 가지고 계십니다. 성부 하나님도 아닙니다. 그분은 보좌에 머물러 계십니다. 몸을 갖지 않은 분이 세상이 오셨습니다. 하나님은 당신의 몸을 성령에게 바쳐 세상에서 성령의 거처로 만드는 말할 수 없이 큰 영광을 주셨습니다"라고 말했다.

　집에 돌아온 윌슨은 바닥에 엎드렸다. 깊은 밤 고요한 시간, 그는 "내 주여, 나는 당신을 종처럼 취급했습니다. 나는 내가 당신을 원할 때만 당신을 불렀습니다. 이제 내 몸을 머리에서 발끝까지 완전히 당신께 드립니다. 나의 손과 발과 눈과 입술, 두뇌까지 당신께 드립니다. 이 몸을 아프리카로 보내시든지, 암에 걸려 병상에 눕게 하시든지 당신 뜻대로 하십시오. 이 순간부터 이 몸은 당신의 몸입니다"라고 기도했다.

　다음날, 광고회사에 다니는 두 명의 부인이 윌슨의 병원으로 왔다. 윌슨은 그 두 사람을 그리스도께로 인도했는데, 이것이 복음전도의 삶의 시작이었다. 후일 윌슨은 캔자스에 중앙 성경교회, 깃대 인디언 선교, 갈보리 성경대학 등을 설립했고, 『어느 의사의 방문 로맨스』라는 베스트 셀러를 저술했다. "나의 성령 체험에 관해서 말하자면, 1915년 1월 14일에 경험한 삶의 변화는 1896년 12월 21일에 구원받으면서 경험한 변화보다 훨씬 더 위대한 것이었다."

형제들아 내가 하나님의 모든 자비하심으로 너희를 권하노니 너희 몸을 하나님이 기뻐하시는 거룩한 산 제사로 드리라 이는 너희의 드릴 영적 예배니라 너희는 이 세대를 본받지 말고 오직 마음을 새롭게 함으로 변화를 받아 하나님의 선하시고 기뻐하시고 온전하신 뜻이 무엇인지 분별하도록 하라(롬 12:1-2).

1월 15일 중국 선교사 마가렛

부부 선교사인 딕과 마가렛 힐리스는 일본군이 공격했을 때 중국에 있었다. 이들은 두 자녀와 함께 센큐라는 마을에서 살았다. 일본군의 진격에 대한 소문을 듣고 그 마을 사람들은 공포에 질려 있었다. 설상가상으로 딕은 맹장염에 걸렸다. 목숨을 건지려면 멀리 떨어져 있는 병원으로 가야 했다. 1941년 1월 15일, 아내 마가렛은 남편이 떠나는 모습을 지켜 보면서 불길한 예감을 느꼈다.

곧 중국군 연대장이 새로운 소식을 가져왔다. 적군이 가까이 왔으므로 마을 사람들은 피해야 한다는 것이었다. 마가렛은 한살된 조니와 생후 2개월 된 앤이 피난생활에서 살아 남기 힘들다는 것을 알았기 때문에 두려웠다. 그래서 마가렛은 피난하지 않고 그냥 머물러 있었다. 다음날 아침, 마가렛은 달력을 뜯어내고서 새 날의 성구를 읽었다. 그것은 시편 56:3 "내가 두려워하는 날에는 주를 의지하리이다"였다.

그날 마을 사람들은 모두 떠났다. 다음날 아침 마가렛은 혼자 버림받은 것 같았다. 달력에 인쇄되어 있는 그날의 성구는 시편 9:10 "주의 이름을 아는 자는 주를 의지하오리니 주를 찾는 자들을 버리지 아니하심이니이다"였다.

다음날 아침, 멀리서 총성이 들려왔다. 마가렛은 아이들에게 먹일 양식 걱정을 했다. 달력에 있는 성구는 창세기 50:21 "내가 당신들과 당신의 자녀를 기르리이다"였다. 갑자기 늙은 부인이 김이 나는 염소젖 한 통을 가지고 들어왔고, 또 다른 사람이 계란 한 바구니를 가져왔다.

그날 종일 총소리가 더 크게 났다. 마가렛은 밤에 구원을 위해 기도했다. 다음날 아침 달력을 뜯고 시편 56:9 "내가 아뢰는 날에 내 원수가 물러가리니"를 읽었다. 전쟁이 점점 더 가까워졌고, 그날 밤 마가렛은 일본군이 쳐들어올 것 같아 잠을 잘 수 없었다. 그러나 다음날 아침은 아주 조용했다. 마을 사람들이 집으로 돌아오기 시작했고, 중국군 장교가 그녀의 집 문을 두드렸다. 장교의 말에 의하면 어떤 이유인지 일본군이 퇴각했다는 것이었다. 아무도 그 말을 이해할 수 없었지만, 위협은 지나갔고, 그들은 안전했다.

마가렛은 벽에 걸린 달력을 보면서 그동안 자신이 읽은 것이 하나님의 친필이었음을 깨달았다.

내가 아뢰는 날에 내 원수가 물러가리니 하나님이 나를 도우심인줄 아나이다…내가 여호와를 의지하여 그 말씀을 찬송하리이다 내가 하나님을 의지하였은즉 두려워 아니하리니 사람이 내게 어찌 하리이까(시 56:9-11).

무디 성경 학교

1월 16일

1873년 어느 추운 주일, 품위있는 부인과 풍채 좋은 남자가 시카고에 있는 클라크 다리를 건너고 있었다. 대학교 관리자인 엠마 드라이어와 복음전도자인 드와이트 무디가 시카고에 기독교 학교를 세우는 일에 대해 의논하는 중이었다. 드라이어는 그 학교가 남녀공학이어야 한다고 했지만, 무디는 반대했다.

드라이어는 혼자 기금을 모으기로 했고, 1882년 50명의 학생으로 개교했다. 이에 감동을 받은 무디는 만일 시카고 사람들이 25만불을 모금할 수 있다면 자기도 도와주겠다고 했다.

"내 생각을 털어놓겠습니다. 나는 한번에 25만불이 모금되는 것을 보고 싶습니다. 시카고에서 25만불이란 그리 큰 액수가 아닐 것입니다. 우선 5만불로 75-100명을 수용할 수 있는 기숙사를 지으십시오. 다음에 20만불을 5%의 이자를 받고 투자하면 1년에 1만불이 생길텐데, 그 돈으로 이 사역을 운영할 수 있을 것입니다. 다음에는 재능있는 사람들을 받아들여 사람들을 회심시키는 사역을 위해 훈련시키십시오."

그는 마침내 남녀공학을 세우는 데 동의했다. 무디보다 여러 해 앞서서 남녀공학의 학교를 세우려는 꿈을 가지고 개교를 위한 교육적 조직적 의견을 제공했던 엠마는 무디에게 그 학교의 자도자직을 제공하기 위해 사임했다. 대지와 건물이 마련되었다. 1890년 1월 16일, 무디 성경 학교가 개교하게 되었다.

2년 후, 윌리엄 에반스가 무디성경학교 최초의 졸업생이 되었다. 기자였던 에반스는 뉴욕에서 무디의 설교를 들었다. 무디는 누가복음 5장으로 설교하면서 젊은 사람들에게 그리스도를 섬기는 일에 자신을 바치라고 하더니, 갑자기 에반스를 내려다 보면서 "젊은이! 당신을 두고 하는 말입니다"라고 말했다.

나중에 무디는 에반스를 만나 "젊은이, 하나님께서는 어떻게 해서든 그것이 당신을 두고 하신 말씀이라고 말하라고 하셨지요. 당신은 한번도 예수 그리스도를 섬기는 일에 삶을 바치라는 소명을 받은 적이 없습니까?"라고 물었다. 에반스가 자신의 안정된 월급을 언급했더니, 무디는 코웃음을 치면서 "짐을 챙겨 시카고에 있는 내 학교로 가시오. 돈 문제는 생각하지 말고 말이오"라고 했다.

에반스는 무디의 말대로 했다. 그리고 그는 무디성경학교 출신으로서 그리스도를 위해 전세계를 누빈 수천 명의 졸업생들 중 최초의 인물이 되었다.

내 아들아 그러므로 네가 그리스도 예수 안에 있는 은혜 속에서 강하고 또 네가 많은 증인 앞에서 내게 들은 바를 충성된 사람들에게 부탁하라 저희가 또 다른 사람들을 가르칠 수 있으리라 (딤후 2:1-2).

1월 17일   즈빙글리와 세례

즈빙글리는 취리히에서 사역하며 기성 국교회의 범주 내에서 스위스를 개혁하려 했다. 취리히를 비롯하여 유럽 전역에서는 국가와 교회 사이에 차이가 없었다. 세례받은 아이들은 모두 교회의 구성원이며 시민으로 간주되었다. 그러나 즈빙글리의 개혁을 견디지 못한 콘라드 그레벨과 펠릭스 만츠는 개인집에서 성경공부반을 개최하기 시작했다. 그들은 성경연구를 하면서 국가가 후원하여 유아세례를 베푸는 것에 대한 질문을 제기했다.

그레벨의 아내가 아들을 낳았을 때에는 이미 충돌을 눈 앞에 두고 있었다. 1525년 1월 17일, 취리히 시의회는 그 문제에 관한 공개 토론회를 마련했다. 즈빙글리는 아이들은 모두 태어난 지 8일째 되는 날까지는 세례를 받아야 한다고 주장했고, 그레벨과 만츠는 세례는 그리스도에 대한 신자의 헌신의 상징이라고 주장했다. 하지만 결국 그 토론에서는 그들이 패했다.

나흘 후, 어두움을 틈타서 12명의 남자들이 눈을 맞으며 만츠의 집으로 갔다. 무릎을 꿇고 기도한 후에, 그들 중 한 사람인 조지 블라우록은 그레벨에게 그리스도에 대한 개인적인 신앙고백을 하고서 사도적 형식으로 자기에게 세례를 베풀어달라고 요청했다. 그레벨은 그의 요청을 들어주었고, 이전에 사제였던 블라우록은 다른 사람들에게 세례를 주었다.

즈빙글리는 격분했다. 그리하여 이 급진적인 개혁자들은 곧 취리히에서 추방되었다. 그들은 졸리콘이라는 인근 마을에 하나의 회중을 세웠는데, 이것은 현대 최초의 "자유" 교회이다. 그러나 그들은 즈빙글리나 취리히의 핍박에서 해방된 것은 아니었다. 즈빙글리는 그들을 좇아다니며 박해했다.

감옥에서 건강을 잃은 그레벨은 페스트로 사망했다. 블라우록은 화형을 당했다. 그리고 취리히 관리들은 만일 만츠가 그처럼 세례를 원한다면 세례를 주겠다고 결정했다. 그들은 만츠를 벨렌베르크 감옥에서 끌어내어 팔과 다리를 결박했다. 그들이 취리히의 림맛강 중간을 배를 타고 갈 때에, 만츠의 어머니는 그에게 끝까지 그리스도에게 충성하라고 소리쳤다. 그가 "오 주님, 내 영을 당신께 맡깁니다"라고 기도를 마치자, 사람들은 그를 배에서 떨어뜨렸고, 차가운 취리히 호수가 그를 삼켰다.

길 가다가 물있는 곳에 이르러 내시가 말하되 보라 물이 있으니 내가 세례를 받음에 무슨 거리낌이 있느뇨 이에 명하여 병거를 머물고 빌립과 내시가 둘 다 물에 내려가 빌립이 세례를 주고 (행 8:36-38).

신자들을 박해한 고위 성직자들

1월 18일

예수님은 제자들을 택하실 때에 조만간 우리들 대다수가 조급하고 충동적인 베드로와 같게 될 것을 아셨다.

제임스 미첼도 베드로와 같아서 설교자이면서 암살자였다. 그가 이렇게 된 데에는 분명히 이유가 있었을 것이다. 그는 스코틀랜드 교회에 앵글로-가톨릭 형태를 강요하려는 영국의 시도에 저항하기로 맹세한 스코틀랜드 장로교인이었다. 그들의 저항은 국가로부터의 박해와 교회 자체로부터의 박해를 초래했는데, 박해의 원흉은 대주교인 제임스 샤프였다. 그는 장로교인들을 마치 개를 잡듯이 체포하여 죽였다.

미첼은 무슨 일인가를 해야 한다고 생각했다. 1668년 7월 11일, 대주교가 마차를 타고 가는 동안, 미첼은 그에게 권총을 겨누어 쏘았다. 그런데 그는 대주교가 아니라 다른 주교의 손을 맞추었다. 결국 미첼은 체포되어 감독에 갇혔다. 그는 발을 죄는 형구로 고문을 받았는데, 다리가 한 번에 2센티씩 부서져갔다. 만신창이가 된 미첼은 더러운 감방을 전전했는데, 그곳에서 그는 눈 녹인 물을 오트밀에 뿌려 먹으면서 목숨을 부지했다.

1678년 1월 18일, 대주교를 암살하려다 실패한 설교자 미첼은 에딘버러의 처형장으로 끌려갔다. 북소리 때문에 그의 마지막 말은 들리지 않았지만, 그는 사람들에게 전할 메시지의 사본 둘을 만들어 감추어 두었다가 교수대 위에서 군중들에게 던졌다. 다음날 스코틀랜드 전역에는 다음과 같은 글이 벽보로 붙게 되었다.

> 내가 개인적으로 지은 특별한 죄들이 사형을 받아 마땅한 죄였음을 인정한다. 그러나 나는 예수 그리스도의 공로 안에서 내 죄에 대한 영원한 형벌에서 나를 해방될 것을 희망한다. 나는 이 땅에서 멸시받고 있는 그리스도의 진리와 이익을 증거하는 증인이 되기 위해서 이곳에 끌려왔다. 이곳에서 나는 내 피로 그것을 봉인하라는 소명을 가지고 있다. 나는 내 보잘 것 없는 삶으로 말미암아 이곳에서 그리스도의 참된 지체들에 대한 박해, 불신하는 고위 성직자들이 자행하는 박해가 종식되기를 진심으로 원한다.

그러나 불신하는 고위 성직자들은 그후로도 많은 박해를 가했다.

시몬 베드로가 검을 가졌는데 이것을 빼어 대제사장의 종을 쳐서 오른편 귀를 베어버리니 그 종의 이름은 말고라 예수께서 베드로에게 이르시되 검을 집에 꽂으라 아버지께서 주신 잔을 내가 마시지 아니하겠느냐 하시니라(요 18:10, 11).

1월 19일

찰스 1세

정치와 종교를 혼합하는 것은 국가의 수장이나 교회의 수장에게 폭약과 같다. 특히 양자가 두 가지 책임을 맡을 때에 그러하다.

이혼을 자주 한 헨리 8세가 스스로를 국교회의 수장이라고 선언하고 교황을 대신하려 하자 영국의 종교개혁이 일어났다. 그러나 그 개혁은 진정한 갱신을 원하는 사람들을 만족시키지 못했다. 청교도들은 헨리가 교회에서 "교황제의 넝마들"을 깨끗이 제거하며 성경으로 돌아가게 하는 일을 제대로 수행하지 못한다고 느꼈다.

헨리의 딸 엘리자베스 1세는 청교도들을 반대했다. 그리고 그의 후계자인 제임스 1세도 햄프톤 궁의 회의에서 위협을 느꼈기 때문에 그들을 나라 밖으로 몰아냈다. 그러나 제임스의 아들 찰스 1세는 그들을 지배하는 수장의 역할을 상실했다. 찰스는 1600년에 태어났으며 25년 후에는 왕위에 올랐다. 그는 대단히 종교적이고, 도덕적으로 오점이 없고, 철저히 가정적인 사람이었다. 그러나 그는 고집센 군주로서 국왕의 신적 권리를 고수했다. 그는 가톨릭 신자를 아내로 맞았고, 가톨릭 경향을 지닌 인물을 캔터베리의 대주교로 임명했다. 그는 청교도들을 탄압했다. 그리하여 수천 명의 청교도들이 신대륙으로 도피했다.

찰스는 오랫동안 의회 없이 통치했다. 그러나 그가 스코틀랜드 교회를 강제로 변화시키려 하자, 스코틀랜드가 반발했다. 무기와 돈이 필요한 찰스는 마침내 의회를 소집했다. 그러나 의회는 스코틀랜드인들보다 더 찰스를 반대했고, 찰스가 의회의 지도자를 체포하려 하자 내란이 일어났다. 1645년, 올리버 크롬웰이 이끄는 청교도들은 스코틀랜드인들의 지원을 받아 국왕 지지파를 패배시켰다.

1649년 1월 19일, 국왕 찰스는 재판을 받았다. 재판관들은 웨스트민스터 홀 한쪽 끝에 있는 높은 단 위에 앉았고, 반대편에는 군인들이 서 있었다. 찰스는 혼자 중앙에 앉아 있었다. 결국 사형선고를 받은 찰스는 조용히 단두대를 행했다. 형리의 도끼에 그의 머리가 잘릴 때, 겁에 질린 군중들은 신음소리를 냈다. 만일 그가 자신의 가정을 돌보듯 나라를 다스릴 수만 있었다면, 그는 영국에서 가장 위대한 군주들 중의 한 사람이 되었을 것이라고 세인들은 말한다. 그러나 그는 그렇지 못했으며, 결국 영국 국교회의 수장이 단두대의 이슬로 사라졌다.

마음의 경영은 사람에게 있어도 말의 응답은 여호와께로서 나느니라 사람의 행위가 자기 보기에는 모두 깨끗하여도 여호와는 심령을 감찰하시느니라(잠 16:1, 2).

박해를 이기고 살아남은 교회

1월 20일

예수 그리스도의 교회는 파괴되지 않는다. 아무리 연약한 신자라도 하나님 보시기에는 귀중하며, 죽음은 하나님의 백성에게 힘을 발휘하지 못한다.

로마 황제 데시우스는 이 사실을 깨닫지 못했다. 249년에 데시우스 트라얀이 로마의 통치자가 되었을 때, 로마 제국은 쇠퇴하고 있었다. 야만족들이 북쪽 국경을 위협하고 있었고, 사기는 극도로 저하되어 있었다. 단호하고 고집센 군인이었던 데시우스는 제국이 연약하고 다루기 힘든 원인은 기독교인들에게 있다고 생각했다.

황제는 하나의 전략을 세웠다. 그는 만일 교회의 지도자를 제거한다면, 교회 전체가 와해될 것이라고 생각했다. 그는 "만일 머리를 베어버린다면 몸은 곧 죽을 것이다"라고 말했다. 그리하여 249년 12월, 제국 전역에 모든 기독교인들을 체포하라는 명령을 내림으로서 교회에 대한 최초의 전국적인 박해가 시작되었다. 250년 1월 20일, 로마의 19대 교황인 파비안이 체포되어 재판을 받고 최초의 순교자가 되었다.

소문에 의하면, 데시우스는 "로마의 또 다른 감독에 대한 소문을 듣기보다 경쟁자가 보좌에 올랐다는 소식을 듣는 편이 훨씬 낫겠다"고 말했다고 한다. 파비안의 삶과 사역에 대해서는 기록이 거의 없다. 우리는 그가 로마 교회의 조직을 개선했다는 것을 알고 있다. 그는 로마시를 7개의 회중으로 나누어 각 회중을 한 사람의 집사가 책임지도록 한 사람이었다.

박해를 받으면서도 교회는 죽지 않았다. 용감한 기독교인들은 감옥에서 카르타고의 감독 키프리안에게 편지를 보냈다.

> "고문을 받고 죽음을 앞에 두고서도 하나님을 주로 고백하는 것보다 더 영광스럽고 본된 운명이 어디 있겠습니까! 만신창이가 되어 죽음의 문턱에 서 있으면서도 자유로이 그리스도를 주로 고백하며, 그리스도와 함께 고난받는 자가 되는 것보다 더 영광스러운 일은 없을 것입니다. 우리는 아직 피를 흘리지는 않았지만, 각오는 되어 있습니다."

데시우스는 그 이듬해에 사망했지만, 그가 박해한 교회는 계속 강건하게 존속하고 있다.

예수께서 대답하여 가라사대 바요나 시몬아 네가 복이 있도다 이를 네게 알게 한 이는 혈육이 아니요 하늘에 계신 내 아버지시니라 또 내가 네게 이르노니 너는 베드로라 내가 이 반석 위에 내 교회를 세우리니 음부의 권세가 이기지 못하리라 (마 16:17, 18).

1월 21일 — 난쟁이 교황 그레고리 7세

당신은 죄를 용서받기 위해서 사흘 동안 눈 속에 맨발로 서 있을 수 있겠는가?

11세기 교회는 전반적으로 타락했다. 그 시대에 힐데브란트라는 이름의 난쟁이 개혁자가 교황 그레고리 7세가 되었다. 그레고리는 유럽 여러 국가의 교회 지도자들을 임명할 수 있는 특권을 가지고 있다고 주장하며 변화를 시도했다.

독일의 황제 헨리 4세는 그에게 저항했고, 교황을 바꾸려 했다. 교황은 헨리를 파문하고, 백성들에게 더 이상 헨리에게 복종해서는 안된다는 칙령을 내렸다. 백성들의 배반에 분노한 황제는 여러 달 사납게 날뛰었다. 그러나 결국 그는 자신의 왕관을 지키는 유일한 방법은 교황의 용서를 구하는 것임을 깨달았다.

1077년 겨울은 매우 추웠지만 헨리는 크리스마스 전에 용서를 구하기 위해 아내와 어린 아들을 데리고 독일을 출발하여 알프스를 넘었다. 왕후와 어린 아기를 쇠가죽으로 만든 거친 썰매에 태워 얼어붙은 산등성을 오르고 내렸다. 도중에 말을 잡아 먹고 불도 땠다. 소수의 수행원을 동반한 이 작은 무리는 1077년 1월 21일에 교황이 거하는 궁이 있는 이탈리아의 카놋사에 도착했는데, 날씨가 무척 추웠다. 헨리는 사흘 동안 맨발에 거친 양털 옷을 입고 떨며 교황이 거하는 궁의 문을 두드리며 서 있었다. 돌처럼 단단하고 눈처럼 차가운 늙은 교황은 철저하게 그에게 굴욕을 주기 전까지는 문을 열어주지 않았다. 마침내 헨리는 허락을 받아 왜소한 교황 앞에 들어갈 수 있게 되었다. 그는 교황의 발앞에 몸을 던지고는 울면서 "거룩한 아버지, 나를 용서해주십시오!"라고 말했다. 교황은 그를 용서해 주었다.

하지만 우리는 추위에 맨발로 서 있을 필요가 없다. 왜냐하면 그리스도께서 주홍같은 우리의 죄를 눈처럼 희게 하시려고 갈보리에서 우리를 대신하여 십자가에 달리셨기 때문이다.

여호와께서 말씀하시되 오라 우리가 서로 변론하자 너희 죄가 주홍 같을지라도 눈과 같이 희어질 것이요 진홍같이 붉을지라도 양털같이 되리라(사 1:18).

교황의 소망

1월 22일

헨리에게 굴욕을 준 그레고리 7세는 추기경들에 의해 선출된 것이 아니라 사람들이 그를 교황으로 선포했다. 그의 이름은 힐데브란트였다. 그는 통찰력이 있고 고결했기 때문에 5명의 교황의 고문으로 활동했으며, 배후에서 일하면서 개혁을 촉진하는 편을 선호했다. 그러한 평판 때문에 그는 많은 사람들의 존경을 받았다.

1073년에 거행된 교황 알렉산더 2세의 장례식 때에, 군중들은 "힐데브란트를 교황으로!"라고 외치기 시작했다. 힐데브란트는 사람들을 진정시키려고 강단에 올라가려 했지만, 추기경 칸디두스가 그를 저지하고는 다음과 같이 외쳤다. "형제들과 백성들이여, 우리는 그분만큼 교황직에 적합한 사람을 발견할 수 없습니다. 그분을 교황으로 선택합시다." 추기경들과 성직자들은 옛부터 사용되어오는 공식을 사용하여 "사도 베드로께서 그레고리를 교황으로 선택하셨다"고 외쳤다.

그레고리 7세는 교회를 갱신시키고 고결하게 만들려고 노력했지만, 많은 교회 지도자들을 그에게 반대했다. 그러나 클루니 수도원의 수도사이자 그의 친구인 휴고는 그렇지 않았다. 1075년 1월 22일, 교황은 자기의 심정에 대해 친구에게 편지를 썼다.

> 동방 교회는 믿음에서 떨어졌으며, 외적으로는 불신자들의 공격을 받고 있습니다. 서부와 남부, 또는 북부 지방에는 제대로 임명되었거나 소명에 합당한 생활과 행동을 영위하는 감독들이 극히 드뭅니다. 세상적인 야심이 아닌 그리스도에 대한 사랑에 의해 행동하는 감독들이 거의 없습니다. 자기의 영광보다 하나님의 영광과 정의를 소중히 여기는 군왕은 어디에도 없습니다. 내가 살고 있는 로마의 사람들은 이교도들보다 더 악합니다. 또 나 자신을 살펴볼 때, 나는 너무나 죄짐의 압박을 받고 있기 때문에 나에게는 그리스도의 자비 외에는 구원의 소망이 없습니다.

힐데브란트는 교회를 타락으로부터, 그리고 세속 군주들의 정치적인 지배로 구하기 위해 최선을 다했다. 그러나 앙심을 품은 헨리 4세는 결국 복수할 힘을 되찾아 로마로 진군하여 거의 폐허가 되었으며, 교황 그레고리를 유배시켰다. 상심한 교황은 1085년에 살레르노에서 세상을 떠났다. 그에게는 그리스도의 자비 외에는 다른 소망이 없었다.

나의 영혼이 잠잠히 하나님만 바람이여 나의 구원이 그에게서 나는도다…넘어지는 담과 흔들리는 울타리 같은 사람을 죽이려고 너희가 일제히 박격하기를 언제까지 하려느냐…나의 영혼아 잠잠히 하나님만 바라라 대저 나의 소망이 저로 좇아 나는도다…하나님은 우리의 피난처시로다(시 62:1, 3, 5-8).

1월 23일 — 흑단에 새겨진 하나님의 형상

전도서 9:10은 "무릇 네 손이 일을 당하는 대로 힘을 다하여 할지어다"라고 말한다. 아만다 스미스만큼 열심히 일한 사람도 없을 것이다. 그녀는 1837년 2월 23일, 메릴랜드의 노예로 태어났다. 아버지 새무얼 베리는 자녀들을 해방시켜 주기 위해서 피곤한줄 모르고 일했다. 그는 낮에는 빗자루를 만들고, 수마일을 걸어서 밭으로 가서 새벽까지 일했다. 그는 한두 시간 정도만 잤다. 그리하여 결국 그는 가족들 모두를 해방시켜 줄 수 있었다.

아만다는 자라서 그리스도께 헌신했다. 아만다의 어머니와 할머니는 신앙이 깊은 사람들이었다. 그리고 그 지역에서 불같이 일어난 감리교 신앙부흥이 아만다에게 깊은 영향을 주었다. 아만다는 메과자와 닭요리를 잘 만들기로 유명했고, 그 지역에서 가장 일잘하는 잡부였다. 어느날 여동생 프랜시스의 실수로 노예 해방문서가 없어지자, 그 문서를 다시 사기 위해서 열심히 일해야 했다. 아만다는 12시간이나 빨래를 하고, 그 다음에는 다림질을 해야 했다. 아만다는 지쳐서 창문 턱에 머리를 기대고 잠깐 눈을 붙이곤 했다.

그런 중에도 아만다는 시간을 내어 신앙을 증거했는데, 복음전도자로서의 그녀의 능력은 사람들의 관심을 끌었다. 그녀는 여러 곳에서 초청을 받기 시작했고, 인기있는 감리교 전도자가 되었다. 그녀는 남쪽으로는 낙스빌까지, 그리고 서쪽으로는 멀리 어스틴까지 가서 전도했다. 그녀는 소지품이 든 손가방과 간편한 차림으로 기차를 타고 다녔다. 그녀의 명성은 대서양을 가로질러 유럽에까지 전해져서, 그녀는 영국, 인도, 심지어 아프리카에서도 초청을 받았다. 그녀는 여성 악단, 청년들의 모임, 금주협회, 어린이 집회 등을 만들었다. 또 집없는 청년들을 입양하여 시카고 근처에서 고아원을 시작했다. 사람들은 아만다를 흑단에 새겨진 하나님의 형상이라고 했다.

비록 공식적으로 임명받은 사역자는 아니었지만, 아만다는 설교를 통해서 많은 사람들을 그리스도께 인도했다. 그녀는 "나는 한번도 설교자로 임명되려는 생각을 한 적이 없습니다. 왜냐하면 나는 '네가 나를 택한 것이 아니라 내가 너를 선택했고 임명했으니, 가서 열매를 맺으라'고 말씀하신 분으로부터 임명을 받았기 때문입니다"고 말했다.

무슨 일을 하든지 마음을 다하여 주께 하듯 하고 사람에게 하듯 하지 말라 이는 유업의 상을 주께 받을 줄 앎이니 너희는 주 그리스도를 섬기느니라(골 3:23, 24).

끝까지 충성한 선교사들

1월 24일

기독교인들이라면 "하나님, 어째서 이런 일이…?"라는 기도를 드린 적이 있을 것이다. 왜 그녀가 암에 걸렸습니까? 왜 내가 해고된 것입니까? 왜 하나님께서 나를 잊으신 것처럼 보입니까? 그러나 십자가에 달리셔서 "나의 아버지, 어찌하여…"라고 외치셨던 예수님은 "다 이루었다"고 말씀하심으로써 자신의 고난이 끝나고 사역이 완성되었음을 나타내셨다.

아이린 페럴은 로스앤젤레스 성경학교를 졸업하면서 해외 선교를 하게 되었다. 아이린은 콩고로 가서 10년간 아이들을 가르치고 그리스도를 전하며 키윌루에 있는 약국에서 일했다. 1964년에 공산 반군들이 정부를 전복시키기 위해 게릴라 공격을 감행했다. 키윌루 지방의 선교사들은 신변의 위협을 느꼈다. 아일린과 그녀의 동역자 룻 헤지는 선교지를 떠나기로 결정했다. 두 사람은 헬리콥터를 수배하여 1964년 1월 24일에 그곳을 떠날 준비를 했다.

그들은 꼭 필요한 물건만 챙겨 짐을 싼 후에 마지막 예배를 보기 위해 콩고인 일꾼들을 모이게 했다. 아이린은 오르간을 쳤다. 마지막 찬송을 부르고 마지막 기도를 드린 후, 이 두 여자 선교사들은 헬리콥터가 도착하기를 기다렸지만 헬리콥터는 오지 않았다. 그들은 일단 집에 돌아가서 다음날까지 기다려 보기로 했다.

그런데 한밤중에 반군들의 공격을 받았다. 반군들은 주로 청년들로 이루어져 있었는데, 그중에는 십대 소년들도 있었다. 그들은 불을 지르고 유리창을 깨는 등 피에 굶주린 사람들처럼 난동을 부렸다. 그들은 두 선교사를 침대에서 끌어내고는 달빛 아래서 그들 주위를 돌면서 춤을 추었다. 한 청년이 아이린의 목에 화살을 쏘았다. 아이린은 마지막 힘을 다하여 "다 이루었다"고 말하고는 숨을 거두었다. 룻 헤지 역시 화살에 맞았다. 룻은 죽은 척했는데, 반군 하나가 머리카락을 한 웅큼이나 뽑는 데도 꼼짝하지 못했다. 반군들이 숲으로 돌아간 후에야 룻은 기어서 안전한 곳으로 도망갔다.

1960년대에는 콩고에서 많은 선교사들이 살해되었다. 그 기간은 죽음의 시기였다. 왜 헬리콥터가 도착하지 않았을까? 왜 하나님은 종들이 죽도록 내버려 두실까? 우리는 언젠가 그 사실을 이해할 수 있을 것이다. 그 때에 우리는 그의 인자하심이 무궁함을 알고 하나님을 의지할 것이다.

스스로 이르기를 나의 힘과 여호와께 대한 내 소망이 끊어졌다 하였도다 내 고초와 재난 곧 쑥과 담즙을 기억하소서 내 심령이 그것을 기억하고 낙심이 되오나 중심이 회상한즉 오히려 소망이 있사옴은 여호와의 자비와 긍휼이 무궁하시므로 우리가 진멸되지 아니함이니이다

(애 3:18-22).

1월 25일   최초의 박해자

98년 1월 25일에 네르바 황제가 갑자기 사망함에 따라 그의 양자인 트라얀이 왕위에 올랐다. 젊은 트라얀은 대단히 정력적이며 보수적인 사상을 가진 장군이었다. 그는 지칠 줄 모르는 유능한 행정가로서의 수완을 발휘하여 세금을 낮추고 예산을 발표하고 정부의 지출을 삭감했다. 그의 건설 사업으로 로마 제국은 많은 유익을 얻었으며, 다른 황제들과는 달리 그는 끝까지 아내에게 성실했다.

110년경에 비두니아의 타락상에 대한 소문이 제기되었을 때, 트라얀은 자기의 고문인 플리니를 비두니아로 보냈다. 흑해에 도착한 플리니는 우연히 기독교인들을 만났는데 그들을 어떻게 해야 할지 몰랐다. 트라얀에게 보낸 그의 유명한 편지—이것은 현존하는 것으로서 기독교에 관한 가장 초기의 로마 문서이다—에서는 예배 의식에 대해 묘사하면서 조언을 구하고 있다.

> 그들의 죄목은 다음과 같습니다. 그들은 정해진 날 새벽에 모여서 자기들의 신인 그리스도에게 드리는 찬송을 부릅니다. 그들은 도둑질이나 강도질이나 간음을 하지 않고 신앙을 버리지 않기로 맹세합니다. 이 의식이 끝난 후, 그들은 헤어졌다가 다시 만나서 음식을 먹습니다. 그러나 이 음식은 일상적인 음식이며 전혀 해롭지 않은 음식입니다. 나는 집사라고 불리는 두 명의 여자 하인들을 고문했는데, 기독교가 타락하고 엉뚱한 미신이라는 것 외에 다른 것은 발견하지 못했습니다. 위험에 처해 있는 많은 사람들의 일로 인해 폐하께 의논하는 것이 타당하다고 생각합니다. 남녀노소, 여러 계층의 사람들이 고발을 받아 위험에 처해 있습니다. 이 미신은 도시뿐만 아니라 마을 및 시골에까지 퍼져 있습니다.

이 편지에 대한 트라얀의 회신은 그후 여러 해 동안 로마의 정책을 결정하는 기준이 되었다. 그것은 "묻지 말라, 말하지 말라"였다. 트라얀은 말하기를, 기독교인들을 짐승을 쫓듯이 수색할 필요는 없지만, 혹시 사건 현장에서 발견될 경우에는 처벌해야 하며, 혹시 그들이 뉘우친다면 용서해주라고 말했다.

비록 심하지는 않았지만 트라얀은 기독교인과 유대인을 구분하여 박해한 최초의 인물이 되었다. 그의 통치 하에서 순교한 사람들 중에는 안디옥의 감독 이그나티우스가 포함되어 있다.

…내가 지극히 높으신 자에게 감사하며 영생하시는 자를 찬양하고…그는 자기 뜻대로 향하시나니 누가 그의 손을 금하든지 혹시 이르기를 네가 무엇을 하느냐 할 자가 없도다(단 4:34-35).

재물의 올바른 사용법　　1월 26일

　사이러스 맥코믹의 아버지는 곡식을 추수하는 기계를 발명하려는 꿈을 가지고 있었다. 그는 여러 해 동안 헛수고를 했지만, 결국 그는 수확기를 발명해냈다. 사이러스는 38세 때에 단돈 60불을 가지고 시카고로 가서 공장을 시작했고, 40세 때 백만장자가 되었다.

　그는 뉴욕 출신의 처녀 네티 파울러를 만났다. 네티는 키가 크고 우아하며 빛나는 갈색 눈의 여인이었다. 사이러스는 그녀의 얼굴이 빛나는 것은 그녀와 그리스도의 관계 때문임을 알게 되었다. 그들은 사랑에 빠졌고, 1859년 1월 26일에 결혼했다. 네티는 사이러스 보다 26살이나 어렸지만, 두 사람은 26년 동안이나 함께 해로했다. 1884년에 사이러스가 사망하면서 받은 유산으로 네티는 굉장한 부자가 되었다. 네티는 그 돈으로 무엇을 했을까?

　네티는 시카고에 젊은 장로교 목회자들을 위한 매코믹 신학교를 세웠다. 네티는 학생자원운동을 시작한 존 R. 모트가 전 세계에서 학생 사역을 조직하는 일을 지원해주었다. 또 네티는 '세계 기독학생연맹'을 세우는 일도 도와주었다. 그녀는 무디의 복음전도 운동에 많은 기여를 했다. 그녀는 래브라도 반도로 파송된 선교사 윈프레드 그렌펠, 그리고 페트라에서 활동한 고고학자 조지 리빙스턴 로빈슨 등을 지원해주었다. 그녀는 테네시 주에 터스컬럼 대학에 투자했고, 애팔라치아의 교육 사업에 많은 돈을 기부했다.

　네티는 아시아 선교에 열중했고, 시카고에 있는 그녀의 집은 국제적인 기독교 교류의 중심지가 되었다. 그곳은 언제나 선교사들과 외국 기독교인들로 북적댔다.

　네티는 어느 나라에서는 물 공급을 개선하고, 어느 나라에서는 병원을 마련해주고, 또 어느 나라에는 기독교 대학을 세워주었다. 그녀는 페르시아에는 여성병원을 세우고 한국에는 신학교를 세웠다. 인도에는 농기계들을 보내주었다.

　네티는 이 모든 일을 그리스도의 이름으로 행했다. 그러나 그녀는 자신이 위대한 기부자라고 생각하지 않았고, 다른 사람들이 자기보다 더 많은 것을 베풀고 있다고 생각했다. 네티는 "자신은 돈을 기부하지만… 가장 큰 선물은 선교사들의 자기 희생과 헌신에서 오는 것입니다"라고 말했다. 우리는 사람들이 돈을 어디에 쓰는지에 의해서 그 마음이 어디에 있는지를 알 수 있다.

너희를 위하여 보물을 땅에 쌓아두지 말라 거기는 좀과 동록이 해하며 도적이 구멍을 뚫고 도적질하느니라 오직 너희를 위하여 보물을 하늘에 쌓아두라 저기는 좀이나 동록이 해하지 못하며 도적이 구멍을 뚫지도 못하고 도적질도 못하느니라 네 보물있는 곳에 네 마음도 있느니라

(마 6:18-21)

1월 27일 — 내 영혼을 잠잠케 하소서

과거에는 인간의 수명이 지금보다 짧았다. 주님의 일꾼들도 예외가 아니었다. 의학의 역사도 그리 오래되지 못했고, 병원이 많지 않았고, 질병이 창궐했다. 그러나 기독교인들은 "제대로 죽었다." 예를 들어보자. 다음은 버몬트 지방의 목사인 대니얼 잭슨이 1852년 1월 27일에 세상을 떠난 아내의 사망을 알리는 신문기사이다.

나는 고통스럽게도 사랑하는 인생의 동반자였던 아내 메리 잭슨의 사망을 알려야 합니다. 아내는 1월 27일 화요일, 저녁 10시 30분에 숨을 거두었습니다. 그녀의 사인은 폐병입니다. 폐병 때문에 고생하다가 결국 세상을 떠났습니다. 나는 그녀가 임종할 때의 괴로움을 묘사할 힘이 없기 때문에 이 문제에 대한 다소 기분 좋은 글을 제시하려 합니다.

승리의 마음을 가진 아내는 고통이나 불평이 없었고, 아무런 두려움도 느끼지 않았습니다. 잠시 아내는 가족들이나 친구들에 대한 애착 때문에 갈등을 느꼈습니다. 그러나 하나님의 은혜로 말미암아 아내는 영광스러운 승리를 얻었고 보다 나은 일, 즉 세상을 떠나 그리스도와 함께 거하는 일을 동경했습니다.

나는 이제 아내가 인생의 마지막 한 주일 동안 남긴 말 중 일부를 여기에 기록하려 합니다. 아내는 바야흐로 자신이 들어가려 하는 행복한 상태에 대해 말하면서, "오 영광스러운 날, 오 복된 소망, 그것을 생각만해도 가슴이 뜁니다"라고 말했습니다. 숨 쉬기가 힘들면 "복된 예수님, 내 영을 받아주세요"라고 말하곤 했습니다. 나는 아내에게 갈증이 나느냐고 물었는데, 아내는 "나는 목이 마를 때면 하나님의 성을 기쁘게 만드는 강에 대해 생각해요"라고 말했습니다.

나는 흐르는 눈물을 닦아 줄 사람도 없고 한숨을 쉬어도 관심을 가져줄 사람도 없는 외로운 순례자로 남겨졌습니다. 그러나 내 영혼아, 불평하지 말고 잠잠하라. 그대는 물질 세계 저 너머를 바라보며 세상을 떠난 아내가 누리는 영광을 보고 "주신 자도 여호와시요 취하신 자도 여호와시오니 여호와의 이름이 찬송을 받으실지니이다"라고 찬송하라.

이러므로 우리가 항상 담대하여 몸에 거할 때에는 주와 따로 거하는 줄을 아노니 이는 우리가 믿음으로 행하고 보는 것 같이 하지 아니함이로다 우리가 담대하여 원하는 바는 차라리 몸을 떠나 주와 함께 거하는 그것이라 그런즉 우리는 거하든지 떠나든지 주를 기쁘시게 하는 자 되기를 힘쓰라(고후 5:6-9).

루터의 용기

1월 28일

사도 바울은 로마 황제 앞에서 "내가 처음 변명할 때에 나와 함께 한 자가 하나도 없고 다 나를 버렸으나…주께서 내 곁에 서서 나를 강건하게 하심은…"이라고 했다(딤후 4:16, 17). 그로부터 수세기 후에 또 한 사람이 통치자 앞에 서서 그와 비슷한 변론을 했는데, 그가 바로 루터였다. 루터는 절대절명의 순간에 하나님께서 뭐라 설명할 수 없는 용기를 주신다는 것을 발견했다.

교황 레오는 루터에게 그의 가르침을 철회하라고 요구했다. 그러나 루터는 교황의 칙서를 태워 버렸다. 그리하여 찰스 5세는 1521년 1월 28일에 라인 강변에 있는 도시 보름스에 제국의회를 소집했다. 레오는 루터를 공격하기 위해 법률가들을 파송했고, 루터는 죽음을 무릅쓰고 스스로 변호하기로 결심했다. 루터는 "나는 도망치지 않으며, 내 주장을 철회하지도 않겠습니다. 주여, 내게 힘을 주소서"라고 말했다. 루터는 세 명의 친구들과 함께 비텐베르크를 떠나 10일 동안 마차를 타고 갔다. 도중에 루터가 머무는 곳마다 많은 사람들이 모여 들었고, 루터는 그들에게 설교를 했다. 그러나 보름스에 가까이 가면서 의심이 생겼다. 친구들은 루터가 존 후스와 같은 운명에 처하게 될 것이라고 경고했다. 루터는 "후스는 화형을 당했지만, 진리는 불에 타서 없어지지 않았고, 그리스도는 지금도 살아계십니다…비록 보름스에 지붕의 기와장만큼 많은 마귀들이 있다고 해도 나는 보름스로 가겠습니다"라고 대답했다.

파수꾼은 나팔을 불어 루터가 보름스에 도착했음을 알렸고, 수천 명이 모여들었다. 루터는 마차에서 내리면서 "하나님께서 나와 함께 하실 것이다"라고 중얼거렸다. 곧 그는 찰스 5세와 의회에 출두했다. 너무나 긴장했기 때문에 루터는 기절할 것 같았다. 그러나 다음날 기도로 힘을 얻은 루터는 성경의 충분성을 강력하게 변호했다. 소문에 의하면, 그는 "나는 내 주장을 철회할 수 없으며 또 철회하지도 않겠습니다. 나는 여기에 서 있습니다. 하나님 나를 도우소서! 아멘"이라고 말했다고 한다. 의회는 혼란에 빠졌고, 갑자기 휴회되었다. 루터의 친구들은 재빨리 루터를 안전한 곳으로 피신시켰다. 후일 루터는 "나는 아무 것도 두려워하지 않았다. 하나님께서는 인간을 대단히 담대하게 만드실 수 있다"고 말했다. 위험한 때에 그리스도를 위해 홀로 서는 사람들 모두가 이러한 간증을 한다.

주께서 나를 모든 악한 일에서 건져 내시고 또 그의 천국에 들어가도록 구원하시리니
(딤후 4:18).

1월 29일 　　　　　말 조심

말을 너무 많이 하면 논쟁에서 패할 수도 있다. 1500년대에 프랑스의 개혁자들이 바로 이러한 사실을 체험했다. 개신교 운동은 처음에는 프랑스에서 뿌리를 내릴 좋은 땅을 발견했었다. 개혁에 동조하는 몇몇 설교자들이 파리에서 설교를 했고, 국왕도 관심을 보였다.

그러나 1533년 10월 10일, 니콜라스 콥이 파리 대학의 학장으로 선출되었는데, 24살 된 존 칼빈이 작성한 그의 취임사는 가톨릭 교회에 대한 선전포고문이었다. 그 취임사에서는 신약성서에 기초를 둔 개혁을 요구했고, "믿음, 하나님, 죄사함, 은혜, 청의" 등에 대해서는 전혀 가르치지 않는 교회의 신학자들을 공격했다.

그 취임사로 인해 파리가 격분했고, 콥은 바셀로 도망쳤다. 소문에 의하면, 칼빈은 침대 시트를 이용하여 창문으로 탈출하여 포도원 일꾼으로 가장하여 괭이를 메고 도망쳤다고 한다. 그로부터 몇달 동안 파리 거리에는 온갖 포스터와 소책자들이 나돌았기 때문에, 1534년은 "플래카드의 해"라고 알려지게 되었다. 그런데 플레트라는 광신적인 개신교도가 붙인 비평적인 플래카드를 계기로 이러한 긴장 상태가 폭발하여 폭력이 야기되었다. 그는 "가톨릭 교회의 미사는 참을 수 없는 악습"이라고 공격했다.

1534년 10월 18일 밤, 왕의 침실 문에 붙여놓은 플레트의 플래카드가 발견되었다. 곧 파리의 감옥에는 개신교도들로 가득하게 되었다. 1535년 1월 19일, 플레트의 플래카드로 말미암아 야기된 더러움을 파리에서 제거하기 위해서 루브르 궁에서부터 노틀담까지 가는 대교무 횃불 행진이 침묵 속에 거행되었다. 왕족들, 제후들, 추기경들, 교회의 직분자들, 대사들, 그리고 국가와 대학의 관리들은 파리의 수호성인의 형상을 들고 행진했다. 그리고 대성당에서는 엄숙하게 미사가 거행되었다. 왕은 "새로운 이단"을 받아들이는 사람은 자기의 아들이라도 목을 베겠다고 선언했다.

그날 행사는 여섯 명의 개신교도들을 밧줄로 묶어 큰 기계에 매달아 더오르는 불 속에 넣었다 뺏다 하며 서서히 죽이는 것으로 끝이 났다. 그후 몇달 동안 많은 개신교도들이 감옥에 갇히고 고문을 당하고 화형을 당했다. 프랑스 혁명은 실패한 것이다.

죽고 사는 것이 혀의 권세에 달렸나니 혀를 쓰기 좋아하는 자는 그 열매를 먹으리라
　　　　　　　　　　　　　　　　　　　　　　　　　　(잠 18: 21)

발이 급한 사람은 그릇 하느니라(잠 19:2)

우간다 선교

1월 30일

　1970년대에 "아프리카의 진주"라고 불리는 우간다에서는 많은 기독교인들이 목숨을 잃었다. 그러나 그들이 최초로 목숨을 잃은 것은 아니었다. 이디 아민이 집권하기 1세기 전인 1870년대에도 기독교인들이 피를 흘렸었다.

　우간다에 도착한 최초의 인물은 리빙스턴이 개종시켰으며 그의 전기를 저술한 헨리 스탠리였다. 스탠리가 추장 무테사에게 성경책을 보여 주었을 때, 추장은 회교도들 역시 코란이라는 책을 가져왔었다고 말했다. 그는 "둘 중 어느 것이 더 좋은 책인지를 내가 어떻게 알 수 있습니까? 나는 어둠 속에 있는 사람과 같습니다. 나는 오직 보는 법을 배우고 싶습니다"라고 말했다.

　스탠리는 런던에서 발행되는 *Daily Telegraph*에 무테사의 말을 실으면서 "오, 경건하고 실질적인 선교사가 이곳에 오셨으면 좋겠습니다. 추수할 곡식이 낮을 기다리고 있습니다"라고 덧붙였다. 그의 호소에 감동하여, 교회선교협회에서는 곧 27세의 알렉산더 맥케이의 인도 하에 8명의 선교사들을 우간다로 파송했다. 맥케이는 무작정 그곳에 간 것이 아니었다. 그는 이렇게 요청했다.

> "여덟명의 영국인이 중앙아프리카로 출발하는데, 6달 후에 과연 그들 모두가 살아 있을 수 있을까요? 우리 중 적어도 한 사람은 분명히 쓰러질 것입니다. 그러나 낙심치 말고, 즉시 그 자리를 보충할 사람을 보내주셔야 합니다."

　진지바르에서 맥케이는 마차 사고로 다쳤고 두 명의 선교사들은 선교지를 이탈해버렸다. 또 한 사람은 살해되었고, 또 한 사람은 열병에 걸렸다. 나머지 세 사람은 진지바르에서 우간다를 향해 떠났다. 1877년 1월 30일에 그들은 무테사의 궁에 도착했지만, 곧 셋 중 두 사람이 살해되고, 마지막 남은 C. T. 윌슨 혼자 주일 예배를 시작했다. 곧 맥케이가 그와 합류했고, 두 사람은 여러 해 동안 수고한 끝에 첫 개종자에게 세례를 주었다.

　그들의 사역이 상승기로에 있을 때에, 잔인한 무테사의 아들이 추장이 되었다. 새 추장은 곧 맥케이가 전도한 개종자들이 그의 요구를 거절한다는 이유로 그들을 고문했다. 맥케이는 그 폭군의 위협에서도 살아남았지만 요한복음을 번역하다가 말라리아로 세상을 떠났다. 당시 그는 40세였다. 그러나 그의 수고는 헛되지 않았다. 교회는 박해받기 전보다 훨씬 빠르게 성장하여 아프리카에서 가장 튼튼한 교회가 되었다.

너희가 세상에 속하였으면 세상이 자기의 것을 사랑할 터이나 너희는 세상에 속한 자가 아니요 도리어 세상에서 나의 택함을 입은 자인 고로 세상이 너희를 미워하느니라 내가 너희더러 종이 주인보다 더 크지 못하다 한 말을 기억하라 사람들이 나를 핍박하였은즉 너희도 핍박할 터이요 내 말을 지켰은즉 너희 말도 지킬 터이라(요 15:19, 20).

1월 31일

왈도파

왈도파는 역사상 최초의 복음주의자들이다. 그들은 1200년대에 이탈리아의 피드몽 지역에서 시작되었는데, 개신교도들의 전신이라 할 수 있다. 이 운동은 리용의 부유한 상인인 피터 왈도(Peter Waldo)가 성경을 자기 지방의 언어로 번역하는 일에 개입하면서 시작되었다. 마가복음 10:22 "가서 네 있는 것을 다 팔아 가난한 자들을 주라…그리고 와서 나를 좇으라"는 말씀에 감동을 받은 그는 그 말씀대로 행했다. 그는 급진적 기독교 신앙 때문에 리용에서 추방되어 이탈리아의 알프스로 옮겨갔다. 그곳에서 단순한 제자도에 대한 그의 메시지는 알프스의 기독교인들 사이에 뿌리를 내렸다.

왈도파에서는 그리스도와 그의 말씀에 대한 사랑, 그리고 가난한 삶을 강조했다. 그러나 그들은 국교를 따르지 않았기 때문에 교회에서는 그들을 근절하려 했다. 예를 들어보면, 1251년에 프랑스의 툴르즈에서 왈도파 사람들이 학살되고 마을이 불에 탔다.

그럼에도 불구하고 1600년 즈음 알프스 지역에는 2,000명의 왈도파 사람들이 있었는데, 그들 대부분은 농부나 목동이었다. 1655년 부활주간에, 5,000명의 군인이 공격하여 그들을 고문하고 강간하고 약탈했다. 1712명이 살해되었다. 살아남은 사람들은 프랑스의 산악 지방으로 도망쳤고, 프랑스 개신교도들에게 자유를 수여한 낭트 칙령 하에서의 보호를 요구했다.

1685년 10월 8일에 헨리 14세가 낭트 칙령을 철회했을 때, 왈도파 공동체들 안에는 개신교 피난민들이 엄청나게 많았다. 그리하여 모든 마을은 무장을 한 저항 캠프가 되었다. 그들은 프랑스의 가톨릭 군대와 이탈리아의 가톨릭 군대 사이에 있었다. 1686년 1월 31일, 루이 14세는 왈도파 교회를 완전히 없애라는 칙령을 발표했다. 개신교 집회는 금지되었고, 아이들은 가톨릭의 세례를 받아야 했으며, 목사들은 해임되었다. 왈도파들은 체포되고 학살되었다. 2,000명이 죽고, 2,000명 이상이 가톨릭으로 개종했으며, 8,000명이 감옥에 갇혔는데 그중 절반은 굶주림과 질병으로 사망했다. 그러나 그 후 몇년 동안 유럽 정치에 변화가 있었으며, 결국 왈도파 사람 중 일부는 고국으로 돌아갔고, 일부는 유럽의 피드몽을 떠나 노스 캐롤라이나의 피드몬트로 갔다. 그들은 발데스라는 마을을 세우고 오늘날까지도 그곳에서 살고 있다. 그들은 매년 여름 왈도파의 이야기를 야외에서 연극으로 상연하곤 한다.

예수께서 그를 보시고 사랑하사 가라사대 네게 오히려 한 가지 부족한 것이 있으니 가서 네 있는 것을 다 팔아 가난한 자들을 주라 그리하면 하늘에서 보화가 네게 있으리라 그리고 와서 나를 좇으라 하시니(막 10:21).

2월

여호와의 이름은 견고한 망대라 의
인은 그리로 달려가서 안전함을 얻
느니라 부자의 재물은 그의 견고한
성이라 그가 높은 성벽같이 여기느
니라 사람의 마음의 교만은 멸망의
선봉이요 겸손은 존귀의 앞잡이니라
-잠 18:10-12-

2월 1일

자선

　아일랜드 교회의 전승에 따르면, 5세기에 어느 왕이 종과 관계를 가져 아이를 갖게 되었다. 그렇게 태어난 브리지드는 자라서 종이 되어 곡식을 빻고 가축을 돌보았다. 그런데 그녀는 왕의 베이컨을 개들에게 주고 버터를 일하는 소년들에게 주었다.

　견디다 못한 왕은 브리지드를 팔아버리려고 했다. 왕은 브리지드를 넘겨줄 준비를 하려고 성에 들어갔다. 마침 문둥병자가 지나갔는데, 브리지드는 그 사람에게 왕의 전차에서 칼을 꺼내 주었다. 왕은 크게 화가 났고, 브리지드의 남편될 사람은 그런 여자를 아내로 맞을 수 없다면서 가버렸다.

　브리지드는 아름답고 원기가 왕성했다. 게다가 음악과 대화를 좋아했기 때문에 왕은 브리지드를 시인과 결혼시키려 했다. 그러나 그리스도의 신부가 되기로 결심한 브리지드는 그 사람에게 다른 여자를 찾아주고 그 성을 떠났다. 왕은 내심 잘된 일이라고 생각했다.

　브리지드는 오직 그리스도만 섬기기를 원하는 다른 여성들을 찾았고, 그러한 뜻을 같이 하는 7명의 여인들과 함께 패트릭이 세운 수도사들의 공동체와 비슷한 수녀들의 공동체를 조직했다. 킬데어에 있는 그 수도원은 커다란 돌담과 초가 지붕 건물들을 갖춘 활기찬 공동체가 되었다. 그곳에는 화가들의 화실, 작업장, 손님 접대실, 도서실, 교회 등이 있었다. 이 공동체를 비롯하여 이와 유사한 공동체들 활발한 산업의 중심지가 되어 유럽에서 가장 아름다운 제품을 만들어냈다. 노예들과 가난한 사람들은 기술을 배워 자신의 운명을 개선해 갔다.

　브리지드는 복음전도자로서 마차를 타고 시골로 다니면서 가난한 사람들을 도와주고 복음을 전하고 수도원을 조직했다. 453년 2월 1일, 브리지드가 사망할 즈음에는, 13,000명의 여인들이 노예생활과 가난에서 탈출하여 기독교적 봉사의 생활을 하고 산업 발달에 기여하고 있었다. 그 후 몇 세기 동안, 아일랜드의 기독교인들은 2월 1일이 되면 밀짚으로 만든 성 브리지드의 십자가를 대문 위에 걸어두며, 주부들은 자기 몫의 버터 중 일부를 일하는 소년들에게 주라는 내용의 노래를 부르곤 했다.

네가 밭에서 곡식을 벨 때에 그 한 뭇을 밭에 잊어버렸거든 다시 가서 취하지 말고 객과 고아와 과부를 위하여 버려 두라 그리하면 네 하나님 여호와께서 네 손으로 하는 범사에 복을 내리시리라(신 24:19).

샤를마뉴와 알쿠인

2월 2일

8세기에 소 피핀(Pepon the Short)의 아들인 샤를마뉴가 권력을 잡았는데, 그에게는 부족한 것이 없었다. 키가 2미터가 넘는 샤를마뉴는 적극적이고 튼튼하고 지혜롭고 품위가 있었다. 그는 전쟁으로 영토를 확장하여 중부 유럽 전체에 이르게 되었다. 그리고 800년 성탄절에 그는 교황 레오 3세의 집례로 프랑크 족의 왕위에 올랐다.

샤를마뉴는 자기 자신 뿐만 아니라 백성들을 위한 교육을 원했다. 그는 종교와 교육만이 건강한 국가를 위한 확실한 기초가 된다고 믿었다. 그러나 그에게는 선생이 필요했다. 그리하여 알쿠인이 등장했다. 알쿠인은 어렸을 때 부모님을 잃고 잉글랜드의 요크에서 선생님들에 의해 양육되었다. 요크의 대성당학교의 방대한 장서를 접하면서, 소년은 암브로스, 어거스틴, 비드, 플리니 등 많은 고대의 저술가들을 사랑하게 되었다. 학생이었던 그는 자라서. 교사가 되었다. 767년 2월 2일에 알쿠인은 부제 및 학교의 교장으로 임명되었다.

세월이 흘러 유명한 학자가 된 알쿠인은 이탈리아를 여행하던 중 샤를마뉴를 만났다. 두 사람은 뜻이 잘 맞았다. 한 사람은 육체적인 용사이고 또 한 사람은 지적인 용사였다. 샤를마뉴는 알쿠인에게 자신의 궁에서 성직자들을 교육시키며 교구 학교를 세워달라고 부탁했다. 그리하여 알쿠인은 왕실의 가족들, 제국의 고문들, 궁중교회의 성직자들을 가르치기 시작했다. 그의 교육 과정은 일곱 가지 학예에 기초를 두었다. 그는 지식의 집은 일곱 기둥 위에 세워야만 완전하게 건설할 수 있다고 했다. 그는 왕립 도서관에 비치할 사본들을 수집했다. 그는 제국의 성직자들을 교육하기 위해 노력하기 시작하여 평민들의 교육에도 노력을 기울였다. 알쿠인은 가장 먼저 배워야 할 것은 주기도문이고, 그 다음은 십계명이라 했다. 그는 언제나 열심히 성경을 공부하고 복음을 전파했다. 그는 샤를마뉴에게 완력으로 사람들을 기독교인으로 만들 수 있는 것이 아니며 하나님의 말씀에 의해서 그리스도께 인도해야 한다고 조언했다.

10년 후, 알쿠인은 잉글랜드로 돌아와서 정통신앙을 수호하고 학교들을 재조직하고 교육 과정을 개발하며 사본들을 필사하고 성경을 가르치면서 여생을 보내던 중 804년 5월 19일, 월요일에 세상을 떠났다. 그의 노력 덕분에 어둠 속에 빛이 비추게 되었고, 장차 등장할 대학들을 위한 길이 마련되었다.

지혜가 그 집을 짓고 일곱 기둥을 다듬고 짐승을 잡으며 포도주를 혼합하여 상을 갖추고 무릇 어리석은 자는 이리로 돌이키라 또 지혜 없는 자에게 이르기를…어리석음을 버리고 생명을 얻으라 명철의 길을 행하라 하느니라(잠 9:1, 2, 4, 6).

2월 3일   북유럽의 사도 앤스칼

유럽에서 기독교를 가장 나중에 받아들인 튜튼족은 스칸디나비아인들이었다. 이 북유럽 출신의 바이킹들은 서방 기독교계를 위협했고, 그들의 습격 때문에 브리튼과 서유럽은 공포에 사로잡혔다. 그런데 한 사람이 그들에게 복음을 전하려 했으며, 순교의 면류관을 쓰려는 그의 소원이 용기를 주었다.

801년에 프랑스에서 태어난 앤스칼(Anskar)은 5살 때부터 콜룸바가 세운 코르비 수도원에서 교육을 받았다. 그는 온유한 마음의 소유자였다. 청년 시절, 그는 독일에 새로운 코르비 수도원을 세우는 일을 돕기 위해 발탁되었다. 그곳에 있는 동안 앤스칼은 스칸디나비아의 정치가 해랄드가 군사적 도움을 요청하고 있다는 소문을 들었다. 의논 끝에 위험하지만 선교사를 데인즈에 보내기로 결정되었고, 앤스칼이 자원했다. 친구들은 그를 말렸지만, 그는 필요하다면 죽을 각오도 되어 있다고 말했다. 그는 죽지는 않았다. 그러나 앤스칼이 덴마크로 간 일에 대해서는 알려져 있는 것이 거의 없다. 해랄드가 권력을 상실함에 따라 앤스칼은 추방되었다.

곧 스웨덴 특사들이 선교사를 요청했고, 앤스칼은 다시 북유럽을 향했다. 이번에는 그가 탄 배가 해적들의 공격을 받았다. 목숨은 건졌지만 모든 것을 빼앗겼다. 스웨덴에 도착한 그는 국왕의 따뜻한 환영을 받았다. 그러나 그의 설교를 통한 개종자는 소수에 지나지 않았다. 한편 독일 황제 경건한 루이는 앤스칼의 사역을 보고 북유럽을 기독교화하려는 계획을 세웠다. 그는 앤스칼을 대주교로 임명하고, 그에게 자금을 대주었고, 스칸디나비아로 진출하기 위한 거점으로서 플랑드르 지방에 수도원을 세웠다. 앤스칼은 최선을 다했지만 일을 진척시키기가 어려웠다. 해적들이 그의 수도원을 공격했다. 그는 숨어서 살았고, 그의 선교사들은 스웨덴에서 쫓겨났다. 또 그가 개종시켰던 사람들 대다수가 다시 이교 신앙으로 돌아갔다.

그러나 앤스칼은 기도하고 금식하면서 일했다. 865년 2월 3일, 자기의 생명이 꺼져가는 것을 느낀 그는 동료들에게 급히 지시를 내리고 세상을 떠났다. 비록 원하던 순교의 면류관을 얻지 못했고 스칸디나비아에 기독교를 위한 영구적인 기지를 세우려는 계획은 실패했지만, 씨앗은 뿌려졌다. 그래서 10세기에 그곳 교회는 확실한 판을 확보했다. 이런 이유 때문에 교회사에서 앤스칼은 "북유럽의 사도"라고 불린다.

내가 비옵는 것은 저희를 세상에서 데려가시기를 위함이 아니요 오직 악에 빠지지 않게 보전하시기를 위함이니이다 내가 세상에 속하지 아니함 같이 저희도 세상에 속하지 아니하였삽나이다 저희를 진리로 거룩하게 하옵소서 아버지의 말씀은 진리니이다 아버지께서 나를 세상에 보내신 것 같이 나로 저희를 세상에 보내었고(요 17:15-18).

라바누스 마우르스

2월 4일

인생의 황혼을 맞은 기독교 사역자들은 공직에서 은퇴할 수 있지만 주님의 사역으로부터 완전히 은퇴해서는 안된다. 왜냐하면 기독교인들은 실제로는 은퇴하는 것이 아니라 다른 장소로 이동되는 것이기 때문이다. 776년에 독일에서 태어난 라바누스 마우루스(Rabanus Maurus)는 매우 총명한 사람이었다. 그의 부모는 그를 최고의 학교에서 교육을 받게 했다. 그는 프랑스의 투르에서 샤를마뉴 대제의 고문이었던 알쿠인 밑에서 수학했다. 알쿠인은 라바누스에게 문자적인 지식 이상의 것을 가르쳤다. 그는 라바누스에게 다른 사람들을 가르칠 수 있는 능력을 부여해 주었다. 독일로 돌아온 라바누스는 풀다에 있는 학교장으로 임명되었는데, 그의 지도 하에서 청년들이 교육을 받을 수 있었다. 라바누스는 가장 훌륭한 도서관을 만들었으며, 그 학교를 유럽에서 가장 유명한 학교로 발전시켜 많은 학자들을 배출하고 수십 개에 달하는 방계 기관들을 설립했다. 그는 교육과정에 여러 가지 학문들 및 "미신이라고 소문난 것들"까지도 포함시켰다. 그가 배출한 학생들은 유럽 전역에서 인기있었다.

라바누스의 천재적인 교육 능력의 핵심은 하나님의 말씀에 대한 열정이었다. 그의 학구적 프로그램에는 부지런한 성경연구가 포함되어 있었다. 그는 성경의 거의 모든 책에 대한 주석서를 저술했고, 정규적으로 설교를 하고, 찬송가를 작곡하고, 목회자들을 위한 핸드북을 저술했다. 그리고 암흑과 무지와 미신의 시대에 훌륭한 성직자들을 배출하기 위해서 열심히 일했다.

842년에 라바누스는 은퇴했다. 66세 때에 그는 공적인 책임에서 벗어나 조용히 연구하며 여생을 보내기를 간절히 원했다. "그러나 그는 너무나 소중한 사람이었기 때문에 사람들은 그가 은퇴하는 것을 허락치 않았다." 독일 마인츠의 대주교로 임명된 라바누스는 여생을 복음을 설교하고 신앙을 옹호하면서 보냈다. 그는 쉬지 않고 일하다가 856년 2월 4일 80세의 나이로 운명했다. 무엇이 라바누스로 하여금 죽는 순간까지 일하게 만들었을까? 그것은 성령의 기름부음이었다. 그는 자신이 지은 찬송에서 다음과 같이 기도했다.

> 오 보헤사여, 거룩한 비둘기여, 하나님의 보좌로부터 오시옵소서
> 기쁨의 기름, 정화시키는 불, 순수한 소원의 살아있는 샘이시여,
> 나에게 오시옵소서.

의인은 종려나무 같이 번성하며 레바논의 백향목같이 발육하리로다 여호와의 집에 심겼음이여 우리 하나님의 궁성에서 흥왕하리로다 늙어도 결실하며 진액이 풍족하고 빛이 청청하여 (시 92:12-14).

2월 5일 — 맹인 찬송가 작가 파니 크로스비

찬송가 "예수로 나의 구주 삼고" "나의 갈 길 다 가도록" "오 놀라운 구세주" 등의 찬송은 우리로 하여금 그리스도를 섬기는 일을 시작하는 데에는 시기적으로 제한이 없음을 상기시켜준다. 어떤 사람은 어린 시절에 시작하고, 어떤 사람은 십대 청소년 시절에 시작하고, 어떤 사람은 청년 시절에 시작한다. 그러나 모세는 80세 때에 하나님의 명령을 받았고, 바울은 중년이 되어서야 소명을 받았다. 위의 찬송가들을 지은 파니 크로스비 역시 뒤늦게 소명을 받았다.

파니는 1820년에 뉴욕의 사우스 이스트 마을에서 태어났다. 생후 6주 때에 눈병에 걸렸는데 의사의 잘못된 처방 때문에 장님이 되고 말았다. 어린 시절 파니는 자신의 인생을 최고로 활용하기로 결심했다. 8살 때에 "내 영혼은 행복합니다! 나 비록 보지 못하지만, 이 세상 사는 동안 항상 만족하며 살아가겠습니다"라는 글을 썼다.

파니는 뉴욕에 있는 맹인 학교에 다녔다. 처음에는 학생이었지만 나중에는 교사가 되었고 작가로서 그곳에서 활동했다. 파니는 활발하게 활동했고 유명해졌다. 그녀는 의회 앞에서 자작시들을 낭송했으며, 미국의 저명인사들과 친구가 되었다. 그러나 파니는 1851년이 되어서야 비로소 가장 위대한 친구인 예수 그리스도를 만났다. 당시 파니는 뉴욕에 있는 존 스트리트 감리교회에서 개최된 부흥회에 참석했다. 기도를 드린 후에 "교인들은 '내 구주께서 보혈 흘리셨네'라는 찬송을 불렀다. 그런데 '주님, 내 몸을 바칩니다'라는 가사에 이르렀을 때, 내 영혼에 천국의 빛이 밀려들어왔다"고 파니는 말했다.

14년 후에, 파니는 찬송가 작가인 윌리엄 브래드베리를 만났는데, 그는 "파니, 당신을 만나게 해주신 하나님께 감사드립니다. 왜냐하면 나는 당신이 찬송가 가사를 지을 수 있다고 생각하기 때문입니다"라고 말했다. 브래드베리는 자신이 필요로 하는 노래에 적합한 개념을 제안했다. 1864년 2월 5일, 파니는 그의 제안을 받아들여 "나는 천성을 향해 가겠네/ 그곳은 들판이 아름다움으로 옷입은 곳/ 햇빛이 결코 스러지지 않는 곳"이라는 곡을 만들었다.

이것이 파니의 첫번째 찬송가였는데, 이것은 그녀의 44세 때 지은 것이었다. 그러나 그러나 50년 후에 하늘나라로 갈 무렵까지 파니는 파니가 지은 가사는 8,000여개가 넘었다.

비파야 수금아 깰지어다 내가 새벽을 깨우리로다 여호와여 내가 만민 중에서 주께 감사하고 열방중에서 주를 찬양하오리니 대저 주의 인자하심이 하늘 위에 광대하시며 주의 진실은 궁창에 미치나이다(시 108:2-4).

버마 선교사 저드슨

2월 6일

기독교인 부모들은 종종 자녀들은 대학에 보내는 일로 걱정을 한다. 물론 거기에는 그럴 만한 이유가 있다. 청년들은 대학에서 신앙을 잃을 수도 있다. 그러나 청년들 중에는 신앙을 잃었다가 다시 더 큰 믿음을 얻는 경우도 있다.

애도니램 저드슨(Adonirram Judson)은 1700년대에 보스턴 근처의 목사관에서 성장했다. 그는 16세 때에 보스턴 대학에 입학했는데, 졸업식 때에는 학급 대표로 고별사를 낭독했다. 대학에 재학 중에 그는 제이콥 임즈와 절친하게 지냈다. 제이콥은 이신론자였는데, 엄격히 말하면 무신론자였다. 제이콥은 저드슨의 신앙을 조롱하면서 볼테어를 비롯한 프랑스 철학자들의 저서들을 가지고 그에게 도전했다. 애도니램은 극작가로 자리잡기 위해서 21세 때에 뉴욕으로 갔다. 그러나 미국 개척지의 이야기들을 들은 그는 말을 타고 서부를 향했다. 어느날 저녁 여행으로 지친 그는 어느 여인숙 앞에서 말을 세웠다. 주인은 "죄송합니다만 남은 방은 하나뿐인데, 약간 시끄러울 것입니다. 옆방에 중병에 걸린 청년이 있거든요"라고 했지만, 너무나 지쳤기 때문에 상관하지 않고 그 방에 들어갔다.

그날 밤은 악몽이었다. 황급히 걸어다니는 소리, 작은 말소리, 신음소리, 의자를 끄는 소리 등 잠을 잘 수 없었다. 이런 소리를 들으면서 애도니램은 자기의 친구인 제이콥 임즈는 두려움이나 질병이나 죽음에 대해 무엇이라고 할지 궁금했다.

다음날 아침 여관을 나서면서 그는 옆방에 있는 청년에 대해서 물어보았다. 여관 주인은 "소문을 들으셨을 것이라고 생각했는데요. 그 사람은 새벽녘에 죽었습니다. 손님 정도 나이밖에 되지 않은 사람인데, 브라운 대학에 다녔다고 하더군요. 애도니램은 숨을 죽였다. 주인은 계속해서 말하기를 "그 사람은 제이콥 임즈라는 사람이었어요"라고 말했다.

그 말을 들은 애도니램은 갑자기 서부 개척지에 대한 매력을 잃고 말을 돌려 집으로 돌아왔다. 그리고 곧 자신의 삶을 그리스도께 바쳤고, 선교 사역에 헌신했다. 1812년 2월 6일, 애도니램 저드슨은 미국 최초의 해외선교사로 임명되었다. 2월 18일, 그는 아내 및 동료들과 함께 버마를 향해 떠났다.

또 이르시되 이같이 그리스도가 고난을 받고 제 삼 일에 죽은 자 가운데서 살아날 것과 또 그의 이름으로 죄 사함을 얻게 하는 회개가 예루살렘으로부터 시작하여 모든 족속에게 전파될 것이 기록되었으니 너희는 이 모든 일의 증인이라(눅 24:46-48).

2월 7일 — 마틴 니몰러

1934년, 아돌프 히틀러는 독일교회 지도자들을 베를린에 있는 자기의 집무실로 소환하여 그들이 자기의 계획을 제대로 지원하지 않는다는 이유로 크게 책망했다. 마틴 니몰러 목사는 자신이 오직 교회와 독일 국민들의 유익에만 관심을 갖는다고 설명했다. 히틀러는 발끈하여 "당신은 교회만 생각하지만, 나는 독일 국민들을 돌볼 작정이오"라고 말했다. 니몰러는 "당신은 '독일 국민들을 돌볼 작정이라'고 말씀하셨습니다. 그러나 기독교인이요 교회인인 우리 역시 독일 국민들에 대한 책임을 져야 합니다. 그 책임은 하나님께서 우리에게 맡기신 것이기 때문에, 당신이나 세상의 어느 누구도 그 책임을 우리에게서 빼앗아갈 수 없습니다"라고 대답했다.

히틀러는 아무 말없이 듣고 있었다. 그날 밤에 게스타포가 니몰러의 목사관을 급습했고, 며칠 후에 그의 교회에서 폭탄이 터졌다. 그후 여러 해 동안 그는 비밀경찰의 감시를 받았다. 1937년 6월, 그는 교회에서 다음과 같이 설교했다. "과거에 사도들이 그랬던 것처럼, 우리도 더 이상 당국자들의 손아귀에서 도망치기 위해서 우리의 능력을 사용하려는 생각을 하지 않습니다. 우리는 사람이 아니라 하나님께 순종해야 합니다." 그는 곧 체포되어 독방에 갇혔다.

1938년 2월 7일에 니몰러의 재판이 시작되었다. 그날 아침에 감방에서 법정에 도착할 때까지 초록색 제복을 입은 호위병이 그를 호위했다. 니몰러는 두려움과 외로움에 사로잡혀 있었다. 그의 운명은 어떻게 될 것인가? 그의 가족들은 어떻게 될까? 그의 교회는? 그들 모두에게 어떤 고문이 기다리고 있을까?

호위병은 무표정했고 아무 말도 없었다. 그러나 터널을 나와서 마지막 계단을 오를 때에, 니몰러는 속삭이는 소리를 들었다. 처음에는 그는 그것이 어디에서 난 소리인지 알지 못했다. 그러나 곧 그는 그 장교가 자기 귀에 대고 잠언 18:10의 "여호와의 이름은 견고한 망대라 의인은 그리로 달려가서 안전함을 얻느니라"고 속삭이고 있다는 것을 깨달았다.

순간 니몰러의 두려움은 눈 녹듯이 사라졌다. 그 말씀의 힘이 재판을 받는 동안 내내, 그리고 나치 강제수용소에서 생활하는 내내 그를 지탱해 주었다.

여호와의 이름은 견고한 망대라 의인은 그리로 달려가서 안전함을 얻느니라 부자의 재물은 그의 견고한 성이라 그가 높은 성벽같이 여기느니라 사람의 마음의 교만은 멸망의 선봉이요 겸손은 존귀의 앞잡이니라(잠 18:10-12).

환난 중에도 침착함을 잃지 않는 바울　　2월 8일

사도 바울은 서유럽을 복음화하기 위해서 스페인을 향한 전도 여행을 계획했으나, 예루살렘에서 붙들려 있었고, 또 가이사랴에서 2년간 감옥에 갇혀 있었다. 마지막으로 제국의 법정에 상소했기 때문에, 그는 로마로 가는 배에 승선하게 되었다. 그러나 태풍이 불어 배는 침몰했고, 바울은 헤엄쳐서 해안에 도착했지만 독사에게 물리고 말았다. 그리하여 그는 석달 동안 말타 섬에서 지냈다.

사도행전 27, 28장을 세심하게 읽어보면, 우리는 바울의 침착함에 감명을 받게 된다. 그는 배가 가라앉는 와중에도 바울은 침착하게 행동했다. 그는 지극히 절망스러운 상황에서도 평정을 잃지 않았다. 바울의 선교의 꿈은 좌절되었다. 그는 자유를 간절히 원할 때에 감옥에 갇혔고, 행동하기를 원할 때에는 행동하지 못하게 되었다. 그는 로마에 가기를 간절히 원했지만 바람은 그에게 불리하게 불어왔다. 그는 전진하는 사람이었지만 전혀 전진하지 못했다. 그는 헛되이 보낸 시간을 보충하려 했지만, 외딴 섬에 도착했다. 그는 오도가도 못하는 신세가 되었다.

봄이 되어 바닷길이 다시 열렸다. 60년 2월 8일, 바울은 배를 타고 다시 로마를 향했다. 그는 조금도 좌절하지 않았다. 바울은 자신의 삶과 사역을 완전히 주님께 맡겼기 때문에 자기에게 닥치는 모든 일을 하나님으로부터 온 것으로 여겼다. 그는 경험을 통해서 주님의 섭리를 믿고 주님의 약속을 의지해야 한다는 것을 배웠다. 태풍이 심하게 불자 그는 겁에 질린 선원들을 위해서 자기의 철학을 요약하여 들려 주었다.

"나의 속한 바 곧 나의 섬기는 하나님의 사자가 어제 밤에 내 곁에 서서 말하되 바울아 두려워 말라 네가 가이사 앞에 서야 하겠고 또 하나님께서 너와 함께 행선하는 자를 다 네게 주셨다 하셨으니 그러므로 여러분이여 안심하라 나는 내게 말씀하신 그대로 되리라고 하나님을 믿노라"(행 27:23-25).

바울은 예정된 때가 아니라 하나님의 때에 로마에 도착했다. 그는 폭풍우 속에서도 침착했고, 모든 일이 지체될 때에도 인내했다.

그는 하나님을 믿고 기다릴 줄 아는 사람이었다.

석 달 후에 그 섬에서 과동한 알렉산드리아 배를 우리가 타고 떠나니…수라구사에 대고 사흘을 있다가 거기서 둘러가서 레기온에 이르러 하루를 지난 후 남풍이 일어나므로 이튿날 보디올에 이르러 거기서 형제를 만나 저희의 청함을 받아 이레를 함께 유하다가 로마로 가니라(행 28:11-14).

2월 9일

아타나시우스

유다는 "성도에게 단번에 주신 믿음의 도를 위하여 힘써 싸우라"고 했다. 이 말씀을 가장 잘 실천한 사람은 아타나시우스이다. 296년에 이집트의 기독교 가정에서 태어난 아타나시우스는 아리우스라는 이단자가 예수 그리스도는 신이 아니라고 가르치던 시기에 성직 임명을 받고 사역에 임했다. 아리우스와 그의 추종자들의 주장에 의하면, 그리스도는 천사보다는 고귀하지만 성부보다는 열등하게 피조되었다고 한다.

콘스탄틴 대제는 이 문제를 해결하기 위해서 325년에 니케아에 공의회를 소집했는데, 아타나시우스도 여기에 참석했다. 젊은 아타나시우스는 공의회의 결정에 동의했다. 예수는 하나님이시다. 성부와 성자와 성령은 모두 신이시다. 즉 세 가지 이름 안에 존재하시는 한 분 하나님이시다. 아타나시우스는 하나님께서 우리의 죄를 사해 주시기 위해서 인간이 되셔서 죽으셨다고 믿었다.

그후 아타나시우스는 알렉산드리아의 감독이 되었다. 그러나 심한 증오에 시달리던 콘스탄틴은 그에게 아리우스파가 교회에 합류하는 것을 허락하라고 명령했다. 아타나시우스는 그 명령을 거부함으로써 사방으로부터의 공격을 받았다. 그는 콘스탄티노플을 향해 가서 황제의 말 앞에 꼼짝 않고 서서 고삐를 붙잡고 명령을 철회해 달라고 요구했다. 황제는 그를 면직시켰다. 콘스탄틴 황제가 죽은 후 아타나시우스는 알렉산드리아로 돌아왔지만, 그리 오래 머물 수 없었다. 339년 아리우스파는 다시 그를 추방했고, 그는 몇년을 로마에서 지냈는데, 많은 사람들이 그의 가르침과 저술에 매료되었다.

그는 346년에 교회로 돌아왔다. 수천 명이 횃불을 밝혀 그를 환영했고, 원수들은 퇴각했다. 그러나 그것도 잠시 뿐이었다. 356년 2월 9일, 아타나시우스가 자정 예배를 인도하고 있을 때, 5000명의 군인이 교회를 급습하여 문을 폐쇄했다. 아타나시우스는 침착하게 시편 136편을 낭독하라고 한 후에 옆문으로 나와 이집트 사막으로 도망쳤다. 그는 나중에 다시 교회로 돌아왔지만, 역시 추방되었다가 곧 복귀하여 사역하던 중 77세로 세상을 떠났다. 그는 45년의 사역기간 중 15년을 회중을 떠나 있어야 했다. 그러나 오늘 우리는 아타나시우스에게 크게 감사해야 한다. 그는 정통교리를 지키며 하나님께서 단번에 자기 백성들에게 주신 믿음을 수호하기 위해서 험난한 삶을 살았다.

사랑하는 자들아 내가 우리의 일반으로 얻은 구원을 들어 너희에게 편지하려는 뜻이 간절하던 차에 성도에게 단번에 주신 믿음의 도를 위하여 힘써 싸우라는 편지로 너희를 권하여야 할 필요를 느꼈노니(유 3).

웨슬리와 여인들

2월 10일

위대한 복음전도자 존 웨슬리는 작지만 체격이 좋고 잘 생긴 사람이었다. 그는 마음만 먹으면 여자들을 호릴 수 있었고, 실제로 종종 그렇게 하기도 했지만, 항상 바람직한 결과를 얻지는 못했다.

그는 33세 때에 소피 홉키를 만났다. 소피는 날마다 기도하고 프랑스어를 배우기 위해서 그의 거처를 찾아왔다. 웨슬리가 병이 들자 소피는 그를 간호해주었고, 웨슬리는 소피를 사랑하게 되었다. 그는 다음과 같이 기록했다. "소피의 말, 두 눈, 그녀의 태도, 움직임과 몸짓 하나 하나는 아주 부드러웠다. 나는 그녀의 손을 잡고 싶었다. 그런데 어떻게 그 충동을 피했는지 모르겠다"고 기록했다. 그러나 그는 너무 오래 주저했다. 소피가 다른 사람과 결혼을 했을 때, 웨슬리는 크게 상심했다.

몇년 후에 웨슬리는 또 병이 들었는데, 이번에는 간호사인 그레이스 머레이를 사랑하게 되었다. 그는 "만일 내가 결혼할 사람이 있다면 바로 당신일 것입니다"라고 말하여 완곡하게 프로포즈를 했고, 그녀는 그것을 받아들였다. 그러나 그 소식을 들은 동생 찰스가 그레이스의 집에 들이닥쳐서는 "그레이스 머레이! 그대는 내 마음을 아프게 했소!"라고 말하고는 기절했다. 정신을 차린 찰스는 그레이스가 형의 사역을 망칠 것이라고 말하면서 그레이스에게 공격을 퍼부었다. 그레이스는 파혼을 선언했다. 존은 "우리는 회오리 바람 때문에 갈라섰다"고 낙서했다.

1751년 2월 10일, 40대 후반에 들어선 웨슬리는 런던 다리에서 넘어졌는데, 사람들은 그를 간호사인 메리 바질의 집으로 데려갔다. 이번에는 그는 주저하지 않았다. 두 사람은 일 주일도 안되어 결혼했다. 그러나 그것은 비극이었다. 웨슬리의 친구인 존 햄슨은 이렇게 기록했다.

"언젠가 내가 웨슬리의 집을 방문했을 때였다. 웨슬리의 부인은 불같이 화가 나 있었다. 그녀는 웨슬리의 머리칼을 잡고 질질 끌고 다니고 있었다. 그리고 부인의 손에는 웨슬리의 머리카락이 한 줌 쥐어 있었다. 나는 그녀를 두들겨 패주고 싶었다."

두 사람이 함께 지낸 시간은 얼마 되지 않았다. 1771년에 웨슬리의 일지에는 흥미로운 내용이 있다. "나는 런던에 도착하여 아내가 월요일에 세상을 떠났다는 소식을 받았다. 나에게 알리지는 않았지만, 아마 오늘 저녁에 장례식이 거행될 것이다…"

다투는 아내는 이어 떨어지는 물방울이니라 집과 재물은 조상에게서 상속하거니와 슬기로운 아내는 여호와께로서 말미암느니라(잠 19:13-14).

2월 11일   죽음에 대처하는 법

하나님께서는 질병까지도 자기 영광을 위한 도구를 사용하실 수 있다. 요한복음 9장에 등장하는 사람이 장님이 된 이유를 물었을 때, 예수님은 "그에게서 하나님의 하시는 일을 나타내고자 하심이니라"라고 대답하셨다. 비록 몸 안에 있는 "가시" 같은 것이었지만, 바울의 질병은 하나님의 은혜가 충분한 것임을 나타내주었다. 윌리엄 생스터의 질병에 대처하는 네 가지 원리는 그 일이 어떻게 이루어지는지 보여준다.

생스터(Sangster)는 1900년에 런던에서 태어나서 9살 때에 감리교회에 출석하기 시작했다. 13살 때에 그는 기독교인이 되었는데, 즉시 친구들에게 믿음을 전하기 시작했다. 3년 후인 1917년 2월 11일, 그는 처음으로 설교를 했다. 군복무와 대학 졸업 후에, 그는 감리교 순회교구에서 지치도록 일했다. 그는 종종 "나는 아직도 충분하게 일하지 못하고 있다"고 말했다. 그는 다니는 모든 교회에서 능력있는 설교자요 사랑받는 목사로 인정받았다. 1939년에 생스터는 웨스트민스터 사원 근처에 있는 감리교회인 웨스트민스터 센트럴 홀의 지도자가 되었다.

첫 예배에서 그는 영국과 독일이 공식적으로 전쟁상태에 있다고 발표하여 회중들을 놀라게 했다. 그는 곧 교회 지하실을 공습 대피소로 개조했고, 5년 동안 생스터는 갖가지 종류의 사람들의 다양한 욕구를 충족시켜 주었다. 그런 와중에도 그는 글쓰고 설교를 하고, 박사 학위를 받고, 수백 명을 그리스도께로 인도했다. 런던에서는 그를 웨슬리의 후계자로 알려졌고, 그 시대에 가장 사랑받는 영국인 설교자로 존경을 받았다.

전쟁이 끝난 후에, 생스터는 영국감리교 국내선교부의 책임자로 일하던 중에 진행성 근육위축증에 걸렸다. 3년 동안의 투병 생활 동안 서서히 근육이 마비되어 마지막에는 겨우 손 가락 두개만 움직일 수 있을 뿐이었다. 그러나 그는 조금도 흔들리지 않았다. 처음 병에 걸린 사실을 알고, 그는 죽음에 대처하는 네 가지 규칙을 작성했기 때문이다. 삶의 규칙을 가지고 있는 사람들은 많다. 그러나 생스터는 죽음에 대처하는 규칙을 작성했다. "나는 불평하지 않겠다. 가정의 분위기를 밝게 유지하겠다. 내가 받는 축복이 얼마나 많은지 생각하고 그것을 승가시키려 노력하겠다." 그는 실제로 이 규칙을 실천했다. 그리고 그의 삶에서 하나님의 역사가 나타났으며, 그의 연약함 속에서 하나님의 강대한 일이 이루어졌다.

예수께서 길 가실 때에 날 때부터 소경된 사람을 보신지라 제자들이 물어 가로되 랍비여 이 사람이 소경으로 난 것이 뉘 죄로 인함이오니이까 자기오니이까 그 부모오니이까 예수께서 대답하시되 이 사람이나 그 부모가 죄를 범한 것이 아니라 그에게서 하나님의 하시는 일을 나타내고자 하심이니라(요 9:1-3).

성직 매매

2월 12일

사도행전 8장을 보면 시몬이라는 사람이 영적 능력을 사기 위해서 사도들에게 돈을 가져왔다. 베드로는 무뚝뚝하게 "네가 하나님의 선물을 돈 주고 살 줄로 생각하였으니 네 은과 네가 함께 망할지어다"라고 했다. 우리는 시몬이 어떻게 되었는지 알지 못한다. 그러나 알지 못하는 사이에 그의 이름은 교회사에 등장하게 되었다. 중세 시대에 개탄스러운 관습이 생겨났다. 즉 교회의 직분과 지위를 매매하는 성직매매이다.

11세기에는 성직매매가 널리 성행했기 때문에 22세의 독일 국왕 헨리 3세는 교회로 인해 슬퍼했다.

1046년 12월 20일, 그는 그 문제를 논의하기 위해 로마에서 25마일 떨어진 곳인 수트리에 종교회의를 소집했다. 교황 그레고리 6세가 그 회의를 진행했다. 그러나 그레고리 자신은 교황의 자리를 샀던 가장 질 나쁜 성직매매자들 중 한 사람이었다. 헨리는 하나님의 지도자들이 의롭고 깨끗해야 함을 교직자들에게 상기시켰다. 교황 그레고리는 종교회의에서 다음과 같은 놀라운 말을 했다. "하나님의 종들 중의 종인 나 교황 그레고리는 거룩한 로마 교회의 교황직에서 물러나야 한다고 스스로에게 선고한다. 왜냐하면 나는 성직매매의 부정을 통해서 잘못을 범했기 때문이다."

그는 "그렇게 하는 것이 좋겠지요?"라고 물었고, 그곳에 모인 성직자들은 만장일치로 "교황의 뜻이 곧 우리의 뜻입니다. 그러니 뜻대로 하십시오"라고 대답했다. 그레고리는 보좌에서 내려와서 교황의 옷을 벗고 무릎을 꿇고 용서를 구한 후에 시골로 도망쳤다.

그러나 또 하나의 문제가 생겼는데, 그것은 그곳에 모인 감독들 중에 성직매매에 물들지 않은 사람이 하나도 없었다는 것이었다. 그들은 모두 성직을 산 사람들이었다. 전국을 샅샅이 뒤진 끝에, 밤베르크의 감독인 쉬드거라는 사람이 교황으로 선출되었으나, 그는 1년도 살지 못했다. 그 후 두 명의 교황 역시 오래 살지 못했다. 그 다음에 성품이 흠이 없고 성실하며 훌륭한 교육을 받은 브루노가 로마로 부름을 받았다. 그는 순례자로서 맨발로 울면서 도착했다. 1049년 2월 12일에 사람들은 찬송을 부르며 그를 교황 레오 9세로 임명했다. 그는 평생동안 성직매매와 싸웠고, 그의 동료와 후계자인 헬리브란트(교황 그레고리 7세) 때에 실시된 개혁을 위한 길을 예비했다.

시몬이 사도들의 안수함으로 성령받는 것을 보고 돈을 드려 가로되 이 권능을 내게도 주어 누구든지 내가 안수하는 사람은 성령을 받게 하여 주소서 하니 베드로가 가로되 네가 하나님의 선물을 돈 주고 살 줄로 생각하였으니 네 은과 네가 함께 망할찌어다…너의 이 악함을 회개하고 주께 기도하라 혹 마음에 품을 것을 사하여 주시리라

(행 8:18-20, 22)

2월 13일 과학과 성경의 가르침

진정한 과학과 올바른 성경의 가르침은 결코 충돌하지 않는다. 왜냐하면 그 둘 모두는 하나님께서 만드신 것이기 때문이다. 그러나 그 둘 중 하나를 잘못 해석하여 나머지 하나를 비난하기 위해 사용된다면 끝없는 피해가 발생한다. 교회사에서 가장 슬프고 안타까운 예들 중 하나를 들어보자.

이탈리아의 천문학자요 물리학자인 갈릴레오 갈릴레이는 피사 대학 학생 시절에 최초의 과학적인 발견을 했다. 그는 돈이 없어서 대학을 중퇴했지만, 25세 때에 대학으로 돌아와 수학을 가르쳤다. 그는 피사의 사탑에서 추를 떨어뜨리는 것과 같은 기이한 실험을 통해서 중력에 대한 법칙을 만들었다. 또 대성당 천장에 매달려 있는 램프의 흔들림을 관찰함으로써 하나의 법칙을 만들어냈다. 그의 명성이 유럽 전역에 퍼짐에 따라 많은 학생들이 그를 따랐으며 아울러 많은 비판이 제기되었다.

1609년에 그는 망원경을 만들기 시작했고, 천체들에 대한 놀라운 발견을 해냈다. 갈릴레오는 하나님의 세계와 하나님의 말씀은 유효한 학문의 대상이라고 믿는 기독교 신자였다. 그는 자신의 망원경을 사용하여 교황 바울 5세에게 자기가 발견한 것들 중 일부를 보여주기도 했다. 그럼에도 불구하고 그는 교회의 공격을 받았는데, 그 이유는 그가 발견한 것들이 전통적인 가르침에 어긋나는 것들이었기 때문이었다. 일부 성직자들은 사도행전 1:11의 "갈릴리 사람들아 어찌하여 서서 하늘을 쳐다 보느냐"를 인용하면서 천문학 연구 자체를 정죄했다.

1632년 갈릴레오의 저술들이 교회의 가르침을 범했다는 죄목에 답변하게 위해서 갈릴레오는 종교재판소에 소환되었다. 70세의 고령에도 불구하고, 겨울에 플로렌스를 떠나 1633년 2월 13일, 로마에 도착했다. 역사가들은 갈릴레오가 재판을 받는 동안에 고문을 받았는지, 고문의 위협만 받았는지는 정확히 모른다. 어쨌든 그는 자신의 견해, 특히 지구가 태양의 주위를 돈다는 주장을 부인하며 그것이 오류며 이단이라는 성명서를 낭독해야 했다. 전해지는 이야기에 의하면 갈릴레오가 철회서를 낭독하고 "그래도 지구는 여전히 움직인다"고 중얼거렸다고 한다.

갈릴레오는 연금 생활을 했는데, 교회의 직분자들이 그를 잔인하게 다루었기 때문에 결국 눈이 멀고 허약해졌다. 그는 1642년 어느 겨울날 아들과 두 명의 제자들이 지켜보는 가운데 세상을 떠났다.

하늘이 하나님의 영광을 선포하고 궁창이 그 손으로 하신 일을 나타내는도다 언어가 없고 들리는 소리도 없으나 그 소리가 온 땅에 통하고 그 말씀이 세계 끝까지 이르도다 하나님이 해를 위하여 하늘에 장막을 베푸셨도다(시 19:1, 3, 4).

성 발렌타인 데이　　2월 14일

　기독교 역사에 전설이 삽입되는 경우가 종종 있다. 예를 들어 고전으로 전해져 내려온 초대 시대의 순교자들에 대한 이야기들이 때로 윤색되고 낭만적으로 묘사된다. 그 예가 성 발렌타인의 이야기이다.
　초대 교회사에서는 두 명의 발렌타인이 묘사되는데, 그 둘은 동일한 인물로서 클라우디우스 2세 때에 로마에서 활동한 사제일 가능성이 많다. 전승에 의하면, 감옥에 갇혀 태장을 맞은 발렌타인은 270년 2월 14일에 플라미니안 가에서 참수되었다고 한다.
　이 이야기는 결코 낭만적인 이야기가 아니다. 그런데 어떻게 해서 그의 순교의 날이 연인들이 꽃을 바치고 초콜릿을 주며 "장미는 붉고…"라는 시를 낭송하는 날이 된 것인가? 전설에 의하면, 발렌타인은 클라우디우스 황제의 칙령을 찢어 버렸다고 한다. 또 클라우디우스 황제는 군사들을 보다 쉽게 징집하기 위해서 결혼을 금지함으로써 혈연관계를 약화시키려 했는데, 발렌타인은 그 명령을 무시하고 지하 교회에서 젊은 사람들을 비밀리에 결혼시켰다. 이러한 행동들이 드러나 그는 체포되었다.
　발렌타인은 자기 나름의 낭만적인 관심을 가지고 있었다. 감옥에 있는 동안 그는 간수의 딸과 친해졌다. 서적들을 빼앗긴 그는 종이를 오리거나 그녀에게 메모를 써 보내는 것으로 낙을 삼았다. 그가 보낸 마지막 메모는 그가 사형당하던 날 아침에 도착했는데 마지막 문장은 "당신의 발렌타인"이었다.
　496년에 2월 14일이 그의 축일로 정해졌다. 이 무렵 기독교는 로마 제국 내에서 합법적인 종교가 된지 이미 오래였으며, 많은 이교도 축일들이 기독교화 되고 있었다. 예를 들면, 루페르칼리아라는 로마의 축일은 사랑과 풍요를 기리는 날로서 청년들이 상자에 처녀들의 이름을 써 넣었다가 꺼내면서 구혼을 하는 날이었다. 이 날이 성 발렌타인의 날로 대치되면서 메모를 보내고 사랑의 표현을 서로 나누는 보다 순수한 관습들이 생겨났다.
　성 발렌타인의 이야기들의 배후에 어떤 진리가 있을까? 그럴 수도 있을 것이다. 그는 비밀 결혼식을 주선하고 간수의 딸에게 쪽지를 보내면서 "당신의 발렌타인"이라고 서명했을 수도 있을 것이고, 그리스도를 믿는 믿음 안에서 죽었을 것이다. 하지만 그가 "장미는 붉고, 바이올렛은 푸르며…"라는 글을 썼을 가능성은 거의 없다.

솔로몬의 아가라 내게 입맞추기를 원하니 네 사랑이 포도주보다 나음이로구나 네 기름이 향기로와 아름답고 네 이름이 쏟은 향기름 같으므로 처녀들이 너를 사랑하는구나

(아 1:1-3)

2월 15일

애도니렘 저드슨

미국 최초의 해외선교사가 되기를 원했던 애도니렘 저드슨은 매서추세츠 브래드포드에서 가장 아름다운 처녀와 연애를 했다. 앤 해셀틴은 회중교회 집사의 딸이었다. 그녀에게 청혼하는 저드슨의 편지는 교회사에서 가장 용감한 편지 중의 하나이다.

> 저는 당신께서 따님과 헤어지기로 동의하실 수 있는지, 따님이 이교도의 나라로 떠나는 것을 승락하실 수 있는지, 그리고 그녀가 선교생활의 어려움과 고난을 겪는 것을 허락하실 수 있는지 알고 싶습니다. 당신의 따님이 바다의 위험, 인도 남부 지방의 더운 기후, 그밖에 여러 가지 부족한 것과 고통, 모욕, 박해, 심지어 참혹한 죽음 등에 직면하는 것을 허락하실 수 있겠는지요?

존 해셀틴은 결혼을 승낙했고, 두 사람은 1812년 2월 5일에 해셀틴의 집에서 결혼했다. 다음날 그들은 선교사로 임명되었고, 곧 미국을 떠났다. 그들의 새로운 선교지는 버마의 랑군이었는데, 그곳은 더럽고 혼잡한 도시였다. 공기는 숨이 막힐 듯이 답답했고, 사역은 실망스러웠다. 1820년까지 그들은 10명의 버마인을 개종시켰는데, 거기에는 희생이 따랐다. 저드슨의 아기 하나는 사산했고, 또 한 아기는 열대병으로 죽었다.

버마와 영국 사이에 전쟁이 발발했을 때, 에드니램은 간첩 혐의로 체포되어 사형수들을 수감하는 감방에 갇혔다. 어둡고 축축한 감방에는 해충들이 들끓었다. 게다가 애도니램의 발에는 족쇄가 채워져 있었다. 매일 밤 그는 머리와 어깨만 바닥에 댄 상태로 거꾸로 매달리는 고문을 당했다.

당시 임신하고 있던 앤은 관리들을 차례로 찾아다니면서 남편의 석방을 호소했다. 애도니램이 체포된 지 8달이 지났다. 1825년 2월 15일, 앤은 갓 태어난 그들의 딸 마리아를 데리고 감옥을 찾아왔다. 기쁨과 슬픔, 두려움과 믿음이 강하게 교차하는 이 짧은 만남의 아픔은 어떤 예술가도 표현할 수 없을 것이다.

여러 달 동안 고문을 받고 지낸 후, 애도니램은 석방되었다. 그러나 얼마 안되어 앤과 마리아는 열병으로 세상을 떠났다. 애도니램은 너무나 상심하여 사역도 그만두고 자기 목숨까지도 포기하려 했다. 그러나 하나님께서는 그와의 관계를 끝내지 않으셨다. 미국 최초의 해외선교사인 그에게는 변화시켜야 할 세상이 있었다.

또 자기 십자가를 지고 나를 좇지 않는 자도 내게 합당치 아니하니라 자기 목숨을 얻는 자는 잃을 것이요 나를 위하여 자기 목숨을 잃는 자는 얻으리라(마 10:38-39).

약속의 자녀

2월 16일

1600년대에 스코틀랜드의 글렌케어른 지방에 직공(織工) 앤드류 렌윈과 그의 아내 엘리자벳이 살고 있었다. 그들의 자녀들은 모두 죽고 없었다. 앤드류는 체념했지만, 엘리자벳은 밤낮으로 아기를 갖게 해달라고 기도했다. 주님은 그녀의 기도에 응답하셨다. 어린 제임스는 어려서부터 성경을 배웠다. 그는 매우 총명했고, 자라면서 양심은 더욱 예민해졌다. 그는 에딘버러 대학에서 탁월한 학생이었지만, 찰스 2세를 스코틀랜드 교회의 수장으로 받아들이기를 거부했기 때문에 학위를 받지 못했다.

제임스는 에딘버러에 머물러 있으면서, 비국교도들을 처형하여 그들의 베어진 머리와 손을 경고의 표시로 성문에 매달아 놓는 모습을 경악하면서 지켜 보았다. 그는 해외에서 공부하고 성직 임명을 받기 위해서 스코틀랜드를 떠났지만 그의 마음을 항상 고향에 있었다. 그는 곧 고국에 돌아와서 자기 몸을 돌보지 않고 선교하고 가르치고 조직하고 조언을 해주었다. 그는 친구에게 "나는 과도한 여행, 밤을 틈타서 걸어다니고, 불규칙한 수면과 식사, 계절과 상관 없이 자주 행하는 설교, 특히 밤설교 등으로 쇠약해졌다"고 말했다. 그는 춥고 폭풍우가 부는 밤이나 낮이나 부지런히 황무지와 산악 지방을 걸어다녔다. 때로 추운 골짜기나 동굴, 베게, 바위나 나무 등걸 등이 그의 서재가 되기도 했다. 그는 거의 백 번이나 도망쳤지만 결국 어느 겨울 밤에 에딘버러에서 반역죄로 체포되었다.

홀로 된 그의 어머니가 찢어질 듯한 마음으로 그를 면회하러 왔다. 어머니는 "제임스야! 네 머리와 손이 성문에 매달려 있는 모습을 어떻게 볼 수 있단 말이냐? 나는 그 모습은 차마 볼 수 없을 것 같다"라고 말했다. 그는 한껏 어머니를 위로했다. 1688년 2월 16일, 그는 몰래 어머니에게 다음과 같은 소식을 보냈다.

"이제 세상에서 어머니에게 할 수 있는 말은 작별뿐입니다…어머니, 안녕히 계세요. 밤을 타서 다니며 전도하던 일, 추위여 안녕. 성경이여, 그리고 복음 전파여 안녕! 영광의 면류관이여, 그대를 환영하노라. 오 복된 삼위요 유일하신 하나님이시여, 당신을 환영합니다. 내 영혼을 당신의 영원한 안식에 맡깁니다."

그 다음날 그는 슬픔에 젖은 어머니를 위로한 후에 교수대를 행했다. 당시 그는 26세였다.

그러나 너는 배우고 확신한 일에 거하라 네가 뉘게서 배운 것을 알며 또 네가 어려서부터 성경을 알았나니 성경은 능히 너로 하여금 그리스도 예수 안에 있는 믿음으로 말미암아 구원에 이르는 지혜가 있게 하느니라(딤후 3:14-15).

2월 17일

현대 순교자들

　1971년에 이디 아민은 오보테 대통령이 외국에 나가 있는 사이에 우간다 정부를 전복시켰다. 그는 즉시 의회를 해산하고 헌법을 정지시키고, 정치활동을 금지했다. 그의 군대는 가정집을 약탈하고 적을 체포하기 시작했다. 아시아인들은 모두 추방되었고, 미국인들은 살해되었다. 강도들은 현장에서 사살되었다. 공포정치가 시작된 것이다. 1977년 1월 30일, 성공회 감독인 페스토 키벤베레가 야외에서 많은 사람들에게 설교하면서 "하나님은 국가에 권위를 부여해주셨습니다. 그러나 우리 나라에서는 군대가 그 권위를 잘못 사용하고 있습니다"라고 말했다. 모인 사람들은 두려워 했다. 그중에는 무서운 국립 수사국의 직원들이 있었기 때문이었다. 그 다음 토요일 새벽 1시 30분에 군인들은 잠자고 있는 성공회 대주교 자나니 루움을 체포했다. 즉시 교회 지도자들은 아민에게 다음과 같은 내용의 서신을 보냈다. "이것은 우리 기독교인들에게 끊임없이 가해온 일의 절정입니다. 우리는 총살당한 사람들을 매장해왔고, 아직 시신조차 발견하지 못한 사람들이 많습니다."

　2월 17일, 라디오에서는 루움이 자동차 사고로 사망했다는 소식을 전했다. 후일 진상이 밝혀졌다. 루움은 아민의 고문실로 끌려갔는데, 다른 죄수들과 함께 간단히 기도회를 열어도 좋다는 허락을 받았다. 그리고 그를 자동차에 태워 의사당 근처의 공관으로 데려갔다. 아민은 친히 그가 머물고 있는 곳으로 와서는 정부를 전복시키려 했다는 자백서에 서명할 것을 요구했다. 수사관들은 루움의 옷을 벗기고 무자비하게 매질을 했다.

　그러나 루움은 자백서에 서명하기를 거부하면서, 오히려 자기를 고문하는 사람들을 위해서 기도했다. 이 때문에 아민은 크게 노했다. 그는 대주교에게 욕설을 퍼붓고 때리고는 군인들에게 그를 괴롭히라고 명령했다. 마침내 아민은 권총을 꺼내어 루움의 가슴을 두번 쏘았다.

　아이러니하게도 우간다의 개신교도들은 기독교 전파 100주년 기념 행사를 계획하고 있었다. 일부 재능있는 젊은 신자들은 우간다 최초의 순교자들에 대한 연극을 제작하고 있었다. 루움이 죽고 나서 일주일 후에, 그 젊은 사람들도 순교했다. 그들의 시체는 얼마 후에 캄팔라에서 몇 마일 떨어진 곳에서 발견되었다.

너희는 스스로 조심하라 사람들이 너희를 공회에 넘겨주겠고 희를 회당에서 매질하겠으며 나를 인하여 너희가 관장들과 임금들 앞에 서리니 이는 저희에게 증거되려 함이라 또 복음이 먼저 만국에 전파되어야 할 것이니라(막 13:9-10).

천로역정

2월 18일

"나는 이 세상의 광야를 가로질러 가고 있었다. 나는 동굴에서 불을 켜고 잠을 자려고 그곳에 누웠다. 잠을 자는 동안 나는 꿈을 꾸었다…"

이 꿈은 꾼 사람이 존 번연이다. 그리고 그가 꾼 꿈은 1678년 2월 18일에 출판된 역사적인 고전 『천로역정』이다. 번연은 '기독도'라는 순례자에 대한 이야기를 썼다. 기독도는 멸망이라는 도시를 떠나 천성을 향해 가는 도중에 많은 시련과 소동과 승리를 경험한다.

프린스턴 대학의 에밀 게일렛 박사는 이 책을 50번이나 읽은 사람이다. 그는 "『천로역정』은 성경 다음가는 최고의 고전이다…살아가면서 나에게는 권위있는 지침서 뿐만 아니라 지도도 필요하다. 그런데 번연의 책은 어디에서도 발견할 수 없는 가장 훌륭한 지도를 우리에게 제공해준다"고 했다.

『천로역정』에서 기독도가 길이 험난한 것을 알고서 울타리를 넘어 평탄한 샛길로 가는 장면이 있다. 그런데 땅이 갈수록 질퍽해지고 길에는 독사들이 득실거렸다. 하늘이 캄캄해졌고, 기독도는 퍼붓는 비를 피하려고 참나무 밑에서 그날 밤을 보냈다. 다음날 아침에 '절망'이라는 거인이 오더니 그를 잡아서 때리고는 의심의 성의 지하 감옥에 가두었다. 그 성은 탄탄한 성벽으로 둘러싸여 있었다. 기독도는 노래를 부르려 했지만 부를 수가 없었다. 그의 기분은 무척 울적했다. 거인 절망은 무자비하게 그를 때렸고, 그는 날마다 더 약해졌다. 마침내 그는 감방 안에서 밧줄과 칼과 약병 등 자살 도구를 발견하고는 이 불행한 삶을 마감하려는 유혹을 받았다.

그런데 어느날 밤 자정 무렵에 그는 기도하기 시작했다. 그 다음 장면은 이렇다.

"…동틀 무렵에, 선한 기독도는 반쯤 놀란 상태로 다름과 같은 열렬한 말을 쏟아놓았다. '자유로이 걸어다닐 수도 있는데, 이 냄새나는 지하 감옥에 누워 있다니 나는 정말로 바보가 아닌가! 내 가슴 안에는 약속이라고 불리는 열쇠가 있다. 그 열쇠로 이 의심의 성을 문 열 수 있을 것이다.'"

기독도는 하나님의 약속의 열쇠를 사용하여 그 성에서 도망쳐 나왔고, 다시는 거인 절망에게 잡히거나 의심의 성에 갇히지 않았다.

내가 여호와를 기다리고 기다렸더니 귀를 기울이사 나의 부르짖음을 들으셨도다 나를 기가 막힐 웅덩이와 수렁에서 끌어올리시고 내 발을 반석 위에 두사 내 걸음을 견고케 하셨도다 새 노래 곧 우리 하나님께 올릴 찬송을 내 입에 두셨으니(시 40:1-3).

2월 19일 — 제임스 거스리

제임스 거스리는 "믿음직한 사람"이라고 불렸다. 그는 어떤 위기에도 동요하지 않고 침착했고, 논쟁을 잠재우고 위기를 진정시키는 능력을 가지고 있었다. 그는 여러 해 동안 성 앤드류스 대학에서 철학을 가르치다가 스코틀랜드의 스털링 마을에서 복음전도자로 활동하게 되었다.

1651년 2월 19일, 거스리는 스코틀랜드의 왕이 아니라 그리스도가 교회를 다스리셔야 한다고 설교했다는 이유로 불충죄로 고발되었다. 거스리는 국가의 세속 권위를 존중하지만 왕이 교회사를 통제해야 한다고는 생각하지 않는다고 답변했다. 얼마 후에 거스리가 "국왕을 비방하려는 목적으로 각종 악한 선동을 날조해내고 퍼뜨렸다"는 고발장이 작성되었다.

거스리는 교수형 선고를 받았다. 사형집행일인 1661년 6월 1일, 그는 새벽 4시에 일어나서 예배를 드렸다. 기분이 어떠냐는 질문을 받고서, 거소리는 "아주 좋습니다. 오늘은 주님이 지으신 날입니다. 기뻐하고 즐거워 합시다"라고 대답했다.

5살 된 그의 아들을 만난 그는 아들을 무릎에 앉히고서 "윌리엄, 네 아버지가 교수형을 당했다고 사람들이 너를 비방할 날이 올 것이다. 얘야, 그렇지만 부끄러워해서는 안된다. 나는 선한 뜻을 위해서 죽는 것이란다"라고 말했다.

그리고 나서 거스리는 교수대에 올라가서 1시간 동안 그곳에 모인 사람들에게 설교를 했다. 그다음 그는 교수형에 처해졌다. 그가 죽은 후에 형리들은 그의 목을 베어 네터바우 포트에 걸어놓았다. 몇 달 동안, 어린 윌리엄은 남들이 모르게 썩어가는 아버지의 머리를 보고는 "나는 아버지의 머리를 보았다!"고 소리치며 집으로 돌아오곤 했다. 윌리엄은 그리스도를 의지하며 홀로 기도하며 시간을 보냈고, 학교에서도 탁월한 학생이었다. 만일 그가 병에 걸려 일찍 죽지만 않았다면, 정말 능력있는 목회자가 되었을 것이다.

한편 거스리의 두개골은 27년간 그대로 매달려 있었는데, 마침내 어느 용감한 학생이 그곳에 기어 올라가서 두개골을 가져다가 정중하게 땅에 묻어 주었다.

이 날은 여호와의 정하신 것이라 이 날에 우리가 즐거워하고 기뻐하리로다 여호와여 구하옵나니 이제 구원하소서 여호와여 우리가 구하옵나니 이제 형통케 하소서 여호와의 이름으로 오는 자가 복이 있음이여(시 118:24-26).

위슬스 워스 목사의 설교

2월 20일

비가 오거나 추운 주일 아침에 교회에 가기 싫을 때면, 과거 세대가 치렀던 희생들을 생각해보자. 예를 들면, 뉴 잉글랜드 지방의 2월은 몹시 견디기 어려웠다. 재판관이었던 사무엘 세월은 언젠가 아주 추운 주일날을 보낸 후에 일기에 "성찬의 떡이 얼어 붙어서 성찬 그릇에서 덜거덕거렸다"고 쓰기도 했다.

목사들은 코트를 겹겹이 입고 모자를 쓰고 손에는 장갑을 낀 채 설교해야 했다. 세월의 말에 의하면, 메인 주 키터리에 사는 어느 청교도 설교자는 하인을 교회에 보내어 교인들이 몇이나 왔는지 알아보곤 했다. 만일 6, 7명밖에 모이지 않았으면, 하인은 그들에게 자기와 함께 목사관으로 가서 설교를 듣자고 요청하곤 했다.

세월의 일기 중 또 다른 대목에서는 날씨가 엄청나게 추워서 교회당 안에 온통 기침소리가 가득찼는데도 불구하고 신생아를 데리고 세례를 받으러 온 사람의 이야기도 있다. 날씨가 매서울 때면, 부인들은 발을 녹이기 위해 뜨거운 석탄을 가득 채운 작은 난로를 교회에 가져왔고, 어머니들은 아이들을 그 주위에 모아 놓았다. 그러나 몇몇 교회에서 이러한 난로 때문에 화재가 난 이후로 그 난로 사용은 논쟁거리가 되었다.

어떤 공동체에서는 날씨가 아주 추울 때면 예배당에 개를 데려와서 개로 하여금 주인의 발을 녹이게 하는 일이 흔히 있었다. 때로 남자들은 추위를 해소하기 위해 술을 교회에 가져오기도 했다. 어떤 신사는 술을 너무나 많이 마셔서 예배 도중에 코를 골아서 설교를 방해했기 때문에 집사들이 끌어낸 일도 있었다.

세월은 자기의 친구인 마이클 위슬스워스 목사가 시편 147편의 "누가 능히 그 추위를 감당하리요?"라는 말씀을 주제로 설교한 어느 겨울의 주일날에 대해 일기를 썼다. 그 다음 주일날, 교인들 전체가 병이 들었기 때문에 세 주일이나 예배를 보지 못했다. 1698년 2월 20일, 다시 예배를 드리게 되었을 때, 위슬스 워스 목사는 기도한 후에 "그 말씀을 보내사 그것들을 녹이시고"라는 말씀으로 설교를 했는데, 바로 그 다음 날 눈이 녹기 시작했다. 사람들은 그것이 위슬스 워스 목사의 기도에 대한 직접적인 응답이라고 생각했다.

그 명을 땅에 보내시니 그 말씀이 속히 달리는도다 눈을 양털같이 내리시며 서리를 재같이 흩으시며 우박을 떡 부스러기 같이 뿌리시나니 누가 능히 그 추위를 감당하리요

(시 147:15-17)

2월 21일 — 쟌 다크

마녀인가 성녀인가? 그녀의 삶에는 영적인 힘이 있었다. 그 힘의 원천은 무엇이었을까? 프랑스인들은 그녀를 하나님이 보낸 사람이라고 하고, 영국인들은 그녀를 마녀라고 몰아 화형에 처했다.

쟌다크는 영국이 프랑스를 지배하기 위해 벌어졌던 100년 전쟁이 한창일 때 샴파뉴의 가난한 가정에서 자랐다. 13살이 되었을 때, 쟌은 처음으로 초자연적인 경험을 하기 시작하여 뜨거운 빛을 동반한 음성을 들었다. 그녀는 성인들이 자기에게 프랑스를 구하라는 명령을 하고 있다고 생각했다. 그녀는 도핀 공을 만나러 갔다. 그는 자신을 숨기려 했지만, 쟌은 속지 않았다. 그녀는 "하늘의 임금께서는 당신이 랭스에서 기름부음을 받고 왕이 될 것이라는 말씀을 전하라고 하셨습니다. 당신은 프랑스를 상속하실 분, 왕의 진정한 아들이십니다"라고 말했다.

젊은 도핀 공은 자신의 적법성을 의심하고 있었기 때문에 그녀의 말에 귀를 기울였다. 그의 부친은 정신병자였고, 모친은 많은 남자들과 관계를 가지고 있었다. 프랑스가 전쟁에서 지고 있을 때에 도핀 공은 쟌에게 군대를 보내주었다. 쟌은 군대를 격려하여 큰 승리를 이르게 했고, 오를레앙을 적의 수중에서 해방시켰다. 곧 그녀는 도핀을 수행하여 랭스로 갔고, 도핀은 그곳에서 찰스 7세로 즉위했다.

쟌은 살기를 원해서는 안된다고 경고하는 음성을 듣고 전쟁터로 돌아왔다가 영국군에게 붙잡혔다. 1431년 2월 21일에 쟌은 마술을 행했다는 혐의로 영국 교회 재판소에서 재판을 받았다. 재판관들은 그녀가 본 환상들은 "거짓되고 악한 것"이며 그녀는 "이단자요 분열주의자"라고 선포했다. 1431년 5월 30일에 쟌은 화형을 당했다. 그녀의 시체가 다 탔지만 심장은 타지 않았는데, 영국 군사들은 그것을 주워 세느 강에 던졌다. 그러나 그녀의 죽음으로 말미암아 오히려 힘을 얻은 프랑스인들은 파리를 탈환했고, 영국군을 프랑스에서 몰아냈다.

찰스의 선동을 받은 교황 칼릭스투스 3세는 1456년에 쟌의 마술을 행하지 않았다고 선언했고, 쟌은 프랑스의 수호성인이 되었다.

사울이 블레셋 사람의 군대를 보고 두려워서 그 마음이 크게 떨린지라…사울이 그 신하들에게 이르되 나를 위하여 신접한 여인을 찾으라 내가 그리고 가서 그에게 물으리라 그 신하들이 그에게 이르되 보서 앤돌에 신접한 여인이 있나이다 사울이 다른 옷을 입어 변장하고 두 사람과 함께 갈새…(삼상 28:5, 7, 8)

교황 이노센트 3세

2월 22일

13세기 초 유럽에는 유명한 노틀담 사원을 비롯하여 많은 고딕식 대성당이 건설되었다. 파리 대학에서 수학하던 한 청년은 관심을 가지고 지켜 보았다. 그는 십자군에 대한 소문에 귀를 기울였고, 동료 학생들과 함께 신학에 대해 논했다. 그러나 그들은 그가 세상에서 가장 능력있는 사람이 되리라고는 꿈도 꾸지 못했다.

그의 이름은 지오반니 로타리오 데 콘티였으며, 법과 신학에 관심을 가지고 있었다. 그는 군에 입대했다. 1198년 2월 22일, 그는 37세의 나이에 교황으로 선출되었고, 즉시 이노센트 3세라는 이름을 선택했다.

새 교황은 교황직이 신비로운 위엄, 노틀담과 같은 새로운 대성당들의 고딕식 위용을 반영하기를 원했다. 그리고 그는 즉시 교회와 국가에 대한 절대적인 통치자로 군림하기 시작했다. 그는 왕과 제후들과 학자들과 대학들에게 편지를 보내면서 유럽의 여러 사건들에 영향력을 행사하려 했다. 그는 성지를 탈환하기 위해서 새로운 십자군을 조직했다. 그는 이단을 밝혀내어 근절하기 위해 열심히 일했고, 반대자들을 학살했다. 그는 이탈리아 중부에 대한 교황의 통제력을 확장했고, 제왕들과 황제들을 선출하는 일에 개입했다. 그는 국왕 필립 2세를 억지로 아내에게 돌아가게 했다. 또 영국의 국왕 존을 굴복시켰다. 그는 여러 가지 방법으로 유럽의 지도자들을 지배했으며, 스스로 그들의 영적 지도자라고 주장했다.

교황 이노센트는 교회 교의에도 자신의 표식을 남겼다. 1215년에 그는 로마에서 제4차 라테란 공회를 개최했다. 그 공회에서는 70개의 결정을 발표했는데, 그중에는 주의 만찬에 관한 것도 포함되어 있었다. 그 공회에서는 성찬의 떡과 포도주는 실제로 그리스도의 몸과 피의 본질을 가진다는 화체설을 반포했다.

교황 이노센트는 1216년에 56세로 세상을 떠났다. 어느 역사가는 "인간 중에서 그만큼 큰 권력을 휘두른 사람은 일찍이 없었다"라고 썼다. 그는 온 세상을 얻은 사람이었다.

사람이 만일 온 천하를 얻고도 제 목숨을 잃으면 무엇이 유익하리요 사람이 무엇을 주고 제 목숨을 바꾸겠느냐(마 16:26).

2월 23일 — 폴리캅

폴리캅은 성경에서는 언급되지 않지만, 신약시대에 태어난 인물이다. 그는 일찍 기독교로 개종했고 사도 요한에게서 교육을 받아 사역을 하게 되었다. 폴리캅과 요한은 20년 동안이나 친구로 지냈다. 요한은 에베소에서 사역하고 폴리캅은 자기의 교향인 서머나(오늘날 터어키의 이즈미르)에서 사역했는데, 두 교회는 불과 20마일 정도 떨어진 곳에 있었다. 요한은 계시록을 쓰면서 그중 일부분은 서머나 교회의 신자들에게 썼는데, 그들에게는 그다지 비판적인 말을 하지 않았다. 아마 요한의 메시지를 회중들에게 읽어준 사람이 폴리캅이었을 것이다.

"내가 네 환난과 궁핍을 아노니 실상은 네가 부요한 자니라…네가 장차 받을 고난을 두려워 말라…네가 죽도록 충성하라 그리하면 내가 생명의 면류관을 네게 주리라"(계 2:9, 10).

폴리캅은 대부분의 시간을 서머나 교회에서 목회하는 데 헌신했지만, 다른 지방에서도 잘 알려져 있었다. 오늘날 우리는 그가 빌립보 교회에게 보낸 편지를 가지고 있는데, 그 편지에서 그는 신약성서를 방대하게 인용하고 있다. 그는 신학적인 일들에 관해 애니클레투스 감독과 상의하려고 로마로 여행을 했다. 그는 제국 전역에서 이단과 싸웠다. 무엇보다도 그는 사도들과 나머지 교회사를 연결해주는 중요한 고리 역할을 한다.

그는 2세기 중엽, 안토니누스 피우스의 치세 때에 가장 큰 시험에 직면했다. 기독교인들에 대한 박해가 시작되어, 그의 교인들 몇이 살해되었다. 대략 155년 2월 23일, 어느 로마 관리는 폴리캅에게 그리스도를 부인할 것을 요구했다. 이에 대한 폴리캅의 유명한 대답은 전체 역사에서 메아리치고 있다. "86년 동안 나는 그 분을 섬겨왔지만, 그분은 한 번도 내게 그릇 행하신 적이 없다. 나를 구원하신 나의 왕을 어찌 욕할 수 있겠는가?"

그 관리는 "나는 너를 짐승의 밥으로 만들겠다"고 소리쳤다. 폴리캅은 마음대로 하라고 대꾸했다. 관리는 "그렇다면 너를 불태워 죽이겠다"고 경고했다 폴리캅은 "그대는 한 시간 동안 타오를 불로 나를 위협하려 하지만, 결코 꺼지지 않는 지옥불을 잊고 있다"고 말했다. 한 시간 후에 그의 몸은 재가 되었고, 그의 영혼은 그리스도와 함께 있게 되었다.

네가 장차 받을 고난을 두려워말라 볼찌어다 마귀가 장차 너희 가운데서 몇 사람을 옥에 던져 시험을 받게 하리니 너희가 십일 동안 환난을 받으리라 네가 죽도록 충성하라 그리하면 내가 생명의 면류관을 네게 주리라 귀있는 자는 성령이 교회들에게 하시는 말씀을 들을찌어다(계 2:10-11).

프란시스코 수도회

2월 24일

1208년 2월 24일, 아씨시의 프란시스는 천사의 성 마리아 교회의 미사에 참석했다. 당시 사제는 마태복음 10장을 낭독했다. "예수께서 이 열 둘을 내어 보내시며 명하여 가라사대…너희가 거저 받았으니 거저 주어라 너희 전대에 금이나 은이나 동이나 가지지 말고 여행을 위하여 주머니나 두 벌 옷이나 신이나 지팡이를 가지지 말라."

이 말씀에 감동을 받은 프란시스는 사도들을 닮은 순회 복음전도자가 되기로 결심했다. 그는 자기의 짐을 몇명의 추종자들과 나누어졌고, 그들은 단순한 전략을 만들었다. 가난한 사람으로서 시골 지방을 다니며, 복음을 전파하고 가난한 자들의 궁핍함에 동참한다. 프랜시스는 자기의 사상을 기록했다. 그는 로마로 가서 교황 이노센트 3세의 승인을 구했다. 교황은 주저하면서 "내 아들아. 네가 세운 계획은 너무나 어렵고 거칠구나"라고 말했다. 그러나 그는 마침내 그 계획을 인정했다. 후일 프란시스는 다음과 같이 기록했다.

> "주께서 형제들을 나에게 맡기셨을 때, 아무도 그들을 어떻게 다루어야 할지 가르쳐 주지 않았다. 그러나 지극히 높으신 하나님께서는 내가 거룩한 복음의 규범에 따라서 살아야 한다고 계시해 주셨다. 나는 그것은 몇 마디 단순한 단어로 기록했고, 교황께서는 그것은 인정하셨다. 이러한 삶을 수용하고자 하는 사람은 자신이 가진 모든 것을 가난한 사람들에게 주고, 스스로 앞뒤를 꿰맨 겉옷에 허리띠를 매고 나서야 했다. 우리는 그 외에 다른 것은 원하지 않았다."

8년이 지나서 프란시스 교단의 회원수는 5000명에 달했다. 그가 40대 중반에 결핵성 문둥병으로 세상을 떠날 무렵에는 사람들이 너무나 그를 사랑했기 때문에, 그의 추종자들은 군중들이 그의 시신을 도둑질해 갈 것을 염려했다. 그리하여 그들은 그를 화강암 석관에 넣어 10개의 쇠사슬로 용접한 뒤에 성 프랜시스 바실리카의 제단 아래 묻었다. 얼마나 잘 매장해 두었는지, 그의 관은 19세기에야 발견되었다. 그러나 그의 추종자들은 그가 사던 사역을 계속했으며, 오늘날 프란시스코 교단은 로마 가톨릭 교회에서 가장 규모가 큰 교단이다.

가면서 전파하여 말하되 천국이 가까왔다 하고…너희가 거저 받았으니 거저 주어라 너희 전대에 금이나 은이나 동이나 가지지 말고 여행을 위하여 주머니나 두 벌 옷이나 신이나 지팡이를 가지지 말라 이는 일군이 저 먹을 것 받는 것이 마땅함이니라(마 10:7-10).

2월 25일

재세례파의 지도자 후터

어느 겸손한 모자 제작공은 "만일 온 세상이 우리와 같다면, 세상에는 전쟁이 없을 것이다"라고 말했다. 이 아주 단순한 말 때문에 제이콥 후터는 목숨을 잃었다.

후터는 최초의 재세례파 신자들 중 한 사람이었다. "재세례파"라는 용어는 "다시 세례를 베푼다"는 의미로서, 원래는 국가에서 후원하는 유아세례를 비성경적이라고 보는 재세례파의 신앙을 경멸하는 의미로 사용된 것이다. 그 운동은 취리히에서 실시된 즈빙글리의 개혁의 빨리 진척되지 않는 데 불만을 품은 사람들이 국교회로부터 이탈하여 1525년 1월 21일에 스스로에게 세례를 베푼 데부터 시작되었다. 그들은 가톨릭 교도들과 종교개혁자들로부터 박해를 받았다. 그리하여 그들 중 다수는 다소 관대한 듯이 생각된 모라비아(오늘날의 체코슬로바키아)로 도피했다. 그들은 공동생활체 안에서 생활했는데, 제이콥 후터도 그들의 운동에 참여했다.

후터는 모자를 만드는 사람이었다. 그는 프라하에서 모자를 만드는 방법을 배웠다. 그는 모자를 만들어 팔면서 널리 여행하다가 모라비아의 재세례파와 접촉하게 되었고, 나중에는 그들의 지도자가 되었다. 1536년에 국왕 페르디난드 1세는 모라비아 재세례파 사람들을 가정과 공동생활체에서 축출하여 야외에서 노천이나 동굴에서 살도록 명했다. 후터는 총독에게 이렇게 호소했다.

"지금 우리는 황야에서 야영하고 있습니다. 우리는 결코 사람들에게 부당한 일을 하기를 원치 않습니다. 심지어 우리의 원수에게라도 부당한 일을 행하기를 원치 않습니다. 마치 우리가 전쟁을 원하는 양 벌판에서 수천 명이 야영을 한다고 말하는 사람들은 거짓말쟁이요 파렴치한 사람입니다. 만일 온 세상 사람들이 우리와 같다면, 전쟁은 존재하지 않을 것입니다. 우리는 아무 데도 갈 수 없습니다. 하나님께서 우리에게 갈 곳을 보여 주시기를 기도할 뿐입니다."

후터의 편지 때문에 크게 당국에서는 그와 임신한 아내를 체포했다. 후터는 석달 동안 갖은 고문을 받았으나 굽히지 않았다. 그리하여 1536년 2월 25일, 당국자들은 그를 말뚝에 묶고, 몸에 브랜디를 끼얹은 후에 불을 붙였다. 당시 그는 대략 36세였다. 후터가 죽은 후에 그의 추종자들은 스스로를 후터파라고 칭하면서 신앙을 전파하기 시작했다. 후터파 선교사들 중 80퍼센트는 순교했지만, 오늘날도 유럽 산간 지방이나 미국 서부에는 후터파들이 살고 있다.

보라 내가 너희를 보냄이 양을 이리 가운데 보냄과 같도다 그러므로 너희는 뱀같이 지혜롭고 비둘기 같이 순결하라 사람들을 삼가라 저희가 너희를 공회에 넘겨주겠고 저희 회당에서 채찍질하리라 또 너희가 나를 인하여 총독들과 임금들 앞에 끌려가리니 이는 저희와 이방인들에게 증거가 되게 하려 하심이라 (마 10:16-18).

수염과 아내

2월 26일

하나님께서는 가끔 결혼한 사람들보다는 독신 남녀들을 사용하여 더 많은 일을 하신다. 그러나 물론 배우자가 필요할 때도 있다.

프랑소와 코일라드는 1834년에 프랑스에서 태어나 파리와 스트라스부르그에서 신학을 공부한 후에 파리복음선교협회 소속으로서 1857년 남아프리카를 향해 떠났다. 그는 독신으로 깨끗이 면도를 한 젊은이였다. 아프리카인들은 아내도 없고 수염도 없는 청년이 과연 무엇을 가르칠 수 있을지 의아해 했고 당황했다. 그들은 "존경을 받으려면 수염도 나고 아내도 있어야 합니다. 우리는 수염도 없고 도와줄 아내도 없는 사람의 말을 들을 수는 없습니다"라고 말했다.

이 말을 듣고, 코일리아드는 즉시 수염을 길렀다. 하지만 아내는 어떻게 해야 한단 말인가? 그는 파리에 있는 어느 젊은 숙녀를 생각해냈다. 사실 파리에 있을 때 내심 그 여인을 사랑했지만 그 사실을 말하지 못했었다. 프랑소와는 두려움이 많고 조용한 사람이었다. 그는 크리스티나 매킨토시에게 한 마디 말도 건네지 못한 채 아프리카로 떠나 온 것이었다.

이제 그는 그 일을 후회했고, 마침내 쌍방의 친구인 안드레 월터 부인에게 자기를 대신해서 매킨토시 양에게 결혼을 제안해 달라고 부탁했다. 6달 후에 매킨토시로부터 "나는 당신을 잘 알지 못합니다"라는 끔찍한 답변이 왔다. 그러나 그것은 완전한 거절은 아니었다. 크리스티나는 이 젊은 선교사를 기억하고 있었고, 게다가 그에게 매력을 느꼈기 때문이었다. 코일라드는 그 소식에 상심했다. 그의 일기와 편지에는 그의 감정적인 번민이 적나라하게 나타나 있다. 그에게는 마음을 털어놓을 사람이 필요했지만, 그의 가까이에는 주님밖에 없었다.

2년이 지났다. 아무리 노력해도 크리스티나를 잊을 수 없었다. 마침내 그는 다시 그녀에게 편지를 썼다. 이번에는 직접 기도하면서 편지를 썼다. 1860년 7월 5일, 답장이 왔다. 코일라드는 "나는 믿을 수 없을 정도로 행복하다"라고 썼다. 크리스티나는 그의 청혼을 받아들인 것이다.

그들은 1861년 2월 26일 결혼했다. 아프리카인들은 "오늘에서야 당신은 성인이 되었습니다"라고 했다. 그들은 이제 그의 말을 청하기 시작했다. 그로부터 30년 동안 코일라드는 바롯세랜드에서 친밀하게 사역하면서 많은 교회를 세우고 복음의 씨앗을 뿌렸다.

하나님께 노래하며 그 이름을 찬양하라 타고 광야에 행하시던 자를 위하여 대로를 수축하라 그 이름은 여호와시니 그 앞에서 뛰놀찌어다 그 거룩한 처소에 계신 하나님은 고아의 아버지시며 과부의 재판장이시라 하나님은 고독한 자로 가속 중에 처하게 하시며

(시 68:4-6)

2월 27일 — 로버트 머레이 멕케인

우리는 어떤 일도 할 수 없을 때에도 기도할 수는 있다.

로버트 머레이 멕케인은 4살 때에 그리스어를 배웠다. 그는 5살 때에 초등학교에서 일등을 했고, 8살 때에는 고등학교에 입학했고, 11살 때에 에딘버러 대학에 입학했다.

18살 때에 그는 목회의 꿈을 품고서 아침에 조용히 묵상하기 시작했는데, 그것은 그의 평생의 습관이 되었다. 1834년 2월 23일 일기를 보면 다음과 같다. "아침 일찍 일어나 내가 사랑하는 하나님을 찾아 발견했다. 그와 같은 동반자를 만나기 위해서 아침 일찍 일어나지 않는 사람이 어디 있을까?" 1836년에 그는 던비에 있는 성 베드로 교회에서 목회를 시작했는데, 날마다 하루의 시작은 하나님의 말씀을 읽고 기도하는 것으로 시작했다.

그러나 멕케인은 건강이 그리 좋지 못했다. 그는 심계항진증에 걸려 점점 몸이 약해졌기 때문에 건강회복을 위해서 여행을 떠났다. 그러나 그는 교인들을 잊을 수 없었다. 그래서 1839년 2월 27일 그는 그들에게 다음과 같은 목회서신을 보냈다.

> 나는 골로새서에 기록된 에바브라와 같이 되고 싶습니다. "저가 항상 너희를 위하여 애써 기도하여 너희로 하나님의 모든 뜻 가운데 완전하고 확신있게 서기를 구하나니." 하나님께서 다른 방법으로 여러분들을 위해 일하는 것을 저지하셨으므로, 이런 방식으로 여러분을 위해 일하는 것이 내 마음의 기쁨이 됩니다. 선하고 거룩한 목사였던 스코트 박사는 세상을 떠나기 전 몇 년 동안 늙어 설교를 할 수 없게 되었을 때 "이제 나는 교인들을 위해 아무 것도 할 수 없지만 기도할 수는 있습니다…"라고 말했는데, 나 역시 그렇게 생각하고 있습니다.

멕케인은 건강이 약간 회복되었지만, 1843년에 29세로 세상을 떠났다. 그가 세상을 떠나던 날, 던비의 집집에서는 울음소리밖에 들리지 않았다. 사람들은 거리에서 만나면 그를 잃은 설움에 흐느꼈다. 그후 수백 년 동안 스코틀랜드의 목회자들은 그의 삶과 목회방법을 연구했다. 그리고 그의 서신집과 설교집은 고전이 되었다. 언젠가 그는 "만일 세상을 덮고 있는 모든 베일들을 제거해 버린다면, 하나님의 자녀들의 기도는 많은 응답을 받을 수 있을 것이다"라고 말했다.

이로써 우리도 듣던 날부터 너희를 위하여 기도하기를 그치지 아니하고 구하노니 너희로 하여금 모든 신령한 지혜와 총명에 하나님의 뜻을 아는 것으로 채우게 하시고 주께 합당히 행하여 범사에 기쁘시게 하고 모든 선한 일에 열매를 맺게 하시며 하나님을 아는 것에 자라게 하시고 (골 1:9-10).

중국 선교의 문을 열어놓은 로버트　　2월 28일

스코틀랜드 출신의 농업 전문가인 제임스 모리슨은 잉글랜드 여인인 한나 니콜슨과 결혼하여 8명의 자녀를 두었다. 1782년에 태어난 막내아들 로버트는 꾸준히 노력하는 인물이었다. 그를 가르친 삼촌은 그가 큰 결단력을 지닌 평범한 학생이라고 생각했다.

그는 15세 때에 기독교인이 되어, 매주 월요일 밤에 아버지의 작업장에서 개최되는 기도회에 참여했다. 로버트는 주말에는 성경을 공부하면서 기독교인으로 성장해갔다. 그는 학문 연구를 배가했고, 침대를 아버지의 작업장 한 모퉁이로 옮겨 늦은 밤까지 조용한 가운데 공부했다. 후일 그는 "토요일 저녁에 손수 깨끗이 청소하고 주일날이면 기도와 묵상을 하던 내 아버지의 작업장은 정말로 행복한 곳이었다. 그곳은 나의 침실이요 서재였다"고 말했다.

1801년에 그는 목회사역을 해야 행복할 것이라고 생각하여 그 준비 과정으로 라틴어를 배우기 시작했다. 자신이 언어학적 재능이 있다는 것을 발견한 그는 선교사역에 참여할 것을 고려하기 시작했다. 이 소식을 들은 그의 어머니는 크게 놀랐다. 당시 어머니는 건강이 좋지 않았기 때문에 아들을 떠나보낼 수 없다고 생각했다. 로버트는 어머니가 살아계신 동안에는 어머니 곁에 머물기로 했다.

어머니는 이듬해 세상을 떠났다. 1802년 11월 2일에 로버트는 런던에 있는 목회자 대학 입학을 신청했다. 2년 후에 그는 런던선교협회에서 일하려 했다. 이번에는 아버지가 반대했지만, 그의 결심을 꺾지는 못했다. 그는 더 많은 훈련을 받으려 했다. 1807년 2월 28일, 그는 최초의 개신교 선교사로서 중국으로 가기 위해 브리튼을 떠나는 배를 탔다.

그의 꾸준함과 결단력은 영국에 있을 때에도 도움이 되었지만 중국에서도 그에게 큰 도움이 되었다. 중국에서 그는 7년 동안 아무런 성과도 거두지 못하다가 마침내 최초의 개종자에게 세례를 주었다. 그는 그 후로도 18년간 많은 난관을 겪으며 인내심을 갖고 사역하여 거둔 열매는 열두 명도 못되었다. 그가 임종할 때에 중국 전체에 기독교인은 3명 뿐이었다.

그러나 그는 중국 선교의 문을 열어놓았으며, 오늘날 중국에는 수백만에 달하는 신자들이 있다.

이러므로 우리에게 구름같이 둘러싼 허다한 증인들이 있으니 모든 무거운 것과 얽매이기 쉬운 죄를 벗어 버리고 인내로써 우리 앞에 당한 경주를 경주하며 믿음으로 주요 또 온전케 하시는 이인 예수를 바라보자(히 12:1-2).

2월 29일 — 패트릭 해밀턴

해밀턴, 위샤트, 낙스 등은 스코틀랜드의 변화시킨 인물들이다. 첫번째 인물인 패트릭 해밀턴은 1504년에 글래스고 근처에서 부잣집 아들로 태어났다. 그의 모친은 그에게 성경 이야기를 해주곤 했는데, 어머니로부터 배운 교훈들은 죽을 때까지 그의 가슴에 살아 있었다. 패트릭이 교회 생활을 하기를 원한 그의 부친은 패트릭이 13살 때에 자신의 영향력과 금전을 사용하여 그를 교회의 직분에 임명하게 만들었다.

그것이 바로 루터가 항의문을 발표한 1517년의 일이었다. 그러나 해밀턴은 교회 사역을 원하지 않았기 때문에 파리의 소르본 대학으로 도망했다. 그곳에서 그는 루터의 항의문 사건에 대한 소식을 들었다. 1년 동안 소르본에 있으면서 그는 공부는 하지 않고 루터의 저술들을 읽었다. 해밀턴은 1520년에 대학을 졸업하고 스코틀랜드로 돌아와서 성 앤드류스 대학에서 공부를 계속했고, 얼마 후에 교수가 되었다. 한편 스코틀랜드 의회는 루터주의를 정죄했으며 종교개혁 서적을 소지한 사람은 죄인이라고 발표했다.

그런데 해밀턴은 이미 종교개혁 사상을 받아들이고 있었다. 개신교도의 철천지 원수인 데이비드 비튼 대주교가 그를 죽이려 했기 때문에, 해밀턴은 도망쳤다. 그는 독일로 가서 루터 및 다른 종교개혁 지도자들과 함께 지냈다. 그의 믿음과 용기는 깊어졌다. 해밀턴은 위험에도 불구하고 스코틀랜드로 돌아가서 오직 믿음을 통한 은혜로 말미암은 구원을 전파하기로 결심했다.

큰 무리가 그의 설교를 들으려 밀려들었고, 많은 사람들이 그리스도를 구주로 영접했다. 비튼은 신속하게 그를 체포하고 재판하여 사형선고를 내렸다. 1528년 2월 29일, 해밀턴은 단호한 걸음으로 화형장의 말뚝을 향해 걸어갔다. 그는 한 친구에게 자기의 복음서를 건네주고, 자기의 모자와 가운과 상의는 자기의 하인에게 주었다. 사형집행인은 그를 말뚝에 묶은 후에 장작에 불을 붙이려 했다. 그러나 불이 잘 타지 않아서 해밀턴은 6시간이나 고통을 겪어야 했다. 마침내 숨을 거두게 된 그는 "오 하나님, 언제나 이 나라에서 어두움이 제거될까요?"라고 소리쳤다.

이 말을 들은 젊은 조지 위샤트는 잊지 않고 마음에 새겨 두었다.

음부의 줄이 나를 두르고 사망의 올무가 내게 이르렀도다 내가 환난에서 여호와께 아뢰며 나의 하나님께 부르짖었더니 저가 그 전에서 내 소리를 들으심이여 그 앞에서 나를 부르짖음이 그 귀에 들렸도다 이에 땅이 진동하고 산의 터가 요동하였으니 그의 진노를 인함이로라 (시 18:5-7).

3월

…너희 몸은 너희가 하나님께로부터 받은 바 너희 가운데 계신 성령의 전인 줄을 알지 못하느냐 너희는 너희의 것이 아니라 값으로 산 것이 되었으니 그런즉 너희 몸으로 하나님께 영광을 돌리라

-고전 6:18-20-

3월 1일 — 존 낙스

오 하나님, 언제까지 어두움이 이 나라를 덮고 있을까요? 패트릭 해밀턴이 죽어가면서 남긴 이 말은 조지 위샤트의 뇌리를 떠나지 않았다. 위샤트는 유명한 제임스 위샤트의 외아들이었다. 조지는 키가 크고 잘생기고 쾌활한 청년이었는데, 가르치는 일이나 배우는 일에 열심을 냈다. 그는 하나님의 구원의 길은 그리스도의 완성된 사역을 통해서만 이루어진다고 믿었다. 이러한 종교개혁 사상 때문에 그는 위험에 처했다. 1544년에, 그는 던비에서 로마서를 본문으로 설교를 하기 시작했다. 청중들 중에는 존 낙스라는 청년도 있었다. 위샤트에게 감명을 받은 낙스는 그의 경호원으로 일하기 시작했다.

대주교 데이비드 비튼이 개신교도들을 잔인하게 탄압하려 했다. 위샤트가 체포되리라는 사실이 확실해지자, 낙스는 그의 곁에 남아 있게 해달라고 요청했다. 그러나 위샤트는 낙스를 얼싸 안으면서 "그럴 수는 없네. 이번에는 나 한 사람이면 족하다네"라고 말했다. 1546년 3월 1일, 위샤트는 형장으로 갔다. 그곳에서 그는 모인 사람들에게 "여러분 하나님의 말씀을 사랑하시고 참고 인내하십시오. 오늘 밤 내 영혼은 분명히 내 구주와 함께 저녁을 먹을 것이라고 나는 확신합니다"라고 말했다. 그리고 나서 그는 교살되고 그의 시신은 불태워졌다.

그의 죽음은 낙스와 스코틀랜드 전체를 격노하게 만들었으며, 2달이 못 되어 비튼 대주교는 암살되었다. 낙스는 암살에 가담하지 않았다. 그러나 그는 스코틀랜드가 개신교 국가가 될 때까지는 결코 쉬지 않겠다고 맹세했다. 그는 곧 노예선에 투옥되어 쇠사슬로 노에 결박되고 채찍질을 당했다. 그는 석방될 희망을 갖지 못한 채 죽도록 노동을 했다.

그러나 그는 결국 석방되었다. 여러 해 후에 낙스는 스코틀랜드의 변화를 요구하면서 태풍을 몰아왔다. 그는 자신의 원수인 메리 여왕에게 하나님의 진노가 임하기를 기도했다. 그는 "우렛소리 같이 울리는 스코틀랜드인"이라고 불렸다. 세월이 흐르면서 그의 건강과 인내심도 야해졌다. 1572년 그는 비참하게 생을 마감했다.

그러나 그의 노력은 그후 스코틀랜드인에게 감화를 주었고, 결국 스코틀랜드에서 종교개혁은 승리를 거두었다.

선지자 엘리야가 나아가서 말하되 아브라함과 이삭과 이스라엘의 하나님 여호와여 주께서 이스라엘 중에서 하나님이 되심과…오늘날 알게 하소서 여호와여 응답하소서 이 백성으로 주 여호와는 하나님이신 것과 주는 저희의 마음으로 돌이키게 하시는 것을 알게 하옵소서 하매(왕상 18:36-37).

콘스탄스 공의회

3월 2일

"대분열"이란 교회사에서 일어난 두 가지 사건을 묘사하는 용어이다. 첫번째 사건은 1054년에 발생한 동방 교회와 서방 교회의 분열이다. 두 번째 사건은 두 명의 교황이 서로 자신이 기독교계를 다스려야 한다고 주장했던 1478년부터 1417년까지의 기간이다. 1414년에 이 두 명의 교황 중 한 사람인 교황 요한 23세는 이 분열을 종식시키기 위해서 콘스탄스에 공의회를 소집했다.

요한은 그 회의를 자기의 추종자들로 구성했고, 자신이 유일한 교황으로 확인될 것이라고 생각했다. 그는 콘스탄스를 향해 가면서 "음, 이곳은 여우들이 올가미에 걸릴 곳이군"이라고 말했다. 그는 1600명의 군대를 이끌고 백마를 타고 그 성에 들어갔다. 분위기는 숨을 죽일 만큼 흥분되어 있었다. 콘스탄스는 제후들, 음악가들, 창녀들까지 포함하여 유럽 전역에서 온 사람들로 들끓었다. 얼마나 많은 사람들이 그 도시의 호수에서 목욕을 했던지 그 중 500명이나 물에 빠져 죽었다고 보고되었다.

그러나 요한의 잘난체 하던 태도는 곧 시들기 시작했다. 모든 절차는 교회의 통일성을 회복하려는 압도적인 희망에 따라 진행되었다. 그 공회는 세 명의 교황을 모두 제거하고 새 교황을 선출하기를 원함으로써 요한을 놀라게 했다. 요한이 교황직에 적임자인지를 묻는 문서가 돌기 시작하자, 요한은 겁에 질렸다. 1415년 3월 2일, 그는 공회 앞에 출두하여 "나 교황 요한 23세는 자리에서 일어나 하나님과 교회와 거룩한 공회 앞에 엎드려 맹세합니다. 만일 교황을 자처하는 베네딕트와 그레고리도 사임한다면 나도 교황직을 사임함으로써 교회에 평화를 주기로 맹세합니다"라고 말했다.

콘스탄스는 기쁨으로 가득했다. 교회에서는 종을 치고 사람들은 울고 웃고 소리를 쳤다. 생명의 위협을 느낀 요한은 회색 코트와 모자를 쓰고 변장을 하고 도망쳤다. 그러나 공의회에서는 그를 추격하여 콘스탄스로 송환했고, 그의 추악한 행위를 정죄하고 공식적으로 그를 해임했다. 그리하여 대분열이 종식되었다.

그러나 요한 23세만이 그 공의회의 피해자는 아니었다. 그 공의회는 존 위클리프와 존 후스 등 소위 이단자들을 공격했다. 후스는 안전통행권을 보장받고 콘스탄스로 왔지만, 감옥에 갇히고 정죄받고 세속 당국자들에게 넘겨져 화형을 당했다.

> 이 선지자들은 내가 보내지 아니하였어도 달음질 하며 내가 그들에게 이르지 아니하였어도 예언하였은즉 그들이 만일 나의 회의에 참여하였더면 내 백성에게 내 말을 들려서 그들로 악한 길과 악한 행위에서 돌이키게 하였으리라(렘 23:21-22).

3월 3일   역 종교개혁

주택이나 마음이 그렇듯이, 교회와 교파도 때로 깨끗하게 하는 일과 혁신이 필요하다. 16세기 교회의 부패함에 대한 루터의 반응으로 말미암아 개신교 종교개혁이 시작되었을 뿐만 아니라 가톨릭 교회 내에서 로마 교회를 개선하려는 노력인 역종교개혁이 시작되었다. 1545년 12월 13일, 교황 바울 3세는 이탈리아의 트렌스에 공의회를 소집했는데, 처음에는 불과 34명의 지도자들만이 참석했다. 1545년부터 1563년까지 여러 차례의 회의가 계속되었다. 제수잇 회원들과 학자들, 개신교도들과의 재연합을 원하는 정치 지도자들, 그리고 개혁을 원하는 일부 성직자들과 전혀 개혁을 원치 않는 성직자들이 이 회의에 참석했다.

광범위하게 이루어지던 면죄부 판매가 제한되었고, 성직자들과 교회 지도자들의 도덕을 바로잡고 보호하기 위한 많은 법안들이 통과되었다. 또 새로 등장한 개신교 신학에 비추어서 교회의 교리들을 재검토했다. 많은 경우 공의회에서는 전통적인 중세 시대의 교리들을 재확인했다. 성만찬에 관한 개신교의 견해는 거부하고 화체설을 지지했다. 또 라틴어가 미사에 적합한 언어라고 확인했고, 일반적인 언어들로 성경을 번역하려는 루터의 견해에 반대했다. 또 그 공의회에서는 "성경으로만"이라는 개혁자의 외침 역시 거부했다. 공의회는 교회의 전통은 신자들을 위한 유일한 신적 권위의 원천인 성서와 연합한다고 말했다.

1547년 3월 3일, 그 공의회는 교회의 일곱 가지 성례 모두가 구원에 필요한 것이라고 다짐했다: 세례, 견신례, 성찬식, 회개, 종부성사, 혼배성사, 성직임명식. 두 가지 성례—세례와 주의 만찬—을 주장하는 개신교의 견해는 거부되었다.

트렌트 공의회는 종교개혁사에서 가장 중요한 사건들 중 하나로서, 그 후 400년 동안 가톨릭 교회의 교리의 기초가 되었으며, 로마 교회 내에서의 개혁의 기초를 제공해주었다. 1960년대에 제2차 바티칸 공의회에서 또 하나의 중요한 재검토가 시작되었다.

하나님이여 나를 살피사 내 마음을 아시며 나를 시험하사 내 뜻을 아옵소서 내게 무슨 악한 행위가 있나 보시고 나를 영원한 길로 인도하소서(시 139:23-24).

실질적인 검사

3월 4일

선교선인 더프호의 항해는 기억해야 할 사건이다. 1796년 8월, 30명의 선교사들과 그 가족들이 영국을 출발하여 남태평양을 행했다. 그 날 아침은 안개가 끼었지만 모인 사람들은 찬송을 부르고 기도를 하는 등 축제 분위기였다. 그 배는 7달 동안 항해하여 1797년 3월 4일에 선교사들은 안전하게 타히티에 상륙했다. 상륙한 다음날 그들은 예배를 드리고 일을 시작했다.

더프호의 선장은 기독교인이었는데, 그에게는 선교사들이 그 지역에 있는 여러 섬을 살펴 보도록 해야 하는 책임이 주어져 있었다. 타히티에서 몇 주일을 보낸 후에, 그는 몇명의 사역자들을 그 섬에 남겨두어도 안전할 것이라고 판단하여 다른 사람들을 데리고 인근의 섬들을 향해 떠났다. 그는 10명의 선교사를 통가 섬에 내려주고, 다시 윌리엄 크룩과 존 해리스를 내려 주기 위해서 마르키스 제도를 향했다.

그런데 예기치 않은 문제, 신학 교육과 선교사 교육을 받은 설교자들도 다룰 수 없는 문제가 발생했다. 배가 닻을 내리자 마자 아름다운 원주민 여인들이 나체로 선교사들을 맞으려고 헤엄쳐 왔다. 크룩과 해리스는 신경질적으로 자기들의 짐을 꾸려 해안으로 갔다.

많은 사람들을 만나다 보니 크룩은 해리스와 떨어져서 홀로 추장의 부인과 함께 있게 되었다. 추장 부인이 그의 관심을 얻으려고 애를 썼기 때문에 그는 겁에 질렸다. 크룩이 그녀를 거부하니, 그녀는 당황하는 것 같았다. 그녀는 크룩이 정말로 남자인지 시험해보려 했다. 그리하여 그녀를 비롯한 한 무리의 여인들이 밤에 해리스를 공격하여 "실질적인 심사"를 했다.

다음날 아침 더프호의 승무원들은 해리스가 충격을 받고 수치심을 느끼면서 해변에 앉아 있는 것을 발견했다. 게다가 해리스는 그곳을 떠나고 싶어했다. 그래서 마르키스 제도에서의 사역은 포기되었고, 통가 섬에서의 사역은 많은 어려움이 따랐다. 또 타히티 섬에서의 사역은 가망이 있어 보였다. 결국 그들은 많은 사람들을 개종시켰다.

요셉은 용모가 준수하고 아담하였더라 그 후에 그 주인의 처가 요셉에게 눈짓하다가 동침하기를 청하니…요셉이 시무하러 그 집에 들어갔더니 그 집 사람은 하나도 거기 없었더라 그 여인이 그 옷을 잡고 가로되 나와 동침하자 요셉이 자기 옷을 그 손에 버리고 도망하여 나가매(창 39: 6-7, 11-12).

3월 5일

너무나 대조적인 두 사람

존 J. 존스는 하나님께서 자기에서 사역의 소명을 주셨다고 느끼면서도 그 소명을 거부하고 법률가가 되었다. 그의 아들도 그의 뒤를 따랐다. 젊은 샘 존스는 처음에는 훌륭한 변호사였다. 그러나 알콜 중독으로 인생을 망치고 결국 석탄을 캐는 광부로 전락했다. 그는 술을 마시고 있다가 부친이 병들었다는 소식을 듣고 급히 집으로 돌아왔다. 늙은 변호사는 마지막으로 "불쌍하고 악하고 제멋대로며 무모한 아들아, 너 때문에 내가 슬퍼하다가 결국 죽게 되었구나. 내 아들아, 천국에서 다시 만나겠다고 약속해다오"라고 말했다.

샘은 무릎을 꿇고 약속했다. 그리고는 술집으로 달려가서 술을 한 병 달라고 했다. 그는 술을 마시려다가 병에 비친 자신의 모습을 보았다. 헝클어진 머리, 토하여 더러워진 옷, 부풀어오른 입술. 그는 술병을 바닥에 내동댕이치고는 자기의 삶을 예수 그리스도께 바쳤다. 일 주일 후에 그는 처음으로 설교를 했다.

존스는 19세기에 무디 다음가는 유명한 복음전도자가 되었다. 그는 미국 전역의 주요 도시에서 전도하여 대략 50만 명을 그리스도께로 인도했다. 그가 이끈 가장 특이한 신앙부흥은 1899년 3월 5일, 오하이오주 톨레도에서 시작되었다. 그런데 톨레도의 시장의 이름도 역시 샘 존스였다. 신앙부흥회가 시작되던 날 밤에 시장인 존스는 복음전도자인 존스를 소개했다. 차기 시장 선거가 한 달밖에 남지 않았기 때문에 그는 공개석상에 즐겨 나타나곤 했다. 그러나 그는 전도자 존스의 말은 좋아하지 않았다. 왜냐하면 이 설교자는 시장의 정책을 공격했기 때문이었다. 톨레도에는 700개의 살롱과 150개의 도박장이 있었지만, 관리들은 그 사실에는 관심이 없었다. 전도자 존스는 만일 톨레도의 시장이 마귀라면 전혀 변화시키지 못할 것이라고 말했다. 그는 술과 죄를 공격했다. 그는 십자가를 높이 들고 의뢰인을 교수대에서 구하기 위해 노력하는 변호사와 같은 열심을 가지고 설교했다. 그의 설교를 듣고 우는 사람도 있고 탄식하는 사람들도 있었다. 어린아이들은 그에게 매혹되었다. 밤마다 그가 설교하는 곳은 사람들이 가득 찼다. 톨레도에서 집회를 하는 동안 수백명, 아마 수천명이 회심했을 것이다.

그러나 시장은 다음달에 큰 표 차이로 재선되었다.

재앙이 뉘게 있느뇨 근심이 뉘게 있느뇨 분쟁이 뉘게 있느뇨 원망이 뉘게 있느뇨 까닭없는 창상이 뉘게 있느뇨 붉은 눈이 뉘게 있느뇨 술에 잠긴 자에게 있고 혼합한 술을 구하러 다니는 자에게 있느니라 포도주는 붉고 잔에서 번쩍이며 순하게 내려가나니 너는 그것을 보지도 말지어다(잠 23:29-31).

미켈란젤로

3월 6일

1475년 3월 6일은 다윗, 모세, 피에타, 그리고 성 베드로 성당의 돔을 제작한 유명한 화가의 탄생일이다. 미켈란젤로는 이탈리아의 조그만 마을에서 태어났고 플로렌스 근처에 있는 대리석 채석장에서 성장했다. 그는 시간이 있으면 그림을 그렸다. 13살 때에 그는 로렌조 데 메디치가 세운 미술 학교에 선발되어 입학했다. 그는 공부하는 틈틈이 근처에서 복음을 전하는 위대한 사보나롤라의 설교를 경청했다.

젊은 그는 곧 피에타(십자가에 달려 죽은 아들을 안고 있는 성모 마리아의 상)와 18피트 짜리 대리석으로 만든 다윗의 상으로 유명해졌다. 교황 율리우스는 그에게 시스티나 성당의 천장에 그림을 그리게 했다. 사람들은 그를 천재라고 했다.

그러나 미켈란젤로의 천재성의 배후에는 하나의 비극적인 인물이 있다. 그는 다른 사람들과 잘 어울리지 않았고, 종종 다른 사람들을 질투하고 멸시했다. 그는 낡은 옷을 입고 지내면서 거의 갈아입지 않았고, 목욕도 하지 않았다. 그는 구두쇠였다. 그는 아무 것이나 먹었고, 옷을 입고 장화를 신은 채 잠을 잤다. 그는 잡담을 싫어하고 혼자 있는 것을 좋아했으며, 여자들을 싫어했다. 그는 모든 정력을 작업에만 쏟아부었다. 그는 25년간 침식을 같이하며 돌보아준 하인 외에는 친구들도 없었다.

어느 교황이 미켈란젤로의 좋지 않은 성질에 대해서 "그 사람은 참 놀라운 사람입니다. 그 사람과 잘 어울려 지낼 수가 없어요"라고 평했다. 때로 미켈란젤로는 비정상적인 정도로 우울했다. 그리고 말년에 그는 지옥에 대한 공포에 사로잡혀 지냈다.

그러나 한창 시절의 그는 자신이 종종 그림으로 그린 그리스도를 생각했고, 순교자 사보나롤라에게서 들은 설교를 생각하곤 했다. 미켈란젤로는 말년에 "그림이나 조각은 나를 쉬게 하지 못한다. 내 영혼아, 높은 곳에 계신 하나님의 크신 사랑을 의지하라. 그 분은 십자가 위에서 두 팔을 펴시고 우리를 안아주신다"라고 기록해 두었다. 그는 89세로 세상을 떠났다.

…대저 나의 소망이 저로 좇아 나는도다…백성들아 시시로 저를 의지하고 그 앞에 마음을 토하라 하나님은 우리의 피난처시로다(시 62:5-9).

3월 7일 퍼페투아

　인간적인 사람이 아무리 소중해도, 그보다는 그리스도께 대한 충성이 우선해야 한다.

　퍼페투아는 초대 기독교인들에게 너무나 큰 감화를 주었기 때문에, 어거스틴이 그녀의 이야기를 성경과 동등하게 여기지 말라고 할 정도였다. 퍼페투아는 176년경에 북아프리카의 카르타고의 부유한 가정에서 태어나 성장했다. 그녀의 부친은 기독교인이 아니었지만, 모친과 형제들은 헌신적인 신자들이었다. 총명하고 매력적인 퍼페투아는 훌륭한 교육을 받았고 결혼하여 아들을 낳았다.

　202년 셉티무스 세베리우스 황제는 기독교를 반대하는 칙령을 발표했고, 퍼페투아는 가택 연금 상태에 놓였다. 그녀의 부친은 그녀에게 신앙을 버리라고 타일렀지만, 그녀는 물그릇을 가리키면서 "아버지, 이 그릇을 보세요. 이것을 그릇이라고 부르지 않으면 무엇이라고 부르겠어요? 마찬가지로 나는 나를 크리스천이 아닌 다른 명칭으로 부를 수 없어요."라고 했다. 그녀가 감옥에 갇히게 되었을 때에도 아버지가 찾아와서 울며 믿음을 버리라고 애원했다. 그러나 퍼페투아는 아버지의 청을 거절했다. 이윽고 퍼페투아와 다른 신자들이 재판을 받게 되었다. 이번에도 아버지가 그녀의 어린 아들을 데리고 와서 신앙을 버리고 자유의 몸이 되라고 간청했다. 기독교인들은 고문이나 사형 선고를 받고 다시 감옥으로 끌려갔다. 마지막으로 퍼페투아는 아들을 만나게 해달라고 부탁했지만 그 소원은 이루어지지 않았다. 그러나 퍼페투아는 자신이 죽던 날 저녁에 자기에게 힘을 주시는 하나님의 임재에 대해서 다음과 같은 글을 썼다. "나는 짐승들과 싸우는 것이 아니라 마귀와 싸워야 한다는 것을 알았습니다. 나는 내가 승리할 것을 알았습니다."

　202년 3월 7일, 기독교인들은 원형경기장으로 끌려갔는데, 그곳에서 퍼페투아는 사나운 암소에게 받혔다. 첫번 공격에서 살아남은 그녀는 기어가서 동료의 도움을 받았다. 잠시 후에 검투사가 칼로 그녀를 찔렀다. 젊은 검투사가 떨면서 다시 그녀에게 다가왔을 때에, 그녀는 그의 흔들리는 칼을 자신이 목에 대주었다.

　그리스도께 대한 그녀의 헌신은 북아프리카의 크리스천들에게 감명을 주었다. 그녀는 "순교자들의 피는 교회의 씨앗이다"라는 터툴리안의 유명한 말을 구현했다. 실제로 그녀의 증거의 힘으로 말미암아 그녀가 갇혔던 감옥의 간수 푸덴스는 주 예수께 귀의했다.

형제들아 나의 당한 일이 도리어 복음의 진보가 된 줄을 너희가 알기를 원하노라 이러므로 나의 매임이 그리스도 안에서 온 시위대 안과 기타 모든 사람에게 나타났으니 형제 중 다수가 나의 매임을 인하여 주 안에서 신뢰하므로 겁없이 하나님의 말씀을 더욱 담대히 말하게 되었느니라(빌 1:12-14).

스펄전의 저녁 설교

3월 8일

설교의 왕이라고 불리는 찰스 스펄전은 주중에는 열심히 독서를 하고 토요일 밤에는 주일 아침에 해야 할 메시지를 결정하고 구상했다. 주일 저녁 설교는 주일날 오후가 되어서야 준비를 했지만, 그의 설교는 효력이 있었다. 그는 30년 동안 런던 메트로폴리탄 장막교회를 교인들로 가득차게 만들었다. 1874년 3월 8일 주일날 밤, 스펄전은 고린도전서 6:20 "값으로 산 것이 되었으니 그러므로 너희 몸으로 하나님께 영광을 돌리라"를 토대로 설교했다. 만일 그날 밤에 우리가 메트로폴리탄 교회에 있었다면, 우리의 심금을 꿰뚫는 것 같은 그의 설교를 들을 수 있었을 것이다.

…온갖 악이 들끓고 있는 런던의 청년들이여, 모든 음란한 것과 부정한 것을 멀리하십시오. 여러분의 몸은 주님의 보혈로 사신 것이므로 여러분의 것이 아니며, 따라서 여러분 마음대로 할 수 없습니다. 낯선 여인과 그 동료, 그녀의 술과 눈짓, 그녀의 집과 노래, 그리고 그녀가 좋아하는 모든 것을 멀리 하십시오. 여러분의 몸은 여러분의 것이 아닙니다. 그러므로 방종하여 더럽혀서는 안됩니다. 자기의 피를 주고 여러분의 몸을 사신 거룩한 신랑을 위해 여러분의 몸을 순결하고 깨끗하게 보존하십시오. 여러분의 영혼 역시 주님이 사신 것입니다. 본문에서 몸이 언급되었기 때문에 앞에서는 몸에 대해 언급했습니다. 우리는 몸을 깨끗하게 보존해야 합니다. 그러나 영혼도 깨끗하게 해야 합니다. 그리스도께서는 나를 허영과 악으로 이끌어갈 소설이나 읽으라고 이 두 눈을 사신 것이 아닙니다. 그리스도께서는 하나님을 모독하는 일이나 더러운 일들을 생각하라고 나의 두뇌를 사신 것이 아닙니다. 그리스도께서는 다시 깨끗하게 씻을 수 있다는 희망을 가지고서 진흙탕 속을 헤매고 다니게 하기 위해서 나에게 정신을 주신 것이 아닙니다…

진정한 크리스천의 존재 전체는 하나님의 것입니다. 여러분의 모든 능력, 선천적인 능력, 재능, 존재의 모든 가능성, 영의 모든 능력 등 모든 것은 피로 사신 바 된 것입니다. 그러므로 여러분의 존재 전체를 예수를 위해 보존하십시오. 왜냐하면 그것은 주님의 것이기 때문입니다.

음행을 피하라 사람이 범하는 죄마다 몸 밖에 있거니와 음행하는 자는 자기 몸에게 죄를 범하느니라 너희 몸은 너희가 하나님께로부터 받은 바 너희 가운데 계신 성령의 전인 줄을 알지 못하느냐 너희는 너희의 것이 아니라 값으로 산 것이 되었으니 그런즉 너희 몸으로 하나님께 영광을 돌리라(고전 6:18-20).

3월 9일
찰스 피니, 신앙 부흥의 아버지

어느날 뉴욕 애담즈에 사는 변호사 피니는 영혼 문제로 번민했다. 그는 근처의 숲으로 가서 통나무 곁에 무릎을 꿇고 기도하던 중 극적인 회심을 경험했다. 후일 그는 사랑의 물결이 그에게 밀려왔다고 한다. 다음날 찰스 피니는 자신은 예수 그리스도의 종이 되었다고 말하면서 복음을 전파하기 위해서 변호사직을 사임했다.

큰 체격, 매력적인 두 눈, 짙은 눈썹, 매부리 코, 힘찬 음성을 지닌 그는 많은 사람들을 그리스도께 인도했다. 그의 설교는 법률적인 경향을 반영했다. 그는 마치 배심원을 설득하는 것처럼 그리스도를 위한 변론을 제기했다. 그리고 그의 설교는 매우 극적이었다. 그가 지옥에 대해서 말할 때면 청중들은 마치 지옥의 연기 냄새를 맡는 듯했다.

피니의 인생에서의 절정은 1831년 3월 9일이었다. 그날 그는 뉴욕 로체스터에 있는 제3장로교회에서 6개월간 계속된 집회를 성공리에 마쳤다. 로체스터는 그의 설교로 말미암아 극적으로 변화되었다. 소문에 의하면, 10만 명이 회심했는데, 그 중에는 은행가, 변호사, 의사, 판사 등 그 도시의 지도층 인물들도 많이 포함되어 있었다. 사람들이 피니의 집회에 참석하도록 하기 위해서 그 도시의 상점들은 문을 열지 않았고, 술집들은 폐업했다. 극장은 마차 대여소가 되었고, 범죄율은 2/3로 감소되었다. 그후 2년 동안 그 도시의 감옥은 실제로 텅텅 비었다. 로체스터에서의 집회는 "세계에서 가장 위대한 신앙운동"이라고 불렸으며, 1831년은 미국 역사상 가장 위대한 영적 각성의 해였다고 알려져 있다.

피니는 뉴욕에서 1년간 목회를 했는데, 당시 그는 콜레라에서 회복되고 있었다. 그는 호흡기 질환으로 고생하던 그는 오하이오에 있는 오벌린 대학의 교수직을 맡았고, 후일 그 대학의 총장이 되었다. 그는 매년 학기말이 되면 능력있는 신앙부흥운동을 인도했다. 어떤 통계에 의하면, 그가 평생 회심시킨 사람은 50만 명이나 된다고 한다. 그가 사용한 혁신적인 전도 방법(예를 들면 구도자들을 강단 앞으로 나오게 하는 것)들은 무디, 빌리 선데이, 빌리 그래엄 등과 같은 후대의 복음전도자들을 위한 길을 닦아주었다.

이러므로 우리가 그리스도를 대신하여 사신이 되어 하나님이 우리로 너희를 권면하시는 것같이 그리스도를 대신하여 간구하노니 너희는 하나님과 화목하라(고후 5:20).

존 뉴튼

3월 10일

존 뉴튼은 「나 같은 죄인 살리신」이라는 찬송가를 작사했다. 그는 "큰 죄악에서 건지신 주 은혜 고마와"라고 표현했다.

뉴튼은 11살 때에 아버지의 배를 타고 견습선원 생활을 시작했고, 10년간 방탕하고 경건치 못하고 무절제한 생활을 했다. 뉴튼은 아프리카에서 붙잡혀 수송되는 여자 노예들을 마음대로 가지고 놀았다. 경험 많은 선원들까지도 그의 타락함에 경악을 금치 못했다.

이러한 뉴튼의 생활 때문에 그의 부친은 크게 노했고, 친구들도 그를 멀리했다. 결국 그는 어쩔 수 없이 영국 해군에 입대했다. 그는 탈영했다가 체포되어 매를 맞고 채찍질도 당했다. 그는 시에라 리온에 있는 노예상의 노예가 되었는데, 그 노예상은 그를 변태적인 자신의 부인에게 주었다. 존은 1년 이상 그 부인의 성적 노리개가 되어 살았다.

마침내 그는 영국으로 가는 배를 탔다. 3월 9일, 그가 시간을 보내기 위해서 기독교 서적을 읽고 있던 중, 불현듯이 '이 내용이 사실이라면 어떻게 하지?' 라는 생각이 들었다. 그는 책을 덮고 그 생각을 털어버리려 했다.

> 평소처럼 무관심하게 잠자리에 들었는데, 거센 파도 때문에 잠이 깼다. 내가 누워 있는 선실에까지 물이 들어왔다. 비명 소리가 나고, 배가 침몰하기 시작했다. 우리는 펌프로 물을 뽑아내려고 했지만 배는 점점 더 물이 차기 시작했다. 파도가 칠 때마다 배에 물이 들어왔다. 나는 배가 침몰할 것이라고 생각했다. 죽음이 두려웠다. 나는 마음 속으로 내가 오랫동안 반대해온 성경 말씀이 참이라면 어떻게 할까 하고 염려했다.

1748년 3월 10일, 폭풍은 지나가고 배는 안전하게 항해하게 되었다. 뉴튼은 열심히 성경을 공부하기 시작했다. 그는 그리스도를 영접했고, 마침내 사역을 시작하여 영국에서 가장 사랑받는 설교자요 노예제도를 대항하여 싸운 지도자가 되었다. 언젠가 그는 이렇게 회상했다.

> "3월 10일은 나에게 의미깊은 날입니다. 나는 1748년 이후 한 번도 이 날을 그대로 보낸 적이 없습니다. 그 날은 주께서 높은 곳으로부터 오셔서 깊은 물에서 나를 구원해주신 날입니다."

여호와여 내가 깊은 데서 주께 부르짖었나이다 주여 내 소리를 들으시며 나의 간구하는 소리에 귀를 기울이소서 그러나 사유하심이 주께 있음은 주를 경외케 하심이니이다

(시 130: 1, 2, 4)

3월 11일 — 성상파괴론

조심하지 않으면 우리의 전통들이 우상이 될 수 있으며, 그것들을 근절하는 일로 인해 교회의 건강을 해치는 결과를 초래할 수도 있다. 동방 교회의 치욕스러운 성상파괴논쟁이 바로 그러한 예이다.

중세 시대에 기독교인들은 성인들을 숭배하고 그들에게 기도하기 시작했다. 이로 인해 점차 성화(icon)들이 성행하게 되었다. 이콘이란 그리스도나 마리아나 기타 다른 성인들을 그린 그림이다. 카타콤 시대 이래로 기독교 예술은 신자들의 교육에 한몫을 담당해왔는데, 동방교회에서는 이러한 그림들을 숭배하기 시작했다. 그들은 이러한 그림들에게 경의를 표하고 입을 맞추고, 그 앞에 향을 태우기도 했다. 그리고 성인들에게 기도했다. 어떤 성화들은 기적을 행하는 능력을 가졌다고 간주되기도 했다.

비잔틴 제국의 황제 레오 3세는 성상숭배를 불쾌하게 생각했다. 아마 그의 정적인 유대인과 회교도들이 그를 우상숭배자들의 제국의 우두머리라고 비방했기 때문일 수도 있다. 726년에 성상숭배는 불법으로 규정되었고, 곧 성상들을 파괴할 것을 명했다. 그러나 성상숭배는 비잔틴 교회 내에서 확고히 자리를 잡고 있었기 때문에 그의 칙령은 곧 기독교 자체에 대한 공격으로 간주되었고, 제국 전체에서 소요가 일어나 많은 사람들이 사망했다. 로마의 교황 그레고리는 황제를 조롱했고, 레오의 성상파괴론을 정죄하는 두 차례의 종교회의를 개최했다.

레오의 아들 콘스탄틴 5세는 아버지의 뒤를 이어 성상 파괴를 위해 싸웠다. 그는 콘스탄티노플에 공의회를 개최했는데, 360명의 감독들이 참석했다. 이 공의회에서는 십계명의 제2계명을 인용하여 성상을 우상으로 규정하고 모든 종교적 회화들과 조각들은 이교적인 것이라 선언했다. 공적으로나 사적으로 예배 때 성상 사용은 금지되었다. 공의회의 결정 사항은 치밀하게 수행되었고, 성상들을 부셔버리거나 덧칠을 하거나 불에 태워버렸다. 성상을 만드는 5만명의 수도사들은 도망치거나 죽었다. 그로부터 89년간 성상논쟁이 계속 등락을 반복하면서 교회를 분열시키고 많은 순교자들을 만들어냈다. 박해는 테오필루스 황제가 842년에 사망한 후에야 종식되었다. 843년 3월 11일, 동방 정교회에서 성상들은 공식적으로 인정되고 재도입되었다. 1000년이 넘도록 세계 각처의 동방정교회 신자들은 3월 11일을 정교주일로 지킨다.

구원자 이스라엘의 하나님이여 진실로 주는 스스로 숨어계시는 하나님이시니이다 우상을 만드는 자는 부끄러움을 당하며 욕을 받아 다 함께 수욕 중에 들어갈 것이로되 이스라엘은 여호와께 구원을 입어 영원한 구원을 얻으리니 영세에 부끄러움을 당하거나 욕을 받지 아니하리로다(사 45:15-17).

칠전팔기

3월 12일

"현대 선교의 아버지"라고 불리는 윌리엄 캐리는 성경을 가능한 많은 언어로 번역하기를 원했다. 그는 세람포어에 대규모 인쇄소를 세웠는데, 그곳에서는 지속적으로 번역 작업이 이루어졌다. 캐리는 매일 성경을 번역하면서 보냈는데, 그럴 때면 그의 아내는 미친 사람처럼 그에게 폭언을 퍼붓고 사납게 날뛰었다.

1832년 3월 11일, 캐리가 세람포어를 떠나 다른 곳에 갔고, 그의 동료인 윌리엄 와드는 밤늦게까지 일하고 있었다. 와드는 갑자기 무언가 타는 듯한 냄새를 맡았다. 벌떡 일어나 살펴보니 인쇄실에서 연기가 솟고 있었다. 그는 소리를 쳐서 도움을 청했다. 새벽 2시까지 일꾼들이 근처에 있는 강에서 물을 날라 불을 껐지만 결국 모든 것은 잿더미가 되고 말았다.

1812년 3월 12일, 캐리가 켈커타의 어느 학급에서 가르치고 있는데 선교사인 조수아 마쉬먼이 교실로 들어왔다. 그는 "어떻게 이 소식을 전해야 할지 좋은 방법이 생각나지 않는군요. 어젯밤에 인쇄소에 불이 나서 잿더미가 되었대요"라고 말했다. 캐리는 어안이 벙벙했다. 그가 힘들여 이루어놓은 수개 국어 대역 사전, 두 권의 문법책, 성경 번역본이 모두 사라진 것이다. 14개의 동양 언어를 인쇄할 수 있는 활자, 인쇄를 마친 55,000장의 종이, 벵골어 사전도 사라졌다. 그의 장서도 완전히 사라졌다. 그는 "오랜 세월 동안 이루어놓은 것이 한 순간에 사라졌군"이라고 중얼거렸다.

그러나 그에게는 슬퍼할 시간이 없었다. 그는 이렇게 기록했다.

> "손실은 몹시 컸다. 그러나 같은 곳을 두번째 여행할 때는 첫번째 여행할 때보다 훨씬 더 쉽고 정확하게 할 수 있듯이, 나는 그 사역에서 정말로 귀중한 것은 잃지 않게 될 것이라고 생각했다. 우리는 절망하지 않았다. 실제로 그 사역은 다시 모든 언어로 시작되고 있다. 우리는 낙심했지만 절망하지는 않았다."

화재 소식이 영국이 알려지면서 캐리는 순식간에 유명해졌다. 그의 사역을 위해 수천 파운드의 기금이 걷혔고, 그를 도우려는 자원자들이 쇄도했다. 그의 사역은 재건되고 확대되었다. 1832년에 완전한 성경들, 신약성서의 책들이 44개 언어와 방언으로 출판되었다.

캐리가 성공한 비결은 절망을 딛고 일어서는 태도에서 발견된다. 그는 언젠가 "사방에 큰 어려움이 있습니다. 그리고 앞에서는 더 많은 어려움이 다가오고 있습니다"라고 말한 적이 있다.

> 우리가 사방으로 우겨쌈을 당하여도 싸이지 아니하며 답답한 일을 당하여도 낙심하지 아니하며 핍박을 받아도 버린 바 되지 아니하며 거꾸러뜨림을 당하여도 아니하고
>
> (고후 4:8-9)

3월 13일 — 인쇄기를 발명한 구텐베르크

요한 구텐베르그는 독일의 마인츠에서 자랐다. 그는 책을 좋아하여 부자인 아버지가 주문한 책은 모조리 읽었다. 당시 책들은 값이 엄청나게 비쌌는데, 때로는 농장 하나의 값과 같은 책도 있었다. 당시에 책을 만들려면, 먼저 지방의 서기들이 손으로 원문들을 필사하고 사본 채식사들이 여백을 장식하고, 제본하는 사람들이 표지를 만들었다. 마지막으로 놋쇠로 만든 펀치로 가죽 표지에 제목을 새겨넣었다. 요한은 제목을 새겨 넣는 펀치를 보고 아이디어를 넣었다. 금속으로 문자들을 만들어 배열하여 단어를 만들면 어떨까? 인쇄기를 사용하여 한 페이지씩 인쇄하면 어떨까?

요한은 스트라스부르크로 가서 오래된 수도원 근처에 비밀 작업장을 만들었다. 여러 가지 문제에 직면하기도 했지만 그는 여러 해 동안 애쓴 끝에 자기가 발명한 것을 가동하게 만들었다. 마침내 요한은 유산을 물려받아 안정된 수입을 얻을 수 있는 마인츠로 돌아왔다.

그는 인쇄소를 세웠다. 30년 후인 1450년, 그는 인쇄를 시작할 수 있게 되었는데, 그는 자신이 출판할 최초의 책을 성경으로 정했다. 그는 그 일을 위해 5년 후에 이자와 함께 상환하지 못하면 모든 장비와 재료를 넘겨준다는 조건으로 요한 푸스트에게서 800길더를 빌렸다.

요한이 작업장을 세우는 데에 2년이 걸렸다. 그는 일꾼들을 고용하고 인쇄기를 제작하고 일꾼들에게 잉크를 배합하고 기계를 조작하는 법을 가르쳤다. 그리하여 인쇄를 시작할 준비를 갖추었다. 또 2년이 흘렀지만 인쇄기는 제대로 작동하지 않았다. 1년이 흐르고 또 2달이 지나서야 성경은 완성되었다. 그러나 푸스트는 소송을 제기했다. 1455년 11월 6일에 푸스트는 승소했다.

구텐베르크는 인쇄기와 거의 완성된 성경책들을 푸스트에게 넘겨주었다. 소문에 의하면 성경은 1456년 3월 13일에 처음으로 출판되었고, 여러 해 동안 푸스트와 그의 동료인 피터 쇼페르는 그 공로로 칭송을 받았다. 그러나 1469년 2월 3일에 구텐베르크가 세상을 떠난 후 쇼페르는 인쇄기를 발명한 장본인은 구텐베르그였음을 인정했다.

하나님의 말씀은 살았고 운동력이 있어 좌우에 날선 어떤 검보다도 예리하여 혼과 영과 및 관절과 골수를 찔러 쪼개기까지 하며 또 마음의 생각과 뜻을 감찰하나니

(히 4:12)

리빙스턴

3월 14일

데이비드 리빙스턴이 선교사로 아프리카 내륙으로 한층 더 깊이 들어갈 때에 전세계가 관심을 가졌다. 그는 영웅적인 탐험가로서 사람들은 그가 탐험하는 곳에 대해 널리 토론을 벌이곤 했다. 그런데 1870년대 초에 그의 소식이 끊겼다. 전세계는 숨을 죽이고 소식을 기다렸다. 그렇게 5년이 지났다. 마침내 「뉴욕 헤럴드」에서는 살았든지 죽었든지 리빙스턴을 찾아내기 위해서 헨리 스탠리라는 기자를 보냈다. 스탠리는 모험을 좋아하는 기자였다. 또 그는 기독교에 대해 상당히 비판적인 불신자였다. 신문사에서는 "비용을 아끼지 말고 리빙스턴을 찾기만 하라"고 했다. 스탠리는 200명으로 5개의 수색대를 조직하여 정글로 들어갔다.

마침내 탄자니카 호수 근처에서 스탠리는 리빙스턴을 찾아냈다. 그는 인사를 하고서 "리빙스턴 박사님이시지요?"라고 말했다. 그는 정말 적절한 때에 도착했다. 병들어 외로운 이 늙은 선교사는 약과 보급품과 고국으로부터의 소식을 기다리고 있었기 때문이었다. 넉달 동안 리빙스턴과 함께 지내면서 두 사람은 아주 친해졌다. 후일 스탠리는 다음과 같이 보도했다.

> "처음 아프리카로 갈 때에 나는 런던에서 가장 좋지 못한 불신자로서 종교에 대한 편견을 가지고 있었다. 그러나 그곳에서 이 고독한 노인을 보았을 때에 나는 스스로에게 '과연 무엇이 저분을 감동하게 한 것일까?'라고 물었다. 여러 달 동안 나는 그의 말을 경청하며 그 노인이 '모든 것을 버리고 나를 따르라'는 말씀을 실천하는 것을 지켜보았다. 그의 경건함과 온유함과 열심, 그리고 묵묵히 자기의 일을 해나가는 것을 보면서 나는 조금씩 회심하게 되었다."

1872년 3월 14일, 스탠리가 그곳을 떠나던 날, 두 사람은 거의 아무 말도 하지 않았다. 스탠리는 머뭇거리다가 "사랑하는 박사님, 이제 절친한 우리는 헤어져야만 합니다…"라고 말했다. 리빙스턴은 "친구여, 하나님께서 당신을 안전하게 집으로 인도해주시고 축복해주실 것이요"라고 대답했다. 스탠리는 얼마쯤 가다가 뒤를 돌아보았고, 리빙스턴 역시 뒤를 돌아보았다. 스탠리는 손수건을 흔들었고, 리빙스턴은 모자를 치켜들었다. 그들은 다시는 만나지 못했다. 이듬해 스탠리는 리빙스턴이 사망했다는 소식을 듣고 그의 뒤를 따르기로 결심했다.

이 말을 한 후 무릎을 꿇고 저희 모든 사람과 함께 기도하니 다 크게 울며 바울의 목을 안고 입을 맞추고 다시 그 얼굴을 보지 못하리라 한 말을 인하여 더욱 근심하고 배에까지 그를 전송하니라(행 20:36-38).

3월 15일   면죄부 판매의 주역, 테첼

성 베드로 사원은 가장 아름답고 유명한 바실리카 중의 하나이다. 그러나 이 성당을 건축하기 위해서는 대가를 치러야 했다.

1500년대 초기의 교회에는 죄가 만연했다. 수천명의 사제들은 독신생활을 하지 못하고 자신의 서원을 범했다. 수도사들은 더러운 말을 하고 탐식하고 성생활이 문란했다. 어떤 사람은 수녀원들은 공공연한 창녀집과 다름 없다고 평했다.

그러나 돈만 주면 사제들과 평신도로부터 쉽게 죄사함을 얻을 수 있었다. 면죄부 판매가 성행했기 때문이다. 옥스포드 대학의 학장은 이렇게 말했다. "오늘날 죄인들은 '나는 하나님 앞에서 얼마나 많은 악을 행하든지 개의치 않는다. 왜냐하면 나는 교황이 나에게 수여하는 면죄에 의해서 모든 죄를 쉽게 사함받을 수 있기 때문이다'라고 말한다."

1517년 3월 15일, 교황 레오 10세는 성 베드로 성당을 재건하기 위해 돈이 필요했기 때문에 특별 면죄부 판매를 발표했다. 중년의 도미니코회 수도사인 요한 테첼은 면죄부 판매의 주역이 되었다. 그는 놋쇠로 된 커다란 상자와 영수증 가방을 가지고 중부 유럽을 돌아다니며 자신의 임무를 수행했다. 그의 곁에는 조수가 레오의 칙령을 놓은 벨벳 쿠션을 가지고 다녔다. 이 사람들이 마을에 들어가서는 교회의 종들을 치게 하여 사람들을 모아놓고는 궤변을 늘어놓았다. 테첼은 "나는 영혼을 낙원의 기쁨으로 인도해주는 여권을 가지고 있습니다"라고 말하곤 했다.

그는 어떤 죄라도 모두 용서받을 수 있다고 말했다. "거룩한 교황은 하늘과 땅에서 죄를 용서할 수 있는 권한을 가지고 계십니다. 그리고 만일 교황께서 죄를 용서하시면, 하나님께서도 분명히 용서하실 것입니다." 또 설상가상으로 그는 이미 세상을 떠난 사람들을 위해서도 죄사함을 구매할 수 있다고 말했다. "동전이 상자에 떨어지는 소리가 들리는 순간, 그 영혼은 연옥에서 나와 똑바로 하늘나라로 날아갈 것입니다." 테첼은 도처에서 자기에게 배당된 금액 이상의 돈을 긁어모았다. 그는 마침내 루터리는 젊은 수노사의 지역에 발을 들여 놓았다.

모든 사람이 죄를 범하였으매 하나님의 영광에 이르지 못하더니 그리스도 예수 안에 있는 구속으로 말미암아 하나님의 은혜로 값없이 의롭다 하심을 얻은 자 되었느니라 이 예수를 하나님이 그의 피로 인하여 믿음으로 말미암는 화목제물로 세우셨으니

(롬 3:23-25)

제5차 라테란 공의회　　3월 16일

　제5차 라테란 공의회가 마칠 무렵 교황 레오는 특별한 면죄부 판매를 발표했다. 레오는 대 로렌조의 둘째 아들로서 세속에서의 이름은 지오반니 데 메데치이다. 8살 때에 그는 대주교좌에 지명되었고, 14살 때에는 최연소 추기경-부제가 되었다. 그의 부친은 그에게 로마는 온갖 불의의 소굴이며 그는 고결하게 살아야 한다고 경고했지만 레오는 그 충고를 무시했다.

　그는 37세 때에 교황이 되었는데, 그는 "하나님께서 우리에게 주신 것이니 교황직을 마음껏 즐기자"라는 태도를 취했다. 그는 아주 호화롭게 백마를 타고 로마에 입성했고, 마치 장기두듯이 유럽 정치에 개입하기 시작했다. 그는 친척들을 교회의 고위직에 앉히고 적들은 깊은 지하 감옥에 가두었다. 그는 독약에 의해 암살될 뻔 했는데, 불운한 암살 미수자들은 고문을 당하고 교살되었다. 그는 화려한 옷을 즐겨 입고 손가락은 보석으로 치장을 했다. 그는 연회를 즐겼는데, 한 입에 비둘기 한 마리를 삼키고 계란 40개를 단숨에 먹을 수 있는 수도사를 데리고 있었다. 그는 70마리의 개를 끌고 사냥을 했고 음란한 연극을 관람하곤 했다.

　그는 자신의 재화를 거의 다 탕진했는데, 그것이 제5차 라테란 공의회의 관심사 중 하나였다. 레오가 교황으로 선출된 직후에 속개된 그 공의회에서는 몇 가지 중요한 결정을 내렸다. 새로 발명된 인쇄기는 하늘에서 주신 선물로 인정되었지만 바티칸에서 인정한 책만 출판해야 했다. 터어키를 공격하기 위한 새로운 십자군 원정을 승인했고, 그 비용을 충당하기 위한 세금이 허락되었다. 로마 교황은 모든 공의회에 대한 권위를 지니며, 구원을 얻기 위해서는 교황에 대한 순종이 필요한 것으로 인정되었다. 교황은 돈을 모금하기 위해서 공의회의 도움을 받아 고리대금 금지령을 해제하고, 엄청난 금액의 융자를 받고, 특별면죄부 판매를 발표했다.

　그 공의회는 이러한 일을 완수한 후 1517년 3월 16일에 폐회되었고, 교황 레오는 자기 직위를 마음껏 이용하며 즐겼다. 소문에 의하면 그는 "그리스도의 우화는 우리에게 매우 유익했다"고 빈정거렸다고 한다.

그 선지자들은 위인이 경솔하고 간사한 자요 그 제사장들은 성소를 더럽히고 율법을 범하였도다 그 중에 거하신 여호와는 의로우사 불의를 행치 아니하시고 아침마다 간단없이 자기의 공의를 나타내시거늘 불의한 자는 수치를 알지 못하는도다(습 3:3-5).

3월 17일 — 성 패트릭의 축일

사람들은 큰 불행을 당하면 주님을 찾게 된다. 구약성서에 등장하는 요셉과 다니엘을 생각해보라. 그들은 불행하게도 포로가 되거나 팔려서 먼 나라에 가서 살게 되었지만, 후일 낯선 땅에서 하나님의 사자 역할을 하게 되었다.

성 패트릭은 461년 3월 17일에 사망했다. 그후로 3월 17일은 성 패트릭 축일로 기념된다. 패트릭은 389년에 영국에서 태어났다. 그의 부친은 부제였고, 조부는 사제였다. 영국에 대한 로마의 보호가 쇠퇴하면서 아일랜드 침입자들이 해안 지방에 출몰하여 농장들을 약탈하고 마을 사람들을 학살하고 젊은이들을 납치해 갔다. 패트릭은 16살 때에 납치되었다. 패트릭은 아일랜드의 농부에게 팔려가서 양을 돌보게 되었는데, 그러는 중에 어찌하여 패트릭은 그리스도를 발견하게 되었다. "주님은 나의 불신앙을 깨닫게 해주셨습니다. 그리하여 나는 점심으로 회심하여 주님을 의지하게 되었습니다."

패트릭은 22살 때에 도망쳐서 집으로 돌아왔다. 그의 부모님은 기뻐하면서 다시는 헤어지지 않게 해달라고 기도했다. 그러나 패트릭의 마음에는 자기를 납치해갔던 아일랜드 사람들이 불쌍하다는 생각으로 가득했다. 어느날 밤에 그는 아일랜드 사람이 나타나서 패트릭에게 아일랜드로 돌아와 복음을 전해달라고 애원하는 꿈을 꾸었다. 패트릭을 여러 해 동안 성경을 공부한 후에 선교사가 되어 아일랜드로 돌아갔다. 당시 아일랜드인들은 거의 전체가 불신자들로서 자연력을 숭배하고, 나무나 돌에 영이 있다고 여기며 마술을 행하고 심지어 사람을 제물로 드리기도 했다. 그는 "우리가 하나님을 위해 많은 사람들을 붙잡기 위해서는 그물을 펴야 합니다"라고 말했다. 그는 자기 말처럼 행했다. 그리하여 세속 당국자들의 거센 반대를 비롯하여 그의 목숨을 노린 여러 번의 위협에도 불구하고 200개의 교회를 세우고 거의 10만 명에게 세례를 주었다.

그는 『고백록』에서 "나는 하나님께 크게 빚진 자입니다. 하나님께서는 나에게 큰 은혜를 주셨기 때문에 나를 통해서 많은 사람들이 거듭나 하나님께로 돌아왔습니다. 하나님을 알지 못한 채 우상과 부정한 것들을 숭배하던 아일랜드인들이 주님의 백성이 되어 하나님의 자녀라 불리게 되었습니다"라고 기록했다.

가라사대 때와 그 기한은 하나님께서 자기의 권한에 두셨으니 너희의 알 바 아니요 오직 성령이 너희에게 임하시면 너희가 권능을 받고 예루살렘과 온 유대와 사마리아와 땅끝까지 이르러 내 증인이 되리라 하시니라 이 말씀을 마치시고 저희 보는 데서 올리워 가시니 구름이 저를 가리워 보이지 않게 하더라(행 1:7-9).

불완전한 도구　　　3월 18일

위인들은 자신의 위대한 힘을 자랑하지만 그들에게도 큰 허물들이 있을 수 있다. 영국의 유명한 크리켓 선수인 찰스 T. 스터드는 1883년에 무디에게 감동을 받고 회심했다. 그에게는 여섯 명의 절친한 친구들이 있었는데, 그들은 모두 허드슨 테일러의 중국 선교를 돕기로 지원했다. 그리하여 이 캠브리지의 일곱 청년은 배를 타고 영국을 떠나 1885년 3월 18일에 상해에 도착했다.

스터드는 중국 옷을 입고 중국의 관습을 따르면서 영혼 구원을 위해 노력했다. 12월 5일에 25세가 된 그는 법적으로 큰 유산을 관리하게 되었다. 이미 그보다 더 귀중한 보화를 발견한 그는 그것을 모두 주님의 사역에 바쳤다. 그는 "처음으로 영혼을 주 예수 그리스도께 인도했을 때의 기쁨은 무어라 표현할 수가 없습니다. 나는 이 세상이 줄 수 있는 거의 모든 기쁨을 맛보았지만, 그러한 기쁨은 영혼을 구원했을 때에 느끼는 기쁨과 비교할 수 없습니다"라고 말했다.

스터드는 후일 인도에서 사역하다가 아프리카로 갔다. 그는 "만일 예수 그리스도가 하나님이시며 나를 위해 죽으셨다면, 나는 아무리 큰 희생으로도 그분께 보상을 해드릴 수 없습니다"라고 말했다. 그는 일하는 도중에 조금 먹는 것 외에는 제대로 식사도 하지 않고 18시간씩 밤낮으로 일했고, 쉬는 날도 없었다.

그러나 그의 지나침 열심은 주위 사람들에게 부담을 주고 대인관계를 손상시켰다. 스터드가 해외에서 선교하는 동안 병든 그의 아내는 여러 해 동안 영국에서 고독하게 지내야 했다. 그는 자기의 동료들도 자기처럼 일해주기를 기대했고, 그렇지 못한 사람들을 비판하기 시작했다. 그는 기독교인들의 무기력함을 개탄하는 책을 썼는데, 그 책의 제목 『조금도 개의치 않다』(Dont Care a Damn)은 그의 후원자들을 불쾌하게 만들었다. 그는 피곤과 몸의 이상 때문에 몰핀을 사용하기 시작했다. 그는 몸과 영혼이 만신창이가 되어 1931년에 아프리카에서 세상을 떠났다.

그러나 그가 거둔 열매는 그대로 남아 있다. 그가 세운 세계복음화 십자군(Worldwide Evangelism Crusade)에서는 지금도 선교사들을 파송하여 세계를 변화시키고 있다. 스터드에게는 허물이 있었지만, 그는 우리 세대의 가장 열정적인 선교의 영웅으로 남아 있다.

의와 경건과 믿음과 사랑과 인내와 온유를 좇으며 믿음의 선한 싸움을 싸우라 영생을 취하라 우리 주 예수 그리스도 나타나실 때까지 점도 없고 책망받을 것도 없이 이 명령을 지키라(딤전 6:11, 12, 14).

3월 19일   교황과 평화조약 조인자

프레데릭이 겨우 4살 때에 그의 부친 헨리 4세가 갑자기 사망했다. 그는 아직 십대의 청소년 시절에 공식적으로 아버지의 왕위를 이어받았다. 그러나 세월이 흐르면서 그는 "세상의 경이"라고 알려졌다. 프레데릭은 타협할 때와 싸울 때를 아는 교양있는 사람이었다. 그는 평생동안 교황권과 말다툼을 했고, 죽을 때까지 종교에 대해 회의적이었다. 그는 여러 번 파문되었는데, 한번은 평화조약에 조인했다는 이유로 파문을 받았다.

제6차 십자군 원정 때의 일이다. 교황 호노리우스 3세는 예루살렘에서 회교도를 몰아내고자 했다. 자신의 군대를 가지지 못한 그는 프레데릭에게 도움을 요청하면서 십자군이 출정할 날을 정해주었다. 그러나 그 날은 그대로 지나갔다. 교황은 어떻게 해서든지 프레데릭을 성전(聖戰)에 끌어들이려는 계획을 세웠다. 그러나 프레데릭 황제는 그 일에 열심을 보이지 않았다.

그 다음 교황인 그레고리 9세는 프레데릭에게서 새로운 십자군 원정을 이끌겠다는 약속을 얻어냈지만 프레데릭은 병을 빙자하여 갑자기 원정을 취소했다. 성난 그레고리는 프레데릭을 파문하고, 온갖 압력을 가했다. 결국 프레데릭은 마지못해 군대를 출정시켰다.

그는 1228년 9월 22일에 팔레스틴에 도착했을 때, 마침 두 명의 회교 지도자들은 서로 싸우고 있었다. 프레데릭은 그들의 불화를 이용하여 기독교인들이 자유로이 예루살렘에 접근할 것을 허락하는 평화조약을 얻어냈다. 총성 한번 울리지 않고 십자군 원정은 끝이 났다. 싸움도 없고 피흘리는 일도 없이, 성지는 기독교인들에게 재개방되었다.

이윽고 프레데릭은 예루살렘에 입성하여 성묘교회를 방문했다. 1229년 3월 19일, 프레데릭은 그곳에서 옛 전통에 따라서 즉위식을 거행했다. 그러나 회교와 기독교 양측 열성신자들이 그의 평화조약의 실효를 선언했다. 바로 3월 19일에 예루살렘의 총대주교는 예루살렘에 대한 성사수여 금지령을 선언했다. 프레데릭은 고국으로 돌아오는 도중에 오물 세례를 받았다.

불같이 노한 교황은 다시 프레데릭을 파문했는데, 이번에는 전쟁 때문이 아니라 평화조약을 체결했다는 이유였다. 그러나 모든 십자군 원정 중에서, 기독교인이 성지에 들어갈 수 있다는 허락을 얻어낸 것은 프레데릭이 이끈 십자군뿐이었다.

천하에 범사가 기한이 있고 모든 목적이 이룰 때가 있나니…죽일 때가 있고 치료시킬 때가 있으며 헐 때가 있고 세울 때가 있으며 울 때가 있고 웃을 때가 있으며 슬퍼할 때가 있고 춤출 때가 있으며 사랑할 때가 있고 미워할 때가 있으며 전쟁할 때가 있고 평화할 때가 있느니라(전 3:1-4, 8).

마지막 날

3월 20일

토마스 크랜머는 불행하게도 국왕 헨리 8세 덕분에 캔터베리 대주교가 되었지만 시류에 영합함으로써 목숨을 부지했다. 그는 왕의 이혼을 인정했고, 필요할 때에는 왕의 아내들을 정죄했고, 교황을 부인하기도 했다. 그는 결코 영웅적인 인물이 아니었다.

그러나 세월이 흐르면서 토마스의 믿음은 성장했다. 그는 『공동기도서』를 편찬했고, 종교개혁 신학을 크게 사랑했다. 젊은 에드워드 왕이 세상을 떠났을 때, 크랜머는 철저한 가톨릭 신자인 메리에게 왕위가 넘어가지 못하게 하려 했다. 그러나 결국 메리가 왕위에 올랐고, 여왕은 크랜머로 하여금 자신의 절친한 친구인 래티머와 리들리가 화형당하는 광경을 지켜 보게 했다. 크랜머는 감옥에 갇혀 고문을 받았다. 여러 달 동안 회유를 받은 이 늙은 성직자는 마침내 굴복하여 일련의 철회서에 서명했다. 그리고 메리 여왕은 하나의 극적인 일, 즉 크랜머로 하여금 성 메리 교회에서 공개적으로 철회서를 낭독하고 교황과 여왕에 대한 충성을 다짐하게 하려 했다.

공개 철회서를 낭독하기로 한 전날 1556년 3월 20일 저녁, 크랜머는 옥스포드 감옥의 작은 책상 앞에 앉아서 다음날 아침에 낭독해야 할 연설문을 읽고 있다가 갑자기 천천히 펜을 들고서 떨리는 손으로 연설문을 다시 썼다.

다음날은 춥고 비가 내렸다. 크랜머는 두 개의 연설문을 셔츠 속에 감추어 넣고 성 메리 교회로 호송되었다. 그는 일어나서 "나는 지금까지 내가 말하거나 행한 것 중에서 가장 내 양심을 괴롭히는 큰 일을 범했습니다. 그것은 진리를 거슬러서 글로 기록되어 퍼지고 있습니다"라고 말했다. 그는 자신의 철회서는 협박을 받아서 서명했던 것이라고 선언하고 순수한 복음을 담대하게 받아들였다.

간수들은 황급히 몰려와서 크랜머를 강단에서 끌어내려 화형장으로 끌고 갔다. 불이 붙여지자, 늙은 크랜머는 자기의 팔을 불길 속에 밀어 넣으면서 철회서에 서명한 손을 먼저 태워야 한다고 말했다.

토마스 크랜머는 생을 마치는 날에야 비로소 영웅적인 행동을 했다. 그러나 중요한 것은 그의 마지막 날이었다.

저희가 이 말을 듣고 마음에 찔려 저를 향하여 이를 갈거늘 스데반이 성령이 충만하여 하늘을 우러러 주목하여 하나님의 영광과 및 예수께서 하나님 우편에 서신 것을 보노라 한대(행 7:54, 55).

3월 21일 — 부활절

부활절은 기독교의 가장 큰 절기이다. 그러면 "부활절"(Easter)이라는 단어는 무엇을 의미하는가? 언제 어디에서 처음으로 그 절기를 지켰을까? 부활절이라는 단어의 기원은 확실하지 않다. 그러나 가경자 비드는 기독교의 부활절은 앵글로-색슨족이 섬기던 봄의 여신 "에오스터"(Eostre)를 섬기는 고대 이교도 축일을 대신한 것이라고 주장했다. 다른 사람들은 그 단어는 "일출"을 의미하는 고대 게르만족 용어에서 파생된 것이라고 생각한다.

그 의미야 어떻든지 간에, 부활절은 기독교의 가장 오래된 축일이다. 부활절에 관한 가장 오래된 성문화된 문서는 2세기 중엽의 것이다. 부활절 날짜에 관한 논쟁이 벌어져서, 폴리캅이 로마의 감독 애니케투스를 방문하게 되었다. 두 사람은 그 논쟁을 해결짓지 못했고, 그 문제는 교회의 분열을 초래할 만큼 뜨거운 논쟁점이 되었다. 아시아의 신자들과 유럽 신자들은 각기 다른 날에 부활절을 지켰다. 그 주제를 다룬 책, 소책자, 설교, 열변이 제기되었다. 종교회의와 공의회도 소집되었다. 성직자들은 서로 파문했다. 이래네우스는 "사도들은 절기나 거룩한 날과 관련하여 아무도 판단해서는 안된다고 했습니다. 그렇다면 이러한 싸움은 어디에서 비롯된 것입니까? 이 분열주의의 근원은 어디입니까?"라고 기록했다.

그 문제는 325년에 유명한 니케아 공의회에서 표결에 부쳐졌다. 공의회에서는 춘분인 3월 21일이 지나서 첫번째 보름이 지난 다음 주일날을 부활절로 지켜야 한다고 선포했다. 그리하여 부활절은 빠르면 3월 22일, 늦으면 4월 25일이 될 수 있게 되었다. 문제는 완전히 해결된 것이 아니었지만, 사람들은 중요한 것은 부활절 날짜가 아니라 그 의의라는 것을 깨달은 듯했다.

초대 시대에는 부활절 전 토요일 밤에 철야하는 관습이 생겼는데, 많은 사람들은 그리스도께서 이날 새벽에 재림하실 것이라고 믿었다. 새로 회심한 사람들은 밤새도록 철야기도를 하고 나서 해가 뜰 때에 세례를 받았다. 또 목사들이 회중들에게 "주님은 부활하셨습니다!"라고 말하면 회중들은 "그분은 정말로 부활하셨습니다"라고 소리치는 관습이 널리 퍼졌다. 2000년 동안 기독교의 기초는 이 단순하지만 불가해한 진리 위에 안전하게 세워져왔다.

천사가 여자들에게 일러 가로되 너희는 무서워 말라 십자가에 못박히신 예수를 너희가 찾는 줄을 내가 아노라 그가 여기 계시지 않고 그의 말씀하시던 대로 살아나셨느니라

(마 28:5-6)

난장이 존

3월 22일

　헨리 8세, 엘리자베스 1세, 그리고 제임스 1세 등에 의해 시작된 영국의 종교개혁은 다분히 정치적인 것이었다. 진정한 개혁자인 청교도들과 국교를 이탈한 분리파는 탄압을 받았다. 그러나 로마 가톨릭 신자들도 탄압을 받았다.

　엘리자베스 여왕은 미사를 드리고 교황을 존경하며 사제를 숨겨주는 사람들에게는 벌금형, 교수형, 고문, 태형 등을 가했다. 가톨릭 신자로 알려진 사람들은 평안하지 못했다. 종종 한밤중에 자객이 쳐들어와서 그들을 끌고가서 채찍질하거나 가두거나 달군 쇠로 살을 태웠다.

　직업이 건축업자였다고 여겨지는 니콜라스 오웬은 위험에 처한 가톨릭 신자들을 위해 무수히 많은 은신처를 고안해냈다. 그는 그들을 밀실이나 벽 사이, 또는 마루 밑에 숨겨주었다. 또 돌담 속이나 지하 통로에 숨겨주기도 했다. 그는 외진 곳이나 어느 틈새에 전혀 은신처처럼 보이지 않는 피난처를 만들었다.

　그는 "난쟁이 존"이라는 별명을 가진 가냘픈 사람이었기 때문에 오랫동안 왕당파 사람들은 그가 그렇게 많은 사람들을 숨겨주었을 것이라고는 생각하지 못했다. 그는 너무나 체격이 왜소해서 돌을 움직이거나 벽을 뚫거나 땅을 팔 수 없을 것 같았다. 그러나 그는 이 일을 하나님의 일이라고 생각했다. 그는 언제나 성찬을 받고나서 도주로 건설을 시작했다. 그는 은신처를 만드는 동안 계속 기도했고, 완성된 장소는 하나님께 맡겼다.

　그는 또 가톨릭 신자들의 탈옥을 도와줄 탈주로를 고안해내는 데도 명수였다. 그 자신이 탈옥수로서 여러 가지 가명을 가지고 변장을 하고 살았다. 아마 그 시대에 니콜라스 오웬만큼 많은 가톨릭 신자들의 목숨을 구해준 사람은 없을 것이다.

　그러나 니콜라스는 결국 배반을 당했다. 그는 런던 탑으로 끌려가서 두 팔이 쇠고리에 묶인 채 여러 시간 동안 공중에 매달려 있었다. 체중이 두 발에 가해지면서 고통이 심해졌지만 그는 한 마디도 털어놓지 않았고, 고문은 계속되었다. 그러다가 1606년 3월 2일, 그는 장파열로 세상을 떠났다. 교회는 그를 성인으로 시성했다. 가톨릭 교회에서는 매년 3월 22일을 성 니콜라스 오웬 축일로 지킨다.

애매히 고난을 받아도 하나님을 생각함으로 슬픔을 참으면 이는 아름다우나 죄가 있어 매를 맞고 참으면 무슨 칭찬이 있으리요 오직 선을 행함으로 고난을 받고 참으면 이는 하나님 앞에 아름다우니라 이를 위하여 너희가 부르심을 입었으니 그리스도도 너희를 위하여 고난을 받으사 너희에게 본을 끼쳐 그 자취를 따라 오게 하려 하셨느니라

(벧전 2:19-21)

3월 23일 — Soli Deo Gloria

오늘날 개인이나 조직에서 선교 보고서를 작성하는 일은 흔하다. 요한 세바스티안 바하는 200년 전에 그 일을 했다. 독일 음악가 집안의 막내 아들인 요한 세바스티안 바하는 생후 2일째인 1685년 3월 23일에 아이제나흐에서 세례를 받았다. 그는 음악에 탁월한 재능이 있었다. 9살 때부터 그에게 음악을 가르쳐주던 형과 함께 살게 되면서 그의 실력은 더욱 늘게 되었다. 요한은 성경도 사랑했다. 그는 성경, 루터의 저서들, 루터를 추종하는 사람들의 저술 등을 포함하여 83권의 책을 소장하고 있었다. 이윽고 그는 음악에 대한 그의 사랑과 성경에 대한 사랑을 결합했고, 다윗왕이 성전 악사들을 임명한 내용인 역대기상 25장의 여백에 "이 장은 하나님을 기쁘시게 하는 음악을 위한 참된 기초이다"라고 써넣었다.

요한은 훌륭한 음악을 듣기 위해서라면 아무리 먼 곳이라도 찾아갔다. 그는 훌륭한 오르간 연주를 듣기 위해서 30마일을 걸어서 함부르크로 가거나, 60마일을 걸어 셀레까지 가기도 했다. 20세 때에 뤼벡에서 유명한 오르간 연주자가 연주할 것이라는 소문을 듣고 윗사람에게 한 달간 휴가를 달라고 설득하여 200마일 거리를 걸어서 여행하기도 했다.

3년 후에 그는 인생의 목적을 발표했는데, 그것은 "하나님의 영광을 위해 잘 절제된 음악"을 만들어내는 것이었다. 그는 음악은 오직 하나님의 영광을 위해 존재해야 한다고 생각했다. 그는 가끔 작곡을 하려고 앉아서는 빈 종이에 J. J(Jesu Juva—"예수님, 나를 도와 주십시오")라고 쓰곤 했다. 그리고 사본의 마지막 부분에는 S. D. G(Soli Deo Gloria—"오직 하나님께만 영광")이라고 적었다.

바하는 바이마르와 코텐에서 궁중 악사로 일했고, 그 후에는 죽을 때까지 라이프치히에서 음악을 가르쳤다. 그는 20명의 자녀를 두었고, 일생동안 수백 곡을 작곡했다.

그는 생전에는 그다지 명성을 얻지 못했고, 그리 알려지지 않은 무명의 음악인으로 세상을 떠났다. 그가 죽은 후 그의 음악은 대체로 잊혀져 있었는데 멘델스존이 그것을 재발굴해냈다. 바하는 겸손했다. 한번은 친구가 그의 오르간 연주 솜씨를 칭찬했더니, 그는 놀랍다는 표정의 미소를 지었다. 그는 "내 연주에는 그다지 놀라운 것이 없다네. 그저 정확하게 박자를 맞추어 정확한 음을 치기만 하면, 나머지 일은 악기가 해주는 거야"라고 말했다.

다윗이 군대 장관들로 더불어 아삽과 헤만과 여두둔의 자손 중에서 구별하여 섬기게 하되 수금과 비파와 제금을 잡아 신령한 노래를 하게 하였으니 그 직분대로 일하는 자의 수효가 이러하니라(대상 15:1).

이노센트 3세

3월 24일

　기독교인들은 세상에서 권위를 가진 사람들을 존경하고 지도자들을 위해 기도하며 세상의 빛이 되어야 한다. 이것은 듣기에는 아주 단순한 것처럼 보인다. 그러나 콘스탄틴 시대 이래로 신자들은 교회와 국가의 관계 때문에 괴로움을 받아왔다. 그러나 1161년에 로마 근처에서 귀족 가문에서 태어난 로타리오 데 콘티의 시대만큼 그 관계가 복잡했던 적은 없었을 것이다. 로타리오는 매우 총명한 사람이었다. 그는 체격은 왜소했지만, 날카로운 눈과 검은 얼굴은 사람을 끄는 힘이 있었다. 그는 사교적이고, 언변이 좋고, 시와 노래를 좋아했다. 게다가 그는 신앙심이 깊었다.

　그는 37세 때에 교황 이노센트 3세가 되었다. 그는 즉시 그리스도께서 베드로의 후계자들에게 교회는 물론이요 온 세상을 다스리는 권세를 주셨다고 주장했다. "국가와 교회의 관계는 달과 태양의 관계와 같아야 한다."

　그러나 교황 이노센트가 스테픈 랭턴을 영국 캔터베리의 대주교로 임명할 때에, 영국 왕 존이 그에게 도전했다. 신앙심이 깊지 못한 존은 랭턴이 영국에 발을 내딛는 것을 금지했고, 유럽 대륙에서 오는 모든 성직자들의 눈을 뽑아버리고 코를 베어 버리겠다고 맹세했다.

　1208년 3월 24일, 이노센트는 영국에서의 성사 수여를 금지했다. 모든 종교 의식들이 취소되고, 교회는 폐쇄되었다. 죽은 사람들을 위해 기독교식으로 장례식을 거행할 수 없고, 미사도 거행되지 않았다. 이노센트는 영국민들이 국왕 존에게 충성하지 않아도 된다고 선언했으며, 프랑스를 선동하여 영국 공략을 준비하게 했다.

　연이은 대중의 격노에 굴복하여, 존은 이노센트에게 굴복했다. 이로 인해 힘을 잃은 그는 얼마 후에 영국 역사상 유명한 마그나 카르타 대헌장에 서명하기에 이르렀다.

　이노센트 3세는 교황권을 크게 강화했지만, 그로 인한 여러 가지 압박 때문에 그다지 오래 살지 못하고 55세 때에 세상을 떠났다. 그는 "나에게는 제대로 숨쉴 시간이 없다"고 한탄했다. 그는 총명하고 재주가 좋았지만, 유한한 인간으로서는 교회와 국가를 모두 통치한다는 것은 너무나 큰 짐이었다.

오직 너는 마음을 강하게 하고 극히 담대히 하여 나의 종 모세가 네게 명한 율법을 다 지켜 행하고…이 율법책을 네 입에서 떠나지 말게 하며 주야로 그것을 묵상하여 그 가운데 기록한 대로 다 지켜 행하라 그리하면 네 길이 평탄하게 될 것이라 네가 형통하리라

(수 1:7-9)

3월 25일 암울한 부활절

1940년대에 공산주의자들이 중국을 점령했을 때에 중국내륙선교회 소속의 선교 요원 약 1000명이 곤경에 처했다. 1951년 1월, 중국내륙선교회는 완전한 철수를 명령했지만, 이미 시기를 놓친 듯했다. 공산주의자들은 사람들을 죽이는 것을 조금도 꺼리지 않았다.

아더 매튜와 그의 아내 윌다는 1월 3일에 출국을 신청했다. 그들은 행한 부엌에서 살고 있었는데, 윌다는 한 모퉁이에 트렁크를 놓아 은밀한 기도처로 사용했다. 출국 신청을 했지만 아무런 조처가 없이 여러 날이 흘렀다. 한편 매일 시민들이 처형되었다. 부엌에서도 총소리를 들을 수 있었다. 스트레스가 견딜 수 없이 커졌다. 아더는 부모님에게 "도처에서 있어서는 안될 일이 자행되고 있다고 생각됩니다"라고 편지를 썼다.

마침내 그는 은밀하게 공산주의자들을 위해서 일을 해주면 아내와 아기를 떠나게 해주겠다는 말을 들었다. 아더는 그 제안을 거절했다. 그는 날마다 불려가서 엄한 심문을 받았다. 그는 날마다 불려 나갈 때면 다시 아내를 만날 수 없을지도 모른다는 생각으로 아내와 작별 인사를 했다. 결국 아더는 당국자들에게 "나는 유다가 아닙니다. 당신들은 중국내륙 선교회에 있는 사람이 그런 일을 해주기를 기대하는 모양인데, 그런 기대는 하지 않는게 좋습니다. 우리는 절대로 그런 일을 할 수 없으니까요"라고 말했다.

윌다는 완전히 공포와 의심에 싸여 있었다. 1951년 3월 21일은 주일날이었는데, 그녀의 말을 빌자면 암울한 부활절이었다. 윌다는 어느 부활절 예배에 참석하여 찬송을 부르려고 입을 벌렸지만 소리가 나오지 않았다. 집에 돌아온 그녀는 트렁크 앞에 엎드려서 떨리는 손으로 역대하 20:17—"이 전쟁에는 너희가 싸울 것이 없나니 항오를 이루고 서서 너희와 함께 한 여호와가 구원하는 것을 보라"—을 찾았다. 그 구절을 읽으면서 윌다는 박수를 쳤다. 그리고 두 주일 후에 윌다는 "싸움은 무서웠지만, 지금은 고요하고 평화롭습니다"라고 편지를 썼다.

2년 후에 윌나는 숭국을 떠났고, 그 후에 아더는 중국내륙선교회 소속 선교사로서는 마지막으로 중국을 떠났다. 그러나 그들이 한 사람도 희생됨이 없이 안전하게 중국을 떠난 것은 기적적인 일이었다. 그것은 선교 역사상 가장 위대한 출애굽 사건이었다.

이 전쟁에는 너희가 싸울 것이 없나니 항오를 이루고 서서 너희와 함께 한 여호와가 구원하는 것을 보라…두려워하며 놀라지 말고 내일 저희를 마주 나가라 여호와가 너희와 함께 하리라 하셨느니라 여호사밧이 몸을 굽혀 얼굴을 땅에 대니 온 유다와 예루살렘 거민들도 여호와 앞에 엎드려 경배하고(대하 20:17, 18).

쿠트버트

3월 26일

쿠트버트(Cuthbert)는 630년대 초에 노덤브리아에서 목동의 아들로 태어났다. 그러나 그가 20세경에 멜로스에 있는 스코틀랜드 수도원에 들어가기 전까지의 일에 대해서는 거의 알려진 것이 없다. 그의 신실함과 경건함 때문에 그는 10년 후에 멜로스의 수도원장이 되었다. 자신이 로마인 신자들과 켈트족 신자들 사이의 싸움에 휘말린 것을 깨달은 그는 676년에 완전한 독거생활을 하기로 작정하고 영국 해안에서 6마일 떨어진 곳에 있는 무인도로 가서 자연과 더불어 생활했다.

684년에 그의 거룩함에 대한 소문이 퍼지면서, 노덤브리아의 엑그프리드 왕은 그를 찾아가서 헥스햄의 감독이 되어 달라고 부탁했다. 쿠트버트는 자신이 살고 있는 고요한 은거지를 떠나고 싶지 않았기 때문에 그의 부탁을 거절했다. 그러나 결국 왕은 그를 설득하는 데 성공했고, 685년 3월 26일에 그는 감독이 되었다. 그는 남은 생애를 주교관구를 다니며 설교하고, 노덤브리아 산지에 사는 목축업자들을 개종시키고 구제하는 등 공적인 사역에 바쳤다.

자신이 죽을 날이 멀지 않았다고 느낀 그는 686년 크리스마스가 지나서 섬으로 돌아왔다. 687년 3월 20일에 그가 숨을 거두었을 때, 수도사들은 횃불을 밝혀서 그 소식을 전하고, 다음날 아침에 그의 시신을 수도원교회에 매장하기 위해서 린디스판으로 옮겨갔다.

장례의 관습은 기이했다. 그 관습은 성인을 시신을 오랫동안 땅에 묻어 살이 다 썩은 후에 뼈를 추려 씻은 다음 비단에 싸서 성소에 보관하는 것으로서 "성유물 거양"이라고 불렸다. 쿠트버트의 성유물 거양은 698년 3월 20일, 그의 11번째 기일(忌日)에 거행되었다. 그런데 교회의 전통에 따라 의식을 거행하면서 그의 시신이 전혀 썩지 않았음이 알려졌다. 그리하여 그의 시신은 교회의 성소에 엄숙하게 안치했다. 곧 그곳에서는 기적이 일어났다는 소문이 퍼졌다. 720년에 가경자 비드가 쿠트버트의 전기를 쓸 무렵에는 수천 명의 순례자들이 그 성소를 방문하곤 했다. 쿠트버트는 영국 북부에서 가장 사랑받는 성인이 되었다.

형제들아 내가 이것을 말하노니 혈과 육은 하나님 나라를 유업으로 받을 수 없고…나팔소리가 나매 죽은 자들이 썩지 아니할 것으로 다시 살고 우리도 변화하리라 이 썩을 것이 불불 썩지 아니할 것을 입겠고 이 죽을 것이 죽지 아니함을 입으리로다

(고전 15:50-53)

3월 27일　　웨슬리와 늙은 제프리

　　1697년 새무얼 웨슬리와 그 아내 수산나는 잉글랜드의 엡워스에 있는 교회를 맡게 되었다. 그들은 많은 자녀를 두었다. 수산나는 19명의 아이를 낳았는데, 그 중에는 후일 감리교의 창시자가 된 존 웨슬리도 있었다. 엡워스에서의 생활을 무척 어렵고 가난한 생활이었다. 1716년 12월에 예기치 않은 손님, 즉 유령이 나타났을 때에 어려움은 더욱 증가했다. 목사관에서는 이상한 소리들이 들려왔다. 신음하는 소리, 크게 문을 두드리는 소리, 계단을 올라오는 발소리, 병이 깨지는 소리, 쇠사슬 소리가 들려왔다. 이따금 집 전체가 흔들렸고 이상한 유령들이 보였다.

　　유령은 가족 예배를 보면서 웨슬리 목사가 왕실을 위해 기도할 때 가장 소동을 부렸다. 위층에서 무섭게 사정없이 무엇을 치는 소리가 들려왔다. 그 소리를 들은 웨슬리 목사는 더욱 도전적으로 소리높여 기도했다. 참다 못한 그는 "이 귀먼 벙어리 마귀여, 왜 아이들을 무섭게 하느냐? 사나이답게 내 서재로 오라"고 소리쳤다. 그후로 유령은 웨슬리의 서재에서 끊임없이 웨슬리를 괴롭혔다.

　　수산나는 처음에는 쥐들이 그 소리를 낸다고 생각했었다. 그러나 이상한 나팔소리가 집 전체에 울리기 시작하였을 때, 수산나는 사람이나 짐승은 그러한 소리를 낼 수 없다고 확신하게 되었다. 1717년 3월 27일, 집을 떠나 학교에 가 있어서 이 일을 믿지 않는 아들 새무얼에게 이렇게 편지했다. "네가 반갑지 않은 우리집 손님에 대해 왜 그리 알고 싶어하는지 모르겠다. 나는 그 소리를 듣거나 그 소리에 대해서 말하는데 지쳤단다. 만일 네가 집에 와보면, 네가 직접 그 소리를 듣거나 유령을 보게 될지도 모르겠구나."

　　가족들은 그 유령의 이름을 "늙은 제프리"라고 지었다. 아이들은 점차 그 유령에 대해서 잘 알게 되면서 왜 그가 괴로워하고, 화를 내는지도 알게 되었다. 이윽고 유령의 기괴한 행동이 사라졌다. 그러나 몇년 후에 세계적으로 유명한 전도자가 된 존은 어느 잡지에 그 유령에 대한 기사를 썼다. 그 마귀는 무리하게 패를 쓰다가 패배한 것처럼 보인다. 늙은 제프리는 장래의 복음전도자인 존에게 겁을 주고 좌절하게 만들려 했지만, 오히려 존으로 하여금 싸움은 혈과 육에 대한 것이 아니라 정사와 권세와 어두움의 세상 주관자들에 대한 것임을 깨우치게 해 준 것이다.

　　우리의 씨름은 혈과 육에 대한 것이 아니요 정사와 권세와 이 어두움의 세상 주관자들과 하늘에 있는 악의 영들에게 대함이라 그러므로 하나님의 전신갑주를 취하라 이는 악한 날에 너희가 능히 대적하고 모든 일을 행한 후에 서기 위함이라(엡 6:12, 13).

빌리 그래엄

3월 28일

　대학 학장이자 붉은 머리에 체격이 크고 학생들에게 관심이 많았던 존 마인더 목사는 윌리엄에게는 꼼짝하지 못했다. 윌리엄은 입학하던 날 커다란 칼을 꺼내어 가지고 놀더니, 마치 덩치만 큰 어린 학생처럼 인근에 있는 골프장을 이리저리 뛰어다녔다. 또 어느 주일날 오후에 그는 룸메이트와 함께 가장 좋은 옷을 입은 채로 카누를 탔다. 윌리엄은 카누에서 일어서서 노를 치켜 들고는 "인디언이 나타났다. 빵빵!"이라고 소리쳤다. 그리고 나서 그가 뒤로 기대는 바람에 두 사람은 강에 빠졌다. 윌리엄은 여자 관계가 복잡했고, 깡패들과 싸우기도 하고, 화려한 나비 넥타이를 매고 다니며 여자들에게 은근히 관심을 끌었다.

　그러나 인내심 많은 마인더 학장은 그가 가진 잠재 능력을 파악하고 있었다. 1937년 3월 28일 부활절, 그는 윌리엄과 함께 인근 마을에 있는 작은 침례 교회 저녁 예배에 참석했다. 그날 마인더 목사는 실내장식 일을 하면서 그 교회에서 임시로 목회를 하는 목사 대신 예배를 인도해야 했다. 그런데 마인더 목사는 그날 저녁에 설교할 생각이 없었다. 그 교회로 가던 중에 마인더 목사는 윌리엄에게 "오늘 밤에는 자네가 설교를 하게"라고 말했다.

　윌리엄은 황급히 "안돼요. 나는 한번도 설교해 본 적이 없습니다"라고 말했다. 학장은 "오늘 밤에는 자네가 설교하게. 나는 자네가 설교를 마친 후에 내가 설교를 하겠네"라고 했다.

　그런데 윌리엄은 이미 침례교 전도자인 리 스카버러의 설교집에서 네 개의 메시지를 뽑아내어 설교 연습을 해오고 있던 중이었다. 그는 그 메시지들을 기억해내려고 했다. 두 사람이 작은 교회에 도착해 보니, 교회 주위에 사람들이 사냥개를 데리고 있었다. 사냥꾼들과 목장주들, 그 가족들이 예배를 보기 위해 교회 안에 들어갔다. 그리하여 교회 안에 모인 사람은 25명이나 30명쯤 되었다. 지휘자는 교인들을 인도하여 빠른 박자의 찬송가를 몇 장 부르는 도중에 이따금 찬송을 멈추고 담배 때문에 갈색이 된 침을 뱉어내기도 했다.

　설교 시간이 되자, 윌리엄은 일어나서 모인 사람들을 바라보았다. 너무 긴장이 되어 덜덜 떨리고 땀이 비오듯 했다. 그는 8분간 네 가지 설교를 한 후에 자리에 털썩 주저앉았다. 이것이 윌리엄 프랭클린 그래엄, 즉 빌리 그래엄의 설교 사역의 시작이었다.

내가 복음을 전할찌라도 자랑할 것이 없음은 내가 부득불 할 일임이라 만일 복음을 전하지 아니하면 내게 화가 있을 것임이로라…내가 모든 사람에게 자유하였으나 스스로 모든 사람에게 종이 된 것은 더 많은 사람을 얻고자 함이라(고전 9:16, 19).

3월 29일 — 웨일즈의 신앙부흥

에반 로버츠는 광부였다. 그는 푸른 눈동자에 키가 커서 호리호리했고, 검은 곱슬머리는 이마와 귀까지 덮고 있었다. 마음 속 깊이 영혼을 구원해야 한다는 소명을 느끼고 있던 그는 신앙부흥을 위해 열심히 기도했다. 그는 25세 때에 사역을 위해 공부를 시작하면서 담임 목사에게 저녁 집회를 인도하게 해달라고 요청했다. 처음에는 몇 사람만 참석했지만, 며칠이 지나면서 그의 집회에 참석하기 위해서 마을의 상점들이 일찍 문을 닫기 시작했다. 사람들은 자리를 잡기 위해서 직장을 조퇴했다. 교회는 사람들이 꽉 찼다. 예배는 새벽까지 계속되기도 했다. 참석자들은 죄를 고백했고, 죄인들이 회심했고, 상처입은 가정이 회복되기도 했다. 로버츠는 인근 마을들에서도 비슷한 결과를 이루어냈다. 웨일즈 지방 전체에서 극장들이 문을 닫고, 감옥은 텅텅 비었으며, 교회에는 교인들이 가득하고, 신앙부흥에 걸림돌이 되는 것을 막기 위해서 축구 시합도 취소되었다. 광부들이 얼마나 철저히 회심을 했던지, 욕설에 길들은 탄광의 말들을 새로 훈련시켜야 했다.

1905년 3월 29일, 에반 로버츠는 리버풀에 있는 쇼 스트리트 교회에서 연속적으로 집회를 개최함으로써 부흥사역은 웨일즈 지방에서 잉글랜드로, 시골에서 도회지로 확장되었다. 교회에는 수천 명이 밀려들었다. 잉글랜드, 스코틀랜드, 아일랜드, 유럽 대륙, 미국 등 각처에서 사람들이 모여서 회심하거나 그리스도 안에서 새로운 기쁨을 발견했다. 로버츠가 설교를 하지 않을 때도, 사람들은 그의 모습을 보기만 해도 감동을 받았다. 그는 간단하게 "예수님께 순종하십시오. 완전히 그분을 섬기십시오. 성령을 받고 그 분의 지배를 받아들이십시오"라고 했다.

리버풀에서의 집회로 지친 로버트는 몇 주 쉬어야 했다. 다음 순회 설교 때에도 역시 신앙부흥의 회오리가 일었지만, 이번에도 집회를 마친 로버츠는 기진맥진하여 집으로 돌아왔다. 로버츠는 4차례 더 설교를 한 후 건강을 회복하기 위해 친구의 집으로 갔다. 그러나 그는 다시는 설교를 하지 못하고 17년간 그곳에서 머물렀다. 그는 45년 동안 친구들과 함께 이곳저곳에서 은밀하게 사역하고 기도하면서 지내나가 1951년에 사망했다.

그는 불과 몇달만 공적으로 사역했지만, 그 사역은 웨일즈와 잉글랜드를 뿌리째 뒤흔들어 놓았다.

때가 제 삼 시니 너희 생각과 같이 이 사람들이 취한 것이 아니라 이는 곧 선지자 요엘로 말씀하신 것이니 일렀으되 하나님이 가라사대 말세에 내가 내 영으로 모든 육체에게 부어주리니 너희의 자녀들은 예언할 것이요 너희의 젊은이들은 환상을 보고 너희의 늙은이들은 꿈을 꾸리라 (행 2:15-17).

주를 위해 일어나라　　　3월 30일

　　더들리 팅은 필라델피아에 있는 교회에서 부친을 돕다가 1854년 부친이 은퇴하면서 그 교회의 목사가 되었다. 그는 불과 29세의 어린 나이에 아버지의 뒤를 이어 큰 교회의 목사가 되었지만, 그 교회의 적임자인 듯했다. 그러나 더들리가 강력하게 노예제도를 반대하는 설교를 하자 보수적인 교인들이 불평을 하기 시작했고, 결국 1856년에 교회를 사임해야 했다.

　　그는 자기를 따르는 사람들과 함께 그 도시의 다른 곳에 언약의 교회를 세웠다. 그는 점점 유명해졌다. 그는 YMCA에서 정오 성경공부를 시작했으며, 그의 사역은 그가 담임한 교회를 초월하여 뻗어갔다. 더들리는 믿지 않는 가장들을 그리스도께로 인도하기로 결심하고 그들을 전도하기 위한 대 집회 조직을 도왔다. 1858년 3월 30일, 화요일에 개최된 집회에는 오천 명이 모였다. 더들리는 모인 사람들을 보면서 "여러분에게 하나님의 메시지를 전하는 내 임무를 제대로 수행하지 못하느니 차라리 큰 나무 등걸에 내 오른팔이 잘리는 편을 원합니다"라고 말했다. 그날 1000명 이상이 회심했다.

　　2주일 후에 더들리는 시골에 갔다가 창고에서 탈곡기를 지켜 보던 중 탈곡기에 너무 가까이 가서 옷 소매가 기계에 물려 그의 팔 대동맥이 잘렸다. 4일 후에 그는 오른 팔을 어깨 부분에서부터 절단해야 했다. 자신의 얼마 후에 죽을 것을 깨달은 더들리는 늙은 아버지에게 "아버지, 예수님을 위해 일어서세요. 그리고 내 사역의 형제들에게도 예수를 위해 일어나라고 말해주세요"라고 말했다.

　　필라델피아 템플장로교회의 조지 더필드 목사는 더들리의 장례식에 참석했다가 크게 감명을 받았다. 그 다음 주일날 그는 에베소서 6장을 본문으로 하여 그리스도를 위해서 견고히 서라는 내용의 설교를 했다. 그는 더들리의 말에 감동을 받아 지은 자작시를 낭독했다. "십자가 군병들아 주 위해 일어서라. 기 들고 앞서 나가 굳세게 싸워라."

　　그 후 어느 찬송가 편집자가 그 시를 작곡하여 출판했다. 『십자가 군병들아』는 미국에서 아주 애창되는 찬송가가 되어, 더들리가 죽으면서 남긴 말을 많은 사람에게 전해주고 있다.

　그러므로 하나님의 전신갑주를 취하라 이는 악한 날에 너희가 능히 대적하고 모든 일을 행한 후에 서기 위함이라(엡 6:13).

3월 31일 — 바울의 소원

사도 바울은 자기의 동족인 유대인을 위해서라면 자신이 저주를 받아 그리스도에게서 끊어지기를 원할 정도로 유대인을 사랑했다. 그는 "내 마음에 원하는 바와 하나님께 구하는 바는 이스라엘을 위함이니 곧 저희로 구원을 얻게 함이라"라고 말했다. 그러나 사람들이 모두 그와 같은 소원을 가진 것은 아니었다. 얼마 후에 로마 군대가 예루살렘을 파괴했을 때, 살아남은 많은 사람들은 유럽으로 도피했다. 결국 스페인은 유대 학문과 예술과 과학과 금융의 큰 중심지가 되었다. "제2의 모세"인 마이모니데스(Maimonides)는 스페인에 유대적 생활의 황금시대가 자리잡는 일을 도왔다. 14, 15세기에 유대인들에 대한 감정이 다시 악화되었다.

1469년에 아라곤의 페르디난드와 카스틸의 이사벨라가 결혼하면서 유대인들에게 그리 호의적이지 않은 국교회가 설립되었다. 이사벨라는 큰 권력을 휘둘렀다. 그녀는 적극적으로 국가를 다스렸고, 도덕적으로 엄격했으며, 국가에서 인정한 공식적인 종교 신앙에 철저한 사람이었다. 자기의 영토에서 불신자를 제거하기로 맹세한 이사벨라는 스페인 종교재판소를 세웠다. 그리하여 이단자들과 유대인들이 체포되어 무자비하게 심문과 고문을 받았다.

종교재판으로도 유대인들을 개종시키지 못하자, 이사벨라와 페르디난드는 유대인들을 추방하기로 결정했다. 1492년 3월 31일, 이들은 유대인들에게 3달의 유예기간을 주고 스페인을 떠나라고 명하는 칙령에 서명했다. 15만 명의 유대인들이 집과 소유를 빼앗긴 채 거의 100년 동안 살아온 땅을 떠나야 했다. 소문에 의하면 마지막 유대인이 스페인을 떠난 것이 8월 2일이었다고 한다. 이 날은 제1성전과 제2성전이 파괴된 것을 기념하는 날, 유대 역사에서 가장 슬픈 날이다. 아이러니하게도, 바로 그 다음날인 1492년 8월 3일에 크리스토퍼 콜럼부스가 신세계를 발견하기 위해서 스페인을 출발했다.

기독교의 이름으로 행한다고 해서 모두가 기독교적인 것은 아니다. 참 신자들은 지상명령을 성취하기 위해서 박해라는 수난을 의시하지 않고 기도와 사랑과 복음전도라는 방법을 사용한다. 그리고 참 신자들은 예수님 자신도 유대인이셨음을 기억하면서 유대인들에 대한 깊은 사랑을 가지고 있다. 우리도 바울처럼 이스라엘 백성들이 구원되기를 진심으로 원하고 기도해야 한다.

> 내가 그리스도 안에서 참말을 하고…내 양심이 성령 안에서 나로 더불어 증거하노니…나의 형제 곧 골육의 친척을 위하여 내 자신이 저주를 받아 그리스도에게서 끊어질찌라도 원하는 바로라 저희는 이스라엘 사람이라…(롬 9:1, 3, 4).

4월

하나님이여 내 속에 정한 마음을 창조
하시고 내 안에 정직한 영을 새롭게 하
소서 주의 구원의 즐거움을 내게 회복
시키시고 자원하는 심령을 주사 나를
붙드소서…내 혀가 주의 의를 높이 노
래하리이다

-시 51:10, 12, 14-

4월 1일   오렌지의 윌리엄 공

스페인의 국왕 필립 2세는 루터의 시대에 태어난 사람으로서 종교개혁을 멸시했다. 그에게 인생의 목적은 개신교도들을 죽이고 가톨릭 신앙이 유럽 전체에 확립되는 것이었다. 필립의 스페인 종교재판소는 스페인과 포르투갈에서 종교개혁의 불을 끄는 역할을 했다. 그는 영국을 가톨릭 신앙으로 되돌리기 위해서 엘리자베스 여왕을 대적하는 스페인 무적함대를 파견하기도 했다. 또 네덜란드를 공격하기 위해서 알바의 공작을 파견한 사람도 바로 필립이었다.

네덜란드는 오랫동안 종교개혁 사상의 온실이었다. 그곳에서는 성경을 자유로이 이용할 수 있었고, 독일, 프랑스 영국에서 교사들이 종교개혁 사상, 특히 칼빈주의를 네덜란드 전역에 퍼뜨렸다.

네덜란드를 점령한 필립은 무시무시한 알바 공작을 저지대 국가에 주재시켰다. 성경을 읽거나 종교개혁자들의 저서를 읽은 사람들은 체포되어 교살되거나 산채로 화형을 당했다. 18년에 걸친 공작의 공포의 통치 기간에 남녀노소를 가리지 않고 수천명이 고문을 받고 살해되었다. 마을 전체가 학살되기도 했다. 비록 네덜란드는 내적으로는 분열되어 일부 지방은 가톨릭측이고, 나머지 지방은 개신교측이었지만, 알바의 공작의 흉포함에 대항하여 전체가 연합하여 독립 전쟁의 불을 밝히게 되었다.

오렌지의 공작 윌리엄은 네덜란드 저항운동의 지도자가 되었고, 1572년 4월 1일에 어부들로 구성된 Sea Beggars라는 군대를 이끌고 북부 지방에서 스페인 군대에 대한 공격을 개시했다. 그들은 브리엘시를 장악했다. 윌리엄은 북부의 여러 주들을 차례로 탈환하여 마침내 네덜란드 전체가 스페인의 지배에서 해방되었다. 스페인 군대에게 포위된 남부의 레이덴에서의 전쟁은 절망적이어서, 주민들은 고양이, 개, 쥐들을 먹고 살 지경이 되었다. 국왕과 교황은 항복하면 완전히 용서해주겠다고 약속했지만, 시민들은 거부했다. 윌리엄은 그들에게 수문을 열고 제방을 부수어 도시 주위의 평야에 홍수가 일게 만들자고 제안했다. 마침 수확기였기 때문에 그렇게 하면 농사를 망치게 되지만, 주민들은 그의 제안에 동의했다. 그리하여 제방들이 파괴되고 바닷물이 밀려들어왔다. 윌리엄의 Sea Beggars는 그 도시에 진입했고, 스페인 군대는 도망쳤다. 해방된 레이덴의 주민들은 대성당에 모여 하나님께 감사를 드렸다.

나 이스라엘의 하나님이 그들을 버리지 아니할 것이라 내가 자산에 강을 열며 골짜기 가운데 샘이 나게 하며 광야로 못이 되게 하며 마른 땅으로 샘 근원이 되게 할 것이며…무리가 그것을 보고 여호와의 손이 지은 바요 이스라엘의 거룩한 자가 창조한 바인줄 알며(사 41:17, 18, 20).

칼빈의 아내 이델렛

4월 2일

수백년 동안 성직자들은 독신생활을 해왔다. 그런데 존 칼빈은 제1세대 개신교도인 자신이 전통을 깨도 될지 갈등을 느꼈다. 그는 "나는 결혼을 해야 할 것인지 알 수가 없습니다. 어쨌든 만일 내가 아내를 취한다면, 모든 염려에서 해방되어 주님께 나 자신을 헌신할 수 있을 것입니다"라고 기록했다.

그는 30세 때에 어느 여인과 사랑에 빠졌지만, 결혼은 취소되었다. 그의 친구인 윌리엄 파렐이 다른 여인을 추천해 주었지만, 칼빈은 흥미를 느끼지 못했다. 세번째 여인과의 결혼은 가능성이 있는 듯 했지만, 칼빈은 신중을 기했다. "만일 이번에도 내 희망이 좌절된다면 나는 대단히 어리석은 사람처럼 보일 것이다."

그런데 실제로 그렇게 되었다. 그는 "나는 아내감을 발견하지 못했습니다. 그리고 다시 아내감을 찾아야 할지 주저하게 됩니다"라고 탄식했다. 그러던 중 그는 갑자기 교인들 중에서 이델렛이라는 과부에게 관심을 갖게 되었다. 이델렛은 칼빈의 전도를 받아 회심한 여인이었다. 그는 그녀를 심방하다가 그녀에게 끌리게 되었고, 그들은 곧 결혼했다.

이델렛은 이상적인 사모였다. 그녀는 병자와 가난한 사람, 고통을 당하는 사람들을 심방했다. 유명한 그녀의 남편에게 상담하러 오는 사람들도 잘 접대했다. 그녀는 자신이 직접 기른 채소로 식사를 마련했다. 또 그들 부부는 세 아이를 잃는 슬픔도 참아냈다. 그녀는 칼빈의 날카로움을 완화시켜 주고, 그에게 즐거움을 주었다.

그런 이델렛이 병들자, 칼빈은 괴로워했다. 임종할 시간이 가까와 오자, 그들은 "그리스도의 은혜, 영생의 소망, 우리의 결혼, 그리고 이제 맞아야 할 그녀의 죽음" 등에 대해 이야기했다. 그리고 칼빈이 돌아서서 기도하는데, 이델렛은 "오, 영광스러운 부활이여! 아브라함과 우리 조상들의 하나님이시며, 만세의 모든 신자들이 당신을 의지해왔고, 그 소원은 전혀 헛되지 않았습니다. 이제 나는 당신께 소망을 둡니다"라고 말하고 숨을 거두었다. 1549년 4월 2일, 칼빈은 파렐에게 편지를 썼다. "내 아내가 세상을 떠났다는 소식을 들으셨을 것입니다. 나는 너무 슬픔에 빠져 있지 않으려고 노력하고 있습니다. 내 친구들은 나의 정신적인 고통을 덜어주려고 최선을 다하고 있습니다." 칼빈과 이델렛은 9년을 함께 했다. 그 후 칼빈은 이델렛을 대신할 아내를 구하려 하지 않았다.

내가 심히 기이히 여기고도 깨닫지 못하는 것 서넛이 있나니 곧 공중에 날아다니는 독수리의 자취와 반석위로 기어다니는 뱀의 자취와 남자가 여자와 함께 한 자취며

(잠 30:18, 19)

4월 3일   암브로스

암브로스는 고올 지방에서 태어났다. 아버지는 그 지방의 총독이었다. 그가 태어난 직후에 그의 가족은 로마로 이사했고, 암브로스는 자라서 훌륭한 시인이요 웅변가요 법률가가 되었다. 얼마 동안 로마 법정에서 법률 실습을 한 후에 그는 이탈리아 속주의 총독으로 임명되었는데, 밀란에 본부를 두었다. 374년에 아욱센티우스 감독이 사망하자 위기가 발생했다. 후임자 문제로 도시가 분열되었고, 긴장이 고조되었다. 암브로스는 사람들을 모아놓고는 자신의 웅변능력을 발휘하여 단결을 호소했다. 그런데 그가 연설을 하는 중에 한 아이가 "암브로스를 감독으로!"라고 소리쳤고, 사람들도 그 구호를 되받아 반복했다. 그리하여 35세의 총독은 그 도시의 감독으로 선출되었다.

그는 신학 공부를 시작하여 곧 위대한 설교자요 정통교리의 수호자가 되었다. 그는 이교 신앙 및 이단과 싸웠고, 세속 권력에 대항하여 교회의 독립을 유지했고, 도덕을 수호했다. 그는 필요한 경우에는 정치 지도자들, 심지어 황제들과도 맞섰다. 그는 서적, 논문, 설교, 찬송, 편지 등을 썼고, 목자가 양을 돌보듯 밀란을 돌보았다.

그러나 이러한 일들은 어느 주일날 몰래 마을에 들어와 그의 설교를 들은 어느 혈기왕성한 불신자에게 미친 그의 감화력에 비하면 전혀 중요한 것이 못된다. 회의적이던 어거스틴은 암브로스의 설교에 크게 감명을 받고 감독에게 개인적인 조언을 받으려 했다. 그러나 암브로스는 너무 바빴다. 손님들은 허락을 받고 그의 방에 들어왔지만, 그는 그들에게 그다지 관심을 보이지 않고 계속 독서를 했다. 어거스틴은 여러 번 앉아서 그를 지켜 보았지만, 암브로스는 그것을 의식하지 못했다. 그러나 그의 설교는 이 탕자의 마음에 감동을 주었고, 얼마 후 어거스틴은 회심했다.

암브로스는 397년에 병들기 전까지 계속 설교했다. 걱정하던 친구들이 그의 쾌유를 위해 기도했을 때, 그는 "나는 더 오래 사는 것을 부끄럽게 여기지 않지만, 죽는 것도 두려워하지 않습니다. 왜냐하면 우리에게는 선하신 주님이 있기 때문입니다"라고 말했다. 397년 4월 3일, 금요일에 암브로스는 두 손을 십자가 형태로 만들고 기도했다. 친구들은 슬퍼하며 지켜 보았다. 자정이 조금 지나서 암브로스는 선하신 주님께로 돌아갔다.

감독은 하나님의 청지기로서 책망할 것이 없으며 제 고집대로 하지 아니하며 급히 분내지 아니하며 술을 즐기지 아니하며 구타하지 아니하며 더러운 이를 탐하지 아니하며…미쁜 말씀의 가르침을 그대로 지켜야 하리니 이는 능히 바른 교훈으로 권면하고 거스려 말하는 자들을 책망하게 하려 함이라(딛 1:7, 9).

세빌의 이시도어

4월 4일

이시도어는 560년경에 스페인의 세빌에서 기독교인 귀족 가문의 막내아들로 태어났다. 그는 그보다 훨씬 나이가 많은 형 레안더에게서 교육을 받았는데, 레안더는 교황 대 그레고리의 친한 친구였다. 방법은 혹독했지만, 레안더는 어린 동생에게 총명한 정신과 온유한 마음을 심어 주었다.

세빌에서 목회자가 된 이시도어는 젊은 이들을 위한 학교를 세우는 일, 거짓 교사들을 돌이켜 정통 교리를 받아들이게 하는 일, 그리고 유대인들에게 복음을 전하는 일에 관심을 가졌다. 그는 스페인의 모든 주교 관구에 젊은 목사 교육을 위한 신학교를 세웠다.

그러나 그의 업적은 그 정도에 머물지 않는다. 그는 역사상 최초의 백과사전인 *Etymologiae*를 편찬했다. 의학, 수학, 문법, 역사, 과학, 신학 등에 대한 내용을 다루고 있는 이 책은 중세 시대에 가장 많이 사용된 교과서가 되었다. 이시도어는 동의어 사전, 천문학 서적, 세계사 개요, 유명한 인물들의 전기, 성경에 등장하는 인물들에 관한 책, 기타 많은 설교집과 신학연구서를 출판했다. 그는 스페인에서 가장 위대한 교사로 알려졌다.

그의 생애의 최고봉은 37년에 걸친 사역 말기에 임했다. 그는 633년 12월 5일에 스페인의 톨레도에서 개최된 공의회를 주재했다. 이 공의회에서는 세례 지원자들은 물에 세 번 들어가는 것이 아니라 한번만 들어가야 한다고 결정했다. 또 그 공의회에서는 성경만 아니라 찬송을 부르는 것을 인정했고, 유대인들을 강제로 개종시키는 것을 금지했다. 2년 후, 자신의 죽음이 멀지 않은 것을 느낀 이시도어는 자신의 재물을 가난한 사람들에게 나누어주기 시작했다. 죽기 나흘 전에, 그는 두 친구에게 자신을 순교자 성 빈센트 교회로 데려가 달라고 부탁했다. 그곳에 도착한 그는 한 친구에게는 자기에게 거친 삼베를 씌워달라고, 그리고 또 한 친구에게는 자기 머리에 재를 뿌려 달라고 부탁했다. 그리고 나서 이 늙은 학자는 두 손을 하늘을 향해 들고 큰 소리로 기도하면서 자기의 죄를 고백하고 은혜를 간절히 구했다. 많은 사람들이 모여왔다. 이시도어는 그들에게 기도해 달라고 부탁했고, 자기에게 빚진 사람들을 용서해 주었다. 그는 사랑에 대해서 사람들에게 설교하고 나서 자기의 남은 소유물들을 나누어 주었다. 집에 들어온 그는 잠자리에 들어 평화롭게 세상을 떠났다. 이것이 636년 4월 4일, 화요일이었다.

바람의 경중을 정하시며 물을 되어 그 분량을 정하시며 비를 위하여 명령하시고 우뢰와 번개를 위하여 길을 정하셨음이라 그 때에 지혜를 보시고 선포하시며 굳게 세우시며 궁구하셨고 또 사람에게 이르시기를 주를 경외함이 곧 지혜요 악을 떠남이 명철이라 하셨느니라(욥 28:25-28).

4월 5일 　　스칸디나비아 경건주의의 아버지

루터주의는 1500년대에 마틴 루터의 열심에서 생겨났다. 그러나 한 세기 후 그것은 차갑고 피곤한 형식주의에 빠져 버리고 말았다. 1600년 대에 하나님께서는 종교개혁의 불을 다시 붙이고 새로운 면으로 확장시키기 위해서 다른 용사들을 일으켰다.

필립 스페너는 자기의 집을 기도하고 성경을 읽는 집으로 개방했다. 이 간단한 행위가 독일 전역에 경건주의라고 불리는 영적 갱신의 불을 붙이는 계기가 되었다. 경건주의 운동은 유럽 대륙 전체를 휩쓸면서 내면적인 영성, 가정 집회, 찬송부르기, 사회사업(특히 고아들과 관련된 사업) 등을 강조했다. 경건주의는 스칸디나비아에서 25살 된 한스 닐센 헤이그라는 사람에게 감동을 주었다.

한스는 노르웨이의 시골에서 부지런한 부모님으로부터 많은 기술을 배우면서 자랐다. 그는 솜씨 좋은 가구 제조자, 목수, 대장장이, 양봉가였다. 게다가 그는 어려서부터 하나님의 말씀과 찬송을 들으며 자랐다. 1796년 4월 5일, 그는 밖에서 일하면서 "예수여, 나는 당신과의 복된 교제를 원합니다"라는 찬송을 부르던 중, 극적인 체험을 했다. 그의 마음은 갑자기 고양되면서 하나님의 성령으로 넘쳐 흘렀다. 그리스도의 사랑이 그의 영혼 안에서 불타올랐다. 그는 성경공부에 대한 심오한 기갈, 그리고 복음을 전파하라는 강권을 느꼈다.

한스는 집으로 달려가서 자신이 경험한 것을 가족들에게 말했고, 그 다음에는 교회에게 말했다. 그후 8년간 그는 다른 사람들에게 전도하기 위해 걷거나 스키를 타거나 말을 타고 노르웨이 전역을 10,000마일이나 여행했다. 그는 크고 작은 무리에게 설교하면서 회개와 회심과 진정한 신앙부흥을 강조했다. 그의 메시지는 도처에서 신생의 불을 붙였다. 간혹 그의 열심과 인기를 두려워 한 지방의 목사들은 그를 대적했으며, 열 번이나 체포되기도 했다. 그러나 대부분의 감독들과 목사들은 그의 사역에 대해 하나님께 감사했다.

한스는 설교 여행을 마친 후 상업에 전념하여 종이공장, 소금공장, 교역회사, 그리고 선단(船團)의 소유주가 되었다. 그는 사업계에서의 지위를 이용하여 자신의 메시지를 전파했다. 그는 53세 때에 숨을 거두면서 마지막으로 아내에게 "예수님을 따르시오"라고 권면했다. 오늘날 그는 "스칸디나비아 경건주의의 아버지"라고 불린다.

여호와께서 권능으로 내게 힘하시고 그 신으로 나를 데리고 가서 골짜기 가운데 두셨는데 거기 뼈가 가득하더라…너는 이 모든 뼈에게 대언하여 이르기를 너희 마른 뼈들아 여호와의 말씀을 들을찌어다 주 여호와께서 이 뼈들에게 말씀하시기를 내가 생기로 너희에게 들어가게 하리니 너희가 살리라…또 나를 여호와인줄 알리라 하셨다 하라

(겔 37: 1, 4-6)

날으는 스코틀랜드인   4월 6일

　에릭 리델은 중국에서 선교사의 아들로 태어났다. 그가 7살이 되었을 때, 그의 부모는 그를 영국에 있는 기숙학교에 입학시켰고, 그는 소년시절 대부분을 부모와 떨어져 지냈다. 학교의 선생님들은 그에게 스포츠를 권했다. 곧 에릭은 훌륭한 육상 선수가 되었다. 동시에 그는 영적 근육을 단련시키기 시작하여 매일 아침 일찍 일어나서 기도하고 성경공부를 하면서 주님을 만났다.

　대학에 입학한 에릭은 스포츠 면에서 연신 기록을 갱신했다. 그의 누이는 중국에 있는 부모님에게 "오빠는 매주 상을 받아옵니다. 이제는 집에 상을 둘 장소가 없어요"라고 편지를 썼다. 에릭은 점점 유명해졌다. 그럴 즈음 혁신적인 스코틀랜드 복음전도자인 D. P. 톰슨이 그에게 사역의 재능이 있음을 눈여겨 보았다. 그는 에릭에게 아마데일에서 모이는 사람들에게 간증을 해달라고 초청했다. 1923년 4월 6일, 리델은 처음으로 대중 복음전도를 했다. 그 해 여름 그가 파리 올림픽 경기장에 도착했을 때, 에릭은 능력있는 운동선수이며 주일을 성수하는 신실한 기독교인으로서 금메달을 딸 수 있는 선수로 전세계에 알려져 있었다.

　이처럼 유명해졌음에도 불구하고 에릭은 부모님을 따라 중국으로 가기로 결심했다. 1925년에 그는 선교사가 되어 중국에 도착했다. 1937년에 일본군이 침략했을 때에 그는 중국에 그대로 남아 있었다. 1943년 그는 북경 외곽에 있는 강제수용소에 수용되었다. 상황은 끔찍했다. 에릭은 날마다 병자들과 함께 기도하고, 어린아이들을 가르치고, 사람들에게 복음을 증거했다. 그러나 머리가 욱신거리고 아프기 시작했고, 눈에 뜨이게 약해졌다. 그러다가 1945년 2월 2일, 그는 세상을 떠났다. 부검 결과 그의 뇌에서 종양이 발견되었다.

　수용소에서 살아남은 사람에게 리델이 수용소에서 사람들에게 감화를 준 이유를 물었더니, 그녀는 이렇게 대답했다. 리델은 매일 아침 6시에 일어나 간신히 성경책과 공책을 비출 정도인 희미한 등에 불을 밝혔다. 그는 새 날이 시작될 때에 그곳에서 하나님을 만나곤 했다. 이것이 바로 날으는 스코틀랜드인 리델이 평생 지녔던 습관이요 능력의 비밀이었다.

내가 이미 얻었다 함도 아니요 온전히 이루었다 함도 아니라 오직 내가 그리스도 예수께 잡힌 바 된 그것을 잡으려고 좇아가노라…오직 한 일 즉 뒤에 있는 것은 잊어버리고 앞에 있는 것을 잡으려고 푯대를 향하여 그리스도 예수 안에서 하나님이 위에서 부르신 부름의 상을 위하여 좇아가노라(빌 3:12-14).

4월 7일 — 플로렌스의 개혁자 사보나롤라

종려주일에 예수님께 갈채를 보냈던 사람들이 어찌 금요일에 예수님을 십자가에 못박을 수 있었을까? 어떻게 여론이 그처럼 빨리 바뀔 수 있었을까? 이것이 바로 1498년 4월 7일에 제롬 사보나롤라가 제기한 질문이었다. 그는 이탈리아의 문예부흥이 한창일 때에 플로렌스에서 살았다. 그의 번쩍이는 검은 눈과 불타는 듯한 설교는 그 도시 사람들을 놀라게 했다. 엄청나게 많은 사람들이 대성당 문이 열리기 전에 몇 시간 동안 기다렸고, 사람들은 그의 한 마디도 놓치지 않으려 했다. 그는 "나는 성경을 나의 유일한 인도자로 삼고 교회가 거듭나야 할 것을 설교합니다"라고 우뢰와 같은 소리로 외쳤다.

결국 사보나롤라는 시정 담당관이 되었고, 플로렌스를 공화국으로 만들었다. 그는 세제 개혁을 주도하고, 가난한 사람들을 돕고, 법정을 숙청하는 등 플로렌스를 실질적인 수도원으로 변화시켰다. 그는 대중들에게 음란한 서적들과 오락 도구들을 불태워버리라고 했다. 플로렌스를 개혁한 그는 성직자들을 책망하고 교황권의 타락상을 비난했다. 교황 알렉산더 6세가 그를 파문했을 때에, 그는 맞받아 교황의 해임을 요구했다.

어느 프란시스코회 수도사가 그 문제를 해결하기 위해서 불로 시험해보는 판별법을 사용하자고 제안했다. 그것은 사람으로 하여금 불 속을 통과하게 하는 중세 시대의 관습으로서, 그 사람의 생사가 하나님께서 그를 사랑하시는지의 여부를 보여준다고 판단하는 방법이었다. 사보나롤라의 절친한 친구인 드메니코는 불속을 걷는 데 동의했다. 그것은 4월 7일 11시에 시행되기로 했다. 소문은 이탈리아 전역에 퍼졌고, 많은 준비를 했다. 장작을 18미터 길이로 두 줄로 쌓아 놓고 기름을 부어놓았다. 두 장작으로 쌓은 두 줄 사이의 간격은 60센티미터로 한 사람이 겨우 통과할 정도였다. 사람들은 크게 흥분하여, 하루 전에 그곳에 도착했다. 그 광장에 인접한 건물들의 창문이나 지붕에는 사람들이 가득했다. 하지만 사보나롤라가 도메니코를 내보내는 일을 지체함에 따라 사람들은 점점 참을성을 잃었다. 결국 그 시험이 취소되자, 사람들은 폭동을 일으켰다. 사보나롤라는 권세를 잃고 체포되어 고문을 받았고, 그 불 시험을 하기로 예정되었던 곳에서 처형되었다. 그를 선지자로 존경하고 시의 통치자로 임명했던 무리가 결국 그를 순교자로 만든 것이다.

내 이름으로 거짓을 예언하는 선지자들의 말에 내가 몽사를 얻었다 함을 내가 들었노라…겨와 밀을 어찌 비교하겠느냐 나 여호와가 말하노라 내 말이 불 같지 아니하며 반석을 쳐서 부스러뜨리는 방망이같지 아니하냐(렘 23:25, 28, 29).

하나님의 섭리의 비밀

4월 8일

제임스 칼머즈는 태평하고 기개있는 스코틀랜드 소년이었다. 후일 그는 "나는 모험을 좋아했습니다. 나는 위험한 상황에서 오히려 자극을 느꼈습니다"라고 술회했다. 아마 어느 주일날 목사님이 피지 섬의 선교사들이 보내온 편지를 읽어줄 때에 그가 관심을 갖고 경청한 것도 아마 그런 이유 때문이었을 것이다. 목사님은 눈물이 핑 돌면서 "혹시 여기에 식인종들에게 복음을 전할 사람이 있을지 궁금하군요"라고 말했다. 제임스는 작은 소리로 "내가 가겠습니다"라고 말했다. 그러나 그 자신도 아직 회심하지 못한 상태였다.

회심하여 선교사 훈련을 받은 그는 1896년에 장로교 선교사가 되어 남태평양을 향하는 배를 탔다. 칼머즈는 사람을 잘 다루었다. 한 친구는 "그의 몸가짐, 눈, 음성에는 사람들을 꼼짝 못하게 하는 무언가가 있다. 그의 침착함, 그의 판단력, 기지, 그리고 두려움을 모르는 태도 등으로 말미암아 수많은 난관을 타개해 나갈 수 있었다"고 말했다. 로버트 루이 스티븐슨은 캘머즈를 만나기 전까지는 선교사들을 좋아하지 않았다. 그는 "그는 난폭하기는 하지만 영웅입니다. 당신들이 아무리 노력해도 나는 그 사람을 싫어할 수 없습니다. 그 사람은 나를 완전히 사로잡았습니다"라고 말했다.

1877년에 켈머즈는 뉴기니로 갔고, 그곳에서의 사역에 성공을 거두었다. 인육을 먹는 축제는 사라지고 교회 안에는 사람들이 가득하게 되었다. 그러나 세월이 흐르면서 그는 점점 외로워졌다. 1901년에 젊은 올리버 톰킨스가 그와 함께 일하러 왔을 때에 그는 무척 기뻐했다. 두 사람은 그 제도의 새로운 지역을 탐험하기로 결정했다. 그들은 부활절에 어느 새로운 마을로 항해했고, 다음날인 1901년 4월 8일 아침, 캘머즈와 톰킨스는 뭍에 상륙했지낭 그 후로 아무도 그들을 볼 수 없었다. 구조대는 그곳 주민들이 그들을 죽인 뒤에 먹었다는 것을 알게 되었다.

이 소식은 순식간에 전세계에 알려졌다. 런던 템플 교회의 목사인 조셉 파커 목사는 설교하면서 이렇게 말했다.

> "나는 그 사실을 믿을 수 없으며 믿고 싶지도 않습니다. 그러한 하나님의 섭리의 비밀은 우리의 상한 믿음을 회복하기 어렵게 만듭니다. 그러나 예수님도 살해되셨습니다. 바울도 살해되었습니다. 많은 선교사들이 살해되었습니다. 이런 사실들을 고려할 때에 나는 우리의 소중한 친구도 하늘의 큰 회중에 합류했다고 생각하지 않을 수 없습니다."

이는 큰 환난에서 나오는 자들인데 어린 양의 피에 그 옷을 씻어 희게 하였느니라 그러므로 그들이 하나님의 보좌 앞에 있고 또 그의 성전에서 밤낮 하나님을 섬기게 보좌에 앉으신 이가 그들 위에 장막을 치시리니(계 7: 14, 15).

4월 9일

아주사 거리 신앙부흥

에베소서 5:18은 "술 취하지 말라 이는 방탕한 것이니 오직 성령의 충만을 받으라"고 경고한다. 이것은 하나님의 명령이다. 그런데 어떻게 해야 성령의 충만을 받을 수 있을까? 이것은 백 년 이상 논의되어온 문제이다.

18세기가 저물어갈 무렵 찰스 폭스 파르험 목사는 아이오아 주 중서부의 마을들에서 거룩이라는 메시지를 전파했다. 1900년 10월, 설교자와 치유자로서의 성공으로 말미암아 힘을 얻은 그는 토페카에 작은 성경학교를 열었다. 그는 "성령세례"라는 문제에 직면했다. 12월에 그는 집회를 인도하기 위해 캔자스로 가면서, 40명의 학생들에게 자신이 없는 동안 그 주제에 대해 조사할 것을 지시했다. 그는 12월 31일에 돌아왔다. 학생들은 방언을 하는 것이 성령세례의 확실한 증거라는 결론을 내렸다.

그날 밤 송구영신 예배를 드리기 위해 모인 학생들은 기도를 드리기 시작했다. 다음날인 1901년 1월 1일, 아그네스 오즈만이라는 학생이 방언을 하기 시작했고, 신앙부흥의 의식이 그곳에 모인 사람들을 휩쌌다.

곧 그 학교의 교수들과 학생들이 자기들이 새로 발견한 사실을 전파하기 위해 사방으로 퍼져 나감에 따라 그 학교는 문을 닫았다. 텍사스에서 침례교 목사인 윌리엄 세이모어라는 애꾸눈의 목사가 파르햄의 메시지를 접하게 되었다. 그는 아프리카 노예의 후손이었다. 세이모어는 로스앤젤레스로 가서 아주사 거리 312번지에 있는 버려진 마차 대여소에서 설교를 하기 시작했다. 1906년 4월 9일, 세이모어를 비롯한 여러 사람들은 그들 스스로 "성령세례"라고 부르는 일을 경험했다. 사방이 흥분하기 시작했고, LA 타임즈 기자가 그들의 집회에 참석하고는 "예배자들의 아우성소리 때문에 소름끼치는 밤이었다"는 기사를 썼다.

전세계, 전국에서 수많은 사람들이 모여왔다. 3년동안 연속기도회가 개최되었다. 세이모어는 보통 예배당 앞에 쌓아놓은 두 개의 빈 박스 뒤에 앉아 있었다. 집회 기간 동안, 그는 머리를 상자 속에 박고서 열심히 기도했다.

아주사 거리의 신앙부흥은 흔히 현대 오순절운동의 시작으로 간주되며, 이것은 20세기 최대의 기독교 운동 중의 하나로 발전되었다.

술 취하지 말라 이는 방탕한 것이니 오직 성령의 충만을 받으라 시와 찬미와 신령한 노래들로 서로 화답하며 너희의 마음으로 주께 노래하며 찬송하며 범사에 우리 주 예수 그리스도의 이름으로 항상 아버지 하나님께 감사하며(엡 5:18-20).

크리스마스 에반스

4월 10일

1966년 12월 25일, 웨일즈 지방의 어느 가난한 제화공의 가정에 남자 아기가 태어났다. 그들은 아기의 이름을 배소버라고 지으려 했지만, 태어난 날을 따서 이름을 크리스마스 에반스라고 지었다. 에반스가 9살 때, 아버지가 돌아가시고, 그의 어머니는 돈을 받고 아이들을 돌보아 주었고, 크리스마스 에반스는 술 주정뱅이인 삼촌에게 맡겨졌다. 에반스는 좋지 않은 친구들과 어울리면서 술을 마시고 싸움을 하고 목숨을 위태롭게 하기도 했고 글도 읽을 줄 몰랐다.

그러던 중에 에반스는 웨일즈의 복음전도자 데이빗 데이비스의 설교를 들었다. 그는 그리스도께 인생을 바쳤고, 데이비스는 창고에서 그에게 글을 가르치기 시작했다. 한달 쯤 지나서 에반스는 성경을 읽을 수 있게 되었고, 설교자가 되기를 원했다. 그러나 옛 친구들이 그를 괴롭혔다. 어느날 밤에 그들은 산으로 올라가는 길에서 그를 공격하여 때리고 오른쪽 눈을 뽑아버렸다.

그러나 에반스는 여전히 설교하기를 원했고, 실제로 설교를 했다. 교회건 탄광이건 들판이건 그가 가는 곳마다 많은 사람들이 모였고, 신앙부흥의 물결이 휩쓸었다. 말을 살 돈이 없었던 그는 웨일즈 지방을 걸어다니면서 이 마을 저 마을에서 설교하여 큰 성과를 거두었다.

그러나 에반스는 결국 사역의 기쁨을 잃고 말았다. 그는 건강이 좋지 못했고, 신령한 열심이 다 소진된 듯했다. 1802년 4월 10일, 자기의 열심이 회복될 때까지 하나님과 씨름하기로 결심하고 산속으로 들어갔다. 여러 시간 동안 기도하던 중, 마침내 눈물이 흐르기 시작했고, 에반스는 자신의 구원의 기쁨이 돌아오는 것을 느꼈다. 그날 그는 하나님과 언약을 맺고 13개 항목을 적어 두었다. 그중 네번째 조항은 "내가 지닌 은사들을 시들게 만들 어리석은 행위를 하도록 버려두지 마십시오"이고, 여덟번째 조항은 "내가 말씀의 능력을 전하기 전에 먼저 나 스스로 그것을 체험하게 해주십시오"이다.

그 날 능력을 받아 산에서 내려온 이 애꾸눈 설교자는 죽기 전까지 36년간 사역하면서 웨일즈 지방과 인근에 있는 앵글시 섬을 뒤흔들어 놓았다. 그는 "웨일즈의 번연"이라고 불린다.

하나님이여 내 속에 정한 마음을 창조하시고 내 안에 정직한 영을 새롭게 하소서 주의 구원의 즐거움을 내게 회복시키시고 자원하는 심령을 주사 나를 붙드소서…내 혀가 주의 의를 높이 노래하리이다(시 51:10, 12, 14).

4월 11일 　　　　　조지 뮬러

조지 뮬러는 독일에서 세리의 가정에서 태어났다. 그는 종종 어려움을 겪었다. 그는 일찍부터 도둑질과 도박을 하고 술을 마셨다. 십대 때는 고급 호텔에 투숙한 후에 숙박비를 지불하지 않고 빠져 나오곤 했다. 그러다가 그는 붙잡혀 감옥에 갇혔다. 감옥에 갇혀 지내는 동안에도 그는 변하지 않았다. 그는 석방된 후에도 계속 죄를 짓다가 1825년 어느 토요일 밤에 예수 그리스도를 만났다.

뮬러는 결혼하여 브리스톨에 정착하고 날마다 믿음 안에서 성장하는 생활을 했다. 그는 거리를 돌아다니는 집없는 아이들을 돌보아야 한다는 생각을 갖게 되었다. 1835년 12월 9일에 브리스톨에서 개최된 어느 공적인 모임에서 그는 고아원 설립 계획을 제출했다. 약간의 기부금이 들어왔다. 뮬러는 11월 6일에 윌슨 가에 집을 하나 세내었다. 1836년 4월 11일에 고아원을 개원했고, 즉시 26명의 고아들을 받아들였다. 이어 두 번째, 세번째 고아원도 세워졌다.

뮬러는 처음부터 기금을 요청하지 않았고, 심지어 그 사역의 재정적인 궁핍함에 대해서도 말하지 않았다. 그는 열심히 기도하면 주께서 모든 것을 공급해주실 것이라고 믿었다. 실제로 주님은 모든 것을 공급해 주셨다. 물론 어떤 때는 마지막 순간까지 미루다가 공급하시기도 했다. 다음과 같은 유명한 이야기가 있다. 어느날 아침 식탁에 접시와 국그릇과 컵 등 그릇은 차려 놓았지만, 음식도 없고 우유도 없었다. 뮬러가 그들의 일용할 양식을 위해 기도하는 동안 아이들은 아침식사가 차려지기를 기다렸다. 그 때 문을 두드리는 소리가 들렸다. 문 앞에는 빵집 주인이 서 있었다. 그는 "뮬러 씨, 나는 어젯밤에 잠을 잘 수가 없었어요. 어쩐 일인지 당신이 아침에 먹을 빵이 없을 거라는 생각이 늘었지요. 그래서 새벽에 일어나서 빵을 구웠습니다"라고 말했다. 그런데 또 문을 두드리는 소리가 들렸다. 우유배달부였다. 그는 고아원 바로 앞에서 마차가 고장났는데, 마차를 수리하려면 마차에 실린 우유를 비워야 하기 때문에, 우유를 고아들에게 주겠다고 했다.

뮬러의 사역에는 이러한 이야기들이 무척 많다. 뮬러는 93년간 살면서 10,000명 이상의 고아들을 돌보았고, 기도로 수백만 달러의 자금을 얻었으며, 복음을 전파하면서 20개국 이상을 여행했고, 50,000번이나 기도의 응답을 받았다.

너희 중에는 다른 신을 두지 말며 이방신에게 절하지 말지어다 나는 너를 애굽 땅에서 인도하여 낸 여호와 네 하나님이니 네 입을 넓게 열라 내가 채우리라 하였으나

(시 81:9, 10)

칼빈의 정신적 조언자　　4월 12일

　　혼자서 위대하게 된 사람은 거의 없다. 그들의 배후에는 종종 자부심을 가지고 그들을 지켜본 나이 많은 정신적 조언자가 있다. 존 칼빈이 교회사에서 영웅이 된 것은 기욤 파렐 덕분이다.

　　파렐은 프랑스 각지를 다니면서 복음을 전도한 사람으로서 불같이 급한 성격의 사람이었다. 그는 엘리야에 비유되었고, "사제들의 채찍"이라고도 불렸다. 그는 교황을 적그리스도로, 미사는 우상숭배로 간주했다. 사제들은 그를 암살하려고 코트 밑에 무기를 가지고 다녔다. 한 사제가 그를 암살하려다 실패했을 때, 그는 그 사제를 향해 돌아서서 얼굴을 똑바로 바라보면서 "나는 당신의 총격 따위는 조금도 무섭지 않소"라고 호통을 쳤다. 그는 체격은 작았지만 검게 탄 얼굴에 사납고 힘이 있었다. 그의 설교는 대포 공격과 같았고, 그의 연설은 전국을 사로잡았다. 그는 종종 너무 거친 말을 했기 때문에 한 친구는 "자네의 사명은 저주하는 것이 아니라 복음을 전하는 걸세"라고 주의를 주었다.

　　1523년 4월 12일, 파렐은 프랑스에서 설교를 금지당했다. 그는 스위스로 도망쳐서 이 마을 저 마을로 다니며 나무 등걸이나 바위를 강단삼아 복음을 전했다. 그가 제네바에 도착하자, 그곳의 사제들과 신부들은 그를 떠나게 하려고 "누가 당신을 이곳에 오라고 했습니까?"라고 물었다. 파렐은 이렇게 대답했다.

> 나는 성부와 성자와 성령의 이름으로 세례를 받았습니다. 나는 마귀가 아닙니다. 나는 우리의 죄를 대신하여 돌아가셨다가 우리의 의를 위해 부활하신 예수님을 전파하고 있습니다. 누구든지 그 분을 믿는 사람은 구원을 받을 것이요, 믿지 않는 사람은 버림을 받을 것입니다. 나는 들으려는 모든 사람들에게 복음을 전해야 합니다. 나는 여러분과 논쟁하며 내 신앙과 사역에 대해 설명할 각오가 되어 있습니다. 엘리야는 아합 왕에게 "내가 이스라엘을 괴롭게 한 것이 아니라 당신과 당신의 아비의 집이 괴롭게 하였다"고 말했습니다. 마찬가지로 나도 내가 아니라 당신들이 당신들이 고안해 낸 것이나 전통에 의해서 세상을 괴롭히고 있다고 생각합니다.

　　그는 조롱당하고 매를 맞고 총격을 받고 능욕을 당했지만 제네바를 포기하지 않았다. 몇 년 후 젊은 존 칼빈이 제네바에 들렀을 때, 파렐은 그를 발탁하여 그에게 사역을 맡겼는데, 이것이 교회사에서 중요한 계기가 되었다.

아합이 엘리야를 만나려 하여 가다가 엘리야를 볼 때에 저에게 이르되 이스라엘을 괴롭게 하는 자여 네냐 저가 대답하되 내가 이스라엘을 괴롭게 한 것이 아니라 당신과 당신의 아비의 집이 괴롭게 하였으니 이는 여호와의 명령을 버렸고 당신이 바알들을 좇았음이니이다(왕상 18:16-18).

4월 13일 낭트 칙령

1516년에 교황 레오 10세는 프랑스의 왕 프란시스 1세에게 프랑스 내의 교회 지도자들을 임명하는 특권을 부여했다. 이 볼로냐 정교 협약으로 말미암아 프랑스 교회는 정치적 전환기에 들어서곤, 그후 프랑스 국왕들은 이 협약에 의해 주어진 바 교회 지배권을 상실하게 될까봐 종교개혁을 두려워했다.

그러나 프랑스 국경에 위치한 제네바는 강력한 종교개혁의 중심지였다. 많은 프랑스의 대학생, 변호사, 전문가들이 종교개혁의 가르침에 매력을 느꼈다. 위그노라고 불리는 프랑스 개신교도들은 수적으로나 영향력이 증가했다. 헨리 2세 시대(1547-1559)에 그들은 40만 명에서 200만명으로 증가했다. 프랑스 정부가 위그노들을 억제하려 함에 따라, 프랑스에서는 개신교도와 가톨릭교도 사이에 8차례의 전쟁에 벌어졌다. 이 전쟁의 절정은 1572년 8월 24일, 성 바돌로뮤 축일에 일어났다. 그때 약 2만 명의 개신교도들이 학살되었다.

성 바돌로뮤 축일의 학살이 있은 후, 정치적인 필요에 따라 개신교와 가톨릭 사이를 마음대로 왔다갔다 한 나바르의 헨리는 다시 가톨릭 신자가 되었고, 그리하여 그는 왕위를 요구할 수 있게 되었다. 그의 고문한 사람은 "파리는 미사를 드릴 가치가 있다"고 말했다. 헨리는 모든 진영으로부터 위선자라는 비난을 받았지만, 여전히 위그노에게 동조했으며, 전쟁으로 찢긴 나라를 회복시키기를 간절히 원했다. 헨리 4세로 즉위한 그는 프랑스의 낭트에서 위그노에게 종교의 자유를 허용하는 칙령에 서명했다. 그 결과 위그노들은 자유로이 예배하고 서적을 출판하며 공직에 취업하고 자신의 원하는 대로 자녀를 교육할 수 있게 되었다. 1598년 4월 13일에 서명된 낭트 칙령은 전세계에서 어느 정도 종교의 자유를 허용하려 한 최초의 문서였다.

그러나 모든 사람들이 그 일로 인해 기뻐한 것은 아니었다. 교황 클레멘트 8세는 그 칙령을 "상상할 수 있는 최악의 조처로서 모든 사람에게 양심의 자유를 부여했는데, 그것은 세상에서 가장 좋지 못한 조처"라고 비난했다. 그러나 낭트 칙령은 근 1세기 동안 위그노들에게 종교의 자유와 보호를 제공해주었다. 그러나 그 칙령은 1685년 루이 14세가 철회했다.

그 손의 행사는 진실과 공의 며 그 법도는 다 확실하니 영원무궁히 정하신 바요 진실과 정의로 행하신 바로다 여호와께서 그 백성에게 구속을 베푸시며 그 언약을 영원히 세우셨으니 그 이름이 거룩하고 지존하시도다(시 111:7-9).

낡은 포장지

4월 14일

고대 이스라엘 백성은 12개 지파가 성막 주위에서 생활을 했다. 마찬가지로 기독교에도 항상 다양한 지파, 교파가 있으며, 종종 그들은 하나님의 나라를 위해 밀접한 관계를 갖고 협력한다. 초기 아메리카에서 급속도로 성장한 교파 중의 하나는 뉴잉글랜드의 자유의지 침례교(Freewill Baptists)였다. 이것은 뉴햄프셔의 벤자민 랜달이 1770년에 회심하면서 시작되었다. 자유의지 침례교는 북아메리카에서 공격적으로 복음전파와 교육을 추진했으며, 노예제도를 강력하게 반대했다. 그런데 한 장의 낡은 포장지가 이 운동이 해외로 확장되는 계기가 되었다.

1830년에 영국의 침례교에서는 에이머스 서튼을 의료 선교사로 인도에 파송했었다. 그가 맡은 책임은 너무나 컸다. 미국인이었던 그의 아내는 미국의 자유의지 침례교에서 도움을 청하라고 제안했다. 서튼은 즉시 장문의 편지를 썼는데 "미국인 형제들이여, 이곳으로 오셔서 우리를 도와주십시오"라는 말로 끝을 맺었다. 그러나 불행히도 자유의지 침례교의 주소를 몰라 그 편지를 몇달 동안 책상 속에 그대로 넣어 둘 수밖에 없었다. 그러던 어느날 선물을 받았는데, 그 안의 물건이 폐기된 신문지에 쌓여 있었다. 그런데 그 신문이 그에게는 선물보다 더 귀중한 것이었다. 그것은 자유의지 침례교에서 발행하는 『모닝스타』였기 때문이다. 서튼은 즉시 그 주소로 편지를 보냈다. 그리하여 곧 자유의지 침례교 해외 선교회가 설립되었고, 서튼은 뉴햄프셔를 방문했다.

창백하고 바싹 마른 그는 3000명이나 되는 신자들에게 이렇게 말했다. "내가 강단에 오를 때, 마치 수백 만명의 인도인들이 무릎을 꿇고 눈물을 흘리면서 '박사님, 우리의 사정을 전해주십시오. 부디 잘 설득해 주십시오'라고 말하는 모습이 보이는 듯했습니다." 그는 21명의 사역자들과 함께 인도로 돌아왔다. 그들 중 많은 사람들은 죽었고 일부는 크게 고통을 당했지만, 그를 지원하는 사역자들은 계속 이어졌다. 1839년 4월 14일, 인도에는 작지만 최초의 자유의지 침례교회가 세워졌다.

어느 선교사는 다음과 같이 편지를 썼다. "우리가 전도한 작은 무리들이 조용히 자리에 앉아서 진지하게 영생의 말씀에 귀를 기울이는 모습을 우리의 선교를 돕는 친구들이 볼 수 있다면, 그들은 아마 우리와 함께 기뻐하며 여호와의 이름을 찬양했을 것입니다."

만방의 족속들아 영광과 권능을 여호와께 돌릴찌어다 여호와께 돌릴찌어다 여호와의 이름에 합당한 영광을 그에게 돌릴찌어다 예물을 가지고 그 궁정에 들어갈찌어다 아름답고 거룩한 것으로 여호와께 경배할찌어다 온 땅이여 그 앞에서 떨찌어다(시 96:7, 9).

4월 15일   프라하의 제롬

제롬은 여행, 대학 생활, 그리고 성경을 사랑했다. 그는 프라하에서 태어났고, 그곳 대학에서 공부할 때에는 우수한 학생이었다. 대학을 졸업한 후 그는 옥스포드로 갔다. 그곳에서 그는 "종교개혁의 샛별"이라고 불리는 존 위클리프의 가르침에 접하게 되었다. 위클리프의 글을 읽고 자극을 받은 그는 새로운 사상을 마음에 품고 프라하로 돌아왔다. 열심을 얻은 그는 곧 여러 도시를 방문하게 되었다. 그는 1403년에는 예루살렘, 1404년에는 파리, 1405년에는 하이델베르크, 1406년에는 쾰른을 방문했다. 그는 유럽의 여러 대학을 방문하면서 이신칭의의 복된 소식을 전했다. 1410년에는 헝가리의 국왕 지기스문트를 만나서 성직자들의 악습에 대해 논하면서 그를 종교개혁 사상에 관심을 갖도록 유도했다. 1412년은 모라비아에서 지냈고, 그 후에 프라하로 돌아왔다. 1413년에는 러시아와 리투아니아를 방문했고, 1415년에는 친구인 존 후스를 도왔다.

루터 이전의 개혁자인 후스는 신앙 때문에 콘스탄스 공의회에 끌려나가 정죄를 받았다. 후스는 제롬에게 콘스탄스에서 떨어진 곳에 머물러 있으라고 경고했지만, 제롬은 콘스탄스로 갔다. 1415년 4월 15일에 그는 체포되어 감옥에 갇혔다. 한편 후스는 화형을 당했다.

큰 압박을 받은 제롬은 일시적으로 결심이 흔들렸다. 그리하여 1415년 9월 11일에 교황의 권위를 인정하는 문서를 낭독하기로 했다. 교회는 이 사실을 가능한 한 널리 알리려고 그를 콘스탄스 대성당에서 심문했다. 그들은 보헤미아의 주민들 모두 그의 신앙 철회서 낭독을 듣기를 원했다. 그러나 제롬은 마음을 고쳐먹고 강력하고 유창하게 자신의 견해를 변호했다. 그는 자신이 철회했던 사실을 부인하고, 후스의 무죄 및 자신이 위클리프의 가르침을 굳게 믿는다는 사실을 선포했다.

격노한 당국자들은 그를 "버림받은 자요 마른 나뭇가지"로 선포했다. 그들은 제롬에게 빨간 색 귀신들이 그려진 종이 모자를 씌우고는 후스를 처형했던 장소로 데려갔다. 제롬은 자기 주위에 장작을 쌓는 동안 쾌활한 표정을 하고서 부활절 찬송을 불렀다. 그는 불길 속에서 서서히 죽어갔고, 타고 남은 그의 유해는 라인 강에 버려졌다.

너희 속에 있는 소망에 관한 이유를 묻는 자에게는 대답할 것을 항상 예비하되 온유와 두려움으로 하고 선한 양심을 가지라 이는 그리스도 안에 있는 너희의 선행을 욕하는 자들로 그 비방하는 일에 부끄러움을 당하게 하려 함이라 선을 행함으로 고난받는 것이 하나님의 뜻일진대 악을 행함으로 고난받는 것보다 나으니라(벧전 3:15-17).

내가 바다끝에 가서 거할지라도　　4월 16일

　　웨스트민스터 사원 안에는 1786년 4월 16일에 태어난 사람을 기리는 기념비가 있다. 그 사람의 무덤은 현재까지도 발견되지 않고 있다. 그는 15살 때에 넬슨 제독과 함께 배를 타고 바다로 나간 영국인이다. 그는 코펜하겐 전투에서 살아남아 영국으로 돌아왔으나, 오스트레일리아의 해도를 그리기 위해서 다시 항해에 나섰다. 그 다음에는 트라팔가 전투에 참전했고, 다음에는 뉴오를레앙 공격에 가담했다.

　　그의 이름은 존 프랭클린이었다. 뉴 오를레앙 전투에 참전하고 나서 6년 후, 그는 북극해를 횡단하는 원정에 참여했다. 북극 탐험에 심취한 그는 탐험대가 영국으로 귀환하게 되자 캐나다 북부 해안을 탐험하기 위해 다른 탐험대와 합류했다.

　　존은 낙천적이어서 절대로 우울하거나 외로워하는 일이 없었다. 그를 만나는 사람은 모두 그의 친구가 되었다. 그의 말에 의하면, 그 비결은 그리스도였다. 그는 얼어붙은 캠프에서 누이동생에게 편지하기를, "만일 어떤 사람이 '어떻게 해야 구원을 받을 수 있습니까?'라고 질문했는데, 그 사람이 복음이 그 길을 가리키고 있다는 것을 발견한다면 기쁘지 않겠느냐? 죄인들의 구원을 위해서 죽으신 그리스도는 길이요 진리요 생명이시란다"라고 했다.

　　그와 동행한 승무원 한 사람은 "그는 감독입니다! 우리는 주일날 아침 저녁에 예배를 봅니다. 사람들은 영국의 성직자들의 절반보다 존 한 사람을 소유하는 편을 택할 것입니다"라고 말했다.

　　1845년 5월 19일, 그는 북서 항로를 발견하고 북극해를 탐험하기 위해서 영국을 출발했다. 그런데 두번째 편지가 온 다음부터 소식이 끊겼다. 여러 해가 지났지만 존 프랭클린이 생사는 그의 가족이나 국가에 알려지지 않았다. 그의 아내는 재산을 아끼지 않고 그를 수색했다. 마침내 북극에서 얼어붙은 보트 한 척에 발견되었는데, 그 안에는 두 개의 해골과 존 프랭클린의 성경책이 있었다. 그의 성경책은 시편 139: 9, 10—"내가 새벽 날개를 치며 바다 끝에 가서 거할지라도 곧 거기서도 주의 손이 나를 인도하시며 주의 오른손이 나를 붙드시리로다"—에 밑줄이 그어져 있었다.

　　그 후 존 프랭클린은 북서 항로를 발견한 인물로 간주되고 있다. 그는 북극해 탐험의 공로로 기사 작위를 받고 옥스포드 대학의 명예 학위를 받았다.

나의 길과 눕는 것을 감찰하시며 나의 모든 행위를 익히 아시오니 내가 새벽 날개를 치며 바다 끝에 가서 거할지라도 곧 거기서도 주의 손이 나를 인도하시며 주의 오른손이 나를 붙드시리로다(시 139: 3, 9, 10).

4월 17일　　　　　에티오피아

　성경에는 에티오피아에 대한 언급이 60개 이상 있다. 에티오피아의 기독교의 기원은 사도행전 8장에 기록된 바 빌립의 시대로 거슬러 올라간다. 그런데 에티오피아 교회의 현대사 역시 사도행전을 다시 읽는 듯한 느낌을 준다. 특히 왈라모스 족의 역사가 그렇다. 1927년에 수단내륙선교회는 사탄을 숭배하는 이 거친 종족에게 복음을 전하기 위해서 선교사를 파견했다. 왈라모스 족은 매년 황소를 사탄에게 제물로 드리고 그 피를 집 문설주에 바르고 온 가족이 생고기를 먹는 관습이 있었다.

　여러 해가 흘러 작은 교회가 생겼다. 그러나 1935년에 무솔리니가 에티오피아를 침입하면서 선교사들의 사역은 중단되었다. 그 지역에 진격한 이탈리아 군대는 수단내륙선교회에게 그 지역을 떠날 것을 요구했다. 선교사들은 왈라모스족 신자들과 마지막으로 만났다. 그들이 처음에 그곳에 도착했을 때에는 왈라모스 부족들 중에 그리스도를 아는 사람은 한 사람도 없었는데, 7년 후에 48명의 원주민 신자들이 그들 주위에 모였다. 이 작은 교회는 울면서 예배를 드리고 성만찬을 행했다. 그리고 나서 26명의 선교사들은 그곳을 떠났다. 1937년 4월 17일, 선교자들이 떠난 후, 왈라모스 교회는 자립해야 한다는 것을 깨달았다. 선교사 레이몬드 데이비스는 다음과 같이 기록했다. "우리는 하나님은 신실하시다는 것을 압니다. 하나님은 왈라모스 족에게서 시작하신 일을 지속하실 수 있습니다. 그러나 만일 우리가 그곳으로 돌아가게 된다면, 어떤 일을 발견하게 될지 궁금합니다."

　에티오피아 공격은 제2차 세계대전 발발의 신호였다. 그러나 1943년 7월 4일 선교사들은 왈라모스로 돌아왔다. 그들은 믿을 수 없는 사실을 발견했다. 이탈리아 군사들은 그 작은 교회를 완전히 없애 버리려고, 교회의 지도자들에게 채찍질을 했다. 한 사람은 400대를 맞았다. 그리하여 그들은 몇 달 동안 제대로 누울 수 없었고, 몇 사람은 세상을 떠났다. 완다로라는 사람은 사람들 앞에서 채찍으로 맞으면서도 모인 사람들에게 설교를 했다. 또 토로라는 사람은 시장에서 옷을 벗고 하마가죽 채찍으로 매를 맞으면서도 용감하게 복음을 전했다. 그리하여 많은 사람들이 회심했으며, 그 종족의 여러 마을에서는 다른 마을로 선교사를 보내기 시작했다.

　돌아온 선교사들은 48명이 아닌 18,000명의 신자들을 만났다.

주의 사자가 빌립더러 일러 가로되 일어나서 남으로 향하여 예루살렘에서 가사로 내려가는 길까지 가라 하니…큰 권세있는 내시가 예배하러 예루살렘에 왔다가…빌립이 달려가서 선지자 이사야의 글 읽는 것을 듣고 말하되 읽는 것을 깨닫느뇨…빌립이 입을 열어 이 글에서 시작하여 예수를 가르쳐 복음을 전하니(행 8:26, 27, 30, 35).

존폭스의 순교사

4월 18일

존 폭스는 어린 나이에 옥스포드 대학에 입학했다. 나중에 그는 막달렌 대학의 특별연구원으로 선출되었다. 1539년부터 1545년까지 그는 교회사를 연구했다. 그러나 그는 개신교로 개종했기 때문에 연구원직을 사임해야 했다. 1550년에 니콜라스 리들리는 그를 런던의 감독으로 임명했다. 그는 휴 래티머, 윌리엄 틴데일, 토마스 크랜머 등과 친구가 되었다. 그러나 메리 여왕이 등극하면서 영국이 가톨릭 신앙으로 기울었기 때문에 폭스는 도피했다. 스위스에서 그는 영국으로부터 전해온 끔찍한 소식을 들었다. 래티머, 리들리, 크랜머, 그밖에 많은 사람들이 체포되어 화형을 당했다는 소식이었다.

폭스의 뇌리에 하나의 생각이 떠올랐는데, 곧 그는 완전히 그 생각에 사로잡혔다. 그것은 하나님의 백성들이 당한 박해의 기록을 편찬하는 것이었다. 폭스는 가난하게 살면서 시간이 날 때마다 이 일을 추진했다. 그는 낮에는 가족들을 부양하기 위해서 인쇄소에서 일하고, 밤에는 사본을 작성하는 일에 몰두해서 기록하고 마치 그림을 보는 듯이 상세하게 문장을 써나갔다. 1559년에 폭스는 유럽 대륙의 순교사를 라틴어로 출판했다. 그 책은 732쪽이었다. 개신교도인 엘리자베스 여왕 때에 영국으로 돌아온 그는 목회사역을 재개하면서 자신의 저서를 영국어로 번역했다. 1563년에 존 데이가 그 책을 *Acts and Monuments of These Latter and Perlilous Days Touching Matters of the Church*(『존 폭스의 순교사』)라는 제목으로 출판했다.

폭스는 거기서 그치지 않았다. 그는 4년 동안 증인들을 만나고 문서들을 수집하고 서신들을 찾는 작업을 했다. 그는 낮에는 교회 사역을 하고 밤에는 글을 썼다. 1570년에 두 권으로 된 2315쪽 분량의 제2판이 출판되었고, 이어 제3판, 제4판이 출판되었다. 폭스의 『순교사』는 엘리자베스 여왕 시대에 출판된 중요한 저서들 중 하나로서 특별한 영향을 미쳤다. 모든 대성당에서는 성경책 곁에 그 책을 비치해 두었고, 주일 예배 때에 교구목사들은 그 책 중 한 대목을 낭독했다. 프랜시스 드레이크는 바다를 항해하면서 그 책을 읽었다. 그 책은 청교도들에게 감화를 주었고, 전세계를 뒤흔들어 놓았다. 그러나 책을 저술하면서 건강을 해친 폭스는 1587년 4월 18일 세상을 떠났다. 폭스는 평생의 최고의 업적을 우리에게 남겨주었다.

그 날에 예루살렘에 있는 교회에 큰 핍박이 일어나서 사도 외에는 다 유대와 사마리아 모든 땅으로 흩어지니라…그 흩어진 사람들이 두루 다니며 복음의 말씀을 전할새

(행 8:1-4)

4월 19일

대주교 알페지

알페지는 954년에 영국에서 태어났다. 그는 젊었을 때에 글러스터셔에 있는 어느 수도원에 들어가서 곧 예수 그리스도를 크게 사랑하게 되었다. 몇년 후 그는 배스에 있는 교회의 지도자가 되었고, 30세 때에는 성 던스틴에 의해서 윈체스터의 감독으로 선임되었다. 알페지는 처음에는 자신이 그러한 직책을 맡기에는 너무 어리다고 생각하여 감독직을 사양했다. 그러나 그는 거룩한 데다가 사람들의 사랑을 받고 있었기 때문에, 던스틴은 그를 설득하여 그 직책을 맡게 했다.

윈체스터의 가난한 자들을 돌보기 위해 애쓰던 알페지는 곧 조직적으로 양식과 일용품을 공급해주는 사역을 시작했다. 이윽고 그의 주교구에서는 거지들이 사라졌다. 그러나 그 과정에서 알페지는 죽을 정도로 굶고 지냈기 때문에 얼마나 여위었는지, 미사 때에 쳐든 그의 손은 종잇장 같았다고 한다. 교구민들은 그를 한층 더 사랑했고, 알페지는 22년 동안 그들을 위해 사역했다.

캔터베리의 대주교 일페릭이 사망하자, 교황 요한 18세는 알페지를 그의 후임으로 선발했다. 당시 잉글랜드는 호전적인 데인족의 공격에 시달리고 있었다. 알페지가 대주교에 취임한 직후, 데인족은 반역자인 에드릭 백작의 도움을 받아 캔트로 진군하여 켄터베리를 공격했다. 켄터베리는 포위되었는데, 그 도시의 지도자들은 알페지에게 영국의 유익을 위해서 도망치라고 애걸했다. 그러나 대주교는 포위된 백성들과 함께 남아 있기로 했다.

데인족은 기습공격을 하여 성벽을 부수고 들어와 젊은이나 늙은이나 닥치는대로 죽이기 시작했다. 알페지는 서둘러 학살의 중심지로 나갔다. 그는 데인족 사령관을 만나서 학살을 멈추라고 요구했다. 그러니 오히려 그는 붙잡혀서 지하 감옥에 갇히고 말았다.

데인족들은 그의 석방조건으로 영국에 몸값을 요구했다. 그러나 알페지는 조국은 가난해서 그러한 돈을 지불할 수 없다고 말하면서 석방을 거부했다. 침입자들은 그를 그리니치로 데려가서 다시 몸값을 받으려 했다. 이번에도 알페지는 석방을 거부했다. 결국 알페지는 1012년 술의 축제 기간에 데인족에 의해서 살해되었다.

후일 그의 시신은 런던에 있는 성 바울 성당에 매장되었다가 1023년에 켄터베리로 옮겨졌다. 영국에서는 매년 4월 19일을 캔터베리 대주교 성 알페지의 축일로 지킨다.

내가 알기에는 나의 구속자가 살아계시니 후일에 그가 땅 위에 서실 것이라 나의 이 가죽, 이것이 썩은 후에 내가 육체 밖에서 하나님을 보리라 내가 친히 그를 보리니 내 눈으로 그를 보기를 외인처럼 하지 않을 것이라 내 마음이 조급하구나(욥 19: 25-27).

종교재판

4월 20일

바울은 그리스도의 사도를 사칭하는 거짓 사도들에게 대해 경고했다. 그들 중에는 제복을 입고 있지만 믿을 수 없을 정도로 악한 사람들이 있었다. 종교재판소의 재판관들을 예로 들어보자. 종교재판소란 중세 시대에 이단을 뿌리뽑기 위해서 교회가 권위를 부여한 사법기관을 말한다. 초대 시대에 교회는 이단자들을 출교했지만, 대부분의 교회 지도자들은 육체적인 형벌에는 반대했다. 그러나 관료주의가 성행하고 이단이 성행하면서 교회의 태도는 바뀌었다.

11세기와 12세기 초에 보다 강력한 조처가 생겨났다. 1233년 4월 20일, 교황 그레고리 9세는 이단에 대한 기소를 도미니코 수도회에 위임하는 두 개의 칙령을 발표했다. 그리하여 종교재판관들이 전국을 누비고 다니면서 이단자들에게 자백할 것을 권했다. 자백하지 않는 사람들은 재판을 받았다. 종교재판소는 폭넓고 막강한 권력을 지닌 특별법정 역할을 했다.

1252년에 교황 이노센트 4세는 고문을 허락했고, 곧 종교재판은 인간이나 마귀의 정신으로 생각해낼 수 있는 가장 "두려운 탄압 기관"이 되었다. 피의자들은 채찍질을 당하거나 불로 지지거나 추위에 얼어붙도록 고생을 하거나 사지를 찢겼다. 또 뜨거운 석탁 위에서 그들의 발을 서서히 굽기도 했다. 교회의 감옥은 엄지 손가락을 망가뜨리는 기구, 서서히 발을 부수는 장화 등 마귀가 고안해낸 갖가지 고문기구로 가득했다. 또 죄수를 못이 박혀 있는 쇠로 된 팔 안에 집어 넣어 꼭 죄였다가는 끌어내어 떨어뜨리면 찔린 무수한 상처에서 피가 흐르고 뼈가 부러지고, 회전하는 칼들과 창들 밑에 있는 구멍에서 서서히 죽어가게 만드는 "철의 처녀"라는 고문기구도 있었다.

어린아이와 노인들은 비교적 가벼운 고문을 받았고, 임신한 여인들은 고문을 받지 않았다. 종교재판은 독일에서 실시되었고, 프랑스와 이탈리아에서는 크게 성행했으며, 스페인에서 절정에 달했다. 그것은 유대인, 왈도파, 흑인, 개신교도들을 대상으로 악을 자행했다. 그것은 종교적인 척했지만, 어두운 지하감옥에서 자행되는 일을 볼 때 그것은 분명 하나님의 원수가 행한 일이었다.

저런 사람들은 거짓 사도요 궤휼의 역군이니 자기를 그리스도의 사도로 가장하는 자들이니라 이것이 이상한 일이 아니라 사단도 자기를 광명의 천사로 가장하나니 그러므로 사단의 일군들도 자기를 의의 일군으로 가장하는 것이 큰 일이 아니라 저희의 결국은 그 행위대로 되리라(고후 11:13-15).

4월 21일   안셀름

우리는 하나님의 영원한 능력과 성품을 볼 수 없다. 그러나 태초부터 하나님은 자신이 지으신 모든 것들에 의해서 그것들이 어떤 것인지를 보여주셨다(롬 1:20). 많은 사람들이 하나님의 창조의 위용을 보지 못한다. 그런데 스위스와 이탈리아 접경 지대에 사는 한 소년 안셀름은 그 메시지를 깨달았다.

알셀름은 아름다운 세인트 베르나르에서 성장했다. 그의 모친은 그에게 창조주 하나님을 상기시켜 주었다. 안셀름은 하나님이 알프스에 계신다고 생각했다. 십대 중반이 되었을 때에 안셀름은 아버지와 말다툼을 하고 수도원에 들어갔다. 그곳에서 그는 성경공부를 하면서 하나님에 대한 지식을 쌓아갔다. 그의 예리한 정신과 성숙한 믿음이 알려지면서 그는 영국으로부터 거듭 청빙을 받았다. 결국 안셀름은 영국으로 가서 캔터베리의 대주교가 되었다.

그의 삶과 가르침은 그리스도의 향기를 발했다. 안셀름은 하나님에 대한 믿음은 정신이 빠진 믿음의 맹목적인 도약이 아니라 이성적이고 논리적인 것이라고 느꼈다. 창조의 아름다움은 하나님의 존재를 증거해 주었다. 그리고 우리의 정신이 무한하시고 사랑 많으신 하나님을 상상할 수 있다는 사실 자체는 하나님이 존재하신다는 증거를 제공해주었다. 안셀름은 하나님의 존재를 옹호하는 유명한 논거에서, 만일 하나님이 우리의 정신 안에 존재하실 수 있다면 실제로 하나님이 존재하실 수 있다고 말했다.

그러나 안셀름의 가장 심오한 저술들은 구속에 관한 것들이다. 그는 구속이란 주 예수께서 하나의 "보상"으로 하나님께 바친 그리스도의 피라고 정의했다. 그가 교황과 영국 국왕 사이에서 곤경에 처해 있을 때에, 그리스도의 구속의 사랑이 그에게 위로를 주었다. 빨강머리 왕 윌리엄 루푸스는 불경하고 난폭했다. 그는 선천적으로 악한 사람이었다. 그는 짐승이나 사람이 괴로움을 당하는 것을 보고 즐거워했다. 반면에 안셀름은 산토끼를 구해주기 위해서 가던 길에서 벗어나곤 했다.

추방되었다가 돌아온 안셀름은 재판을 받다가 1109년 4월 21일에 76세로 친구들에게 둘러싸여 숨을 거두었다. 친구들은 죽어가는 그를 침상에서 들어올려 마루에 있는 재 위에 놓았다. 그런 상태에서 그는 어린 시절 알프스의 아름다움 속에서 처음으로 깨달았던 하나님, 성경 속에서 만났던 창조주 하나님을 만났다.

내가 산을 향하여 눈을 들리라 나의 도움이 어디서 올꼬 나의 도움이 천지를 지으신 여호와에게서로다 여호와께서 너로 실족지 않게 하시며 너를 지키시는 자가 졸지 아니하시리로다 이스라엘을 지키시는 자는 졸지도 아니하고 주무시지도 아니하시리로다

(시 121:1-4)

칼빈과 제네바

4월 22일

존 칼빈은 1536년 7월에 여행 도중에 잠시 제네바에 들렸다. 그러나 존 파렐 목사는 만일 그가 제네바에 남아서 자기를 도와주지 않는다면 "전능하신 하나님의 저주로" 저주하겠다고 위협하면서 그를 제네바에 붙들어 두었다. 당시 인구 12,000명의 제네바는 종교개혁을 위해 무르익은 듯이 보였다. 칼빈은 9월부터 사역을 시작했다.

젊은 칼빈의 근면함과 재능을 믿은 파렐은 그에게 많은 일을 맡겼다. 칼빈은 파렐을 존경하고 사랑했다. 그들 사이에는 전혀 질투의 구름이 드리우지 않았다.

그러나 다른 구름이 형성되고 있었다. 제네바는 칼빈과 파렐이 부과하려는 절제 생활을 받아들일 준비가 되어 있지 않았다. 그곳은 노래와 춤이 가득한 경박한 도시였다. 또 도박, 간음, 매춘이 성행했다. 파렐과 칼빈은 시의회로 하여금 부도덕한 행위, 도박, 안식일을 범하는 것, 그리고 좋지 못한 노래를 부르는 것들을 금지하는 법을 발표하게 했다. 의회에서는 한 걸음 더 나아가 모든 시민들로 하여금 신앙고백을 신봉하라고 명령했다. 1537년 11월 12일에 의회는 그대로 시행하지 않는 사람들을 모두 추방하기로 했다.

도시 전체에 불안의 먹구름이 드리워졌다. 11월 15일 총회에서는 불평이 터져나왔다. 이듬해 2월 지방 선거에서는 자유주의자들이 승리했다. 칼빈과 파렐은 계속 강단에서 우뢰와 같은 설교를 했지만, 정치에 개입하지 말라는 경고를 받았다. 그러나 그들은 계속 정치에 관여했다.

1538년 4월 21일, 부활 주일에 일이 벌어졌다. 당시 칼빈과 파렐은 각기 다른 교회에서 설교를 하고 있었다. 두 사람 모두 당시와 같은 상황의 제네바는 성찬을 받을 자격이 없다면서 성만찬 집례를 거절했다. 교회는 아수라장이 되어 사람들은 칼을 꺼내들었고, 부인들은 숨을 죽이고 아이들은 울음을 터뜨렸다. 칼빈과 파렐은 친구들의 보호를 받으며 황급히 집으로 돌아갔다. 다음날인 1538년 4월 22일, 시의회는 두 사람에게 사흘 안에 제네바를 떠나라고 명했다.

칼빈은 "사람보다는 하나님을 섬겨야 해"라고 말했다. 그는 스트라스부르크로 도피하여 이델렛과 결혼했고 제네바의 분위기가 바뀔 때까지 프랑스에서 사역했다. 1541년에 제네바는 칼빈과 종교개혁을 받아들일 수 있는 분위기가 되었다. 좋은 기회가 온 것이다.

여호와여 열납하시는 때에 나는 주께 기도하오니 하나님이여 많은 인자와 구원의 진리로 내게 응답하소서 나를 수렁에서 건지사 빠지지 말게 하시고 나를 미워하는 자에게서와 깊은 물에서 건지소서 큰 물이 나를 엄몰하거나 깊음이 나를 삼키지 못하게 하시며 웅덩이로 내 위에 그 입을 받지 못하게 하소서(시 69:13-15).

4월 23일

용을 죽인 사람

성경에 대한 전체적인 접근이 없이 미신적인 사람들 속에서 성장한 중세 시대의 기독교는 이전 세대의 성인들을 숭배하기 시작했다. 그들은 하나님은 접근할 수 없는 분이라고 생각했고, 전능하신 아버지를 두려워했다. 성령을 무시했다. 예수님은 다소 덜 위협적인 듯했지만 역시 하나님이셨다. 그리하여 많은 사람들은 성인들에게 기도하여 그들로 하여금 자신의 요구를 그리스도의 보좌에 전하게 해달라고 요청하는 것이 더 지혜로운 방법이라고 생각했다. 그리하여 모든 날에 성인을 정했고, 모든 국가와 도시와 집단은 수호성인을 갖게 되었다.

10세기까지 교회가 성인으로 시성한 사람은 25,000명에 달했다. 프랑스의 수호성인은 성 데니스였다. 산채로 껍질을 벗기는 일을 당한 성 바돌로뮤는 무두업자들의 수호성인이었다. 끓는 기름솥에 던져졌던 성 요한은 촛불제조업자들의 성인이었다. 1222년에 옥스포드 공의회에서는 "잉글랜드 수호자"를 기리기 위해서 4월 23일을 성 조지의 날로 정했다.

그런데 조지는 어떤 사람이었을까? 전설에 의하면, 매년 늪에 사는 용이 제비뽑기를 하여 선택된 청년을 제물로 마치지 않으면 근처의 마을에 독을 뿌리겠다고 위협했다고 한다. 제비뽑기를 한 결과 왕의 딸이 제물로 결정되었다. 공주는 늪을 향해 걸어가면서 조지의 이름으로 기도를 했다. 그랬더니 조지는 "두려워 말아라. 내가 그리스도의 이름으로 너를 구해 주겠다"라고 말했다. 용이 나타나자, 조지는 십자 성호를 긋고 창을 용에게 던졌다.

여러 해가 지난 1189년, 리차드 쿠어 디 리용이 이끄는 영국 군대는 십자군 원정에 나서면서 성 조지의 보호를 받았다.

우리는 조시에 대해서 거의 아는 바가 없다. 소문에 의하면 그는 분명히 카파도키아의 귀족 가문에서 태어나 디오클레티안 황제의 대 박해 때인 304년 4월 23일경에 순교했다고 한다. 일화에 의하면, 조지는 십자가에 묶인 채 쇠빗으로 피부를 긁는 형벌을 받았다고 한다. 그러나 가장 우리의 기억에 남는 것은 그가 용을 만났다는 이야기이다.

결국 어떤 의미로 보면 그가 실제로 용을 죽였을 것이다.

미가엘과 그의 사자들이 용으로 더불어 싸울 새 용과 그의 사자들고 싸우나 이기지 못하여 다시 하늘에서 저희의 있을 곳을 얻지 못한지라 큰 용이 내어 쫓기니 옛 뱀 곧 마귀라고도 하고 사단이라고도 하는 온 천하를 꾀는 자라 땅으로 내어 쫓기니 그의 사자들도 저와 함께 내어쫓기니라(계 12: 7-9).

모니카의 기도

4월 24일

어거스틴은 354년에 지중해 연안에 있는 북아프리카의 어느 마을에서 태어났다. 그의 부친은 이교도였지만, 어머니 모니카는 독실한 기독교 가정 출신이었다. 어거스틴은 규율이 없는 아이였고, 게으르고 빈둥거렸다. 운동경기와 못된 장난을 좋아하던 그는 곧 엄청난 청년기의 쾌락을 발견했다. 후일 그는 "내 청춘의 큰 물결이 결혼이라는 해안에 거품을 쏟아놓기를" 원했다.

그러나 어거스틴은 총명했다. 그는 곧 공부를 계속하고 인생을 즐기려고 카르타고로 갔다. 모니카는 어거스틴에게 간음하지 말라고 경고해 주었지만, 그는 앞뒤를 가리지 못하고 간음하고 말았다. 그는 18세 경에 한 아이의 아버지가 되었고 사교에 빠졌다.

여러 해가 지났다. 끊임없이 기도하던 모니카는 어거스틴이 아프리카를 떠나 로마로 가려 한다는 소식을 들었다. 모니카는 만류했지만, 어거스틴이 말을 듣지 않았기 때문에, 모니카는 아들과 함께 로마로 가려고 결심했다. 어거스틴은 속임수를 써서 교회에서 기도하는 어머니를 버려두고 혼자서 배를 탔다. 그러나 모니카는 다른 배를 타고 그를 쫓아왔다. 그들이 밀란에 도착했다. 그곳에서 모니카는 어거스틴에게 대감독 암브로스의 설교를 들어보자고 설득했다. 암브로스의 매우 날카로운 설교는 어거스틴의 마음을 감동시키지 못했지만 지성은 감동시켰다. 모니카는 계속 기도하면서 암브로스에게 자신의 갈등을 털어놓았다. 그는 모니카에게 걱정하지 말라고 하면서 "기도의 아들은 버림받을 수 없습니다"라고 말해주었다.

어느날 친구의 정원에 앉아 있던 어거스틴은 아이들이 놀면서 "들어 읽어라"라고 노래하는 소리를 들었다. 그는 자기 곁에 있는 성경을 펴서 로마서 13장의 "방탕과 술 취하지 말며 음란과 호색하지 말며 쟁투와 시기하지 말며 오직 주 예수 그리스도로 옷입고 정욕을 위하여 육신의 일을 도모하지 말라"를 읽었다. 그 구절을 읽고 그는 회심했다.

387년 4월 24일 부활절 전날 저녁, 어거스틴은 아들 아데오다투스와 함께 모니카가 지켜 보는 중에 암브로스에게서 세례를 받았다. 모니카의 평생의 기도가 응답되고 교회의 교부가 탄생하는 순간이었다.

낮에와 같이 단정히 행하고 방탕과 술 취하지 말며 음란과 호색하지 말며 쟁투와 시기하지 말고 오직 주 예수 그리스도로 옷입고 정욕을 위하여 육신의 일을 도모하지 말라

(롬 13:13, 14)

4월 25일

호전적인 감독, 라테리우스

어느 시대든지 기독교 영웅들이 배출되지 않은 시대가 없지만, 10세기에는 그런 인물이 드물었다. 만일 완고한 태도만 없었더라면 라테리우스를 기독교의 영웅으로 꼽을 수 있을 것이다. 그는 총명하고 경건했지만 고집이 세고 질투심이 많았다.

라테리우스는 이탈리아의 베로나 근처에서 태어났다. 그는 탁월한 학생이었다. 그는 수도사가 되었고, 931년에는 베로나의 감독이 되었다. 그는 범죄한 성직자들에게 악담을 했기 때문에 그의 재임기간은 소란스러웠다. 그는 "성직자들이 여자들과 동거하는 일이 일상적이고 공개적인 일이 되었다. 그들은 그것이 합법적인 일이라고 생각한다"고 기록했다. 그러나 라테리우스는 부도덕한 관계들 뿐만 아니라 결혼한 사제들의 관계도 염두에 두고 있었다. 그는 사제들이 결혼하는 것을 간음이라고 규정하고, 그런 사제들을 무자비하게 다루었다.

성직자의 독신생활이라는 개념은 역사적으로 일찍 등장했다. 동방교회에서는 초기 공의회들이 성직자의 결혼을 인정했다. 그러나 서방 교회는 그다지 확실한 태도를 취하지 않았다. 니케아 공의회 때에 목회자들이 아내를 버리고 독신생활에 전념해야 한다는 사상이 제시되었지만 그 계획은 거부되었다. 그러나 몇년 후에 교황 시리키우스는 사제들의 독신생활을 명령했다. 후일 교황 레오는 만일 결혼한 사람이 사역을 시작했다면, 그는 아내를 버려서는 안되고 아내와 함께 생활하되 오누이처럼 살아야 한다는 칙령을 발표했다.

라테리우스의 시대에 그 문제는 활발하게 논의되었다. 베로나의 감독은 독신생활을 해야 그리스도께 완전히 헌신할 수 있다고 믿고 있었다. 그러나 그 문제 및 다른 문제들에 대한 그의 호전적인 자세에 대한 반발이 제기되었다. 그는 해임되어 2년 동안 감옥에 갇혀 지냈다. 그 동안 그는 『전투』라는 책을 저술했다. 그는 프랑스 남부로 도망쳐서 부잣집 자녀들을 가르치며 생계를 유지했다. 그는 감독직에 복위했지만, 곧 다시 해임되었다. 그는 알나의 수도원장이 되었는데, 성찬 문제로 수도사들과 논쟁을 벌였다. 그가 다시 베로나로 돌아가게 되었을 때, 수도사들은 안도의 한숨을 내쉬었다. 그러나 그는 다시 추방되어 알나 수도원으로 돌아왔다. 그는 잠시 그곳에 머문 후, 이곳 저곳에서 여러 가지 직책을 맡아 수행하다가 974년 4월 25일, 세상을 떠났다.

형제를 사랑하여 서로 우애하고 존경하기를 서로 먼저 하며 부지런하여 게으르지 말고 열심을 품고 주를 섬기라 소망 중에 즐거워하며 환난 중에 참으며 기도에 항상 힘쓰며 할 수 있거든 너희로서는 모든 사람으로 더불어 평화하라(롬 12:10-12, 18).

대학살

4월 26일

시스티나 성당을 건축한 교황 식스투스 4세 때에, 교황권에서 친족들을 고위직에 등용하는 악습이 극에 달했다. 바티칸에서는 교황의 조카 16명, 두 명의 형제, 그리고 누이 셋이 거하면서 끊임없이 이탈리아와 교회의 업무에 개입했다. 그들은 로마의 지도적 인물들이 되었다. 그들은 많은 수행원을 데리고 여행하고, 잔치를 벌이고, 진주로 장식된 옷을 입었다.

그러나 곧 그들은 권력과 쾌락 면에서 플로렌스에 기반을 두고 있는 메디치 가문과 경쟁을 벌이게 되었다. 메디치 금융회사는 전통적인 교황청의 은행가들이었다. 그러나 싸움이 벌어지자, 식스투스는 엄청난 교황청의 재산은 다른 은행가의 가문인 파찌 가문으로 넘겨버렸다. 성난 메디치가는 역공격을 했다. 1478년에 교황의 조카들과 은행가들은 교황의 묵인 하에 메디치 가문의 형제인 로렌조와 줄리안를 암살할 계획을 세웠다.

1478년 4월 26일, 로렌조와 줄리안은 부활절 미사를 드리려고 플로렌스에 있는 성당에 들어갔다. 관습대로 그들은 무장을 하지 않고 호위병도 거느리지 않았다. 예배가 시작되었다. 사제가 성찬의 떡을 공중으로 들어올렸을 때, 갑자기 줄리안은 칼로 가슴을 찔렸다. 그들은 칼을 빼서 여러 번 그를 공격했다. 곧 줄리안은 숨을 거두었다. 로렌조도 공격을 받았다. 그는 본능적으로 팔에 망토를 둘러 일종의 방패를 만들고 싸워 공격자들을 물리쳤다.

로렌조는 머리끝까지 화가 났다. 그는 암살자들을 추적하여 그들을 궁전 창문에서 떨어뜨리거나 매달아 죽였다. 그는 그들의 코와 귀를 베어내고 난도질을 한 후에 거리로 끌고 다니다가 아르노 강에 던졌다.

식스투스는 로렌조를 파문하고, 플로렌스에서의 모든 종교의식을 중지시켰으며, 2년 동안 플로렌스와 전쟁을 벌였다. 1484년에 식스투스가 죽을 때까지 두 사람은 원수로 지냈다. 로렌조는 그보다 8년 더 살다가 43세 때에 복통 치료를 위해 의사가 처방해준 약을 먹고 죽었다.

그가 우리를 위하여 목숨을 버리셨으니 우리가 이로써 사랑을 알고(요일 3;16).

4월 27일

두명의 순교자

4월 27일과 관련된 순교자가 두 사람 있다. 이 두 사람은 서로 다른 시대의 사람이다. 한 사람은 4월 27일에 결혼하고 나서 얼마 후에 순교했다. 또 한 사람은 4월 27일에 순교했다. 후자는 길바레아(오늘날 헝가리의 빈코브체)라는 마을에서 살았던 폴리오라는 기독교인이었다. 그는 304년 4월 27일에 재판을 받았다. 판사는 그의 이름을 물었다.

"폴리오입니다."

"그대는 기독교인인가?"

"예."

"그대의 직업은 무엇인가?"

폴리오는 자신의 직업은 교회에서 회중들에게 하나님의 말씀을 낭독해주는 수석봉독자라고 대답했다. 이 대답으로 인해, 폴리오는 곧 화형을 당했다.

그로부터 1600년이 지나서, 뉴질랜드 사람인 로이 올펀은 선교 사역을 하려는 생각을 품었다. 그는 중국에서 순교한 부부인 존 스탬과 베티의 이야기를 듣고 감명을 받았다. 그는 태국으로 갔고, 1961년 4월 27일에 길리언이라는 영국 여인과 결혼했다. 길리언 역시 태국에서 사역하는 선교사였다. 피로연 때에 두 사람은 "갈보리"라는 찬송을 불렀다.

이 부부는 어느 마을의 오두막집으로 이사 가서 신혼의 첫해를 보냈는데, 갈수록 상황이 위험해졌다. 동남아시아에서 폭력이 비등하고 있었다. 길리언은 임신했고, 로이는 두려워하기 시작했다. 그는 친구들에게 "나는 평화를 얻지 못하다가 고린도후서 10:5을 상기하게 되었다"라고 편지했다. 길리언은 선교사가 운영하는 병원이 있는 마을로 옮겨갔고, 로이는 비터 뱀부 마을에 머물러 있으면서 작은 무리의 기독교인들과 함께 사역했다. 그런데 갑자기 강도 셋이 나타나더니 귀중품을 요구하고는 그에게 총을 쏘았다.

그는 어느 국립병원으로 호송되었고, 길리언은 급히 그에게로 왔다. 로이는 나흘동안 주사를 맞았다. 죽어가는 그는 아내에게 그들이 즐겨 부르던 찬송을 함께 부르자고 했다. 두 사람은 떨리는 음성으로 함께 찬송을 불렀다. "예수여, 당신의 즐거움 안에서 안식합니다. 나는 당신의 사랑많으신 마음에서 위대함을 발견합니다." 로이는 결혼하고 13개월도 채 안되어 26세의 나이로 세상을 떠났다.

우리가 육체에 있어 행하나 육체대로 싸우지 아니하나니 우리의 싸우는 병기는 육체에 속한 것이 아니요 오직 하나님 앞에서 견고한 진을 파하는 강력이라(고후 10:3-5).

'바운티' 호의 성경   4월 28일

    1787년에 윌리엄 블라이 함장이 지휘하는 영국의 선박 '바운티' 호는 빵나무 열매를 수집하기 위해서 남태평양을 향해 항해했다. 선원들은 이 항해가 낙원을 향한 항해가 될 것이라고 생각하고 즐거운 마음으로 승선했다. 부사령관이 없었기 때문에 블라이는 자기의 젊은 친구 플레쳐 크리스쳔에게 부사령관직을 맡겼다. 배는 타히티에서 6달 동안 정박했다. 낙천적인 플레쳐는 그 섬에서의 생활을 한껏 즐겼다. 출항할 때가 되었는데, 몇몇 선원들은 타이티 섬의 여인들과 함께 그 섬에 머물기를 원했다. 세 사람은 탈출하려다가 몰매를 맞았다. 선상의 분위기는 암울했다. 1789년 4월 28일에 플레쳐는 역사상 가장 유명한 반란을 일으켰다. 블라이와 그의 지지자들은 한 척의 구명선을 타고 표류했다 (그들은 기적적으로 이 배를 타고 3,700마일을 표류하다가 티모르에 도착했다).

    바운티 호를 빼앗은 폭도들은 그 다음에 해야 할 일에 대해 말다툼을 하기 시작했다. 몇 명의 부하들은 남겨 두었던 플레쳐는 타히티로 돌아가서 여인들을 납치하고 몇명의 노예를 붙잡은 후에 1000마일 떨어진 곳에 있는 피트카이른이라는 무인도로 갔다. 그들은 그곳에서 그 지방 식물로 술을 만들었다. 그들은 매일 술취하여 싸우는 일로 일관했다. 결국 그들은 알렉산더 스미스 한 사람만 남고는 모두 병에 걸려 죽거나 살해되었다. 그 섬에 남은 남자는 알렉산더뿐이고, 나머지는 여인들과 아이들이었다.

    그런데 놀라운 변화가 일어났다. 스미스는 바운티 호에서 성경책을 발견했다. 그는 그 성경책을 읽으면서 그 메시지를 마음에 담아두었고, 나중에는 그곳 사람들에게 가르치기 시작했다. 그는 사람들에게 성경을 가르치고 그 가르침에 순종하게 만들었다. 그리스도의 메시지는 그들의 삶을 크게 변화시켰다. 그리하여 20년 후인 1808년에 그 섬에 도착한 '토파즈' 호는 범죄나 질병이나 살인이나 반란 없이 평화롭게 부유하게 생활하고 있는 기독교인들의 행복한 사회를 발견했다. 후일 그 성경책은 그곳을 방문한 어느 고래잡이의 수중에 들어갔고, 그 사람은 그 책을 미국으로 가져갔다. 1950년에 그 성경책은 그 섬으로 반환되었다. 그 책은 현재 삶을 변화시키는 메시지를 기념하는 물건으로서 피트카이른 섬에 있는 교회에 전시되어 있다.

이스라엘아 네 하나님 여호와께서 네게 요구하시는 것이 무엇이냐 곧 네 하나님 여호와를 경외하여 그 모든 도를 행하고 그를 사랑하며 마음을 다하고 성품을 다하여 네 하나님 여호와를 섬기고 내가 오늘날 네 행복을 위하여 네게 명하는 여호와의 명령과 규례를 지킬 것이 아니냐(신 10:23, 23).

4월 29일

시에나의 캐더린

이탈리아의 시에나에 사는 직물 염색업자인 지아코모 베닌카사에게는 캐더린이라는 23세의 딸이 있었다. 산허리에 있는 그의 집 지하실에는 염색실이 있었다. 산 꼭대기에는 성 도미니크 교회가 있었다. 캐더린은 7살 때에 교회에서 예수님의 환상을 본 이후로 그리스도를 섬기려는 간절한 소망을 가지고 있었다.

12살 때에 캐더린은 결혼하라는 아버지의 말씀을 강력하게 거절했다. 그래서 아버지는 "사랑하는 딸아, 하나님께서 우리가 하나님의 뜻을 거역하려 하지 않도록 우리를 보호해주시기를 바란다. 우리는 그것이 너의 어린 마음에서 비롯된 일시적인 생각이 아니라는 것을 이미 오래 전부터 알고 있었지만, 이제 그것이 하나님의 성령이라는 것을 분명히 알았다"고 했다. 아버지는 캐더린에게 염색실 근처에 방을 내주었고, 캐더린은 그곳을 예배실로 삼았다.

캐더린의 인품은 크게 고양되었다. 얼마 되지 않아 캐더린은 자연스럽게 공동체나 교회사에 관여하게 되었고, 중세 시대에 가장 유명한 이탈리아 여인이 되었다. 캐더린은 정부를 비판했다는 이유로 젊은 이에게 사형을 선고한 것을 격렬하게 비난했고, 친히 그 청년의 처형장까지 동행하여 처형당한 청년의 머리를 들고 대중의 항의를 유발시켰다. 캐더린은 죄수들을 보살펴 주었고, 페스트가 이탈리아를 휩쓸었을 때에는 여기저기를 다니면서 도와주었다.

캐더린은 교회 내의 타락상을 크게 비난했고, 수도원 내의 물질주의와 부도덕함도 비난했다. 그녀는 "하나님의 전이 되어야 미땅한 사람들이 돼지우리로 전락했다"고 썼다. 캐더린은 세 명의 비서가 바삐 움직여야 할 정도로 많은 편지들을 마치 미사일을 쏘듯이 써댔다. 그녀는 교황 그레고리에게 실패하느니 차라리 사임하는 편이 나을 것이라면서 "어린아이처럼 행하지 말고 장부답게 행동하십시오"라고 말했다. 캐더린은 평화 조약을 중재하기도 했다. 그리고 교황청을 프랑스에서 로마로 돌아가게 만드는 일에도 일조했다.

캐더린이 1380년 4월 29일 32세로 세상을 떠난 것은 그리 놀라운 일이 아니다. 그녀의 마지막 말은 "사랑하는 자녀들이여, 내 죽음을 슬퍼하지 마세요. 내가 지극히 사랑하는 신랑과 영원히 연합하기 위해 이 고난의 장소를 떠나게 된 것을 기뻐하세요"였다. 시에나의 캐더린은 성 프란시스 다음으로 존경을 받는 이탈리아의 성인이다.

우리가 선을 행하되 낙심하지 말지니 피곤하지 아니하면 때가 이르매 거두리라 그러므로 우리는 기회있는 대로 모든 이에게 착한 일을 하되 더욱 믿음의 가정들에게 할지니라

(갈 6:9, 10.

대 박해

4월 30일

1-3세기에 교회는 이따금씩 로마 제국의 박해를 받았다. 가장 호된 박해는 디오클레티안 황제 시대의 박해이다. 쿠데타로 권력을 쟁취한 디오클레티안은 동료 장군인 막시미안을 공동 황제로 임명하고, 또 콘스탄티우스와 갈레리우스를 부조 황제로 임명했다. 이들 네 사람은 제국을 보수적으로, 그리고 "전통적인 가치관"의 원리에 입각하여 다스렸다.

고대 로마에서 "전통적인 가치관"에는 기독교가 포함되지 않았다. 디오클레티안은 처음에는 기독교인들에게 관대한 듯했지만(그의 아내와 자녀들은 기독교 신자였다), 갈레리우스는 기독교를 강력하게 반대했다. 그는 무용(武勇)과 전쟁에서의 승리로 영향력이 증대되었다. 그는 조직적으로 서서히 기독교인들을 박해하기 시작했다. 그는 303년 2월 23일에 니코메디아에 있는 교회를 파괴하는 일을 효시로 기독교인들에 대한 일련의 박해를 추진했다. 교회를 대적하는 몇 개의 칙령이 발표되었는데, 가장 극악한 마지막 칙령은 304년 4월 30일에 발표되었다.

그 박해의 참혹함은 말로 묘사할 수 없다. 기독교인들은 기독교인들은 직장에서 해고되고, 시민으로서의 권리를 정지당했다. 교회 건물들을 불태워졌고, 성경책은 광장에서 불태워졌다. 목사들과 교회 지도자들은 체포되어 처형되었는데, 많은 사람들은 콜로세움에서 사자의 밥이 되었다. 브리기아에서는 한 공동체 전체가 전멸되었다. 또 감옥에 갇히거나 끔찍한 탄광으로 보내어진 교인들도 있었다. 이 마지막 박해는 이전의 어떤 박해보다 무섭고 끔찍했다.

그러나 제국은 점차 기독교인들을 살해하는 일에 싫증을 느끼기 시작했다. 처형자들도, 사자들도 싫증을 느꼈다. 한편 갈레리우스는 자신이 "구더기에 의해 먹히는" 병에 걸려 수명이 얼마 남지 않았다는 것을 알았다. 311년 4월 30일, 먼저 발행한 칙령을 기념하는 날, 그는 기독교인들이 자신의 회복을 위해 기도해준다면 박해를 중지한다는 칙령을 발표했다. 수많은 감옥과 탄광과 노동수용소에서 그리스도의 용사들이 석방되어 집으로 돌아왔다.

그들 중 많은 사람들은 갈레리우스를 위해 기도했지만, 갈레리우스는 회복하지 못했다. 칙령을 발표하고 나서 닷새쯤 뒤에 갈레리우스는 숨을 거두었다.

헤롯이…위에 앉아 백성을 효유한대 백성들이 크게 부르되 이것은 신의 소리요 사람의 소리는 아니라 하거늘 헤롯이 영광을 하나님께로 돌리지 아니하는 고로 주의 사자가 곧 치니 충이 먹어 죽으니라 하나님의 말씀은 흥왕하여 더하더라(행 12:21-24).

5월

내가 주와 또는 선생이 되어 너희 발을 씻겼으니 너희도 서로 발을 씻기는 것이 옳으니라 내가 너희에게 행한 것 같이 너희도 행하게 하려 하여 본을 보였노라

-요 13:14-15-

존 브라운　　　　5월 1일

　　스코틀랜드에서의 1680년대 중반은 "학살의 시대"라고 기억된다. 당시 왕실 군대는 스코틀랜드 장로교인들을 닥치는 대로 죽였다. 위험에도 불구하고, 장로교인인 존 브라운은 이사벨 와이어와 사랑에 빠졌다. 그는 그녀에게 청혼하면서, 자신이 언젠가 순교할 수도 있다고 말하자, 이사벨은 "만일 그런 일이 생긴다면, 내가 당신의 위로가 되어 드리겠습니다. 주님은 나에게 은혜를 약속하셨습니다"라고 대답했다. 그들은 권리를 박탈당한 목사 알렉산더 페덴의 주례로 은밀한 산골짜기에서 결혼했다. 페덴은 이 예식을 시작하면서 "당신에게 서약한 이 증인들은 죽음을 두려워하지 않고 하나님의 말씀을 들으며 결혼식을 행하러 모였습니다"라고 말했다. 결혼 서약을 한 후에 페덴은 이사벨을 한쪽으로 데리고 가서 이렇게 말했다. "그대는 훌륭한 남편과 결혼했습니다. 그대가 예상치도 못한 날에 남편이 죽게 될테니 수의를 마련해두시오."

　　브라운 부부는 곧 두 자녀를 두었다. 그 가정은 기도와 경건한 대화가 가득한 행복한 집이었다. 그들은 도망 중인 설교사들을 집에 숨겨두고 보호해주었다. 그런데 1685년 5월 1일, 존은 새벽에 일어나서 시편 27편을 노래하다가 군인들이 집을 포위하고 있는 것을 발견했다. 그의 가족들은 잔디밭에 세워졌다. 사령관인 클래버하우스는 존에게 "이제 곧 죽게 될 테니, 기도나 하시오"라고 소리쳤다. 존은 무릎을 꿇고 임신중인 아내와 자녀들을 위해서 진지하게 기도했다. 기도를 마친 그는 일어나서 이사벨을 끌어안고는 "내가 당신에게 청혼하던 날 한 말이 이루어지는 날이 왔소"라고 말했다.

　　"여보. 정말 그 일이 이루어져야 한다면, 나는 기꺼이 당신과 헤어질 수 있어요."

　　"이제 나에게 남은 일은 죽음뿐이요."

　　존은 자녀들에게 입을 맞추었다. 클래버하우스는 부하들에게 총을 쏘라고 명했다. 군인들이 머뭇거렸으므로, 클래버하우스는 권총으로 존의 머리를 겨누어 쏘았다. 클래버하우스는 "부인, 이제 남편에 대해 어떻게 생각하시오?"라고 소리쳤다. 이사벨은 클레버하우스는 뚫어지게 바라보면서, 지금보다 더 남편이 자랑스러운 적이 없었다고 했다. 클래버하우스는 군대를 이끌고 말을 타고 그곳을 떠났다. 이사벨은 남편의 머리를 수건으로 묶고는 자녀들과 함께 땅에 앉아서 울고 있었다. 이윽고 친구들이 와서 그들을 위로했다.

군대가 나를 대적하여 진칠찌라도 내 마음이 두렵지 아니하며 전쟁이 일어나 나를 치려 할찌라도 내가 오히려 안연하리로다 내가 여호와께 청하였던 한 가지 일 곧 그것을 구하리니 곧 나로 내 생전에 여호와의 집에 거하여 여호와의 아름다움을 앙망하며 그 전에서 사모하게 하실 것이라(시 27:3, 4).

5월 2일 — 존 낙스

스코틀랜드의 해딩턴 외곽에 있는 지포드게이트는 철저한 가톨릭 마을이었다. 그 마을에는 몇 개의 교회, 두 개의 수도원, 대사원이 있었다. 이 마을에 사는 낙스라는 농부에게는 존이라는 아들이 있었다. 존은 해딩턴 문법학교에 다녔는데, 선생님은 그를 자신의 제자들 중에서 가장 총명한 학생이라고 칭찬했다. 존은 글래스고우 대학을 거쳐 성 앤드류스 대학에 진학했는데, 이곳에서 그는 종교개혁 사상에 심취하게 되었다.

낙스는 마을의 사제요 대학 강사로서 20년을 보냈다. 어느날 그는 종교개혁 진리에 대한 윌리엄스의 설교를 듣던 중 화살을 맞은 듯한 감동을 받았다. 그 직후에 그는 오직 그리스도로 말미암는 믿음을 받아들였다. 그는 종교개혁 사상 때문에 위험에 처했으며, 여러 해 동안 도피생활과 감옥 생활을 교대로 했다(한번은 갤리 선에 억류되어 노를 젓기도 했다). 그는 마침내 유럽 대륙에 비교적 안전하게 정착하여 공부하고 저술하고 토론했다. 그는 한번도 조국을 잊지 않았다.

1559년에 그는 자신이 귀국해야 할 때가 되었다고 직감했다. 영국 여왕 메리를 이어 개신교자인 엘리자벳이 왕위에 오름으로써 유럽에 있는 개신교 피난민들은 크게 흥분했다. 개신교도들은 연이어 영국으로 돌아오기 시작했다. 4월말에 낙스는 용감하게 "주의 나팔"을 불기 위해 스코틀랜드로 향했다.

그가 1559년 5월 2일에 귀국했을 때, 스코틀랜드는 아주 혼란한 상태에 있었다. 스코틀랜드의 여왕인 젊은 메리의 어머니요 섭정인 기즈의 메리는 개신교도들을 위협하고 있었고, 내란이 일어날 위기에 처해 있었다. 낙스의 존재 및 그의 설교가 미친 영향력에 대해서 어느 영국 사신은 "한 사람의 음성이 한 시간 동안에 불어넣은 활력이 끊임없이 부는 오백 개의 나팔보다 더 컸다"고 평했다.

정부에서는 개신교도들을 필사적으로 대적했다. 1560년 6월 10일에 섭정인 메리가 죽었다. 에딘버러 조약으로 싸움은 일시 중단되었고, 종교개혁은 뿌리를 내렸다. 그러나 그들의 앞에는 아직도 태풍이 기다리고 있었고, 나이 든 낙스는 점점 더 무뚝뚝해졌다. 그러나 그는 스코틀랜드에서 무혈혁명을 이끌어 국가의 믿음을 확립했다.

너희는 시온에서 나팔을 불어 거룩한 금식일을 정하고 성회를 선고하고(욜 2:15).

군목

5월 3일

　남북전쟁이 발발하기 전에는 군대에서 시무하는 군목은 극히 드물었다. 그러나 1861년 5월 3일, 남부 의회에서는 "전쟁이 진행되는 동안에는 남부 연방의 군대에서 군종을 임명한다"는 내용의 법률을 의결했다. 1862년 5월 3일에 장로교 목사인 A. C. 홉킨스가 버지니아 제2연대의 군목으로 임명되었다.

　홉킨스는 시간을 헛되이 보내지 않았다. 5월 16일 그는 군인들을 인도하여 하룻 동안 금식기도를 했다. 이틀 후에 그는 모시 크릭에서 주일 예배를 인도했다. 그 다음 주간에는 많은 군인들이 부상을 당하고 전사했다.

　리치몬드 근처에서 벌어진 7일간의 전쟁 동안, 그는 낮에는 종일 뜨거운 태양 아래 행진하고 밤에는 잠도 자지 않고 부상병들과 죽어가는 군인들을 보살펴 주었다. 그 다음날 아침에 그는 군인들에게 설교를 하다가 쓰러졌다. 그는 후방으로 후송되었다. 열흘 후에 다시 전선으로 와 보니 그의 친한 친구들은 이미 전사하여 이 세상 사람이 아니었다. 홉킨스는 크게 낙심했다. 맬번힐에서 큰 사상자를 낸 후로 홉킨스는 완전히 의욕을 상실하여 더 이상 사역을 계속할 수 없다고 느꼈다.

　그는 한동안 기도에 몰두했다. 곧 성경공부반이 조직되어 활발하게 운영되었다. 복음전도자들이 그 여단을 방문했고, 예배 뒤에는 집단 토론과 기도회와 세례식을 거행했다. 전쟁으로 폐허가 된 도시에 기독교 문서를 공급해 주기 위한 많은 기금이 모였다. 장군들과 장교들이 구원을 받았고, 하루에 세 차례 기도회가 거행되었다.

　남북전쟁 신앙부흥기에 10만 내지 20만명의 연합군 군대와 대략 15만명에 달하는 남부군 군대가 회심했다. 양측의 모든 군대는 추수를 기다리는 방대한 들판이 되었다. 그리고 홉킨스 목사처럼 끝까지 열심히 봉사한 군목들의 수고 덕분에 많은 전사자들이 천국으로 갔다.

　남북전쟁과 더불어 군목들은 미국 군대에서 지속적인 지위를 확보했다.

　두려워 말라 내가 너와 함께 하여 네 자손을 동방에서부터 오게 하며 서방에서부터 너를 모을 것이며 내가 북방에게 이르기를 놓으라 남방에게 이르기를 구류하지 말라 내 아들들을 원방에서 이끌며 내 딸들을 땅끝에서 오게 하며 무릇 내 이름으로 일컫는 자 곧 내가 내 영광을 위하여 창조한 자를 오게 하라 그들을 내가 지었고 만들었느니라

(사 43:5-7)

5월 4일 — 로벗슨 니콜

로벗슨 니콜에게는 질병이 축복이 되었다. 병으로 말미암아 그의 인생과 사역이 결정되었기 때문이다. 그는 1851년에 태어났는데, 나면서부터 폐가 좋지 않았다. 그의 어머니와 형과 누이는 폐결핵으로 사망했고, 그는 아버지인 해리 니콜 목사 밑에서 자라났다. 아버지는 17,000권의 장서를 소유하고 있었으며, 시무하는 교회의 성도는 100명 정도였다.

로벗슨은 애버딘「저널」지에 주간 컬럼을 만들어 기고하기 시작했다. 그는 목회 사역을 시작했는데, 의사는 폐가 너무 약해서 설교를 할 수 없다고 했다. 장티푸스와 늑막염으로 교회를 사임한 그는 책에 몰두했다. 로벗슨은 책 속에서 자신의 소명을 발견했다.

그는 이미 The Expositor라는 잡지를 편집하고 있었고, 1886년에는 The British Weekly를 편집하기 시작했다. 이 잡지는 곧 영국에서 가장 주도적인 기독교 정기간행물이 되었다. 다음에 그는 Bookman이라는 잡지를, 2년 후에는 The Woman at Home이라는 잡지를 출간했다. 로벗슨인 네 가지 정기간행물을 편집하면서 단행본들을 출판하기 시작했다 (그는 평생 책을 하루에 두 권씩 읽었다). 1888년부터 1905년 사이에 50권으로 이루어진 전집인 The Expositor's Bible가 출간되었다. 그 다음에은 The Expositor's Greek New Testament가 출판되었다. 로벗슨은 알렉산더 맥클레런을 설득하여 주석집을 출판하게 했고, 그후에도 다른 저자들을 발굴해냈다. 로벗슨은 수백권의 책을 편집했고, 친히 40권의 책을 저술했다. 그는 영어권에서 가장 존경받고 가장 많은 책을 펴낸 기독교 저널리스트가 되었다.

그는 1909년에 기사 작위를 받으면서 "나는 한번도 문학의 길을 걸으려고 생각하지 않았다. 나는 목회자가 되어 여가 시간에 문학 사역을 하려 했지만, 이미 나의 운명은 정해져 있었다"고 말했다. 병약한 그는 침대에 누워 신문과 서적에 둘러싸여 지내면서 많은 일을 해냈다. 그의 곁에는 고양이들이 있었다. 그는 항상 신선한 공기를 접하고 난로를 피우고 지냈다. 그는 5000권의 전기를 포함한 25000권의 책을 소장하고 있었다. 그는 "나는 수중에 들어오는 전기는 모조리 다 읽었는데, 그 전기들은 각기 나에게 무엇인가 교훈을 주었다"고 말했다. 로벗슨 니콜은 1923년 5월 4일에 세상을 떠났다. 그의 마지막 말은 "나는 불멸에 관해 내가 기록해놓은 모든 말을 믿는다"였다.

비와 눈이 하늘에서 내려서는 다시 그리로 가지 않고 토지를 적시어서 싹이 나게 하며 열매가 맺게 하여 파종하는 자에게 종자를 주며 먹는 자에게 양식을 줌과 같이 내 입에서 나가는 말도 헛되이 내게로 돌아오지 아니하고 나의 뜻을 이루며 나의 명하여 보낸 일에 형통하리라(사 55:10, 11).

저스티니안 황제　　5월 5일

　4, 5, 6세기에는 그리스도의 본성에 대한 논쟁이 많았고, 이 문제를 다루기 위해 많은 공의회가 개최되었다. 325년에 개최된 니케아 공의회에서는 그리스도를 완전한 신이라고 주장했다. 50년 후, 콘스탄티노플 공의회에서는 그리스도를 완전한 인간으로 선포했다. 451년의 칼케돈 공의회에서는 그리스도는 "완전한 하나님이시며 완전한 인간이시다… 두 본성은 혼동이 없이, 변함이 없고, 구분이 없이, 그리고 분리됨 없이 존재한다"는 유명한 신조를 발표했다.

　553년 5월 5일에 저스티니안 황제는 콘스탄티노플에 또 하나의 공의회를 소집했다. 총명하고 지칠줄 모르는 저스티니안 황제는 경건을 동경했다. 그는 여러날 동안 기도하고 금식하며 밤을 지새우고, 꾸준히 신학을 공부했다. 그는 성 소피아 성당을 건축했고, 교회의 통일을 동경했다.

　반면 저스티니안은 고집세고 야심많고 남의 말을 잘듣는 사람이었다. 아내 테오도라는 아름답지만 무자비한 사람으로, 그를 꼭두각시로 만들었다. 그리스도의 두 본성을 이해하지 못한 테오도라는 단성론, 즉 예수는 인성을 갖지 않고 신적 본성만 가진 인물로서 어떻게 해서인지 인간의 육체를 옷입게 되었다는 견해를 신봉했다. 콘스탄티노플 공의회에서 아내의 사주를 받은 저스티니안은 단성론자들에게 유리한 칙령을 발표했다.

　교황 비길리우스는 자신의 안전에 대한 염려, 그리고 동방 감독들의 우세함 때문에 그 공의회에 참석하기를 거부했다. 그는 로마에 있으면서 그 공의회의 조처에 대한 소식을 듣고 그 조처를 멸시고, 결국 그 공의회의 결정은 중요치 않다고 받아들였다. 그러나 단성론자들의 견해는 오늘날도 아비시니아, 시리아, 이집트의 콥트 교회에 남아 있다.

　저스티니안은 어떻게 되었을까? 그는 철저한 이단자가 되어, 그리스도의 몸은 썩지 않기 때문에 고난이나 죽음을 겪을 수 없다고 주장했다. 그는 회개하지 못하고 456년에 83세로 세상을 떠났다. 그의 말년은 불행했다.

　건강한 기독교는 그리스도에 대한 정확한 신학적 지식과 믿음과 순종을 통한 구주에 대한 개인적인 지식을 요구한다. 저스티니안은 전자는 붙잡았지만 후자는 이해하지 못했다. 오늘날 주님은 저스티니안 대왕이라는 그의 역사적 칭호를 어떻게 생각하실까?

태초에 말씀이 계시니라 이 말씀이 하나님과 함께 계셨으니 이 말씀은 곧 하나님이시니라 그가 태초에 하나님과 함께 계셨고 만물이 그로 말미암아 지은 바 되었으니 지은 것이 하나도 그가 없이는 된 것이 없느니라(요 1:1-3).

5월 6일   야만인들의 로마 공격

1523년에 기울리오 데 메디치가 교황 클레멘트 7세가 되었다. 당시 마틴 루터가 문제를 일으키고 있었는데, 장차 보다 크게 괴로운 일들이 생길 징조들이 나타났다. 1527년 4월 8일, 클레멘트가 10,000명의 무리를 축성하고 있을 때 허리에 간단히 가죽을 두른 광신자가 근처에 있는 어느 조각에 올라가 "너 소돔의 사생아여, 네 죄로 인하여 로마가 멸망할 것이다. 회개하고 돌이키라!"고 소리쳤다. 약 한달쯤 뒤인 1527년 5월 6일 야만인들의 군대가 로마의 성벽을 파괴하고 로마에 진입했다. 그들은 찰스 5세가 보낸 군대였지만 이제 찰스의 통제를 벗어나 있었다. 로마에 도착한 그 군대는 사납고 굶주리고 신발도 없고 거지꼴이 되어 있었다.

로마를 수비하던 로마와 스위스 군대는 전멸했다. 야만족들은 닥치는 대로 약탈과 강탈을 자행했다. 그들은 병원과 고아원에 들어가 병자들과 고아들을 살해했다. 나이를 상관하지 않고 여인들을 공격했다. 수녀들을 매춘굴로 몰아넣고, 사제들을 괴롭혔다. 은행과 보물창고를 약탈했다. 부자들은 한푼도 남김없이 다 내놓을 때까지 매를 맞았다. 그들은 손톱을 차례로 뽑고, 어린아이를 창문 밖으로 내던졌다. 무덤과 교회를 약탈하고, 책과 고문서들을 불태웠다. 귀중한 사본들이 마구간에 버려졌다. 술취한 군인들은 교황의 예복을 입고 다니면서 거룩한 의식을 조롱했다. 한 주일 동안에 티베르 강에는 2000개의 시신이 떠올랐고, 매장해야 할 시신은 거의 10,000개나 되었다. 무수한 사람들이 죽었다. 로마는 썩어 냄새나는 시체와 쥐와 개들로 가득했다.

간신히 성 안젤로 성으로 피신한 교황 클레멘트는 그 성의 망대에서 무력하게 로마가 약탈당하는 것을 지켜보았다. 그는 "어찌하여 나를 세상에 태어나게 하셨습니까? 차라리 내가 죽었으면 좋을 뻔 했습니다"라고 울부짖었다.

그 소식이 유럽에 퍼지자, 개신교도들은 로마가 약탈당한 것을 하나님의 심판으로 해석했고, 일부 가톨릭 신자들도 거기에 동의했다. 아욱스부르크에서 루터와 논쟁을 벌였던 추기경 카제탄은 "세상의 소금이 되어야 마땅한 우리는 맛을 잃어 아무 데도 소용이 없게 되었다. 모든 사람들은 이 모든 것이 교황청의 독재와 무질서에 대한 하나님의 심판이라고 확신하고 있다"고 했다.

내 눈이 눈물에 상하며 내 창자가 끓으며 내 간이 땅에 쏟아졌으니 이는 처녀 내 백성이 패망하여 어린 자녀와 젖먹는 아이들이 성읍 길거리에 혼미함이로다 무릇 지나가는 자는 다 너를 향하여 박장하며 처녀 예루살렘을 향하여 비소하고 머리를 흔들며 말하기를 온전한 영광이라 천하의 희락이라 일컫던 성이 이 성이냐 하며(애 2: 11, 15).

주님께 아룀

5월 7일

　신약성서의 많은 약속들은 구약성서의 구절들과 상응한다. 예를 들어 베드로는 "너희 염려를 다 주께 맡겨 버리라 저가 너희를 권고하심이니라"(벧전 5:7)고 말했는데, 이것은 시편 55:22의 "네 짐을 여호와께 맡겨 버리라 너를 붙드시고 의인의 요동함을 영영히 허락지 아니하시리로다"라고 한 다윗의 말을 고쳐 말한 것에 불과하다.

　엘리사 A. 호프만은 이 구절들을 사랑했다. 그는 1839년 5월 7일에 펜실바니아 주 올윅스버그에서 태어났다. 그의 부친은 목사였고, 엘리사는 어려서부터 그리스도를 따랐다. 그는 필라델피아의 공립 학교에서 과학을 공부한 후 유니온 신학교에서 고전을 공부했다. 그는 11년간 오하이오 주 클리브랜드에 있는 복음주의 협회 출판부에서 일했다. 아내가 죽은 후, 그는 펜실바니아로 돌아와 벤튼 하버 장로교회에서 33년간 목회를 했다.

　호프만은 시간이 나면 찬송가 가사를 작사했는데, 그중 많은 것은 사역 중에 발생한 사건들에서 영감을 받은 것들이었다. 예를 들면, 펜실바니아의 빈민들을 심방하던 중, 그는 치료할 수 없을 정도로 심한 우울증에 빠진 부인을 만났다. 그 부인은 자신의 울적한 심정을 호프만에게 털어놓았다. 그 부인은 두 손을 비틀면서 "어떻게 하면 좋습니까? 아, 어떻게 해야 할까요?"라고 울부짖었다. 호프만은 이미 하나님의 위로의 깊은 교훈을 배웠기 때문에, 그 부인이 무슨 일을 해야 하는지 알고 있었다. 그는 그 부인에게 "당신이 해야 할 일은 슬픔을 예수님께 털어놓는 것입니다. 예수님께 말씀드리세요"라고 말했다.

　갑자기 그 부인은 얼굴 표정이 밝아지면서 "그렇군요. 예수님께 말씀드려야겠어요"라고 말했다. 그 부인의 말은 호프만의 귀에서 맴돌았다. 그는 집에 돌아와서 그 말을 토대로 찬송가를 작사했다. "내 모든 시험 무거운 짐을 주 예수 앞에 아뢰이면 근심에 싸인 날 돌아보사 내 근심 모두 맡으시네."

　호프만은 자신의 무거운 짐을 예수님께 아뢰며 90세까지 살면서 「구주의 십자가 보혈로」, 「예수 십자가에 흘린 피로써」, 「주의 친절한 팔에 안기세」 등 많은 찬송을 작사했다.

하나님이 교만한 자를 대적하시되 겸손한 자들에게는 은혜를 주시느니라 그러므로 하나님의 능하신 손 아래서 겸손하라 때가 되면 너희를 높이시리라 너희 염려를 다 주께 맡겨 버리라 이는 저가 너희를 권고하심이니라(벧전 5:5-7).

5월 8일 — 전투적인 근본주의자

1900년대 초에 미국에 신학적인 진보주의가 등장했을 때, 믿음을 수호하기 위해서 근본주의자들이 일어났다. 많은 사람들은 지혜로운 십자가의 군사였지만, 일부 열심이 지나친 사람들도 있었다.

프랭크 노리스는 텍사스의 초라한 오두막집에서 자랐다. 소작인으로서 알코올 중독자인 아버지는 노리스를 때리곤 했다. 노리스는 청소년 시절에 회심했다. 어머니는 그가 장차 사람들을 지도할 중요한 인물이 될 것이라고 말해주었다. 베일러 대학에 입학한 노리스는 자신이 장차 "세상에서 가장 큰 강단에서 설교할 것"이라고 말하여 학우들을 실망시켰다. 노리스는 논쟁적이었다. 어느날 채플 시간에 장난을 좋아하는 학생들이 개를 풀어놓았는데 성난 쿠퍼 학장은 그 개를 3층 창문에서 내던져버렸다. 노리스는 동물학대방지협회에 그 사실을 알리고 학생들을 이끌어 항의하여 쿠퍼 학장을 사임하게 만들기도 했다.

대학을 졸업한 노리스는 포트 워스 제일침례교회에서 목회하여 그 교회를 미국에서 가장 큰 개신교회로 성장시켰다. 또한 1935년, 그는 디트로이트에 있는 템플침례교회를 맡아 1,200마일을 오가며 두 교회를 목회했다. 그는 미국에서 가장 잘 알려진 목사 중 하나가 되어, 그의 설교가 방송되고, 책으로도 출판되었다.

그는 어디에서나 논쟁적이었다. 한번은 그는 강단에서 가톨릭 신자인 포트워스의 시장을 비난했다. 다음 토요일 노리스가 설교 준비를 하는데, 시장의 친구가 찾아왔다. 곧 네발의 총성이 울리고, 방문객은 죽었다. 그날 오후, 보석으로 석방된 노리스는 즉시 설교원고를 수정했다. 다음날 포트워스의 주민들 모두가 로마서 8:1 "이제 그리스도 예수 안에 있는 자에게는 결코 정죄함이 없나니"를 본문으로 한 그의 설교를 들었다. 그의 재판은 국가적인 관심사가 되었는데, 배심원은 정당방위라고 평결했다.

노리스는 전투적인 사역을 계속하면서 영혼을 구원하고 정통신앙을 옹호하며 악과 싸우고 청취자들을 끌기도 하고 내몰기도 했다. 1947년 5월 8일, *Atlanta Constitution*지의 편집장 랠프 맥길은 "오천만 명의 미국인들이 교회에 가지 않는 이유는 프랭크 노리스 목사와 그를 닮은 목사들 때문이다"라고 했다.

노리스는 얼마 후에 심장병으로 죽었다. 그가 교회에 유익을 주었는지 해를 끼쳤는지는 하나님만이 아신다.

이제 내가 사람들에게 좋게 하랴 하나님께 좋게 하랴 사람들에게 기쁨을 구하랴 내가 지금까지 사람의 기쁨을 구하는 것이었더면 그리스도의 종이 아니니라(갈 1;10).

진젠돌프 백작

5월 9일

니콜라스 폰 진젠돌프 백작은 '예'라고 말한 부유한 젊은 통치자라고 불린다. 유럽의 명문 가문에서 태어난 그는 일생을 그리스도께 바치고, 자신의 헤른후트 영지에 기독교 공동체를 세우고 개신교 역사상 최초의 선교사들을 파견하는 일을 감독했다. 진젠돌프는 뒤늦게 사랑하는 안나와 결혼했다.

삼년 후에 그는 기력이 쇠해졌다. 그는 자신이 계획하고 있던 저술작업을 마치려고 노력했지만, 아내 안나 역시 몸이 쇠약해지고 있음을 눈치챘다. 1760년 5월 4일 그들은 간신히 함께 예배에 참석했다. 집에 돌아온 안나는 잠이 들었다. 다음날 진젠돌프는 점심을 많이 먹지 못했고, 갈증을 느꼈다. 그는 안나를 돌보고 자신도 자리에 누웠다. 말하기가 어려워졌다. 진젠돌프와 안나 모두가 임종을 앞두고 있음이 분명했다.

5월 8일, 데이비드 니치만이 그들을 찾아왔다. 진젠돌프는 자리에서 일어나 과거를 회상하면서 이렇게 말했다. "지금 우리가 여러 모라비아 공동체, 다른 교파들, 그리고 이교도들 사이에서 보는 것과 같은 많은 일을 주께서 행하실 것이라는 상상도 못하셨지요? 나는 주님께 몇 개의 첫 열매를 달라고 간절히 부탁했었는데, 지금은 수천 개의 열매를 맺고 있습니다. 니치만씨, 어린 양 주위에는 어마어마한 캬라반이 서 있습니다."

한밤중에 진젠돌프는 기침을 하기 시작했다. 다음날인 760년 5월 9일 아침에 그는 양자인 존 왓테빌에게 이렇게 말했다. "내 사랑하는 아들아, 이제 주님께로 가야 할 시간이 된 것 같구나. 나는 준비가 다 되어 있다. 나는 주님의 뜻에 순종할 것이며, 주님은 나에게 만족하고 계시단다…나는 그분께로 갈 준비가 되어 있다. 이제 아무 것도 내 길을 막지 못한단다." 한 시간 정도 지나서 왓테빌이 "주님, 이제 당신의 종을 평안히 떠나게 해주십시오. 주께서 아버지를 축복하시고 보존해주시며…그 얼굴을 들어 아버지를 비추시고 평안을 주실 것입니다"라고 기도하던 중 왓테빌이 "평안"이라는 단어를 말하자 진젠돌프는 숨을 거두었다.

진젠돌프가 숨을 거두었다는 소식을 들은 안나는 "여러분 모두에게 기쁜 소식을 알려 드리겠습니다. 이제 곧 나도 그분께로 갈 것입니다"라고 말했다. 안나는 창문에서 남편의 장례식을 지켜보았다. 그로부터 13일 후에 안나도 세상을 떠났다.

관제와 같이 벌써 내가 부음이 되고 나의 떠날 기약이 가까왔도다 내가 선한 싸움을 싸우고 나의 달려갈 길을 마치고 믿음을 지켰으니 이제 후로는 나를 위하여 의의 면류관이 예비되었으므로 주 곧 의로우신 재판장이 그날에 내게 주실 것이니(딤후 4:6-8).

5월 10일

템플러 기사단

십자군 전쟁의 결과 중세 시대의 기독교인들이 다시 성지를 방문할 수 있게 되었을 때, 안전에 대한 문제가 제기되었다. 어떻게 순례자들이 강도를 만나지 않고 안전하게 성지를 방문할 수 있는가 하는 문제였다. 1118년에 샴파뉴의 기사인 휴 데 빠엥(Hugh de Payens)은 여덟 사람과 함께 유럽 여행자들을 보호하기로 엄숙하게 맹세를 하고 "솔로몬의 성전과 그리스도의 기사단"을 조직했다. 교회의 인가를 받은 템플러 기사단의 영향력과 재산은 급속히 커졌다. 그들은 기독교계 전체를 통괄하는 하나의 기구를 세우고 재산을 축적했다. 그들은 여러 개의 성(城)을 확보했고, 사람들이 부러워하는 엘리트 군대가 되었다. 종종 통치자들은 그들을 고용하기도 했다. 재산이 증가함에 따라, 그들은 파리와 런던에 금융기관들을 세웠다.

1305년 템플러 기사단의 재산을 노린 프랑스의 필립 공(Philip the Fair)은 불만을 품은 어느 기사를 사주하여 그 기사단을 고발하게 했다. 입문식에 신을 모독하는 일과 동성애가 포함되어 있다는 것이었다. 그는 템플러 기사단에서 비밀입회 의식 때에 지원자로 하여금 그리스도를 부인하고 십자가에 침을 뱉고 동료 기사들의 엉덩이와 배꼽에 입을 맞추게 한다고 주장했다. 1307년 10월 13일에 프랑스 내의 모든 템플러 기사들은 체포되었다. 자백을 받아내기 위해 고문을 했기 때문에 많은 기사들이 고통 속에 죽어갔다. 교황 클레멘트는 템플러 기사단의 해산을 권유하고, 유럽 전역으로 박해를 확대했다.

그 박해의 중심지는 파리였다. 1310년 5월 10일 54명의 기사들이 산 채로 화형을 당했다. 36명 이상이 고문을 받다가 죽었고, 일 주일 후에는 4명이 또 화형을 당했고, 수백명이 감옥에서 죽었다. 기사단의 22대 단장인 쟈크 데 몰레이가 그 다음날 화형을 당하기로 되어 있었다. 1314년 3월 12일 저녁에 그는 노틀담 사원 앞으로 끌려나와 말뚝에 묶였다. 일설에 의하면, 그는 불길 속에서 교황과 국왕이 1년 이내에 심판대 앞에서 자기를 만나게 될 것이라고 말했다고 한다.

교황 클레멘트는 몇 주일 후에 좋지 못한 병으로 죽었고, 필립은 6달 후에 사냥을 하던 중 사고로 죽었다.

또 내가 크고 흰 보좌와 그 위에 앉으신 자를 보니 땅과 하늘이 그 앞에서 피하여 간 데 없더라 또 내가 보니 죽은 자들이 무론 대소하고 그 보좌 앞에 섰는데 책들이 펴있고 또 다른 책이 펴졌으니 곧 생명 책이라 죽은 자들이 자기 행위를 따라 책들에 기록된 대로 심판을 받으니(계 20:11, 12).

콘스탄티노플

5월 11일

초대 기독교 시대에는 몇 개의 중요한 중심지가 있었다. 첫째는 가톨릭 교회의 중심지인 로마이고, 또 하나는 동방교회, 혹은 정교회의 근원지인 콘스탄티노플이었다.

콘스탄티노플은 324년에 콘스탄틴 황제가 장차 서방보다는 동방이 중요하게 될 것이라는 생각에 수도를 로마에서 유럽의 동쪽에 있는 비잔티움으로 옮기기로 결정하면서 탄생했다. 그는 부관들, 기술자들, 사제들을 이끌고 보스포러스 해협 근처 항구와 언덕 주위를 행군하면서 자신이 꿈꾸고 있는 수도의 경계를 정했다. 그는 수천 명의 외국인 노동자들과 기술자들을 고용하여 성벽, 건물들, 궁전, 광장, 거리, 주랑 등을 세웠다. 그는 공원에는 조각들을 세우고 원형광장에는 분수를 만들었다. 이윽고 어마어마한 경주장, 훌륭한 대학, 황제가 거할 다섯 개의 궁전, 귀족들이 거주한 아홉 개의 궁전, 4388개의 대저택, 322개의 거리, 100개의 상점, 100개의 유흥장, 훌륭한 목욕탕, 장엄한 교회, 그리고 많은 인구를 갖춘 도시가 이루어졌다. 그것은 태양빛을 받아 반짝이는 도시였다.

이 새로운 도시는 330년 5월 11일에 동방제국의 수도로 헌정되었다. 이교 신앙은 공식적으로 종식되었고, 기독교 신앙을 받아들였다. 콘스탄티노플의 감독(총대주교)는 로마의 감독에 필적했다. 이곳에 세계에서 가장 아름다운 교회인 거룩한 지세의 교회, 즉 성 소피아 교회가 건축되었다.

콘스탄티노플은 1000년 동안 동로마 제국(비잔틴 제국)의 수도였다. 기독교 신앙과 병행하여 가톨릭 신앙과 정교회 신앙이 공존했다. 교황과 총대주교는 서로 맞서고 배격했다. 기독교계의 가장 큰 분열은 가톨릭 교회와 개신교로 분리된 1517년의 종교개혁이 아니라 동방 교회와 서방교회가 갈라진 1054년의 대분열이었다. 콘스탄티노플로부터 러시아 정교회와 그리스 정교회와 같은 동방 정교회 계열이 생겨났다.

1453년에 콘스탄티노플은 오토만 족에게 함락되었고, 성 소피아 교회는 모스크로 사용되다가 박물관이 되었다. 현재 콘스탄티노플은 이스탄불이라고 불리며, 과거에 기독교의 보루였던 터어키는 지금은 세상에서 가장 규모가 큰 미전도 국가이다.

너희 모든 나라들아 여호와를 찬양하며 너희 모든 백성들아 저를 칭송할지어다 우리에게 향하신 여호와의 인자하심이 크고 진실하심이 영원함이로라 할렐루야(117:1, 2).

5월 12일 — 윌리엄 캐리의 책

윌리엄 캐리는 역사적으로 가장 침체된 시대에 어느 한적한 마을에서 태어났다. 그의 집은 가난했고, 그는 제대로 교육을 받지 못했다. 그는 피부병 때문에 옥외에서 일할 수 없었으므로 근처에 있는 제화공의 도제로 들어갔다. 구두 수선업이 제대로 되지 않았기 때문에 그는 부업으로 학교를 열었다. 그러나 두 가지 다 잘되지 않았다. 그는 결혼했지만, 결혼생활은 행복하지 못했다. 그의 어린 딸이 무서운 병에 걸려 죽었고, 그는 대머리가 되었다. 그는 작은 교회의 목사로 청빙을 받았지만 설교를 제대로 하지 못했기 때문에 목사위임을 받는 데 어려움을 겪었다.

그는 전혀 "현대 선교의 아버지"가 될 전망이 없는 듯했다. 그러나 캐리는 쿠크 선장의 『항해일지』라는 책을 빌려보던 중, 그 유명한 선장의 일지에 매료되었다. 그리하여 그는 해외복음전도를 고려하기 시작했다. 그는 제화점 벽에 세계 지도를 걸어두고 각 나라 곁에는 그와 관련된 사실들과 인물들을 메모해 두었다. 그는 그리스도를 위해 세상에 복음을 전하기 위해서 무슨 일인가를 해야 한다고 느끼기 시작했다.

그 당시 대부분의 개신교도들은 그리스도의 지상명령은 최초의 사도들에게만 주어졌던 것으로 생각하고 있었다. 캐리는 그것은 그 후의 모든 세대의 기독교인들에게도 구속력이 있다고 주장하여, 많은 목회자들의 조롱을 받았다. 그는 "불쌍한 열광주의자"라고 불렸다. 그에게 세례를 주었던 존 라일랜드 목사는 어느 침례교 집회에서 "젊은이, 진정하시오! 하나님께서 이교도들을 개종시키려 하시는 때가 오면, 당신이나 나에게 의논하시지 않고 그 일을 행하실 것이오"라고 책망했다. 이렇게 책망을 받은 캐리는 책을 저술하기 시작하여 1792년 5월 12일에 『기독교인들의 의무에 대한 질문: 세계 여러 국가들의 종교적 상태, 즉 과거의 전도사역과 장래의 전도사역의 가능성에 대한 고려』라는 책을 출판했다.

제목이 난해했음에도 불구하고, 87쪽 분량의 이 책은 이후 교회사에 미친 영향력에 있어서 루터의 95개조에 버금가는 고전이 되었다. 그 책으로 말미암아 선교회가 구성되고 선교 기금이 모였다. 그 수익금 덕분에 캐리는 인도에 선교사로 파송되었고, 현대 선교시대의 문이 열렸다.

예수께서 나아와 일러 가라사대 하늘과 땅의 모든 권세를 내게 주셨으니 그러므로 너희는 가서 모든 족속으로 제자를 삼아 아버지와 아들과 성령의 이름으로 세례를 주고 내가 너희에게 분부한 모든 것을 가르쳐 지키게 하라 볼찌어다 내가 세상 끝날까지 너희와 항상 함께 있으리라 하시니라(마 28:18-20).

소년 설교자 데이비드 마크스　　5월 13일

　15세 소년 데이비드 마크스는 복음을 전하기 위해 주머니에 단돈 1달러를 넣고 눈물을 글썽이며 집을 나섰다. 이 "소년 설교자"는 곧 미국 동북부에서 선풍을 일으켰고, 25년간 계속 복음을 전했다. 그는 말을 타고 19,000마일을 다니면서 수천 명에게 설교하고, 뉴잉글랜드 지역 도처에 교회를 세우고, 책을 출판하고, 기사를 쓰고, 학생들을 가르치고, 노예제도 폐지를 위해 일하고, 해외선교를 지원했다. 그는 순전히 과로로 40세 때에 세상을 떠났다.

　1828년 5월 13일 해지기 전, 마크스는 말을 타고 온타리오의 앤캐스터 마을로 들어가면서 자신이 공원에서 7분 동안 설교를 할 것이라고 알렸다. 작은 무리가 모였다. 그는 사람들에게 혹시 설교해주었으면 하는 주제가 있으면 말하라고 했다. 한 사람이 조롱하듯이 "아무 것도 없어요"(nothing)라고 하자, 마크스는 즉시 "무"에 관해 설교를 시작했다. 그는 하나님께서 세상을 무에서부터 창조하셨다고 말했다. "하나님은 불공평한 것이 전혀 없는 법을 우리에게 주셨습니다. 그러나 우리는 하나님의 법을 파괴했고, 이제 우리 안에는 우리를 의롭다 할 수 있는 것이 없습니다. 사망이나 죽음 안에 있는 죄인을 위로해줄 것이 없을 것입니다. 한편 기독교인들에게는 스스로 자랑할 것이 없지만, 우리에게는 그리스도가 있습니다. 그리스도 안에 있는 우리에게는 근심하게 할 것도 없고, 우리의 평화를 어지럽힐 것이 없고, 영원토록 두려워할 것이 없습니다."

　설교를 마친 마크스는 다음 마을로 갔다. 그러나 얼마 후에 그는 앤캐스터로 돌아왔다. 많은 사람들이 모였고, 그에게 집회처도 제공되었다. 마크스는 그들에게 "어떤 것"(something)에 관해 설교했다. 그는 만물을 초월하는 어떤 것이 있다고 말했다. "인간 안에는 영원히 살도록 고안된 무엇인가가 있습니다. 그러나 동시에 우리를 불행하게 만드는 것도 있습니다. 복음에는 우리의 불행을 역전시켜주는 무엇인가가 있습니다. 우리에게 희망을 주는 것이 있습니다. 죽을 때에 회개하지 않는 사람을 괴롭힐 무엇인가가 있습니다. 그러나 신자들의 내면에는 세상이 이해할 수 없는 그 무엇인가가 있습니다. 영원히 우리에게 영원한 기쁨을 주는 것이 있습니다." 이 무식한 젊은 순회설교자의 성신은 성경으로 가득찼고 그의 마음을 그리스도로 충만했다. 그에게는 해야 할 말이 있었고, 두려워할 것이 없었다.

　내가 확신하노니 사망이나 생명이나 천사들이나 권세자들이나 현재 일이나 장래 일이나 능력이나 높음이나 깊음이나 다른 아무 피조물이라도 우리를 우리 주 그리스도 예수 안에 있는 하나님의 사랑에서 끊을 수 없으리라(롬 8:38-39).

5월 14일

영국의 휫필드, 존 베릿지

존 베릿지의 아버지는 자기가 하는 목축업을 존이 이어받기를 기대했지만, 그는 요령을 터득하지 못했다. 실망한 아버지는 "애야, 너는 목축에 대해서는 전혀 터득하지 못하는구나. 너를 대학에 보내어 이방인들에게 빛을 전하는 사람이 되게 해야겠다"고 했다. 그리하여 존은 캠브리지 대학에 입학했고, 이어 교회 사역을 시작했다. 그러나 그는 개인적으로 복음을 체험하지 못한 상태였다.

그는 고결하게 살고 활기차며 인상적인 설교를 했지만, 그의 사역은 무가치했다. 그리스도의 죽음과 부활이 빠진 그의 메시지는 마치 태양이 없는 태양계와 같았다. 그는 여러 해 동안 부지런히 타작을 했지만 열매를 거두지는 못했다.

1755년에 그는 외딴 에버튼 마을의 교구목사가 되었다. 그곳에서 일하던 그는 42세 때에 드디어 자신의 영혼에 대해 번민하기 시작했다. 그는 "주님, 만일 내가 옳다면 계속 그렇게 보존해주시고, 만일 내가 옳지 못하다면 나를 옳게 해주시고 나를 인도하여 예수 안에 있는 진리의 지식에 이르게 해주십시오"라고 기도했다. 어느날 성경을 펴고 있는데, "네 스스로 행하려 하지 말고 다만 나를 믿으라"는 말씀이 머리를 스쳤다. 그는 즉시 오직 믿음으로 말미암는 은혜의 구원에 대해 설교하기 시작했다. 얼마 후 교구민 한 사람이 그를 찾아왔다. 그 부인은 "목사님의 새로운 설교 때문입니다. 나는 우리 모두가 버림을 받은 자임을 깨달았어요. 나는 먹지도 마시지도 못하고 잠도 잘 수가 없어요. 내가 장차 어떻게 될지 모르니까요"라고 했다. 다른 사람들도 같은 말을 했다. 베릿지의 교회는 곧 그리스도께 헌신하는 마을 사람들로 가득찼다. 사방에서 사람들이 모였기 때문에 교회 선물이 비좁을 지경이었다. 1759년 5월 14일, 베릿지는 야외에서 설교하기 시작했다. 그는 이렇게 기록했다.

> "월요일에 우리는 어느 농가를 방문했다. 저녁을 먹은 후에 뒷마당으로 들어가 보니 약 150명이 모여 있었다. 나는 탁자를 가져다 달라고 부탁하고는 처음으로 야외설교를 시작했다. 그 다음에 우리는 멜드레드로 갔는데, 그곳에서 나는 들판에서 약 4000명에게 설교했다."

그 후 30년 동안 그는 때를 가리지 않고 야외에서, 또는 실내에서 복음을 전파했다. 그는 결혼하지 않고 독신으로 시골에서 사역하다가 1793년 77세의 나이로 세상을 떠났다. 그는 영국 시골에서 활동한 휫필드였다.

> 이 복음을 위하여 그의 능력이 역사하시는 대로 내게 주신 하나님의 은혜의 선물을 따라 내가 일군이 되었노라 모든 성도 중에 지극히 작은 자보다 더 작은 나에게 이 은혜를 주신 것은 측량할 수 없는 그리스도의 풍성을 이방인에게 전하게 하시고(엡 3:7, 8).

돌아온 탕자

5월 15일

시편 19:7은 "여호와의 율법은 완전하여 영혼을 소성케 한다"고 한다. 때로는 예기치 않은 방법으로 영혼을 소성케 한다.

19세기에 가장 능력있는 복음전도자 중 한 사람은 존 바사르이다. 그는 뉴욕, 파우킵시에서 자랐는데, 그의 집에서는 양조장을 운영했다. 그리스도를 받아들인 후, 그는 영혼을 구원하기 위해서 양조업을 포기했다. 1850년 5월 15일, 그는 뉴욕에 있는 문서전도회의 직원으로 임명되었다. 바사르는 기독교 문서를 판매하는 임무에 만족하지 못하고 전국을 다니면서 만나는 사람들에게 그리스도와의 관계에 대한 질문을 했다.

한번은 서부 지방을 여행하다가 한 가정을 방문했는데, 그 집의 가장은 불신자이고 아내는 경건한 부인이었다. 그 부인이 성경책을 한 권 달라고 애원했기 때문에 바사르는 그 부인에게 성경책을 주고 여행을 계속했다. 그가 떠난 직후에 집에 돌아온 남편은 성경책을 보고 크게 화가 났다. 그는 한 손에 성경 책을 들고, 다른 손에는 도끼를 들고는 장작을 쌓아놓은 곳으로 가서, 성경책을 나무 토막 위에 올려 놓고 도끼로 찍어 두 조각을 냈다. 그는 집에 돌아와 쪼개진 반쪽의 성경책을 아내에게 던지면서 "당신은 이곳에 있는 모든 재산의 일부를 당신의 것이라고 주장했지요. 여기 당신 몫의 성경책이 있소"라고 말했다.

그는 나머지 반쪽의 성경을 창고에 던져 넣었다. 여러 달이 지났다. 어느 겨울날 남편은 기독교인인 아내를 피해서 창고로 들어갔다. 시간은 무척 더디갔다. 지루해진 그는 읽을 것을 찾았다. 찢어진 성경책을 더듬거리던 그의 시선은 누가복음 15장에 기록된 탕자의 이야기에 머물렀다. 그는 그 이야기를 재미있게 읽었는데, 그 이야기의 끝부분은 아내가 가진 성경책에 있다는 것을 알게 되었다. 그는 가만히 집으로 들어가서 나머지 반쪽의 성경책을 찾아보았지만 아내가 어디에 숨겨 두었는지 찾을 수가 없었다.

마침내 그는 아내에게 그 반쪽 성경을 달라고 해서 그 이야기를 여러 번 되풀이 해서 읽었다. 그러면서 그는 집에 돌아온 탕자처럼 하늘 아버지께로 돌아왔다.

아들이 가로되 아버지여 내가 하늘과 아버지께 죄를 얻었사오니 지금부터는 아버지의 아들이라 일컬음을 감당치 못하겠나이다 하나 아버지는 종들에게 이르되 제일 좋은 옷을 내어다가 입히고 손에 가락지를 끼우고 발에 신을 신기라…이 내 아들은 죽었다가 다시 살아났으며 내가 잃었다가 다시 얻었노라 하니 저희가 즐거워하더라

(눅 15:21, 22, 24)

5월 16일   **헨리 마틴**

헨리 마틴은 1781년에 잉글랜드의 콘월에서 태어났다. 그의 부친은 부유한 사업가였기 때문에 헨리는 어려움을 모르고 자랐다. 그는 총명하여 학교 성적이 우수했다. 그는 캠브리지 대학에 진학하여 우등생으로 수학과를 졸업했다. 데이비드 브레이너드의 책을 읽고 완전히 그리스도를 받아들인 그는, 곧 해외선교를 고려했다. 그는 "나로 하여금 세상을 잊고 완전히 하나님께 영광을 돌리려는 소원에 삼켜지게 하소서"라고 기도했다.

그러나 그는 리디아 그렌펠을 잊을 수가 없었다. 리디아는 아시아에 선교사로 가기를 원치 않았음에도 불구하고, 헨리는 리디아를 깊이 사랑했다. 젊은 헨리의 내면에서는 치열한 싸움이 벌어졌다. 하나님과 함께 인도로 갈 것인가, 아니면 리디아와 결혼하여 영국에 남아있을 것인가? 그는 리디아를 생각하면서 밤을 새웠다. 그는 리디아를 "사랑스러운 우상"이라고 불렀다. 그러나 하나님의 뜻대로 행하기로 결심한 그는 마지막으로 작별을 고하고 배를 탔다.

1805년 5월 16일 새벽에 마틴은 캘커타 해안에 상륙하여 마중 나온 윌리엄 캐리를 만났다. 윌리엄 캐리는 마틴에게 번역 사역을 맡겼다. 마틴은 사역하고, 설교하고, 학교를 세우고, 성경을 아시아의 언어로 번역하는 일에 전념했다. 그러면서도 내내 그는 리디아를 생각했다. 1806년 7월 30일, 그는 오랫동안 생각한 끝에 리디아에게 청혼하는 편지를 보냈다. 편지가 오가는데 시일이 많이 걸렸기 때문에 그는 1년 뒤에야 리디아로부터 거절하는 편지를 받았다. 헨리는 벼락을 맞은 것 같았다. 원래 연약했던 그는 급속히 쇠약해지기 시작했다. 그는 리디아에게 재고해 달라는 편지를 썼지만, 리디아는 그냥 친구로 지내자고 했다

1810년, 그가 번역한 힌두어 신약성서가 인쇄될 무렵, 마틴은 건강 회복을 위해 페르시아로 갔다. 1812년에 그는 무척 쇠약해졌는데, 영국으로 귀국하는 최상의 해결책인 듯했다. 그는 영국에 돌아가면 리디아를 만날 수 있다고 생각했다. 그는 영국을 향해 출발했지만 도착하지 못하고 항해 중에 31세의 나이로 세상을 떠났다. 그의 일지에는 리디아의 이름이 마치 슬픈 음악 소리처럼 페이지마다 적혀 있었다. 그러나 헨리 마틴은 인도에 간 목적을 이루었다. 그는 하나님께 영광을 돌리려는 소원에 완전히 삼켜졌으며, 신약성서를 세 개의 언어로 번역해 놓았다.

하나님이여 나의 부르짖음을 들으시며 내 기도에 유의하소서 내 마음이 눌릴 때에 땅 끝에서부터 주께 부르짖으오리니 나보다 높은 바위에 나를 인도하소서 내가 영원히 주의 장막에 거하며 내가 주의 날개 밑에 피하리이다(시 61:1, 2, 4)

윌리엄 그림쇼와 아들

5월 17일

윌리엄 그림쇼는 1708년에 영국에서 태어나 캠브리지 대학에서 수학했고, 1731년에 그리스도를 알지 못하는 상태에서 성직에 임명되었다. 삼년 후에 토드모르덴에서 목회하던 그는 자신의 영혼에 대해 깊이 염려하게 되었다. 그는 사냥, 낚시, 카드놀이, 오락 등을 그만두고 하나님께 빛을 달라고 기도하기 시작했다. 몇년이 지나서, 그의 눈에서 비늘이 완전히 제거되었다. 그는 복음과 성경을 생생하게 접하게 되었다. 그는 한 친구에게 "만일 하나님께서 그의 성경을 하늘로 거두어가시고 나에게 다른 성경을 내려보내신다 해도, 그 성경은 나에게는 결코 새로운 것일 수 없다"고 말했다.

그는 요크셔 주의 하워스로 가서 21년간 사역했다. 그의 전기작가들을 말하기를, 만일 그가 런던에서 살았다면 18세기 초대의 설교가가 되었을 것이라고 말한다. 하워스는 거칠고 야만적인 마을이었다. 길이 너무나 가파르기 때문에 마차를 타고 가는 것은 위험했다. 그림쇼는 열심히 일했다. 그는 창고나 밭이나 채석장이나 가리지 않고 사람들이 모이는 곳이면 그곳에서 복음을 전했다.

한번은 그는 "내가 죽을 때에는 크게 슬퍼할 일이 하나 있고, 크게 기뻐할 일이 하나가 있을 것이다. 크게 슬퍼할 일은 내가 예수를 위해 행한 것이 거의 없다는 것이고, 크게 기뻐할 것은 예수님께서 나를 위해 많은 일을 행하셨다는 것이다"라고 말했다.

윌리엄 그림쇼는 아들 존이 그리스도를 거부하고 방탕하고 무절제하게 사는 일로 상심했다. 윌리엄이 임종할 무렵, 존이 그를 찾아왔다. 윌리엄은 "무슨 일이든지 조심해서 행하거라. 그렇게 하다가 죽으면 어떻게 하겠느냐"라고 말했다. 이 말은 존을 괴롭혔다. 존은 어느날 하워스의 주민 한 사람을 만났는데, 그 사람은 존에게 "당신은 노 목사님의 말을 타고 계시군요"라고 말했다.

존은 "그렇습니다. 이 말은 과거에는 훌륭한 성인을 태우고 다녔지만, 지금은 대 죄인을 태우고 있습니다"라고 대꾸했다. 오래지 않아 존은 아버지의 유언을 받아들여 그리스도께 마음을 바쳤다. 그리고 나서 얼마 후인 1766년 5월 17일에 임종하면서 그는 "만일 내가 천국에 도착한 것을 아버지께서 보시면 뭐라고 하실까?"라고 말했다. 아마 "할렐루야?"라고 말하지 않을까?

너희 중에 어느 사람이 양 일백 마리가 있는데 그 중에 하나를 잃으면 아흔 아홉 마리를 들에 두고 그 잃은 것을 찾도록 찾아다니지 아니하느냐 내가 너희에게 이르노니 이와 같이 죄인 하나가 회개하면 하늘에서는 회개할 것 없는 의인 아흔 아홉을 인하여 기뻐하는 것보다 더하리라 (눅 15:4, 7).

5월 18일   쉘든 잭슨

가끔 우리는 서두르기보다는 자기의 주장을 꾸준히 밀고 나감으로써 더 많은 것을 성취할 수 있다는 것을 망각하고 천천히 걸어가야 할 때에 앞으로 돌진하는 경우가 있다. 쉘든 잭슨은 1834년 5월 18일에 뉴욕의 모호크 밸리에서 태어났다. 그가 4살 때에, 그의 부모는 그를 하나님의 사역에 바쳤다. 그는 어렸을 때부터 선교사가 되려는 꿈을 가지고 있었다.

프린스턴 신학대학을 졸업한 후, 그는 서부 개척지로 이주하는 사람들의 대열에 합류했다. 대부분의 사람들은 금이나 땅을 찾는 사람들이었다. 세인트 루이스에서는 날마다 마차가 출발했다. 1866년에 철도가 개통되면서 동부와 서부의 교류가 활발해졌다. 신흥도시들이 생겨났다. 개척지에는 카우보이, 금을 캐는 사람들의 천막, 떠들썩한 술집, 총잡이들로 가득했다. 잭슨은 영혼을 구하기 위해 사방을 돌아다녔다. 그는 15일 동안에 7개의 교회를 세우기도 했다.

그는 키가 150센티미터 밖에 되지 않았고, 어디서나 잠을 잤다. 그는 마차나 술집 다락, 또는 움푹 패인 통나무, 인디언의 천막, 카누 등 어디나 그의 침실이 될 수 있었다. 어떤 사람은 그를 "구레나룻을 기르고 반점이 있고 키가 작은 거인"이라고 묘사했다. 그가 사역할 밭은 넓었다. 그는 뉴 맥시코에서부터 미네소타에 이르는 지역에서 장로교 선교회의 감독으로 일했다.

미국이 알래스카를 구매했을 때, 그는 즉시 그곳으로 달려갔다. 그는 안개에 가려진 위험한 베링해와 북극해를 탐험했다. 그는 젊은이들을 위해 학교를 세우고, 교회가 없는 작은 마을에는 선교사들을 배치했다. 그는 에스키모인들에게 복음을 전하고 교회를 세우고 성경을 보급했다. 그는 팀험가들이 고래와 바다표범을 남획하여 에스키모인들의 자연적인 식량 보급원을 박탈하게 될 것을 염려했다. 그리하여 쉘든은 비난과 조롱에도 불구하고 2000불을 모금했고, 시베리아로부터 순록을 도입해 들여왔다. 곧 순록 떼들이 운송수단, 식량, 의복, 생필품 등을 제공하게 되었다. 쉘든은 26번이나 알래스카로 여행했다. 그는 50년간 사역하면서 미국 서부와 북부를 백만 마일이나 여행했고, 886개의 교회를 세우는 일을 감독했다. 이처럼 넓은 지역에 기독교 신앙을 심은 사람은 거의 없었다. 그 비결은 무엇이었을까? 친구들은 "그는 결코 서두르지 않고 자신의 주장을 밀고 나갔다"고 간단히 설명했다.

충성된 사자는 그를 보낸 이에게 마치 추수하는 날에 얼음 냉수 같아서 능히 그 주인의 마음을 시원케 하느니라 선물한다고 거짓 자랑하는 자는 비 없는 구름과 바람 같으니라 오래 참으면 관원이 그 말을 용납하나니 부드러운 혀는 뼈를 꺾느니라(잠 25:13-15).

지진 종교회의

5월 19일

시편 46은 "하나님은 우리의 피난처시오…땅이 요동할지라도 우리는 두려워 아니하리로다"라고 말한다. 1382년 5월 19일 성 던스탠의 날에 일어난 지진처럼 땅이 요동하는 것은 하나님의 자녀로 하여금 하나님의 능력을 다시 확신하게 해준다. 1382년 5월 19일은 성 던스탠의 날이다. 성 던스탠의 날은 왕을 무시하다가 벨기에의 어느 수도원으로 추방당한 영국 정치가의 이름을 딴 날이다. 이 정치가는 그곳에서 그리스도의 일에 헌신했으며, 결국 영국에 돌아와 캔터베리의 대주교가 되었다. 그리고 988년 5월 19일 사망했다.

그로부터 300년이 지나서 윌리엄 코트니라는 켄터베리의 대주교가 권력을 마음대로 휘둘렀다. 고집 센 코트니는 교회의 가르침을 비판한 옥스포드 대학의 교수인 존 위클리프에게 크게 노했다. 위클리프는 교회의 머리는 교황이 아니라 그리스도가 되어야 한다고 믿고 있었다. 그는 면죄부 판매를 반대하고, 미사와 관련된 여러 가지 미신에 대해 경고했다. 그는 그리스도를 믿음으로써만 구원을 받으며 성경만이 우리의 유일한 권위가 된다고 했다. 루터 이전의 개혁자라고 할 수 있는 그는 "종교개혁의 샛별"이라고 불렸다.

코트니는 거듭 위클리프를 정죄하려고 했지만, 이 유명한 교수는 항상 그를 앞질렀다. 마침내 코트니는 위클리프의 가르침을 조사하고 이 성경교사를 정죄하여 죽이기 위해서 특별 위원회를 소집했다. 존 폭스는 그 이야기를 이렇게 전한다.

"여기에 결코 지나칠 수 없는 큰 하나님의 기적이 있다…대주교가 신학박사들과 법률가들, 그리고 많은 수도사들과 종교인들을 거느리고서 위클리프의 저서를 심사하기 위해 모였을 때, 성 던스탠의 날에 그들이 그 일을 하기 위해 런던에 모였을 때, 저녁 식사 후 약 2시경 일을 시작할 즈음 잉글랜드 전역에 무서운 지진이 일어났다. 그리하여 그들 중 일부는 자기들의 목적을 포기하고 떠나는 것이 좋겠다고 생각했다."

나중에 위클리프는 "수도사들이 그리스도에게 이단을 입혀놓았기 때문에 주님이 지진을 보내신 것이다. 그리스도께서 죽으실 때에 땅이 흔들렸다"고 선포했다. 그러나 위클리프는 지진이 나도 두려워하지 않았다. 왜냐하면 하나님이 그의 피난처가 되시기 때문이었다. 그러나 코트니가 소집한 모임은 그 후 영국 역사에서 지진 종교회의라고 알려져 왔다.

하나님은 우리의 피난처시요 힘이시니 환난 중에 만날 큰 도움이시라 그러므로 땅이 변하든지 산이 흔들려 바다 가운데 빠지든지 바닷물이 흉용하고 뛰놀든지 그것이 넘침으로 산이 요동할지라도 우리는 두려워 아니하리로다(시 46:1-3).

5월 20일 — 박해에도 굴하지 않은 새틀러

우리에게 필요할 때에 모든 도전에 적절한 하나님의 은혜가 임한다. 우리가 고독할 때, 병들었을 때, 심지어 고문을 받을 때에도 하나님의 은혜가 우리에게 임한다.

1490년경 독일에서 태어난 마이클 새틀러는 베네딕트 수도회의 수도사가 되었다. 그는 바울의 서신을 공부하면서 점차 불만을 느껴 수도원을 떠나 결혼을 하고 루터교인이 되었다. 얼마 후, 그는 신자의 세례에 대해 확신을 갖게 되어 재세례파 신자가 되었는데, 그는 점점 유명해지고 개종자들과 원수들 모두에게서 관심을 끌었다.

1520년대 중반, 새틀러와 그의 아내, 그리고 몇명의 동료들은 체포되어 빈스도르프 탑에 갇혔다. 새틀러는 그곳에서 자기의 양들에게 편지를 썼다.

> "우리 몇 사람이 감옥에 갇혔다는 것을 형제들이 여러분에게 알려드렸을 것입니다. 우리의 원수는 우리에게 많은 죄목을 붙였습니다. 그들은 우리를 교수형에 처하겠다고 위협하기도 하고, 칼로 찔러 죽인다거나 불로 태워 죽인다고 위협하기도 했습니다. 이와 같은 곤경 속에서 나는 완전히 주님의 뜻에 완전히 복종합니다. 나는 주님을 증거하기 위해서 모든 형제와 아내와 함께 죽을 각오가 되어 있습니다."

1527년 5월 20일, 그를 처형하기에 앞서 시의 중심지에서 그를 고문하기 시작하여 그의 혀를 자르고 뜨겁게 달아오른 인두로 그를 고문했다. 그리고 그를 마차에 태워 처형장으로 가는 도중에도 다섯 번이나 인두로 그의 몸을 지졌다. 말을 할 수 있었기 때문에 새틀러는 자기를 박해하는 사람들을 위해서 기도했다. 사다리에 밧줄로 묶인 채 불속에 들어가서도 그는 모인 사람들과 재판관들과 시장에게 회개하라고 권면했다. 그는 "전능하시고 영원하신 하나님, 당신은 길이요 진리이십니다. 나에게는 오류가 없으므로 오늘 나는 당신의 도움을 받아 나의 피로 긴리를 증거하고 인칠 것입니다"라고 기도했다. 그의 손목을 묶은 밧줄이 불에 타자 마자 새틀러는 집게 손가락을 들고서 순교자의 죽음은 견딜 만한 것임을 나타내는 약속된 신호를 형제들에게 보냈다. 그 때 모인 사람들은 그가 "아버지여, 내 영혼을 당신의 손에 맡깁니다"라고 말하는 소리를 들었다.

새틀러의 아내는 8일 후에 물에 빠뜨려 죽임을 당했다.

또 어떤 이들은 희롱과 채찍질뿐 아니라 결박과 옥에 갇히는 시험도 받았으며 돌로 치는 것과 톱으로 켜는 것과 시험과 칼에 죽는 것을 당하고 양과 염소의 가죽을 입고 유리하여 궁핍과 환난과 학대를 받았으니 이런 사람은 세상이 감당치 못하도다 저희가 광야와 산중과 암혈과 토굴에 유리하였느니라(히 11:36-38).

아이작 왓츠

5월 21일

"영국 찬송가의 아버지"라고 불리는 아이작 왓츠는 「예부터 도움 되시고」, 「기쁘다 구주 오셨네」 등 600개의 찬송을 지었다. 그의 삶은 아버지의 영향을 많이 받았다. 그의 아버지는 비국교 신앙 때문에 여러 번 감옥에 갇혔다. 1685년 5월 21일, 그는 감옥에서 가족들에게 편지를 보냈는데, 그 편지에는 특히 11살 된 아이삭에게 주는 말이 들어 있었다: "우리는 불평하지 말고 인내하고 기다리면서 하나님의 뜻에 순종해야 한다. 또 하나님의 징계를 나쁘게 생각하지 말고, 하나님께서 행하시는 모든 일은 그의 무한하신 지혜의 산물임을 알아야 한다." 아버지는 왓츠에게 몇 가지 지침을 주었다.

- 자주 성경을 읽되, 의무감이 아닌 기쁨으로 읽어라.
- 자신의 죄악됨을 깨닫고, 기도하는 생활을 하라. 기도는 성도를 방어해주는 가장 좋은 무기임을 기억하거라.
- 구원의 소망은 예수 그리스도에게 있음을 기억해라.
- 하나님은 우리를 지으신 분이라는 것을 항상 기억하며, 즐거운 마음으로 그분을 섬겨라.
- 하나님의 방법으로, 다시 말해서 사람들이 고안해낸 것이나 전통을 따르지 말고 복음서에 기록된 규칙에 따라서 하나님을 예배하거라.
- 결코 가톨릭의 교리, 특히 성인들이나 성모 마리아나 다른 피조물에게 기도하는 가르침을 마음에 받아들이지 말아라. 지금은 살기에 아주 위험한 시대이니 하나님께 진리의 지식을 달라고 기도하거라.
- 하나님의 백성들이 박해를 받는다고 해서 하나님이나 그의 길에 대해서 좋지 않은 생각을 품지 말아라. 예수 그리스도도 진리를 전파하고 선을 행했다는 이유로 악인들로부터 박해를 받으셨다.
- 어른들에게 순종하거라. 할아버지, 할머니에게 순종하고, 특히 어머니를 공손히 모시거라.

왓츠의 아버지는 얼마 후에 석방되어 85세까지 살면서 왓츠의 마음에 복음의 음악을 심어주었고, 그로 하여금 그것을 추구하도록 격려해 주었다.

온 땅이여 여호와께 즐거이 부를찌어다 기쁨으로 여호와를 섬기며 노래하면서 그 앞에 나아갈찌어다 여호와가 우리 하나님이신줄 너희는 알찌어다 그는 우리를 지으신 자시요 우리는 그의 것이니(시 100:1-3).

5월 22일 제자들의 발을 씻어주신 예수님

주님의 사역의 후반가는 주님을 따르는 자들의 질투와 보이지 않는 경쟁으로 얼룩져 있다. 그리스도께서 십자가에 달리시기 전날 밤에도 제자들을 암암리에 서로를 공격했기 때문에, 주님은 허리에 수건을 두르시고 종의 대야에 물을 담아 그들의 발을 씻겨 주셨다.

그 후 수백 년이 흐르는 동안 많은 감독들은 이 교훈을 망각했다. 교회가 로마 세계 전역으로 퍼짐에 따라 안디옥과 알렉산드리아와 로마의 감독들은 특별한 지도권을 취했다. 신약성서에서는 안디옥과 로마 교회가 두드러진다. 알렉산드리아의 교회의 기원은 복음서 기자 마가를 거쳐서 베드로에게로 거슬러 올라간다. 325년에 니케아 공의회는 이 세 명의 감독들을 다소 동등한 관계에 두었다.

예루살렘도 인정되어야 한다고 주장한 예루살렘의 감독은 기독교계에서 네번째 세계적인 중심이 되었다. 이어 다섯번째 중심지도 등장했다. 콘스탄틴 황제는 로마의 수도를 보스포러스 해협에 위치한 새로운 도시로 옮기기로 결정했다. 그리하여 콘스탄티노플의 감독이 탁월한 지위를 차지하게 되었다. 381년에 콘스탄티노플에서 개최된 에큐메니칼 공의회에서는 콘스탄티노플의 총대주교는 "로마의 감독 다음가는" 존경을 받아야 마땅하다고 했다. 그래서 이 둘 사이에 저급한 경쟁이 시작되었는데, 경쟁은 451년에 칼케돈 공의회에서 콘스탄티노플 감독의 권위를 확대하는 다음과 같은 칙령을 발표하면서 악화되었다.

"교부들은 제국의 수도로서의 특성 때문에 고대 로마의 감독에게 특권을 수여했으며, 동일한 배려에서 감독들은 새로운 로마의 지극히 거룩한 감독에도 동일한 특권이 있음을 인정한다."

로마에서 파견된 교황의 사절들은 현장에서 항의했다. 452년 5월 22일, 레오는 황제, 황후, 그리고 콘스탄티노플 총대주교에게 편지를 보냈다. 레오는 콘스탄티노플 주교를 높여준 것은 교만한 일이요, 기독교의 다른 중심지들에 대한 공격이요, 과거의 공의회들이 로마에 부여한 권리를 침해하는 일이요, 교회의 통일을 파괴하는 일이라고 주장했다. 그의 편지는 상황을 오히려 악화시켰다. 동방 교회와 서방 교회의 사이는 더욱 멀어졌고, 1054년에는 완전히 분열되었다. 양측 모두 예수님께서 제자들의 발을 씻어주신 일을 망각했던 것같다.

내가 주와 또는 선생이 되어 너희 발을 씻겼으니 너희도 서로 발을 씻기는 것이 옳으니라 내가 너희에게 행한 것 같이 너희도 행하게 하려 하여 본을 보였노라(요 13:14-15).

30년 전쟁

5월 23일

17세기에 유럽의 중심에 있는 보헤미아는 산과 고지로 둘러싸인 아름다운 곳으로서 모라비아 교도들의 본거지였다. 그곳은 루터가 종교개혁을 시작하기 전에 이미 종교개혁을 위해 순교한 존 후스가 배출된 곳으로서 예배의 자유를 갈망하는 후스파로 가득했다.

그런데 보헤미아는 독실한 가톨릭 신자로서 합스부르크 왕가의 페르디난드 2세가 통치하고 있었다. 페르디난드는 보헤미아를 다시 가톨릭화하기 위해 전쟁을 일으켰다. 1618년 5월 23일에 개신교 측의 반도들이 궁전을 습격했다. 그들은 실제로 페르디난드의 사령관들을 창문 밖으로 내던졌는데, 사령관들은 거름더미 위에 떨어졌다. 페르디난드는 군대를 파견했다. 그리하여 1620년 1월 화이트 마운틴 전투에서 개신교도들을 완전히 궤멸시켰다. 보헤미아의 개신교도들은 위험에 처했다.

목사이자 기독교 교육가인 잔 에이머스 코메니우스는 전쟁에서 가족들을 모두 잃고 자신만 간신히 불타는 집에서 빠져 나왔다. 그의 교인들은 고국을 떠나 망명을 해야 했다. 눈내리는 날 그들은 간단히 짐을 꾸려서 집과 조국을 떠나 걸어서 폴란드로 향했다. 국경에 도착한 그들은 뒤를 돌아 마지막으로 조국을 바라보았다. 코메니우스는 추위에 떠는 교인들을 이끌고 보헤미아에 하나님을 영화롭게 할 숨은 씨를 보존해 달라고 기도했다. 기도를 마친 후에 작은 무리는 무거운 걸음으로 계속 걸어갔다.

코메니우스는 다시는 고국에 돌아오지 못했다. 그는 1670년에 사망했는데, 당시 그가 가진 것이라곤 누더기 옷 한 보따리뿐이었다. 그러나 그는 세상에 154권의 책을 남겼는데, 그것이 현대 기독교 교육의 초석이 되었다.

한편, 화이트 마운틴 전투는 전쟁의 끝이 아니라 시작에 불과했다. 덴마크가 전쟁에 개입했고, 이어 스웨덴과 프랑스도 개입했다. 유럽은 황폐해졌고, 독일 인구의 절반이 사망했다. 보헤미아에서의 폭동이 시작된 지 30년 후인 1628년에 웨스트팔리아 조약이 조인되었다.

코메니우스의 기도는 100년 후 진젠돌프 백작이보헤미아인 후손들에게 헤른후트에 피난처를 제공함으로써 응답되었다. 코메니우스와 그의 추종자들의 후손은 진젠돌프 덕분에 안전하게 헤른후트에 정착했는데, 그들은 현대 선교운동의 선구자가 되었다.

길 가실 때에 혹이 여짜오되 어디로 가시든지 저는 좇으리이다 예수께서 가라사대 여우도 굴이 있고 공중의 새도 집이 있으되 인자는 머리 둘 곳이 없도다 하시고(눅 9:57, 58).

5월 24일

폭풍우 속의 웨슬리

시편 기자는 "내가 두려워하는 날에는 주를 의지하리이다"(시 56:3)고 했다. 존 웨슬리는 1736년 1월 25일에 아주 무서운 일을 경험했다. 그는 아직 스스로도 구원받지 못했음에도 불구하고 조지아주에서 인디언들에게 전도하는 선교사로 활동하기 위해서 한 겨울에 작은 범선에 승선했다. 그 배에는 독일 출신의 모라비아 선교사들도 타고 있었다. 항해는 위험했다. 세 번이나 폭풍을 만났는데, 또 폭풍이 일어나려 하고 있었다. 웨슬리는 일지에 "큰 폭풍이 오고 있다. 두렵다"라고 썼다. 그러나 모라비아 교도들은 전혀 두려워하지 않고 계획대로 예배를 보고 있었다. 그들이 찬송을 부르고 있을 때, 큰 파도가 배를 덮쳐 돛이 찢어지고 갑판에 물이 들어왔다.

큰 파도에 배가 흔들리며 기우뚱거리면 영국인 승객들은 비명을 질렀다. 웨슬리는 목숨에 집착했지만, 독일인 선교사들은 조금도 동요하지 않았다. 이러한 태도에 감동을 받은 웨슬리는 그들의 지도자에게 가서 "두렵지 않았습니까?"라고 물었다.

"두렵지 않았습니다."

"여자들과 어린아이들도 두려워하지 않았습니까?"

"예. 두려워하지 않았습니다."

조지아에서의 웨슬리는 선교 사역에 실패했다. 그는 영국으로 돌아오면서 "나는 인디언들에게 복음을 전하기 위해서 미국으로 갔다. 그러나 과연 누가 나를 회심시켜 줄 것인가?"라고 말했다. 그를 회심시킨 것은 모라비아 교도들이었다. 런던으로 돌아온 웨슬리는 1738년 5월 24일에 올더스게이트에서 개최된 모라비아 교도들의 집회에 참석했다. 누군가가 루터의 로마서 서문을 낭독하고 있었다. 후일 그는 "이상하게 내 마음이 뜨거워졌다. 나는 구원을 위해서 그리스도만을 의지해야 한다고 느꼈다. 그리고 그리스도께서 내 죄를 제거해주셨다는 확신이 생겼다"고 말했다.

웨슬리는 유명한 복음전도자요 사회개혁자가 되었다. 전 세계가 그의 교구였다. 한편 웨슬리 자신은 폭풍 속에서도 전혀 동요하지 않을 정도로 확고하게 그리스도께 헌신한 작은 무리의 능력으로 말미암아 구원의 확신을 얻었다.

하나님이여 나를 긍휼히 여기소서 사람이 나를 삼키려고 종일 치며 압제하나이다 나의 원수가 종일 나를 삼키려 하며 나를 교만히 치는 자 많사오니 내가 두려워하는 날에는 주를 의지하리이다 내가 하나님을 의지하고 그 말씀을 찬양하올지라 내가 하나님을 의지하였은즉 두려워 아니하리니(시 56:1-4).

괴짜 설교자 빌리 브레이

5월 25일

　찰스 스펄전은 『별난 설교자들』이라는 제목의 작은 책을 저술했다. 그는 11명의 괴짜 목회자들에 대해 묘사했다. 그가 예를 든 목회자들 중에는 잉글랜드의 콘월에서 활동한 빌리 브레이가 있다. 빌리는 술주정뱅이 광부였는데 29살 때 주님을 발견했다. 빌리는 이렇게 말했다. "순간적으로 주님은 나를 행복하게 해주셨는데, 그 때의 느낌은 무어라 설명할 수가 없다. 나는 기뻐 소리쳤다. 사람들, 들판, 가축, 나무 등 모든 것들이 새롭게 보였다. 나는 마치 새로운 세상에 있는 것 같았다." 빌리는 감리교 신자가 되어 다른 사람들 전도에 나섰다. 그의 폭발할 것같은 활력 때문에, 어떤 사람들은 그를 미치광이라고 했다.

　빌리는 콘월을 휩쓸었다. 빌리는 처음 보는 사람을 만나면 그의 영혼에 대해 질문했고, 누가 구원받았다는 소식을 들으면 "영광!"이라고 소리쳤다. 때로 그는 사람들을 방 주위에 둘러 세워놓고는 "나는 하나님을 찬양하지 않고는 견딜 수 없습니다. 길을 가면서 한 발을 들어올리면 그 발은 '영광!'이라고 말하고, 다른 발을 들어올리면 그 발은 '아멘!'이라고 말하는 듯합니다. 내가 걸어가는 동안 내 두 발은 계속 그런 상태를 유지합니다"라고 말하곤 했다.

　29살 때부터 73살에 죽을 때까지, 그는 날마다 껑충껑충 뛰거나 춤을 추거나 소리를 치면서 걸어다녔다. 그는 설교를 하고 교회당을 세우고 고아들을 자기 집에 데리고 왔다. 그는 매주 토요일 오후부터 주일날 밤까지 금식했다. 사람들이 음식을 강요할 때면 그는 "주일날 나는 왕의 식탁에서 아침과 저녁을 먹습니다. 아주 훌륭한 음식이지요"라고 했다.

　아내가 죽었을 때, 그는 흥분하여 껑충껑충 뛰면서 방을 돌면서 "주님을 찬양하라! 내 사랑하는 아내는 하늘로 가서 빛나는 사람들과 함께 거하게 되었다! 영광! 영광! 영광!"이라고 외쳤다. 의사가 빌리에게 임종이 얼마 남지 않았다고 말하자, 그는 "영광! 하나님께 영광! 이제 곧 나는 하늘나라에 거하게 될 것이다!"라고 외쳤다. 그리고 그는 "의사 선생님, 내가 천국에 가면 그들에게 당신의 안부를 전해주고, 당신도 장차 그곳으로 올거라고 말해줄까요?"라고 말했다. 1868년 5월 25일 그가 죽으면서 남긴 말은 "영광!"이었다.

　스펄전은 "사람이 별나다는 것은 그리 끔찍한 일은 아닌 듯하다"고 평했다.

할렐루야 내 영혼아 여호와를 찬양하라 나의 생전에 여호와를 찬양하며 나의 평생에 내 하나님을 찬송하리로다(시 146:1, 2).

5월 26일 — 고요한 삶

어떤 사람의 사람의 삶에는 커다란 기도의 응답, 간신히 위험을 피한 것, 극적인 회심, 넓은 지역으로의 여행 등 모험적인 일이 많다. 그러나 종종 고요한 생활을 하는 기독교인들이 더 중요한 인물인 경우가 있다. 가경자 비드(Venerable Bede)의 삶은 너무 평범해서 그에 대해서 할 이야기가 거의 없다. 그러나 신앙과 학문 분야에 그만큼 큰 업적을 남긴 사람은 없다.

비드는 672년경 잉글랜드 북부에서 태어났다. 7살 때 고아가 된 그는 수도원에서 살았다. 어린 그는 책을 좋아해서 성경, 전기, 문학, 음악 역사 등을 공부했다. 그는 교부들의 책과 벌게이트 역 성경을 숙독했다. 그리고 그는 라틴어, 그리스어, 히브리어를 배웠다. 30세 때, 그는 책을 서술하기 시작했다. 그는 "나는 언제나 배우고 가르치고 저술하는 일에서 기쁨을 느꼈다"고 말했다. 그는 그 시대에 가장 위대한 학자, 영국 역사와 신학의 아버지가 되었다. 그의 『영국 교회사』(Ecclesiastical History of the English Nation)는 세심한 부분까지 정확하며 역사가들의 표준이 된다.

735년 봄, 비드는 요한복음을 앵글로-색슨어로 번역하는 작업을 하고 있었다. 5월 25일, 그는 조수에게 "작업을 빨리 진행하십시오. 내 목숨이 얼마나 오래 지탱할는지, 또는 조물주께서 곧 나를 데려 가시지 않을는지 모르니까요. 735년 5월 26일 아침 일찍, 마지막 한 장의 번역만을 남겨두고 있었는데, 비드는 "펜을 가져다가 빨리 기록하라"고 말했다. 그는 친구에게 "내 궤에는 후추와 내프킨과 향료 등 몇 가지 귀한 물건이 있다네. 하나님께서 나에게 주신 선물들을 나누어 주려니 어서 사제들을 데려오게"라고 말했다. 그는 사제들 한 사람 힌 사람에게 이야기를 했고, 사제들은 눈물을 흘렸다. 그는 "나는 살 만큼 살았습니다. 이제 그리스도와 함께 거하고 싶습니다"라고 말했다.

비드는 그 날을 즐겁게 보냈다. 저녁 무렵에 조수가 와서 한 문장만 번역하면 된다고 보고했다. 비드는 만족하여 "서두르게"라고 말했다. 드디어 번역을 마쳤고, 비드는 자기의 작은 방 바닥에 앉아서 "성부와 성자와 성령께 영광"이라고 찬송하기 시작했다. 찬송을 마친 후 그는 고요히 숨을 거두었다.

이는 내게 사는 것이 그리스도니 죽는 것도 유익함이니라 그러나 만일 육신으로 사는 이것이 내 일의 열매일찐대 무엇을 가릴지 나는 알지 못하노라 내가 그 두 사이에 끼웠으니 떠나서 그리스도와 함께 있을 욕망을 가진 이것이 더욱 좋으나 그러나 내가 육신에 거하는 것이 너희를 위하여 더 유익하리라(빌 1:21-24).

칼빈의 죽음

5월 27일

아름다움 임종이 거룩한 삶을 입증해준다면, 우리는 그 사람에 대해 기분좋게 느낄 수 있다. 1564년 2월 6일, 55살 된 존 칼빈은 마지막으로 제네바에 있는 세인트 피에르 교회 강단에 섰다. 설교 도중에 그는 기침을 하기 시작했고, 입에서는 피가 흘렀다. 그는 설교를 마치지 못하고 천천히 강단에서 내려왔다.

부활절인 4월 2일, 그는 들것에 실려 세인트 피에르 교회에 가서 강단 근처에 앉아 테오도레 베자의 설교를 들었다. 예배가 끝날 때, 칼빈은 회중과 함께 "당신의 종을 평안히 보내소서"라고 마지막 찬송을 불렀다. 사람들은 그를 침대에 눕혔는데, 그는 침대에서도 여전히 열심히 글을 썼다. 친구들이 제발 쉬라고 말했지만 그는 "쉬다니! 주님이 오셔서 내가 게으르게 쉬고 있는 것을 보시면 어쩌려고?"라고 대꾸했다. 4월 30일에 제네바 의회 의원들이 그의 주위에 모였다. 그는 그들에게 말을 하고 그들을 위해 기도하고 악수를 했다. 그들은 어린아이처럼 울면서 그의 침실을 떠났다. 이틀 후 제네바의 목사들이 그를 찾아왔다. 칼빈은 그들의 손을 잡고 자기의 잘못을 용서해달라고 했다. 그들 역시 눈물을 흘리며 헤어졌다.

그의 임종이 가까워진 것을 알고, 그의 친구이며 정신적 조언자인 80세의 윌리엄 파렐이 그를 만나려고 멀리서부터 걸어왔다. 먼지를 뒤집어 쓴 채 도착했을 때, 이미 사람들은 그의 임종을 지켜 보려고 모여 있었다. 칼빈은 계속 성경을 인용하고 기도하다가 1654년 5월 27일 토요일 해질 무렵 전혀 괴로움 없이 고요히 저 세상으로 갔다. 베자는 "오늘 해가 질 때에, 세상에서 가장 밝은 하나님의 교회의 빛이 천국으로 가셨습니다"라고 말했다. 제네바 시 전체는 크게 슬퍼했다.

칼빈은 자기의 시신을 공동묘지에 묻고 묘비를 세우지 말라고 유언했다. 그는 과거의 성인들의 무덤처럼 하나의 성소가 되는 것을 원치 않았다. 오늘날 그의 무덤의 위치도 알려져 있지 않다.

주재여 이제는 말씀하신 대로 종을 평안히 놓아 주시는도다 내 눈이 주의 구원을 보았사오니 이는 만민 앞에 예비하신 것이요 이방을 비추는 빛이요 주의 백성 이스라엘의 영광이니이다 하니(눅 2:29-32).

5월 28일 — 조셉 엘라인

조셉 엘라인이 옥스포드의 교목으로 있을 때, 그는 종종 연구를 하느라고 친구들을 소홀히 했다. 그는 "내 시간을 빼앗기는 것보다는 그들이 나의 무례함에 경악하는 편이 낫다. 나의 무례함을 눈치채는 사람은 소수에 불과하지만 내가 입는 시간적인 손해를 느끼는 사람은 많을 것이다"라고 말했다. 21살밖에 되지 않았음에도 불구하고, 영혼들을 구원하려는 그의 열심은 무한하고 만족을 몰랐다. 그는 한 순간도 낭비하지 않고 연구하고 설교하고 복음화하는 일에 헌신했다.

1655년에 조셉은 잉글랜드 서부에 있는 교회로 청빙되어 갔고, 얼마 후에 결혼했다. 그의 아내 테오도시아는 후일 말하기를, 그의 유일한 결점은 자기와 함께 더 많은 시간을 보내지 않는 것이라고 했다. 조셉은 "여보, 당신의 영혼은 안전하지만, 내가 돌봐주어야 할 죽어가는 영혼이 얼마나 많소?"라고 말하곤 했다.

조셉은 새벽 4시에 일어나 8시까지 기도하고 성경 공부를 하고, 오후에는 불신자들을 심방했다. 그는 주민들의 명단을 가지고 다녔는데, 그들 각 사람의 영적 상태도 파악하고 있었다. 그는 "시간을 금보다 더 귀하게 여기는 신자를 주십시오"라고 말했다. 한 주일이 시작될 때에 그는 "또 한 주일이 시작됩니다. 이 주간도 하나님을 위해 보냅시다"라고 말했고, 매일 아침 "오늘 하루도 훌륭하게 삽시다!"라고 말했다.

그러나 그의 시대는 오래 지속되지 못했다. 1662년에 왕정복고의 결과로 영국 국교회에 통일령이 발표되어, 단 하루만에 2,000명의 설교자들이 쫓겨났다. 대부분의 설교자들은 1662년 8월 17일에 고별설교를 했다. 그러나 조셉은 계속해서 설교를 했다. 1663년 5월 28일에 그는 체포되어 투옥되었고, 곧 건강을 해쳤다.

그는 석방되었을 때 아내에게 "이제 우리에게는 단 하루만 남았소. 우리는 오늘 선하게 살고 영혼들을 위해 열심히 일하고 천국에 많은 보물을 쌓읍시다. 우리는 앞으로 며칠밖에 살지 못하니 말이오"라고 말했다. 그는 1668년 11월 17일에 34세로 세상을 떠났다. 그러나 그는 훌륭한 삶을 살았다. 그는 많은 영혼들을 구원했고, 『엘라인의 경고』라는 저서를 남겼다.

그런즉 너희가 어떻게 행할 것을 자세히 주의하여 지혜 없는 자같이 말고 오직 지혜 있는 자같이 하여 세월을 아끼라 때가 악하니라 그러므로 어리석은 자가 되지 말고 오직 주의 뜻이 무엇인가 이해하라(엡 5:15-17).

왕정복고

5월 29일

조셉 엘라인은 1660년대에 있었던 영국의 왕정복고 및 영국 정부가 통과시킨 법들 때문에 감옥에 갇혔다. 여러 해 동안 영국에서는 가톨릭 통치와 개신교 통치가 번갈아가며 이루어졌다. 가톨릭 신자가 왕이 되면 개신교도들이 박해를 당하고, 개신교인이 왕이 되면 가톨릭 신자들이 박해를 받았다. 어떤 경우에든지, 청교도들과 비국교도들은 무섭게 고난을 당했기 때문에, 마침내 그들은 폭동을 일으켰다. 국왕 찰스 1세는 참수되었고 그의 아들은 프랑스로 망명했고, 청교도 정부가 들어섰다.

그러나 국민들은 과거의 군주국가를 그리워했다. 그리하여 1658년에 젊은 찰스 2세는 종교의 자유를 약속면서 귀국했다. 그는 30번째 생일인 1660년 5월 29일 런던에 입성했다. 젊은 왕은 2만 명의 군인들의 호위를 받으며 꽃으로 덮인 길을 지나갔다. 나팔이 울려퍼지고, 사람들은 기뻐하고, 종이 울렸다. 그러나 그는 연애 행각과 하나님에 대한 미심쩍은 신앙 때문에 그 시대에서 가장 명예롭지 못한 지도자가 되었다. 그러나 그는 항상 평안한 미소를 지었고 붙임성이 있었기 때문에, 그를 싫어하는 사람은 거의 없었다. 하지만 1661년에 종교적 광신자들이 그를 전복시키고 그리스도의 재림을 기다리는 나라를 세우려 했다. 그들의 계획은 실패했고, 이후 찰스는 한층 더 비국교도들을 의심했다. 존 번역과 같은 설교자들은 감옥에서 고달픈 세월을 보냈고, 비국교도들을 괴롭히는 5개의 법이 통과되었다.

(1) 1661의 자치령(Corporation Act)에서는 비국교도들을 지방 관리직에 임명하지 못하게 했다. (2) 1662년의 통일령(Act of Uniformity)는 예배의 표준으로 『공동기도서』를 사용할 것을 규정했다. 이 법 때문에 하룻 동안에 2,000명의 목사들이 강단에서 쫓겨났다. (3) 1664년에 발효된 비밀집회법(Conventicle Act)은 주로 침례교도들을 표적으로 한 것으로서 비국교도들의 종교 모임을 금지했다. (4) 1665년에 제정된 5마일법(Five Mile Act)은 비국교파 목사들은 자신이 목회를 하던 도시나 마을에서 5마일 이상 이동하는 것을 금지했다. (5) 1673년의 심사령(Test Act)은 가톨릭 신자들을 관리직이나 군대의 직책에서 제외시켰다. 침례교, 가톨릭, 퀘이커교, 장로교, 회중교 등은 모두 박해를 받았다.

이것들은 종교의 자유를 위해 치루어진 대가였다.

누구든지 이 여러 환난 중에 요동치 않게 하려 함이라 우리로 이것을 당하게 세우신 줄을 너희가 친히 알리라(살전 3:3).

5월 30일

에라스무스

데시데리우스 에라스무스는 1466년에 네덜란드의 로테르담에서 사제의 사생아로 태어났다. 어려서 고아가 된 그는 유산을 사취당하고 할 수 없이 수도원에 들어갔다. 그는 수도원의 장서를 제외하고는 수도원을 싫어했다. 어른이 된 에라스무스는 새롭게 신학에 접근하고, 학자들과 열심히 교제하였다. 그는 결국 다른 학자들을 능가하여 그 시대에 가장 유식한 사람이 되었다.

그의 모습을 말하자면, 그는 피부가 희고, 금발이고, 푸른 눈동자에 음성은 밝았다. 태도는 세련되고, 성질은 불같았다. 그는 여러 번 영국을 방문했는데, 그곳에서 존 콜렛은 그에게 신약성서의 원어를 공부하라고 권했다. 그는 그의 말대로 했다. 1516년에 에라스무스는 그리스어 신약성서를 출판했다. 그는 "이 책이 각 나라의 언어로 번역된다면 얼마나 좋을까!"라고 말했다. 목회자들은 에라스무스의 신약성서를 공부하면서, 스스로가 성경의 진리로 돌아가고 있음을 발견했다. 그의 성경은 루터가 독일어로 성경을 번역하는 데 주요한 자료가 되었고, 후일 틴데일이 영어로 성경을 번역하는 데도 중요한 자료가 되었다.

그러나 처음 몇 해 동안 그는 종교개혁을 옹호했지만, 후일 교회가 분열되는 것을 보고 반대했다. 1519년 5월 30일, 그는 루터에게 편지를 보내어 다음과 같이 제안했다.

"교황을 비난하기보다는 교황의 권위를 악용하는 사람들을 비난하는 것이 지혜로운 처사일 것입니다…과거의 제도들을 한번에 뿌리뽑아 버릴 수는 없습니다. 도매급으로 정죄하기보다는 조용히 논의하는 편이 더 유익합니다. 화내지 말고 냉정히게 행동하십시오."

에라스무스는 개신교도들을 지지하지도 않고 단호하게 비난하지도 않았다. 그 결과 그는 양측의 친구들을 모두 잃었다. 그는 "전에 나와 친했던 학자들과 옛 친구들이 이제 가장 위험한 원수가 되었습니다"라고 편지를 썼다.

에라스무스는 새 포도주를 낡은 부대에서 발효시킬 것을 기대했는데, 그것은 전혀 불가능한 일이었다. 그러나 그는 자기 몫의 일을 했다. 그가 그리스어 신약성서를 출판한 것은 포도즙을 짜는 역할을 했다.

새 포도주를 낡은 가죽 부대에 넣지 아니하나니 그렇게 하면 부대가 터져 포도주도 쏟아지고 부대도 버리게 됨이라 새 포도주는 새 부대에 넣어야 둘이 다 보전되느니라

(마 9:17)

반미치광이 크루덴

5월 31일

많은 신자들은 크루덴의 『성구 사전』(Concordance)를 활용하여 성구를 찾곤 했다. 스펄전은 자기가 소장하고 있는 『용어 사전』의 첫 페이지에 "10년 동안 나는 오른편에는 하나님의 말씀, 왼편에는 이 책을 두고 지냈다"라고 적어두었다.

알렉산더 크루덴은 1699년 5월 31일에 스코틀랜드에서 태어났다. 엄격한 청교도인 그의 부친은 주일날에는 놀지 못하게 했기 때문에 알렉산더는 성경책에서 단어를 찾으면서 소일했다. 그는 13살에 대학에 입학하여 19살이 되어 졸업했다. 그는 한 여인을 사랑했는데, 그녀의 아버지는 그를 받아들이지 않았다. 딸이 임신한 것을 안 아버지는 딸을 다른 곳으로 보내 버렸다. 크게 상심한 알렉산더는 한동안 정신병원에 수용되기도 했다.

1726년에 그는 서섹스의 더비 경에게 책 읽어주는 사람으로 고용되었다. 알렉산더는 자신이 항상 하는 대로 단어를 하나도 빠지지 않고 또박또박 읽었기 때문에 곧 해고되었다. 그러나 그는 그곳을 떠나지 않고 더비 경 주위를 따라다니면서 갖가지 방법으로 설득하려 했다. 결국 그는 런던으로 가서 『성구 사전』 집필을 시작했다. 그 책은 1737년에 출판되자 마자 큰 성공을 거두었다.

알렉산더는 다시 사랑을 하게 되었는데 이번에도 거절당했다. 그는 그 여자의 마음을 끌기 위해서 극단적인 행동을 했기 때문에 붙잡혀서 정신병원에 수용되어 침대에 묶여 2달 반을 보냈다. 그는 침대 다리를 잘라내고 간신히 그곳을 탈출했다. 그 후 그는 자신을 "교정자 알렉산더"라고 부르면서 도덕을 개선하기 위해 노력하면서 여기저기를 다녔다. 어느날 저녁, 그는 욕설을 퍼붓는 사람을 저지하려는 마음에서 삽으로 그 사람의 머리를 쳤다. 큰 소란이 벌어졌고, 알렉산더는 다시 정신병원에 갇혔다. 석방된 그는 다시 한 여인과의 사랑에 실패했다. 그는 왕에게 자신을 "교정자 알렉산더"로 임명해 달라고 졸랐다.

사람들은 그가 미쳤다고 생각했지만, 그의 『성구사전』은 사랑했다. 알렉산더는 말년에는 소책자들을 발간하고 성경을 공부하면서 보냈다. 1770년 어느날 아침, 하인은 그가 무릎을 꿇은 채 성경책에 머리를 댄 채로 죽어 있는 것을 발견했다. 스펄전은 "이 반미치광이 크루덴은 신학박사나 법률가들보다 더 크게 교회에 봉사했다"고 말했다.

우리가 만일 미쳤어도 하나님을 위한 것이요 만일 정신이 온전하여도 너희를 위한 것이니 그리스도의 사람이 우리를 강권하시는도다 우리가 생각건대 한 사람이 모든 사람을 대신하여 죽었은즉 모든 사람이 죽은 것이라 저가 모든 사람을 대신하여 죽으심은 산 자들로 다시는 저희 자신을 위하여 살지 않고 오직 저희를 대신하여 죽었다가 다시 사신 자를 위하여 살게 하려 함이니라(고후 5:13-15).

6월

의를 위하여 핍박을 받은 자는 복이 있
나니 천국이 저희 것임이라 나를 인하여
너희를 욕하고 핍박하고 거짓으로 너희
를 거스려 모든 악한 말을 할 때에는 너
희에게 복이 있나니 기뻐하고 즐거워하
라 하늘에서 너희의 상이 큼이라
-마 5:10-12-

순교자 저스틴

6월 1일

저스틴은 30세경에 바닷가를 걸으면서 파도소리를 듣고 있었다. 전도서 1:2에 있는 솔로몬의 말은 바로 그의 기분을 묘사한 것이었다. "헛되고 헛되며 헛되고 헛되니 모든 것이 헛되도다." 그는 모든 철학을 섭렵했지만, 그가 납득할 만한 것은 하나도 없었다. 그는 스토아 철학을 공부했지만 만족하지 못했다. 아리스토텔레스주의도, 피타고라스주의도 그를 만족시켜주지 못했다. 그가 볼 때 플라톤주의에는 힘이 없었다. 그러나 그날 바닷가에서 만난 노인은 그에게 심오하고도 단순한 메시지를 주었다. "예수 그리스도는 주님이십니다." 그날 이후 저스틴의 삶은 완전히 변했다.

저스틴은 팔레스틴 출신으로서, 사도 요한이 죽은 직후에 태어났다. 부유한 이교도인 그의 부모는 그를 훌륭한 교육을 받게 했고, 저스틴은 총명한 학생이었다. 그러나 그의 정신에는 철학이 가득했지만, 아무 것도 그의 마음을 채워주지는 못했다. 그러던 중에 그는 바닷가에서 노인을 만나서 복음을 들은 것이다.

저스틴은 즉시 그리스도는 우리의 정신과 마음 모두를 만족시켜 주실 수 있다는 것을 모든 사람들에게 말하기 시작했다. 그는 기독교를 분명하게 변증했고 복음을 효과적으로 전했기 때문에, 교회 최초의 가장 훌륭한 변증가라고 알려져 있다. 그는 에베소에서 가르치다가 로마로 가서 기독교 학교를 시작했다. 그는 기독교의 메시지를 전하는 책들을 저술했는데, 그중 세 권은 지금까지도 남아있다. 그 중 하나는 바르 코흐바 전쟁의 생존자인 트리포라는 에베소의 유대인과의 훌륭한 대화집이다. 저스틴은 트리포가 기독교를 건전하고 합리적인 믿음이라고 생각해야 할 이유들을 훌륭하게 설명했다.

160년대 중엽 로마에서 가르치는 동안, 그는 크레센티우스라는 견유학자와 토론을 했다. 크레센티우스는 덕이 삶의 유일한 목표라고 주장했다. 그 논쟁에서 저스틴에게 완전히 패하여 화가 난 크레센티우스는 저스틴을 무신론자라는 죄목으로 로마인 장관에게 고발했다. 즉 저스틴이 로마의 신들을 믿지 않는다는 것이었다. 저스틴은 다른 몇 사람과 함께 정죄되어 매질을 당하고 참수되었다.

그후로 그는 순교자 저스틴이라고 알려져오고 있다. 동방 교회와 서방 교회에서는 매년 6월 1일을 그를 기념하는 축일로 지킨다.

일을 결국 다 들었으니 하나님을 경외하고 그 명령을 지킬찌어다 이것이 사람의 본분이니라 하나님은 모든 행위와 모든 은밀한 일을 선악 간에 심판하시리라(전 12:13, 14).

6월 2일　앵글족에게 복음을 전한 어거스틴

영국 제도(諸島)는 1세기에 복음화된 듯하다. 그러나 로마제국의 몰락을 기회로 앵글로색슨족은 결국 그 섬들을 완전히 정복했다. 기독교인들은 대량으로 학살당하고 교회들은 파괴되고 복음은 거의 사라졌다. 여러 해가 흘렀다. 어느날 로마에 거주하는 그레고리라는 수도원장은 노예시장에서 거래되고 있는 푸른 눈에 금발을 한 소년 셋을 보았다. 그의 마음은 그들에게 끌렸다. 소문에 의하면 그는 그들의 국적을 알아본 후에 "저 소년들은 앵글족(Anglos)이다. 그들을 천사(angels)로 만들자"고 말했다고 한다. 그는 영국인들에게 기독교를 다시 소개하기 위해서 선교사가 되어 출발했는데, 그가 영국에 도착하기도 전에 교황은 그를 다시 불러들였다. 얼마 후에, 교황이 된 그레고리는 어거스틴이라는 수도사의 인솔하에 30-40명으로 구성된 선교사들을 파송했다.

그들은 597년 봄, 템즈 강 어귀에 상륙했다. 그들은 켄트의 여왕 버타가 고국인 프랑스에서 이미 복음을 듣고 받아들였다는 사실을 알게 되었다. 그녀의 도움 덕분에 어거스틴은 국왕 에텔버트를 만날 수 있게 되었다. 국왕은 혹시나 어거스틴의 마술이 그에게 영향을 미치지 못할 것이라고 생각하여 야외에서 그를 만나기로 했다. 그러나 그의 생각은 빗나갔다. 어거스틴의 선교를 들은 에텔버트는 바로 그날, 즉 597년 6월 2일에 그리스도를 주로 받아들였다. 그 해가 가기 전에, 왕은 10,000명의 신하들과 함께 세례를 받았다. 그리스도의 메시지는 인접해 있는 앵글로색슨 왕국들에 전파되었고, 교회가 성장함에 따라 어거스틴은 대주교가 되었다. 에텔버트 왕은 대주교가 된 어거스틴에게 자기의 성을 하사했는데, 이로써 영국 교회의 중심지인 캔터베리의 대주교좌가 등장했다.

어거스틴은 부활절 날짜와 세례 방식 등과 같은 문제에 대해서 타협하기를 거부하여 불화의 씨를 뿌렸다. 그는 604년 5월 2일에 사망하여 캔터베리 사원에 묻혔다. 그의 묘비에는 다음과 같은 말이 새겨져 있다.

> "캔터베리의 초대 대주교가 여기 잠들어 있다. 그는 로마 교황 그레고리에 의해 이곳에 파송되어 와서 국왕 에텔버트와 그 백성들로 하여금 우상숭배를 버리고 그리스도에 대한 믿음에 귀의하게 했다."

저희가 규례대로 저희에게로 들어가서 새 안식일에 성경을 가지고 강론하며 뜻을 풀어 그리스도가 해를 받고 죽은 자 가운데서 다시 살아야 할 것을 증명하고 이르되 내가 너희에게 전하는 이 예수가 곧 그리스도라 하니 그 중에 어떤 사람 곧 경건한 헬라인의 큰무리와 적지 않은 귀부인도 권함을 받고 바울과 실라를 좇으나(행 17:2-4).

예배 시간에 조는 사람

6월 3일

불면증에 시달리는 사람은 시편 3, 4편을 읽어보라. 시편 3:5—"내가 누워 자고 깨었으니 여호와께서 나를 붙드심이로라"—은 다윗이 반란을 일으킨 압살롬의 군대에게 포위되었을 때 쓴 것이다. 시편 4:8—"내가 평안히 눕고 자기도 하리니 나를 안전히 거하게 하시는 이는 오직 여호와시니이다"—은 하나님 안에서 쉬는 자에게는 하나님의 약속이 훌륭한 베개가 된다는 것을 지적해준다.

그러나 목사님이 설교를 하는 동안에는 졸아서는 안된다. 미국의 초기 교회사에서는 특히 그랬다.

식민지인 뉴잉글랜드의 청교도들은 주일 아침에 회중석을 돌아다니면서 설교중에 조는 사람들을 깨우는 일을 하는 사람들을 임명했었다. 그들은 한 편에는 깃털이 달려 있고 다른 편에는 가시나 마디가 있는 긴 막대기를 가지고 다녔다. 예배 시간에 조는 사람들에게 어떤 결과가 임할지는 예측할 수 없었다. 매서추세츠 주에 살았던 오바댜 터너는 1646년 6월 3일 일지에 다음과 같이 썼다.

엘런 브리지즈는 예배 때에 조는 사람들을 깨우는 일을 맡았고 매우 자부심을 느꼈다. 그는 끝에 여우털을 단 길다란 지팡이로 설교 도중에 주는 사람들의 얼굴을 문지르거나, 날카로운 가시로 찔러 잠을 깨워야 했다. 지난 주일날, 그는 예배당 안을 다니다가 톰라인즈 씨가 한쪽 구석에 앉아서 손으로 난간을 잡은 채 평안히 잠자고 있는 것을 보았다. 엘런은 즉시 발라드 부인 뒤에서 지팡이를 내밀어 그의 손을 깊이 찔렀다. 놀란 톰라인즈는 껑충 뛰어 일어서서 손으로 세게 벽을 쳤다. 그리고는 불경스럽게도 큰 소리로 "빌어먹을 쥐새끼!"라고 소리쳤다. 그는 쥐가 자기의 손을 물었다고 생각했던 것이다. 정신이 들어 자신이 무슨 짓을 했는지 깨달은 그는 부끄러워 아무 말도 하지 못했다. 그는 다시는 예배 도중에 졸지 않을 것이다.

여러 사람의 말이 우리에게 선을 보일 자 누구뇨 하오니 여호와여 주의 얼굴을 들어 우리에게 비취소서 주께서 내 마음에 두신 기쁨은 저희의 곡식과 새 포도주의 풍성할 때보다 더하니이다 내가 평안히 눕고 자기도 하리니 나를 안전히 거하게 하시는 이는 여호와시니이다(시 4:6-8).

6월 4일 방송선교

방송매체를 통한 복음전파의 빛은 밤낮을 가리지 않고 하늘과 바다를 가로질러 선교사들이 갈 수 없 곳의 민족들과 심령들을 감화시켜준다. 그러한 예를 들자면, HJCJB, 극동방송 등의 단파 방송 사역을 들 수 있다.

극동방송은 1945년에 세 명의 기독교인들이 공동으로 출자하여 동양에 복음을 방송하기 위한 비영리법인을 조직함으로써 시작되었다. 그들 중 한 사람인 존 브로저는 방송국을 세울 자리를 알아보기 위해 상해로 출발했다. 그는 필리핀에 방송국을 설치할 수 있는지 알아보기 위해서 배를 타고 마닐라로 갔다.

필리핀 정부에 제출한 서류를 작성하면서 브로저는 10,000와트의 전압 사용을 허가해 달라고 요청했다. 그런데 관리들이 전력 사용량을 "무제한"이라고 기록했을 때에 그가 얼마나 흥분했을지 상상해 보라.

그러나 필리핀 정부는 6월 4일까지 방송을 하지 않으면 안된다고 주장했다. 한편 미국에 남은 사람들은 어음 지급기일이 됨에 따라 열심히 기금을 모았다. 여러 가지 상황 때문에 사업 계획이 지연되었는데, 필리핀 정부 관리들은 정해진 기한을 연장해주지 않았다. 심각한 어려움들이 제기되었다. 게다가 마감 시간 사흘 전에 송신에 문제가 생겼다. 6월 4일 새벽, 방송국에 고압선에 문제가 생기고, 비가 억수같이 퍼부어 방송국은 무릎까지 물이 찼다. 브러저는 황급히 관청으로 달려가 기한을 연장해 달라고 마지막으로 호소했지만 거절당했다.

그는 하는 수 없이 시간을 맞추기 위해서 마차들로 붐비는 거리를 통과하여 돌아와야 했다. 그는 방송국에 도착한 급히 뛰어들어가면서 "시험 방송 개시!"라고 소리쳤다. 스위치를 올리고, 송신기에 전원이 공급되었다. 직원들은 얼싸안고 "주 예수 이름 높이어"를 찬송하기 시작했다. 그리하여 1948년 6월 4일 오후 6시에 극동방송이 방송을 시작한 것이다. 방송을 시작하고 얼마 되지 않아서 이발사, 무신론자, 도둑, 가정부, 십대 청소년들이 구원받았다는 보고가 쇄도했다. 오늘날도 극동방송은 아시아의 모든 국가에서 150개 이상의 언어로 방송을 하고 있다.

나의 복음과 예수 그리스도를 전파함은 영세 전부터 감춰었다가 이제는 나타내신 바 되었으며…이 복음으로 너희를 능히 견고케 하실 지혜로우신 하나님께 예수 그리스도로 말미암아 영광이 세세무궁토록 있을찌어다 아멘(롬 16:25-27).

보니페이스의 도끼　　　　6월 5일

　　보니페이스는 독일인들의 사도라고 불린다. 아마 그는 암흑시대의 가장 위대한 선교사였을 것이다.

　　보니페이스는 680년에 태어난 영국인인데, 수도원에 들어가서 30세 때에 성직자로 임명되었다. 그는 유능한 사람이었기 때문에 영국 교회 내에서의 장래가 보장되었지만, 그는 결코 거부할 수 없는 선교의 소명을 가지고 있었다. 716년경에 그는 처음으로 선교하기 위해서 네덜란드로 갔는데, 강력한 정치적 반대에 봉착했기 때문에 낙심하여 영국으로 돌아왔다.

　　기운을 회복한 그는 다시 유럽 대륙을 향해 떠나서 718년에 로마로 갔고, 그 다음에는 교황의 재가를 받아 독일로 갔다. 그후 12년 동안 그곳에서 사역하면서 많은 이교도들을 개종시켰다. 그는 담대하기 이를 데 없었다. 그는 어느 마을에서는 한 사람도 회심시키지 못했다. 그 이유는 그 지방 사람들은 신성한 뇌신(惱神)의 나무라고 여기는 거목이 그들에게 초자연적인 능력을 발휘하고 있다고 믿고 있었기 때문이었다. 보니페이스는 겁에 질린 주민들이 보는 가운데 도끼를 들고 나가서 나무를 베어 버렸다. 그 다음에 그는 그 나무를 교회를 건축하는 데 사용했다. 그 소식은 중부 유럽 전역에 퍼졌고, 수천명이 그리스도를 주로 고백했다. 보니페이스는 이 마을 저 마을로 다니면서 우상들을 쳐부수고, 신전들을 없애고, 복음을 전파했다.

　　그러나 곧 그는 자신의 과격한 복음전파 방식을 지양하고, 교회들을 세우고 원주민 성직자들을 훈련하기 시작했다. 그의 사역에는 여인들이 적극적으로 참여했다. 744년에 그는 풀다 수도원을 세웠는데, 이 수도원은 오늘날까지도 독일 내의 로마 가톨릭 교회의 중심이 되고 있다. 보니페이스가 회심시킨 사람들은 선교사가 되어 중부 유럽을 휩쓸었다.

　　보니페이스는 어디든 교황의 허락과 권위를 지니고 갔으며, 8세기에 가장 힘있는 성직자들 중 한 사람이 되었다. 혹 어떤 사람들은 그가 복음보다 교회를 더 강조했다고 비판하기도 한다. 그는 네덜란드로 돌아가서 순회 선교를 하면서 수천 명을 개종시켜 세례를 주었다. 755년 6월 5일에 강가에서 야영을 하고 있던 보니페이스는 이교도들의 습격으로 죽었는데, 그는 손에 성경책을 꼭 쥐고 있었다.

주께서 이같이 우리를 명하시되 내가 너를 이방의 빛을 삼아 너로 땅끝까지 구원하게 하리라 하셨느니라 하니 이방인들이 듣고 기뻐하여 하나님의 말씀을 찬송하며 영생을 주시기로 작정된 자는 다 믿더라(행 13:47, 18).

6월 6일 — 황열병

중앙아메리카는 1500년대에 스페인에게 정복되었고, 300년간 가톨릭 교회의 지배 아래 있었다. 가톨릭 신앙을 갖지 않는 사람들은 구속복을 입고 물이 한 방울씩 머리에 떨어지는 상태로 계속 서 있어야 하는 고문을 받았다. 어떤 사람들은 천장에 달린 고리에 매달려 있거나, 산채로 뜨거운 오븐에 던져지기도 했다. 1838년에 스페인 제국이 붕괴되면서 온두라스, 엘살바도르, 니카라과, 코스타리카 등 신흥국가들이 생겨났다. 그리고 비록 위험하기는 했지만 개신교 선교사들의 입국이 가능하게 되었다.

먼저 독일의 모라비아 선교사들이 들어오고, 이어 장로교 선교사들이 들어왔다. 1880년대 말에 C. I. 스코필드가 중앙아메리카 선교회(CAM)를 설립했다. 이 선교회 소속의 초기 선교사인 엘리너 블랙모어는 후원자들에게 다음과 같이 편지했다.

> "나는 가는 곳마다 돌에 맞고 욕을 먹고 쫓겨납니다. 나에게 돌을 던지려고 기다리는 집이 없는 곳이 이 도시에는 없는 듯합니다…그렇다고 해서 우리를 동정하지 마십시오. 우리는 이렇게 고난받는 것을 영광으로 생각합니다. 우리가 여러분에게 원하는 것은 기도입니다."

중앙 아메리카선교회의 초기 선교사들은 코스타리카로 갔지만, 곧 세 명의 선교사가 엘살바도르를 향해 떠났다. 그들은 성공하지 못했다. 그런데 그들을 쓰러뜨린 것은 돌멩이나 막대기가 아니었다. 딜론 부부와 클래런스 윌버는 1894년에 니카라과를 횡단하여 엘살바도르를 향해 가던 중, 오한이 나고 눈이 충혈되고 입에서 피가 나는 황열병에 걸렸다. 클래런스는 검은 피를 토하면서 죽었다. 딜런 부부는 귀국하기 위해 배에 탔지만, 부인은 도중에 사망했다. 남편은 목숨을 건졌고, 곧 재혼했다.

딜런과 새 아내 마가렛은 중앙아메리카로 돌아갔는데, 곧 딜런은 황열병에 걸려 사망했다. 마가렛은 온두라스에 머물러 있으면서 조그만 오두막 집에서 생활하면서 온두라스인 복음전도자들을 훈련했다. 마가렛은 15년간 쉬지 않고 일한 후에 고국을 다녀오려는 계획을 세웠다. 그런데 짐을 꾸리던 중에, 황열병에 걸렸다. 1913년 6월 6일에 마가렛은 들것에 실려 36마일 떨어진 선교본부에 도착하여, 이틀 후에 세상을 떠났다.

그러나 이들의 무덤은 앞으로 계속하여 영혼들을 수확하기 위한 온상이 되었다.

> 형제들아 자는 자들에 관하여는 너희가 알지 못함을 우리가 원치 아니하노니 이는 소망 없는 다른 이와 같이 슬퍼하지 않게 하려 함이라 우리가 예수의 죽었다가 다시 사심을 믿을진대 이와 같이 예수 안에서 자는 자들도 하나님이 저와 함께 데리고 오시리라
>
> (살전 4:13, 14)

찰스 스펄전

6월 7일

메트로폴리탄 장막교회는 런던 남부의 황폐한 지하철 역 건너편에 있다. 이 교회 주위에는 술집, 버려진 상점들, 건축 중인 주택들이 있다. 이 교회의 주일 예배 참석자는 평균 300명 정도이다. 이 교회는 젊은 층을 대상으로 한 사역에 성공하고 있으며, 도심지에서의 중요한 욕구를 충족시켜 주고 있다.

메트로폴리탄 장막 교회는 1891년 6월 7일 주일 아침 이후로 꾸준히 변화되어 왔다. 그날 찰스 스펄전은 마지막으로 이곳에서 설교를 했다. 그는 사역을 하느라고 완전히 기진했고, 교파 싸움 때문에 상심한 상태였다. 그의 얼굴에는 주름이 지고 머리는 백발이었다. 그는 이것이 자신의 마지막 설교가 될 것을 알지 못하고 설교를 마쳤다.

> "나는 40년 이상을 주님을 섬겨왔습니다. 그리고 내가 그분에게서 받은 것은 오직 사랑뿐입니다. 만일 주님이 기뻐하시는 일이라면, 나는 앞으로 또 40년 동안 같은 사역을 하렵니다. 주님을 섬기는 일은 생명이요 평화요 기쁨입니다. 오, 여러분도 당장에 그 일에 착수하셨으면 좋겠습니다. 하나님께서는 여러분이 오늘 주님의 군대에 지원하도록 도와주십니다. 아멘."

그날 오후, 교인들은 스펄전이 병에 걸렸다는 소식을 듣고 놀랐다. 그는 한달 이상 혼수상태에 빠져 있었고, 가끔 헛소리를 했다. 장막교회에서는 연속적으로 기도회를 개최했다. 여러 달이 흘러 늦여름이 되었다. 어느 정도 건강을 회복한 스펄전은 프랑스 남부로 휴양을 떠나기로 했다. 장막교회의 사역자들은 스펄전이 힘들게 계단을 내려오는 수고를 덜어주기 위해서 계단에 승강기를 설치했다.

1892년 1월 31일 한밤중에 스펄전은 프랑스 멘튼에 있는 뷰 리베즈 호텔에서 아내와 친구들에게 둘러싸여 숨을 거두었다. 그의 사망 소식을 들은 영국인들은 말을 잃었다. 장례식은 12일 후에 거행되었는데, 그의 장례 행렬이 런던에 있는 공동묘지에 들어갈 때에는 10만명이 모여 애도했다.

그는 예수의 병사로서 전력을 다해 일하다가 57세로 세상을 떠난 것이다.

이는 다윗의 마지막 말이라…여호와의 신이 나를 빙자하여 말씀하심이여 그 말씀이 내혀에 있도다 이스라엘의 하나님이 말씀하시며 이스라엘의 바위가 내게 이르시기를 사람을 공의로 다스리는 자, 하나님을 경외함으로 다스리는 자여 저는 돋는 해 아침 빛 같고 구름 없는 아침 같고 비 후의 광선으로 땅에서 움이 돋는 새 풀 같으니라 하시도다

(삼하 23:1-4)

6월 8일 — 새로운 삼위일체

프랑스 혁명은 종교의 자유를 위한 십자군이 아니라 종교를 이성과 합리주의로 대치하려는 노력이었다. 유럽에서 가장 인구가 많은 것을 자랑하는 프랑스는 국민들의 식량 문제로 곤란을 겪고 있었다. 지방 성직자들을 포함하여 많은 사람들은 가난하게 살았고, 왕실과 고위 성직자들—추기경, 대주교, 감독, 수도원장 등—은 부유하게 살았다.

1794년 6월 8일, 로베스피에르라는 루소의 제자와 프랑스 국민의회는 공식적으로 하나의 새로운 종교를 출발시켰다. 그것은 이신론, 즉 우주를 창조하신 후 다소 사라진 하나의 신이 존재한다는 신앙이다. 의회는 국민들에게 하나의 초자연적인 존재가 존재한다는 것과 영혼의 불멸은 인정하지만 기독교의 "미신"은 거부하라고 명령했다. 기독교식으로 한 주일을 7일로 삼는 것 대신에 10일을 한 주로 삼았고, 혁명의 위대한 사건들을 기념하는 새로운 축일들이 제정되었다. 성인들 대신에 정치적 영웅들을 숭배했다. 교회들은 "이성의 사원들"이라고 지칭되었다. 노틀담에는 이성의 여신의 상이 세워졌다. 가톨릭 성직자들에게 지불되던 봉급이 중단되었고, 사제들이 가르치는 일도 금지되었다. 6월 8일은 프랑스의 "성일", "초월자의 축일"로 정해졌다. 혁명당원들은 성부와 성자와 성령을 새로운 삼위일체, 즉 "자유와 평등과 박애"로 대치하기로 맹세했다.

그러나 그들의 뜻은 이루어지지 못했다. "자유와 평등과 박애"는 부패하여 공포와 유혈과 처형으로 변했다. 1794년 6월 8일 이후 몇 주일 동안 1400명이 죽었다. 이로 인한 혼란 때문에 1804년 5월 18일에 나폴레옹 보나파르트는 다시 교회를 인정했다. 그는 교황 피우스 7세의 축성을 받으려 했지만, 이 독재자는 마지막 순간에 교황에게서 왕관을 빼앗아 스스로 자기 머리에 썼다.

"자유, 평등, 박애"는 적절하지 못한 신이라는 것이 드러났다. 루소와 로베스피에르와 프랑스 혁명, 그리고 나폴레옹은 결국 불행만을 제공했다.

주 여호와 앞에서 잠잠할찌어다 이는 여호와의 날이 가까왔으므로 여호와가 희생을 준비하고 그 청할 자를 구별하였음이니라 여호와의 희생의 날에 내가 방백들과 왕자들과 이방의 의복을 입은 자들을 벌할 것이며 그 날에 문턱을 뛰어 넘어서 강포와 궤휼로 자기 주인의 집에 채운 자들을 내가 벌하리라(습 1:7-9).

용감한 마음

6월 9일

성미가 급한 사람은 용감한 성인이 될 수 있다. 그것은 성령께서 우리의 급한 성질을 유익하게 이용하실 수 있기 때문이다. 우리는 이 사실을 521년 12월 7일에 아일랜드의 울스터에서 태어난 콜룸바에게서 확인할 수 있다.

콜룸바의 조부는 성 패트릭에게서 세례를 받았고, 그의 부모님은 왕실 혈통의 신자들이었다. 콜룸바는 학문에 대한 동경 및 주님에 대한 갈망을 가지고 있었지만, 고집이 세고 호전적인 인물이었다. 그는 풍채가 좋고 개성이 강했고, 목소리에는 권위가 있었다. 그러나 그가 자기의 동포인 아일랜드인을 대상으로 하는 선교사가 된 후에도 그에게는 불같은 성질과 황소같은 고집이 남아 있었다. 어느날 콜룸바는 허락 없이 어느 책의 일부를 베꼈다. 주인이 대가를 요구했지만, 콜룸바는 거절했다. 논쟁이 계속되면서 점점 더 많은 사람들이 참여했다. 결국 전쟁이 일어나 3000명이 목숨을 잃었다.

콜룸바는 자책하면서 그 전쟁에서 죽은 사람들 만큼 그리스도께로 인도하기로 작정했다. 그리하여 그는 42세 때에 아일랜드를 떠나 스코틀랜드에 선교사로 갔다. 그는 12명의 동료들과 함께 스코틀랜드 해안에서 벗어난 곳에 있는 아이오나 섬에 정착했다. 이 섬의 길이는 3마일, 폭은 1.5마일이었다. 그는 수도원을 세웠는데, 이곳은 곧 선교사들을 훈련하는 곳이 되었다. 그곳은 기독교 선교사에서 가장 존경받고 흥미로운 곳 중 하나이다. 그곳은 이교 신앙을 대적하기 위한 등대였다.

콜룸바는 아이오나 섬에서 스코틀랜드로 진출하여 많은 사람들을 개종시켰다. 이교도 부족인 픽트족은 전체가 기독교 신앙을 받아들였다. 그는 켈트족 성직자들을 대적하여 그들의 마술과 마귀의 힘에 맞섰다. 전설에 의하면, 그는 그들의 마술에 맞서 기적을 행하여 사람들에게 복음의 탁월한 능력을 납득시켰다고 한다. 그는 남은 생을 스코틀랜드에서 복음을 전하고 선교사들을 훈련하면서 보냈다.

597년 6월 8일, 75세 된 콜룸바는 시편을 옮겨쓰면서 시간을 보내고, 형제들이 드리는 자정 예배에 참석했다. 그는 제단 앞에서 쓰러져서 597년 6월 9일 새벽 무렵에 평화롭게 세상을 떠났다. 그의 얼굴은 그를 맞으러 온 거룩한 천사들을 만나는 듯한 표정이었다.

노하기를 맹렬히 하는 자는 벌을 받을 것이라 네가 그를 건져주면 다시 건져주게 되리라 너는 권고를 들으며 훈계를 받으라 그리하면 네가 필경은 지혜롭게 되리라 사람의 마음에는 많은 계획이 있어도 오직 여호와의 뜻이 완전히 서리라 사람은 그 인자함으로 남에게 사모함을 받느니라(잠 19:19-22).

6월 10일   존 후스

존 후스는 1373년경에 소작농의 아들로 태어났다. 그는 학업을 마친 후에 프라하 대학에서 신학을 가르치기 시작했다. 그러던 중에 그는 위클리프의 책들을 보게 되었다. 1402년에 그가 프라하의 유력한 베들레헴 교회의 설교자로 임명되었을 때 행한 믿음으로 말미암는 칭의에 대한 그의 설교는 보헤미아 전체를 뒤흔들어 놓았다. 교회의 직분자들은 그로 인한 소요 때문에 위협을 느꼈다. 1414년에 후스는 이단죄로 콘스탄스로 소환되었다. 그는 안전통행을 약속받았음에도 불구하고 체포되었다. 1415년 6월 10일, 그는 보헤미아에 있는 자신의 추종자들에게 편지를 썼다.

> 하나님의 종 존 후스는 하나님을 사랑하며 앞으로도 사랑할 보헤미아의 모든 신자들에게 편지를 씁니다. 하나님께서 여러분 모두가 은혜 안에서 살다가 죽게 해주시기를, 그리고 천국의 기쁨 안에 영원히 거하게 되기를 기도합니다. 아멘. 하나님의 충성되고 사랑받는 분들, 신사숙녀, 가난한 자와 부자들이여! 하나님을 사랑하며 그의 말씀을 널리 전하며, 더욱 자원하는 마음으로 그 말씀을 지키십시오. 내가 여러분들에게 편지하거나 설교로 전해준 하나님의 진리를 굳게 붙드십시오…
>
> 나는 감옥에서 쇠사슬에 묶여 있으면서 내일이면 사형선고를 받을 것을 예상하고 있습니다. 그러나 나는 결코 하나님의 진리에서 돌이키거나 내가 믿고 있는 것들을 부인하지 않을 것입니다. 거짓 증인들은 그것들이 잘못된 주장이라고 증언했습니다. 우리가 하나님의 자비하심으로 말미암아 그의 존전에서 기쁨으로 만날 때에 여러분은 하나님께서 나에게 얼마나 큰 은혜를 나타내주셨고, 이상한 시험을 받을 때에 어떻게 도와 주셨는지 알게 될 것입니다. 나는 사랑하는 친구 제롬도 보헤미아인들에게 자신의 믿음을 열심히 증거했다는 이유로 나처럼 감옥에서 처형을 기다리고 있다는 소식을 들었습니다…
>
> 여러분은 서로 사랑하며, 압제를 받는 선한 사람들을 보호해주며, 모든 사람들에게 진리를 들을 수 있는 기회를 주십시오. 지금은 월요일 밤, 나는 선한 천사의 도움을 받아 이 편지를 쓰고 있습니다.

26일 후 후스는 화형에 처해졌다.

의를 위하여 핍박을 받은 자는 복이 있나니 천국이 저희 것임이라 나를 인하여 너희를 욕하고 핍박하고 거짓으로 너희를 거스려 모든 악한 말을 할 때에는 너희에게 복이 있나니 기뻐하고 즐거워하라 하늘에서 너희의 상이 큼이라(마 5:10-121).

부모님의 발자취　　6월 11일

　1907년에 젊은 독신 선교사 제시 브랜드는 인도를 향해 떠나 질병이 만연하는 채트라는 산악 지방에 정착했다. 벼룩들이 잔뜩 들러붙은 쥐들이 많아 전염병을 퍼뜨리고 있다는 소식을 듣고 그의 친구들은 몸서리를 쳤다. 그러나 런던 교외에 사는 에블린 해리스라는 여인은 그와 합류하기를 원했다. 해리스는 인도로 와서 1913년에 제시와 결혼했다.

　이들 부부는 피곤한 줄도 모르고 일하면서 수천 명을 치료해주었다. 제시는 농부들이 경제적 여유를 가질 수 있게 하기 위해서 경제적인 지원 협력 계획들을 추진했다. 그는 일자리가 없는 노동자들에게 일자리를 제공하기 위해서 정부 관리들과 협상을 했다. 그는 그리스도를 전파하기 위해서 어떤 기회도 놓치지 않았는데, 한 해에 90개 마을을 다니면서 4000번 설교를 했다. 교회들이 세워지고, 교인수도 증가했다.

　제시의 가족도 늘었다. 해리스는 타마린드 나무 밑에서 아들 폴을 가르쳤다. 자연을 사랑하는 제시는 폴에게 자연의 경이로움을 보여주었다. 그들은 9살 된 폴을 영국으로 보내어 교육을 받게 했다.

　1928년 봄에 제시는 말라리아의 일종인 흑수열에 걸렸다. 그는 병세가 악화되었지만 일을 멈추지 않았다. 6월 초, 그의 체온은 40도를 오르내렸다. 6월 9일에 그는 이사야서 60장 "일어나라 빛을 발하라 네 빛이 이르렀고"을 본문으로 삼아 설교했다. 1928년 6월 11일에도 열이 많았기 때문에, 그는 강제로 입원했다. 에블린은 날마다 곁에 있으면서 그의 생명이 꺼져가는 것을 지켜 보았다. 그 지방 주민들은 제시의 시신을 멍석에 말아 어깨에 메고 가서 산기슭에 있는 무덤에 장사지냈다.

　이 소식은 14살 된 폴에게 전해졌다. 이틀 후에 폴은 아버지가 죽기 전에 부친 편지를 받았다. 그 편지는 "…너를 지구라는 즐거운 곳에 태어나게 해주신 하나님께 항상 감사하고 하나님을 경외하거라"라는 말로 끝났다.

　에블린은 인도에 남아서 늙어 할머니가 되어서도 산악 지방에서 계속 주님의 일을 행했다. 제시의 아들 폴 브랜드는 문둥병 전문가로서 유명한 의료 선교사가 되었다.

일어나라 빛을 발하라 이는 네 빛이 이르렀고 여호와의 영광이 네 위에 임하였음이니라 보라 어두움이 땅을 덮을 것이며 캄캄함이 만민을 가리우려니와 오직 여호와께서 네 위에 임하실 것이며 그 영광이 네 위에 나타나리니 열방은 네 빛으로, 열왕은 비취는 네 광명으로 나아오리라 (사 60:1-3).

6월 12일   선교의 아버지 윌리엄 캐리

1806년 6월 12일, 화요일 밤 9시에 선교의 아버지인 윌리엄 캐리는 하루 일과를 마치고 지친 몸으로 책상 앞에 앉아서 희미한 등불 밑에서 다음과 같은 편지를 썼다.

> 오늘 아침에 나는 새벽 5시 45분에 일어나서 히브리어 성경을 1장 읽었습니다. 그리고 나서 7시까지 하나님께 기도한 후에 하인들과 함께 벵골어로 가정예배를 보았습니다. 차를 따르는 동안 나는 내가 침실에서 나올 때에 기다리고 있던 원주민 조수와 함께 페르시아어 성경을 조금 읽었습니다. 또 아침 식사 전에는 힌두어 성경을 읽었습니다. 식사를 마친 후부터 10시까지는 인도인 학자와 함께 산스크리트어로 된 인도의 서정시 '라마유나'를 번역했습니다. 그리고 나서 대학(포트 윌리엄)에 가서 오후 1시부터 2시까지 벵골어와 산스크리트어와 마라티어를 가르쳤습니다. 집에 돌아와서 저녁 식사를 하기 전까지 예레미야서의 벵골어 번역본의 교정을 보았습니다. 저녁을 먹은 후 6시까지 대학교의 최고 학자의 도움을 받아 마태복음 8장을 산스크리트어로 번역했습니다. 그 후에는 틸린구아인 학자에게서 틸린구아어를 배웠습니다. (런던에 있는 토마스 목사의 아들인) 토마스씨가 저녁에 나를 찾아왔습니다. 7시에 나는 설교 준비를 하고, 7시 30분에 영어로 설교를 했습니다…예배는 9시에 끝났습니다. 그런 후에 지금 나는 당신에게 편지를 쓰고 있습니다. 이 편지를 쓴 후에 그리스어 성경을 한 장 읽는 것으로 저녁의 일과를 마치렵니다. 여러 가지 일을 했지만 오늘은 다른 날보다 시간이 많습니다.

윌리엄 캐리의 조카인 유스터스 캐리의 말에 의하면, 윌리엄은 방해를 받아도 한번도 화를 내지 않았다고 한다. 그는 할 수 있는 한 손님들에게 관심을 기울이고 나서 즉시 하던 일을 계속했다. 그는 거의 41년 동안 쉬지 않고 인도에서 선교 사역을 행했다.

우리에게 우리 날 계수함을 가르치사 지혜의 마음을 얻게 하소서(시 90:12).

루터와 결혼한 캐더린

6월 13일

캐더린 폰 보라는 독일의 님브쉠에 있는 시토회 수녀원에서 실질적으로 감옥에서와 같은 생활을 했다. 친척들이 찾아와도 격자 창을 사이에 두고서만 대화를 할 수 있었다. 심지어 동료 수녀들과의 대화도 금지되었다. 시토회 수녀원에서는 침묵이 하나의 규칙이었다.

캐더린은 몰래 마틴 루터라는 사람의 저서들을 읽고 새로운 삶을 원하기 시작했다. 1523년에 캐더린과 몇 명의 수녀들은 탈출 계획을 세우고 루터에게 밀서를 보냈다. 루터는 수녀원에 훈제청어를 배달하는 상인을 고용했다. 수녀들은 배달을 마치고 떠나는 상인의 빈 청어 상자에 숨어 탈출했다.

루터는 이 수녀들 모두에게 남편감을 찾아주었는데, 캐더린의 남편감은 찾아주지 못했다. 캐더린은 26살의 고집세고 빨간 머리의 여인이었다. 결국 루터는 캐더린에게 청혼을 했다. 루터의 전기를 쓴 리차드 프리덴탈이 묘사한 그들의 결혼식날 밤의 이야기는 아주 이상하다.

1525년 3월 13일 저녁, 관습대로 루터는 신부와 함께 증인이 될 많은 친구들 앞에 나타났다. 요한 부겐하겐이 이 한쌍을 축복해주었고, 두 사람은 증인들이 보는 앞에서 신방에 들었다. 다음날 요나스는 다음과 같이 보고했다. "루터는 캐더린 폰 보라를 아내로 맞았습니다. 어제 나는 결혼식에 참석하여 두 사람이 신방에 드는 것을 보았습니다. 이 광경을 보면서 나는 눈물을 흘렸습니다."

유럽 전역의 교계에서는 루터의 결혼을 거세게 비난했다. 에라스무스는 그것을 하나의 코미디라고 평했고, 헨리 8세는 죄악이라고 평했다. 그러나 루터는 "프랑스와 베니스를 준다고 해도 나는 캐더린을 내놓지 않겠다. 캐더린은 하나님께서 내게 보내준 사람이기 때문이다"고 말했다. 캐더린은 개신교 최초의 사모로서 자신의 역할을 충실히 이행했으므로, "종교개혁의 퍼스트 레이디"라고 알려져 있다.

입을 열어 지혜를 베풀며 그 혀로 인애의 법을 말하여…그 남편은 말하기를 덕행있는 여자가 많으나 그대는 여러 여자보다 뛰어나다 하느니라(잠 31:26, 28-29).

6월 14일 성상숭배론자 메토디우스

　메토디우스는 시실리의 시라쿠사에서 태어났다. 시실리는 올리브와 포도주, 대리석으로 유명한 섬이다. 그는 이곳에서 훌륭한 교육을 받으면서 정치적인 야망을 키웠다. 당시 로마 제국의 수도는 콘스탄티노플이었는데, 메토디우스는 궁정에서 일자리를 얻으려는 생각으로 그곳으로 갔다. 그는 어느 수도사를 만났는데, 그 수도사는 그에게 세속적인 야망을 버리고 사역을 시작하라고 권면했다. 메토디우스는 결국 니세포루스 총대주교의 눈에 띄었고, 총대주교는 그에게 종교적인 책임을 맡겼다.

　당시 교회는 성상파괴논쟁으로 분열되고 있었다. 그리스도와 성인들의 모습을 표현한 성화나 성상들을 숭배해야 하는가? 메토디우스는 성상숭배를 적극적으로 지지했는데, 결국은 성상숭배론자들이 패배하고 말았다. 니세포루스 총대주교는 해임되었고, 메토디우스는 채찍에 맞은 후에 두 명의 도둑과 함께 무덤 속에 갇혔다. 도둑 한 사람이 죽었는데, 관리들은 시체를 꺼내지 않고 그대로 썩게 내버려 두었다. 이 악취가 나는 무덤 속에서 7년 동안 갇혀 지내다가 석방되었을 때, 메토디우스는 피골이 상접한 모습이었다.

　그는 곧 동방교회 내에서의 성상숭배를 회복하기 위한 싸움을 재개했다. 그는 테오필루스 황제 앞에 불려가서 이단죄로 심문을 받았다. 소문에 의하면 그는 큰 소리로 이렇게 말했다고 한다. "만일 폐하께서 성상이 무가치하게 여기시면서, 폐하 자신께 존경을 표하는 일을 정죄하시지 않는 것도 타당치 못한 일입니다. 폐하는 계속해서 기신에 대한 경의를 배가하고 계시지 않습니까?"

　테오필루스 황제는 얼마 후에 죽었는데, 과부가 된 황후 테오도라는 메토디우스를 지지했다. 그리하여 성상숭배자들은 교회로 들어왔고, 추방당했던 성직자들은 제국으로 돌아왔다. 그리고 30일이 못되어 콘스탄티노플의 모든 교회에 성상들이 복원되었다.

　콘스탄티노플의 총대주교가 된 메토디우스는 곧 성상 복원을 기념하는 정교주일 제정 및 성상에 대한 자신의 칙령을 승인하도록 하기 위해 동방 교회들의 공회를 소집했다. 그는 4년 동안 총대주교로서 교회를 다스리다가 847년 6월 14일, 세상을 떠났다.

새긴 우상은 그 새겨 만든 자에게 무엇이 유익하겠느냐 부어 만든 우상은 거짓 스승이라 만든 자가 이 말하지 못하는 우상을 의지하니 무엇이 유익하겠느냐 나무더러 깨라 하며 말하지 못하는 돌더러 일어나라 하는 자에게 화있을진저 그것이 교훈을 베풀겠느냐 보라 이는 금과 은으로 입힌 것인즉 그 속에는 생기가 도무지 없느니라 오직 여호와는 그 성전에 계시니 온 천하는 그 앞에서 잠잠할지니라(합 2:18-20).

어린 소년의 용기　　6월 15일

영국의 존 위클리프는 독일에서 루터가 종교개혁을 일으키기 오래 전인 130년 전에 이미 개신교의 이상을 구현했다. 그러나 그의 사상은 폭도들과 한 소년 때문에 열매를 맺지 못했다.

위클리프의 시대에 영국의 공중보건은 그리 좋지 못했다. 40세까지 사는 사람이 드물었고, 공중 위생 시설이 거의 없었다. 화장실, 가죽 가공 공장, 가축들에서 나는 냄새로 가득했다. 1361년, 1368년, 1375년, 1382년, 1390년에 전염병이 창궐하여 인구의 1/3이 목숨을 잃고, 성직자들의 절반이 죽었다. 주민들은 격분했고 사회 질서는 타락했다. 1380년에 인두세 문제로 폭동이 일어났다. 위클리프는 폭도들의 지도자들이 자신의 말을 인용하고 있음을 알고 그들과 거리를 두려고 노력했다. 그러나 많은 사람들은 이 개혁자의 메시지가 그 폭동이 일어나는 데 크게 작용했다고 생각했다.

1381년 6월 10일, 폭도들은 캔터베리 사원으로 밀려와서 서드베리 대주교의 관저를 약탈했다. 6월 11일에, 혁명당원들은 런던으로 밀려갔다. 그들은 "이제 기독교 민주주의의 통치가 시작되어 누구나 왕이 될 것이다"라고 말했다.

리차드 2세는 런던 탑으로 피신했다. 다음날 아침에 그는 런던 북부에서 폭도들과 만나기로 했다. 왕의 답변에 만족하지 못한 반군 지도자들은 런던 탑으로 가서 교회에서 미사를 드리고 있는 대주교 서드베리를 붙잡아 통나무에 묶고는 그의 목을 여덟 번이나 난도질하여 죽였다. 폭도들은 제멋대로 약탈하고 사람들을 죽였다. 왕은 성 바울 대성당 근처에 있는 어머니의 거처로 돌아갔다.

다음날인 1381년 6월 15일, 리차드는 성찬을 받은 후에 말을 타고 폭도들을 만나러 갔다. 작은 논쟁이 벌어졌을 때, 그는 사람들을 향해 용감하게 말을 타고 달려가면서 "여러분, 여러분의 왕을 쏘시럽니까? 나는 여러분의 대장이 되겠습니다. 여러분은 나에게서 바라던 것을 얻게 될 것입니다"라고 소리쳤다. 폭도들은 주저했고, 사람들은 리차드의 편을 들었다. 사태는 역전되었다. 왕과 그의 재산, 그리고 영국의 공식적인 교회는 그대로 보존되었고, 반란은 수포로 돌아갔다. 위클리프를 미워하는 윌리엄 코트네이가 대주교에 임명되었다. 그리하여 종교개혁은 뒤로 연기되었다. 당시 리차드 2세는 14살의 어린 소년이었다.

이 일을 누가 행하였느냐 누가 이루었느냐 누가 태초부터 만대를 명정하였느냐 나 여호와라 태초에도 나요 나중 있을 자에게도 내가 곧 그니라 섬들이 보고 두려워하며 땅끝이 무서워 떨며 함께 모여 와서(사 41:4-5).

6월 16일

윌리엄과 캐더린

아브라함은 우리의 배필을 찾는 일을 천사들이 도와준다고 믿었다. 그는 자기 하인에게 "그가 그 사자를 네 앞서 보내실지라 네가 거기서 내 아들을 위하여 아내를 택할지니라"(창 24:7)고 말했다.

하늘의 중매인은 런던의 어느 사업가의 도움을 받아 윌리엄 부스와 캐더린 멈포드를 맺어주셨다. 이들 두 사람은 교회사에서 가장 훌륭한 팀이 되어 구세군을 세우고 수십만 명에 달하는 영국의 빈민들을 구제했다. 두 사람 중에서 캐더린이 더 총명하고 훌륭한 설교자였다. 콘스탄스 콜트만은 "캐더린은 다소 천박한 위장병 환자를 세상에서 가장 위대한 종교지도자로 만들었다"고 말했다.

윌리엄은 1829년에 노팅험에서 태어났고, 캐더린은 이듬해에 근처의 마을에서 태어나서 청교도 가정에서 성장했다. 캐더린은 12살이 되기도 전에 이미 성경을 8번이나 통독했고, 학문에도 탁월했다. 그러나 14살 때에 캐더린은 척추에 이상이 생겨 병상에 누워 지냈고, 또 결핵에도 걸렸다. 그러나 그녀는 병상에 누워 지내면서 신학과 교회사를 공부했다. 캐더린은 서서히 건강을 회복하여 결혼을 고려할 수 있게 되었다. 캐더린은 "나는 목회자의 아내로서 하나님께 가장 유익하게 사용될 수 있을 것 같았다"고 말했다. 캐더린은 키가 크고 피부가 검은 사람을 원했고, 그 사람의 이름은 "윌리엄"일 것이라고 생각했다.

여러 해가 지나서, 에드워드 래비츠라는 사업가가 윌리엄과 캐더린을 성 금요일 집회에 초대했다. 집회가 끝난 후에 그는 윌리엄에게 캐더린을 집에 데려다 주라고 말했다. 캐더린은 나중에 "우리 두 사람은 그 짧은 만남을 결코 잊을 수 없을 것입니다. 집에 도착하기 전에 우리는 서로 천생연분이라고 느꼈습니다"라고 썼다.

몇 주 동안, 이들의 관계는 확실하지 못했다. 윌리엄은 빈민들에게 전도하는 복음전도자로서 명성을 확보해가고 있었지만 직업도 없고 수입도 없고 집도 없었다. 캐더린의 어머니는 윌리엄을 좋아하지 않았다. 그럼에도 불구하고 그들은 참고 견딘 끝에 1855년 6월 16일에 런던에서 결혼했다.

윌리엄은 신혼여행 중에도 부흥회에서 설교했다. 천사들은 미소를 짓고 있었다. 바야흐로 구세군이 태동하는 순간이었다.

고운 것도 거짓되고 아름다운 것도 헛되나 오직 여호와를 경외하는 여자는 칭찬을 받을 것이라 그 손의 열매가 그에게로 돌아갈 것이요 그 행한 일을 인하여 성문에서 칭찬을 받으리라(잠 31:10, 31).

복음전파의 고리

6월 17일

에드워드 킴벌은 자기가 맡은 주일학교 학급을 그리스도께로 인도하기로 결심했다. 드와이트 무디라는 소년은 주일이면 졸곤 했다. 킴벌은 단념하지 않고 직장에서 일하는 그에게 전도하러 떠났다. 무디가 일하는 상점을 들어갈 때, 킴벌의 가슴은 두근거렸다. "나는 그의 어깨에 손을 얹고, 발을 구두통에 올려놓았습니다. 나는 그에게 그리스도께로 나오라고 말했습니다." 그러나 킴벌은 그를 회심시키는 일에 실패했다고 생각하면서 그곳을 떠났다. 그러나 그가 상점을 떠날 때 무디는 새로운 사람이 되어 있었고, 결국 미국에서 가장 유명한 전도자가 되었다.

1873년 6월 17일, 무디는 일련의 집회를 인도하기 위해서 영국의 리버풀에 도착했다. 처음에는 집회가 그다지 성공적이지 못했지만, 이윽고 수문이 터지고 축복이 밀려들기 시작했다. 무디는 F. B. 마이어라는 학구적인 사람이 목회하는 침례교회를 방문했는데, 마이어는 처음에는 이 미국인의 무식한 설교를 경멸했다. 그러나 곧 마이어는 무디의 설교를 듣고 감화를 받아 완전히 변화되었다.

마이어는 무디의 초청을 받아 미국을 여행했다. 그는 노스필드 성경협회에서 모인 사람들에게 "그리스도를 위해서 모든 것을 버리려 하지 않으면서 어찌 그러한 마음을 갖게 되기를 원하는가?"라고 외쳤다. 이 메시지는 J. 윌버 챔프먼이라는 젊은 목회자의 삶을 변화시켰다.

챔프먼은 1900년대 초에 능력있는 순회전도자가 되었고, 빌리 선데이라는 회심한 야구선수를 데리고 다녔다. 챔프먼의 보살핌 하에서 선데이는 미국 역사상 위대한 복음전도자가 되었다. 북부 캐롤라이나 샤롯테에서 거행된 그의 부흥 집회 때에 회심한 한 무리는 서로가 성령 충만을 받기 위해서 열심히 기도했다. 1934년에 그들은 도시 전체의 부흥운동을 인도하기 위해서 모르드캐 햄이라는 복음전도자를 초대했다. 10월 8일, 햄은 실망하여 샤롯테 호텔의 상비군에 관해서 하나님께 다음과 같은 기도문을 기록했다. "주님, 이곳에 오순절을 주옵소서…내일 당신의 성령을 부어 주옵소서…"

그의 기도는 응답을 받았고, 센트럴 고등학교의 학생이었던 빌리 그래헴은 예수님께 마음을 바쳤다. 그런데 에드워드 킴벌은 자신이 그 일을 망쳤다고 생각했다.

내가 비옵는 것은 이 사람들만 위함이 아니요 또 저희 말을 인하여 나를 믿는 사람들도 위함이니 아버지께서 내 안에 내가 아버지 안에 있는 것같이 저희도 다 하나가 되어 우리 안에 있게 하사 세상으로 아버지께서 나를 보내신 것을 믿게 하옵소서(요 17:20, 21).

6월 18일   앤 애스큐

   토마스 카임은 아내인 앤 애스큐가 개신교 신자가 되었다는 이유로 집에서 쫓아냈다. 그녀에게 가정, 남편, 두 자녀를 잃은 것은 슬픔의 시작에 불과했다. 곧 앤은 미사의 교리 즉 떡과 포두주가 그리스도의 몸과 피로 변화된다는 교리를 부인했다는 이유로 재판을 받게 되었다. 검사는 "불쌍한 여인아, 그대는 사제들이 그리스도의 몸을 만들 수 없다고 생각하는가?"라고 묻자 앤은 "그렇습니다. 나는 하나님께서 인간을 지으셨다고 알고 있지만 인간이 하나님을 만들 수 있다는 말은 읽지도 못했고, 앞으로도 읽지 못할 것입니다. 당신들이 하나님이라고 부르는 것은 한 조각의 떡에 불과합니다. 떡을 세 달 동안 상자에 넣어두면, 곰팡이가 낄 것입니다."

   앤은 런던 탑에 갇혔다. "사람들은 오랫동안 나를 팔다리를 늘이는 고문대에 묶어 두었습니다. 내가 소리를 지르지 않고 묵묵히 참아내자 대법관과 판사 보좌관 리치가 친히 나를 거의 죽을 정도로 고문했습니다." 고문으로 인해 걸을 수 없게 되었지만 앤은 자신의 신앙을 철회하지 않았다. "나는 신앙을 버리느니 차라리 죽겠다고 말했습니다." 앤은 다음과 같은 기도문을 썼다.

   주님, 원수들이 내 머리털보다 더 많습니다. 그러나 그들이 헛된 말로 나를 이기지 못하게 하시며, 주께서 다른 대신하여 싸워 주십시오. 나의 모든 염려를 당신께 맡깁니다. 그들은 나에게 온갖 멸시를 퍼붓습니다. 나는 당신의 불쌍한 피조물입니다. 그러나 사랑하는 주님, 자비하신 당신의 선하심으로 그들의 온갖 폭력을 용서해주십시오. 그리고 눈먼 그들의 눈을 열어 주시사, 이제 후로는 당신께서 받아주실 일만 행할 수 있게 해 주십시오. 주님의 뜻대로 이루어지이다.

   1546년 6월 18일, 앤은 이단자라는 이유로 사형선고를 받았다. 한 달 후에, 앤은 사형장인 스미스필드로 끌려가서 말뚝에 묶여 화형을 당했다. 존 폭스와 같은 사람들은 앤의 영웅적인 행동이 "그후 모든 사람들에게 기독교적 지조의 본을 남겨주었다"고 생각했다.

내 뼈를 찌르는 칼같이 내 대적이 나를 비방하여 늘 말하기를 네 하나님이 어디 있느냐 하도다 내 영혼아 네가 어찌하여 내 속에서 불안하여 하는고 너는 하나님을 바라라 나는 내 얼굴을 도우시는 내 하나님을 오히려 찬송하리로라(시 42:10, 11).

니케아 신조   6월 19일

처음 300년 동안 교회는 여러 번 박해를 받았다. 그러다 312년에 콘스탄틴 황제가 회심하면서 박해는 종식되었다. 그러나 교회는 박해보다 더 좋지 못한 것, 즉 이단이라는 문제에 직면했다. 북아프리카 출신의 아리우스라는 교사는 예수가 완전한 인간이면서 완전한 하나님이라는 사실을 부인했다. 아리우스는 "아들이 존재하지 않았던 시기가 있었다"고 가르쳤다. 그는 예수는 영원하신 분이 아니고 신적인 분도 아니며 하나님도 아니라고 주장했다. 그 이단이 확대되자 콘스탄틴은 놀랐다. 황제는 그 논쟁을 이해하지 못했지만, 교회의 통일을 원했다. 그는 "이 문제들은 이상한 생각들로 짜여진 헛된 논쟁의 거미줄에 불과하다"고 말했다.

콘스탄틴은 니케아라는 작은 마을에 총공의회를 소집했다. 제국 전역의 1800명의 감독들이 초대되었는데, 각각의 감독들이 두 명의 교회 지도자들과 세 명의 종을 데리고 오는 것이 허락되었다. 당시 여행의 조건이 좋지 않았기 때문에 400명이 못되는 감독들만 그 공의회에 참가했는데, 주로 동부 지방의 감독들이었다. 많은 감독들은 박해의 표식을 지니고 있었다. 그중에는 학자들도 있고 목자들도 있었다. 장발에 짧은 콧수염을 기른 콘스탄틴 황제는 높은 주홍색 장화와, 자주색 옷을 입고 이 잡다한 무리 가운데 등장했다.

곧 참석자들은 맹렬하게 싸우기 시작했다. 아리우스는 자신의 견해를 제시했다. 알렉산더와 아타나시우스는 전통적 가르침을 가지고 맞섰다. 마지막으로 콜도바 출신의 감독 호시우스는 하나의 신조를 작성할 것을 제안했다. 그리하여 신앙의 진술서가 작성되었다. 325년 6월 19일에 호시우스는 그것을 발표했다. 거기에는 "하나님 자신에서 나온 하나님, 만들어진 것이 아니라 잉태되신 하나님, 만물을 지으신 아버지와 동일한 본질을 지니신 분, 우리 인간과 우리의 구원을 위해서 육신을 입고 세상에 오셨으며 인간이 되셔서 고난을 당하시고 부활하신" 예수 그리스도가 묘사되어 있다.

그 신조는 채택되었고, 그리스도의 신적 본성의 교리—기독교의 본질적이고도 특이한 교리—가 최초로 공식적으로 확인되었다.

그는 보이지 아니하시는 하나님의 형상이요 모든 창조물보다 먼저 나신 자니 만물이 그에게 창조되되 하늘과 땅에서 보이는 것들과 보이지 않는 것들과 혹은 보좌들이나 주관들이나 정사들이나 권세들이나 만물이 다 그로 말미암고 그를 위하여 창조되었고…그는 몸인 교회의 머리라 (골 1:15, 16, 18).

6월 20일 — 마리 앙투아넷

세상에서 아무리 힘이 센 사람이라도 최후의 원수를 혼자서 맞설 수는 없다. 권력, 부, 명예, 행운 등은 꿈처럼 사라져 버리고, 영혼은 벌거벗은 채 위로를 찾는다. 너무 오랫 동안 하나님 만나기를 예비하는 사람이 무척 많다.

마리 앙투와넷은 프랑스 혁명 직전 프랑스 사회의 사치와 퇴폐를 상징하는 인물이다. 마리와 그녀의 남편 루이 16세는 바르세유의 궁전에서 살면서, 가난한 백성들에게서 세금을 착취하여 거둔 돈을 낭비했다. 그러나 마리는 루이보다 훨씬 먼저 위험이 다가오고 있음을 감지했다. 마리는 자신의 날이 얼마 남지 않았음을 알고, 여러 달 동안 루이에게 도망치자고 애원했다. 그러나 루이는 망설이고 주저했다. 1789년 10월 5일, 수백명의 부인들이 부엌칼과 빗자루를 들고서 바르세이유 궁전을 습격했다. 겁에 질린 왕족들은 파리로 가서 경호원들을 두고 생활했다.

루이는 뒤늦게 프랑스에서 도망칠 계획을 세웠다. 그리고 마침내 1791년 6월 20일 한밤중에 왕의 가족들은 어두움을 틈타서 궁에서 빠져나와 마차를 타고서 코르프 가문의 사람으로 변장을 하고서 마을을 빠져나갔다. 그들은 밤낮으로 말할 수 없는 긴장 속에 마차를 달려 오스트리아 국경을 행해 갔다. 그러나 그들은 갈퀴로 무장한 농부들에게 붙잡혔다.

마리 앙투아넷는 하룻밤 사이에 늙어 머리카락이 하얗게 세고 수척해지고 비틀거렸다. 파리로 돌아온 마리는 어두운 방에 갇혔다. 그녀는 말할 수 없이 흥분하여 죽은 남편을 생각하며 울었고, 어린 아들을 염려했다.

앙투아넷은 이제 하나님을 의지했다. 그녀는 삼방에서 미사를 거행했다. 그녀는 자기의 기도서에 "나의 하나님, 나를 불쌍히 여기소서. 불쌍한 내 자녀들아, 이제는 너희들을 위해 흘릴 눈물도 말랐구나. 안녕"이라고 적었다. 1793년 10월 16일, 사형집행인이 오자, 마리는 무릎을 꿇고 기도했다. 그녀는 혁명의 광장으로 끌려갔다. 북소리가 울리고, 마리의 목은 땅에 떨어졌다. 한 군인이 머리카락이 하얗게 된 그녀의 머리를 사람들 앞에서 들어올렸다. 당시 마리는 채 40세도 되지 않았었다.

그러므로 이스라엘아 내가 이와 같이 네게 행하리라 내가 이것을 네게 행하리니 이스라엘아 네 하나님 만나기를 예비하라 대저 산들을 지으며 바람을 창조하며 자기 뜻을 사람에게 보이며 아침을 어둡게 하며 땅을 높은 데를 밟는 자는 그 이름이 만군의 하나님 여호와니라(암 4:12, 13).

새 마음

6월 21일

존 리빙스턴은 1603년 스코틀랜드에서 목사의 아들로 태어났다. 그는 장성한 후에도 계속 부친과 함께 생활했는데, 그 때문에 문제가 생겼다. 존은 프랑스로 가서 의학을 공부하려 했으나 부친은 반대하면서, 존에게 결혼하여 인근에 정착하여 농사를 지으라고 권했다. 존은 아버지의 청을 거절했고, 부자 사이가 멀어졌다. 어느날 존은 하나님께 자신의 인생에 대한 지시를 얻기 위해 숲속으로 들어갔다. 존은 크게 번민한 끝에 복음 전파에 헌신하기로 결심했고, 부친도 마지 못해 그의 결심을 인정해 주었다.

1625년 2월 2일, 존 리빙스턴은 아버지의 교회에서 처음으로 설교를 했다. 그는 아버지의 집에 1년 이상 머물러 지내면서, 원고를 꼼꼼하게 작성하여 설교를 했다. 어느날 그는 바로 전날 설교를 했던 사람들에게 설교를 해달라는 요청을 받았다. 준비해둔 설교 원고가 없었기 때문에, 그는 간단하게 메모해서 설교를 했는데, 한번도 경험한 적이 없는 능력 있는 설교를 했다. 그 후로 그는 설교 원고를 꼼꼼하게 기록하지 않게 되었다.

곧 그는 유명해졌다. 1630년 6월, 리빙스턴은 쇼츠의 커크 교회에서 설교해달라는 청을 받았다. 주일날 밤에 그는 기독교인 형제들과 함께 모여 기도하고 의논하면서 밤을 지샜다. 그 다음날 그는 자신이 자격이 없고 무가치하다는 감정에 휩싸여서 다시는 설교할 수 없을 것 같았다. 1630년 6월 21일 월요일 저녁 그는 에스겔 36:26, 27을 가지고 설교를 했다. "또 새 영을 너희 속에 두고 새 마음을 너희에게 주되 너희 육신에서 굳은 마음을 제하고 부드러운 마음을 줄 것이며…"

리빙스턴은 한 시간 반 동안 설교하면서 생전 처음으로 하나님께서 설교에 임재하심을 경험했다. 그날 집회에 성령의 능력이 임했다. 500명이 그의 메시지를 듣고 회심했다고 한다.

그는 능력있는 설교로 말미암아 스코틀랜드 전역에서 명성을 얻게 되는 동시에 스코틀랜드 전역이 분열되는 결과를 초래했다. 그는 결국 비국교적 견해 때문에 네덜란드로 추방되었다. 로테르담에는 이미 많은 스코틀랜드인들이 피신해 있었는데, 리빙스턴은 그곳에서 사역하다가 1672년에 사망했다.

또 새 영을 너희 속에 두고 새 마음을 너희에게 주되 너희 육신에서 굳은 마음을 제하고 부드러운 마음을 줄 것이며 또 내 신을 너희 속에 두어 너희로 내 율례를 행하게 하리니 너희가 내 규례를 지켜 행할지라(겔 36:26, 27).

6월 22일 — 단순한 삶

교회력에서 6월 22일은 파울리누스를 기념하는 날이다. 파울리누스는 부자로서 결혼한 법률가였는데, 재산을 나누어주고 사제이자 시인이 되었다.

파울리누스는 오늘날의 프랑스인 고올 지방의 보르도에서 부유한 귀족 가문에 태어났다. 그는 심성이 선했고 많은 교육을 받았으며, 장래가 촉망되는 청년이었다. 그는 젊은 나이에 법조계에 진출했고, 20대에는 정치에 입문했다. 그는 여러 곳을 여행하면서 고올, 이탈리아, 스페인 등지에 저택을 구입했다. 제국에서 매우 장래가 촉망되는 사람들이 그와 친분을 가지려 했다. 그는 유럽에서 여자들에게 대단히 인기있는 총각이었다. 그는 테레시아라는 스페인 처녀를 사랑하게 되었다. 그들은 결혼하여 프랑스에서 생활했다.

기독교인이었던 테레시아는 남편에게 복음을 전해주었다. 파울리누스는 아내의 말을 경청했고, 그 지방 감독을 열심히 찾아다녀 결국 그 둘은 친구가 되었다. 파울리누스는 기독교에 대해 조사하는 중, 그 진실됨과 타당성에 감명을 받았다. 그는 34세 때에 자신의 삶을 그리스도께 맡겼고, 393년경에 동생과 함께 세례를 받았다.

그런데 그 부부에게 비극이 찾아왔다. 그들 사이에는 정말 오랫동안 아기가 없다가, 마침내 기다리던 아들을 갖게 되었다. 그러나 아기는 일주일이 못되어 숨을 거두었고, 두 사람은 크게 상심했다. 그들은 자기들의 가치관을 재고한 끝에 전보다 훨씬 더 단순한 삶을 살기로 결심했다. 그들은 대부분의 재산을 팔아서 가난한 사람들에게 주었다.

그들은 나폴리 근처에 있는 놀라는 작은 마을에 길다란 2층 집으로 이사했다. 그들은 아래층은 집이 없는 사람들을 위해 사용하고, 위층은 일종의 비공식적인 수도원으로 만들어 그곳에 살면서 하나님의 백성들을 가르치고 격려했다. 파울리누스는 공동체를 위해 교회를 짓고 도수관 건설 기금도 제공했다. 파울리누스는 교회의 지도자로 선택되었다. 그는 여생을 그곳에서 복음을 전하고, 사역하고, 시를 짓고, 기도문을 저술하고, 당대의 유명한 기독교인들과 서신왕래를 했다. 그는 성경 이해를 위한 도구로서 기독교 예술을 권장했다. 전승에 따르면, 그가 처음으로 기독교 예배에 종(鍾)을 도입했다고 한다.

네가 이 세대에 부한 자들을 명하여 마음을 높이지 말고 정함이 없는 재물에 소망을 두지 말고 오직 우리에게 모든 것을 후히 주사 누리게 하시는 하나님께 두며 선한 일을 행하고 선한 사업에 부하고 나눠주기를 좋아하며 동정하는 자가 되게 하라 이것이 장래에 자기를 위하여 좋은 터를 쌓아 참된 생명을 취하는 것이니라(딤전 6:17-19).

아우구스부르크 신앙고백

6월 23일

　전도서 4:9에서 솔로몬은 혼자 지내는 것보다 친구가 있으면 훨씬 낫다고 말한다. 마틴 루터에게는 필립 멜란히톤이라는 친구가 있었다. 멜란히톤은 루터보다 어렸지만 루터보다 훨씬 침착하고 총명했다. 필립은 1494년에 독일에서 태어났고, 13세 때에 하이델베르크 대학에 입학했는데, 그리스어에 탁월했다. 그는 비텐베르크 대학의 그리스어 교수가 되었는데, 첫 강의 때에는 말을 더듬고 흥분했었다. 그러나 당시 신학 교수였던 루터는 이 젊은 교수가 학생들에게 "근원으로 돌아가라. 성경으로 돌아가라"고 말하는 것에 관심을 가지고 들었다.

　곧 두 사람은 마치 다윗과 요나단처럼 완전히 어울리는 한쌍이 되었다. 조심성있고 온화한 멜란히톤은 충동적인 루터에게 균형을 제공해주었다. 루터가 논쟁적인 데 반해, 멜란히톤은 평화주의자였다. 멜란히톤은 루터의 사상들을 조절해주었고, 루터의 신학의 틀의 윤곽을 잡아주었다. 그는 종교개혁을 이루는 데 기여한 천재로서, 루터의 가르침들을 적절하고 체계적인 형태로 작성해주었다. 루터는 이 젊은 동료를 사랑했고, 필립의 조직적인 솜씨가 없었다면 자신의 작업은 실패하고 말았을 것이라고 인정했다.

　필립은 종교개혁의 출판, 교육적 측면도 지휘했다. 그는 독일의 학교들을 발달시킨 공로로 "독일의 교사"라는 칭호를 얻었다. 그는 성직자 훈련에 관여했고, 그 목적을 위한 목회 지침서, 주석, 신학서적 등을 저술했다.

　1529년에 황제 찰스 5세는 교회를 일치시키기 위한 마지막 노력으로 아우그스부르크에 회의를 소집했다. 루터는 초대받지 못했다. 황제는 필립의 온유한 정신이 폭풍우를 잠재우고 논쟁을 진정시켜 줄 것이라고 기대했다. 그러나 멜란히톤의 신념도 루터 못지 않게 깊었다. 1530년 6월 23일 밤, 멜란히톤은 토의 자료가 필요하다는 말을 듣고 3시간 만에 개신교 교리들을 작성했다. 그가 작성한 문서는 6월 25일에 낭독되었는데, 그곳에 참석한 사람들은 기립하여 두 시간 동안 그 문서를 경청했다.

　그러나 다수 진영인 가톨릭 측에서 그것을 거부함으로써 개신교와 가톨릭은 궁극적으로 결별하게 되었다. 어쨌든 루터 진영의 신앙을 분명하게 표현한 아우구스부르크 신앙고백은 오늘날까지 루터교 신앙의 기초로 존재하고 있다.

두 사람이 한 사람보다 나음은 저희가 수고함으로 좋은 상을 얻을 것임이라 혹시 저희가 넘어지면 하나가 그 동무를 붙들어 일으키려니와 홀로 있어 넘어지고 붙들어 일으킬 자가 없는 자에게는 화가 있으리라(전 4:9, 10).

6월 24일 라이덴(Jan van Leiden)

종종 하나님의 일을 하는 사람들은 원수가 아니라 친구들로부터 박해를 받는다. 또 마귀는 종종 하나님의 종들 가운데 자기를 따르는 과격론자들을 심어놓는다. 예를 들어, 재세례파는 세례는 구원의 상징이라고 믿으며 유아세례에 반대한 평화로운 사람들이었다. 그들은 "자유교회"—국가로부터 분리된 교회—라는 개념을 만들어냈다. 또 그들은 오늘날의 메노파, 아만파 등과 같은 집단들에게 근거를 제공해주었다. 그러나 재세례파 운동은 라이덴(Jan van Leiden)이라는 광신자로부터 입은 피해에서 회복되지 못했다.

독일 뮌스터에서의 일이다. 1530년대에 뮌스터에는 재세례파 경향을 가진 사람들이 많이 몰려들었고, 일련의 선거에서 재세례파 사람들이 시의회를 통제할 수 있게 되었다. 그럴 즈음 28세의 라이덴이라는 인물이 등장했다. 카리스마적이고 열심있는 인물이었던 그는 권력을 장악하고, 뮌스터를 "새 예루살렘"이라고 명하고 자신을 "다윗 왕"이라고 칭하며 시민들을 사로잡았다. 그는 여러 명의 아내를 두고, 일부다처제를 허용하는 법을 통과시켰다. 당시 뮌스터에는 여자가 남자보다 여섯 배나 더 많았다.

라이덴은 곧 세상의 종말이 오겠지만 자기를 따르는 자는 살아남을 것이라고 예언했다. 그는 사람들에게 세례를 받으라고 강요했고, 재산의 공유화를 도입했다. 가톨릭 진영에서는 그의 쾌락적인 방탕함에 충격을 금치 못했다. 그가 광적인 상태에서 광장에서 직접 네 아내 중 하나의 목을 베어 죽이자, 도시 전체는 경악했다.

2년 동안 혼란과 부패에 휩싸여 있던 뮌스터는 1535년 6월 24일에 발덱의 프란시스에 의해 함락되었고, 재세례파 사람들은 학살되었다. 라이덴은 시뻘겋게 뜨겁게 달군 쇠로로 온 몸을 지지는 고문을 받은 후에 그는 우리에 갇혀 뮌스터의 주요 광장에 있는 램버트 교회의 탑 안에 매달렸다. 그의 시신은 우리에 갇혀 400년 이상 방치되다가 20세기에 들어와서야 제거되었다.

뮌스터에서의 사건은 16세기 재세례파 운동에서 가장 심각한 탈선 사건이었으며, 이로 인해 재세례파를 박해하려는 사람들의 입지가 강화되었다. 통치자들은 유럽 전역에서 재세례파 운동을 완전히 몰아내려 했다. 일부 극단주의자들 때문에 무수한 선한 사람들이 큰 고난을 받았다.

너희가 달음질을 잘하더니 누가 너희를 막아 진리를 순종치 않게 하더냐 그 권면이 너희를 부르신 이에게서 난 것이 아니라 적은 누룩이 온 덩이에 퍼지느니라(갈 5:7-9).

집시 소년

6월 25일

로드니 스미스의 이야기는 매우 감동적이다.

나는 1860년 3월 31일에 집시 코넬리우스 스미스의 아들로 태어났습니다. 내가 철이 들 무렵, 어머니는 세상을 떠나셨습니다. 아버지는 내가 태어난 곳은 말해주셨지만, 태어난 때는 말해주지 않았습니다. 나는 얼마 전에야 내 생일을 알았는데, 나는 이제까지 실제 나이보다 한 살 더 많다는 것을 알았습니다.

코넬리우스는 빚 때문에 감옥에 갇혀 있던 중에 복음을 접했다. 후일 그는 자녀들을 데리고 래티머 거리 선교회에 갔다가, 예배자들이 "샘물과 같은 보혈"이라는 찬송을 부르자 갑자기 바닥에 엎드렸다. 잠시 후에 그는 뛰어 일어나면서 "나는 회심했다! 얘들아, 하나님께서 나를 새사람으로 만드셨단다!"라고 외쳤다. 로드니는 겁에 질려서 교회에서 뛰쳐나갔다.

로드니는 16살 때 어느 감리교 집회에 참석하여 그리스도께 자기 마음에 와달라고 기도했다. 근처에서 누군가가 "집시 소년이잖아"라고 중얼거리는 소리가 들렸다. 그러나 로드니는 동요하지 않고 성경책을 구입하여 혼자서 읽는 법을 배우고 복음을 전하기 시작했다. 이러한 그를 윌리엄 부스 장군은 눈여겨 보았다. 1877년 6월 25일, 로드니는 구세군 집회에 참석했는데, 부스 장군은 그를 알아보고 "다음에는 저 집시 소년이 말씀을 전하겠습니다"라고 말했다.

나는 떨면서 자리에서 일어섰습니다. 다행히 강단까지는 대여섯 걸음 정도였습니다. 강단에 도착하니 온 몸이 덜덜 떨렸습니다. 내 마음을 진정시켜 주려고 부스 장군은 "우리를 위해 독창을 해주겠나?"라고 말씀하셨습니다. 나는 "해보겠습니다"라고 대답했습니다. 그날 밤 나는 생전 처음으로 많은 사람이 모인 집회에서 독창을 했습니다.

독창을 한 후에 로드니는 긴장하여 기침을 하면서 "나는 집시에 불과합니다. 나는 여러분처럼 많은 것을 알지 못하지만 예수님을 압니다. 그분이 나를 구원하셨음을 압니다. 나는 여러분처럼 글도 읽지 못하고, 집도 없습니다. 그러나 저 세상에는 큰 집이 있습니다. 언젠가 그곳에 가서 살게 될 것입니다. 내 소원은 그리스도를 위해서 사는 것입니다"라고 말했다.

이리하여 로드니의 70년에 걸친 세계적인 복음전파 사역이 시작된 것이다.

또한 모든 것을 해로 여김은 내 주 그리스도를 아는 지식이 가장 고상함을 인함이라 내가 그를 위하여 모든 것을 잃어버리고 배설물로 여김은…내가 그리스도와 그 부활의 권능과 그 고난에 참예함을 알려 하여(빌 3:8, 10).

6월 26일 — 위대한 사랑 이야기

 20세기의 지성인들에게 선교한 프랜시스 쉐퍼와 이디스 쉐퍼 부부만큼 한 마음과 같은 목표를 가지고 조화를 이루면서 사역한 부부는 거의 없을 것이다. 쉐퍼 부부는 제2차 세계 대전 직후에 해외 복음 전도자 사역을 시작했다. 곧 그들이 거하는 스위스 알프스에 있는 오두막집에는 많은 대학생들이 몰려들었다. 이를 계기로 1955년에 삶에 대한 커다란 철학적 문제들에 대한 해답을 구하는 대학생들과 회의주의자들을 위한 연구 센터요, 피난처인 라브리 공동체가 설립되었다.

 하나님의 섭리로 프랜시스와 이디스가 결합하게 된 것은 위대한 사랑의 이야기이다. 프랜시스는 필라델피아 북서부에 있는 독일인 마을에서 자랐다. 그의 부모는 신자가 아니었으며, 그는 거의 기독교에 접하지 못했다. 17살 때에 그는 러시아 이민들에게 영어를 가르치게 되어 영어 문법책을 사려고 서점에 갔다. 집에 돌아와서 보니 서점 직원의 실수로 영어 그리스 철학개론이 들어 있었다. 프랜시스는 그 책을 읽으면서 삶의 의미에 대한 기본적인 철학적 질문들을 발견했다. 그러나 그는 해답은 발견하지 못하다가 마침내 성경을 독파하기로 결심했다. 성경은 그를 그리스도 안에 있는 믿음으로 데려다 주었다.

 1932년 6월 26일, 주일날 밤, 그는 근처에 있는 장로교회 예배에 참석했다. 어느 유니테리언 교도가 자신이 성경, 그리고 하나님과 그리스도와 기타 다른 절대적인 진리들에 관한 성경의 가르침을 부인한 것에 대해 간증하기로 되어 있었다. 이디스는 그 사람의 간증에 반박할 준비를 하고 있었다. 그 사람이 간증을 마치자, 이디스는 자신이 메모한 것을 움켜 쥐고 그 사람에게 도전하려 했다. 그러나 이디스가 자리에서 일어나기 전에, 프랜시스가 일어서더니 연사의 논거들을 분석하기 시작했다. 이디스는 놀라서 그의 말을 경청했다. 그 전까지 이디스는 교회 안에 누구도 자기만큼 아는 사람이 없다고 생각하고 있었다. 프랜시스가 말을 마치자, 이디스가 일어나서 논평을 했다. 프랜시스 역시 감명을 받았다. 예배가 끝난 후에 그는 이디스를 집에 데려다 주겠다고 우겼고 그 일로 예수 그리스도의 복음을 미국, 유럽 등 여러 나라의 학생들과 학자들에게 전하는 평생의 동역 관계가 형성된 것이다.

 열방이 땅 끝에서 주께 이르러 말하기를 우리 열조의 계승한 바는 허무하고 망탄하고 무익한 것 뿐이라 인생이 어찌 신 아닌 것을 자기의 신으로 삼겠나이까 하리이다 여호와께서 가라사대 보라 이번에 그들에게 내 손과 내 능을 알려서 그들로 내 이름이 여호와인줄 알게 하리라(렘 16:19-21).

허드슨 테일러

6월 27일

허드슨 테일러는 사도 바울의 시대 이후로 누구보다도 위대한 선교 사역, 즉 중국 복음화를 꿈꾸었다. 그는 목적을 위해서 1865년 6월 27일에 중국내륙선교회(China Inland Mission)를 설립했다. 그것은 그의 평생의 꿈이었다. 그는 5살이 안되었을 때에도 친구들에게 동양 선교사가 되고 싶다고 말했었다.

그러나 그는 여러 해가 지난 후에야 실질적으로 그리스도께 회심했다. 그의 어머니는 오랫동안 그의 회심을 위해 기도했지만, 눈에 보이는 결과는 없었다. 어느날 집에서 멀리 떨어진 곳에 있는데, 이상하게 아들 생각이 났다. 어머니는 방에 들어가 문을 닫고 기도하기 시작했는데, 아들이 구원받았다고 확신할 때까지 기도했다.

한편 17살이 된 허드슨은 하는 일이 없이 집에 있었다. 그는 아버지의 서재에서 책을 보다가 재미있는 이야기로 시작되는 책을 발견했다. 그는 그 책을 읽고 또 읽었다. 그것은 복음서 소책자였다. 후일 그는 "성령께서 내 영혼에 빛을 비추어 주셨습니다. 내가 할 수 있는 일은 무릎을 꿇고 구원을 위해 기도하는 것뿐이었습니다"라고 술회했다.

테일러는 얼마 동안 의학 수업을 받은 후 중국으로 향했다. 그는 곧 재정적인 위기, 언어 문제, 향수병, 다른 선교사들과의 인격적 갈등 등 많은 문제에 직면했다. 그는 머리를 검은 색으로 염색하려다가 암모니아 병이 깨져 다치기도 했다. 그후로도 여러 해 동안 많은 어려움이 따랐다. 테일러는 크게 상심했다.

그 즈음 그는 친구인 존 맥카로부터 편지를 받았다. 존은 "스스로 노력하려 하지 말고 그리스도 안에 거하려 노력하라"고 했다. 그리스도는 "봉사를 위한 유일한 능력이시요, 변함없는 기쁨의 근원이시다"라고도 했다.

허드슨은 "편지를 읽으면서 나는 분명히 깨달았습니다. 나는 예수님을 의지했습니다. 그러자 기쁨이 넘쳐났습니다. 나의 사역은 결코 풍성한 것도 아니고 어려운 것도 아니었습니다. 그러나 이전의 중압감이나 긴장감은 사라졌습니다"라고 말했다. 마치 하늘나라의 발전소에 연결되기나 한듯, 새로운 힘이 그의 삶과 사역에 넘쳤다. 허드슨 테일러가 세상을 떠날 즈음, 중국내륙선교회 소속의 선교사가 800명이 중국에서 사역하고 있었다.

나는 포도나무요 너희는 가지니 저가 내 안에 내가 저 안에 있으면 이 사람은 과실을 많이 맺나니 나를 떠나서는 너희가 아무 것도 할 수 없음이라(요 15:5).

6월 28일

심술궂은 노인

언제나 폭풍 같았던 마틴 루터는 말년에는 태풍이 되었다. 그의 교의적이고 융통성 없는 주장들 때문에 종교개혁의 일치가 손상되자, 친구들 특히 동역자인 필립 멜란히톤은 고민했다. 1545년 6월 28일에, 존 칼빈은 멜란히톤에게 편지로 루터를 제어하라고 부탁했다.

(마틴은) 우뢰같은 사랑을 가지고 모든 한계를 넘어서고 있습니다. 우리 모두는 그에게 큰 은혜를 입고 있음을 인정합니다. 그러나 그리스도 안에서 우리는 항상 사람들을 지나치게 존경하지 않도록 조심해야 합니다. 한 사람이 나머지 사람 전체보다 더 많은 권위를 소유할 때에 문제가 생깁니다. 풍랑이 이는 바다를 잠잠하고 평온하게 만드는 것은 결코 쉬운 일이 아닙니다. 당신은 루터가 성격이 격하고 통제할 수 없이 성급하다고 하시겠지요. 그러므로 교회가 당면한 재앙으로 인해 슬퍼하며, 우리의 슬픔을 무시하지 마십시오. 당신이 쓸데없이 이 문제에 개입한다면, 분명한 대답을 당신에게서 기대하는 많은 사람들을 당황하게 만들고 의심하게 만들게 될 것입니다.

그러나 멜란히톤은 루터를 억제할 수 없었고, 루터의 완고함, 다른 개혁자들로부터의 비평, 그리고 유대인들을 비난한 용서할 수 없는 삼부작 때문에 루터의 명성은 훼손되었다.

곤경을 겪었다고 해서 완악한 사람이 되어서는 안되며, 역경을 경험했다고 해서 신경질적인 사람이 되어서는 안된다. 시편 92편은 나이 든 성도들은 종려나무나 백향목처럼 크고 당당하고 위엄있고 항상 푸름을 잃지 말아야 한다고 가르친다. 로벗슨 맥킬킨은 하나님께서 청년의 힘과 아름다움은 육체적인 것으로, 노년의 힘과 아름다움은 영적인 것으로 계획하셨다고 주장한다. 우리는 점차 일시적인 힘과 아름다움을 잃어가므로, 영원한 힘과 아름다움에 집중해야 할 것이다.

루터는 많은 공로를 남겼음에도 불구하고, 바로 이러한 축복을 잃은 것이다

겉사람은 후패하나 우리의 속은 날로 새롭도다 우리의 잠시 받는 환난의 경한 것이 지극히 크고 영원한 영광의 중한 것을 우리에게 이루게 함이니 우리의 돌아보는 것은 보이는 것이 아니요 보이지 않는 것이니 보이는 것은 잠깐이요 보이지 않는 것은 영원함이니라(고후 4:16-18).

데이빗 핵스턴

6월 29일

데이빗 핵스턴은 찰스 2세의 왕정복고 시대부터 윌리엄 3세의 통치 시대에 이르는 기간에 신앙 때문에 무서운 고난을 당한 칼빈주의자 중 한 사람이다.

핵스턴은 부유한 중산층 신사였다. 그는 어느 날 스코틀랜드의 산지를 배회하다가 법의 보호를 박탈당한 장로교 목사의 설교를 들었다. 그는 그리스도 안에서 새 사람이 되어 집에 돌아왔다. 하지만 즉시 그의 목숨은 위태해졌기 때문에 그는 이리 저리 도피생활을 하면서 국왕에게 저항했다. 그러나 마침내 그는 체포되어 완전히 발가벗긴 채 안장도 없는 말에 태워졌다. 두 손은 뒤로 묶였고, 두 발은 말의 배 밑에 고정되었다. 에딘버러에 도착한 그는 재판을 받으면서 다음과 같이 변론했다.

> 나는 지금 예수 그리스도의 뜻과 이익을 고수한다는 이유로 죄수가 되어 여기에 서있습니다. 예수 그리스도의 뜻과 이익은 이 나라에서 고난을 받은 많은 사람들의 피로 인쳐져 왔습니다. 나는 그들이 제공한 모든 증거를 가지고 있으며, 나의 미력한 증거를 그들의 증거에 더하고 싶습니다. 나는 기꺼이 내 피로 그것을 인치려 합니다. 뿐만 아니라, 여러분이 상상할 수 있는 가장 혹독한 고문들로 그것을 인치고 싶습니다.

사람들은 그의 말대로 했다. 그는 1662년 6월 29일에 사형선고를 받았고, 다음날 처형장으로 끌려갔다. 형리는 그의 오른팔을 잘랐다. 너무 시간이 오래 걸렸기 때문에 핵스턴은 그에게 왼팔을 자를 때는 관절 부분을 잘라달라고 부탁했다. 형리는 그의 말대로 해주었다. 그 다음에 형리는 교수대 꼭대기로 끌고 올라가서 질식시킨 후에 밧줄을 풀어놓는 일을 두번 반복했다. 그 다음에 형리는 날카로운 칼로 그의 가슴을 쪼개고는 아직도 뛰고 있는 심장을 꺼냈다. 심장이 교수대 위에 떨어졌는데, 형리는 그것을 칼 끝으로 주워 올리고서는 "여기에 반역자의 심장이 있다"고 말했다. 목격자들의 말에 의하면, 칼끝에 놓인 그의 심장은 여전히 뛰고 있었다고 한다. 사람들은 핵스턴의 시신에서 창자를 꺼내고 4등분 한 뒤에 불에 태웠다. 그리고 그의 머리와 두 손은 인근에 있던 다리 꼭대기에 못박아 놓았다.

선한 양심을 가지라 이는 그리스도 안에 있는 너희의 선행을 욕하는 자들로 그 비방하는 일에 부끄러움을 당하게 하려 함이라 선을 행함으로 고난받는 것이 하나님의 뜻일진대 악을 행함으로 고난받는 것보다 나으니라(벧전 3:16, 17).

6월 30일 — 레이몬드 룰

종종 가장 사악한 생활에서 구원받은 사람들이 가장 훌륭한 선교사가 되기도 한다. 레이몬드 룰(Raymond Lull)은 스페인에서 떨어진 곳에 있는 지중해 연안의 마조르카 섬에서 자라면서 방탕한 생활을 했다. 그의 부친은 왕의 친구로서 부자요 권력이 있었다. 성적으로 방탕했던 룰은 결혼하여 두 자녀를 낳은 후에도 많은 여인들과 관계를 가졌다. 그러나 32세 때인 어느날 선정적인 시를 쓰던 중, 그는 죄의식을 느꼈다. 그는 그리스도께서 십자가 위에서 고난당하시는 환상을 보았고, 그는 회심했다.

마조르카 섬은 회교도들이 지배하고 있었는데, 젊은 룰은 이슬람 세계에 전도하고픈 소원을 느꼈다. 룰은 재산 일부를 아내와 자녀를 위해 떼어놓고, 나머지는 모두 사람들에게 나누어 주었다. 그는 여러 해 동안 열심히 아랍어를 배우고 기독교와 이슬람에 관해 가능한 모든 것을 공부했다. 그는 국왕의 도움을 받아 마조르카 섬에 선교사 훈련을 위한 학교를 세웠다. 그는 여러 번 교황들과 추기경들을 만나 유럽 전역에 선교사 훈련과 언어 연구를 위한 학교들을 세우라고 설득했다. 그는 광범위하게 가르치고 저술하고 설교했다. 그는 55세 때에 실제로 선교사가 되어 북아프리카에서 사역을 시작했다.

그의 선교 사역은 불안정하게 시작되었다. 룰은 튀니스를 향해 출발하겠다고 발표한 후에 제노바 항구에서 지지자들과 합류했다. 그러나 그는 갑자기 순교할지도 모른다는 두려움에 사로잡혔다. 그는 배에서 짐을 가지고 배에서 내렸다. 그러나 곧 그는 마음을 다시 가다듬고 튀니스로 가는 다음 배에 승선했다. 그의 두려움은 근거가 있는 것이었다. 그는 항상 위험 속에서 도피 생활을 했다. 결국 그는 체포되어 추방되었는데, 배를 타로 가는 도중에 돌에 맞았다. 그러나 그는 포기하기 못하고 거듭 목숨을 걸고 북아프리카 잠입을 시도했다. 그는 70대에서부터 80대의 나이에 이르는 기간동안 회교도들에게 전도했다. 1314년 6월 30일, 결국 룰은 체포되어 마을에서 끌려나가 돌에 맞았고 숨을 거두었다. 그러나 그는 그 시대의 다른 사람이 못한 선교 사역을 개척했으며, 회교도 선교의 길을 열어 놓았다.

내가 무엇을 가지고 여호와 앞에 나아가며 높으신 하나님께 경배할까 내가 번제물 일년된 송아지를 가지고 그 앞에 나아갈까…사람아 주께서 선한 것이 무엇임을 네게 보이셨나니 여호와께서 네게 구하시는 것이 오직 공의를 행하며 인자를 사랑하며 겸손히 네 하나님과 함께 행하는 것이 아니냐(미 6:6, 8).

7월

너희 말을 항상 은혜 가운데서 소금으로 고르게 함같이 하라 그리하면 각 사람에게 마땅히 대답할 것을 알리라
-골 4:6-

7월 1일　　기드온 협회의 발족

여행하면서 하루의 일을 마친 세일즈맨에게 아늑한 호텔 방은 참으로 반가운 곳이다. 그런데 호텔에 도착해보니 손님이 많아서 방을 다른 사람과 함께 써야 한다고 상상해보라. 바로 이런 일이 1898년 9월 14일에 위스콘신 주 바스코벨에 있는 센트럴 호텔에서 일어났다. 존 니콜슨은 밤 9시에 호텔에 도착했는데, 빈 방이 없었다. 호텔 직원은 그에게 새무얼 힐이라는 사람과 함께 19호실을 쓰면 어떻겠느냐고 물었다.

니콜슨은 잠자리에 들기 전에 성경을 폈다. 그는 19살 때 임종하는 어머니에게 매일 밤 성경을 읽기로 약속했었다. 옆 침대에서 자던 힐이 잠에서 깨었다. 니콜슨은 "조금 있다가 불을 끌테니 양해해주십시오. 잠자기 전에 하나님의 말씀을 읽고 그분과 이야기하는 것이 내 일과입니다"라고 말했다.

힐은 침대에서 벌떡 일어나면서 "큰 소리로 읽으세요. 나도 기독교인입니다"라고 말했다. 니콜슨은 요한복음 15장을 읽었고, 두 사람은 무릎을 꿇고 기도했다. 두 사람은 새벽 2시까지 여행하는 기독교인들에게 필요한 일들에 대해 이야기했다.

니콜슨과 힐은 위스콘신 주 비버 댐에서 또 다시 만났다. 그들은 곧 기독교세일즈맨 협회 설립 계획을 발표했는데, 첫 집회는 1899년 7월 1일에 갖기로 했다. 참석한 사람은 니콜슨, 힐, 그리고 윌리엄 나이츠 등 세 사람뿐이었다. 그럼에도 불구하고 이들은 기독교인 여행자들을 동원하여 복음을 전파하고 봉사하게 하기 위한 기구를 발족했다. 그들은 "하나님께서 요구하시는 대로" 행하려 했던 구약성서의 인물 기드온의 이름을 따서 협회의 명칭을 붙였다.

초기의 기드온 협회 회원들은 모두 여행자들이었으므로, 자기들이 많은 시간을 보내는 호텔에서 어떻게 복음을 증거해야 하는가에 관한 질문이 제기되었다. 어떤 사람은 자기들이 후원하는 모든 호텔에 성경책을 구비하도록 권장하자고 제안했다. 1907년 시카고 집회 때에, 어떤 회원은 호텔의 모든 객실에 성경책을 비치하자고 제안했고, 그 제안은 채택되었다. 그리하여 1908년에 몬태나 주 아이언 마운틴에 있는 수페리어 호텔에 처음으로 성경책들을 비치하게 되었다. 그후로 170개 이상의 국가에 7억 5천만 부 이상의 성경이 보급되었다.

그들에게 이르되 너희는 나만 보고 나의 하는 대로 하되 내가 그 진 가에 이르러서 하는 대로 너희도 그리하여 나와 나를 좇는 자가 다 나팔을 불거든 너희도 그 진 사면에서 또한 나팔을 불며 이르기를 여호와를 위하라 기드온을 위하라 하라 하니라 (삿 7:17, 18).

윈저 제일교회의 일지

7월 2일

코넥티코트 주 윈저 제일교회의 1736년 7월 2일 주일날의 일지에 다음과 같은 기록이 있다.

> 협의회.
> 의장 펠라티아 앨린.
> 회의 내용은 다음과 같다. 의장은 공예배에서의 찬양에 관해서 어떻게 해야 할 것인지에 대해, 주일 예배 때에 마샬 집사가 일평생 "옛 방식"이라고 불리는 방식으로 노래한 것처럼 찬양할 것인지, 아니면 빌즈가 가르친 바 "규칙에 따른 찬양"이라는 방식에 따라 찬양할 것인지에 대해 토론할 것을 제안함. 협의회에서 그 문제에 대해 논할 때에, 의장은 투표할 것을 제안했다. 그러나 참석자가 너무 많았기 때문에 몇 명이 투표해야 과반수가 되는지를 결정하기가 어려웠다. 그리하여 의장은 모든 참석자들에게 자리에서 일어나 통로에 나가 서라고 한 후, 마샬 집사의 방식을 지지하는 사람들은 남자들의 자리에 들어가 앉고 빌즈의 방식을 지지하는 사람은 여자들의 자리에 들어가 앉으라고 명했다. 의장은 나에게 마샬 집사의 방식을 찬성한 사람의 수효를 물었고, 나는 42명이라고 대답했다. 의장은 63명이나 64명이라고 말했다.
> 의장은 공예배 때에 빌즈씨가 가르친 방식으로 찬송하는 데 찬성하는 사람들은 자리에서 일어나 문밖으로 나가 기다리라고 말했다. 그들은 자기들의 의견을 어떤 방법으로든 합당하게 나타낼 준비가 되었지만 문밖으로 나가지는 않겠다고 대답했다. 그들은 자기들이 있는 자리에서 투표를 하기를 원했지만 의장은 그들의 의견을 무시했다. 그리하여 "옛 방식"이라고 마샬 집사의 방식을 앞으로 공예배 때에 사용하기로 결정했다. 의장은 나에게 그것을 기록하라고 명령했지만, 나는 그러한 조건 하에서 기록하지 않겠다고 했다. 그리하여 나는 사실대로 회의 절차를 기록했다.

새 노래를 노래하여 가로되 책을 가지시고 그 인봉을 떼기에 합당하시도다 일찍 죽임을 당하사 각 족속과 방언과 백성과 나라 가운데서 사람들을 피로 사서 하나님께 드리시고…보좌에 앉으신 이와 어린 양에게 찬송과 존귀와 영광과 능력을 세세토록 돌릴찌어다(계 5:9, 13).

7월 3일 — 조지 뮐러의 믿음의 시련

우리는 하나님보다 가족들을 더 사랑하기 쉬운데, 이것은 우리 자녀들을 우상으로 만드는 죄가 된다. 여호와께서는 두 사람을 이러한 방침에 따라 시험해 보셨다. 한번은 족장 아브라함과 그의 아들을 시험하셨고, 또 한번은 조지 뮐러와 그의 딸을 시험하셨다. 뮐러는 대체로 고아들을 위한 사역을 했는데, 그의 믿음을 가장 크게 시험한 것은 그의 친자식이었다. 그의 일지에는 다음과 같이 기록되어 있다.

내 사랑하는 외동딸이 1853년 6월 20일에 병이 들었다. 처음에는 미열이 있는 것 같았는데, 발진티푸스로 판명되었다. 7월 3일, 그 아이가 회복될 희망이 없는 듯했다. 이것은 믿음의 심판이었는데, 믿음이 승리했다. 사랑하는 아내와 아는 딸아이를 주님의 손에 맡길 수 있었다. 주님은 우리 두 사람에게 힘을 주셨다. 외동딸이 죽음을 앞두고 있었지만 내 영혼은 지극히 평화로웠다. 그리고 주께서 딸아이와 우리를 위해서 행하시는 일은 결국 우리에게 가장 좋은 일이 될 것이라고 확신했기 때문에 하늘 아버지의 뜻에 만족했다. 딸의 병세는 계속 좋지 않았는데, 7월 20일부터 회복되기 시작했다.

자식을 둔 부모들은 사랑하는 자녀, 외동딸이 어떤 자식인지 알 것이다. 하늘에 계신 아버지께서는 "너는 이 아이를 나에게 기꺼이 주려느냐?"라고 말씀하시는 것 같았다. 내 마음은 "하늘 아버지여 당신의 뜻대로 이루어지이다"라고 대답했다. 그러나 우리가 딸을 아버지께 되돌려 드리기로 마음먹었듯이, 하나님께서는 그 아이를 우리에게 남겨 두기로 하셨으며, 결국 그 아이는 목숨을 건졌다.

지금까지 내가 경험한 모든 믿음의 시련 중에서 이것이 가장 큰 시험이었다. 그리고 하나님의 풍성하신 자비로 말미암아 나는 하나님을 찬양하게 되었다. 나는 하나님의 뜻 안에서 기뻐할 수 있었다. 주께서 사랑하는 딸을 데려가시면, 그것이 우리 부부를 위해 가장 선한 일이 될 것이며, 그 아이가 산다면 하나님께 더욱 큰 영광이 될 것이라고 확신하기 때문이다. 나는 이 더 좋은 편에 만족했고, 그리하여 내 마음은 지극히 평화롭다.

그 아이에게 네 손을 대지 말라 아무 일도 그에게 하지 말라 네가 네 아들 네 독자라도 내게 아끼지 아니하였으니 내가 이제야 네가 하나님을 경외하는 줄을 아노라 아브라함이 눈을 들어 살펴본즉 한 수양이 뒤에 있는데 뿔이 수풀에 걸렸는지라 아브라함이 가서 수양을 가져다가 아들을 대신하여 번제로 드렸더라 아브라함이 그 땅 이름을 여호와 이레라 하였으므로 오늘까지 사람들이 이르기를 여호와의 산에서 준비되리라 하더라(창 22:12-14).

지혜로운 투자

7월 4일

　말타 스카버러는 1870년 7월 4일, 미국의 독립기념일에 아들을 낳았다. 아들이 8살이 되었을 때, 말타와 침례교회의 임시목사였던 남편 조지는 가축을 기르면서 그리스도를 전하기 위해서 텍사스로 이사했다. 처음에는 방공호에서 살다가 나중에는 클리어 포그 크릭 근처에 있는 통나무집에서 살았다. 조지와 말타는 인근의 산꼭대기에 아름다움 집을 세우려는 꿈을 가지고 있었다. 그들은 매우 검소하게 살며 절약했지만 오랜 세월이 흘러도 그들이 꿈꾸던 집을 마련할 수 없었다. 한편 그들의 아들 리는 자라서 16살짜리 카우보이가 되었다.

　어느날 조지는 일을 중단하고 말타에게 "산에 가서 집 지을 터를 찾아봅시다. 우리는 지금까지 그 목적을 위해 돈을 모아왔으니, 이제는 집을 지을 계획을 세워야 하지 않겠소"라고 말했다. 부부는 팔짱을 끼고서 오두막집 뒷산을 걸어 올라갔다. 오랫동안 꿈꾸었던 순간이 온 것이다. 산 꼭대기에 도착하자, 조지는 "여기가 좋겠소. 이곳이 가장 적당한 장소요"라고 말했다. 그러나 말타는 눈물을 글썽이면서 그를 바라보았다. 그리고 "여보, 이렇게 아름다운 곳에 나를 위해 아늑한 새 집을 지어주려는 당신의 마음을 고맙게 생각해요. 그러나 우리가 저축한 돈은 보다 큰 소명에 사용해야 해요. 우리 그냥 옛 집에 살면서 이 돈을 우리 아들의 머리와 마음에 투자합시다. 만일 우리가 이 돈으로 새집을 짓는다면 리를 대학에 보낼 수 없을 거예요. 우리 아들을 위해서 그 돈을 투자할 수만 있다면 새 집을 짓지 않아도 행복해요"라고 말했다.

　조지는 실망하여 며칠 동안 말을 하지 않았다. 마침내 어느날 자정이 지나서 그는 아내에게 항복했다. 그들은 집 짓는 일을 포기했고, 리 스카버러는 1888년 1월 8일에 집을 떠나 텍사스 주 와코에 있는 베일러 대학에 입학했다. 결국 그는 그리스도를 위한 발전소, 남침례교 지도자, 작사가, 신학대학 총장, 목사, 복음전도사 등으로 활동하는 인물이 되었다. 아울러 세계 도처에 많은 대학교, 신학교, 교회, 병원, 선교부를 세운 위대한 지도자로 활동하기도 했다.

진리를 사고서 팔지 말며 지혜와 훈계와 명철도 그리할찌니라 의인의 아비는 크게 즐거울 것이요 지혜로운 자식을 낳은 자는 그를 인하여 즐거울 것이니라 네 부모를 즐겁게 하며 너 낳은 어미를 기쁘게 하라(잠 23:23-25).

7월 5일 — 떡, 그리고 생명의 떡

자녀들 때문에 화가 날 때면, 하나님께서 우리 모두를 다르게 창조하셨으며 각 자녀마다 독특한 장래와 인격을 부여받았음을 기억해야 한다. 조지 바로우는 나폴레옹이 통치하던 시대인 1803년 7월 5일에 태어났다. 군인이었던 그의 부친은 바로우가 예의 바르고 활동적인 소년이 되기를 기대했다. 그러나 조지는 뚱하고 내성적이었다. 그는 관습적인 것들을 싫어했고 기이한 일에 호기심을 느꼈다. 그는 학교 가기를 싫어한 반면, 식물학자, 점쟁이, 뱀, 난쟁이 등에 끝없는 호기심을 느꼈다. 그는 여러 가지 언어를 자유자재로 구사했지만, 집시 생활을 했다. 결국 그는 조랑말이 끄는 마차에 항아리와 그릇을 싣고 다니면서 파는 사람이 되었다.

조지는 어느날 잠을 자다가, "밧줄을 끊어. 이 조랑말은 그 사람의 것이다!"라고 소리를 죽여 말하는 소리를 들었다. 희미한 장작불빛에 비추어 조지는 두 사람이 자기의 마차를 훔쳐가는 것을 보았다. 그는 그들에게 달려들었고, 두 시간 동안 딩굴며 싸웠다. 마침내 도둑 중 하나가 돌로 조지의 머리를 쳤다. 불량배들은 그를 덤불 속에 던져버렸다.

다음날 아침, 여행하던 두 사람의 웨일지 전도자들은 사람의 발이 덤불 밖으로 삐져나와 있는 것을 보았다. 그들은 조지를 덤불 속에서 끌어내어 개간지로 데려가서 상처를 물수건으로 닦아 주었다. 그들은 길을 떠나기 전에 조지에게 빵과 책 한 권을 주었다. 조지는 여러 시간 동안 잔디밭에 앉아서 빵을 먹으면서 책(즉 생명의 떡인 성경책)을 읽었다. 총명한 그는 곧 주님을 발견했다.

그 후 조지는 여러 나라의 언어를 배워 성경 번역가가 되었다. 영국 해외성경협회의 성경 보급원으로 활동하면서 경험한 모험담이 기록된 그의 전기에는 특히 스페인에서 경험한 숨을 죽이게 하는 위험, 간신히 목숨을 구한 일, 감옥에 갇힌 일, 집시들처럼 여행한 일 등이 가득하다. 이 기인, 그리고 그의 놀라운 사역은 영국의 상상력을 사로잡았고, 유럽의 성경보급 운동을 크게 진작시켰다.

네 하나님 여호와께서 이 사십 년 동안에 너로 광야의 길을 걷게 하신 것을 기억하라 이는 너를 낮추시며 너를 시험하사 네 마음이 어떠한지 그 명령을 지키는지 아니 지키는지 알려 하심이라 너를 낮추시며 너로 주리게 하시며 또 너도 알지 못하며 네 열조도 알지 못하던 만나를 네게 먹이신 것은 사람이 떡으로만 사는 것이 아니요 여호와의 입에서 나오는 모든 말씀으로 사는 줄을 너로 알게 하려 하심이니라(신 8: 2, 3).

잠시 동안의 일치

7월 6일

    1417년 11월 17일에 오던 콜로나 추기경이 콘스탄스에서 교황 마틴 5세로 선출되었다. 나중에 로마에 도착한 그는 자신이 보는 그곳의 상태에 충격을 받았다. 건물들과 사람들은 황폐해져 있었고, 기독교계의 수도는 유럽에서 가장 개화되지 못한 도시로 전락해 있었다. 이탈리아는 혼란에 빠져 있었다. 군대의 지도자들이 도시를 다스렸고, 변방에는 산적들이 출몰했다. 교황의 회계는 텅 빈 상태였는 데다가 원수들은 수없이 많았다.

    마틴은 로마의 질서를 회복하고, 산적들을 일망타진하고, 지식인들을 공직에 임명했다. 그는 영적 지도자라기보다 정치가였다. 그는 음식을 너무나 적게 먹고, 마시는 것은 물뿐이었고, 잠도 적게 자고, 열심히 일했다. 사람들은 그를 존경했지만, 원수들은 그를 크게 미워했다.

    한편 동방교회의 지도자인 콘스탄티노플의 총대주교는 나름대로 문제를 가지고 있었다. 오토만족이 콘스탄티노플로 진격해오고 있었기 때문에 1054년에 로마로부터 분리한 동방교회 지도자들은 이제 군사적 도움을 필요로 하고 있었다. 기독교계가 재결합한다는 소문이 온 유럽을 휩쓸었다. 1438년 2월 8일, 콘스탄티노플 총대주교 조셉은 교황 마틴을 만나기 위해 700명의 사절을 이끌고 베니스로 갔다. 페라라에서 연합공의회가 개최되었고, 다음에는 플로렌스에서 개최되었다. 위원회에서는 두 교회 사이의 불일치점을 화해시킬 방법을 강구했고, 교황과 총대주교 사이의 관계, 무교병의 사용, 연옥의 본질, 성령의 역할 등의 문제를 다루었다. 지도자들은 서로 입을 맞추었고, 참석한 사람들은 모두 무릎을 꿇고 경축했다.

    그러나 기쁨은 잠시뿐이었다. 콘스탄티노플 사람들은 결정된 사항들을 거부했다. 오트만족은 콘스탄티노풀을 점령하고 그 도시를 이슬람 도시로 만들었다. 플로렌스에서는 코시모 데 메디치가 주도한 회의에 동방 그리스인들이 유입됨으로써 이루어진 영향 때문에 르네상스가 발발했다. 페라라/플로렌스 공의회의 결과로 동방에서는 교회가 회교도들에게 넘어갔고, 서방에서는 인문주의자들에게 넘어갔다.

사랑하는 자들아 너희는 우리 주 예수 그리스도의 사도들의 미리 한 말을 기억하라 그들이 너희에게 말하기를 마지막 때에 자기의 경건치 않은 정욕대로 행하며 기롱하는 자들이 있으리라 하였나니 이 사람들은 당을 짓는 자며 육에 속한 자며 성령은 없는 자니라(유 1:17-19).

7월 7일 — 새무얼 루터포드

새무얼 루터포드(Samuel Lutherford)는 1600년에 스코틀랜드에서 태어났다. 그는 에딘버러 대학을 졸업한 후에 진지하게 그리스도를 따랐다. 그는 신학을 공부하여 설교할 수 있는 인가를 받았다. 앤워스라는 마을에서 그를 교회의 목사로 청했다. 루터포드의 아내와 두 자녀는 그곳에 도착한 후 얼마 안되어 세상을 떠났다. 그러나 루터포드는 열심히 사역했다.

루터포드는 신학적인 기반이 빈약하여 때로 고난을 받았지만 그의 꿈에는 전체 스코틀랜드 교회가 포함되어 있었다. 그는 『하나님의 은혜를 위한 변증』이라는 책을 저술했는데, 성직자들을 크게 공격했기 때문에 교회에서 물러나 설교를 금지당한 채 에버딘으로 추방되었다. 그는 마치 한쪽 눈을 뽑힌 애꾸처럼 느꼈다. 그곳에서 영적, 정신적으로 고통스러워 하던 그는 1627년 7월 7일에 자기와 비슷한 처지에 있는 친구 제임스 해밀톤에게 편지를 보냈다.

> 우리 주 예수 안에 있는 사랑하는 친구여, 그대가 당하는 계속적인 시련을 안타깝게 생각합니다. 나보다 백배 이상의 일을 한 그리스도의 병사를 내가 어찌 위로할 수 있겠습니까! 그러나 나는 세상에는 합당치 않아 사막이나 산이나 동굴에서 방황하는 사람들을 알고 있습니다. 천국에서 온 신비한 그리스도의 지체가 한 사람이 있다면, 그는 우리 주 예수께서 새 예루살렘 문 안에 불러들이실 때까지 매를 맞으며 고난을 당할 것입니다.
>
> 나에게 있어서 그리스도 다음의 유일한 기쁨은 내 사랑하는 주님과 그 나라의 영광을 전파하는 것이었습니다. 그런데 사람들은 잔인하게도 이 가련한 사람의 한쪽 눈을 뽑아버렸습니다. 나는 구원받을 수 없습니다. 이곳에 있는 사람들은 아무도 내 주님을 소유하지 않을 것입니다. 안타깝습니다. 그러나 두려워하지 마십시오. 지금은 시들어버렸지만 장차 스코틀랜드에 있는 그리스도의 정원은 푸르게 자라날 것입니다. 내 주 예수님은 스코틀랜드를 위해 천국에 히니의 말씀을 숨겨두고 계십니다 아직은 그것을 빌표하시 않으셨습니다.

루터포드는 스코틀랜드를 위해 주님이 감추어 두신 말에는 자신이 에버딘에서 쓴 편지들도 포함된다는 것을 깨닫지 못했다. 그의 편지들은 그의 사후에 출판되어 기독교의 고전이 되었다.

나의 고통이 계속하며 상처가 중하여 낫지 아니함은 어찜이니이까 주께서는 내게 대하여 물이 말라서 속이는 시내 같으시리이까 여호와께서 이같이 말씀하시되…내가 너로 이 백성 앞에 견고한 놋성벽이 되게 하리니 그들이 너를 칠찌라도 이기지 못할 것은 내가 너와 함께 하여 너를 구하여 건짐이니라 여호와의 말이니라(렘 15:18-21).

대각성 운동의 효시

7월 8일

조나단 에드워즈는 1700년대에 활동한 뉴잉글랜드의 목사이다. 에드워즈는 총명했다. 그는 6살 때에 라틴어를 공부했고, 13살이 못되어 예일 대학에 입학하여 15살 때에 졸업했다. 그는 19살 때에 목사 안수를 받았고, 20살 때에는 예일 대학에서 강의를 했다. 그는 후일 프린스톤 대학의 총장이 되었고 하바드 대학에서는 같은 날 그에게 학사와 석사 학위를 수여했다. 그러나 그는 "노하신 하나님의 손 안에 있는 죄인들"이라는 글 때문에 가장 유명하다. 이 글은 미국 역사상 가장 유명한 설교이다. 이 설교는 1741년 7월 8일 그가 코넥티코트 주 엔필드에서 사역하는 동안에 한 것이다. 전날 밤 여러 명의 신자들이 신앙부흥을 위해 기도하며 밤을 보냈다. 에드워즈는 설교하러 일어나서 "환난의 날이 가까우니 당할 그 일이 속히 임하리로다"(신 32:35)를 본문으로 하겠다고 했다. 에드워즈에게 이 "당할 그 일"은 일종의 이별이었다. 그의 1,000여편의 설교 중에서 이런 설교는 12편도 안된다.

에드워즈는 단순하고 부드럽게 말하면서 회심하지 않은 사람들은 마치 거미가 불 위에 매달려 있는 것처럼 지옥 위에 매달려 있는 것이라고 경고했다. "오, 죄인이여! 그것이 얼마나 위험한 일일지 생각해 보십시오. 회심하지 않은 사람들은 지금 지옥 구덩이의 가장자리를 걷고 있는데, 이 가장자리에는 너무나 기반이 약해서 그들의 무게를 지탱해내지 못하고 무너질 곳이 너무나 많습니다. 어떤 곳이 약한지 보이지 않습니다."

갑자기 사람들이 동요하여 울부짖는 소리 때문에 에드워즈의 음성은 들리지 않게 되었다. 에드워즈는 설교를 중단하고 조용하라고 호소했다. 그리고 그는 다음과 같은 말로 설교를 마쳤다. "그리스도를 받아들이지 않고 있는 모든 사람들은 이제 깨어 일어나 임박한 진노에서 벗어나십시오. 전능하신 하나님의 진노가 이 교회의 많은 교인들 위에 드려져 있습니다. 모두들 소돔에서 도망쳐야 합니다."

사람들은 마치 자기들이 지옥으로 미끄러져 내려가는 것처럼 느껴서 의자를 세게 붙잡았다. 어떤 사람들은 크게 충격을 받아 바닥에서 딩굴었다. 교인들이 하나님께 구원을 애원하면서 외치는 소리가 온 마을에 가득했다. 그날 밤 500명이 회심했으며, 이를 계기로 수천 명이 하나님 나라로 들어가는 신앙부흥의 불이 붙었다. 대각성이 시작된 것이었다.

보수는 내 것이라 그들의 실족할 그 때에 갚으리로다 그들의 환난의 날이 가까우니 당할 그 일이 속히 임하리로다 여호와께서 자기 백성을 판단하시고 그 종들을 인하여 후회하시리니 곧 그들의 무력함과 갇힌 자나 놓인 자가 없음을 보시는 때에로라

(신 32:35, 36)

7월 9일 — 인도 선교사 바돌로뮤 지겐발크

독일 어느 가정에서의 일이다. 겁에 질린 몇 명의 아이들이 어둡고 작은 어머니의 방으로 황급히 들어왔다. 어머니는 임종을 앞두고 있었다. 그중에는 4살 된 남자 아이도 있었다. 어머니는 숨을 헐떡거리면서 "애들아, 너희들에게 줄 보물이 있단다"라고 말했다.

"어머니, 그게 뭐예요?"라고 그중 나이 많은 딸이 물었다. 어머니는 성경을 가리키면서 "성경 책 안을 찾아보아라. 그곳에서 큰 보물을 발견하게 될거야. 나는 그 책의 모든 페이지를 눈물로 적셔왔단다"라고 말했다. 그리고 어머니는 숨을 거두었다. 남은 가족들을 뿔뿔이 흩어졌다. 어린 바돌로뮤 지겐발크는 할레에서 친구들과 함께 살게 되었다. 그는 한번도 어머니의 유언을 잊지 않았다. 12살 때에 그는 그리스도를 구주로 받아들였다. 18살 때에는 우등생으로 할레 대학을 졸업했다.

독일의 루터교는 경건주의라고 알려진 신앙부흥 운동에 의해 다시 불이 붙었는데, 덴마크의 국왕 페르디난드도 그 운동에 공감했다. 그는 인도 남단에 있는 트랜케발이라는 덴마크 영토에 선교사를 보내자고 호소했다. 지겐발크는 선교사로 지원했다. 그가 인도를 향해 떠날 때 환송하러 나온 사람들은 거의 없었다. 그는 230일간의 항해 끝에 1706년 7월 9일에 인도에 도착했다. 그러나 그는 도착하고 나서 얼마 안되어 감옥에 갇혔다. 그러나 지겐발크에게는 "기도하고 일하라"는 표어가 있었다. 그는 감옥에서도 타밀어를 공부했다. 감옥에서 석방된 그는 곧 그리스도를 전파하기 시작했다. 일년이 못되어 그는 인도에서 처음으로 거행된 개신교 세례 예식에서 5명의 노예에게 세례를 주었고, 곧 인도 원주민을 위한 최초의 개신교회가 헌당되었다. 1711년에 지겐발크는 신약성경, 루터의 요리문답, 덴마크어 기도서, 몇 가지 독일 찬송 등을 타밀어로 번역하는 일을 마쳤다.

13년 후에 그는 건강이 악화되어 1719년에 35세로 트랜케발에서 숨을 거두었다. 당시 350명의 개종자들이 그의 죽음을 애도했고, 그가 하던 사역을 계속했다. 윌리엄 캐리가 "현대 선교의 아버지"라면, 지겐발크는 "현대 선교의 할아버지"라고 불려야 할 것이다. 왜냐하면 그는 모라비아 선교사들보다 한 세대 전에, 그리고 캐리보다 거의 100년 전에 인도에서 충성되게 선교했기 때문이다.

내가 그리스도 예수 안에서 하나님의 일에 대하여 자랑하는 것이 있거니와 그리스도께서 이방인들을 순종케 하기 위하여 나로 말미암아 말과 일이며 표적과 기사의 능력이며 성령의 능력으로 역사하신 것 외에는 내가 감히 말하지 아니하노라…또 내가 그리스도의 이름을 부르는 곳에는 복음을 전하지 않기로 힘썼노니 이는 남의 터 위에 건축하지 아니하려 함이라(롬 15:17, 18, 20).

잠시 동안의 평안

7월 10일

트라얀 황제의 시대에 열두 사도들 중 마지막 생존자인 사도 요한이 사망했다. 그리고 트라얀 황제는 병이 들어 심장마비를 일으켜 의식을 회복하지 못한 채 117년에 64세로 세상을 떠났다. 과부가 된 그의 아내는 하드리안과 공모하여 하드리안을 황제에 등극하게 했다. 하드리안은 키가 크고 잘생긴 곱슬머리의 남자였다. 그는 얼굴에 있는 상처들을 감추려고 수염을 길렀다.

124-125년에 하드리안 황제는 박해받고 있는 기독교인들에게 잠시 동안의 평안을 제공했다. 그러나 소아시아에서 기독교인들을 대적한 소요가 발발했고, 총독은 하드리안에게 조언을 청하는 편지를 보냈다. 황제가 교회에 대해 불리한 조언을 하면 기독교에 대한 대박해가 일어날 판이었다. 그러나 황제는 중립을 지켰다. 그는 기독교인들에 대한 사건들을 재판하되, 피고의 유죄가 증명된 후에 선고를 내리라고 명했다. 그리고 기독교인들을 중상하는 일도 금지시켰다.

> 증거를 가지고 기독교인들을 고발하는 것은 문제가 없다. 그러나 근거없이 시끄럽게 일을 벌이거나 기독교인들의 처형을 요구하는 것은 허락하지 않는다. 그러므로 기독교인이 법에 위배되는 일을 했다고 고발하여 그것이 증명된다면, 그대는 그들의 범죄에 상응하는 형을 내려야 한다. 반면에 단지 어떤 사람들이 기독교인들을 무고한다면, 그가 지은 죄의 경중에 따라서 무거운 형벌로 다스려야 할 것이다.

그러나 하드리안 황제는 기독교에 대해서는 무관심한 태도를 취하면서 유대교는 심하게 반대했다. 그는 예루살렘을 로마의 식민지로 재건설하라고 명하고 그 이름을 앨리아 카피톨리나(Aelia Capotolna)라고 지었다. 그는 작은 적그리스도인듯이, 성전 자리에 이교의 제단들을 세웠는데, 그 결과 유대인의 유혈 폭동이 발발했다. 같은 해인 135년에 하드리안은 고통스러운 소모성 병에 걸렸다. 그는 진정제를 달라고 애원했지만 아무도 그의 소원을 들어주지 않았다. 그는 3년 동안 고생하다가 138년 7월 10일에 숨을 거두었다.

> 아이들아 이것이 마지막 때라 적그리스도가 이르겠다 함을 너희가 들은 것과 같이 지금도 많은 적그리스도가 일어났으니 이러므로 우리가 마지막 때인 줄 아노라…너희는 처음부터 들은 것을 너희 안에 거하게 하라 처음부터 들은 것이 너희 안에 거하면 너희가 아들의 안과 아버지의 안에 거하리라(요일 2:18, 24).

7월 11일   한국 최초의 성경

현대 기독교에서 가장 큰 업적 중의 하나인 한국교회의 성장은 그냥 이루어진 것이 아니라 많은 희생을 바탕으로 된 것이었다. 1700년에 최초의 천주교 선교사들이 박해를 당했고, 최초의 개신교 선교사인 칼 구츠라프(Carl Gutzlaff)는 1832년에 불과 한 달밖에 머무르지 못했다. 그 다음으로 1876년에 로버트 토마스 선교사가 한국에 도착하여 순교했다. 마침내 1886년 7월 11일에 호레이스 언더우드 선교사가 비밀리에 노토사라는 한국인에게 최초로 세례를 주었다. 그러면 이 사람이 실제로 최초의 개종자였을까?

테드 엥스트롬은 그의 저서 『하나님께서는 세상에서 무슨 일을 하고 계시는가?』라는 책에 어느 한국인 신자에게서 들은 이야기를 기록했다. 1880년대 초에 중국에서 일하던 세 명의 한국인 노동자들이 복음을 듣고 주 예수를 영접했다. 세 사람은 곧 그리스도의 메시지를 조국으로 가져가려는 계획을 세웠는데, 이것은 정부에서 금하는 행동이었다. 그들은 중국어 성경을 밀반입하기로 결정했다. 그들은 한국에 복음을 가져가는 특권을 차지할 사람을 결정하기 위해서 제비를 뽑았다.

첫번째 사람은 성경책을 자신의 보따리에 숨겨 넣고 국경을 향했다. 국경까지는 걸어서 여러 날이 걸렸다. 그러나 그의 짐보따리에 넣은 성경책이 발각되어 그는 처형되었다. 친구가 죽었다는 소식이 남은 두 사람에게 전해졌다. 두번째 사람은 성경책을 낱장으로 뜯은 후 짐속에 나누어 숨겼다. 그러나 그 사람도 여러 날 여행하여 국경에 도착했으나 발각되어 참수되었다.

세번째 사람은 반드시 이 일에 성공해야겠다고 마음먹었다. 그는 성경책을 한장씩 뜯은 후에, 한장 한장씩 꼬아서 밧줄을 만든 후에 그 밧줄로 자기의 보따리를 묶었다. 국경에 도착했다. 경비병은 그에게 보따리를 풀라고 말했다. 아무 것도 발견하지 못한 그들은 그를 통과시켜 주었다.

그 사람은 집에 도착해서 밧줄을 푼 후에 한장 한장 다림질을 해서 폈다. 그리고 그것들을 모아 다시 성경책을 만들었다. 그는 가는 곳마다 그리스도를 전하기 시작했다. 1880년대에 선교사들이 한국에 도착했는데, 그들은 이미 복음의 씨앗이 뿌려져 열매들이 나타나고 있음을 발견했다.

여호와여 주의 말씀이 영원히 하늘에 굳게 섰사오며 주의 성실하심은 대대에 이르나이다 주께서 땅을 세우셨으므로 땅이 항상 있사오니…악인이 나를 멸하려고 엿보오나 나는 주의 증거를 생각하겠나이다(시 119:89, 90, 95).

토마스 거스리

7월 12일

토마스 거스리는 1803년 7월 12일에 태어났다. 그의 아버지는 부자 상인이었고, 어머니는 신앙심이 깊었다. 그는 12살 때에 에딘버러 대학에 입학하여 자연과학에 심취했으며 16살 때에 졸업했다. 그후에 그는 신학을 공부하여 1830년에는 스코틀랜드 알버롯이라는 곳에 있는 작은 교회의 목사가 되었다. 그 교회의 신자들은 대부분 농사를 짓거나 베를 짰다.

7년 후에 거스리는 에딘버러에 있는 프란치스코회 교회에서 사역했고, 그 다음에는 에딘버러 빈민가에 있는 성 요한 교회에서 사역했다. 그는 빈민들을 위해 사역하면서 자주 그들을 찾아가 그들의 감정 및 그들에게 필요한 것에 대해 대화했다. 그는 끊임없이 방법을 갱신했다. 그가 사용한 프로그램 중에 가장 잘 알려진 것은 비행 청소년들을 위한 "빈민학교"이다. 그는 술이 불행한 사람들에게 미치는 영향을 알았기 때문에 완전한 금주(禁酒)를 장려했다. 빈민들은 그를 사랑했다. 그러나 그의 외향적인 성품, 정열, 다채로운 설교는 보다 높은 계층에게 더 호소력이 있었으며, 곧 거스리는 스코틀랜드에서 가장 유명한 목사가 되었다.

쇠약해진 그는 사역에서 은퇴하여 기독교 잡지의 편집인으로서 여생을 보냈다. 1873년 2월 24일, 그는 아들의 팔에 기대어 하늘을 바라보면서 "네가 어렸을 때는 네가 무력하게 내 팔에 기댔는데, 지금은 내가 그렇게 되었구나"라고 말하고는 세상을 떠났다. 그의 장례식에는 3만 명이나 되는 사람들이 모여왔는데, 그중에는 그가 세운 "빈민학교"를 졸업한 아이들이 230명이나 되었다.

그가 복음 전파에 성공한 것은 다음과 같은 그의 말이 가장 잘 설명해준다.

> 알버롯에 부임했을 때, 나는 설교하는 법은 잘 알고 있었지만 설교를 작성하는 법에 대해서는 거의 알지 못했다. 나는 복음의 위대한 진리를 설명하기 위해서, 교인들이 졸지 않고 열심히 내 설교를 듣게 하기 위해서 열심히 공부했다. 내 설교를 듣는 사람들을 회심하게 만드는 일은 내 능력 밖의 일이었지만, 그들의 주의를 끌고 흥미를 일으키고 감정이나 지성에 호소하는 일은 내 능력으로 할 수 있는 일이었다. 나는 그 일을 하기로 결심했다.

너희 말을 항상 은혜 가운데서 소금으로 고르게 함같이 하라 그리하면 각 사람에게 마땅히 대답할 것을 알리라(골 4:6).

7월 13일   도미니크 수도회

   도미니크와 프랜시스는 같은 시대의 사람이며, 두 사람 모두 설교자 수도회를 세웠다. 프랜시스는 대단히 부유하게 자랐으나, 모든 것을 부인하고 육체 노동과 설교를 강조하는 수도회를 세웠다. 도미니크는 서재와 연구실에서 파묻혀 지내면서 성장했으며 연구와 설교를 강조하는 수도회를 세웠다.

   도미니크는 1170년에 스페인에서 태어났다. 그의 어머니 후아나는 그를 7살 때까지 양육한 후에 그의 교육을 사제인 삼촌에게 맡겼다. 도미니크는 학문을 사랑했는데, 특히 철학과 신학을 좋아했다. 1202년에 스페인의 왕자의 신부감을 물색하라는 사명을 가지고 프랑스를 방문한 어느 주교를 수행하던 중에, 그는 자신이 목격한 상태에 크게 감동을 받았다. 프랑스의 신학은 미약했고 교리에는 결점이 많았고 이단이 만연하고 있었다.

   도미니크는 오류에 빠진 사람들을 개심시키려는 목적을 가지고 전도 여행을 조직했다. 사방에서 죽음의 위협이나 위험에 직면했지만, 그는 계속 여행을 추진했다. 그는 이단자들을 회심시키기 위해서 설득이라는 방법을 사용했다. 1215년에 그는 그 과업에 참여할 다른 전도자들을 모집했다. 곧 그 수도회는 파리, 볼로냐, 로마, 마드리드, 세빌 등지에 뿌리를 내렸다. 도미니크 설교자들은 독일로 갔는데, 당시 독일의 쾰른, 보름스, 스트라스부르그, 바젤에는 수도회 총회가 세워져 있었다. 1221년에 그 수도회는 영국으로 진출하여 옥스포드에 자리잡았다.

   도미니크는 유럽 전역을 다니면서 설교하다가 병이 들어 볼로냐로 돌아왔고, 1221년 8월 6일 그곳에서 숨을 거두었다. 그는 1234년 7월 13일에 성인으로 시성되었다. 그가 사망할 당시, 영국에서부터 동유럽에 이르는 지역에 설교수도회의 수도원이 60개나 있었다.

   그러나 선한 뜻도 잘못 사용될 수 있는 법이다. 타오르는 횃불을 나르는 감시인이 도미니크 수도회의 상징이 되었다. 정통을 지키려는 열심 때문에 그들은 종교재판의 주된 대리인이라는 오명을 갖게 되었다. 그들은 이단자라는 의심을 받는 사람들을 마차에 가득 태워 지하 감옥으로 데려가서 고문을 했다. 이단이라는 질병을 만들어낸 마귀는 그 치료책까지도 더럽히려 했던 것이다.

   무법한 자들의 미혹에 이끌려 너희 굳센 데서 떨어질까 삼가라 오직 우리 주 곧 구주 예수 그리스도의 은혜와 저를 아는 지식에서 자라 가라 영광이 이제와 영원한 날까지 저에게 있을지어다 (벧후 5:17-18).

도박

7월 14일

도박을 하는 사람은 모든 것을 잃고 무일푼이 된다. 그러나 그리스도는 그 사람에게 소망을 주실 수 있다. 카밀리우스 데 넬리스는 이 두 가지 교훈을 깨달은 사람이다. 그는 1550년에 이탈리아에서 태어났는데, 당시 그의 어머니는 거의 60살이었다. 17살인 그는 키가 190센티미터나 되고 건장했지만 성질이 급하고 방탕했다. 그는 군대에 징집되어 전쟁에 참가했는데, 전쟁터에서 다리를 다쳐 평생 고생했다.

로마에 있는 난치병자를 위한 병원 산 지아코모에서 그를 받아주었는데, 곧 그는 말다툼 때문에 쫓겨났다. 그의 결점은 그뿐만이 아니었다. 카밀리우스는 내기를 좋아했는데, 1574년에는 그 때문에 무일푼이 되었다. 그해 가을, 그는 나폴리의 거리에서 도박을 하다가 마지막 재산인 셔츠까지 빼앗겼다. 내기에서 진 그는 셔츠를 벗어주고는 닥치는 대로 부수고 절뚝거리며 걸어갔다.

카밀리우스는 건설 현장에서 일하게 되었다. 어느날 어느 수도사가 설교를 하면서 다가왔다. 그의 메시지에 감명을 받아 카밀리우스는 땅에 엎드려 울면서 하나님의 자비를 구했다. 그는 25살 때에 크리스천이 되었다. 그는 산 지아코모로 돌아가서 자원봉사자로 일했다. 그는 환자들을 극진히 돌보아 주었다. 세월이 흐르면서 그는 계속 승진하여 마침내 병원 원장이 되었다.

그는 한 친구의 기부를 받아 그리스도의 이름으로 환자들을 돌봐줄 남자 간호원단을 조직했다. 또 그는 자원봉사자들로 하여금 헝가리와 크로아티아에서 군대를 따라다니면서 봉사하게 함으로써 최초의 "야전 앰블런스"를 구성했다. 그는 간호사들을 노예선에 승선시켜 페스트로 고생하는 노예들을 보살피게 했다. 카밀리우스는 8개의 병원을 세웠고, 위생학과 식이요법을 개척했으며, 환자들을 산채로 매장하는 당시의 관습을 폐지하는 데 성공했다.

한편 카밀리우스의 다리에 감염된 헤르니아는 계속 악화되어 온몸으로 퍼졌다. 그는 때로 기어서 환자들의 침상을 찾아다녔다. 1614년 7월 14일, 카밀리우스 데 렐리스는 마지막으로 환자들을 돌아본 후에 64세로 세상을 떠났다. 그는 1746년에 성인으로 시성되었다. 교황 레오 13세는 그를 환자들의 수호성인으로 선포했고, 교황 피우스 11세는 그를 간호사들의 수호성인으로 선포했다. 가톨릭 교회에서는 매년 이날을 기념하여 지킨다.

자기의 죄를 숨기는 자는 형통치 못하나 죄를 자복하고 버리는 자는 불쌍히 여김을 받으리라 항상 경외하는 자는 복되거니와 마음을 강퍅하게 하는 자는 재앙에 빠지리라

(잠 28:13, 14)

7월 15일

제1차 십자군 원정

  1905년에 교황 우르반 2세는 큰 군중 앞에서 충격적인 설교를 했다. 그는 회교도들이 밀어닥친 동방 교회의 재앙을 묘사했다. 불신자들이 성지를 장악하여 기독교계에서 가장 거룩한 장소인 예루살렘의 성묘교회까지 장악하고 있다고 교황은 말했다.

  온 유럽이 예루살렘 해방을 위해 나섰다. 기사들과 농부, 영주들과 귀부인 등으로 구성된 다채로운 무리들이 유럽을 가로질러 2000마일이나 진군했다.

  그러나 곧 전쟁이라는 현실에 직면하면서 이들의 수는 감소되어 십자군이 예루살렘에 도착했을 무렵에는 불과 2만명만 남게 되었다. 한편 예루살렘을 통치하고 있던 이슬람 총독은 이미 포위공격에 대한 대비를 하고 있었다. 예루살렘의 외곽 성벽은 못쓰게 만들었다. 가축들은 성 안으로 몰아넣었고, 기독교인들은 추방했고, 예루살렘 내의 옛 망대들을 보강했다.

  6월 5일에 있었던 월식은 순례자들의 성공의 징조인 듯했다. 6월 7일 저녁에 주력 부대는 예루살렘에 도착했다. 6월 12일에 감람산에서 어느 은수사는 "만일 그대들이 내일 이 도시를 공격한다면, 주께서 이 도시를 너희 손에 넘기실 것이다"라고 약속했다.

  다음날 해가 돋을 때, 나팔 소리가 울렸고, 군대는 성벽을 공격했다. 급히 사다리를 만들어 성벽을 기어올라갔지만 적들은 돌과 막대기와 끓는 기름을 부으며 대항했다. 공격은 실패했다. 날씨는 무척 덥고 뜨거운 바람이 불어와서 군사들은 갈증을 느꼈다. 게다가 죽은 말들에서 나는 악취가 진동했다. 군사들 사이에서 말다툼이 벌어졌다. 군사들은 회교도 군대가 진군한다는 소문에 겁을 먹었다.

  7월 13일, 수요일, 다시 공격을 개시했다. 마침내 1099년 7월 15일 3시에 예루살렘을 정복했다. 요일과 시간은 주님이 운명하신 바로 그 시간이었다. 십자군들이 닥치는 대로 주민들을 학살했기 때문에 거리에는 시체들이 즐비했다. 그들은 아무도 살려주지 않았다. 유대인들은 붙타는 회당 안에서 죽어갔고, 회교도들의 피가 발목까지 차도록 흘렀다. 승전의 기쁨에 취한 십자군들은 찬송을 부르면서 시체들의 바다를 건너 기독교계에서 가장 거룩한 곳으로 갔다.

낮의 해가 너를 상치 아니하며 밤의 달도 너를 해치 아니하리로다 여호와께서 너를 지켜 모든 환난을 면케 하시며 또 네 영혼을 지키시리로다(시 122:6, 7).
네 자식의 자식을 볼찌어다 이스라엘에게 평강이 있을찌어다(시 128:6).

역경 속에서도 주를 의뢰함

7월 16일

　1665년 런던에는 페스트가 창궐했다. 대부분의 상점들이 문을 닫았고, 부모를 잃은 아이들이 거리를 배회했고, 부모들은 슬피 울었고, 날마다 시체들을 태우는 모습을 곳곳에서 볼 수 있었다. 1665년 7월 16일, 네 아이를 둔 홀아비 사업가인 월터 페테릭은 가족들을 데리고 교구교회로 갔다. 태양은 찬란히 빛나고 템즈 강은 유유히 흐르고 있었다. 그러나 런던 시민들의 마음은 슬픔으로 가득했다. 교회 안에는 사람들이 가득했다. 목사님은 하박국 3장, "무화과나무가 무성치 못하며 포도나무에 열매가 없으며 감람나무에 소출이 없으며 밭에 식물이 없으며 우리에 양이 없으며 외양간에 소가 없을찌라도 나는 여호와를 인하여 즐거워하며 나의 구원의 하나님을 인하여 기뻐하리로다"를 봉독했다.

　그날 저녁에 페테릭은 엄청난 두려움에 사로잡혔다. 그는 자식들이 죽을지도 모른다고 생각했다. 그는 아이들을 불러 모아놓고 하박국 3장을 읽은 후에 아이들을 재웠다. 그리고 나서 그는 무릎을 꿇고 몇년만에 처음으로 열심히 기도했다. 그는 아이들의 이름을 하나씩 부르면서 번민하면서 "만일 아내가 남겨 두고 간 보물인 사랑하는 아들과 딸들을 빼앗긴다면 어떻게 여호와를 인하여 기뻐할 수 있겠습니까? 하나님, 그 아이들을 살려 주십시오. 자비를 베풀어 주십시오?"라고 기도했다.

　기도하는 동안, 그는 자신이 오랫동안 하나님과 기도를 등한히 해왔음을 깨달았다. 그는 그리스도를 위하는 일보다는 무화과나무와 감람나무와 가축과 추수에 더 관심을 가져왔던 것이다. 그는 울면서 죄를 고백하고 계속 기도하면서 평화를 찾았다.

　이듬해 런던에 대화재가 발생했는데, 불길은 페테릭의 물건을 쌓아둔 창고를 위협하고 있었다. 그 안에는 페테릭의 재산이 거의 모두 들어 있었다. 그러나 이번에는 그는 번민하지 않고 하나님의 뜻을 신뢰했다. 후일 그는 다음과 같이 기록했다.

　"여호와여, 당신께서는 페스트와 화재를 통해 내 영혼을 멸망에서 구하셨습니다. 당신은 나로 하여금 모든 것을 주신 분을 사랑하게 하시려고 내게 주셨던 가장 좋은 선물들을 잃을 위험에 처하게 하셨습니다. 그러나 무화과나무는 시들지 않았고, 포도나무는 죽지 않았고, 감람나무는 쓰러지지 않았습니다. 내 자녀들은 페스트에 걸리지 않았고, 내 재산은 불에 타지 않았습니다. 오늘 당신의 종이 드리는 감사를 받아주시며, 나를 도우사 평생 여호와를 인하여 기뻐하게 하여 주십시오."

　비록 무화과나무가 무성치 못하며 포도나무에 열매가 없으며 감람나무에 소출이 없으며 밭에 식물이 없으며 우리에 양이 없으며 외양간에 소가 없을찌라도 나는 여호와를 인하여 즐거워하며 나의 구원의 하나님을 인하여 기뻐하리로다 주 여호와는 나의 힘이시라 나의 발을 사슴과 같게 하사 나로 나의 높은 곳에 다니게 하시리로다(합 3:17-19).

7월 17일

시실리의 순교자들

2세기에 아프리카의 북부 해안지역에는 기독교인들이 많았는데, 모두가 위험에 직면해 있었다. 180년에 7명의 남자와 5명의 여인들이 "성서와 의로운 사람 바울의 편지들"을 소지했다는 죄로 체포되었다. 180년 7월 17일, 그들은 카르타고 주재 로마 총독 사투르니누스 앞에 섰다. 그들의 죄목이 낭독되었다.

> "스페라투스, 나르찰루스, 시티누스, 도나타, 베스티아, 세쿤다, 그 외에 사람들은 기독교인들의 종교 의식을 따르고 있다고 고백했다. 그리고 로마의 관습에 복귀할 수 있는 기회를 주었으나 고집을 버리지 않았으므로, 사형을 선고한다."

스페라투스는 그 선고를 들으면서 "하나님 감사합니다"라고 소리쳤다. 나르찰루스는 "오늘 우리는 순교하여 천국에 가게 되었습니다. 하나님 감사합니다"라고 말했다.

그들의 이러한 반응, 그리고 기독교가 유일한 참된 종교라는 그들의 주장에 접한 총독은 당황했다. 그는 "우리에게도 종교가 있으며, 우리의 종교는 단순한 종교이다. 우리는 황제의 이름으로 맹세를 한다. 그대들도 그렇게 해야 한다"고 말했다.

스페라투스는 "나는 이 세상의 제국을 인정하지 않습니다. 나는 본 사람도 없고 볼 수도 없는 하나님을 섬깁니다. 주님은 모든 왕과 모든 나라의 황제이십니다"라고 대답했다. 도나타는 "황제는 존경받으실 분이십니다. 그러나 경배받으실 분은 하나님뿐입니다"라고 덧붙였다. 또 한 사람은 "우리는 하늘에 계신 하나님 외에 누구도 경배하지 않습니다"라고 말했다. 한층 더 당황한 총독은 "시간을 줄 테니 다시 생각해 보시오"라고 말했다. 그러나 스페라투스는 "그럴 필요가 없습니다. 대답은 간단합니다"라고 했다.

사실 그랬다. 초대 기독교인들은 박해를 예상하고 살았다. 구세주께서 십자가에서 돌아가셨고, 열두 제자들 역시 믿음 때문에 고난을 받았다. 그후로 고통이나 피흘림을 경험하지 않은 세대가 없었다. 95년에 도미티안 황제는 기독교를 믿었다는 이유로 자신의 가족들까지도 처형했다. 107년에 예루살렘의 감독 시므온이 살해되었다. 110년에는 이그나티우스가 사망했다. 155년에는 폴리캅이 순교했다. 165년에는 저스틴 마터가 순교했다. 177년 프랑스에서는 48명의 기독교인들이 목숨을 잃었다.

그리고 180년 시실리에서는 이 12명이 당당하게 순교했다.

기록된 바 우리가 종일 주를 위하여 죽임을 당케 되며 도살할 양 같이 여김을 받았나이다 함과 같으니라 그러나 이 모든 일에 우리를 사랑하시는 이로 말미암아 우리가 넉넉히 이기느니라 (롬 8:37, 37).

잔인한 박해

7월 18일

　64년 7월 18일, 로마의 막시무스 광장 근처에 사는 사람들은 타오르는 불길을 보았다. 경고의 나팔소리가 울렸지만, 바람 때문에 불길은 점점 커져서 도시로 퍼졌고, 1주일 동안 진화되지 않았다. 수천 명이 죽고, 수십만 명이 집을 잃었다. 그 불은 네로 황제가 지른 것이라는 소문이 퍼졌다.

　네로는 10년 전에 황제가 되었는데, 집권 초기부터 이 십대의 황제는 에로티즘에 빠졌다. 그는 자기의 어머니, 아내들, 경쟁자들, 적들을 살해했다. 동시에 그는 자신의 예술적 취향과 운동경기를 선호하는 취향을 자랑했다. 그는 실제로 "배는 튀어나오고 팔다리는 가늘고 연약하고, 얼굴은 살이 찌고, 피부에는 검버섯이 피고, 노랑색 곱슬머리에 흐릿한 눈동자"의 성도착자였음에도 불구하고, 그는 자신이 신이라고 생각하기 시작했다.

　네로가 로마의 여러 부분을 완전히 파괴하고 다시 건설하여 새로운 이름을 붙이려 했었기 때문에 그 소문이 일어난 것이었다. 사람들은 황제가 불을 지르라고 명했다고 생각했다. 네로는 책임을 피하기 위해서 기독교인들에게 화살을 돌렸다. 타키투스의 기록에 의하면, 그리스도의 추종자들은 "아주 잔인하게 처형되었는데, 네로는 그들을 조롱하고 조소했다." 어떤 신자들을 짐승 가죽을 뒤집어 쓴 채 개에게 물어 뜯겨 죽었고, 어떤 사람들은 십자가에 달려 죽었고, 많은 사람들은 산채로 불에 타서 죽었다. 그밖에도 많은 사람들에게는 인화성 물질을 덮어 씌운 후에 불을 붙여 밤에 일종의 인간 횃불로 사용했다. 전승에 의하면, 베드로와 바울도 이때 순교했다고 한다.

　젊은 황제는 어떻게 되었을까? 그는 4년 후에 자신의 군대를 피해서 로마에서 4마일 떨어진 곳에 있는 추운 지하실에서 두려워 떨면서 죽었다. 그는 거듭 자살을 시도했으나 실패하다 마침내 한 친구가 단도로 목을 찔러 자살을 도와주었다.

　그러나 얼마 후에 로마의 교회는 전보다 한층 더 튼튼해졌다. 과거 네로의 광장에서 기독교인들이 고문을 받던 장소에는 성 베드로 대성당이 서있다.

너희가 말세에 나타내기로 예비하신 구원을 얻기 위하여 믿음으로 말미암아 하나님의 능력으로 보호하심을 입었나니…너희 믿음의 시련이 불로 연단하여도 없어질 금보다 더 귀하여(벧전 1:5, 7).

7월 19일 — 예민한 양심

어느날 저녁에 새무얼 와드는 오얏을 잔뜩 먹었다. 그 다음날인 1595년 7월 19일 아침 일제에서 그는 자기의 죄—"저녁 식사 후에 오얏과 건포도를 욕심내어 먹은 것"—을 자백했다.

새무얼은 청교도였다. 그는 1577년에 태어났고, 켐브릿지의 성 요한 대학에 다녔고, 시드니 대학의 특별연구원이었다. 1603년에 그는 입스위치에 있는 성 메리 교회의 설교자가 되었다. 그는 이듬해에 켐브리지셔 출신의 과부 드보라 볼튼과 결혼했다. 국왕 제임스가 성경을 새로 번역하는 일을 승인했을 때, 새무얼은 신약성경 번역팀의 일원으로 선발되었다. 제임스 왕의 번역자들 중에 가장 어린 사람이라고 알려진 새무얼은 그날마다 자기의 죄를 고백하는 일기를 쓴 것으로 잘 알려져 있다.

5월 13일: 지나친 승진욕. 교회에서 기도할 때에 주의를 집중하지 않은 것.
5월 17일: 어젯밤에 음식을 욕심스럽게 먹은 것.
5월 23일: 하루를 마치면서 하나님을 생각하지 않고 잠든 것.
5월 26일: 하나님의 말씀을 듣는 일에 부진한 것. 기도할 때에 딴 생각을 한 것
6월 12일: 저녁 식사 후에 지나치게 많이 마신 것.
6월 14일: 게으른 것. 저녁 식사 후에 곧바로 잠을 잔 것.
6월 22일: 치즈를 너무 많이 먹은 것.
6월 27일: 하나님께 기도하기 전에 선술집에서 포도주를 마신 것.
7월 8일: 공석에서 큰 소리로 웃은 것.
7월 15일: 음란한 생각을 한 것.
7월 23일: 많은 사람들이 과식 때문에 죽는다는 말을 듣고서도 오얏을 너무 많이 먹은 것.
8월 13일: 자두를 많이 먹은 것. 그리고 저녁 식사 후에 치즈를 많이 먹은 것
8월 21일: 늦잠을 잔 것

그는 자신의 악덕에도 불구하고(그리고 예민한 양심 때문에 부지런히 그 죄들을 고백한 것 때문에), 그는 그리스도를 위해 위대한 일을 했고, 역사적으로 가장 훌륭한 성경 번역에 참여했다.

우리가 마음에 뿌림을 받아 양심의 악을 깨닫고 몸을 맑은 물로 씻었으니 참 마음과 온전한 믿음으로 하나님께 나아가자(히 10:22).

동 · 서 교회의 분열

7월 20일

　기독교의 첫 1000년 동안에 두 개의 중심지, 즉 로마와 콘스탄티노플이 등장했다. 세월이 흐르면서 로마의 교황과 콘스탄티노플 총대주교 사이에 신학적인 차이점이 전개되고 경쟁 상태에 이르게 되었다. 양 진영은 사제의 결혼 문제, 성찬 떡의 성분, 금식일, 성령이 성부와 성자에게서 발현하는지 성부에게서만 발현하는지 등의 문제에 대해 의견을 달리했다.

　1043년에 마이클 케루라리우스라는 야심많은 사람이 콘스탄티노플 총대주교로 지명되었고, 5년 후에 프랑스인인 레오 9세가 로마 교황이 되었다. 이 시기에 노르만 군대가 이탈리아 남부를 짓밟아 콘스탄티노플에서 정교회 감독들을 내쫓고 로마 출신의 서방 감독들을 임명했다. 새로운 감독들은 예배의 형식을 바꾸기 시작했다. 이 소식을 들은 마이클 켈루라리우스는 동부 지방에 있는 로마 교회들을 폐쇄하는 보복 조처를 취했다.

　레오는 그 문제를 다루기 위해서 세 사람을 콘스탄티노플에 파견했다. 그들의 인도자는 험버트라는 거만하고 재치가 없는 사람이었다. 그는 콘스탄티노플에 도착하여 정교회 지도자들을 비난하고 비방하고 정죄했다. 사절들은 제국의 궁전에 묵었는데, 총대주교는 그들을 무시하고 만나주려 하지도 않았다. 1054년 7월 16일, 콘스탄티노플의 성 소피아 교회에서 오후 기도회가 시작될 무렵, 험버트는 교회 안에 들어와서 마이클 켈루라리우스를 파문하는 문서 Videat Deus et Judicet을 제단 위에 놓았다. 그리고는 발에서 먼지를 털어버리고는 그 도시를 떠났다. 나흘 후인 1054년 7월 20일에 같은 장소에서 켈루라리우스는 같은 방식으로 대응하여 교황과 그의 추종자들을 파문했다. 알렉산드리아, 안디옥, 예루살렘 등지의 총대주교들이 그를 지지했다.

　결국 대분열이 일어난 것이다. 그후로 양측은 상대방을 형제가 아닌 원수로, 회심시켜야 할 이교도로 간주했다. 오늘날 서방 교회는 대개 가톨릭과 개신교로 대표되며, 동방교회는 그리스 정교회와 러시아 정교회로 대표된다.

우리가 살아도 주를 위하여 살고 죽어도 주를 위하여 죽나니 그러므로 사나 죽으나 우리가 주의 것이로라 이를 위하여 그리스도께서 죽었다가 다시 살으셨으니 곧 죽은 자와 산 자의 주가 되려 하심이니라 네가 어찌하여 네 형제를 판단하느뇨 어찌하여 네 형제를 업신여기느뇨 우리가 다 하나님의 심판대 앞에 서리라(롬 14:8-10).

7월 21일   수산나 웨슬리

수산나 웨슬리의 인생은 험난했다. 비국교도 가정에서 25번째 자녀로 태어난 수산나는 총명했지만 교육을 거의 받지 못했다. 그녀는 의지가 강한 사람이었지만 남성이 주도하는 시대에 살았다. 그녀는 나이가 많은 사람과 결혼하여 19명의 자녀를 낳았는데, 그중 9명이 죽었다. 그녀의 집은 불타고, 창고가 쓰러졌으며, 그녀의 건강도 좋지 않았고, 그녀의 집 문밖에는 늑대가 살고 있었다.

새무얼과 수산나는 1689년에 결혼했고, 1697년에 엡워스라는 작은 마을에서 목회를 시작했다. 그들은 그곳에서 40년을 봉사하면서 다음과 같은 많은 어려움을 겪었다.

- 새무얼의 수입이 너무 적었기 때문에, 그는 빚 때문에 감옥에 갇히고, 수산나 혼자서 생계를 꾸려 나가야 했다.
- 두 사람 모두 의지가 강하고 논쟁적이었다. 한번은 새무얼이 국왕을 위해 기도하고서 수산나가 "아멘"이라고 화답하기를 기다렸는데, 수산나는 그렇게 하지 않고 "나는 오렌지의 공작을 왕으로 믿지 않아요"라고 했다. 새무얼은 "그렇다면, 당신과 나는 갈라서야겠구려. 우리에게 두 사람의 왕이 있어야 한다면 침대도 둘이 되어야 하지 않겠소"라고 말했다. 두 사람은 헤어졌고, 왕이 죽은 후에야 재결합했다.
- 그들은 수산나의 사역에 대해서도 의견이 일치하지 않았다. 왜냐하면 새무얼의 설교보다 수산나의 성경공부가 더 인기가 있었기 때문이다.
- 수산나는 1705년 선거 기간 중에 딸을 낳았다. 밤새 흥청거리며 놀고 온 간호원이 깊이 잠이 들었는데, 다음날 아침에 아기를 덮쳐서 아기가 질식사했다.
- 수산나는 종종 병이 들어 앓았는데, 그럴 때면 가사를 아이들에게 맡겼다. 그러나 아이들 몇은 너무나 제멋대로였기 때문에, 그 아이들을 "골치거리"라고 불렀다.
- 수산나에게 상당한 선물을 약속했던 오빠가 실종되었다.
- 1731년 7월 21일, 말이 동요하는 바람에 새무얼이 마차에서 떨어졌는데, 그 이후로 새무얼은 건강을 회복하지 못했다.

참으로 험난한 인생이었다. 그러나 엡워스의 목사관은 영국 역사에서 가장 기림을 받는 장소가 되었다. 왜냐하면 그곳에서 역사상 가장 위대한 두 명의 복음전도자인 찰스 웨슬리와 존 웨슬리가 태어났기 때문이다. 그들을 길러낸 수산나는 세상을 뒤흔들었다.

이것이 너희 눈에 보잘것이 없지 아니하냐…이 땅 모든 백성아 스스로 굳세게 하여 일할찌어다 내가 너희와 함께 하노라 만군의 여호와의 말이니라 너희가 애굽에서 나올 때에 내가 너희와 언약한 말과 나의 신이 오히려 너희 중에 머물러 있나니 너희는 두려워하지 말찌어다(학 2:3-5).

메이플라워 호

7월 22일

　이교 신앙 가운데서 여러 민족들이 생겨나서 서서히 그리스도께로 돌아온다. 미국은 특별한 나라이다. 역사상 모든 국가들 중에서 미국만이 기독교 국가로 출발하여 서서히 이교 신앙에 빠져들었다.

　영국의 국왕 제임스 시대의 일이다. 청교도들은 영국 내에서의 교회의 정치적 개혁만으로는 만족하지 못했다. 그들은 진정한 영적 개혁을 원했다. 제임스는 (새로운 성경 번역을 제외한) 그들의 요구를 거부했는데, 이 때문에 청교도들은 정착하지 못하게 되었다. 영국 교회에 희망이 없다고 생각한 사람들은 교회를 떠나 독립 교회를 세웠다. 이 사람들은 분리주의자라고 불렸으며, 제임스 왕은 그들을 반역자로 간주하여 국외로 몰아냈다.

　1607-1608년에 두 무리의 청교도들이 네덜란드로 도피했다. 한 무리는 성경을 공부하면서 세례는 신자들만을 위한 의식이라고 결론지었는데, 그리하여 침례교 운동이 태동되었다. 윌리엄 브루스터와 존 로빈슨이 이끈 또 한 무리는 네덜란드에 머물다가, 1620년 7월 22일에 영국으로 돌아가서, 그곳에서 목숨을 걸고 메이플라워 호에 승선했다.

　필그림들은 그해 11월에 케이프 코드에 도착했다. 그리고 오랜 후에 하나의 창립 헌장인 메이플라워 맹약(Mayflower Compact)을 작성협약했다. 이것은 아메리카 대륙에서 최초로 효력을 발휘한 성문화된 자치 협약이었다.

　이 협약에서는 아메리카 대륙에서의 최초의 통치의 목적을 분명하게 진술했다.

　다음에 기록된 사람들은 우리의 지존한 임금이신 제임스 국왕의 충성된 신하들이다. 그 분은 하나님의 은혜로 말미암아 대영제국, 프랑스, 아일랜드를 다스리는 신앙의 수호자이시다. 하나님의 영광, 기독교 신앙의 진작, 그리고 우리 국왕과 조국의 영광을 위해서 우리는 버지니아 북부 지방에 최초의 신민주를 세우기 위해 항해해왔다. 이에 우리는 엄숙하게 맹세함으로써 보다 나은 질서를 촉진하고 앞에 기록된 목적들을 유지하고 진작하기 위해 단결하여 하나의 시민 정치 단체를 구성한다…

　내가 언제든지 어느 민족이나 국가를 건설하거나 심으리라 한다고 하자 만일 그들이 나 보기에 악한 것을 행하여 내 하나니 목소리를 청종치 아니하면 내가 그에게 유익케 하리라 한 선에 대하여 뜻을 돌이키리라 (렘 18:9-11).

7월 23일

영국의 인쇄업자 존 데이

6세기 영국에서는 설교자도 아니고 정치가도 아닌 인쇄업자 존 데이라는 인물 덕분에 위험과 박해 속에서 개신교가 성장했다. 존 데이는 헨리 8세 때에 태어나 에드워드가 통치하던 잠시 동안의 개신교 시대인 22세 때에 인쇄업에 투신했다. 그는 런던에서 개신교 인쇄물을 출판하는 가장 유명한 사람이 되었다. 그가 30세가 되었을 때에, 국왕 에드워드는 포이네트의 개신교 요리문답서 출판을 그에게 맡겼다. 그것은 무척 명예로운 일이었다. 그러나 에드워드의 뒤를 이어 잔인한 메리 여왕이 즉위하면서 이 일은 그의 목숨을 위협하게 되었다. 그가 출판한 책들의 저자들을 화형을 당했다. 그는 감옥에 갇혔다가 어떻게 해서 해외로 도피했다.

존 데이는 추방되어 이리저리 여행하면서 여러 가지 새로운 인쇄법을 배웠고, 젊은 도제들을 만나 장래 사업 계획을 세웠다. 개신교도인 엘리자베스 여왕이 즉위함에 따라, 데이는 전보다 훨씬 훌륭한 인쇄업자가 되어 런던으로 돌아왔다. 그는 악보를 인쇄한 최초의 인물이다. 그는 앵글로색슨 활자를 주조하여 사용했고, 수학적 기호를 도입했다. 그리고 그는 처음으로 로마 활자체와 이탤릭 활자체를 혼합하여 같은 줄에 인쇄한 사람이다. 그는 자신이 발행한 책에 목판화를 삽입하기도 했다. 또 그는 성경을 작게 분할하여 인쇄하여, "성경책 전체를 구입할 수 없는 사람은 일부를 구입할 수 있도록 하기 위해 제작한 책"이라고 광고했다.

영국에 돌아와 안전하게 정착한 후, 데이는 래티머의 설교집을 출판했고, 그 후에는 리들리의 『우정어린 작별』을 출판했다. 그러나 그가 출판한 가장 유명한 책은 존 폭스의 『순교사』(Book of Martyrs)이다. 그 책은 여러 번 중판되었으며, 그 시대에 가장 중요한 책이 되었다. 사업은 번창했고, 그의 인쇄소는 성 바울 대성당 근처에 있는 보다 큰 곳으로 이사했다. 그의 새 인쇄소에 걸린 간판에는 한 사람이 태양을 가리키면서 "일어나라, 날이 밝았다"고 말하는 모습이 그려져 있었다.

존은 첫 부인과의 사이에 13명의 자녀, 두번째 부인 사이에서 13명의 자녀를 두었다. 그는 1583년 7월 23일에 세상을 떠났다. 그 후 그의 아들 리차드가 가업을 이어받아 영국과 세계를 위해 성경책 및 기독교 서적을 출판했다.

여호와의 율법은 완전하여 영혼을 소성케 하고 여호와의 증거는 확실하여 우둔한 자로 지혜롭게 하며 여호와의 교훈은 정직하여 마음을 기쁘게 하고 여호와의 계명은 순결하여 눈을 밝게 하도다(시 19:7, 8).

찰스 바울즈

7월 24일

찰스 바울즈의 어버지는 아프리카인이었다. 그의 어머니는 독립전쟁 영웅의 딸이었다. 찰스는 청년 시절에 회심하여 프리윌 침례교에서 사역했다. 1816년 7월 24일, 그는 처음으로 설교를 했는데, 그의 사역으로 말미암아 곧 회심하는 사람들도 생기고 논쟁도 벌어졌다. 그는 북부 지방에서 사역한 흑인 설교자로서 풍파도 일으키고 영혼들을 구원했다. 버몬트 주 헌팅턴에서 한 무리의 폭도들이 다음 예배 때 그를 공격하려는 음모를 꾸몄다. 그들은 그를 나무로 만든 말에 묶어 호수에 던져 버릴 작정이었다. 그러나 바울즈는 그 계획을 알게 되었다.

예배 시간이 되었다. 적이 전쟁을 준비하는 동안에, 그는 마음의 준비를 하고 있었다. 저편 숲속에서 구속주의 보좌 앞에 엎드려 있는 그를 보라. 멸시받는 하나님의 종이 홀로 숲속에 엎드려 자신의 마음을 잡아 달라고 구하는 모습은 정말 고귀한 모습이었다. 위스키를 마시고 맹세하면서 준비하고 있는 악당들과는 정말로 대조적인 모습이었다.

예배가 시작되었다. 폭도들은 바울즈의 전면에 앉아서 신호를 기다렸다. 바울즈는 마태복음 23:33의 "뱀들아 독사의 새끼들아 너희가 어떻게 지옥의 판결을 파하겠느냐"를 봉독했다. 그가 너무나 열심히 설교했기 때문에 아무도 움직이지 않았다. 그는 "나는 이곳에 나를 나무로 만든 말에 태워 연못에 던져 넣는 데 동조한 사람들이 있다는 말을 들었습니다. 사랑하는 신도들이여, 나는 전혀 저항하지 않겠습니다"라고 설교를 끝맺었다. 그러나 그는 자신이 호수로 끌려가는 동안 "하나님께 영광"이라는 찬송을 불러달라고 청했다.

그는 하나님에 대한 분명한 확신이 가득한 음성으로 이 말을 했기 때문에 회중들은 마치 전기에 감전되는 것 같았다. 폭도들은 마치 벼락을 맞는 것 같았다. 그들은 완전히 압도되어 바닥에 엎드렸다.

얼마 후에 말썽꾼들은 호수에서 바울즈를 만났다. 바울즈는 그곳에서 그들을 차가운 물속에 집어넣고 세례를 주어 주 예수를 따르는 사람들로 만들었다.

그러나 너는 모든 일에 근신하여 고난을 받으며 전도인의 일을 하며 네 직무를 다하라
(딤후 4:5)

7월 25일   ## 규칙적인 생활을 한 윌리엄 로메인

윌리엄 로메인은 18세기에 영국에서 활동한 인물로서 조지 윗필드의 설교를 듣기 전까지는 평범하고 소심한 사역자였다. 그는 윗필드의 설교를 들은 후로 영국 교회에서 가장 복음적인 인물이 되었다. 그의 열심은 교회 지도자들을 당황하게 했기 때문에 그는 친구들도 잃고 지위도 잃었다. 어느 교회에서는 직원들이 그가 설교하는 건물에 불밝히기를 거부했기 때문에 그는 손에 촛불 하나를 들고 설교해야 했다. 그러나 로메인의 부흥적 설교를 들으려고 점차 많은 사람들이 몰려와서 마침내 런던 전체가 감동을 받게 되었다.

윗필드가 전세계로 여행하고 웨슬리는 영국 전역을 여행하는 동안 로메인은 런던에 자리를 잡았다. 런던은 그의 성채였다. 그는 복음적 진리를 사랑하는 런던 국교도들의 재집결지가 되었다.

로메인은 규칙적인 생활을 했다. 그는 매일 아침 6시에 식사를 하면서 시편을 읽었다. 오후 1시 30분에 점심을 먹고, 저녁은 7시에 먹었다. 그 다음에는 산책을 했다. 그는 아침 9시와 저녁 9시에 가정 예배를 보았다. 취침 시간은 10시였다.

그는 81세까지 살면서 지칠 줄 모르고 일하다가 마침내 병이 들었다. 1795년 7월 25일, 로메인은 자신이 계단을 내려갈 수 없다는 것을 발견했다. 극도로 쇠약해진 그는 2층 의자에 앉아서 하나님께 영광을 돌렸다. 오후 늦게 그가 "내가 사망의 음침한 골짜기로 다닐찌라도 해를 두려워하지 않을 것은 주께서 나와 함께 하심이라"라고 말하는 소리가 들렸다. 잠시 후에 한 친구가 그를 굽어보면서 "친구여, 이제 그대가 예수 그리스도의 구원이 소중한 것임을 발견하기를 바라네"라고 말했다. 로메인은 "지금 그분은 나에게 소중한 주심이시라네"라고 대답했다. 잠시 후에 그는 마치 주님을 눈에 보는 듯 "거룩, 거룩, 거룩, 복되신 예수여! 당신을 영원히 찬양합니다"라고 소리쳤다. 그리고 자정 무렵, 그는 숨을 거두었다. 친구들은 간단히 장례식을 거행하려 했지만, 수천 명이 장례식에 참석했다. 그의 장례 행렬에는 마차 50대가 따랐고, 수많은 사람들이 도보로 따라갔다. 그를 비판하는 사람들은 이미 오래 전에 사라졌고, 도시 전체가 그를 사랑하고 그가 전하는 진리를 사랑했다.

자기 이름을 위하여 의의 길로 인도하시는도다 내가 사망의 음침한 골짜기로 다닐찌라도 해를 두려워하지 않을 것은 주께서 나와 함께 하심이라 주의 지팡이와 막대가가 나를 안위하시나이다(시 23:3-4).

윌버포스

7월 26일

1700년대에 런던 외곽에 있는 작은 마을 클랩햄에서는 많은 복음주의자들이 활동하며 그 뜻을 펼쳤다. 역사가들은 이 기독교인들을 "클랩햄 분파"라고 부른다. 클랩햄 분파에서 가장 유명한 사람은 난쟁이 정치가인 윌리엄 윌버포스였다. 그는 25세 때에 그리스도께 귀의했다. 윌버포스는 정규적으로 클랩햄 친구들을 모아놓고 국가의 시대 풍조에 대해 논의하고, 그러한 풍조에 대처하기 위한 기독교의 전략을 수립하곤 했다. 그리하여 클랩햄 분파는 영국의 공적인 생활에서 가장 특별한 단체가 되었다. 여기에서 교회선교협회, 영국해외성경협회, 빈민상태개선협회, 감옥환경개혁협회 등이 생겼다. 특히 역사를 변화시킨 노예제도 반대 운동이 생겨났다.

1789년에 윌버포스는 처음으로 하원에서 노예제도 반대 발언을 했다. 2년 후에 그는 다음과 같은 발언을 했다.

> "우리는 기독교라는 이름에서 이 추문을 깨끗이 씻어버리고 죄의식에서 해방되며, 이 잔인한 매매행위의 흔적을 없애버릴 때까지 결코 쉬지 말아야 합니다."

클랩햄 분파는 여론을 형성하고 윌버포스가 논거를 제시하는 일을 돕기 시작했다. 그들은 공개 석상에서 강연하고, 책을 저술하고, 포스터를 붙이고, 지도자들을 회유했다. 결국 20여년의 노고 끝에 1807년에 의회에서는 대영제국 내에서의 노예매매를 불법으로 선언했다. 윌버포스는 자리에 앉아서 고개를 숙인채 눈물을 흘렸다. 그날 밤 늦게 윌버포스는 친구에게 "헨리, 다음 번에는 무엇을 폐지할까?"라고 말했다.

다음 번에 폐지해야 할 것은 노예제도 그 자체였다. 윌버포스는 대영제국 내의 노예들의 완전한 해방을 위해서 또 20년간 일했다. 그는 쉬지 않고 일하다가 병들어 자리에 눕게 되었고, 그가 못다 한 싸움은 그의 친구들이 완수했다. 1833년 7월 26일, 노예제도 폐지 법안이 하원에서 통과되었다. 병상에서 그 소식을 들은 윌버포스는 간신히 일어나 앉아서 미소를 지으며 "오늘까지 살아 이 소식을 듣게 해주신 하나님, 감사합니다"라고 말했다.

그로부터 사흘 후에 그는 세상을 떠났다.

주 여호와의 신이 내게 임하셨으니 이는 여호와께서 내게 기름을 부으사 가난한 자에게 아름다운 소식을 전하게 하심이라 나를 보내사 마음이 상한 자를 고치며 포로 된 자에게 자유를, 갇힌 자에게 놓임을 전파하며(사 61:1).

7월 27일

도날드 카르길

도날드 카르길은 스코틀랜드인 장로교도였는데, 그 시대에 장로교인들은 법의 보호를 받지 못하는 신분이었다. 어느 사람은 말하기를, 그의 설교는 "마음에서 나와 마음으로 전달되었다"고 했다. 종종 사람들은 그의 설교가 너무 짧다고 불평했다. 그러나 그의 삶도 그의 설교만큼이나 짧았다. 그는 자신이 머지 않아 체포될 것을 알고는 사람들을 모아 놓고 이사야 26장을 본문으로 설교했다. 그의 마지막 설교의 내용은 다음과 같다.

> "주님은 이 안타까운 재앙이 지나갈 때까지 우리에게 바위틈에 거하라고, 그리스도의 상처 안에 숨으라고, 하나님의 약속 안에 거하라고, 주님의 날개 그늘 아래 피하라고 진지하게 권면했다."

1681년 7월 10일 스코틀랜드 군인들은 카르길, 제임스 오빅, 월터 스미스가 잠자고 있는 집으로 쳐들어왔다. 군인들은 그들을 체포하여 안장도 없는 말에 태워 감옥으로 데려갔다. 얼마 후에 두 명이 또 잡혀왔다. 그들은 모두 사형선고를 받았다.

교수대 앞에서 카르길은 사다리에 발을 올려 놓고는 돌아서서 두 손을 들어 주님을 찬양하면서 "주님은 내가 설교하러 강단에 올라갈 때보다 더 두려움이 없이, 당황하거나 동요하지 않고 이 사다리를 올라가고 있음을 아십니다"라고 말했다.

카르길이 죽는 모습을 지켜 본 후에, 월터 스미스가 처형대에 올라갔다. 사람들은 그의 머리에 두건을 씌웠는데, 그는 그것을 벗어버리면서 "여러분에게 해야 할 말이 있습니다. 하나님과 그분의 의로우신 뜻을 사랑하는 사람들은 하나님께서 내 영혼을 위해 행하신 일을 인하여 주님을 찬양할 것입니다. 하나님을 찬양하라!"라고 말했다. 그의 머리에 다시 두건이 씌워졌다. 그는 죽은 친구의 시신을 마주 보고 서서 처형되었다.

다음은 제임스 보익의 차례였다. 그는 소리쳐 하나님을 찬양하면서 자신이 결혼식을 거행할 때보다 더 평온한 마음으로 죽음을 맞는다고 했다.

그 다음에는 윌리엄 커틸이 처형되었고, 마지막으로 윌리엄 톰슨이 처형되었다. 1681년 7월 27일은 에딘버러에서 다섯 명의 선한 사람들이 순교한 잊지 못할 날이었다. 사형집행인은 하나의 도끼로 다섯 사람의 목을 베었다.

> 주께서 심지가 견고한 자를 평강에 평강으로 지키시리니 이는 그가 주를 의뢰함이니이다 너희는 여호와를 영원히 의뢰하라 주 여호와는 영원한 반석이심이로다(사 26:3, 4).

조나단 에드워즈와 새러

7월 28일

조나단 에드워즈는 새러 피레르폰트를 사랑했다. 에드워즈는 우울하고 무뚝뚝했고, 새러는 마치 새처럼 명랑했다. 에드워즈는 새러 외에 다른 생각을 할 수 없었다. 어느날 그리스어를 공부하면서 그는 교과서 표지에 새러가 기쁨으로 가득차서 노래를 부르면서 이곳저곳으로 다니는 모습을 그렸다. 새러는 혼자서 들판이나 숲속을 거니는 것을 좋아했다. 마치 눈에 보이지 않는 누군가가 그녀와 함께 대화를 하는 듯했다.

두 사람은 1727년 7월 28일에 결혼했다. 17살의 신부는 푸른 색 드레스를 입었다. 조나단은 매서추세츠 주에 있는 어느 교회에 부임했는데, 교구민들은 종종 이 젊은 부부를 비판했다. 조나단은 사람들을 너무 엄하게 대했고, 새러는 너무 허물이 없었다. 게다가 그들은 주일날에도 잠자리를 같이 했다. 뉴 잉글랜드 주민들은 아기들은 수태된 요일에 태어난다고 믿고 있었다. 그런데 에드워즈 부부의 11자녀 중 6명이 주일날 태어났다. 그로 인해 말이 많았다. 주일날 부부가 잠자리를 같이 하는 것은 옳지 않은 행동이었다. 이와 같은 모든 어려움을 겪으면서도 두 사람은 사랑을 키워갔다. 그들은 오후에 말을 타고 숲속을 달리곤 했다. 매일 밤에는 기도를 했고, 조나단은 새러에게 자신의 글을 읽어주었다. 그는 하루에 한 시간은 자녀들과 함께 보냈는데, 한 명씩 데리고 여행을 하기도 했다.

조지 윗필드는 다음과 같이 기록했다.

> 나는 그렇게 사랑스러운 부부를 본 적이 없다. 수수한 옷을 입은 그들의 자녀들은 기독교적 검소함의 본보기였다. 에드워즈 부인은 온유하고 조용한 사람이었다. 그녀는 하나님의 일에 대해서는 단호하게 말했고, 남편을 위해서라면 어떤 희생도 감수하려 했다. 그런 그녀를 보면서 나도 하나님께 아내를 달라는 기도를 다시 하게 되었다.

조나단이 남긴 마지막 말은 "사랑하는 아내에게 내 사랑을 전해주십시오. 그리고 우리가 오랫동안 유지해온 특별한 결합은 영적인 결합이며, 앞으로도 영원히 지속될 것이라고 말해주십시오"였다.

세월이 흐른 어느 기자가 조나단 부부의 후손 1,400명에 관해 조사해 보았는데, 그중에 대학 총장, 교수, 학장 등이 80명, 변호사가 100명, 의사가 66명, 정치가가 80명, 상원의원이 3명, 주지사가 3명이었고, 목사와 선교사는 무수히 많았다. 특이하게도 반역자가 한 명 있었는데 그의 이름은 아론 버르였다.

무릇 지혜로운 여인은 그 집을 세우되…여호와를 경외하는 자에게는 견고한 의뢰가 있나니 그 자녀들에게 피난처가 있으리라 여호와를 경외하는 것은 생명의 샘이라 사망의 그물에서 벗어나게 하느니라(잠 14:1, 26, 27).

7월 29일   **노예 출신의 목사 리처드 앨런**

    리처드 앨런은 노예였다. 그는 스톡텔리 스터기스의 델라웨어 농장에서 부모와 함께 노예생활을 했다. 그런데 리처드가 장성하기 전에 그의 가족들은 뿔뿔이 흩어지게 되었다. 농장주 스터기스가 리처드의 어머니와 형제들 셋을 팔았기 때문이다. 리처드는 그후로 그들을 만나지 못했다. 어느날 우울한 마음으로 사람들과 함께 밭으로 가던 그는 어느 감리교 설교자의 설교를 들었다. 그는 "그 말을 듣고 나는 가난하고 비참하고 영락한 내 모습을 보게 되었습니다. 얼마 후에 나는 그리스도의 보혈로 말미암아 자비를 얻었습니다"라고 기록했다.

    앨런은 곧 노예생활에서 해방되어 감리교 순회전도자 생활을 시작했다. 1786년에 그는 미국 감리교회의 모태라고 할 수 있는 필라델피아의 성 조지 감리교회의 목회자가 되었다. 그는 주일날 새벽 예배를 인도했다. 그의 설교를 통해서 많은 흑인들이 성 조지 교회에 밀려들자, 백인 신자들은 불안을 느끼기 시작했다. 차츰 흑인들은 예배 시간에 자리에 앉지 못하고 서서 예배를 드리게 되었다.

    그러나 교회는 계속 성장하여 교회를 증축하게 되었다. 증축한 예배당에서 첫 예배를 드리는 날 아침, 앨런은 2층에 있는 좌석에 앉았다. 교인들이 무릎을 꿇고 기도하려는데 시끄러운 소리가 들려왔다. 교회 관리인이 흑인들을 예배실에서 몰아내고 있었다. 교인 하나가 "기도를 마칠 때까지 기다려요. 그러면 더 이상 당신을 귀찮게 하지 않을테니"라고 작은 소리로 말했다. 그러나 관리인은 계속 그들을 몰아내려 했다. 앨런과 그의 흑인 친구들은 다시는 성 조지 교회에 돌아오지 않겠다고 맹세를 하고 그곳을 떠났다.

    그들에게는 교회가 없었고, 앨런에게는 일자리가 없었다. 그는 굴뚝 청소부로 일하나가 구둣방을 개업했다. 그러나 그는 여가 시간에는 복음을 전하고 흑인 사회를 위해 봉사했다. 1793년에 황열병이 창궐할 때에 그가 발휘한 희생적인 노력은 필라델피아 사람들에게 감명을 주었으므로 정 조지 교회와의 불편함도 해소되었다. 앨런은 교회의 축복을 받으면서, 1794년 7월 29일에 어느 대장간에서 흑인 신자들과 함께 예배를 보았다. 현재 전세계에 알려져 있는 흑인감리교회의 모태인 베델 흑인 감리교회가 탄생한 것이다. 앨런은 그 운동의 초대 감독이 되었는데, 그 운동은 계속 성장하여 현재 세계에서 가장 큰 감리교 집단 중의 하나가 되었다.

같은 사랑을 가지고 뜻을 합하며 한 마음을 품어 아무 일에든지 다툼이나 허영으로 하지 말고 오직 겸손한 마음으로 각각 자기보다 남을 낫게 여기고 각각 자기 일을 돌아볼 뿐더러 또한 각각 다른 사람의 일을 돌아보아 나의 기쁨을 충만케 하라 너희 안에 이 마음을 품으라 곧 그리스도 예수의 마음이니(빌 2:2-5).

예수회의 창시자

7월 30일

　루터의 종교개혁은 홍수처럼 유럽을 휩쓸었다. 독일과 스칸디나비아는 거의 개신교 국가가 되었고, 영국은 로마와 결별했다. 스위스와 네덜란드도 개신교 국가가 되었다. 프랑스, 오스트리아, 헝가리, 폴란드에서도 종교개혁의 물결이 비등하고 있었다. 사람들은 다음에는 그 물결이 스페인과 이탈리아로 밀려갈 것이라 예측했다.

　바티칸은 몇 가지 방법으로 대응했다. 트렌트 공의회에서는 교회의 문제점들이 지적되었다. 군사적/외교적 노력도 기울였다. 그러나 가장 효과적인 반대 공격은 1540년에 이그나티우스 로욜라라는 절름발이 스페인 귀족이 세운 수도회일 것이다.

　로욜라는 스페인의 바스크 지방에서 12형제 중 막내로 태어났다. 청년 시절 그는 무척 자유분방하여 종종 법적인 문제를 일으켰다. 그는 스페인 군대에서 복무하던 중에 대포에 맞아 절름발이가 되었다. 의사들은 여러 번 마취도 하지 않은 채 그의 다리를 수술해 보았지만 아무 소용이 없었다. 병상에서 회복을 기다리면서 이그나티우스는 그리스도와 성인들에 대한 책들을 읽기 시작했다. 그는 "내가 성 프란시스나 도미니크처럼 하나님을 위해 위대한 일을 할 수 있으면 얼마나 좋을까"라고 생각했다. 그의 마음에 새로운 열정이 솟아 올랐다. 그는 금식하고 기도하면서 많은 이상한 환상들을 보았다.

　그는 자신의 경험을 토대로 하여 『영신수련』이라는 지침서를 저술했다. 그는 그 책을 들고 파리 대학에 입학했다. 당시 38세였던 그는 키가 작고 건강은 그리 좋지 못했다. 그러나 그는 6명의 학생들을 모아 예수회를 조직했다(여기에는 프란시스 사비에르도 포함되어 있었다).

　예수회에서는 지식을 강조했고, 대단한 지성을 발휘했다. 로욜라의 생전에 예수회의 회원은 1000명이 되었고, 100개의 대학과 신학교가 설립되었다. 예수회는 가톨릭 종교개혁에서 가장 위대한 요인이 되었다.

　말년에 로욜라는 담낭 질환에 걸렸다. 1556년 7월30일 저녁 그는 고통 중에서도 기도를 한 후에 숨을 거두었다. 그는 가톨릭 교회에서 가장 강력한 종교 단체를 남겼다.

베드로가 가로되 은과 금은 내게 없거니와 내게 있는 것으로 네게 주노니 곧 나사렛 예수 그리스도의 이름으로 걸으라 하고 오른손을 잡아 일으키니 발과 발목이 곧 힘을 얻고 뛰어 서서 걸으며 그들과 함께 성전으로 들어 가면서 걷기도 하고 뛰기도 하며 하나님을 찬미하니 모든 백성이 그 걷는 것과 및 하나님을 찬미함을 보고(행 3:6-9).

7월 31일 — 존 포셋

존 포셋은 십대 시절 조지 윗필드의 설교를 듣고 회심했다. 그는 침례교인이 되었고, 1765년 7월 31일에 성직에 임명되었다. 그는 웨인즈게이트에 있는 가난한 교회에서 목회를 시작했는데, 시간이 날 때마다 글을 썼다. 그의 글들은 널리 퍼져 나갔기 때문에, 이 작은 교회는 포셋이 큰 교회로 옮겨갈까 염려했다. 포셋도 같은 생각을 했는데, 그는 수입이 적은 것을 한탄하는 일기를 쓰기도 했다.

런던에 있는 유명한 카터즈 레인 교회에서 그를 청빙했다. 아내는 "긍정적으로 생각해 보세요. 런던에 있는 그렇게 큰 교회에서 고인이 된 질 박사의 후임으로 우리를 원하고 있어요. 정말 믿어지지 않아요"라고 말했다. 다음 주일에 그는 그 소식을 교인들에게 알리고 짐을 싸기 시작했다. 세계에서 가장 큰 도시로 이사하기 위해 짐을 싼 것이다. 떠나는 날, 작별인사를 하러 온 교인들은 눈물을 참으려고 애썼다. 짐을 모두 싣고 하나만 남았다. 포셋은 그 짐을 가지러 집으로 들어갔다. 그런데 아내가 깊은 생각에 잠겨 있었다. 아내는 "여보, 우리의 행동이 옳은 일일까요? 이 교회의 교인들만큼 우리를 사랑하고 주의 일을 열심히 돕는 교인들을 또 만날 수 있을까요?"라고 물었다. 존은 "당신은 우리가 너무 성급하게 결정했다고 생각하오?"라고 하자 아내는 "예. 내 생각에는 우리가 이곳에 그대로 머물러 있어야 할 것 같아요"라고 했다.

존은 잠시 말이 없었다. 그의 마음 역시 아팠기 때문이다. 그는 "런던 교회에서 나를 청빙했을 때에 나는 지나치게 기뻐한 나머지 목사로서 그 일에 대해서 제대로 기도하지 않았어요"라고 수긍했다.

부부는 현관으로 나가서 교인들을 모아 놓은 후에 자기들의 생각이 바뀌었다고 말했다. 그리고는 기쁨의 눈물을 흘리면서 짐을 내렸다. 포셋은 웨인즈게이트에서 평생을 보냈지만, 세상에 널리 알려졌다. 그는 이 경험을 토대로 다음과 같은 유명한 찬송을 지었다.

> 주 믿는 형제들
> 사랑의 사귐은
> 천국의 교제 같으니
> 참 좋은 친교라

내가 기도하노라 너희 사랑을 지식과 모든 총명으로 점점 더 풍성하게 하사 너희로 지극히 선한 것을 분별하며 또 진실하여 허물 없이 그리스도의 날까지 이르고(빌 1:9-10).

8월

여호와를 의뢰하여 선을 행하라 땅에
거하여 그의 성실로 식물을 삼을지어
다 또 여호와를 기뻐하라 저가 네 마
음의 소원을 이루어 주시리로다
-시 37:3, 4-

8월 1일 — 개신교의 유월절

새 왕이 즉위할 때마다 영국의 성직자들이 번민한 것을 탓할 수는 없다. 왜냐하면 왕의 종교적 확신에 의해서 누가 화형에 처해질 것인지가 결정되었기 때문이다. 아이작 왓츠와 그의 동료 목사 토마스 브레드베리 시대에도 상황은 마찬가지였다. 그들의 시대인 1714년 8월 1일에 앤 여왕과 의회는 "분파 법"(Schism Bill)을 통과시켰다. 많은 사람들은 이로 인해 영국에는 가톨릭 신앙이 강력하게 다시 자리잡게 되며 침례교도들과 비국교도들은 또 다시 박해를 받아 화형에 처해질 것이라고 예측했다. 공포의 구름이 드려졌다. 담대한 브래드베리도 점점 걱정이 되었다.

8월 1일 새벽에 버넷 주교는 과거에 순교자들이 처형된 장소인 런던의 스미스필드를 지나가고 있었다. 그곳에서 브래드베리를 발견한 그는 그에게 "왜 그렇게 깊은 생각에 잠겨 있습니까?"라고 물었다. 브래드베리는 "주교님, 저는 이곳에서 처형된 고귀한 순교자들과 같은 결심을 할 수 있을지 생각하고 있었습니다. 과거와 비슷한 박해의 시대가 눈앞에 와 있는데, 장차 나도 고난을 받게 될 것입니다"라고 말했다.

"아직 소식을 듣지 못했군. 여왕이 중병에 걸렸다네. 나는 지금 최근의 소식을 입수하러 가는 길일세. 여왕이 죽었다는 소식을 들으면 제일 먼저 사람을 보내 알려주겠네. 만일 자네가 설교 중이라면, 소식을 가지고 간 사람이 손수건을 떨어뜨릴 것일세."

그날 아침, 브래드베리는 강단에 올라갔다. 설교 도중에 회랑에서 손수건이 펄럭거렸다. 그는 여러 주일 동안 긴장 속에서 살아왔는데, 이제 손수건과 함께 소식이 내려온 것이다. 앤 여왕은 죽었고, 분파법도 무력하게 되었다. 위험이 지나간 것이다. 그러나 그는 아무런 내색도 하지 않고 설교를 계속했다. 그는 설교를 마치고 기도를 하면서 하나님께서 "이 나라를 악한 궤계에서" 구하셨다고 기도함으로써 교인들을 놀라게 했다. 그는 "국왕 조지"를 위해 기도하고 나서 시편 89편을 인용했다.

여러 해 동안 비국교도들은 1714년 8월 1일을 구원의 날, "개신교의 유월절"로 여겼다. 아이작 왓츠가 지은 "예부터 도움되시고"라는 찬송을 부를 때마다 우리는 그날을 기념한다.

내가 여호와의 인자하심을 영원히 노래하며 주의 성실하심을 내 입으로 대대에 알게 하리이다 내가 말하기를 인자하심을 영원히 세우시며 주의 성실하심을 하늘에서 견고히 세우시리라 하시리라 하였나이다(시 89:1, 2).

루퍼스의 죽음　　　　8월 2일

정복자 윌리엄 1세는 1066년 노르만 족이 침입했을 때에 영국을 정복했다. 그러나 그는 자기 자신은 정복하지 못했다. 그는 잔인하고 거칠고 화를 잘냈고, 항상 먹을 것을 탐했다. 또한 체격이 너무나 커서 죽은 후에 시체에 맞는 관이 없어서 애를 먹었다고 한다.

그의 아들 루퍼스가 그의 뒤를 이어 왕위에 올랐다. 그는 아버지에게서 덕은 하나도 물려받지 않고 악덕만 물려받았다. 그는 역사상 가장 악한 왕으로 기억된다. 그는 공식적으로는 윌리엄 2세였지만, 붉은 머리털 때문에 루퍼스라고 불린다. 어떤 사람은 그의 붉은 얼굴 때문에 그렇게 불렸다고 한다. 그의 얼굴이 붉은 데는 이유가 있었다. 그는 가학적이고 잔인해서, 동물을 괴롭히는 모습이나 무죄한 사람들이 엄청난 고통을 받는 모습을 보며 쾌감을 느꼈다.

루퍼스는 구제불능의 인물이었다. 한번은 중병에 걸렸다가 회복되는 동안, 그는 자신이 결코 선한 사람이 되지 않겠다고 맹세했다. 일설에 의하면 그는 매일 아침에 일어날 때에는 악인이었다가 밤에 잠자리에 들 때는 더욱 악한 사람이 되곤 했다고 한다.

루퍼스는 그리스도, 기독교, 그리고 성직자들을 무섭게 미워했다. 그는 계속 신을 모독하고 방탕한 발언을 하여 사람들을 경악하게 했다. 그는 교회들을 약탈하고, 교회의 헌물과 재산을 강탈했다. 그는 성직을 최고 입찰자에게 매매했다. 그는 캔터베리 대주교직을 비워두었으나, 결국 선한 안셀름을 그 직에 임명했다. 또 그는 성인들의 공동묘지를 왕실의 공원으로 만들어 그곳에서 사냥을 즐겼다.

그는 바로 이러한 무분별한 행동 때문에 목숨을 잃었다. 그는 어떤 사람의 땅을 압류하여 사냥터로 만들고 그곳을 뉴 포리스트라고 불렀다. 1100년 8월 2일, 사냥감을 쫓아가던 중 어디에서 날아왔는지 알 수 없는 화살에 맞아 숨을 거두었다. 그의 죽음을 슬퍼하는 사람은 아무도 없었다. 교회에서는 애도의 종을 울리지 않았고, 그를 위해 기도하지도 않았고, 그를 기념하여 구제하는 일도 없었고, 그의 이름으로 기념비를 세워주지도 않았다. 영국은 그가 영원한 저주를 받은 것이 당연하다고 여겼다. 그의 뒤를 이어 그의 동생 헨리가 왕위에 올랐다.

왕의 살이 날카로워 왕의 원수의 염통을 뚫으니 만민이 왕의 앞에 엎드러지는도다
(시 45:5).

한 사람이 우연히 활을 당기어 이스라엘 왕의 갑옷 솔기를 쏜지라…개들이 그 피를 핥았으니 여호와의 하신 말씀과 같이 되었더라(왕상 22:35, 38).

8월 3일

의화단 사건

1830년부터 1949년 사이에 중국은 세계에서 가장 큰 개신교 선교 현장으로서 8000명에 달하는 선교사들이 활동했다. 그런데 1900년 의화단이라고 불리는 기독교 반대 집단이 신자들을 대적하여 실질적인 전쟁을 일으킴으로써 중국은 개신교 사상 가장 큰 학살의 현장이 되었다. 200명에 달하는 선교사들 및 그 가족들, 그리고 3만명에 달하는 중국인 신자들이 죽음을 맞았다. 그중에는 리치 앳워터라는 선교사가 있었는데, 그는 1900년 8월 3일에 가족들에게 다음과 같은 편지를 썼다.

> 사랑하는 가족들에게, 여러분의 사랑스러운 얼굴이 무척 보고 싶습니다. 그러나 세상에서는 다시 만나지 못할 것 같습니다. 나는 아주 침착하고 조용하게 마지막을 준비하고 있습니다. 주님은 아주 가까이 계십니다. 그분은 나의 기대를 저버리지 않으실 것입니다. 목숨을 건질 수 있다고 생각하고 있을 때에 나는 들뜨고 흥분했었지만, 하나님께서는 그러한 감정을 제거해 주셨습니다. 이제 나는 무서운 최후를 담대하게 맞을 수 있도록 은혜를 달라고 기도합니다. 곧 고통이 끝나고 천국에 가게 되겠지요.
>
> 나의 어린 아기도 나와 함께 천국에 갈 것입니다. 하나님께서 우리가 함께 천국에 가게 해주실 것이라고 생각합니다. 먼저 천국에 가신 어머니도 우리를 보면 기뻐하실 것입니다. 주님이 우리를 맞아 주시면 얼마나 기쁠까요! 그 기쁨은 이곳에서 겪은 근심의 세월을 보상해줄 것입니다. 사랑하는 가족들이여, 부디 세상을 멀리하고 하나님을 가까이 하십시오. 지식을 초월하는 하나님의 평화를 얻을 수 있는 길은 그 길뿐입니다…
>
> …나는 평안한 마음으로 지내고 있습니다. 이곳에 온 것을 후회하지 않으며, 다만 한 일이 거의 없는 것이 안타까울 뿐입니다. 2년간의 결혼생활은 아주 행복했습니다. 사랑하는 남편과 나는 죽게 될 것입니다. 여러분 모두를 사랑합니다.

12일 후에 앳워터의 가족들은 모두 죽음을 맞았다. 그러나 그들의 죽음에 대해서 알려진 것은 없다. 사태가 진정된 후에 신교사들은 중국으로 돌아가서 활동하다가 1949년 공산당에 의해 추방되었다. 1980년까지 중국인 신자들의 수효는 5만명에서 7만명으로 증가했으며, 그후로도 계속 증가하여 현재 50만명에 이르는 것으로 추산된다.

> 또 여러 형제가 어린 양의 피와 자기의 증거하는 말을 인하여 저를 이기었으니 그들은 죽기까지 자기 생명을 아끼지 아니하였도다(계 12:11).

윌프레드 그렌펠

8월 4일

종종 우리가 좋아하는 것들이 하나님의 영광을 드러내는 도구가 되기도 한다. 윌프레드 그렌펠에게는 좋아하는 것이 세 가지가 있었는데, 그중에 으뜸되는 것은 운동이었다. 그는 수영을 하고 바다를 항해했다. 18세 때, 어느 의사가 화학약품에 보존해놓은 인간의 두개골을 보여주었을 때, 그에게는 또 한 가지 좋아하는 것이 생겼다. 그랜펠을 즉시 의사가 되기로 결심했다.

의학 공부를 하는 동안 그는 또 한 가지를 사랑하게 되었다. 어느날 저녁 커다란 천막 옆을 지나가다가 그는 서커스를 하는 줄 알고 그 안에 들어갔다. 그 안에서는 신앙부흥집회가 열리고 있었다. 나이가 지긋한 사람이 지루하게 기도를 하자, 그렌펠은 그곳을 떠나려 했다. 그런데 기도를 계속하고 있는 중에 다른 사람이 일어나서 찬송가를 부르자고 했다. 그 사람은 무디였다. 무디는 아주 감동적인 설교를 했고, 그렌펠은 그 자리에서 회심했다. 그는 세번째로 좋아하는 것, 즉 그리스도를 발견한 것이다.

운동, 의학, 그리스도 등 세 가지는 그렌펠로 하여금 원양선교회라고 불리는 조직에 합류하게 했다. 그 선교회는 북대서양 해안에서 조업하는 많은 어부들을 위해 일하는 구급선을 지원했다. 그 사역은 뉴파운드랜드로 퍼졌다. 1892년 8월 4일, 그렌펠은 평생의 사역을 시작하기 위해서 라브라돌로 향하는 배를 탔다.

곧 그렌펠은 그곳에 병원 두 개가 필요하다는 것, 해안의 주민들을 위한 병원과 어선을 타고 조업하는 사람들을 위한 병원선이 필요하다는 것을 깨달았다. 그는 기부금을 거두어 병원을 세웠다. 곧 이 춥고 비참한 땅에 많은 병원과 약국이 세워졌다. 그는 청년들을 위해 학교를 세우고 고아원도 세웠다. 또 공동 구매장을 세워 그 지방 주민들이 모피와 생선을 생필품과 물물교환할 수 있게 했다. 그는 평생 북부 해안 지역을 따라 항해하거나 추운 지방을 썰매를 타고 다니면서 환자들을 돌보고 청년들을 가르치고 복음을 전했다. 그의 평생은 세 가지 사랑으로 충만한 부지런한 삶이었다.

그는 네번째 사랑을 발견했다. 어느날 배를 타고 가던 중, 그는 아름다운 여인을 만나 사랑에 빠졌다. 그는 그 처녀의 이름도 모르는 상태에서 청혼을 했고, 그 여인은 그의 청혼을 받아들였다. 그리하여 두 사람은 평생 함께 사역했다.

여호와를 의뢰하여 선을 행하라 땅에 거하여 그의 성실로 식물을 삼을찌어다 또 여호와를 기뻐하라 저가 네 마음의 소원을 이루어 주시리로다(시 37:3, 4).

8월 5일 — 나이지리아 선교사 메리 슬레서

메리 슬레서(Mary Slessor)의 아버지는 술고래였다. 매주 토요일에 술값을 치르고 나면 한 주간 쓸 생활비가 바닥나곤 했다. 11살 때부터, 메리는 아침 6시부터 저녁 6시까지 12시간 동안 공장에서 일했다. 메리는 아버지가 모르게 감추어 두었다가 생활비로 썼다. 물론 아버지는 그 일을 알고 화를 냈다. 메리는 혼자서 글을 배웠다. 메리는 베틀에 책을 세워놓고 일하면서 책을 읽었다. 그녀는 책을 읽던 중 "마술과 비밀 단체들이 지배하는 무서운 나라"인 나이지리아에 대해 알게 되었고, 자신이 그곳에 선교사로 가야 한다고 결심했다.

메리는 여러 해 동안 스코틀랜드의 던비라는 집 근처의 빈민가에 있는 선교부에서 일했다. 그녀는 갱들을 위압하고, 기도로 저주를 무찌르며, 마음이 굳어진 사람들을 회유하는 법을 배웠다. 이러한 노력 끝에 메리는 나이지리아 선교사로 임명되었다. 1876년 8월 5일, 메리는 배를 타고 아프리카 서부를 향해 떠났다. 메리는 배에 위스키 통이 가득 실려있는 것을 보고 실망했다. 술 때문에 자기의 가정이 얼마나 큰 피해를 입었는지 기억하고 있었기 때문에, 메리는 찡그리면서 "술통은 수십 통이요, 선교사는 하나뿐이군"이라고 내뱉었다.

그러나 메리는 참으로 대단한 선교사였다. 그후 여러 해 동안 메리는 복음을 전파하고 아이들을 가르치고 학대받는 사람들을 구해주고 옹호해줌으로써 이교도 지역 세 곳을 길들이고 변화시켰다. 메리는 무척 정력적이었다. 그녀는 토담집에서 살면서 땀내나는 사람들과 함께 생활했다. 메리는 순회 전도자요, 마을의 교사요, 간호원이요, 귀찮은 일들을 해주는 하녀요, 중재자였다. 메리는 부족들 간의 전쟁에서 수백명에 달하는 여인들과 어린이들의 목숨을 구했다. 그녀의 집이 수십 명의 아기들로 가득한 때도 많았다. 메리는 아기들을 눕혀 놓은 그물들에 끈을 매놓고는 잠을 자다가 아기를 달래야 할 때면 그 끈을 잡아 당겨서 달래주곤 했다.

메리는 유럽과 아프리카에서 매우 존경을 받았으며, 영국 최초의 여성 부영사가 되었다. 그녀는 자신의 직위를 이용하여 선교활동을 더욱 촉진했다. 그녀는 40년 동안 활동하면서 그전까지 다른 선교사들이 순교했던 지역에 복음의 씨를 뿌렸다.

전파하는 자가 없이 어찌 들으리요 보내심을 받지 아니하셨으면 어찌 전파하리요 기록된바 아름답도다 좋은 소식을 전하는 자들의 발이여 함과 같으니라(롬 10:14, 15).

카타콤의 순교자 식스투스

8월 6일

초대교회의 지도자들 중에는 식스투스라는 이름을 가진 사람이 두 사람 있다. 한 사람은 117년부터 127년까지 로마의 감독으로 일했고, 또 한 사람은 257-258년까지 로마의 감독으로 있었다.

후자는 로마 제국이 전염병, 기근, 지진, 태풍, 해일 등으로 황폐해졌던 발레리안 황제 시대에 로마의 감독으로 일했다. 발레리안 황제는 원래 기독교인들에게 관대했었다. 그러나 자신의 제국에 자연의 재해가 거듭되자, 그는 미신적으로 그 탓을 교회에 돌리기 시작했다. 그는 감독들과 사제들을 공격하는 칙령들을 발표했고, 기독교인들이 예배를 드리기 위해 모이는 것을 금지했다. 살아있는 신자들은 교회에 갈 수 없었고, 죽은 신자들은 공동묘지에 묻힐 수 없게 되었다.

그러나 그리스도를 따르는 사람들은 조금도 위축되지 않았다. 일년이 못되어 발레리안은 자신의 칙령들이 효력을 거두지 못함을 깨달았다. 258년 7월에 그는 감독들과 사제들과 집사들을 처형하라고 명령했다. 그는 교회의 재산을 몰수하고, 신자들에게서 시민으로서의 권리를 박탈했다. 기독교를 신봉하는 왕실의 사람들은 노예가 되어 왕의 영지에서 일했다. 어느 유명한 교회 지도자는 황소에게 묶여 거리로 끌려다니다가 머리가 깨져 뇌가 다 쏟아져 나왔다.

식스투스 2세는 발레리안이 이러한 명령들을 발표할 즈음에 로마 교황이 되었다. 그는 카타콤 안에 작은 예배당을 만들고, 그곳에서 비밀리에 신실한 양떼들과 만났다. 어느날 그가 교인들을 가르치고 있을 때 황제의 군사들이 쳐들어와서 그를 체포했다. 그는 판사 앞에게 끌려가 사형선고를 받고 다시 카타콤으로 끌려왔다. 258년 8월 6일, 그는 카타콤에서 교황의 의자에 앉아 처형되었다. 몇명의 집사들도 죽음을 당했다.

그로부터 3주일이 지난 후, 북아프리카에서는 카르타고의 감독 키프리안이 제국의 판사 앞에 섰다. 그는 "나는 기독교인 감독이다. 나는 유일하신 참 하나님 외에 다른 신을 알지 못한다"고 선언했다. 판사는 "그 결심이 확고합니까?"라고 물었다. 키프리안은 "선한 마음은 바뀌지 않는 법입니다"라고 대답했다. 곧 그는 군인들에게 에워싸여 어느 노천 극장으로 끌려가서 참수되었다. 그러나 258-259년의 박해 때에는 제국의 많은 지역에서는 교회가 아직 최악의 박해를 당하지 않았다.

아무 일에든지 대적하는 자를 인하여 두려워하지 아니하는 이 일을 듣고자 함이라 이것이 저희에게는 멸망의 빙거요 너희에게는 구원의 빙거니 이는 하나님께로부터 난 것이니라(빌 1:28).

8월 7일   중국 의료선교사 엘리너 체스넛

  태어나자마자 아버지로부터 버림을 받고, 세살 때에 어머니마저 세상을 떠난 아기는 어떻게 될까? 엘리너 체스넛은 가난한 이웃에게 입양되어 자라면서 어머니의 사랑을 그리워하며 고독하고 불행하게 성장했다. 그녀는 사랑에 굶주렸고 학교 교육도 그다지 받지 못했다. 그렇지만 엘리너는 강인했다. 그녀는 학교에서 공부하여 대학에 진학할 수 있다는 것을 알고는 그 학교에 등록하여 실제로 그대로 행했다. 그녀는 의학도의 꿈을 품었다. 학교에 다니면서, 그녀는 장로교회에 다녔고, 선교에 대한 관심을 갖게 되었다.

  1888년에 엘리너는 시카고에 있는 여자의과대학에 입학했다. 그리고 오두막집에서 오트밀만 먹고 살면서 의사 과정과 간호사 과정 모두를 마쳤다.

  1893년 8월 7일, 엘리너는 중국 남부의 의료 선교사로 임명되었다. 그곳에서 일하는 동안, 엘리너는 언어에서 오는 고충과 빈곤한 상태로 인해서 고생했다. 그녀는 끊임없이 고난에 직면했다. 한번은 아편 때문에 완전히 정신이 나가 발작하는 환자를 맡았다. 엘리너는 친구에게 쓴 편지에 "그는 귀신들이 계속 자기를 쫓아오고 있다고 생각합니다. 내가 그 환자를 보호할 수 있는 곳은 내 연구실 뿐입니다. 그 환자는 이따금 아주 난폭해지기 때문에 주의깊게 지켜 보아야 합니다. 그래서 지금도 그 사람을 감시하면서 이 편지를 쓰고 있습니다"라고 썼다.

  그러나 중국인들에 대한 그녀의 사랑은 끝이 없었다. 그녀는 자기의 목욕실을 수술실로 사용했고, 한번은 수술 후유증으로 다리가 완전치 못한 중국인에게 자신의 다리 살을 떼어 피부 이식을 해주었다. 엘리너는 한 달에 1달러 50센트를 가지고 생활하고 나머지는 모두 건축하는 데 사용하면서 어지들을 위한 병원을 세웠다.

  엘리너는 10년동안 헌신적으로 중국을 위해 일했다. 그런데 1905년 10월 29일에 외국인들에 대해 적대적인 폭도들이 엘리너의 선교부를 공격했다. 엘리너는 도망쳤지만 동료들을 도우려고 돌아왔다. 엘리너는 최후의 순간에도 자신의 치마를 찢어서 어느 아이의 상처를 싸매주었다.

네 의견에는 이 세 사람 중에 누가 강도 만난 자의 이웃이 되겠느냐 가로되 자비를 베푼 자니이다 예수께서 이르시되 가서 너도 이와 같이 하라 하시니라(눅 10:36, 37).

하나님의 섭리 8월 8일

　가톨릭 신자인 스페인의 필립 2세는 개신교도인 영국의 엘리자베스 여왕을 쓰러뜨리고자 했다. 1586년에, 그는 엘리자베스를 암살하려 했으나 실패했다. 그는 세상에서 가장 크고 강한 군대인 무적함대로 하여금 영국을 침입하게 했다. 개신교로서는 위기의 순간이었다. 엘리자베스가 실패한다면 영국 및 유럽 전역에 있는 개신교도들에게 재난이 임할 것이었다.

　필립은 자신이 하나님의 뜻을 위해서 싸울 것이므로 하나님께서 좋은 날씨를 주실 것이라고 믿었다. 1588년 5월 30일, 필립은 자신의 "무적함대" 앞에서 무릎을 꿇고서 승리를 위해 기도한 후에, 그들이 수평선 너머로 사라지는 모습을 지켜 보았다.

　그러나 하나님의 섭리는 영국 편에 있었다. 스페인 함대는 거센 폭풍을 만났다. 함대는 다시 집결하여 항해를 계속했지만, 7월 21일에 영국군은 그 위치를 알아냈다. 바람도 무적함대에게 불리하게 불었기 때문에 함대는 빨리 항해할 수 없었다. 7월 21일에 전투가 벌어졌는데, 이번에도 날씨는 영국군에게 유리했다. 영국군은 스페인군의 허를 찔렀는데, 마침 그 때에 바람이 영국군에게 유리하게 불었다.

　7월 31일, 파르마의 공작은 필립에게 패배의 가능성을 알려주었다. "폐하께 축하의 말을 보내고 싶지만, 안타깝게도 이런 소식을 알리게 되었습니다. 제가 드릴 수 있는 말은 이것은 자신이 행하시는 일을 잘 아시는 주님께서 하신 일이 분명하다는 것입니다…"

　1588년 8월 8일에, 엘리자베스 여왕은 틸베리에 있는 군 사령부를 방문하여 적의 공격 위협이 사라졌다는 보고를 받았다. 마음을 놓은 여왕은 군대에게 "나는 비록 육체적으로는 연약한 여자이지만, 왕의 심장과 배짱을 가지고 있다"고 말했다.

　만신창이가 된 필립의 함대는 스페인으로 돌아왔는데, 또 다시 치명적인 돌풍을 만났다. 이 원정에서 필립은 2/3 이상의 군사와 절반 이상의 배를 잃었다. 그러나 영국의 상황은 정반대였다. 엘리자베스 여왕은 성 바울 교회로 가서 당당한 음성으로 하나님께 감사하라고 백성들에게 촉구했다.

　영국과 개신교 신앙이 피해를 입지 않고 보존된 것이었다.

내가 눈 곳간에 들어가았느냐 우박창고를 보았느냐 내가 환난 때와 전쟁과 결투의 날을 위하여 이 것을 저축하였노라 광명이 어느 길로 말미암아 땅에 흩어지느냐 누가 폭우를 위하여 길을 내었으며 우뢰의 번개 길을 내었으며(욥 38: 22-25).

8월 9일 케인 릿지 신앙부흥

독립전쟁 이후 미국의 기독교는 쇠퇴했다. 남부 지역을 여행하던 어느 스코틀랜드인은 경건한 사람을 거의 발견하지 못했다. 프랜시스 애즈베리는 100명 중에 한 사람도 종교에 관심이 없음을 발견했다. 이 신생국가에는 만인구원론과 이신론이 팽배하고 있었고, 술취한 사람들이 만연했다.

그러나 켄터키의 오지에서 신앙부흥 운동이 점점 분출하기 시작했다. 사람들은 그늘에 모여 복음에 귀를 기울였는데, 때때로 감정이 폭발하기도 했다. 케인 릿지에 있는 장로교 목사 바르턴 스톤은 천막집회에 대한 소문을 듣고 직접 집회에 참석해보았다.

> "참으로 이상한 광경이었다. 많은 사람들은 마치 전쟁터에서 죽은 사람들처럼 쓰러져서 몇 시간 동안 꼼짝도 하지 않았다. 때로 몇 분동안 정신이 들어 깊은 탄식을 하거나 자비를 구하는 기도를 하여 살아있다는 증세를 나타냈다."

케인 릿지에 있는 그의 교회에서는 1801년 8월 첫주에 천막 집회를 열기로 했다. 교회에는 500명을 수용할 수 있었다. 그러나 담당자들은 많은 사람들이 밀려올 것이라고 예상하여 대형 천막을 세웠다. 교인 가정에서는 집회에 참석하는 사람들을 위해서 집, 창고, 오두막집 등을 개방했다. 그러나 그들은 2만명씩이나 몰려오리라고는 예상하지 못했다. 엄청나게 많은 사람들이 말이나 마차를 타고 도착했다. 금요일, 토요일, 주일날에 종일 설교와 기도가 이어졌다. 흥분한 사람들이 외치는 소리가 사방을 울렸다. 줄도하는 사람도 있고 발작을 일으킨 사람도 있고 황홀경에 빠진 아이들도 있었다. 너무 많은 사람들이 기절했기 때문에 바닥은 마치 시체들이 즐비한 전쟁터 같았다. 어떤 사람들이 경련을 일으키기 시작했다. "사람들은 갑자기 고개를 앞뒤로 흔들기 시작했다. 그들이 얼마나 빨리 고개를 흔들었는지 여자들의 머리카락은 마치 바람에 날리는 말갈기같았다."

1801년 8월 9일, 음식과 공급품이 바닥났고, 부흥회 참석자들도 기진했다. 많은 사람들이 떠났지만, 그만큼의 사람들이 새로 도착했다. 그후로도 집회가 계속되다가 나흘 후에야 진정되었다. 1000명 내지 3000명이 회심했다. 그 소식은 종교계를 흥분케 했다. 미국 전역에서 기독교신앙부흥에 대해 논하기 시작했다. 케인 릿지 신앙부흥은 미국 역사상 가장 중요한 종교 집회로 간주되고 있다.

항상 기뻐하라 쉬지 말고 기도하라 범사에 감사하라 이는 그리스도 예수 안에서 너희를 향하신 하나님의 뜻이니라(살전 5:16-18).

예루살렘의 몰락　　　　8월 10일

　예수님은 헤롯의 아름다운 성전이 멸망할 때에 대해 경고하셨지만, 제자들은 그 말을 믿지 못했다. 예루살렘 성전은 세상에서 가장 위엄있는 건물이었고, 지는 햇빛에 반짝이는 모습은 예루살렘 자체만큼이나 영원할 듯 했었다.

　그러나 한 세대가 지난 후, 유대 열심당원들이 로마에 대항하여 반란을 일으켰다. 반란은 마사다 요새에서 시작되어 유대와 갈릴리 전역으로 퍼졌다. 로마인들이 학살되었고, 유대인들은 용감하게 싸웠다. 네로 황제는 그 소요를 진압하기 위해 베스파시안 장군을 파견했다.

　네로가 죽자, 베스파시안은 로마를 향해 떠났고, 그의 아들 티투스가 그를 대신하여 8만 명의 군대를 통솔했다. 티투스는 예루살렘을 찾아오는 사람들이 많은 유월절이 끝난 직후인 70년 4월에 예루살렘을 포위했다. 예루살렘 내에서는 유대인들이 여러 당파로 나뉘어 싸우고 있었다. 양식이 동이 났고, 굶어죽는 사람들이 생기기 시작했다. 사치한 생활을 하던 대제사장의 부인은 거리의 거지처럼 구걸했다. 하루에 500명 정도 로마인들에게 사로잡힌 유대인들이 십자가에 달려 죽었다. 7월 17일에는 모두가 성전 방어에 동원되었기 때문에 성전에서 날마다 드리던 제사도 드리지 못했다.

　로마인들은 투석기와 공성 망치를 사용하여 성벽을 파괴하는 데 성공했다. 유대인들은 비명을 지르면서 성전 안으로 들어갔다. 소문에 의하면 티투스는 성전을 그대로 남겨두려 했지만, 흥분한 군인들은 예루살렘 금문에 횃불을 던져서 폭발시켰다. 성전은 불바다가 되었다. 그 날은 70년 8월 10일이었다. 옛날 솔로몬의 성전이 바벨론에 의해 파괴된 것과 같은 날이었다.

　예루살렘의 멸망, 그 후 마사다의 함락으로 이스라엘 국가는 완전히 멸망했다가 20세기에 들어서야 새로이 탄생했다. 예루살렘이 몰락하기 전에 대부분의 신자들은 도피했었다. 그러나 예루살렘 말망은 기독교 역사에서 하나의 경계를 긋는 사건으로 남아 있다. 그 사건은 신생 기독교가 유대교적 근원에서 결별하는 일을 촉진시켰다. 그리하여 기독교는 이스라엘과는 구분된 종교가 되어 온 세상을 위한 메시지를 가지고 이방인 사회에서 나름의 정체성을 발달시키게 되었다.

예수께서 성전에 나가실 때에 제자중 하나가 가로되 선생님이여 보소서 이 돌들이 어떠하며 이 건물들이 어떠하니이까 예수께서 이르시되 네가 이 큰 건물들을 보느냐 돌 하나도 돌 위에 남지 않고 다 무너뜨려지리라 하시니라(막 13:1-2).

8월 11일 — 성 프란시스와 클라라

성 프란시스와 클라라의 사랑은 신기했다. 성적인 사랑이 아니라 영적인 사랑, 남녀간의 사랑이 아니라 서로에게 도움을 주는 사랑이었다. 프란시스와 클라라는 분명히 서로 사랑했지만 결혼할 수 없었고 힘을 합하여 그리스도를 섬긴 독신자들이었다.

클라라는 1194년에 이탈리아의 아씨시에서 성주의 딸로 태어났다. 16살 때에 클라라는 성 프란시스의 설교를 듣고 깊이 감동을 받았다. 그녀는 프란시스를 찾아갔고, 프란시스는 그녀에게 영적인 일들에 대해 말해 주었다. 2년간 클라라는 프란시스를 찾아갔다.

1211년 종려 주일에, 클라라는 아름다운 옷을 벗어버리고 회색 옷을 입고 뒷문을 통해서 성을 빠져 나왔다. 클라라는 어두운 숲을 지나 프란시스가 기다리고 있는 곳으로 갔다. 그곳에서 클라라는 몇명의 베네딕트 수도회 수녀들과 합류했다. 프란시스는 아씨시 외곽에 있는 성 도미니크 예배당 안에 그녀를 위한 집을 마련해주었다. 어떤 전기 작가들에 의하면, 클라라는 그후 40년 동안 그곳을 떠나지 않고 지내면서 영적인 도움을 구하는 사람들을 맞아주었다고 한다. 프란시스도 종종 클라라를 찾아왔다.

프란시스가 죽었을 때에 클라라는 크게 슬퍼했다. 프란시스가 세상을 떠난 후, 다리가 불편해진 클라라는 30년 정도를 의자에 앉아 생활하게 되었다. 그러나 그녀는 의자에 앉아서 가르치고, 조언을 해주고, 바느질을 하면서 교회를 위해 기도했다.

1249년에, 비적들이 약탈을 하고 불을 지르려는 목적으로 클라라의 수녀원을 공격했다. 클라라는 조금도 두려워하지 않고 사람들에게 문으로 데려다 달라고 한 후에 그곳에서 보호를 구하는 기도를 했다. 비적들은 급히 담을 넘어 후퇴했다.

클라라의 임종과 관련해서 특이한 전승이 있다. 클라라는 산 다미아노 성당의 자신의 방에 있으면서 멀리 떨어진 곳에 있는 성당에서 드리는 자정 미사 광경을 보았다고 한다. 1958년에 교황 피우스 12세는 멀리 떨어진 곳에서 일어나는 광경을 보거나 소리를 들을 수 있는 이 능력을 인용하면서 클라라를 텔레비전의 수호성인으로 선포했다. 클라라에게 붙여진 흔한 칭호는 "성 프란시스의 작은 꽃"이다. 클라라는 1253년 8월 11일, 세상을 떠났다. 그러나 그녀의 뜻을 이은 가난한 클라라 수녀회의 수녀들은 오늘날까지도 가난한 사람들을 섬기고 있다.

심령이 가난한 자는 복이 있나니 천국이 저희 것임이요 애통하는 자는 복이 있나니 저희가 위로를 받을 것임이요 온유한 자는 복이 있나니 저희가 땅을 기업으로 받을 것임이요(마 5:3-5).

순교

8월 12일

초대 교회 신자들에게 불어닥친 박해의 결과 기독교인들은 순교를 하나의 표준, 기대하고 소망해야 할 것으로 믿게 되었다. 디오클레티안 황제가 성경을 소유하는 것을 금지했을 때, 시실리 섬의 신자인 유플리우스 집사는 성경을 가지고 있었다. 그는 자신이 박해를 피하게 될까 염려했다. 그러한 재앙을 피하기 위해서, 그는 어느날 총독의 관저 앞에 서서 "나는 기독교인이다. 나는 그리스도의 이름을 위해 죽기를 원한다"고 외쳤다.

그는 총독 앞에 끌려 갔는데, 그에게서 복음서 사본이 발견되었다. 총독은 "이 것들은 어디에서 가져왔는가? 그대의 집에서 가져왔는가?"라고 물었다. 유플리우스는 "나에게는 집이 없습니다. 그것은 나의 주 예수 그리스도가 알고 계십니다"라고 대답했다.

검사는 "그 책을 읽어보시오"라고 했다. 유플리우스는 복음서를 읽기 시작했다. "의를 위하여 핍박을 받은 자는 복이 있나니 천국이 저희 것임이라"(마 5:10). 그는 또 "누구든지 나를 따르려거든 자기 십자가를 지고 나를 좇을 것이니라"라는 구절도 읽었다.

판사가 중간에 저지했다. "왜 그대는 이 책들을 포기하지 않았는가?" 유플리우스는 그 책들을 포기하느니 차라리 죽는 편이 낫다고 대답하며 또 "이 안에는 영생이 있습니다. 누구든지 이 책을 포기하는 사람은 영생을 잃게 됩니다"라고 말했다. 총독은 재판이 끝났다는 신호를 했고, 유플리우스는 자신이 원하던 것을 얻었다. 그는 무서운 고문을 당한 후에 목에 복음서를 건 채 처형되었다. 그것이 304년 8월 12일의 일이었다. 그는 마지막으로 "오, 그리스도여, 감사합니다. 오, 그리스도시여, 나를 도와주옵소서. 나는 당신을 위해 고난받습니다"라고 되풀이했다.

성경에서는 어느 곳에서도 박해를 추구하라고 말하지 않는다. 초대 교인들 중 일부는 분명히 순교를 추구하는 것을 지나치게 미화했다. 그러나 순교의 기회가 주어졌을 때에 이 세상 사람들에게 우리의 신앙을 증거하지 않고 숨는 것보다는 "나는 기독교인이다"라고 외치는 편이 낫다.

내가 복음을 브끄러워하지 아니하노니 이 복음은 모든 믿는 자에게 구원을 주시는 하나님의 능력이 됨이라 첫째는 유대인에게요 또한 헬라인에게로다 복음에는 하나님의 의가 나타나서 믿음으로 믿음에 이르게 하나니 기록된 바 오직 의인은 믿음으로 말미암아 살리라 함과 같으니라 (롬 1:16-17).

8월 13일 — 막시무스

고백자 막시무스(Maximus Confessor)는 580년 경에 콘스탄티노플에서 태어났다. 그의 집안은 옛 비잔틴 제국 귀족 계층이었다. 막시무스는 훌륭한 교육을 받았다. 그는 유능한 지도자였으며, 헤라클리우스 황제 밑에서 제국의 장관이 되었다. 그러나 영적인 갈망 때문에 수도원에 들어간 그는 나중에는 수도원장이 되었다. 그는 신학적 재능과 문학적 재능을 발휘하여 많은 저서들을 펴냈다. 서방 교회의 존 스코투스 에리게나와 동방교회의 다마스커스의 존과 같은 사람들은 그의 저술에서 많은 지혜를 얻었다.

그런데 막시무스는 일신론이라는 이단—그리스도는 인간적인 의지는 소유하지 않고 신적인 의지만 소유했다는 주장—에 맞서 싸우게 되었다. 이것은 필생의 싸움이 되었다. 여러 해 동안 동방교회의 막시무스와 서방교회의 교황 마르티누스 1세는 그리스도는 두개의 본성과 두개의 의지를 소유하신다고 주장해왔다.

황제는 일신론을 지지했다. 교황 마르티누스는 해임되어 일반 죄수들과 함께 수감되어 추위와 배고픔을 겪어야 했다. 교황은 결국 추방되어 흑해 변에 있는 어느 동굴에서 655년에 숨을 거두었다. 막시무스는 한층 더 심한 일을 당했다. 73세였던 그는 체포되어 제국의 이곳 저곳으로 끌려다니다가 콘스탄티노플에서 재판을 받고 먼 곳으로 추방되었는데, 그곳에서 그는 추위와 배고픔으로 크게 고생했다. 몇달 후에 일신론자인 가이사랴의 감독 테오도시우스가 이끄는 위원회가 그를 심문하기 위해 파견되었다. 막시무스는 그리스도의 두 본성을 훌륭하게 변호했는데, 결국 테오도시우스는 자신의 주장을 버리고 회심하고는 그곳을 떠났다.

황제는 또 다시 사전들을 보내어 막시무스가 일신론을 받아들이면 큰 상을 주겠지만 거절하면 큰 고통을 주겠다고 제안했다. 막시무스는 황제의 제안을 거절했다. 그는 매맞고 침뱉음을 당하고 재산을 빼앗기고, 6년 동안 감옥에 갇혀 지냈다. 또 채찍질을 당했다. 그의 혀와 오른손은 절단되었다. 그는 형틀에 묶여 도시의 열두 곳에 끌려 다니면서 수모를 당한 후에 다시 감옥에 갇혔다. 그리고 그로부터 몇 주일 후인 662년 8월 13일에 82세로 세상을 떠났다. 그가 당한 고난은 그의 교리가 승리하는 길을 예비했다.

말씀이 육신이 되어 우리 가운데 거하시매 우리가 그 영광을 보니 아버지의 독생자의 영광이요 은혜와 진리가 충만하더라(요 1:14).

순교한 중국 선교사 빌 윌리스　　8월 14일

1925년 어느 더운 여름날, 17살이 된 빌 윌리스는 차고에서 고장난 자동차를 수리하고 있었다. 일하면서도 그는 장래에 대해 생각하고 있었다. 그는 공구를 내려놓고 신약성서를 집어들고는 기름때가 묻은 책의 여백에 자신의 결심을 적어두었다. 그는 의료선교사가 되려 했다.

10년 후에 그는 중국 남부에 있는 어느 병원에 도착했다. 당시 광서성 성주들과 장개석 정부 사이에 전쟁이 진행되고 있었기 때문에, 많은 선교사들은 피신한 상태였다. 윌리스는 병원에 남아 있으면서 수술도 하고 회진도 하면서 복음을 전했다.

그는 한 가지 위험을 간신히 모면하면 더 큰 위험을 만나곤 했다. 일본은 중국 대륙 정복을 꿈꾸고 있었다. 그러나 윌리스는 계속 그곳에 머물면서 폭탄이 터지고 총알이 날아다니는 전쟁터에서 환자들을 치료해주고 수술도 했다. 1940년에 그는 휴가를 얻어 미국으로 돌아왔다. 다시 중국으로 돌아갈 때가 되었다. 친구들은 그를 만류했지만, 그는 "과거에 내가 목숨을 걸고 해야 할 일이 무엇인지 결정하기 위해 번민하면서, 나는 하나님께서는 내가 의료선교사가 되기를 원하신다고 확신했습니다. 그리고 그 결정 때문에 나는 중국으로 갔습니다. 그 결정 때문에, 그리고 중국에서 일하는 것이 행복하기 때문에 나는 중국으로 돌아가겠습니다"라고 말했다. 그는 1942년 8월 14일에 중국으로 돌아갔다. 그리고 제2차 세계대전이 진행되는 동안 의학적 도움과 영적 도움을 베풀었다.

그런데 한층 더 큰 위협이 등장했다. 공산주의자들이 중국대륙을 장악한 것이다. 그러나 윌리스는 여전히 중국에 머물면서 열심히 일했다. 1950년 12월 19일 동이 트기 전에 공산당 군인들이 쳐들어와서는 "중국에서 가장 훌륭한 외과의사"를 간첩 혐의로 체포했다. 윌리스는 작은 감방에 갇혀 지내면서도 감방 창문으로 내다보면서 지나가는 사람들에게 전도를 했다. 윌리스는 잔인한 심문을 견뎌냈고, 자신의 감방 벽에 성경 구절들을 붙여 놓았다. 윌리스는 고문 때문에 죽었는데, 공산당에서는 그가 목을 매어 자살했다고 말하려 했다. 그러나 그의 시신에는 자살의 흔적이 없었다. 사람들은 그의 시신을 싸구려 관에 넣어 대나무 숲에 있는 공동묘지에 묻었다. 그의 묘비에는 "내게 사는 것이 그리스도니"라고 적혀 있다.

나의 간절한 기대와 소망을 따라 아무 일에든지 부끄럽지 아니하고 오직 전과 같이 이제도 온 전히 담대하게 살든지 죽든지 내 몸에서 그리스도가 존귀하게 되게 하려 하나니 이는 내게 사는 것이 그리스도니 죽는 것도 유익함이라(빌 1:20-21).

8월 15일 — 로버트 맥킬킨

필라델피아에 있는 북연합장로교회에서 시무하는 윌리엄 앤더슨 목사는 어느날 어린 소년이 식품점에 뛰어들어가는 모습을 보았다. 그는 그 소년을 따라가서 "어느 주일학교에 다니지?"라고 물었다. 9살짜리 소년 로버트 맥킬킨은 "아무 데도 다니지 않아요"라고 대답했다. 앤더슨은 그 소년에게 교회에 나오라고 했다. 그리고 "너에게 훌륭한 선생님을 만나게 해주겠다. 그분은 윌리엄 파커 선생님인데, 좋은 아이들이 그 선생님에게 배우고 있단다"라고 말했다.

12살 때에 로버트는 "나는 커서 목사님이 되겠습니다. 주님은 나를 원하십니다"라고 말했다. 그러나 십대 시절, 그는 점차 자신의 기독교 경험에 만족하지 못하게 되었다. 그는 교회의 청년들 사이에서 적극적으로 활동하면서도 내적으로는 근심, 의심과 씨름했다. 1904년 성탄절 이브에 그는 "전보다 훨씬 더 그리스도와 가까와졌고 영적으로 진보했지만 아직도 충분하지 못하다"고 기록했다. 로버트는 펜실바니아 대학에 입학했다. 그해 여름에는 뉴저지 주 해변에서 개최된 선교사 회의에 참석했다. 강사는 찰스 트럼벨이었다. 그는 간증하면서 자신의 영적인 삶에도 큰 기복이 있었다고 인정했다. 그는 "여러분, 나는 기독교 삶의 원천은 예수 그리스도뿐임을 발견했습니다. 예수만으로 족합니다"라고 말했다.

맥킬린은 트럼벨을 찾아가서 대화를 나누었다. 1911년 8월 15일에 맥킬린은 기도실에 들어갔다. "나는 그 기도실에 들어가서 이 문제를 해결하지 못하면 나오지 않겠다고 생각했습니다."

맥킬린은 무릎을 꿇고 기도하면서 자기 삶의 모든 부분을 그리스도께 맡겼다. 자기의 죄, 의심스러운 것들, 사랑하는 사람들, 약혼자, 과거에 범한 잘못, 자신의 장래까지도 그리스도께 맡겼다.

"나는 특별한 감정을 느끼지 못한 채, 아무런 환상도 보지 못하고 기도를 마쳤습니다. 그러나 난생 처음으로 나는 우주에는 두 인격, 즉 나와 내 주님이 있으며 그분의 뜻만이 중요하다는 생각이 들었습니다."

그후 40년 동안 맥킬린은 생수의 강처럼 흘러 넘치는 성령을 경험했다. 그리고 그의 사역 덕분에 오늘날 세상에서 가장 큰 기독교 선교사 훈련센터인 남캐롤라이나 주에 콜롬비아 성경대학이 설립되었다.

대저 하나님께로서 난 자마다 세상을 이기느니라 세상을 이긴 이김은 이것이니 우리의 믿음이니라 예수께서 하나님의 아들이심을 믿는 자가 아니면 세상을 이기는 자가 누구뇨

(요일 5:4-5)

진젠돌프 백작의 부인   8월 16일

　니콜라우스 루트비히 폰 진젠돌프 백작은 18세기 유럽에서 가장 인기있는 총각이었다. 그는 잘 생기고 지적이고 매력있는 부자 청년이었다. 게다가 그는 예수 그리스도께 완전히 헌신했다. 파리 대학에서 학업을 마친 후, 그는 일년 동안 유럽을 여행하던 중 카스텔에서 병에 걸렸다. 그곳에서 그는 18살 된 테오도라 폰 카스텔을 사랑하게 되어 그녀에게 청혼했다. 테오도라는 "하나님께서 지금보다 더 결혼하고 깊은 생각이 들게 하신다면, 거절하지 않겠어요."라고 대답했다.

　진젠돌프는 그 말을 어떻게 생각해야 할지 확신이 서지 않았다. 그러나 다른 사람들에게 두 사람은 실제로 약혼했다는 인상을 주었다. 그는 다시 여행을 시작했지만 도중에 또 여행을 중단해야 했다. 그는 절친한 친구인 헨리 폰 로이스 백작을 찾아갔다. 대화를 하던 중 로이스는 좋은 여자가 있으면 결혼하고 싶다고 말했다. 진젠돌프는 "테오도라가 어때? 솔직히 그녀는 나와 결혼하는 데에 관심이 없는 것 같아. 자네가 청혼해보게"라고 말했다. 헨리는 주저하면서 "그렇지만 그녀는 당신의 약혼자가 아닌가?"라고 했다. 진젠돌프는 친구를 억지로 데려갔는데, 헨리와 테오도라는 곧 사랑에 빠져 결혼했다.

　진젠돌프는 활달한 사람이었지만, 그 일로 상심했다. 그는 한동안 결혼, 독신, 그리고 하나님의 뜻 등의 주제에 관해서 신·구약 성서를 연구했다. 그러던 중에 그는 배필을 만나게 되었다.

　진젠돌프는 헨리의 여동생인 에르드무트 도오테아 폰 로이스를 만나게 된 것이다. 그는 만조 때문에 여행을 중단하고 있는 동안 그녀를 만났다. 에드르무트는 그리스도를 사랑하는 여인이었고, 진젠돌프의 마음에 드는 천생배필이었다. 두 사람은 1722년 8월 16일 약혼했다. 그날 젊은 진젠돌프 백작은 하나님을 찬양하는 찬송을 지었고, 장래의 장모에게 다음과 같은 편지를 썼다.

　"앞으로 우리에게 많은 어려움이 있을 것입니다. 나는 누가 보아도 부족한 사람입니다. 사랑하는 에르드무트는 나와 함께 자기를 부인하는 삶을 살아야 할 뿐만 아니라 나를 도와서 영혼들을 그리스도께로 인도하는 중요한 일을 해야 합니다…"

　두 사람은 1722년 9월 7일, 결혼했다. 그날부터 1766년에 에르드무트가 세상을 떠날 때까지 두 사람은 정말 그러한 삶을 살았다.

왕후가 육십이요 비빈이 팔십이요 시녀가 무수하되 나의 비둘기 나의 완전한 자는 하나 뿐이로구나 그는 그 어미의 외딸이요 그 낳은 자의 귀중히 여기는 자로구나 여자들이 그를 보고 복된 자라 하고 왕후와 비빈들도 그를 칭찬하는구나(아 6:8-9).

8월 17일 — 하나님의 두 입술, 신약과 구약

1660년 왕정복고가 이루지면서 영국에서는 종교의 자유를 억압하는 일련의 새로운 법이 제정되었다. 예를 들어 기도방식 통일령(Act of Uniformity)은 모든 목회자들이 예배 때에 『공동기도서』를 사용할 것을 요구했다. 많은 비국교도들이 이를 거부했다. 1662년 8월에는 2,000명 이상의 훌륭한 목회자들이 강단에서 쫓겨났다. 그들 중에는 켐브리지의 토마스 왓슨도 있었다. 그는 1662년 8월 17일에 작별설교를 했다.

나는 16년 동안 여러분들을 위해 사역하면서 많은 사랑을 받았습니다. 여러분은 내 설교를 경청해주셨습니다. 여러분은 열렬히 오류를 대적했고, 위험에 직면해서는 단결했습니다. 이제 여러분에게 설교할 수 없게 되었지만, 나는 앞으로도 계속 여러분을 사랑하고 위해서 기도하겠습니다. 그런데 무엇이 우리의 관계를 중단시켰습니까? 우리가 무슨 죄를 지었습니까? 어떤 사람들은 우리가 국가에 충성하지 않으며 사람들을 선동한다고 말합니다. 사랑하는 교우들이여, 내가 국왕을 위해서 어떤 행동을 하고 어떤 고난을 당했는지 잘 알려져 있습니다. 나는 하나님의 말씀과 섭리의 인도를 받기를 원합니다. 떠나기 전에 여러분에게 몇 가지 충고를 하겠습니다.

첫째, 날마다 끊임없이 하나님과 동행하십시오. 하나님과 함께 하루를 시작하고, 아침에 일어나서는 다른 일을 하기 전에 하나님을 찾으십시오. 아침에 여러분의 마음을 가다듬어 천국을 바라보십시오. 그러면 종일 선한 하루가 될 것입니다. 여러분의 골방을 성전으로 삼고 성경을 읽으십시오. 신·구약성서는 우리에게 말씀하시는 하나님의 두 입술입니다. 이것은 여러분을 지혜롭게 해주어 구원을 받게 해줄 것입니다. 날마다 기도로 천국을 에워싸십시오. 그리하면 여러분의 집에 향기가 가득할 것입니다.

왓슨은 교인들에게 19가지를 더 말한 후에 다음과 같이 끝을 맺었다.

"아직도 여러분에게 할 말이 많지만 하나님께서 나에게 또 다시 기회를 주실른지는 알지 못합니다. 나는 이미 기력을 거의 다 잃었습니다. 제가 말씀드린 것을 기억하십시오. 그러면 주께서 여러분에게 모든 것에 뛰어난 지식을 주실 것입니다."

저희가 종일 내 말을 곡해하며 내게 대한 저희 모든 사상은 사악이라 저희가 내 생명을 엿보던 것과 같이 또 모여 숨어 내 종적을 살피나이다…나의 유리함을 주께서 계수하셨으니 나의 눈물을 주의 병에 담으소서 이것이 주의 책에 기록되지 아니하였나이까

(시 56:5, 6, 8)

100곡의 찬송

8월 18일

하루 저녁에 찬송을 100개나 부른다고 생각해보라. 어느 교회에서 실제로 그렇게 하여 역사적인 결과를 낳았다.

1700년에 태어난 니콜라우스 루드비히 폰 진젠돌프 백작은 항상 성경을 읽고 찬송하는 환경 속에서 성장했다. 그는 기독교 신자인 여인과 결혼했다. 두 사람은 독일에 있는 자신의 영지에 개신교 피난민들의 수용소를 세우는 일을 허락했다. 이것이 헤른후트라고 불리는 모라비아 공동체의 출발점이다.

어느날 레오나르드 도버라는 도공이 도착하여 헤른후트에 예술 도자기 공장을 세웠다. 그로부터 얼마 후에 코펜하겐을 방문했던 진젠돌프는 서인도제국의 노예들에게 그리스도를 전해주는 사람이 없다는 소식을 가지고 돌아왔다. 도버는 밤새 잠을 자지 못했다. 그는 "나는 그 말을 잊을 수 없었습니다. 나는 다른 형제가 나와 동행해준다면 노예가 되겠다고 맹세했습니다"라고 말했다. 목수인 데이빗 니치만이 그의 형제가 되어 주었다.

1732년 8월 18일에 두 사람은 특별하고 감동적인 예배를 거행하면서 선교사로 임명되었다. 그날 밤 회중들은 그에게 작별하고 성공을 기원하면서 찬송을 100장이나 불렀다.

10월 8일 두 사람은 민수기 23:19의 "하나님은 인생이 아니시니 식언치 않으시고 인자가 아니시니 후회가 없으시도다 어찌 그 말씀을 실행치 않으시랴"를 의지하고 코펜하겐을 출발했다. 그들은 12월에 성 토마스에 도착했다. 그곳에 이주하여 농사를 짓고 있던 로렌첸이라는 사람이 그들을 맞아주었다. 도착하여 맞은 첫번째 주일날, 그들은 몇명의 노예들에게 설교를 했는데, 그중 몇 사람은 곧 그리스도를 따랐다. 도버는 말라리아에 걸린 사람들을 보살펴주었는데, 한번은 그 자신이 말라리아에 걸려 죽을 뻔하기도 했고 또 굶어 죽을 뻔하기도 했다. 그러나 1734년, 사역을 강화하기 위해 선교사들이 도착하기 시작했다. 비록 많은 사람들이 죽었지만, 모라비아 선교사들의 물결을 계속 이어져 그린랜드, 랩랜드와 조지아, 수리남, 기니, 남아프리카, 알제리아, 북아메리카의 인디언, 실론, 루마니아, 콘스탄티노플 등에서 활동했다. 1732년부터 1742년까지 600명으로 구성된 헤른후트에서 파송한 모라비아 선교사들은 70명이 넘었다. 그것은 "황금의 십년"이라고 불리며, 개신교 선교의 날을 밝게 한 새벽이었다.

그 영광을 열방중에 그 기이한 행적을 만민중에 선포할찌어다(시 96:3).

8월 19일

하나님이 인도하시는 섭리

하나님은 우리를 인도하시고 섭리하신다. 그분은 때로 아주 특별한 방법으로 백성들을 인도하시고 먹이신다. 바로 이러한 일을 경험한 사람이 존 크레익이다. 크레익은 1512년에 스코틀랜드에서 태어나서 성 앤드류 대학에서 공부한 후 사역을 시작했다. 그는 유럽 대륙에서 사는 동안 칼빈의 『기독교 강요』를 입수하여 읽으면서 개신교도가 되었다. 결국 그는 종교재판소 사람에게 체포되었고 로마로 호송되어서 화형선고를 받았다. 사형집행일 전날인 1559년 8월 19일, 교황 바울 4세가 죽었다는 소식이 전해졌다. 관습대로 잠시 죄수들을 풀어주었다.

크레익은 그 기회를 타서 로마 외곽에 있는 여인숙으로 도피했다. 군인들이 그를 추적했다. 그런데 그를 체포한 대장은 잠시 그를 뚫어지게 쳐다보았다. 그리고는 그에게 몇 년 전 볼로냐에서 부상당한 군인을 도와준 일을 기억하느냐고 물었다. 그리고는 "제가 바로 당신이 구해준 사람입니다. 그런데 하나님의 섭리로 이제는 내가 당신을 구해주게 되었습니다. 당신은 자유입니다"라고 말했다. 그는 주머니에서 돈을 꺼내어 크레익에게 주고, 도망칠 수 있는 길도 안내해주었다.

크레익은 그 대장이 준 돈으로 이탈리아를 여행했다. 그러나 얼마 후 크레익이 가진 돈이 바닥이 났고, 또한 용기도 완전히 잃었다. 그는 자신의 처지를 한탄하면서 숲속에 누워 있었다. 갑자기 발자국 소리가 들렸기 때문에 크레익을 긴장했다. 그 소리는 개의 발자국 소리였는데, 그 개는 지갑을 입에 물고 있었다. 크레익은 이것이 속임수라고 생각하여 손을 저어 개를 쫓으려 했다. 그러나 그 개는 가지 않고 꼬리를 치며 그에게 다가와서는 그의 무릎에 지갑을 떨어뜨렸다.

크레익은 개가 지갑을 물어다 준 덕분에 무사히 오스트리아에 도착했다. 그곳에서 그의 설교를 들은 믹시밀리안 황제는 그에게 안전통행권을 주었다. 그리하여 그는 고국 스코틀랜드로 돌아가서 여러 해 동안 그리스도를 전파하고 종교개혁을 추진하다가 88세에 세상을 떠났다.

여호와의 말씀이 엘리야에게 임하여 가라사대 너는 여기서 떠나 동으로 가서 요단 앞 그릿 시냇가에 숨고 그 시냇물을 마시라 내가 까마귀들을 명하여 거기서 너를 먹이게 하리라 저기 여호와의 말씀과 같이 히여 곧 가서 요단 앞 그릿 시냇가에 머물매 까마귀들이 아침에도 떡과 고기를, 저녁에도 떡과 고기를 가져왔고 저가 시내를 마셨더니

(왕상 17: 2-6)

클레르보의 버나드

8월 20일

구주를 생각만 해도 내 맘이 좋거든
주 얼굴 뵈올 때에야 얼마나 좋으랴

거의 1,000년 동안 애창되어온 이 찬송은 전투적인 기독교를 진작시킨 프랑스의 신령한 기독교인인 버나드가 작곡한 것이라고 전해진다.

버나드는 장래가 촉망되는 청년이었으나 그리스도께 헌신했다. 그는 20명이 넘는 친구들을 설득하여 시토 수도원에 들어가 독신생활을 하도록 했다. 곧 그는 그곳에서 유명한 인물이 되었으며, 곧 클레르보로 파견되어 시토 수도원과 비슷한 수도원을 세웠다.

클레르보 수도원은 그의 본거지가 되었고, 그는 거의 그곳을 떠나지 않았다. 그러나 그는 수도원 너머로까지 영향력을 미쳤다. 그는 평생 70개가 넘는 수도원을 세웠고, 90개 이상의 수도원을 감독했다. 그는 성경을 사랑했고, 성경의 가르침들을 잘 이해했다. 그러나 그는 무력도 사랑했다. 그는 교회와 신앙을 방어하는 일에 헌신하기 위해서 수도원적 교율 하에 생활하는 기사들과 군사들의 공동체인 군사 수도회를 장려했다. 그는 성전 기사단을 위한 규칙서를 저술했고, 독일 군사 수도회들로 하여금 유럽의 여러 지역을 기독교화 하도록 고취했다. 그는 제2차 십자군 원정을 꿈꾸면서 과거 자신의 제자였던 교황 유게네를 설득하여 그것을 재가하게 했다. 십자군 원정이 실패로 끝나자, 버나드는 "하나님을 비난하지 말고 나를 비난해야 한다"고 말했다.

오늘날 많은 신자들은 버나드를 비난한다. 그는 친히 엄격한 규율에 따라 살면서 마귀와 싸웠고, 정통을 주장하면서 이단과 맞서 싸웠고, 한 손에는 성경책을 들고 다른 손에는 칼을 들고서 이교도와 싸웠고, 유럽 최고의 인재들을 동원하여 십자군 원정을 함으로써 회교도들과 맞서 싸웠다. 그는 63세 때인 1153년 8월 20일에 싸움을 그치고 세상을 떠났다. "주 얼굴 뵈올 때에야 얼마나 좋으랴"

우리는 버나드의 판단에 대해 이의를 제기하면서도 그가 지은 이 찬송을 부른다. 가톨릭 교회에서는 8월 20일을 클레르보의 성 버나드의 축일로 지킨다.

예수와 함께 있던 자 중에 하나가 손을 펴 검을 빼어 대제사장의 종을 쳐 그 귀를 떨어뜨리니 이에 예수께서 이르시되 네 검을 도로 집에 꽂으라(마 26:51-52).

8월 21일

교황 줄리우스 2세

기울리아노 델라 로베레(Giuliano della Rovere)는 젊었을 때에 삼촌인 교황 식스투스 4세의 도움을 받아 성직자로서 승진의 길에 오르기 시작했다. 그리하여 1503년에 기울리아노는 교황 줄리우스 2세가 되었다. 그는 중요한 문제가 있을 때에는 추기경들의 조언을 구하고, 총공의회를 소집하며 터키인들에 대한 전쟁을 계속하겠다고 약속함으로써 자신의 직위를 안전하게 했다.

그는 독신 서원을 지킨 것과 마찬가지로 이러한 약속들도 그대로 지켰다. 그는 강력하고 활동적인 사람이었다. 그는 머리가 크고, 눈은 움푹 들어가고, 입은 꼭 다물고, 우울한 표정에다가 성격은 난폭했다. 그는 이탈리아를 전쟁에 휘몰아넣고 로마를 혼란에 휩싸이게 만들었다. 그는 친히 군대를 이끌고 볼로냐 성벽을 넘으면서 교황령 국가들을 해방시켰다. 그는 옛 성 베드로 대성당을 허물었고, 63세 때에 길다란 줄사다리를 타고 내려가서 새 성당의 머릿돌을 놓기도 했다. 또 그는 새 성당 건축을 위해 면죄부 판매 제도를 만들어 루터를 격분케 했다. 건축에 대한 그의 사랑에 자극을 받은 귀족들과 은행가들과 고위성직자들과 상인들은 현란한 건물들을 세웠다. 옛 도시를 관통하는 넓은 길이 만들어졌고, 많은 새 도로가 건설되었다. 로마는 다시 황제의 본거지처럼 보이기 시작했다.

줄리우스는 미켈란젤로와 라파엘을 발굴하여 그들의 재능을 발달시켰고, 르네상스의 중심지를 플로렌스에서 로마로 옮겼으며, 전도가 유망한 수많은 예술가들을 재정적으로 지원해 주었다. 오늘날 시스티나 성당 천장 벽화가 남아있게 된 것도 그의 덕택이다.

그러나 그의 적들과 원수들은 점점 증가해갔다. 줄리우스는 중병에 걸려 거의 사흘 동안 생사의 기로에 있었나. 1511년 8월 21일, 그가 의식을 잃고 누워 있는 동안, 추기경들은 그의 후계자를 지명할 준비를 했다. 그러나 그들에게는 실망스럽게도 줄리우스는 의식을 되찾았다. 그는 곧 프랑스를 대적하기 위해서 영국의 헨리 8세, 독일, 스페인, 스위스 등과 동맹을 맺었다. 그들은 전쟁을 일으켰는데, 원정 중에 교황 줄리우스는 기력을 완전히 잃었다. 고열로 앓으면서(어떤 사람들은 이것이 성병 때문이라고 하고, 어떤 사람은 무절제한 식사나 술 때문이라고도 한다), 그는 자신의 장례식에 대한 지시를 하고 스스로 큰 죄인임을 고백하고 숨을 거두었다.

여호와께서 이같이 말씀하시되 지혜로운 자는 그 지혜를 자랑치 말라 용사는 그 용맹을 자랑치 말라 부자는 그 부함을 자랑치 말라 자랑하는 자는 이것으로 자랑할지니 곧 명철하여 나를 아는 것과 나 여호와는 인애와 공평과 정직을 땅에 행하는 자일 줄 깨닫는 것이라 나는 이 일을 기뻐하노라 여호와의 말이니라(렘 9: 23, 24).

헨델의 메시아

8월 22일

　조지 프리데릭 헨델은 시대에 뒤떨어진 사람이었다. 소년 시절에 그는 아버지를 따라서 요한 아돌프 공작의 저택에 간 적이 있었다. 한가하게 교회당을 돌아다니던 소년은 오르간을 발견하고 즉흥적으로 오르간을 연주하기 시작했다. 그의 연주를 들은 아돌프 공작은 "참으로 대단한 소년이구나"라고 소리쳤다.

　이 "대단한 소년"은 곧 오페라를 작곡하기 시작했다. 처음에는 이탈리아에서 작곡하다가 나중에는 런던으로 옮겨갔다. 20대에 그는 영국의 화제거리가 되었고, 세상에서 가장 많은 월급을 받는 작곡가가 되었다. 그는 왕립음악학교를 열었다. 런던 사람들은 그가 공연할 때마다 좌석을 얻기 위해서 노력했다. 그의 명성은 온 세상에 퍼졌다.

　그러나 영광은 사라지고 청중들은 줄어들기 시작했다. 그의 음악은 시대에 뒤떨어진 것이 되었다. 음악학교는 파산했고, 새로운 예술가들이 등장하면서 늙어가는 작곡가는 빛을 잃게 되었다. 연이은 실패로 헨델은 점차 낙심했다. 또한 스트레스로 중풍에 걸려 손가락 몇을 쓰지 못하게 되었다. 프레데릭 대공은 "헨델의 위대한 시대는 끝났다. 그의 영감은 완전히 고갈되었다"라고 기록했다.

　그러나 그는 고난을 통해 성숙해졌고, 거친 말투도 부드러워졌다. 그의 음악은 전보다 더 심금을 울리게 되었다. 어느날 아침 헨델은 찰스 젠넨스가 보낸 편지를 받았다. 그것은 그리스도에 대한 여러 가지 성경 본문들을 수집한 것이었다. 이사야 40장에서 발췌한 그 편지의 서두는 헨델의 마음을 감동시켰다. "너희는 위로하라."

　1741년 8월 22일, 그는 집 안에 들어가 문을 닫고 그 말씀을 주제로 작곡을 시작하여, 23일 후에 「메시아」를 완성했다. 후일 헨델은 "그것을 작곡할 때에 내가 몸 안에 있었는지 몸 밖에 있었는지 모른다"고 했다. 1743년 3월 23일에 런던에서 「메시아」를 공연할 때에는 엄청난 군중들이 몰려들었다. 그날 밤에는 국왕 조지 2세도 참석했다. 할렐루야 합창 부분에서 국왕은 벌떡 일어섬으로써 모든 사람들을 놀라게 했다. 아무도 왕이 일어선 이유를 알지 못한다. 어떤 사람은 귀가 잘 들리지 않았던 왕이 그것을 국가라고 생각했다고 생각한다. 어쨌든 그후로 "할렐루야! 그가 영원히 통치하시도다"라는 부분을 연주할 때면 청중들은 일어서서 경의를 표한다.

또 내가 들으니 허다한 무리의 음성도 같고 큰 뇌성도 같아서 가로되 할렐루야 주 우리 하나님 곧 전능하신 이가 통치하시도다(계 19:6, 7).

8월 23일 　성 바돌로뮤 축일

　　1560년에 10세의 찰스 9세가 프랑스의 국왕이 되었다. 그의 모친 캐터린 데 메디치는 섭정으로서 권력을 장악하고 종교적으로 분열된 나라를 안정시키려 했다. 캐터린은 처음에는 개신교쪽으로 기울었지만, 나중에는 가톨릭쪽으로 기울었다. 작은 충돌들이 일어났다. 1561년부터 1572년 사이에 개신교도 학살이 18차례, 가톨릭교도 학살이 5차례나 있었고, 암살 사건도 30건이나 되었다. 내란이 일어날 기미도 보였다.

　　가톨릭 교도였던 캐터린은 평화를 정착시킬 목적으로 자기의 딸을 개신교도인 나바르의 헨리와 결혼시켰다. 헨리는 결혼식을 위해서 수천 명의 위그노(프랑스 개신교도)들의 호위를 받으면서 파리로 왔다. 파리는 술렁거렸다. 곧 위그노들이 왕실의 가족들을 납치하려 한다는 소문이 퍼졌다. 쨍그렁거리는 모루 소리는 무기를 만들고 있음을 나타냈다. 1572년 8월 23일, 캐터린과 찰스는 궁 안에 유폐되었다. 밤 10시경에, 캐터린은 찰스에게 곧 폭동이 일어날 것이며 위그노들이 그를 체포하려 한다고 경고해주었다. 찰스는 반도들을 체포하라고 말했다. 그러나 캐터린은 이미 때가 늦었다고 대꾸했다. 캐터린은 화가 나서 소리를 지르면서 프랑스에서 도망치라고 으름장을 놓았다. 그러나 찰스는 굴복하지 않고 한밤중에 그 방에서 도망쳐 나오면서 "어머니께서 죽이려 하니까…동의합니다! 그러나 그렇게 되면 어머니는 프랑스에 있는 위그노들을 모두 죽여야 합니다. 그들 모두를 죽이세요!"라고 소리쳤다.

　　성문은 모두 닫혔다. 군인들에게는 "왕께서 죽이라고 명령하셨다"는 말이 전달되었다. 새벽 3시에 일이 벌어졌다. 개신교도의 지도자인 카스팔 데 콜리니(Gaspard de Coligny)가 체포되어 거꾸로 매달려 처형되었다. 그의 두 손과 성기는 절단되어 팔렸다. 위그노들과 그 자녀들은 거리로 끌려나와 처형되었다. 죽은 죽은 임신부의 배에서 태아를 도려내어 길에 내던지기도 했다. 성 바돌로뮤 축일 파리 거리에는 수천 명의 개신교인들의 시신이 즐비했다.

　　학살당한 위그노들의 외침은 밤낮 왕의 뇌리를 괴롭혔다. 그는 캐터린에게 "이 일의 원인은 바로 어머니예요"라고 소리쳤다. 그는 쇠약해져서 환상 중에 희생자들을 보기 시작했다. 그는 미쳐 사납게 날뛰다가 23세 때에 숨을 거두었다. 그는 "나는 정말로 악한 조언을 따랐어요. 하나님 나를 용서해주십시오"라고 외쳤다.

　　오직 악인은 능히 안정치 못하고 그 물이 진흙과 더러운 것을 늘 솟쳐내는 요동하는 바다와 같으니라 내 하나님의 말씀에 악인에게는 평강이 없다 하셨느니라(사 57:20, 21).

『하나님의 도시』

8월 24일

　야만족들이 유럽을 침입하여 가는 곳마다 짓밟았다. 로마 군대는 국경 수비에 실패하고 붕괴되었다. 침입자들은 이탈리아를 통과하여 로마 성문 앞에 도착했다. 410년 8월 24일, 로마는 알라릭(Alaric)과 그의 부하들에게 넘어갔다. 그들은 사흘 동안 로마를 약탈했다. 여자들을 유린하고 부자들을 살해하고 예술품을 파괴했다. 도시 전체가 알아볼 수 없을 정도로 파괴되었다.

　온 세상이 충격을 받았다. 그런데 그 책임이 기독교인들에게 전가되었다. 로마 제국은 312년에 콘스탄틴 대제의 회심과 더불어 "기독교 국가"가 되기 전까지는 난공불락의 철옹성이었다. 그런데 그로부터 100년이 채 못되어, 역사상 가장 위대한 제국과 가장 위대한 도시는 존재하지 않게 되었고, 로마 제국에서 섬기던 신들은 보호를 받지 못하게 되었다.

　지중해 너머에 살던 세계 최대의 신학자인 어거스틴은 그러한 소문을 듣고 피난민들을 보면서도 13년간이나 아무런 반응도 하지 않았다. 22권으로 이루어진 그의 저서 『하나님의 도시』는 기독교를 옹호하기 위해서 저술된 것이다. 그 책은 중세 시대의 정신을 형성하고 정의하는 최초의 대작이 되었다.

　『하나님의 도시』의 첫 부분에서는 로마가 새로운 믿음 때문이 아니라 옛 죄들, 즉 부도덕함과 타락함 때문에 벌을 받고 있다고 선언한다. 어거스틴은 자신도 그리스도께로 나오기 전에는 타락한 생활을 했음을 인정했다. 그러나 그는 원죄의 근원을 아담과 하와에게서 추적할 수 있으며, 우리 인간은 그들로부터 죄악된 본성을 물려받았다고 말했다. 마리아의 아들 예수 그리스도는 우리에게 용서를 제공해주며, 그리스도만이 영원한 구원을 마련해주신다.

> "한 여인으로 말미암아 우리는 멸망에 처하게 되었으나, 또 한 여인으로 말미암아 우리에게 구원이 주어졌다. 인류는 두 종류로 나뉜다. 즉 인간을 좇아 사는 사람들과 하나님을 좇아 사는 사람들이다. 이 둘을 우리는 '두 도시'라고 부른다. 하나는 영원히 하나님과 함께 다스릴 사람들이고, 다른 하나는 정죄를 받아 사탄과 함께 영원히 고통스러워 할 사람들이다."

　어거스틴은 "천국 도시는 로마보다 빛난다. 그곳에는 승리보다는 진리가, 높은 지위보다는 거룩함이, 생명보다는 영원이 있다"고 기록했다.

믿음으로 저가 외방에 있는 것같이 약속하신 땅에 우거하여 동일한 약속을 유업으로 함께 받은 이삭과 야곱으로 더불어 장막에 거하였으니 이는 하나님의 경영하시고 지으실 터가 있는 성을 바랐음이니라(히 11:9. 10).

8월 25일 — 순교자 게네시우스

디오클레티안 황제 시대에 교회에 대한 마지막 대박해가 있었다. 디오클레티안은 노예의 아들로서 281년에 황제가 된 인물이다. 그는 처음에는 기독교인들에게 관대한 것 같았다. 그의 아내와 딸은 기독교 저술들을 공부했다. 그러나 기독교 신앙이 성장하고 주요한 도시들에 대형 교회 건물들이 등장하자, 황제는 기독교를 박해하기 시작했다. 303년 디오클레티안이 로마에서 연극을 관람하는 동안에 아주 이상한 사건이 발생했다.

극중에서 흰옷을 입은 배우들은 기독교 의식과 관습들을 조롱했다. 게네시우스라는 배우가 무대로 달려나와 바닥에 쓰러져서는 "내 짐이 너무 무겁게 느껴집니다. 내 짐을 벗고 싶습니다. 나는 기독교인으로 죽어 피난처이신 하나님께로 올라가기를 원합니다"라고 소리쳤다. 그리고 가짜 사제와 귀신을 쫓는 사람이 그의 옆으로 달려나와 세례식을 포함한 여러가지 의식을 거행했다.

관객들은 웃음을 터뜨렸다. 게네시우스는 기독교 가정에서 자라난 사람이었는데, 이러한 이교적 방법으로는 그의 기독교적 뿌리를 파괴할 수 없었다. 그는 갑자기 강력한 양심의 가책을 받아 "나는 그리스도의 은혜를 받아 거듭나며 나를 멸망에 빠지게 한 죄에서 해방되고 싶습니다"고 소리쳤다.

많은 관객들은 그가 아직도 연기를 하고 있다고 생각했다. 그러나 그는 연극을 중단하고 일어서서 관객들을 바라보면서 "황제 폐하, 그리고 이 연극을 보고 큰 소리로 웃고 계신 여러분, 내 말을 믿으십시오, 그리스도는 참된 주이십니다"라고 말했다.

크게 노한 디오클레티안은 즉시 게네시우스를 형틀에 묶으라고 명령했다. 형리는 날카로운 고리로 그의 살을 찢고 타오르는 횃불로 옆구리를 지졌다. 그러나 게네시우스는 계속 "그리스도 외에 다른 왕은 없다. 나는 그분을 보았고 예배한다. 나는 그분을 위해서라면 천번이라도 죽겠다. 내가 범죄한 것이 슬프고, 이렇게 늦게 참되신 왕의 군사가 된 것이 안타깝다"고 말했다.

아무리 고문을 당해도 그는 신앙을 버리지 않았다. 그는 303년 8월 25일에 참수되었다.

우리 하나님 여호와께서 우리 열조와 함께 계시던 것같이 우리와 함께 계시옵고 우리를 떠나지 마옵시며 버리지 마옵시고 우리의 마음을 자기에게로 향하여 그 모든 길로 행하게 하옵시며 우리 열조에게 명하신 계명과 법도와 율례를 지키게 하시기를 원하오며 여호와의 앞에서 나의 간구한 이 말씀을 주야로 우리 하나님 여호와께 가까이 있게 하옵시고(왕상 8:57-59).

지혜로운 아내

8월 26일

제정신이 아닐지라도 지혜로운 말을 하는 아내를 둔 사람은 복있는 사람이다.

에벤에젤 어스킨은 훌륭한 목사는 아니었다. 스코틀랜드에 있는 그의 회중들은 그의 설교에 싫증을 냈지만, 그는 더 훌륭한 설교를 할 수 없는 것 같았다. 후일 그는 "나는 그다지 열심히 없이 기계적이고 냉담한 마음으로 사역을 시작했습니다. 나는 불신앙, 그리고 하나님께 대한 반역에 사로잡혀 있었습니다"라고 기록했다. 그에게는 주님이나 주님의 말씀에 대한 열정이 없었다. 경건한 삶도 없었다. 성서로부터 신선한 통찰도 얻지 못했다. 그의 설교는 길고, 공식적이었다. 그는 단조로운 어조로 교인들의 얼굴을 쳐다보지도 않은 채 암송해둔 원고를 한 문장 한 문장씩 설교할 뿐이었다.

그러한 그의 설교를 참을 수 없었던 그의 아내는 주일이 다가오는 것이 두려웠다. 여러 해 동안 아내는 남편의 중생하지 못한 심령과 영감이 없는 사역으로 인해 남몰래 눈물을 흘렸다. 그녀는 진지하게 하나님께 기도했지만 남편에게는 그다지 말을 하지 않았다. 그러다가 마침내 그녀는 열병에 걸렸다. 당시 28살이었던 에벤에젤은 온몸에 땀을 흘리며 괴로워하는 아내 곁을 떠나지 않았다. 그녀는 혼수 상태에서 남편의 사역이 생명이 없고 지루하다고 했다. 그 말을 듣는 순간 에벤에젤의 마음은 어땠을까? 아내의 말은 그의 마음을 꿰뚫었다. 그는 일기에 다음과 같이 적었다.

"마침내 주님은 아내의 영혼을 고요하게 하시고 정신을 평온하게 해주셨다. 나는 처음으로 주님이 감지할 수 있는 방법으로 내 심령을 만지고 계시다고 느꼈다. 몇 주일 후에 아내와 나는 함께 서재에 있었다. 하나님의 일에 대해 대화를 하는 동안 주님은 베일을 찢고 나에게 구원의 빛을 주셨고, 내 영혼은 그리스도 안에서 순종했다."

이것은 1708년 8월 26일의 일이었다. 그는 "나는 내 영혼과 몸을 성부와 성자와 성령님께 바쳤다. 나는 예수님의 피에게로 도망쳐 쉴 곳을 찾았다. 나는 주님을 위해 살고, 주님을 위해서 죽을 것이다. 그리고 나의 존재 자체와 내가 가진 모든 것이 주님의 것임을 하늘과 땅에 증거할 것이다"라고 기록했다.

그후 에벤에젤 어스킨은 18세기 스코틀랜드에서 인기있는 설교자가 되었고, 스코틀랜드 장로교회의 창시자가 되었다.

경우에 합당한 말은 아로새긴 은쟁반에 금 사과니라 슬기로운 자의 책망은 청종하는 귀에 금고리와 정금 장식이니라(잠 25:11, 12).

8월 27일

기도의 사슬

1722년에 니콜라스 루트비히 폰 진젠돌프 백작은 보헤미아와 모라비아에서 추방된 기독교인들이 고생하는 모습을 보고 괴로워하면서 그들이 독일 내에 있는 그의 영지에 하나의 공동체를 세우는 것을 허락했다. 그곳은 헤른후트라고 알려졌는데, 그 의미는 "주님의 파수대 아래"라는 뜻이었다. 그 공동체는 속히 성장했고, 기도의 능력에 대한 이해도 성장했다.

1727년 8월 27일에, 24명의 남자와 24명의 여자가 시간별로 연속해서 하루에 한 시간씩 기도하기로 약속을 했다. 그렇게 여러 달이 지났다. 날마다 누군가가 한 시간씩 중보기도를 했기 때문에 하루 24시간 쉬지 않고 기도가 이어졌다. 중보기도자들은 매주 만나서 서로 격려하며 각기 다른 곳에 있는 형제들에게서 온 편지나 메시지를 읽었다. 10년동안 기도의 사슬은 끊어지지 않고 이어졌다. 또 10년이 흘렀다. 그 기도회는 100년이 넘도록 지속되었다.

이 기도사슬은 개신교 선교사역 탄생에 도움이 되었다. 27세 때에 진젠돌프는 서인도제도, 그린랜드, 터키, 랩랜드 등지에서 그리스도를 위해 복음을 전파할 것을 제안했다. 26명의 모라비안들이 지원했다. 1732년 8월 18일에 예배를 보면서 최초의 선교사인 레오날드 도브와 데이빗 니치만을 선교사로 임명했다. 예배를 보는 동안 찬송을 100개 이상 불렀다. 처음 2년 동안 22명의 선교사들이 죽고, 2명은 감옥에 갇혔지만, 나머지 선교사들은 자리를 잡았다. 700명으로 구성된 헤른후트 공동체는 70명의 선교사들을 파견했다. 이것은 선교역사에서 유래가 없는 일이다.

윌리엄 캐리가 "현대 선교의 아버지"가 될 무렵에 이미 300명의 모라비아 선교사들이 세상의 여러 곳에서 일하고 있었다. 그것만이 아니다. 모라비아인들의 열정은 존 웨슬리와 찰스 웨슬리의 회심의 불을 붙여 주었고, 유럽과 아메리카를 휩쓴 대각성 운동에도 간접적인 영향을 주었다.

그 기도회는 100년 이상 지속되었고, 그 결과는 영원히 지속될 것이다.

항상 기도하고 낙망치 말아야 될 것은 저희에게 그 밤낮 부르짖는 택하신 자들의 원한을 풀어 주지 아니하겠느냐 너희에게 오래 참으시겠느냐 내가 너희에게 이르노니 속히 그 원한을 풀어 주시리라(눅 18:1, 7, 8).

무디의 동역자 생키

8월 28일

세리 레위(마태)만이 그리스도를 따라 완전히 사역에 헌신한 사람은 아니다. 생키(Ira Sankey)도 그런 사람이었다. 생키는 1840년 8월 28일에 펜실바니아의 작은 마을에서 태어났다. 후일 그의 집은 뉴캐슬로 이사했고, 그곳에서 그의 아버지는 지방 은행의 은행장이 되었다. 생키는 독립전쟁 당시에 북군에서 복무했고 전쟁 후에는 지방세 징수원으로 일했다.

그러나 그가 정말로 사랑한 것은 노래였고, 그는 펜실바니아주와 오하이오 주의 집회에서 독창을 해달라는 요청을 받곤 했다. 생키가 정치에 입문하기를 원했던 그의 부친은 "이러다가 저애는 아무 것도 되지 못하겠어. 저 애가 하는 일이란 그저 팔에 찬송가책을 끼고 돌아다니는 것이야"라고 말했고 그의 모친은 생키가 주머니에 술병을 넣고 다니는 것보다는 찬송가를 끼고 다니는 편이 한결 낫다고 대꾸하곤 했다.

1870년에 생키는 인디애나폴리스에서 개최된 YMCA 전국집회에 참석했다. 어느 집회 때에 참석자들의 간절한 부탁을 받은 생키는 앞에 나가서 찬송을 인도했다. 집회를 마친 후에 체격이 크고 건장한 사람이 생키에게 "당신은 어디 출신입니까? 무슨 일을 하십니까? 결혼을 하셨습니까?"라고 물었다.

생키는 자신이 결혼을 했고 펜실바니아 주에서 공무원 생활을 하고 있다고 대답했다. 그 사람은 "그 생활을 포기해야 할 겁니다"라고 말했다.

생키는 놀라서 "왜요!"라고 물었다. "시카고로 와서 내 일을 도와 주십시오." 생키는 자신의 직업을 포기할 수 없을 것이라고 대답했다. 이 말을 듣고 그 사람은 "당신은 그 일을 그만 두어야 합니다. 나는 지난 8년 동안 당신과 같은 사람을 찾고 있었습니다"라고 말했다.

이리하여 복음주의 역사에서 가장 유명한 동역자—무디와 생키—가 탄생했다. 그후 25년 동안 무디와 생키는 온 세상을 여행했다. 무디가 복음을 전파하고, 생키는 독창을 하고 찬송을 인도하고 작곡을 했다. 그가 펴낸 『복음찬송가와 성가 독창곡집』은 5천만부 이상 팔렸다. 그는 그 시대에 가장 사랑받는 복음성가 가수가 되었다.

예수께서 다시 바닷가에 나가시매 무리가 다 나아왔거늘 예수께서 저희를 가르치시니라 또 지나가시다가 알패오의 아들 레위가 세관에 앉아 있는 것을 보시고 저에게 이르시되 나를 좇으라 하시니 일어나 좇으니라(막 1:13, 14).

8월 29일

대규모 탈출

변호사의 아들인 존 딕은 에덴버러 대학을 졸업한 후에 복음 사역자가 되려고 다시 에딘버러에서 공부했다. 그러나 그는 찰스 2세 때에 법의 보호를 받지 못하는 장로교인이었기 때문에 소원을 이루지 못했다. 그는 도피 생활을 하던 중에, 어느 가난한 여인이 그를 밀고했다. 그 여인은 후일 그 사건으로 인해 정신이상자가 되었다.

존은 1683년 8월 29일에 재판을 받았는데, 반역죄로 교수형 선고를 받았다. 캐논게이트 교도소에는 이층에 두 개의 커다란 감방이 있었다. 존은 다른 종교적 죄수들과 함께 수감되었다. 죄수들은 대규모 탈출을 계획하면서 마음을 합하여 하나님께 기도하면서 도움을 구했다. 그 소식은 서서히 퍼져나가 마침내 에딘버러 전역에서 장로교인들은 그들의 탈출 성공을 위해 기도했다. 탈출하기로 계획한 날 밤에, 사람들은 감방의 쇠빗장을 자르기 시작했다.

9시경에 첫번째 빗장을 자르는데 성공했다. 그런데 잘려진 빗장이 보초 가까이의 좁은 길에 떨어졌다. 그들은 숨을 죽이고 지켜 보면서 기도했다. 다행히도 경보는 울리지 않았다. 그들은 계속해서 작업했다. 이윽고 죄수들은 한 사람씩 창문을 통해 탈출하여 어둠속으로 사라졌다. 다음날 아침, 에딘버러 관청은 발칵 뒤집혔다. 경찰, 시의회 의원들, 경비병들과 보초들이 모두 심문을 받았다. 그러나 탈출한 죄수들은 붙잡히지 않았다. 그러나 존 딕은 6개월 후에 다시 붙잡혔다. 그는 그 6개월 동안에 "교리, 예배, 규율, 스코틀랜드 교회의 통치에 대한 증언, 그리고 세 왕국에서의 약속된 개혁 사역"이라는 58쪽짜리 글을 썼다. 이 책은 널리 유포되었다. 그 책의 저술을 마친 그는 체포되었다. 그는 교수대 위에서 시편 2편을 노래하고 에스겔 9장을 낭독하고 마지막 설교를 했다, "아브라함이 아들을 제물로 바치려 한 순간을 기억하십시오. 이삭은 '불과 나무는 있거니와 번제할 어린 양은 어디 있나이까'라고 질문했습니다." 존 딕은 돌아서서 교수대를 바라보면서 "주님, 여기에 제물이 있습니다"라고 말했다.

사도들을 잡아다가 옥에 가두었더니 주의 사자가 밤에 옥문을 열고 끌어내어 가로되
(행 5:18-19)

두 명의 순교자

8월 30일

200년대에 기독교는 북아프리카에 굳게 뿌리를 내렸다. 그러나 로마 황제들은 그 뿌리를 뽑기 위해서 온갖 노력을 기울였다. 로마인들의 공격 대상들 중에는 도시의 감독 한 사람과 작은 마을의 목사 한 사람이 포함되어 있었다. 도시의 감독은 타스키우스 케킬리우스 키프리아누스였다. 그는 앞길이 촉망되는 정치가였지만 그 길을 버리고 그리스도를 따랐다. 회심한 지 얼마 되지 않았음에도 키프리안은 248년에 카르타고의 감독으로 임명되었다. 그는 "세례의 물로 과거 생활의 더러움은 모두 씻기었습니다. 그리고 나는 거듭나서 새 사람이 되었습니다"라고 기록했다.

그는 박해의 시대에 10년 이상 감독으로 일하면서 카르타고 교회를 이끌어갔다. 마침내 로마 황제 데키우스는 모든 기독교 감독들을 축출하라고 명했다. 로마, 예루살렘, 안티옥, 가이사랴 등지에서 감독들이 처형되었다는 소식이 전해졌다. 이윽고 군인들이 키프리안을 잡으러 왔다. 그는 258년 8월 30일에 참수되었다.

몇 해가 지났다. 디오클레티안 황제가 통치하던 때에 카르타고 외곽에 있는 어느 마을의 목사 역시 비슷한 위험에 직면했다. 디오클레티안이 주도한 이 박해는 아주 잔인했다. 교회들은 파괴되고, 성경들을 불태워졌고, 기독교인들은 시민권을 박탈당했다. 디오클레티안은 모든 사람들에게 신들에게 제사를 지낼 것을 명했다. 로마의 장관들이 이 마을에 도착했다. 그들은 기독교인들을 불러모은 후 그들에게 성경책을 내놓으라고 명령했다. 신자들은 목사인 펠릭스가 성경책을 모두 가지고 있는데, 그는 마침 카르타고에 가 있다고 대답했다. 다음날 마을로 돌아온 펠릭스를 군인들이 포위하고는 성경책들을 내놓으라고 요구했다.

그는 "성경을 태우느니 차라리 내가 타 죽겠습니다"라고 말하며 거절했다. 군인들은 사흘 동안의 말미를 준 후에 그를 카르타고 총독에게로 보냈다. 총독은 그에게 몇 권의 낡은 성경책을 바침으로써 나머지 책들을 구하는 것이 어떠냐고 회유했다.

펠릭스는 "나는 성경책들을 가지고 있지만 그것들을 내놓지 않겠습니다"라고 대답했다. 그는 로마에서 감옥 중에서도 가장 나쁜 감방에서 한달 동안 지낸 후에 무거운 쇠사슬에 묶여 이탈리아로 호송되는 도중인 303년 8월 30일에 세상을 떠났다.

> 너희가 나를 택한 것이 아니오 내가 너희를 택하여 세웠나니 이는 너희로 가서 과실을 맺게 하고…내가 이것을 명함은 너희로 서로 사랑하게 하려 함이로라 세상이 너희를 미워하면 너희보다 먼저 나를 미워한 줄을 알라(요 15:16-18).

8월 31일 — 그다니스크 협약

동유럽에서 공산주의가 붕괴되는 데 가장 큰 공헌을 한 사람은 크라카우의 캐롤 요틸라(Kasrol Wojtyla)였다. 나치가 폴란드를 점령하고 있는 동안, 지하 가톨릭 신학교에 다녔다. 그는 순찰대를 피해 수녀원, 교회, 여러 가정 등을 전전하면서 비밀리에 수업을 했다. 마침내 신학교를 졸업한 그는 사제로 시무하기 위해서 성직자의 제복을 입고 폴란드의 어느 마을로 향했다. 한편 동유럽은 이제 나치 대신에 공산주의자들이 지배하고 있었다. 그러나 캐롤은 용감하게 세례식을 거행하고 고해성사를 받고, 미사를 거행하고 비밀경찰들을 격퇴하고 당국자들을 좌절시켰다.

여러 해가 흘렀다. 1978년에 이 사제는 이탈리아 출신이 아닌 사람으로서 456년만에 처음으로 교황이 되었다. 그가 바로 교황 요한 바오로 2세이다. 교황은 산책을 하면서 군중 속에서 어떤 사람이 "침묵의 교회를 잊지 마십시오!"(공산 치하의 교회)라는 하는 말을 들었다. 교황은 "그 교회는 이제는 침묵의 교회가 아닙니다. 왜냐하면 그 교회는 이제 나의 음성으로 말하기 때문입니다"라고 대답했다.

교황은 곧 소비에트 지도자 레오나드 브레즈네프의 항의에도 불구하고 폴란드를 방문했다. 도처에서 사람들이 눈물을 흘리고 기도하고 소리치면서 그를 만나주었다. 러시아와 폴란드의 공산당 지도자들은 그의 말을 들으면서 두려워 떨었다. "사랑하는 형제 자매여! 여러분은 믿음에서 흘러나오는 힘을 갖추어 강건해야 합니다. 두려워할 필요가 없습니다. 전선은 반드시 열려야 합니다."

일년이 못되어 폴란드 전역에서 파업이 발생했다. 그다니스크에서는 레치 바레사가 조선소에서 파업을 주동했다. 한편 바티칸에서는 교황은 밤을 새워 기도하고 섯 베드로 광장에 모인 폴란드인 순례자들에게 연설을 했다. 그는 파업을 하는 사람들에게 축복을 기원하면서 "로마에 있는 우리 모두는 폴란드에 있는 우리의 동포들과 연합되어 있습니다"라고 말했다. 일주일 후에 공산주의자들은 역사적인 양보를 했다. 그리고 1980년 8월 31일에는 동유럽 최초의 독립 연합을 허용하는 그다니스크 협약이 조인되었다. 폴란드 출신 교황의 역할은 확실했다. 왜냐하면 레치 발레사는 요한 바오로 2세의 사진이 들어 있는 바티칸의 펜을 사용하여 서류에 서명했기 때문이다. 철의 장막이 걷히고 있었다.

나의 기뻐하는 금식은 흉악의 결박을 풀어주며 멍에의 줄을 끌러주며 압제당하는 자를 자유케 하며 모든 멍에를 꺾는 것이 아니겠느냐 또 주린 자에게 네 식물을 나눠주며 유리하는 빈민을 네 집에 들이며 벗은 자를 보면 입히며 또 네 골육을 피하여 스스로 숨지 아니하는 것이 아니겠느냐(사 58:6, 7).

9월

우리가 환난중에도 즐거워 하나니 이는 환난은 인내를, 인내는 연단을, 연단은 소망을 이루는 줄 앎이로다 소망이 부끄럽게 아니함은 우리에게 주신 성령으로 말미암아 하나님의 사랑이 우리 마음에 부은바 됨이니

-롬 5:3-5-

9월 1일 — 추악한 교황 알렉산더 6세

교회의 역사는 선한 교훈과 악한 교훈을 말해준다. 교회의 영웅들 중에는 고귀한 성도들이 포함되어 있다. 그러나 교회의 이름을 더럽힌 불량배들도 교회사에는 기록되어 있다. 예를 들어보자.

1460년에 29세 된 스페인의 로드리고 보르지아 추기경은 노발대발하여 교황에게 받은 편지를 개봉했다. 피우스 2세는 보르지아의 소식을 듣고 무척 노해 있었다. 교황은 "사랑의 유혹은 너무나 강력하다"고 불평했다. 그는 보르지아의 방탕한 삶을 정죄하면서 그의 "치욕"과 "경멸"을 경고했다.

그러나 보르지아는 계속 승진하여 1492년에는 마침내 교황직을 사는 데 이르렀다. 그는 자신을 교황 알렉산더 6세라고 불렀다. 나이가 들면서 그의 죄악된 행위는 더해갔으며, 그는 항상 여인들에게 둘러싸여 지냈다.

그러나 알렉산더는 사생아인 자기의 딸 루크레지아 보르지아 때문에 더 유명해졌다. 루크레지아에 대해 우리가 알고 있는 것은 단편적인 것이기는 하지만 분명하다. 루크레지아는 매력적이고 빈틈이 없었다. 아름다운 얼굴에 금발 머리는 발에 닿을 정도로 길게 자라 있었다. 십대 시절에 그녀는 아버지처럼 방탕한 생활을 했다.

루크레티아의 오빠인 케사르는 추기경이 되어서도 살인과 부도덕함을 일삼았다. 역시 보르지아의 오빠인 후앙도 부도덕했다. 1490년대에 로마에는 루크레지아가 아버지, 그리고 두 오빠와 잠자리를 같이 했고, 그로 인해 형제들이 크게 질투를 했다는 소문이 돌았다. 1497년 6월 15일 아침에 티베르 강에서 칼로 아홉 번이나 찔려 죽은 후앙의 시체가 발견되었다. 증거는 없었지만 범인으로 케사르가 지목되었다.

루크레지아는 임신을 했다. 바티칸에서는 이 사실을 숨기려 했지만 소문은 퍼져 나갔다. 태어난 아기의 이름은 지오반니라고 지었다. 아기의 아버지는 누구였을까? 1501년 9월 1일, 교황 알렉산더는 두 개의 특별한 칙령을 발표했다. 첫째 칙령에서는 지오반니를 케사르의 자식이라고 밝혔다. 그러나 교회의 천장에 감추어 둔 두번째 칙령에서는 지오반니가 교황의 자식이라고 밝힘으로써 교황 알렉산더는 그 아기의 아버지도 되고 할아버지도 되었다.

마틴 루터라는 젊은 수도사는 이러한 상황을 지켜보고 있었다.

너희 중에 심지어 음행이 있다 함을 들으니 이런 음행은 이방인중에라도 없는 것이라 누가 그 아비의 아내를 취하였다 하는도다…너희의 자랑하는 것이 옳지 아니하는도다 적은 누룩이 온 덩어리에 퍼지는 것을 알지 못하느냐 너희는 누룩 없는 자인데 새 덩어리가 되기 위해서는 묵은 누룩을 내어 버리라(고전 5:1, 7, 7).

성경구절에 자신의 이름을 삽입하라   9월 2일

선교사들의 자녀를 교육하는 일은 힘들면서도 흥미로운 일이다. 한편으로 보면, 선교사들의 자녀들보다 더 운이 좋은 아이들은 거의 없다. 그들은 세계를 고향 삼아 국제적인 인물로 성장한다. 그들은 다른 아이들이 집 주변 거리를 돌아다니듯이 쉽게 유럽 지역을 돌아다니며, 아프리카를 탐험한다. 반면에, 많은 선교지의 환경은 적절한 교육을 제공하지 못하며 또 다른 아이들과의 상호교제도 제공하지 못한다.

룻 벨 그레험은 1933년 9월 2일을 생생하게 기억하고 있다. 당시 룻은 13살이었다. 중국에서 의료 선교사로 봉사하고 있던 룻의 아버지와 어머니는 룻을 북한의 평양에 있는 기숙학교로 보내려 했다. 룻은 아침이 되기 전에 죽겠다고 하면서 기도했다. 그러나 날이 밝았고, 룻은 기도의 응답을 받지 못한 채 가방을 들고 부두를 향했다. 룻은 사랑하고 친숙했던 모든 것들—부모님, 중국인 친구들, 선교사들, 집, 아름다운 추억 등—과 작별해야 했다. 룻은 나가사키 마루라는 배를 타고 양자강을 거쳐 동해로 항해했다.

일주일 후, 룻은 향수병에 걸렸다. 낮에는 바빴지만 저녁이 되면 견디기 어려웠다. 룻은 베개에 얼굴을 파묻고 울다가 잠이 들곤 했다. 그렇게 몇 주가 지났다. 룻은 병이 들어 병실에 누워 시편을 읽던 중 시편 27:10의 "내 부모는 나를 버렸으나 여호와는 나를 영접하시리이다"에서 위로를 얻었다.

그러나 마음의 상처와 두려움, 의심은 여전히 룻을 괴롭혔다. 마침내 룻은 역시 평양에서 지내는 언니 로사를 찾아갔다. 로사는 "네가 어떤 구절을 취해서 네 이름을 삽입해서 읽어보렴. 혹시 그게 도움이 될지 아니"라고 말했다. 룻은 성경을 들고 자기가 좋아하는 이사야 53장을 폈다. 그리고 그 구절에 자기의 이름을 넣어 읽었다. "그가 찔림은 룻의 허물을 인함이요 그가 상함은 룻의 죄악을 인함이라 그가 징계를 받음으로 룻이 평화를 누리고 그가 채찍에 맞음으로 룻이 나음을 입었도다."

이 말씀을 읽으면서 룻의 마음의 상처가 낫기 시작했다.

우리의 전한 것을 누가 믿었느뇨 여호와의 팔이 뉘게 나타났느뇨 그는 주 앞에서 자라나기를 연한 순같고 마른 땅에서 나온 줄기 같아서…그가 징계를 받음으로 우리가 평화를 누리고 그가 채찍에 맞음으로 우리가 나음을 입었도다(사 53:1, 2,5).

9월 3일 — 대 그레고리

완전히 선한 인간도, 완전히 악한 사람도 극히 드물다. 우리는 종종 어떤 결정을 내려야 할지 갈등을 느끼는 경우가 있는데, 때로는 호의를 가지고 기울인 노력의 결과가 좋지 못한 것일 때도 있다.

그레고리의 경우가 그렇다. 그레고리는 주후 500년경에 로마에서 태어났다. 그의 집안은 부유한 상류계층이었고, 그는 33세 때에 로마의 시장이 되었다. 부친이 사망한 후, 그레고리는 물려받은 재산을 교회와 가난한 사람들에게 주고, 자신의 저택을 수도원으로 만들고는 자신은 수도사가 되었다.

그레고리는 590년 9월 3일에, 교황 그레고리 1세로 임명되어 많은 선한 일을 했다. 그는 금발에 푸른 눈을 한 영국 소년들이 로마의 노예시장에서 노예로 팔리는 모습을 본 이후로 영국의 복음화를 위해 노력했다. 소문에 의하면 그는 "그들은 앵글족들(Anglos)이다. 그들은 천사들(Angels)로 만들어야 한다"고 말했다고 한다. 그는 영국 제도의 복음화를 위해서 어거스틴을 파송했다.

또 그레고리는 지혜롭고 유능한 사람들을 교회의 지도자들로 임명했고, 배교에 맞서 싸웠다. 또 비스고트족이 이단을 버리고 정통 교리로 돌아오도록 장려했다. 그는 복음을 다룬 소책자들을 저술하여 야만족들에게 보냈고, 성경적인 도덕을 지지했다. 또 성직자 훈련 지침서도 마련했다. 기도서 및 그레고리 찬가를 지었다.

그러나 그레고리는 연옥과 미사의 교리를 확립하기도 했다. 그는 성인들의 유물 숭배를 권장했고, 성인들에 대한 허황한 전설들을 유포시켰다. 그는 과거를 찬미하고 전승을 성서와 동등하게 다루었다. 성경에서 풍유적인 교훈들을 끌어내기도 했다. 그리고 기독교계에 대한 보편적인 심판을 주장했다.

서유럽이 혼란에 싸이고 로마 제국이 쇠퇴함에 따라, 그레고리는 세속의 일에 폭넓게 관여했고, 이탈리아를 거의 완전히 다스렸다. 그는 군대를 일으켜 롬바르드족을 물리쳤고, 로마의 멸망을 피하기 위해서 협상을 했다. 사로잡힌 사람들을 몸값을 받고 석방했다. 또 세금을 걷고, 가난한 사람들에게 양식을 공급하고 보살펴주었다. 한 마디로 말해서 그는 교회를 하나의 국가로 만들었다.

이와 같이 행함으로써, 즉 그레고리 자신이 행한 모든 선한 일과 그에 수반된 폐해로 인해서 그레고리는 중세 교황제도의 시조가 되었다.

예수께서 대답하시되 내 나라는 이 세상에 속한 것이 아니라 만일 내 나라가 이 세상에 속한 것이었더면 내 종들이 싸워 나로 유대인들에게 넘기우지 않게 하였으리라 이제 내 나라는 여기에 속한 것이 아니니라…무릇 진리에 속한 자는 내 소리를 듣느니라

(요 18:36, 37)

니제르 탐험

9월 4일

1840년에 교회선교협회, 그리고 노예매매 근절협회 소속인 폭스웰 벅스턴이 제안한 니제르 탐험은 선교 진작, 인문주의적 결심, 노예제도 폐지 등 세 가지 목적을 지닌 것이었다. 영국 정부에서는 그 원정을 재정적으로 지원해주었다. 최신 기술로 건조된 '앨버트', '윌버포스', '수단' 등 세 척의 증기선의 항해에 영국 전체가 관심을 기울였다. 이 증기선들은 말라리아의 원인이라고 생각되는 늪지대의 공기를 증화시키는 화학적 필터를 사용하는 새로운 환기 장치를 갖추고 있었다.

세 척의 배는 1841년 초에 선원들, 과학자들, 농업전문가들, 인류학자들, 해방된 노예들(통역자들)을 태우고 출항했다. 거기에는 선교사인 숀(J. F. Schon)과 새무얼 애자이 크로터(Samuel Adjai Crowther)가 타고 있었다. 그들은 8월 중순에 아프리카 근해에 도착했다. 그러나 1841년 9월 4일, 의료진의 책임자인 맥윌리엄즈는 "악성 열병"이 발생하여 원정대 전체가 마비되었다고 기록했다. 환자들은 '수단' 호에 옮겨 태우고 보다 안전한 항구로 돌아갔는데, '윌버포스' 호가 '수단' 호를 뒤따랐다.

'앨버트' 호는 니제르 강을 거슬러 서서히 항해를 했는데, 얼마 안되어 선장과 선원들이 병이 들었다. 어떤 사람들은 정신을 잃고 바다에 뛰어들었다. 선교사들은 죽은 사람들을 강가에 묻어주었다. 배를 다룰 줄 아는 사람들이 하나도 남지 않았기 때문에, 맥 윌리엄즈 박사는 선장의 방에서 찾아낸 지침서를 읽으면서 배를 조종했다. 그러나 그는 죽어가는 환자들을 보살피기 위해서 자주 조종실을 떠나야 했다. 배에 승선했던 145명 중에서 130명이 말라리아에 걸렸고, 많은 사람들이 죽었다.

그러나 선교사역은 완전히 실패한 것은 아니었다. 선교사들은 귀국한 후에 서아프리카를 복음화하기 위해서 해방 노예들을 훈련할 선교센터를 퍼라 만에 세우자고 제안했다. 그로부터 4년이 채 안되어 과거에는 노예매매에 관여하는 공장이 서있던 곳에 선교센터의 머릿돌이 놓여졌다. 그런데 그 건물 지붕의 서까래로는 옛 노예선의 돛대가 사용되었다.

항해하는 자와 바다 가운데 거하는 섬들과 그 거민들아 여호와께 새 노래로 노래하며 땅 끝에서부터 찬송하라 광야와 거기 있는 성읍들과 게달 사람의 거하는 촌락들은 소리를 높이라 셀라의 거민들은 노래하며 산 꼭대기에서 즐거이 부르라 여호와께 영광을 돌리며 섬들 중에서 그의 찬송을 선전할찌어다(사 42:10-12).

9월 5일 — 남아메리카 선교사 앨런 프랜시스 가디너

앨런 프랜시스 가디너는 기독교 가정에서 자랐다. 바다를 좋아했던 그는 하나님에 대한 생각은 거의 하지 않은 채 영국 해군으로서 성공의 길을 걸었다. 그러나 1822년에 병에 걸린 그는 자신의 삶을 되새겨 보았다. 그는 일기에 이렇게 썼다.

> "여러 해 동안 하나님을 믿지 않고 모독하고 감사치 않고 배반하는 삶을 살아온 내가 마침내 돌이킨 것일까? 문을 두드리고 계신 하늘의 손님을 왜 그리 늦게 영접한 것일까!"

가디너 선장은 세계를 여행하면서 선교사들의 필요성을 느꼈고, 스스로 그 일에 헌신했다. 그는 영국을 떠나 남아메리카로 가면서 칠레 남부에 있는 인디언에게 사역하기를 원했다. 그러나 정부의 방해와 종족간의 싸움 때문에 영국으로 돌아오게 되었다. 3년 후에 그는 다시 선교의 임무를 띠고 포크랜즈를 방문하여 포태고니아와 티에라 델 푸에고 섬에 복음을 전할 수 있는지 알아보았다. 가디너는 기회가 왔음을 감지하고 영국으로 돌아왔다. 그리고 1844년 7월 4일에 폰태고니아 선교회라는 작은 기관을 세웠다. 그는 "나는 남아메리카로 돌아가기로 결심했다. 나는 원주민 사회에 선교회를 세우기 위해서 모든 노력을 기울이겠다. 하나님께서 힘을 주시는 한, 나는 실패를 두려워하지 않겠다"고 기록했다.

가디너는 세번째로 남아메리카를 방문했는데, 이번에도 종족간의 싸움, 그리고 가톨릭 국가로서 개신교를 용납치 않는 정부의 간섭 때문에 그의 노력은 좌절되었다. 영국으로 돌아온 그는 6명의 선교사들을 모집하여 다시 티에라 델 푸에고를 향해 떠났다. 그러나 이 일곱 사람은 픽톤 섬에서 질병과 굶주림 등으로 모두 세상을 떠났다. 이들 중 가장 마지막에 숨을 거둔 가디너의 일기는 1851년 9월 5일로 끝나 있다.

> "은혜로우신 하나님은 선하시고 인애가 풍성하신 분이시다. 하나님은 지금까지 나를 보호해 주셨고, 나흘 동안 아무 것도 먹지 못했음에도 불구하고 배고픔이나 갈증을 느끼지 않게 해주셨다."

엘러 가디너 선장은 자신이 사역했던 지방에서 단 한 영혼도 구원얻는 것을 보지 못한 채 세상을 떠났지만, 그가 지핀 불은 영원히 꺼지지 않았다. 그가 세운 남아메리카선교회에서는 150년 이상 선교사들을 파송하여 영혼들을 구원하고 있다.

> 그러므로 내 사랑하는 형제들아 견고하며 흔들리지 말며 항상 주의 일에 더욱 힘쓰는 자들이 되라 너희 수고가 주 안에서 헛되지 않을 줄을 앎이니라(고전 15:57).

장미꽃 채찍   9월 6일

아름다운 백조 모양의 보트들이 있는 보스턴 하원을 방문하는 사람들은 과거에 그곳에서 오바댜 홈즈에게 무슨 일이 일어났는지를 알게 되면 놀랄 것이다. 1651년에 홈즈는 근처의 마을에서 침례교 교리를 전했다는 이유로 체포되었다. 친구들이 벌금을 물어주려 했지만, 홈즈는 거절했다. 1651년 9월 6일, 그는 보스턴 하원으로 끌려가서 아랫도리만 입은 채 기둥에 묶여 채찍으로 맞았다. 후일 그는 다음과 같이 기록했다.

> 형리가 내 등을 채찍질하기 시작했을 때, 나는 사람들에게 '비록 내 육체는 실패해도 하나님은 실패하지 않으실 것입니다. 그러므로 주께서 내 마음과 입에 들어오셔서 충만히 채워주실 것입니다' 라고 말했습니다. 나는 이 죄의 책임을 그들에게 묻지 마시기를 주님께 기도했습니다. 나에게 매질이 가해질 때에 나는 전에 느껴본 적이 없고 말로 표현할 수 없는 하나님의 임재를 느꼈습니다. 그리고 외적인 고통이 제거되었습니다. 나는 그 고통을 쉽게 견딜 수 있었습니다. 채찍질하는 사람은 세 갈래 채찍을 가지고 온 힘을 다해 30번이나 나를 내리쳤습니다. 그가 나를 기둥에서 풀어주었을 때, 나는 마음에 기쁨이 가득하여 즐거운 표정을 지으면서 관리에게 "당신은 장미꽃으로 나를 때렸습니다" 라고 말했습니다.

혹시 그렇다 해도 그 꽃에는 가시가 있었다. 얼마나 심하게 매를 맞았던지 홈즈의 몸에서 흘러나온 피가 그의 신발 위로 넘쳐 흘렀다. 어느 친구는 이렇게 말했다. "홈즈는 무자비하게 30대의 매를 맞았기 때문에 여러 날 동안 제대로 눕지 못하고 엎드려 지냈다."

그러나 그의 고통은 헛되지 않았다. 오바댜 홈즈가 매맞으며 당한 고난으로 말미암아 하바드 대학의 총장 헨리 던스터가 침례교도가 되었고, 또 보스턴에 최초의 침례교회가 세워졌다.

우리가 환난중에도 즐거워하나니 이는 환난은 인내를, 인내는 연단을, 연단은 소망을 이루는 줄 앎이로다 소망이 부끄럽게 아니함은 우리에게 주신 성령으로 말미암아 하나님의 사랑이 우리 마음에 부은바 됨이니(롬 5:3-5).

9월 7일 — 황제와 교황의 세력다툼

12세기에 유럽에서는 교황과 황제의 관계는 마치 고슴도치들이 춤추는 것과 같았다. 백성들의 존경심을 고취하기 위해서 황제는 교황을 필요로 했고, 교황은 교회를 보호하기 위해서 황제를 필요로 했다. 그러나 둘 중에 누가 가장 지엄한 인물이었을까?

1159년 9월 7일, 올란도 로랜드 추기경이 교황 알렉산더 3세로 즉위했다. 그러나 언젠가 그가 "교황에게서가 아니면 어디서 황제의 권리가 부여되는가?"라고 발언했었기 때문에, 신성 로마제국의 황제 프레데릭 2세는 그를 그다지 반기지 않았다. 그래서 프레데릭은 즉시 옥타비안이라는 교황을 세웠고, 옥타비안은 바티칸으로 이동했다. 프랑스와 스페인과 영국은 알렉산더를 지지했다. 반면에 독일, 헝가리, 보헤미아, 노르웨이, 스웨덴 등은 옥타비안을 지지했다. 이탈리아는 양분되었다.

결국 전쟁이 벌어졌다. 1166년 11월에 프레데릭은 알프스를 넘어 알렉산더를 지지하는 군대를 공격했다. 그러나 얼마 되지 않아 그는 자신이 교황의 군대보다 더 강한 원수를 대하고 있음을 발견했다. 군대 안에 열병이 발생하여 많은 군인들과 기사들의 목숨을 앗아갔다. 프레데릭은 서둘러 철수하여 얼마 남지 않은 생존자들을 이끌고 다시 알프스를 넘었다.

그는 결국 원수들의 영적 우두머리인 알렉산더와 화해하기 위한 조처를 취했다. 그리하여 18년 동안 싸우던 두 사람은 평화조약에 서명하기 위해서 1177년 7월 24일에 베니스에 있는 성 마가 대성당 앞에서 만났다. 교황은 교황의 제복을 입고 추기경들과 대주교들에게 둘러싸여 앉아 있었다. 황제는 많은 귀족들과 함께 화려한 곤돌라를 타고 도착했다. 그는 곤돌라에서 내려 대성당을 향해 나아갔다. 그는 외투를 벗고 교황의 발 앞에 엎드려 절을 했다. 알렉산더는 눈물을 흘리면서 황제를 일으키고 그에게 입을 맞추었다. 그곳에 모인 많은 사람들은 찬송을 불렀다.

전설에 의하면, 프레데릭은 교황의 귀에 대고 "이 경의는 당신에게 바치는 것이 아니라 베드로에게 바치는 것이오."라고 말했고, 교황은 "베드로와 나에게 바치는 것이지요"라고 대답했다고 한다.

그러나 평화는 그리 오래 지속되지 않았다. 알렉산더 3세는 로마에서 추방되어 시바다 카스텔라나 성에 유배되어 그곳에서 1181년에 숨을 거두었다.

예수께서 제자들을 불러다가 가라사대 이방인들의 집권자들이 저희를 임의로 주관하고 그 대인들이 저희에게 권세를 부리는 줄을 너희가 알거니와 너희 중에는 그렇지 아니하니 너희 중에 크고자 하는 자는 너희를 섬기는 자가 되고(마 20:25, 26).

교황 보니페이스 8세의 최후

9월 8일

잠언 16:18—"교만은 패망의 선봉이요"—의 완벽한 예는 베네데토 카에타니에게서 찾아볼 수 있다. 카에타니는 냉정을 지키면서 유럽 도처에서 다양한 자격으로 바티칸을 위해 봉사한 성직자이다. 1294년에 교황 보니페이스 8세로 즉위한 그는 교황권을 강화하기로 결심했다. 그가 쓰는 면류관에는 루비가 48개, 사파이어가 72개, 에머랄드가 45개, 커다란 진주가 66개나 박혀 있었다. 그는 "로마 교황은 제왕들보다 우월하다. 달이 태양으로부터 빛을 받듯이, 군주들은 교황에게서 빛을 받는다"라고 말했다. 그는 이따금 순례자들 앞에 나타나서 "나는 가이사요, 황제다"라고 소리쳤다.

프랑스의 국왕 필립 4세는 그것을 전혀 인정하지 않았으며, 끊임없이 외교적인 충돌을 일으켜 보니페이스를 위협했다. 필립이 교황의 사절을 체포함으로써 위기는 절정에 달했다. 보니페이스는 크게 노하여 필립이 성직자들에 대해 오만한 태도를 취하고 교회의 재산을 도둑질한다고 비난하는 내용의 문서 *Asuculta fili*를 발표했다. 필립은 프랑스 의회를 소집했고, 교회로부터의 독립을 주장했다.

교황은 교회사에서 교황의 권력을 가장 크게 강조한 칙령 *Unam sanctam*을 발표했다. 그 내용인즉, 교황은 그리스도의 대리인이므로 모든 사람은 그에게 복종해야 한다는 것이었다. 교황은 자신이 1303년 9월 8일에 자신의 여름 별장 가까이에 있는 이탈리아의 아나그니 교회에서 필립에게 금령을 선포하겠다고 발표했다.

그러나 9월 7일에 필립의 특공대는 교황의 관저를 공격했다. 당시 교황은 86세였다. 군인들은 교황을 난폭하게 다루고, 교황 궁을 약탈하고 성당에 불을 질렀다. 소문에 의하면, 마리아의 가슴에서 나온 젖을 담은 꽃병 등 교황의 궁에 있던 귀중한 재산은 모두 파괴되었다.

사흘 동안 갇혀 있던 보니페이스는 그에게 충성하는 군인들에 의해 석방되어 궁으로 귀환했다. 그러나 늙은 그는 건강을 회복하지 못했다. 그는 정신을 잃고 벽에 머리를 박기 시작했고 먹지도 않았다. 한 달 후에 그는 세상을 떠났다. 그 사건은 "아그나니에서의 비극의 날"이라고 알려졌으며, 이 사건은 중세 유럽에서 교황권 쇠퇴의 계기가 되었다.

교만은 패망의 선봉이요 거만한 마음은 넘어짐의 앞잡이니라 겸손한 자와 함께 하여 마음을 낮추는 것이 교만한 자와 함께 탈취물을 나눈것보다 나으니라(잠 16:18, 19).

9월 9일

웨슬리의 후계자 야베스

메리 레드펀은 영국 더비셔 주에 있는 해던이라는 조그만 마을에서 살았다. 메리의 어머니는 병상에 누워 지냈기 때문에, 메리는 여덟 명의 동생들을 보살펴야 했다. 1769년 어느날, 거리에서 시끄러운 소리가 들려왔다. 체구가 작은 한 남자가 광장에서 사람들에게 설교를 하고 있었다. 그 사람은 존 웨슬리였다.

그로부터 얼마 후에 웨슬리의 복음전도단의 일원인 리처드 보드먼이 그곳에 와서 복음을 전파했다. 얼마 전에 부인을 잃은 그 사람의 태도는 온화하면서도 날카로웠다. 그는 역대상 4:9을 본문으로 하여 가장 존귀한 아들 야베스에 대해 말했다. 메리는 크게 감동을 받았고, 야베스의 이야기를 잊지 않았다. 메리는 맨체스터로 이사하여 결혼했는데, 첫 아들의 이름을 야베스라고 지었다. 웨슬리가 맨체스터의 올드햄 스트리트 교회에서 설교할 때, 메리는 어린 아들 야베스를 데리고 갔다. 위대한 전도자 웨슬리는 그 아이를 어루만지면서 축복해주었다. 그는 자신이 축복하는 이 아이가 장차 자신의 후계자가 될 것이라고는 상상도 못했을 것이다.

어린 야베스는 자주 웨슬리의 설교를 들었고 복음을 크게 사랑했다. 청년 시절 그는 몇 마일이나 걸어가서 설교를 듣고 돌아와서는 아버지의 셔츠를 사제복으로 삼아 입고 여동생들에게 설교를 하곤 했다. 19살 때에 야베스는 맨체스터 근처의 소덤에서 처음으로 공식적인 설교를 했고, 얼마 후에 사역자로 임명되었다.

야베스는 감리교에서 빠르게 승진했지만, 고집이 세고 몰인정했다. 웨슬리가 사망한 후에 지도자가 된 그는 고압적으로 다스렸다. 그의 표어는 "감리교는 죄를 미워하듯이 민주주의를 미워한다"였다. 1825년 9월 9일, 영국의 리즈에 브른스윅 교회를 열었을 때, 한 가지 논쟁이 발생했다. 교회에 오르간을 설치해야 하는가에 관해서 논쟁이 벌어졌다. 많은 신자들은 오르간 설치에 반대했지만, 야베스와 지도자들은 오르간을 설치했다. 후일 알려진 바에 의하면 오르간을 설치하는 데 1,000파운드가 들었다고 한다.

야베스는 감리교의 교황이라고 불렸다. 그러나 그는 분명한 복음을 전파했고, 감리교 신학교육과 세계선교에 힘썼다. 그의 영향력은 오늘날까지도 지속되고 있다.

너희 중에 있는 하나님의 양 무리를 치되 부득이함으로 하지 말고 오직 하나님의 뜻을 좇아 자원함으로 하며…맡기운 자들에게 주장하는 자세를 말고 오직 양 무리의 본이 되라(벧전 5:2-3).

존 웨슬리의 집

9월 10일

야베스 번팅은 존 웨슬리 가까이에 묻혔다. 그러나 다른 초기 감리교 지도자들은 실질적으로 웨슬리의 무덤에 함께 묻혔다. 그들은 자신들의 유해가 위대한 웨슬리의 유해와 섞이는 것을 크게 영광스러운 일로 생각했다. 이 무덤은 런던의 시티 로드에 있는 웨슬리 교회 뒤편에 있다. 1770년대 말, 웨슬리는 그곳에 새로 교회당을 짓고, 그 옆에 목사관을 지었다. 그는 1779년 9월 10일, 그곳으로 이사하고 일지에 "오늘밤 나는 런던에 있는 새 집에서 지냈다. 이곳에서 얼마나 더 지낼 수 있을까?"라고 적었다.

웨슬리는 11년을 그곳에서 지냈다. 그는 장수했는데, 그 비결은 이 새 집에 있다고 한다. 오늘날 그곳을 찾는 사람들은 웨슬리가 사용하던 실내용 말을 복원해놓은 것을 볼 수 있다. 웨슬리는 운동을 중시했는데 특히 말타는 것이 가장 좋다고 생각했다. 그래서 그는 커다란 용수철과 스프링으로 만든 높은 의자를 고안했다. 그 의자에 앉으면 의자는 위아래로 흔들려서 심장이 뛰고 옷이 땀에 젖었다.

웨슬리의 집에는 원시적인 탁상용 발전기가 있다. 그는 정기적인 전기 충격이 건강에 좋다고 믿었다. 그는 전기 충격요법을 열렬하게 옹호했는데, 날마다 병든 친구들이 치료를 받으려고 그의 집 문 앞에 줄을 섰다고 한다.

감리교의 진정한 동력실은 웨슬리의 작은 기도실이었다. 커다란 창문이 있는 그 방에는 작은 탁자 위에 성경책이 펼쳐져 있었다. 침실 곁에 있는 그 방에 머물면서 웨슬리는 영적인 능력을 얻었다.

웨슬리는 런던 시티 로드 49번지에 있는 이 5층 벽돌집에서 자신이 얼마 살지 못할 것을 감지하고 있었다. 그는 자기 방으로 가면서 30분 동안 혼자 있게 해달라고 부탁했다. "웨슬리가 중병에 걸렸습니다. 기도해주십시오"라는 메시지가 런던에 퍼졌다. 친구들이 모여왔다. 1791년 2월 27일, 웨슬리는 친구들에게 "숨을 쉬는 동안 나를 지으신 분을 찬송하리라. 죽어서도 고귀한 능력으로 찬송하리라. 나의 찬송은 영원히 그치지 않으리라"라는 찬송을 불러주었다. 그의 마지막 말은 "가장 좋은 일은 하나님께서 우리와 함께 계신다는 것입니다"였다. 자기를 따르는 사람들에게 죽는 것을 잘 해야 한다고 말하던 웨슬리는 그 말대로 훌륭하게 죽음을 맞았다.

육체의 연습은 약간의 유익이 있으나 경건은 범사에 유익하니 금생과 내생에 약속이 있느니라 미쁘다 이 말이여 모든 사람들이 받을만 하도다(딤전 4:8, 9).

9월 11일 — 아이작 왓츠의 용기

아이작 왓츠가 찬송가를 쓰기 시작했을 때 사람들은 그를 비난했다. 왜냐하면 당시에는 예배 때에는 시편만 노래해야 한다고 생각하고 있었기 때문이다. 그러나 이 찬송 작가는 조부와 부친으로부터 받은 용기를 가지고 있었다.

영국 전함의 사령관이었던 그의 조부 토마스 왓츠는 언젠가 인도에서 호랑이의 공격을 받았다. 호랑이의 추격을 피하려고 강물에 뛰어들었는데, 뒤를 돌아보니 호랑이도 물을 건너 그를 쫓아오고 있었다. 그는 호랑이와 정면으로 맞서서 호랑이의 머리를 잡아 물속에 밀어넣고 버텼고, 마침내 호랑이가 죽었다.

왓츠의 아버지는 다른 종류의 호랑이, 즉 박해와 맞서 싸웠다. 그는 영국 국교회를 거부하고 비국교도가 되었다. 그것은 국가에 대한 반역 행위와 다름없었다. 그는 비국교도들이 족쇄에 매여 고생하는 커다란 사우스햄턴 감옥에 갇혔다. 석방된 그는 1673년 9월 11일에 새러 터턴과 결혼했다. 이들 부부는 항상 감시를 받았다. 이로 인한 스트레스 때문에 새러가 조산하여 태어난 아기가 아이작 왓츠였다. 왓츠가 태어나고 나서 몇주 후에 부친은 다시 감옥에 갇혔다. 그는 작은 성경책에서 위로를 찾았지만, 새러는 항상 걱정을 했다. 새러는 매일 기어서 감옥에 와서 문밖에 있는 돌에 앉아서 아기에게 젖을 먹이면서 울었다.

마침내 왓츠는 석방되었고, 몇 년이 흘렀다. 어느날 아침 가정 예배 때에 어린 왓츠가 킥킥 거리고 웃었다. 아버지는 엄격하게 그 이유를 물었다. 어린 왓츠는 대담하게도 초인종 끈을 가리키면서 "생쥐 한 마리가 저 끈을 타고 올라가는 보았어요. 그런데 문득 '쥐 한 마리가 계단이 없어서 밧줄을 타고 기도하러 올라가네'라는 생각이 떠올랐어요"라고 대답했다 아버지는 손에 매를 들었다. 어린 왓츠는 무릎을 꿇고 앉아 울면서 "아버지, 제발 용서해주세요. 다시는 시를 짓지 않을께요"라고 외쳤다. 그러나 그는 그후로도 많은 시를 지었다.

얼마 후에 그가 교회 음악에 대해 불평을 하자, 부친은 만일 다윗 왕보다 더 훌륭한 시를 지을 수 있다고 생각한다면 직접 찬송을 지어보라고 말했다. 그후 그는 「기쁘다 구주 오셨네」, 「예부터 도움되시고」, 「만왕의 왕 내 주께서」 등 600여편의 찬송을 지었다. 그는 영국 찬송의 아버지가 되었다.

시와 찬미와 신령한 노래를 부르며 마음에 감사함으로 하나님을 찬양하고 또 무엇을 하든지 말에나 일에나 다 주 예수의 이름으로 하고(골 3:16-17).

토마스 웹

9월 12일

　미국에 감리교가 뿌리를 내리는 데 도움을 준 토마스 웹은 풍채가 좋고 가정적이지만 성격이 불같은 사람이었다. 영국에서 태어난 웹은 군인이 되었고 1759년에는 영국군인으로 전쟁에 나갔다. 부상을 당하여 영국으로 돌아온 그는 결국 퇴역했다. 1764년 경에 그는 브리스톨에서 존 웨슬리의 설교를 듣고 회심하여 그리스도께 돌아왔다. 곧 그는 자신의 군인 정신을 감리교의 영혼 구원 운동에 적용하기 시작했다. 그는 영국과 아일랜드에서 열심히 복음을 전했고, 1766년에는 그리스도의 군사로서 아메리카로 갔다.

　웹은 뉴욕에서 필립 엠베리라는 낙심해 있는 설교자를 도와 복음을 전파하면서 그에게 힘을 주었다. 당시 뉴욕의 인구는 15,000명 정도였다. 그러나 웹은 이 도시가 지닌 잠재력을 알고 있었기 때문에 몇 사람과 힘을 합하여 700명을 수용할 수 있는 작은 예배당을 건축했다. 그 건물은 돌로 짓고 푸른 색으로 도장을 했다. 의자들은 등받침이 없었다. 조명은 촛불을 사용했다. 평범한 건물이었지만, 예배드리는 사람들은 그 예배당이 "거룩한 아름다움"을 가지고 있다고 주장했다. 뉴욕 최초의 감리교회인 존 스트리스 교회는 "미국 감리교회의 어머니"라고 불리고 있다.

　후일 웹은 멀리 롱아일랜드, 필라델피아, 볼티모어, 델라웨어, 자마이카, 유럽까지 여행을 했다. 여행 도중 잠시 영국에 머물면서 그는 웨슬리에게 미국에 더 많은 전도자들을 파송하라고 요구했다.

　웹을 만난 사람들은 결코 그를 잊지 못했다. 그 이유는 그가 차고 있는 칼, 그리고 1759년 9월 12일 전투에서 부상당한 왼쪽 눈에 붙인 커다란 안대 때문이다. 그에 대해 다음과 같이 묘사했다.

> 탄환이 그의 오른쪽 눈 위 뼈에 맞은 뒤 방향을 바꾸어 왼쪽 눈을 관통하여 입 속으로 들어갔고, 그는 그 총알을 삼켰다. 동료 군인이 "그는 죽었어"라고 말했는데, 웹은 "나는 죽지 않았어"라고 말했다. 석달 후에 그는 다시 군대에 합류했다. 그는 자신의 상처를 전혀 부끄러워하지 않았다.

오직 새로 지으심을 받은 자뿐 아니라 무릇 이 규례를 행하는 자에게와 하나님의 이스라엘에게 평강과 긍휼이 있을찌어다(갈 6:15-16).

9월 13일 — 예수님의 혈육

하나님의 아들이신 예수 그리스도에게는 아내도 없고 자녀도 없었다. 그러나 그분에게는 형제와 자매, 조카들이 있었다. 요셉과 마리아의 후손인 그의 가족들에게 무슨 일이 있었는지 궁금히 여기는 사람들도 있을 것이다. 그들은 역사에서 완전히 망각되지는 않았다. 예수님의 형제인 야고보와 유다는 처음에는 예수님의 사역을 거부했지만 후일 회심하여 초대 교회의 지도자가 되어 유다서와 야고보서를 저술했다. 그러나 그 이상은 없다.

주후 81년 9월 13일, 2년동안 통치하던 로마 황제 티투스가 40세로 세상을 떠났다. 그의 동생인 티투스 플라비우스 도미티아누스가 29세로 황제에 즉위하여 96년까지 통치했다. 젊은 도미티안 황제는 키가 크고 잘 생긴 데다가 온건했다. 그러나 말년에 그는 대머리에다가 배가 나오고 다리는 무척 가늘어졌다. 그런데 그는 『모발 보호에 관해』라는 책을 썼다.

역사가 플리니는 도미티안을 지옥에서 온 짐승으로서 동굴 속에 앉아 피를 핥아먹는 모습으로 묘사했다. 그는 가학적이고 잔인한 행위를 즐겼다. 그는 단순히 칼로 파리를 잡는 데서 쾌감을 느끼기 위해서 파리들을 잡았고, 여인들과 난쟁이들이 벌이는 검투를 즐겼다.

그는 로마 황제로서는 처음으로 스스로에게 "신"이라는 칭호를 사용했고, 사람들에게 "세상의 주! 무적의 신이여, 당신에게만 영광을 돌립니다"라고 외치게 했다. 유대인과 기독교인들은 그처럼 하나님을 모독하는 말을 하지 않았기 때문에 극심한 박해를 받게 되었다. 가이사랴의 감독이요 "교회사의 아버지"라고 불리는 유세비우스는 2세기의 교회사가인 헤게시푸스의 말을 인용하면서 마리아와 요셉의 증손자들이 박해받는 사람들 가운데 있었다고 말한다.

> 도미티안은 예수의 혈육, 주님의 형제 유다의 손자들을 팔레스틴에서 로마로 데려왔다. 그들은 가난하고 촌사람처럼 단순했다. 그들은 그리스도의 나라는 세상 나라가 아니라 세상 마지막에 주님이 세우실 하늘 나라로서, 그때에 주님이 산자와 죽은자를 심판하실 것이라고 설명했다. 이러한 설명을 듣고서 도미티안은 그들을 석방해주었다.

고향으로 돌아가사 저희 회당에서 가르치시니 저희가 놀라 가로되 이 사람의 이 지혜와 이런 능력이 어디서 났느뇨 이는 그 목수의 아들이 아니냐 그 모친은 마리아, 그 형제들은 야고보, 요셉, 시몬, 유다라 하지 않느냐 그 누이들은 다 우리와 함께 있지 않느냐

(마 13:54-56)

황금의 입

9월 14일

9월 14일은 존 크리소스톰을 기념하는 일이다. 그는 407년 9월 14일에 60세를 일기로 세상을 떠났다. 그의 설교는 매우 능력이 있었기 때문에, 그는 교회사에서 가장 위대한 웅변가라는 명성을 얻었다. 크리소스톰이란 이름은 "황금의 입"이라는 의미를 가지고 있다.

존은 시리아의 안디옥에서 태어났다. 부친은 로마의 고위 관리였으나 존이 태어난 지 얼마 안되어 세상을 떠났다. 어머니 안투사는 신앙 안에서 존을 키웠다. 그녀는 존을 가장 좋은 학교에 보냈다. 존은 유명한 리바니우스라는 웅변가 밑에서 수사학을 배웠다.

존은 법률가가 되었는데, 유창한 웅변으로 유명해졌다. 그는 법학을 공부하면서 기독교의 신앙을 재검토하게 되었다. 성경에 매료된 그는 법률가를 그만두었고 세례를 받았으며, 수도원에 들어가려 했다. 그러나 어머니가 그에게 집에 머물러 있으면서 늙은 자신에게 위로가 되어 달라고 설득했기 때문에 존은 자기의 집을 일종의 수도원으로 만들었다. 그는 음식도 간단하게 먹고 물건을 거의 구입하지 않고 공부하는 데 많은 시간을 보냈다. 어머니가 세상을 떠난 후, 크리소스톰은 수도사로서 6년 동안 고요히 연구하고 일하면서 세월을 보냈고, 그 후 2년 동안은 어느 은둔자의 동굴에서 엘리야와 같은 생활을 했다. 그리고 나서 그는 설교를 시작했다. 그의 메시지는 실질적이고 능력있고 유머가 있었다. 그는 효과적으로 성경주석을 하여 청취자들에게 감명을 주었다. 그의 연설이 얼마나 감동적이었는지 청중들은 무의식적으로 박수를 쳤는데, 존은 박수치는 것을 싫어했다.

398년에 존은 콘스탄티노플 총대주교로 선출되었다. 그러나 노골적인 메시지 때문에 사제들과 정치가들의 분노를 산 그는 흑해 연안에 있는 외딴 곳으로 추방되었다. 그는 슬퍼하는 교구민들에게 "그리스도의 교리는 나에게서 시작된 것이 아니며 나와 더불어 사라지지도 않을 것입니다"라고 말했다. 그가 추방된 일로 인해 콘스탄티노플에서는 폭동이 일어났는데, 그날 밤에 콘스탄티노플에서는 커다란 지진이 일어났다. 관리들은 즉시 존에게 사람을 보냈고, 존은 승리하여 돌아왔다. 그러나 존의 노골적인 설교는 계속되었고 당국자들을 괴롭혔기 때문에, 다시 해임되었다. 그리하여 그는 세상을 떠날 때까지 서신을 통해 사역했다. 그의 마지막 말은 "모든 일에 대해 하나님께 영광이 있으라. 아멘"이었다.

내게 이르시되 인자야 내가 너를 이스라엘 자손 곧 패역한 백성 나를 배반하는 자에게 보내노니 그들과 그 열조가 내게 범죄하여 오늘날까지 이르렀나니 이 자손은 얼굴이 뻔뻔하고 그 마음이 강퍅한 자니라 내가 너를 그들에게 보내노니 너는 그들에게 이르기를 주 여호와의 말씀이 이러하시다 하라 그들은 패역한 족속이라 듣든지 아니 듣든지 그들 가운데 선지자 있을 줄은 알리라(겔 2:3-5).

9월 15일 — 미국 최초의 여성 목회자

안토아넷 브라운은 뉴욕에서 태어났다. 그녀는 6살 때에 찰스 피니의 설교에 감동을 받았고, 9살 때에 회중 교회에 등록했다. 안토아넷은 성적이 우수했다. 1847년에 오벌린 대학을 졸업한 후, 안토아넷은 다시 신학 대학원에 진학하여 교수들을 놀라게 했다. 그 전까지 오벌린 대학에서 신학을 공부한 여성이 없었다. 가족들도 크게 놀랐고, 학비 지원을 중단했다. 안토아넷은 신학을 마쳤지만, 사역의 기회는 주어지지 않았고, 동문 명단에도 기록되지 않았다.

안토아넷은 뉴욕에서 개최된 세계금주대회에 참석했지만 강연을 하지 못했다. 뉴욕 「트리뷴」지의 호러스 그릴리 기자는 이러한 사실에 대해 "이 대회의 회기 중 사흘이 지났는데, 그 결과는 다음과 같이 요약할 수 있다. 첫날: 한 여인을 강단에서 몰아냄. 둘째날: 그 여인의 연설을 기회를 차단함. 셋째날: 계속 그 여인에게 강연 기회를 주지 않기로 투표함. 이처럼 주된 문제의 결말을 지었으므로, 오늘 아침에는 부수적인 일들이 결정될 것이라고 예상한다"는 규탄의 기사를 썼다.

그릴리의 기사 덕분에 안토아넷은 뉴욕에 있는 큰 교회에서 사역할 수 있는 기회를 얻었다. 그러나 안토아넷은 자신이 큰 교회에서 사역하기에는 미숙하다고 생각했기 때문에 뉴욕 사우스 버틀러에 있는 작은 회중교회의 청빙을 받아들였다.

1853년 9월 15일, 안토아넷 브라운은 미국 역사상 처음으로 여성 목회자로 안수를 받았다. 루터 리 목사는 "너희는 유대인이나 헬라인이나 종이나 자주자나 남자나 여자 없이 다 그리스도 예수 안에서 하나이니라"(갈 3:28)는 본문으로 안수식 설교를 했다. 안토아넷은 일기에 다음과 같이 썼다.

> 이 교회는 아주 가난하고 작다. 그러나 이 작은 교회 안에는 내가 사역하는 데 필요한 것이 충분히 구비되어 있다고 믿는다. 나의 교구는 모든 면에서 세상의 축소판이 될 것이다. 민간사회를 이처럼 작은 규모로 축소하여 교인들을 하나하나를 세밀히 알기 위해서, 나는 새로운 경험의 장을 연다. 내가 원하는 것은 다음과 같다…

너희가 다 믿음으로 말미암아 그리스도 예수 안에서 하나님의 아들이 되었으니 누구든지 그리스도와 합하여 세례를 받은 자는 그리스도로 옷입었으니 너희는 유대인이나 헬라인이나 종이나 자주자나 남자나 여자 없이 다 그리스도 예수 안에서 하나이니라

(갈 3:26-28)

이스라엘의 친구들

9월 16일

1948년에 이스라엘 국가가 수립된 것은 19, 20세기에 진행된 시온주의 운동의 업적이었다. 시온주의자들 중에는 많은 기독교인들이 있었다. 특히 유대인들이 팔레스틴으로 귀환하는 것이 역사의 마지막 시대를 위한 하나님의 계획의 일부라고 믿는 영국의 기독교인들도 있었다. 1600년대 말에도, 영국에서는 유대인들의 팔레스틴 귀환을 지지하는 서적이 12권 이상이나 출간되었다. 많은 영국 기독교인들은 이것이 성경적 예언이 요구하는 것이라고 보았고, 이것을 그리스도의 재림과 연결시켰다. 1840년 9월 16일, 스코틀랜드의 목사 로버트 머레이 맥케인은 벨파스트에 있는 자기의 친구 조지 쇼에게 다음과 같은 편지를 보냈다.

> 월요일 아침마다 모여서 이스라엘에 관한 글을 읽고 기도하는 사랑하는 형제들에 대한 자네의 편지를 읽고 얼마나 기뻤는지 모르겠네. 나는 법의 보호를 받지 못하고 유리하는 이스라엘에 대해 따뜻하고 거룩한 관심을 일으키고 유지하는 것이 어려운 일일 것이라고 생각하네. 자네는 이것이 예레미야 30:13—네 송사를 변호할 자가 없고 네 상처를 싸맬 약이 없도다—에 암시되어 있다고 생각하지 않나? 그리고 이것이 바로 하나님께서 그들의 주장을 지지하시지 않으실 이유 중 하나가 아닐까? 시온의 친구들이 거의 없을 지라도, 예루살렘의 먼지를 지켜 보면서 하나님과 인간에게 이스라엘을 위해 탄원할 사람들이 항상 있을 것이라는 사실을 알고서 나는 큰 힘을 얻는다네. 이사야 62:6-7— "그들로 종일 종야에 잠잠치 않게 하였느니라 너희 여호와로 기억하시게 하는 자들아 너희는 쉬지 말며 또 여호와께서 예루살렘을 세워 세상에서 찬송을 받게 하시기까지 그로 쉬지 못하시게 하라"—을 보게. 오, 하나님께서 이스라엘을 위한 성경적인 사랑을 부어주고 계시다고 생각하는 사랑하는 내 형제들이여, 구더기와 같은 우리가 하나님의 파수꾼이 되어 파괴된 예루살렘 성벽을 지키며 여호와를 기억하게 하는 사람이 되며, 장차 하나님께서 약속들을 성취하실 것이며 예루살렘을 온 세상의 축복거리로 만드실 것이라는 약속을 상기시켜 드린다는 것은 참으로 영광된 일이 아닐 수 없다.

예루살렘이여 내가 너의 성벽위에 파숫군을 세우고 그들로 종일 종야에 잠잠치 않게 하였느니라 너희 여호와로 기억하시게 하는 자들아 너희는 쉬지 말며 또 여호와께서 예루살렘을 세워 찬송을 받게 하시기까지 그로 쉬지 못하시게 하라(사 62:6-7).

9월 17일

악한 거리의 변화

독립전쟁이 끝난 직후, 올리버 다이어 기자는 뉴욕에 있는 술집과 사창가와 도박장 모두 길에 늘어놓으면 50킬로미터는 족히 될 것이라는 기사를 썼다. 또 그 거리에서는 매일 밤 곳곳에서 살인이 벌어지고, 강도가 발생하고, 집집마다 쫓겨나는 사람이 6명이고, 복음을 전하는 사람이 8명이라고 했다. 다이어는 술집 주인 존 앨런이 그 도시의 악인들 중에 가장 악한 사람이라고 선언했다.

그 기사를 읽은 어느 목사가 앨런에게 복음을 전하려고 워터 스트리트에 있는 앨런의 술집에 들어갔다. 그런데 놀랍게도 앨런은 비록 회심하지는 않았지만 경건한 고민에 사로잡히게 되었고, 매일 개최되는 기도회의 장소로 술집의 특별실을 제공했다. 수백명의 사람들이 그곳에 모여들기 시작했다. 신문에서는 그 이야기를 과장해서 발표했고, 앨런은 인기인이 되었다. 곧 앨런은 자기의 술집은 장차 예배하는 집이 될 것이며, 자신도 언젠가는 교회에 나갈 것이라고 공언했다.

기도회가 성공을 거두었으므로 사람들은 근처에 있는 킷 번즈의 술집에 있는 생쥐 우리를 빌렸다. 그곳은 20마리의 생쥐들이 들어 있는 우리를 내려다보도록 좌석들을 배치한 임시 야외극장이었다. 그곳에서는 개들을 풀어주고는 정해진 시간에 개들이 쥐를 몇마리나 죽일 수 있는지를 두고 내기를 하곤 했다. 번즈의 사위는 종종 우리 안에 들어가서 이빨로 살아있는 쥐들을 물어죽이는 일로 쇼를 끝내곤 했다. 킷 번즈는 날마다 바닥에 묻은 피를 닦아내고는 그곳을 기도실로 빌려주었다. 매일 오후 예배가 끝나면, 그곳에서 생쥐 쇼가 재개되었다.

1868년 9월 17일, 존 앨런은 여론의 지지를 받으면서 뉴 잉글랜드 지방으로 "강연 여행"을 떠날 준비를 했다. 그런데 그는 코넥티컷에서 술에 만취되어 추방당했다. 사람들의 관심은 급강하되었고, 한달이 못 되어 앨런은 자기의 술집을 다시 회수했다. 그러나 기독교인들은 그 거리 아랫 편에 있는 다른 건물을 세냈다. 그것은 맥컬리 워터 스트리트 선교회의 최초의 본부가 되었다.

그것만이 아니었다. 킷 번즈의 소유지는 결국 개심한 창녀들을 수용하는 곳이 되었고, 술집은 교회당이 되었고, 생쥐 우리는 부엌이 되었다.

너희는 여호와를 만날만한 때에 찾으라 가까이 계실 때에 그를 부르라 악인은 그 길을, 불의한 자는 그 생각을 버리고 여호와께로 돌아오라 그리하면 그리 긍휼히 여기시리라 우리 하나님께로 나아오라 그가 널리 용서하시리라(사 55:6, 7).

제리 멕컬리의 회심　　9월 18일

　맥컬리 워터 스트리트 선교회는 제리 맥컬리의 이름을 딴 것이다. 제리는 1839년에 아일랜드에서 태어났다. 사기꾼이었던 그의 아버지는 도망쳤기 때문에, 제리는 아버지를 알지 못했다. 그의 어머니 역시 감옥에 갇혀 지냈고, 어린 제리는 할머니 손에서 자랐다. 제리를 제대로 통제할 수 없게 되자, 할머니는 제리를 뉴욕으로 보냈다. 그곳에서 제리는 선착장 밑에서 술취하고 싸우고 배에서 물건을 훔치면서 살았다. 그러다가 1857년에 체포되어 싱싱 교도소에 수감되었다.

　싱싱 교도소의 내부 감방은 5층으로 되어 있었고, 수감자들은 완전한 침묵 속에 살아야 했다. 각각의 감방은 가로 1미터, 세로 2.1미터, 높이 1.8미터 정도로서 하나의 작은 관과 같았다. 여름에는 습기가 차고, 겨울에는 얼음굴 같았다. 감방 안에는 배수 시설 없이 양동이 하나가 있었다. 감방에는 온갖 해충들이 들끓었다. 규정을 위반하는 사람은 채찍으로 맞거나, 물고문을 당했다.

　어느 주일날 맥컬리는 다른 죄수들과 함께 예배실로 갔다. 그는 우울하고 기분이 좋지 않았다. 강단을 흘깃 올려다본 그는 설교자가 유명한 프로 권투선수 올빌 가드너인 것을 알았다. 강사는 예수님을 발견하는 것에 대해서 말했고, 맥컬리는 주의깊게 경청했다. 곧 그는 성경을 날마다 한 페이지씩 읽기 시작했고, 결국 그는 성경 전체를 2번이나 통독했다. 그는 크게 고민하면서 무릎을 꿇었다가는 즉시 부끄러워하면서 일어났다. 그는 이렇게 여러 번 반복했다. 마침내 어느날 밤에 그는 죄사함을 발견할 때까지 무릎을 꿇고 기도하기로 결심하고는 기도하고 또 기도했다.

> 갑자기 어떤 초자연적인 것이 내 방에 있는 것 같았다. 두려워서 눈을 뜰 수 없었다. 눈물이 흘러나왔다. 그때 "내 아들아. 내 죄가 많으나 모두 사함을 받았다"는 소리가 임했다.

　맥컬리는 7년 동안 감옥에서 지내다가 27세 때인 1864년에 석방되었다. 그는 다른 상습범들을 구하는 일에 헌신했다. 그로부터 20년 후인 1884년 9월 18일에 브로드웨이 장막교회에서 거행된 그의 장례식에는 얼마나 많은 조객들이 모여왔는지 주변 거리에까지 사람들이 가득했다. 그가 세운 월터 스트리트 선교회는 100년이 넘도록 희망의 항구 역할을 하고 있다.

> 이러므로 내가 네게 말하노니 저의 많은 죄가 사하여졌도다 이는 저의 사랑함이 많음이라 사함을 받은 일이 적은 자는 적게 사랑하느니라 이에 여자에게 이르시되 네 죄사함을 얻었느니라 하시니(눅 7:47-48).

9월 19일 — 오를레앙의 테오둘프

7세기에서 8세기로 넘어갈 무렵, 세계에서 가장 위대한 인물인 샤를마뉴가 신성 로마제국과 프랑크 족을 통치했다. 서유럽 대부분을 장악한 그는 제국의 법률 제도, 사법 제도, 군사 제도의 개혁에 착수했다. 그는 학교를 세우고 기독교를 장려했다. 신성 로마제국의 수도에는 유럽 전역의 학자들과 성인들이 모여들었다.

그런 사람들 중에 테오둘프라는 사람이 있었다. 그는 800년에 약 50세였다. 그는 성직자요 시인이요 학자로서 유명했다. 샤를마뉴 대제는 그를 스페인 오를레앙의 주교로 임명했고, 테오둘프는 널리 여행하면서 제국의 큰 사건들에 개입했다. 샤를마뉴의 "교육부 장관"격이었던 알쿠인이 사망하자, 테오둘프가 그 직책을 맡게 되었다. 그러나 불행히도 샤를마뉴가 사망하면서 테오둘프의 운도 쇠퇴했다. 새 황제는 그를 반역 혐의로 몰아 투옥했다. 그는 무죄를 주장하여 결국 818년에 석방되었으나, 얼마 후에 숨을 거두었고, 821년 9월 19일에 그의 장례식이 거행되었다.

테오둘프는 성직자들에게 훌륭한 교육을 제공하기 위해 정력적으로 일했다. 그의 저서 중에 『교구의 사제들에게 주는 지침들』이라는 책에는 다음과 같은 격언들이 수록되어 있다.

- 사제는 여인과 같은 집에 살아서는 안된다.
- 사제들은 술 취하거나 술집에 자주 가서는 안된다.
- 사제들은 모든 사람들에게 주기도문과 사도신경을 가르쳐야 한다.
- 날마다 정직하게 죄를 하나님께 고백하여 죄사함을 받아야 한다.
- 참된 사랑은 선한 행위와 고결한 삶의 결합 안에 있다.

사람들이 오를레앙의 테오둘프를 기억하는 이유는 그가 지은 아름다운 찬송가『왕되신 우리 주께』때문이다. 이 찬송은 1000년이 넘도록 온 세계의 교회에서 애창되고 있다.

> 왕 되신 우리 주께 다 영광 돌리세
> 옛날에 많은 무리 호산나 불렀네
> 다윗의 자손으로 세상에 오시어
> 왕위에 오른 주께 다 영광 돌리세.

무리의 대부분은 그 겉옷을 길에 펴며 다른 이는 나무가지를 베어 펴고 앞에서 가고 뒤에서 따르는 무리가 소리질러 가로되 호산나 다윗의 자손이여 찬송하리로다 주의 이름으로 오시는 이여 가장 높은 곳에서 호산나 하더라(마 21:8, 9).

인도의 여사역자 판디타 팜바이

9월 20일

판디타 팜바이라는 여인은 오늘날 그리 알려져 있지 않으나 매우 훌륭한 여인이었다. 브라만 승려였던 그녀의 아버지는 44살 때에 9살짜리 소녀와 결혼했다. 그는 어린 아내를 교육시키기 위해서 인도 남부에 있는 깊은 숲속에 그녀를 데리고 들어가서 집을 짓고 자신이 알고 있는 모든 것을 그녀에게 가르쳐 주었다. 이곳에서 1858년에 판디타가 태어났다. 아버지는 딸에게도 교육시켰다. 판디타가 12살이 되었을 때, 18,000개의 산스크리트어 시를 암송했고, 여러가지 언어를 유창하게 구사했다.

그러나 판디타의 가정의 빚은 늘어만 가고, 굶는 일이 많아졌다. 판디타의 아버지는 딸을 얼싸안고는 머리와 얼굴을 쓰다듬으면서 자신이 딸을 얼마나 사랑했는지, 옳은 일을 행하고 의의 길에서 떠나지 말라고 가르쳤던 일을 상기시켜주었다.

결국 아버지는 굶어 죽었고, 이어 판디타의 어머니도 죽었다. 판디타는 노숙을 하고 딸기를 따먹으면서 이곳저곳 떠돌아 다녔다. 그녀는 아버지가 섬기던 신들을 의심하기 시작했고, 마침내 캘커타에서 예수 그리스도를 알게 되었다.

인도에는 교육을 받은 여인이 많지 않았다. 판디타는 강의를 시작하면서 여인들의 생활수준을 높이려 했다. 그녀는 영국과 미국을 여행하면서 그리스도를 받아들이고 세례를 받았다. 그녀는 수학과 의학을 공부했고, 인도의 어린 과부들을 보살필 수용소를 위한 재정적 지원을 얻으려 했다. 1880년대 말에 판디타는 인도로 돌아와서 묵티 선교회를 개설했다. 그 선교회에는 절망한 수백명의 소녀들이 수용되었다. 판디타와 동역자들은 우물을 파고 나무를 심고 밭을 갈고 복음을 전파했다. 수백명이 회심했고, 수천명이 기아 상태에서 구함을 받았다. 판디타는 자기가 돌보는 소녀들을 교육하기 위해서 학교와 교회를 세웠다. 교회의 주춧돌에는 "여호와께서 말씀하시되 이는 힘으로 되지 아니하고 능으로 되지 아니하며 오직 나의 신으로 되느니라. 그리스도는 반석이시라. 1899년 9월 20일"이라고 새겨져 있다.

판디타는 말년에는 성경을 마라티어로 번역하면서 지냈다. 그 일을 거의 다 완성할 무렵, 판디타는 병이 들었다. 그녀는 그 일을 완성할 수 있도록 열흘만 더 살게 해달라고 기도했다. 열흘 후인 1922년 4월 5일에, 판디타는 마지막 번역을 마치고 숨을 거두었다.

만군의 여호와께서 말씀하시되 이는 힘으로 되지 아니하며 능으로 되지 아니하고 오직 나의 신으로 되느니라(슥 4:6).

9월 21일 — 존 콜러리지 페터슨

젊고 강건한 학자들이 그리스도를 위해서 모든 것을 버릴 때 가장 훌륭한 선교사들이 된다. 그 좋은 예가 존 콜러리지 페터슨이다. 새무얼 콜러리지의 조카의 아들인 패터슨은 옥스포드 대학에 재학 중에는 운동, 특히 조정경기에 능했다. 대학 졸업 후에는 영국교회의 부목사가 되었고, 곧 선교사인 조지 셀윈 감독을 돕기 위해 뉴질랜드로 향했다.

패터슨은 뉴질랜드 원주민 교인들을 가르치는 학교를 운영하고, 복음을 전하고 성경을 번역했다. 그는 23개의 뉴질랜드 방언을 했고, 신약성경을 여러 지방 언어로 번역했다. 1861년에 그는 멜라네시아 감독으로 서임되었다. 그로부터 20년 후에는 멜라네시아의 주요한 섬인 모타 섬의 원주민 중에 세례를 받지 않은 사람은 40명에 불과했다.

그러나 유럽의 노예상인들은 섬들을 항해하면서 원주민 소년들을 납치하여 분위기를 흐리게 했다. 대략 7만 명의 청년들이 노예로 잡혀갔다고 추산된다. 패터슨은 이 관습에 대항하여 필사적으로 싸웠다. 그러나 섬 주민들 사이에 유럽인들에 대한 공포심이 형성되었고, 많은 사람들은 패터슨을 멀리했다. 패터슨 역시 그들의 아이들을 교육하려는 목적이 아니라 노예로 삼기 위해서 아이들을 원하는 것일지도 모른다는 의심에서였다.

1871년 9월 21일, 패터슨은 어느 섬에 닻을 내렸다. 그는 학생들에게 기독교 최초의 순교자인 스데반에 대해서 말해주었다. 그는 "이 배 안에 있는 우리는 모두 기독교인들입니다. 우리 중에 아무도 하나님을 위해서 성경의 스데반처럼 목숨을 바치라는 요구를 받은 사람은 없을 것입니다. 이 일은 여러분이나 나에게도 일어날 수 있습니다. 그 일이 오늘 일어날 수도 있습니다"라고 끝을 맺었다.

패터슨은 성경을 덮고 해안으로 갔다. 그는 화살 공격을 받았다. 얼마 후에 카누 한 척이 물에 떠디니는 것이 발견되었다. 그 배 안에는 패터슨의 시신이 있었는데, 다섯 개의 매듭진 야자 잎으로 덮여 있었다. 패터슨은 납치된 다섯 명의 섬 소년들의 목숨의 대가로 희생당한 것이었다. 당시 그는 40대 중반이었다. 그의 죽음으로 말미암아 항의가 제기되어 남태평양에서 노예사냥이 사실상 종식되었다. 그리고 그의 순교에 감화를 받은 많은 청년들이 남태평양에서의 선교 사역에 목숨을 바쳤다.

저희가 돌로 스데반을 치니 스데반이 부르짖어 가로되 주 예수여 내 영혼을 받으시옵소서 하고 무릎을 꿇어 크게 불러 가로되 주여 이 죄를 저들에게 돌리지 마옵소서 이 말을 하고 자니라(행 7:59-60).

카스파르 슈벤트 펠크

9월 22일

기독교인들의 내면 생활의 영적인 개혁이 수반되지 않은 한 교회의 표면적 개혁은 아무 유익을 주지 못한다. 이것은 오늘날 잊혀진 개혁자로 알려져 있는 카스파르 슈벤크펠트가 가르쳐준 교훈이다. 카스파르는 폴란드의 어느 영지에서 성장했다. 훌륭한 교육을 받은 그는 국사에 개입하기 시작했다. 1519년에 그의 표현대로 "신적인 것의 방문"을 경험한 후 그는 성경을 진지하게 공부하기 시작했다. 독일의 보름스에서 안톤 코베르베르가 인쇄한 그의 성경에는 밑줄이 그어지고 여백에는 그가 적어놓은 메모로 가득했다.

1525년에 그는 말을 타고 백 마일 정도 떨어진 비텐베르그로 갔다. 그는 마틴 루터에게 12월 1일에 만나달라고 했다.

> 마틴 박사는 문밖에까지 우리를 마중해주었는데, 나는 그분을 창가로 끌고가서 내가 전에 편지를 보낸 적이 있다는 것…그리고 함께 대화하고 싶다는 사실을 환기시켜 주었다. 이에 대해 그분은 이렇게 대답했다. "카스파르 씨, 기꺼이 당신을 만나 대화하겠습니다. 내일 당신이 오고 싶은 시간에 오십시오. 6시도 좋고 7시도 좋고 8시도 좋습니다…"

카스파르는 다음날 7시쯤에 도착했다. 그는 곧 자신이 루터와 싸우고 있음을 발견했다. 카르파르는 이신칭의의 교리를 잘못 해석하면 도덕적 위험이 야기될 것을 염려했고, 성만찬에 대한 루터의 견해를 받아들일 수 없었다. 그는 기독교인들은 믿음으로 그리스도의 거룩한 몸을 먹는 것이라고 믿었고, 전쟁에 참가하거나 맹세하는 것에 반대했다. 그는 유아세례를 반대했다.

그리하여 그는 급진적 종교개혁자가 되었으며, 가톨릭과 개신교 양 진영으로부터 박해를 받았다. 그는 교회와 국가로부터 많은 억압을 받다가 1561년 12월 10일에 세상을 떠났다. 그러나 세월이 흐르면서 그의 제자들은 증가했다. 1734년에는 180명이 '성 앤드류'라는 배를 타고 네덜란드를 떠나 미국을 향했다. 1734년 9월 22일에 필라델피아에 도착한 그들은 스스로를 "그리스도의 영광의 고백자들"이라고 불렀다. 퀘이커 교도들은 그들을 반겨 주었다. 고백자들은 메노파들이 거주하는 시골 지방에 정착했다. 오늘날도 펜실바니아 주에는 슈벤크펠트파 교회 5개가 네덜란드인들의 유물로 남아있다.

또 너희가 열심으로 선을 행하면 누가 너희를 해하리요 그러나 의를 위하여 고난을 받으면 복 있는 자니 저희의 두려워함을 두려워 말며 소동치 말고 너희 마음에 그리스도를 주로 삼아 거룩하게 하고 너희 속에 있는 소망에 관한 이유를 묻는 자들에게는 대답할 것을 항상 예비하되 온유와 두려움으로 하고(벧전 3:13-15).

9월 23일 — 정오 기도회

1850년대 중반에 아메리카의 분위기는 음울했다. 대륙 전체가 성난 음성들과 격정적인 의견들로 분열되어 내란의 위기에 처해 있었다. 경기 침체로 철도 건설이 중단되고 공장들은 문을 닫았다. 은행들이 도산하고, 실직자들이 증가했다. 전국이 영적 무기력 상태에 빠져 있었다.

뉴욕에 사는 평신도인 예레미야 랜피어는 전임 복음전도자로서 북부 네덜란드 개혁교회에서 일해달라는 청빙을 받았다. 그는 집집마다 찾아다니고 포스터를 붙이고 기도했다. 그러나 좋지 않은 사역의 결과로 랜피어는 용기를 잃게 되었다.

가을이 되었다. 랜피어는 직장인들이 점심 시간에 참석할 수 있도록 정오 기도회를 개최하기로 했다. 그는 1867년 9월 23일 풀턴 가에 있는 올드 더치 교회에서 첫번째 정오 기도회를 개최한다고 발표했다. 기도회 시간이 되었으나 그때까지 한 사람도 오지 않았다. 랜피어는 자리에 앉아서 기다렸다. 이윽고 한 사람이 모습을 나타냈고, 이어 몇 사람이 더 참석했다. 그 다음 주 기도회에는 20명이 참석했다. 세번째 주에는 40명이 참석했다. 누군가가 날마다 기도회를 열자고 제안했다. 몇 달이 지나면서 건물에는 이 기도회에 참석하는 사람들로 넘쳐 흘렀다. 이 신앙부흥의 불은 다른 도시들로 퍼져나갔다. 정오 기도회에 참석하기 위해서 상점들과 사무실들은 문을 닫았다. 신문들은 그 소식을 널리 퍼뜨렸다. 심지어 전보 회사는 사업가들이 신앙부흥회의 소식을 다른 사람들에게 전하는 시간을 별도로 배정했다.

이 모든 도시들에서 기도회는 정오에 시작되어 1시에 마쳤다. 사람들은 자신이 원하는 시간이 왔다가 갈 수 있었다. 예배는 찬송으로 시작하여 간증을 하고 기도 요청을 했다. 발언자에게 주어진 시간은 5분이었는데, 시간이 초과되면 작은 종을 쳐서 알렸다. 위대한 설교자가 설교한 것도 아니고 유명한 사람이 강연을 한 것도 아니었다. 그것은 원래 하나님의 성령의 부드러운 움직임에 인도함을 받은 평신도 운동이었다.

"세번째 대각성 운동"이라고 불리기도 하는 이 신앙부흥은 거의 2년 간 지속되었고, 50만명 내지 100만명이 회심했다고 한다. 이 신앙부흥 운동 때에 그전까지와는 비교가 되지 않는 많은 비용을 자선사업에 사용했다.

여호와는 나의 목자시니 내게 부족함이 없으리로다 그가 나를 푸른 초장에 누이시며 쉴만한 물 가으로 인도하시는도다 내 영혼을 소생시키시고 자기 이름을 위하여 의의 길로 인도하시는도다(시 23:1-3).

토마스 콕

9월 24일

살다보면 우리가 계획한 대로 일이 되지 않을 때가 있다. 왜냐하면 하나님께서 자신의 섭리에 따라 우리를 다른 곳으로 인도하시기 때문이다.

토마스 콕은 옥스포드에서 수학한 웨일즈 사람이었다. 그는 1777년에 영국 국교회를 떠나 존 웨슬리가 시작한 새로운 감리교 운동의 주요한 조력자가 되었다. 1785년 9월 24일, 그는 가방을 꾸려 배를 타고 영국을 출발하여 대서양에 들어갔다. 그는 자신과 함께 항해하는 선교사들을 노바 스코티아에 정착시키려 했다. 그런데 항해는 순탄치 않고 날이 갈수록 위험해졌다. 배는 산더미 같은 파도와 바람에 시달렸다. 선장은 콕과 선교사들이 요나와 같이 이 불행의 원인이라고 생각하고 그들을 바다에 던져버리려 했다. 실제로 그는 콕의 서류 몇 장을 모아다가 바다에 던져버리기도 했다. 원래 한달 정도 계획했던 항해가 석달이 걸렸다. 만신창이가 된 배는 성탄절날에 노바 스코티아가 아닌 안키과 섬에 있는 성 요한 항구에 도착했다.

콕은 앤티과 섬 어딘가에 존 백스터라는 감리교 선교사가 살고 있음을 알고 있었다. 콕과 세 명의 선교사들은 그를 찾아내기 위해서 새벽녘에 보트를 타고 섬에 상륙했다. 그들은 성 요한 섬의 거리를 걸어가기 시작했는데, 곧 손에 등불을 들고 걸어오는 사람을 만났다. 그들은 그 사람을 세우고 백스터에 대해 물었다.

그 사람이 바로 존 백스터였다. 그는 섬을 위해 계획한 성탄절 특별 아침 예배를 드리러 가는 길이었는데, 갑자기 어둠 속에서 콕과 세명의 선교사들이 나타나니 믿을 수가 없었다. 그날 모인 사람들을 수용하기 위해서 예배를 세 차례 드렸다. 예배가 끝난 후에 콕과 동료들은 노바 스코티아로 가려는 계획을 포기했다. 그들은 앤티과 섬과 주변의 섬들에서 선교 사역을 했다. 콕은 1814년에 세상을 떠났는데, 당시 그곳에는 여러 개의 감리교회와 17000명의 교인들이 있었다.

나는 여호와 너희의 거룩한 자요 이스라엘의 창조자요 너희 왕이니라 바다 가운데 길을, 큰 물 가운데 첩경을 내고…땅끝의 모든 백성아 나를 앙망하라 그리하면 구원을 얻으리라 나는 하나님이라 다른 이가 없음이니라 내가 나를 두고 맹세하기를 나의 입에서 의로운 말이 나갔은즉 돌아오지 아니하나니 내게 모든 무릎이 꿇겠고 모든 혀가 맹약하였노라(사 43:15-16, 45:22-23).

9월 25일 — 우유부단한 교황

교황 클레멘트 7세는 기울리아노 데 메디치의 아들이었다. 그는 교황들 중에서 가장 불행했다. 키크고 늘씬하고 잘 생긴 인물이었지만, 항상 얼굴에는 불쾌한 표정이 가득했다. 그는 고결하고 총명했지만 교황청의 성가신 일에 제대로 대처하지 못했고 어려운 결정을 내려야 할 때 항상 우유부단했다. 베니치아의 대사는 "교황은 현명한 사람이지만 신속한 결정을 내리지 못합니다. 이것은 그분이 행동하는 데 있어서 우유부단하다는 것을 증명해줍니다"라고 기록했다.

클레멘트는 자신의 금고가 바닥이 난 것을 알고, 이탈리아인 은행가들이 한 사람도 자기를 신뢰하지 않는 것을 분하게 생각했다. 로마 시민들도 역시 클레멘트를 좋아하지 않았다. 클레멘트는 루터의 종교개혁을 뿌리뽑지 못한 것, 그리고 로마 교회 내에서의 개혁을 장려하지 못한 일로 인해 번민했다. 동시에 그는 서로 다른 목적을 지닌 프랑스 왕과 스페인 왕 사이에서 갈등했다. 그는 중립을 지키려 했는데, 그로 말미암아 1527년에 로마가 공격을 받았다. 그는 어느 망대 위에서 로마가 강탈당하고 불에 타는 것을 무력하게 바라보았다.

클레멘트는 또 한번 영국의 헨리 8세와 신성 로마제국인 스페인의 찰스 5세의 갈등에 휘말렸다. 자신의 뒤를 이을 아들이 없어 좌절한 국왕 헨리는 아라곤의 캐더린과 이혼하고 앤 볼린과 결혼하려 했다. 그 결혼을 무효화할 수 있는 권리는 클레멘트에게 있었지만 그는 캐더린의 조카인 찰스의 지배 아래 있었다. 그래서 그 결혼의 취소를 승인한다면 신성 로마제국이 가톨릭 신앙에서 이탈하는 것을 포함하여 재앙이 초래될 것이고, 만일 결혼 취소를 거부한다면 헨리 8세가 크게 노할 것이었다.

클레멘트는 어찌할 바를 몰라 머뭇거리면서 중립을 지키려 했다. 그는 교회가 완전한 멸망을 피하지 못할까 염려했다. 그는 절대적인 잘못을 범했다. 헨리는 바티칸과 결별하고 영국 내의 수도원들을 장악했으며, 수장령을 발표하여 영국 내에 종교개혁을 확립했다.

여러 차례의 불운을 겪은 클레멘트는 1534년 9월 25일에 최후의 불운을 맞았다. 소문에 의하면 그는 독버섯을 먹고 비참하게 죽었다고 한다.

나는 먹기 전에 탄식이 나며 나의 앓는 소리는 물이 쏟아지는구나 나의 두려워하는 그것이 내게 임하고 나의 무서워하는 그것이 내 몸에 미쳤구나 평강도 없고 안온도 없고 평강도 없고 고난만 임하였구나(욥 3:24-26).

설교의 효과

9월 26일

애니아스 실비우스 데 피콜리미니는 18세 때에 어느 수도사의 설교를 듣고 감명을 받아 성직생활을 시작했다. 그러나 그는 좋지 못한 행동을 버리지 못했다. 애니아스는 승진을 계속하여 53세 때에 교황 피우스 2세로 선출되었다. 그는 다른 이전의 교황들과는 달리 세상의 정치를 이해했고, 총명했다. 그는 문법학자요, 지리학자요, 역사가요, 소설가요, 웅변가였다. 그러나 그는 경건하지 못했다. 그는 연애소설을 저술했고, 많은 사생아를 낳았으며, 젊은이들에게 방탕한 생활 방식을 가르쳤다.

그는 제왕들에게 할 말이 있었다. 1460년 9월 26일, 피우스는 자신의 필생의 꿈이었던 새로운 십자군 원정에 대해 의논하기 위해 만투아에 유럽의 지도자들을 소집했다. 그는 개회식 때에 3시간 동안 설교하면서 거룩한 전쟁에서 기꺼이 목숨을 내놓은 스데반, 베드로, 안드레를 본받아야 한다고 촉구했다. 그는 회교도들이 기독교계 최대의 보물들을 강탈해 갔다고 말했다. 즉 예수님이 생활하셨던 예루살렘, 예수님이 태어나신 베들레헴, 세례를 받으신 요단강, 십자가에 달리신 갈보리, 제자들이 처음으로 크리스천이라고 불린 장소인 안디옥 등을 강탈했다고 말했다. 이 땅을 얻기 위해서 과거에 여호수아, 기드온, 입다, 삼손 등이 싸웠다. 과거에 십자군들은 회교도들의 요새를 파괴하고 기독교의 유적지들을 해방시켰었다. "오, 만일 갓프리가 살아있다면 얼마나 좋겠습니까! 투르크인들을 무찌르고 예루살렘을 되찾은 볼드윈이 있다면 얼마나 좋겠습니까!"

교황의 설교는 모인 사람들의 심금을 울렸다. 한 순간 제후들은 방에서 뛰쳐나가 곧 새로운 십자군을 조직할 듯했다. 그런데 교황의 뒤를 이어 베사리온 추기경이 등장하여 또 세 시간 동안 설교했다. 제후들은 종일 설교를 듣는 데 진이 빠져서 새로 십자군을 조직하려는 생각조차 갖지 못하게 되었다.

회의는 정치적 경쟁의 무대가 되었고, 거기서 행해진 약속들은 지켜지지 않았다. 결국 십자군의 시대는 끝이 났다. 그러나 피우스는 계속 십자군 원정을 꿈꾸었다. 그는 임종하면서도 "나는 죄인입니다. 나를 위해서 기도해주십시오. 내 형제들에게 이 거룩한 원정을 계속하라고 명하십시오"라고 말했다.

또 배를 보라 그렇게 크고 광풍이 밀려가는 지극히 작은 키로서 사공의 뜻대로 운전하나니 이와 같이 혀도 작은 지체로되 큰 것을 자랑하도다(약 3:4-5).

9월 27일

쟈크 베긴 부셋

　루이 14세가 화려한 교회당으로 들어갈 때면, 프랑스에서 가장 훌륭한 웅변가인 쟈크 베긴 부셋이 웅변을 하곤 했다. 부셋은 1627년 9월 27일에 태어났다. 어느날 성경을 발견하여 펴보니 이사야서였다. 그는 그것을 들고 아버지에게로 달려가서 한 장씩 읽어 드렸다. 세월이 흐르면서 부셋은 성경을 거의 모두 암송하게 되었다.

　부셋은 웅변가로서 명성을 얻었다. 그가 연설할 때면 학생들은 강의에 열중했다. 결국 그는 베르사이유 궁전의 설교자로 임명되었다. 그의 설교는 세상에서 가장 훌륭했다. 사람들은 "부셋은 프랑스에서 가장 능력있고 유창한 연설가이다"라고 말했다.

　부셋은 무뚝뚝하고 솔직했다. 그는 설교하면서 왕의 이름을 거명하기도 했다. 한번은 루이에게 간음하지 말고 아내에게로 돌아가라고 진지하게 호소하기도 했다. 그러나 불행히도 부셋의 유창한 연설은 그다지 효력을 거두지 못했다. 귀족들은 가발을 쓰고 높은 구두를 신고 화려한 옷을 입고 그의 설교를 들었다. 그들은 부셋의 설교를 들을 때에는 눈물을 흘렸지만 조금도 변화되지 않았다. 다음은 부셋의 설교에서 발췌한 것이다.

　　세상의 영예는 우리가 행한 모든 것을 우리의 공로로 여기게 만들며, 우리를 마치 작은 신들처럼 존경을 받게 만듭니다. 이렇게 세상의 영예로 말미암아 신격화되어 교만하고 자만하는 영혼이여, 영원하시고 살아계신 하나님께서 얼마나 자신을 낮추셨는지 생각해 보십시오. 인간은 교만하여 자신을 하나님처럼 만들지만, 겸손하신 하나님은 인간이 되셨습니다. 인간은 하나님에게 속한 것을 자신의 것으로 여깁니다. 그러나 하나님은 인간을 가르치시기 위해서 자신을 낮추시고 인간에게 속한 것을 취하십니다. 이것은 인간의 오만함을 고치기 위한 치료책입니다. 갈보리 산, 수치의 십자가, 성육하신 하나님이신 예수 그리스도, 우리의 주요 왕이신 그리스도만이 세상의 영예를 분쇄할 수 있는 유일한 해결책입니다.

　너희는 도를 행하는 자가 되고 듣기만 하여 자신을 속이는 자가 되지 말라 누구든지 도를 듣고 행하지 아니하면 그는 거울로 생긴 얼굴을 보는 사람과 같으니 제 자신을 보고 가서 그 모양이 어떠한 것을 곧 잊어버리거니와(약 1:22-24).

벤케스라스 왕

9월 28일

벤케스라스는 선한 왕이었다. 벤케스라스는 900년대에 오늘날의 체코슬로바키아인 보헤미아에서 태어났다. 체크족의 통치자였던 그의 부친 라티슬라브 백작은 그를 할머니 루드밀라 밑에서 교육을 받게 했다. 경건한 루드밀라는 그를 훌륭히 교육시켰다.

그는 왕이 되었다. 부친이 세상을 떠난 후에 벤케스라스는 모친이 국사를 잘못 다루는 것을 보고 정치에 개입하여 정권을 잡고 자기 나름대로 나라를 다스렸다. 벤케스라스 왕은 처음부터 다른 왕들과는 달랐다. 그는 주변 국가들, 특히 독일과 우호관계를 유지하려 했다. 또 사법제도를 개혁하여 사형제도 및 판사들의 독자적인 권력을 축소했다. 일설에 의하면 그는 교회 건축을 장려했다고 한다. 무엇보다도 그는 가난한 사람들에게 진심에서 우러난 관심을 나타냈다. 그는 고아들과 과부들을 위해 장작을 베고, 눈 내리는 밤에 어깨에 직접 양식을 지고 가져다 주기도 했다고 했다. J. M. 닐의 크리스마스 캐롤은 여기서 영감을 얻은 것이다.

벤케스라스는 그리 오래 나라를 다스리지 못했다. 왜냐하면 이교도였던 그의 동생 볼레슬라브는 벤케슬라스를 잔치에 초대했다가, 다음날인 929년 9월 28일 아침에 교회를 향해 떠나는 형을 살해했기 때문이다. 벤케스라스가 진정으로 기독교인이었는지를 알 수 있는 기록된 증거는 없다. 그에 관한 대부분의 정보는 전설에서 유래된 것이다. 그러나 국민들을 그를 순교자로 여겼다. 오늘날 벤케스라스는 체코슬로바키아의 수호성인이다.

> 부유한 사람들과 높은 자리에 있는 사람들이여
> 가난한 사람들을 축복하는 사람은 복을 받을 것입니다.

하나님 아버지 앞에서 정결하고 더러움이 없는 경건은 곧 고아와 과부를 그 환난 중에 돌아보고 또 자기를 지켜 세속에 물들지 아니하는 이것이니라(약 1:27).

9월 29일 조지 윗필드의 최후

　복음전도자인 조지 윗필드는 설교하다가 죽기를 원했는데, 실제로 거의 그렇게 되었다. 1770년, 그는 쉬어야 한다는 의사들과 친구들의 권고를 무시하고 마지막 전도여행을 떠났다. 그는 너무나 피곤하여 설교를 할 수 없을 때면, 한층 더 목소리를 높였다. 감기 때문에 숨을 쉬기가 어려워도 개의치 않았다. 그는 "강단에서 흘리는 땀"은 유익한 것이라고 주장했다. 가을이 되면서 구토와 설사, 오한이 더 심해졌다.

　1770년 9월 29일, 토요일에 윗필드는 말을 타고 뉴햄프셔 주 엑지터로 갔다. 그곳에서 어떤 사람은 그를 보더니 설교하지 말고 쉬어야겠다고 말했다. 윗필드는 "맞습니다"라고 대답하더니, "주님, 나는 당신의 일을 하다가 지쳤지만, 결코 싫증이 나지는 않았습니다. 아직도 내가 할 일이 남아 있다면, 한번만 더 당신을 위해 복음을 전하고 나서 집에 돌아가 죽게 해주십시오"라고 기도했다.

　윗필드가 설교하는 장소에는 많은 사람들이 모였다. 윗필드는 위험하게도 둥근 통 위에 올라섰다. 그는 "너희가 믿음에 있는가 너희 자신을 시험하고 너희 자신을 확증하라"는 고린도후서 13:5을 낭독하고 나서 설교를 시작했다. 어느 목격자는 다음과 같이 말했다. "그분은 완전히 기진맥진한 사람처럼 힘없이 일어섰습니다. 그분은 낮고 쉰 음성으로 말씀을 시작했지만 곧 우렁찬 음성으로 변했습니다." 윗필드는 행위에 의해서 천국에 가려기보다는 차라리 썩은 밧줄을 타고 달에 올라가겠다고 말했다. 윗필드는 두 시간 동안 청중을 사로잡았다. 그리고나서 그는 갑자기 "이제 나는 떠납니다. 나는 세상에서 많은 사람들보다 오래 살았지만, 천국에서는 그들이 나보다 오래 살지 못할 것입니다. 내 육신은 쇠하고 영혼은 성장합니다"라고 말했다.

　설교를 마친 윗필드는 사람들의 부축을 받아 통 위에서 내려와서 말을 타고 뉴베리포트로 갔다. 그날 밤, 친구들이 그를 찾아와서 그에게 말씀을 청했다. 윗필드는 기침을 핑계로 그들의 청을 거절했다. 그는 일어나서 촛불을 들고 계단을 올라가다가 중간에 돌아서더니 짧지만 감동적인 메시지를 전해주었다. 촛불이 꺼지자 그는 이층으로 올라가서 잠자리에 들었는데, 그날 밤에 숨을 거두었다.

너희가 믿음이 있는가 너희 자신을 시험하고 너희 자신을 확증하라 예수 그리스도께서 너희 안에 계신줄을 너희가 스스로 알지 못하느냐 그렇지 않으면 너희가 버리운 자니라 우리가 버리운 자 되지 아니한 것을 너희가 알기를 내가 바라고(고후 13:5, 6).

성경 번역자 제롬

9월 30일

교회사에서 주님은 종종 우리 시대에 살았다면 우리가 좋아하지 않았을 사람들을 사용하시곤 했다. 예를 들어보자. 제롬은 명석한 두뇌, 신랄한 언변, 뜨거운 열정의 소유자였다. 그는 교회사에서 가장 화를 잘 내는 사람 중 하나였고, 복음을 널리 전파한 위대한 성경 번역자들 중 하나로 기억된다.

제롬은 330년 경에 이탈리아에서 태어났다. 그는 일찍부터 여자와 책을 사랑했다. 처음에는 여자들을 사랑했지만, 나중에 금욕주의자들과 어울리면서 책을 사랑하는 생활을 했다. 그러나 그의 모난 성격 때문에 그 집단은 와해되었다. 제롬은 자신의 성욕을 억제하려고 노력하면서 마리아의 영원한 동정의 교리를 개진하기 시작했다. 그는 마리아가 예수를 낳은 후 계속 동정녀로 살았다고 믿었다. 그는 초인적으로 독신생활을 유지했다. 그는 동정(童貞)을 찬양하면서, 결혼이란 동정인들을 세상에 배출한다는 의미에서만 유익하다고 생각했다.

아마도 그에게 가장 적합한 생활방식은 사막에 들어가 은수사로 살면서 엄격한 금욕생활을 하는 것이었을 수도 있다. 그러나 그 일은 이루어지지 않았다. 제롬은 여전히 춤추는 로마의 여인들을 생각했다. 로마로 돌아간 그는 많은 유혹에 직면했다. 그는 춤추는 여인들을 피했지만, 젊은 과부 파울라는 피하지 않았다. 파울라는 제롬의 성적 파트너가 아닌 영혼의 동료가 되었다. 380년대 초에 제롬은 로마에서 자신의 필생의 사역을 발견했다. 교황 다마수스는 그에게 복음서와 시편을 라틴어로 번역해보라고 제안한 것이다. 제롬은 그 일에 착수하여, 22년동안 지칠 줄 모르고 성경 번역에 매진했다.

그의 모난 언변 때문에 로마에서 말썽이 생겼기 때문에, 그는 386년에 파울라와 함께 베들레헴으로 갔다. 그들은 예수님이 탄생하는 장소 근처에 남자 수도원과 여자 수도원을 세웠다. 제롬은 그곳에서 독거, 연구, 금욕생활 등에 대한 욕구와 공동생활에의 요구를 조화시킬 수 있었다. 그는 성경을 라틴어로 번역하는 일에 심혈을 기울였다. 그것은 그의 생애 최고의 작업이었다. 그러던 그는 420년 9월 30일에 세상을 떠났다.

내 속사람으로는 하나님의 법을 즐거워하되 내 지체 속에서 한 다른 법이 내 마음의 법과 싸워 내 지체 속에 있는 죄의 법 아래로 나를 사로잡아 오는 것을 보는도다 오호라 나는 곤고한 사람이로다 이 사망의 몸에서 누가 나를 건져내랴 우리 주 예수 그리스도로 말미암아 하나님께 감사하리로다(롬 7:22-25).

10월

그러므로 모든 육체는 풀과 같고 그 모
든 영광이 풀의 꽃과 같으니 풀은 마르
고 꽃은 떨어지되 오직 주의 말씀은 세
세토록 있도다 하였으니 너희에게 전
한 복음이 곧 이 말씀이니라
-벧전 1:24-25-

성 만찬

10월 1일

기독교계에서 통일은 중요하다. 그러나 통일이 획일을 의미지는 않는다. 교회사에서 가장 현저하게 나타나는 유형 중 하나는 하나님께서는 자녀들이 불순종할 때에도 그들을 축복하신다는 것이다. 교회사상 최초의 선교팀인 바울과 바나바는 마가의 문제로 인해 논란을 벌였다. 웨슬리와 윗필드는 여러 가장 신학적 문제들에 대해 의견이 일치하지 않았다. 종교개혁자들은 성만찬의 본질을 놓고 크게 다투었다.

울리히 즈빙글리가 이끄는 스위스 종교개혁자들은 성만찬은 하나의 기념의식이라고 주장한 반면, 마틴 루터가 이끄는 독일의 개혁자들은 축성된 떡과 포도주 안에 그리스도가 실제로 임재한다고 주장했다. 양쪽의 갈등이 매우 심각했으므로, 어느 정치 지도자는 1529년 10월 1일에 마르부르크에 있는 자기의 성에 양 진영의 사람들을 초청했다. 연회장 중앙에는 벨벳 식탁보를 덮은 긴 식탁이 놓여 있었다. 일설에 의하면 회의가 시작되기 전에, 루터는 분필을 집어 들고는 자기 앞의 식탁보에 "이것은 내 몸이니라"라는 말씀을 써놓았다고 한다.

토론은 사흘 동안 계속되었다. 츠빙글리는 "이것은 내 몸이니라"(This is my Body)에서 "…이니라"(is)는 "…을 나타내느니라"(represent)라는 뜻으로 해석해야 한다고 주장했다. 루터는 "성경에서 '…이다'를 '…나타내다'로 해석한 곳이 어디 있느냐?"고 반박했고, 즈빙글리는 몇 곳을 제시했다. 그러나 루터는 조금도 생각을 바꾸지 않았다. 사흘 동안의 회의에서, 양측 사절들은 서로 의견을 달리하던 15개 조항 중 14개에는 의견의 일치를 보았지만, 15번째 조항, 즉 성만찬 문제에 관해서는 합의를 이루지 못했다. 결과적으로 즈빙글리는 독일 제후들의 지지를 상실했다. 스위스의 5개 가톨릭 주에서는 즈빙글리를 공격하기 위해 군대를 파견했고, 즈빙글리는 카펠 전투에서 사망했다.

그러나 그 무엇도 종교개혁자들의 불길을 끌 수는 없었다. 마르부르크 회의가 실패로 끝났음에도 불구하고, 이신칭의의 교리는 유럽 대륙 전역에 퍼져갔다.

저희가 먹을 때에 예수께서 떡을 가지사 축복하시고 떼어 제자들에게 주시며 가라사대 받으라 이것이 내 몸이니라 하시고 또 잔을 가지사 사례하시고 저희에게 주시니 다 이를 마시매 가라사대 이것은 많은 사람을 위하여 흘리는바 나의 피 곧 언약의 피니라

(막 14:22-24).

10월 2일 — 선교회의 등장

개신교도들은 선교의 뜻을 뒤늦게 받아들였다. 16세기에 개신교도들은 빈사 상태에 가톨릭 신앙에서 탈출하기 위해 노력했다. 17세기는 국가 내에서의 자유를 확보하기 위해 피를 흘리며 노력하면서 보냈다. 18세기에 들어서야 그들은 해외로 시선을 돌릴 수 있었다. 최초로 모라비아 교도들이 서인도제도와 라브라들 등지에 선교사들을 파송했다. 그러나 아직 강력한 본부의 지지를 받는 조직적인 선교 사역은 이루어지지 못했다.

그러던 중에 윌리엄 캐리가 등장했다. 그의 설교, 대화, 그리고 그가 저술한 『문의』라는 책 등을 통해서 동료 침례교도들은 어느 연합 집회에서 다음과 같이 결정하게 되었다. 케터링에서 개최될 다음번 목회자대회에 대비하여 이교도들에게 복음을 전파하기 위한 침례교 협회를 결성하기로 결정했다.

5달 후인 1792년 10월 2일 수요일, 케터링에 있는 과부 윌리스의 집 응접실에 14사람이 비밀리에 모였다. 목사가 12명, 학생이 1명, 집사가 1명이었다. 당시 31세인 캐리는 모라비아 교도들의 업적을 검토하고 성경에 기록된 선교 명령들을 자세히 열거했다. 이윽고 하나의 사항이 결정되었다.

> "캐리가 권장한 것, 그리고 이교도들에게 복음을 전파하고픈 소원에 따라서, 우리는 이 목적을 위해 협회 내에서 활동하기로 결정합니다. 그리고 기독교계 내의 독립된 국가에서 각 교파는 독립적으로 활동함으로써 위대한 목적을 가장 잘 성취할 듯이 여겨지므로, 우리는 이 조직을 침례교 이교복음전파협회라고 칭한다."

앤드류 풀러는 바울의 회심 장면이 그려져 있는 담배갑을 돌리면서 역사상 처음으로 조직적인 개신교 선교사역을 지지하는 서약서를 받았다.

갑자기 곳곳에서 선교회들이 생겨났다. 특히 런던에서 그러했다. 1792년에는 영국선교회, 1795년에는 런던선교회, 1799년에는 종교서적협회와 교회선교회가 생겨났다. 1804년에는 영국 해외성경협회가 등장했다. 선교의 시대가 시작되었고, 19세기는 세상에 복음을 심는 "위대한 시대"가 되었다.

그 후에 열한 제자가 음식 먹을 때에 예수께서 저희에게 나타나사 저희의 믿음 없는 것과 마음이 완악한 것을 꾸짖으시니 이는 자기의 살아난 것을 본 자들의 말을 믿지 아니함일러라 또 가라사대 너희는 온천하에 다니며 만민에게 복음을 전파하라(막 16:14-15).

감사절 제정

10월 3일

최초의 감사절은 필그림들이 메이플라워호를 타고 플리머스에 도착한 직후에 거행된 것일까? 텍사스 사람들은 미국 최초의 감사절은 필그림들이 감사예배를 드리기 79년 전인 1541년에 파드레 후안 데 카딜라에 의해서 칼로 두로 캐년에서 거행되었다고 주장한다. 어쨌든 감사절을 국경일로 지정하는 일은 서서히 진행되었다. 초창기에는 감사절 성명서를 발표하는 지도자들도 있고 그렇지 않은 지도자들도 있었다. 많은 사람들이 여러가지 이유로 감사절을 국경일로 지정하는 데 반대했고, 감사절은 여러 번 등장했다가는 사라지곤 했다. 그러다가 새러 헤일이 그 문제를 제대로 이해했다. 새러는 다섯 자녀를 둔 젊은 과부로 모자 가게를 운영하고 있었다. 새러는 시간을 내어 글을 쓰곤 했는데, 1823년에 첫 저서가 출판되었다. 곧 새러는 조그만 잡지사의 편집장이 되었고, 1837년에는 미국에서 가장 유명한 여성 잡지인 *Godey's Lady's Book*의 편집장이 되었는데, 그 잡지의 발행부수는 엄청나게 증가했다.

기독교 잡지는 아니었지만 신실한 교인이었던 새러는 자신이 집필하는 사설에서 종교 문제를 다루었다. 1846년에 새러는 감사절을 국경일로 정하자는 운동을 시작했다. 그녀는 그 문제에 대해 감동적인 사설을 썼다. 11월호에는 감사절을 다룬 시, 이야기, 칠면조 요리법을 수록했다. 새러는 정치가들에게 계속해서 그 문제를 다룬 편지를 보냈다. 1859년에 30명의 주지사들은 감사절을 같은 날에 지키는 데 합의했다. 그러나 감사절이 국경일로 지정되지는 않았다. 남북전쟁이 시작되자, 새러는 새로운 전략을 세웠다. 1859년, 새러는 감사절을 지킴으로써 분열을 피할 수 있다는 글을 썼다. "만일 각 주에서 이번 11월 24일을 감사절로 지킨다면, 사랑의 약속과 헌법에 대한 충성을 새롭게 해주지 않겠는가!"

그러나 1861년에 전쟁이 발발했다. 1863년 새러는 링컨 대통령에게 "아주 흥미로운 주제, 즉 감사절을 통일된 국경일로 제정하는 문제를 검토해주십시오"라는 편지를 썼고, 링컨 대통령은 이에 동의했다. 1863년 10월 3일, 링컨은 11월 마지막 목요일을 감사절로 정해 국경일로 지키기로 했다. 링컨은 전쟁 중에도 우리는 받은 축복을 헤아릴 수 있다고 말했다. "그것들은 지극히 높으신 하나님께서 주신 은혜로운 선물들이다. 하나님은 우리의 죄에 대해서는 분노로 다루시면서도 자비를 잃지 않으신다."

여호와께 감사하라 저는 선하시며 그 인자하심이 영원함이로다…여호와께 감사하라 그는 선하시며 그 인자하심이 영원함이로다(시 118:1, 29).

10월 4일 — 기도의 응답

간혹 우리가 기도를 드리기도 전에 하나님께서는 우리의 기도에 응답하신다. 헨리 8세 시대에 윌리엄 틴데일은 죽음을 무릅쓰고 영어로 성경을 번역하기로 결심했다. 교회와 국가는 그의 계획을 반대했다. 그러나 틴데일은 어느 성직자에게 "만일 하나님께서 나를 살려주신다면, 나는 밭을 가는 소년에게 성경에 대해서 당신보다 더 많은 것을 가르쳐줄 수 있을 것입니다"라고 말했다. 1536년 10월 5일, 그는 화형을 당했다. 그의 마지막 말은 "주님, 영국 왕의 눈을 열어주십시오"였다.

틴데일은 주께서 이미 일년 전에 그의 기도에 응답하셨다는 것을 알지 못하고 세상을 떠났다. 어떤 응답이었을까? 그 응답은 마일즈 커버데일이었다. 1488년에 태어난 커버데일은 캠브리지 대학에서 로버트 반즈의 영향을 받았다. 반즈는 커버데일과 함께 독일에서 유래된 사상들에 대해 토론하곤 했다. 커버데일은 즐겨 성경을 읽었다. 그는 "이제 나는 거룩한 성경을 맛보기 시작한다. 이제 나는 거룩한 박사들의 경건한 향내를 맞는다"고 했다.

얼마 안되어 그는 복음주의적 메시지를 전하기 시작했다. 영국에서 지낼 수 없게 되자 그는 대륙으로 건너가 7년을 지내면서 라틴어 성경을 영어로 번역했다. 그 책은 최초의 완전한 영어 성경으로서 1535년에 출판되었다. 그는 지혜롭게도 그 책을 헨리 8세에게 헌정했는데, 아첨을 좋아하는 헨리는 최초의 영어 성경 보급을 공식적으로 방해하지 않았다. 결국 틴데일의 기도는 이미 1년 전에 응답되었던 것이다.

커버데일은 그이 책 서문에서 자신이 성경 번역 작업을 갈망한 것이 아니라 "다른 민족들은 모국어로 성경을 대하는데 우리는 그렇지 못한 것이 안타까웠다"고 말했다.

커버데일은 런던 다리 근처에 있는 성 매그누스 교회의 교구 목사가 되었다. 오늘날 그곳을 방문하는 사람들은 교회의 농쪽 벽에서 다음과 같은 기념 명판을 발견할 수 있다.

> "그는 성경을 번역하면서 여러 해를 보냈다. 그의 지휘 하에 1535년 10월 4일에 최초의 완전한 영어 성경이 인쇄되었다."

그들이 부르기 전에 내가 응답하겠고 그들이 말을 마치기 전에 내가 들을 것이며
(사 65:24).

오랜지와 이쑤시게

10월 5일

템즈 강변에 있는 런던 탑은 하나의 조그만 마을이다. 과거에 그곳은 궁전, 요새의 역할을 했고, 좋지 않게는 감옥 역할도 했다. 개신교도였던 엘리자베스 1세 때에 가톨릭 신자인 젊은 존 제라드라는 사람이 이곳에 갇혀 지냈다.

그는 대륙에서 교육을 받은 제수잇 사제였는데, 18세 때에 영국에서 공공연하게 이곳저곳으로 다니면서 사역을 시작했다. 결국 그는 잡혀서 악명높은 클링크 감옥에 갇혔다. 그는 삼년간 그곳에서 지내다가 런던 탑으로 이송되었다.

런던 탑에 있는 화이트 타워라는 건물에는 창문이나 외부로 나가는 문이 없는 지하감옥이 있었다. 그곳에 갇힌 제라드는 하루에 여러 시간 동안 두 손을 묶인 상태로 고문을 받았다. 그가 기절하면 의식을 찾게 하고 또 다시 고문을 가했다. 그의 두 팔은 엄청나게 부어올랐고, 온 몸은 욱신거렸다. 고문을 당한 두 손은 음식을 먹을 수 없을 정도로 망가졌다.

마침내 고문이 잠시 중단되었다. 젊은 사제는 손가락 운동을 했고, 삼 주 후에는 손으로 음식을 먹을 수 있게 되었다. 그는 오렌지와 이쑤시개를 달라고 청했다. 그는 오렌지즙과 이쑤시개로 글을 썼다. 이것은 열을 가해야만 글씨를 볼 수 있었다. 그 편지의 내용은 사람들에게 전해졌다. 보트와 밧줄, 그리고 외부에서 도와줄 사람들이 선발되었다. 1597년 10월 5일, 제라드는 구멍을 통해서 크레이들 타워의 지붕으로 기어올라가서 밧줄을 타고 내려갔다. 친구들은 그를 런던 교외에 있는 은신처로 데려갔다.

제라드는 곧 은밀하게 사제의 일을 재개했는데, 항상 체포될 위험에 처해 있었다. 그러다가 더 이상 영국에서 지낼 수 없게 되자, 그는 스페인 대사와 네덜란드 대사의 하인들 속에 섞여서 영국을 빠져 나왔다. 그는 로마에서 사역하다가 1637년 7월 27일에 73세로 세상을 떠났다. 오늘날 그는 런던 탑에서 탈출해나온 소수의 엘리트로 기억되고 있다.

만일 네가 마음을 바로 정하고 주를 향하여 손을 들 때에 네 손에 죄악이 있거든 멀리 버리라 불의로 네 장막에 거하지 못하게 하라 그리하면 네가 정녕 흠없는 얼굴을 들게 되고 굳게 서서 두려움이 없어지리니 곧 네 환난을 잊을 것이라 네가 추억할지라도 물이 흘러감 같을 것이며 (욥 11:13-16).

10월 6일 — 틴데일

"영어성경의 아버지"인 윌리엄 틴데일은 1490년경에 웨일즈 변경 근처에 있는 작은 마을에서 태어났다. 어학에 특별한 재능이 있었던 그는 옥스포드에 진학하여 세상에서 가장 위대한 언어학자인 에라스무스의 저술들을 공부하기 시작했다. 그는 에라스무스의 헬라어 신약성서 및 여러 저술들을 읽고, 곧 그것을 바탕으로 강의를 시작했다. 당시에는 영어로 된 성경을 사용할 수 없었는데, 틴데일의 마음속에 한 가지 생각이 떠올랐다.

틴데일은 순수한 성서 및 그것을 번역해야 할 필요성을 고취하기 시작했다. 그는 위협과 반대에 직면했다. 어떤 사람은 "하나님의 법은 없어도 되지만 교황의 법이 없으면 안된다"고 말했다. 이에 대한 킨데일의 답변은 교회사에서 매우 유명한 답변 중의 하나이다. "만일 하나님께서 내 목숨을 살려주신다면, 몇 년이 못되어 당신들보다 많은 것을 촌 소년에게 가르쳐 줄 수 있을 것입니다."

틴데일은 런던의 주교에게 가서 성경을 영어로 번역하는 일에 대한 도움을 청했지만 거절당했다. 그러나 틴데일은 그 일에 착수했다. 목숨이 위태롭다는 것을 안 그는 대륙으로 도망하여, 그곳에서 번역을 계속했고, 마태복음과 마가복음 사본을 몰래 영국으로 반입했다. 첩자들은 그를 잡기 위해서 유럽을 이 잡듯이 뒤지고 다녔다. 틴데일은 성경을 번역하여 밀반입하면서 숨바꼭질을 했다. 1525년에 신약성서과 완역되어 영국에서 비밀리에 낭독되었다.

1535년 5월 21일, 틴데일은 밀고되어 체포되었다. 그는 환경이 아주 나쁜 감방에 갇혔다. 그곳에서도 그는 감수와 그 가족들에게 전도하여 회심시켰다. 그는 1536년 10월 6일에, 브루셀 외곽에서 말뚝에 묶여 목이 졸린 후에 화형에 처해졌다. 당시 그는 42세였다.

틴데일의 마지막 말은 "수님, 영국 왕의 눈을 열어주십시오"였나. 그런데 그 기도는 이미 1년 전에 응답을 받은 것이었다. 왜냐하면 헨리 8세는 틴데일의 친구인 마일즈 커버데일이 번역한 새로운 영어성경을 이미 인정했기 때문이다. 헨리는 커버데일의 성경이 틴데일의 작업의 70%에 해당한다는 것을 깨닫지 못했다. 1604년에 제임스 1세는 성경을 영어로 번역하는 일을 허가했다. 그런데 틴데일이 이루어놓은 작업이 킹 제임스 성경의 기초의 90%를 이루었다.

그러므로 모든 육체는 풀과 같고 그 모든 영광이 풀의 꽃과 같으니 풀은 마르고 꽃은 떨어지되 오직 주의 말씀은 세세토록 있도다 하였으니 나희에게 전한 복음이 곧 이 말씀이니라(벧전 1:24-25).

조지 뮬러의 결혼 이야기

10월 7일

1829년이 저물어갈 무렵, 나는 복음 안에서 일하기 위해서 런던을 출발했다. 주 안에 있는 형제 한 사람이 기독교 신자인 유명한 귀부인인 페이젯의 주소가 들어 있는 카드를 주었다. 당시 페이젯은 엑시터에 살고 있었다. 나는 3주 동안 이 카드를 주머니에 넣고 다니면서도 이 부인을 만나려 하지 않았다. 그러나 마침내 이 부인을 만나게 되었다. 페이젯 부인은 나에게 기독교인인 헤이크씨의 주소를 주었다. 헤이크씨는 노던헤이 하우스에서 젊은 사람들을 위한 기숙학교를 운영하고 있었다. 나는 헤이크씨를 찾아갔다.

그곳에서 나는 후일 나와 결혼한 그로브즈 양을 만났다. 나는 매주 그곳을 찾아갔다. 이번에 나의 목적은 결혼하려는 것이 아니고 복음 사역을 하면서 자유로이 이리저리 여행하는 데 있었다. 그러나 몇 달 후에 나는 여러 가지 이유로 25살이 안된 젊은 목사인 내가 결혼하는 편이 낫다는 것을 알게 되었다. 문제는 누구와 결혼하느냐였다. 그로브즈 양이 마음에 떠올랐지만, 나는 오랫동안 기도하면서 고민한 뒤에야 결정을 내릴 수 있었다. 마침내 나는 그로브즈 양이 진심으로 나를 사랑한다고 믿을 근거가 있으며, 따라서 그녀에게 청혼해야 한다고 결정했다. 8월 15일에 나는 그녀에게 결혼해달라는 편지를 썼는데, 8월 19일, 그녀는 내 청혼을 받아들였다. 그녀가 내 청혼을 받아들이고 나서 우리는 가장 먼저 무릎을 꿇고 주님께 우리의 결합을 축복해 달라고 기도했다.

1830년 10월 7일에 우리는 결혼했다. 우리의 결혼은 아주 단순했다. 우리는 걸어서 교회에 가서 결혼 서약을 했고 피로연을 하지 않았다. 그대신 오후에 헤이크 씨의 집에서 기독교인 친구들이 모여 주님의 죽으심을 기념한 후에 나는 사랑하는 아내와 함께 마차를 타고 집으로 갔다. 다음날부터 우리는 주님의 일을 시작했다.

하나님께서는 이런 방식으로 나에게 훌륭한 아내를 주셨다.

너는 마음을 다하여 여호와를 의뢰하고 네 명철을 의지하지 말라 너는 범사에 그를 인정하라 그리하면 네 길을 지도하시리라(잠 3:5-6).

10월 8일 — 능력의 전도자 무디

드와이트 무디는 청소년 시절에 보스톤에 있는 어느 구두 가게에서 주님께로 인도되었다. 그는 제대로 교육을 받지 못했지만, 엄청난 정력을 가지고 영혼 구원에 힘썼다. 그는 시카고로 가서 어린이 사역을 시작했다. 그가 운영하는 주일학교에는 학생들이 천 명이 넘었다. 이와 같은 외적인 성장에도 불구하고 무디는 내적으로 영력의 부족함을 느끼고 좌절했다. 그는 자신이 시카고를 떠나 순회복음전도자가 되는 것이 하나님께서 원하시는 일이라고 생각하면서도, 그 일을 원치 않았다.

1872년 10월 8일, 무디는 주일학교 학생들에게 다음 주일에는 그리스도께 응답하는 일에 대해서 생각해보자고 말했는데, 그런 기회는 오지 않았다. 예배가 끝날 무렵 거리에서 화재 경보가 울려왔다. 두려움 속에서 예배를 마치고, 젊은 사람들은 황급히 교회를 떠났다. 불길이 하늘까지 솟구치고 건물들을 삼켰다. 가스관이 폭발하고, 거리에는 도망하는 사람들이 가득했다. 시카고 대화재는 주일부터 수요일까지 계속되었다. 무디는 교회 건물과 집을 잃었다.

깊이 상심한 무디는 즉시 사역 재개를 위한 기금을 얻기 위해서 시카고를 떠나 뉴욕으로 갔다. 그러나 그는 구걸하려는 생각은 없었다. 월 스트리트를 걸으면서, 무디는 강력한 영적 체험을 했다. 그는 나중에도 종종 그 일을 언급하곤 했다.

> "나는 하나님께서 나에게 그의 영을 부어주시기를 항상 기도하고 있었습니다. 그런데 어느날 뉴욕에서 그 일이 내게 임했습니다. 나는 그 일을 말로 설명할 수 없습니다. 그것은 너무나 거룩한 체험이었습니다. 바울도 자신의 체험을 14년 동안 말하지 않았습니다. 나는 다만 하나님께서 나에게 자신을 계시해주셨다는 것만 말할 수 있습니다. 하나님의 사랑의 체험이 너무나 강력하여 나는 하나님께 그 손길을 멈추어 달라고 요청해야 했습니다."

그날 이후로 언제 어디서나 무디가 설교할 때에는 수백명이 구원을 받았다. 무디는 19세기 최고의 유명하고 능력있는 복음전도자로서 평생 세계 곳곳을 다니며 복음을 전파했다.

우리를 명하사 백성에게 전도하되 하나님이 산자와 죽은자의 재판장으로 정하신 자가 곧 이 사람인 것을 증거하게 하셨고 저에 대하여 모든 선지자도 증거하되 저를 믿는 사람들이 다 그 이름을 힘입어 죄 사함을 받는다 하였느니라(행 10:42-43).

침례교회의 지도자 벤자민 키치

10월 9일

현대 침례교 운동은 1600년대에 시작되었다. 침례교 지도자들은 감옥에 갇히고 죽으면서도 끝까지 인내했다. 그 중 한 사람이 벤자민 키치(Benjamin Keach)이다. 벤자민은 1640년에 태어났다. 그는 18세 때에 회심했고, 10년 후부터 목회를 시작했다. 그는 런던 근처 사우스웍에 있는 호슬리다운 침례교회에서 시무했다. 그를 아는 사람들은 그가 독학을 했으며 진지하고 매우 복음적이었고, 오직 침례교회와 회중에게만 관심을 쏟았지만 그 범주 안에서는 큰 영향력을 미쳤다"고 묘사했다.

키치는 노래하는 것과 아이들을 좋아했는데, 그 때문에 어려움에 빠지게 되었다. 그는 아이들에게 침례교 신앙을 설명하기 위해 소기도서를 저술했다. 아이들은 좋아했지만, 왕은 그렇지 않았다. 그는 체포되어, 1664년 10월 9일에 아일즈베리 법정에 섰다. 대법관은 다음과 같이 심문했다.

> 벤자민 키치, 당신은 국민을 선동하는 좋지 않은 책을 저술하여 출판했다는 죄목으로 고소되었습니다. 당신은 2주 동안 감옥에서 생활해야 하며, 다음 주 토요일에는 "어린이 교사, 또는 쉽고 새로운 소기도서라는 제목으로 분파적인 책을 저술하여 출판한 죄인"이라고 쓰인 종이를 머리에 붙이고 11시부터 두 시간 동안 형틀을 쓰고 서있어야 하고, 다음 주 목요일에는 윈슬로우의 장터에서 역시 두 시간 동안 그런 벌을 받아야 합니다. 그리고 당신이 출판한 책들은 당신이 보는 앞에서 형리들이 불태워버릴 것이요. 당신은 국왕 폐하에게 20파운드의 벌금을 납부해야 합니다.

키치는 실제로 2달 동안 감옥에서 지냈고 100파운드를 벌금으로 지불했지만 조금도 태도를 바꾸지 않았다. 얼마 후에 그는 다시 곤란에 빠졌는데, 이번에는 찬송집을 출판한 혐의였다. 과거에는 영어를 사용하는 교회들은 다윗의 시편만을 노래했었다. 1692년에 키치는 300곡의 찬송가가 수록된 『신령한 멜로디』라는 책을 출판했다. 이 과격하고 혁신적인 행위에 그의 회중들은 격노했다. 그는 많은 신자들이 떠나는 모습을 경악하며 지켜보았다. 그럼에도 불구하고 키치는 여생을 아이들을 가르치고 찬송을 하면서 보냈다.

오늘날 내가 네게 명하는 이 말씀을 너는 마음에 새기고 네 자녀에게 부지런히 가르치며 집에 앉았을 때에든지 길에 행할 때에든지 이 말씀을 강론할 것이며 너는 또 그것을 네 손목에 매어 기호를 삼으며 네 미간에 붙여 표를 삼고(신 6:6-8).

10월 10일   아치발드 존스턴 경

　아치발드 존스턴 경의 초기 생활에 대해서는 그다지 알려진 것이 없다. 그는 17세기에 스코틀랜드에서 살면서 정치와 장로교회에 적극적으로 개입했다. 그는 아주 고위직으로까지 승진했다. 그는 영국제도에서 가장 총명한 사람이었다. 그는 세계의 지도자들에게 자신의 신앙을 거리낌없이 증거했다. 청교도 혁명이 진행될 때, 그는 찰스 1세를 해임하여 처형한 크롬웰의 편을 들었다. 1660년에 왕정이 복고되어 찰스 2세가 즉위하면서 존스턴은 자신이 위험에 처했음을 알았다. 1660년 10월 10일, 정부에서는 그를 도망친 사형수로 선포했다.

　존스턴은 대륙으로 도피했는데, 그곳에서 병이 들었다. 우연히 찰스 왕의 어의인 베이츠 박사가 그를 간호하게 되었다. 베이츠 박사는 존스턴을 죽이려고 그에게 독약을 주입하고 피를 60온스나 뺐지만 존스턴은 죽지 않았다. 하지만 뇌에 이상이 생겨 자신이 30분 전에 한 말이나 행동을 기억하지 못하게 되었다.

　존스턴은 친구들의 도움을 받아 프랑스로 도피했다. 그러나 찰스2세의 첩자들은 그곳까지 따라왔다. 결국 존스턴은 기도하던 중에 체포되었다. 1663년 1월, 그는 영국으로 호송되어 런던 탑에 갇혔다. 마침내 그는 사형집행을 위해 에딘버러로 호송되었다. 그의 조카는 "삼촌은 심신이 완전히 병들어 있었기 때문에, 그에게 어떤 조처를 취한다는 것은 국가 자체에 욕이 되는 일이었다"고 했다.

　존스턴은 처형되기 전날 밤 잘 잤다. 그는 기분좋게 마지막 점심을 먹으면서 "저녁은 천국에서 먹고, 다음 번에는 아버지의 나라에서 시원한 물을 마셨으면 좋겠어"라고 말했다. 2시에 그는 교수대로 끌려갔다. 그는 자신이 하려는 말을 기억할 수 없었기 때문에 주머니에서 종이 한장을 꺼내어 읽었다. 그리고 나서 하늘을 바라보면서 "아바, 아버지! 불쌍하고 죄악된 종을 받아주십시오. 이 종은 예수 그리스도의 공로로 당신께 갑니다"라고 기도했다.

　그는 교수형에 처해졌다. 사람들은 네더바우 포트에서 제임스 거스리의 머리 옆에 그의 머리를 못박아 놓았다.

우리가 아직 연약할 때에 기약대로 그리스도께서 경건치 않은 자들을 위하여 죽으셨도다 의인을 위하여 죽는 자가 쉽지 않고 선인을 위하여 용감히 죽는 자가 혹 있거니와 우리가 아직 죄인 되었을 때에 그리스도께서 우리를 위하여 죽으심으로 하나님께서 우리에게 대한 자기의 사랑을 확증하셨느니라(롬 5:6-8).

투르 전쟁　　　　　　　　　　10월 11일

　570년 아미나라는 여인이 아들을 낳았는데, 그 아기는 태어난 직후에 "알라 외에 다른 신은 없다. 나는 그의 선지자이다!"라고 외쳤다고 한다. 그 아기가 바로 모하멧, "약속된 자"였는데, 그는 아랍인들에게 종교를 주었다. 그후 모하멧의 추종자들은 정복을 계속하여 중동 지방과 북아프리카를 차지했다. 그들은 메뚜기떼처럼 스페인을 가로질러 피레네 산맥의 남쪽 기슭을 타고 올라 탐욕스럽게 프랑스를 노리고 있었다.

　아랍인들이 황금시대를 맞이하는 동안 유럽인들은 암흑시대를 맞고 있었다. 700년대 초에 회교도들은 옛 로마제국의 남은 자들을 위협하고 있었다. 유럽 전역에서 "아랍인들이 밀려온다!"는 소리가 메아리쳤다. 아랍인들이 밀려오고 있는데, 그들을 저지할 방법이 없는 듯했다. 파리 시민들은 두려움에 떨었다. 그런데 그들 중에서 장발의 튼튼한 젊은 프랑크족이 등장했다. 그는 페핀의 아들 찰스 마르텔이었다.

　찰스는 프랑크족과 소수의 동맹군들을 투르와 프와티에 사이의 평원에 소집했다. 그들은 군대라기보다는 겁에 질린 잡다한 야만족들이 모인 오합지졸이었다. 찰스는 그들에게 그저 견고히 서서 진지를 지키며, 죽더라도 결코 전선을 이탈하지 말라고 말했다.

　732년 10월 11일, 두 세력—서방 문명의 운명을 위해 싸우는 두 개의 문화, 두 개의 언어, 두 개의 신앙—이 만났다. 회교도들은 프랑크족을 향해 돌격했다. 그들의 말발굽 소리와 외치는 소리는 수 마일 밖에서도 들렸다. 프랑크인들은 굳게 견디냈다. 두번째 공격이 행해졌지만, 찰스의 군인들은 요동도 하지 않았다. 세번째 공격이 실패하고 네번째 공격이 가해졌다. 찰스는 말을 타고 군인들 사이를 질주하면서 명령을 내렸다. 5일동안 공격이 파상적으로 진행되었다. 6일째 되는 날, 아랍인들은 전선을 붕괴시켰지만, 다시 함정에 빠져 자신이 포위되었다. 그들은 사기를 잃었고, 살아남은 사람들은 도망을 쳤다.

　전쟁터에는 죽은 시체들이 즐비했다. 그러나 유럽은 아랍인들의 수중에 넘어가지 않고 기독교 신앙을 지킬 수 있게 되었다.

　그런즉 군왕들아 너희는 지혜를 얻으며 세상의 관원들아 교훈을 받을찌어다 여호와를 경외함으로 섬기며 떨며 즐거워할찌어다 그 아들에게 입맞추라 그렇지 아니하면 진노하심으로 너희가 길에서 망하리니 그 진노가 급하심이라(시 2:10-12).

10월 12일

클라우디스 황제의 암살

세계사에 신약성서의 사건들을 발표한 누가는 사도행전 11장과 18장에서 로마 황제 클라우디우스에 대해 언급한다. 티베리우스 클라우디우스 케사르 아우구스투스 게르마니쿠스는 예수님보다 조금 먼저 태어났으며, 41년에 50세의 나이로 로마 황제가 되었다. 그는 소아마비를 앓았기 때문에 다리가 온전치 못했고 말을 더듬었다. 화가 나면 그는 입에 거품을 물었고 코에서는 콧물이 나왔다.

그러나 황제가 된 그는 약속들을 제시함으로써 모든 사람들을 놀라게 했다. 그는 세금을 낮추고 제국은 영국과 모리타니아까지 확장했고, 사람들이 자신을 신으로 숭배하는 것을 거부했다. 그의 통치 하에서 많은 사람들이 로마 시민권을 얻었다. 행정 사무가 확장되고, 사법체계가 개혁되고, 공공사업도 성장했다.

그러나 그것은 그리 오래 지속되지 못했다. 클라우디우스 황제의 말년은 음모로 얼룩져 있는데, 대부분은 그의 아내 아그리피나를 중심으로 한 것이었다. 황제의 첫 부인은 결혼하던 날에 사망했다. 다른 부인들은 이혼당하거나 살해되었다. 그러다 교활한 아그리피나를 만나 결혼했다.

32세의 아그리피나에게는 자기의 아들을 위해 황제의 자리를 확보하는 것 외에 다른 목표가 없었다. 그러기 위해서 그녀는 클라우디우스와 그의 아들 브리타니쿠스를 죽여야 했다. 아그리피나는 점차 권력을 장악하면서 자기의 원수들을 죽이고 공포의 통치를 펼 음모를 꾸몄다. 5년이나 세월이 흐른 뒤에야 클라우디우스 황제는 사태를 파악했지만, 이미 때는 늦었다. 54년 10월 12일, 아그리피나는 버섯에 강력한 독을 쳐서 황제에게 먹였다. 황제는 12시간 동안 한 마디도 하지 못하고 고생하다가 숨을 거두었다. 브리타니쿠스 역시 독약을 먹게 되었다.

황제가 된 아그리피나의 아들은 그녀를 살해하려는 계획을 세웠다. 처음에 그는 아그리피나에게 독을 먹이려 했지만, 그녀는 계략을 너무나 잘 알고 있었다. 다음에는 물에 빠뜨려 죽이려 했는데, 그녀는 미리 마련해 놓은 난파선에서 헤엄쳐 나와 목숨을 건졌다. 마지막으로 자객들이 그녀를 칼로 찔렀다. 젊은 황제는 아무 것도 덮지 않는 그녀의 시신을 보면서 "내 어머니가 이렇게 아름다운 줄 몰랐다"고 말했다. 그 황제가 바로 네로이다.

그 때에 선지자들이 예루살렘에서 안디옥에 이르니 그 중에 아가보라 하는 한 사람이 일어나 성령으로 말하되 천하가 크게 흉년이 들리라 하더니 글라우디오 때에 그렇게 되니라(행 11:27-28).

성유물

10월 13일

중세 시대에 십자군들은 팔레스틴이나 콘스탄티노플로부터 성지의 성물들을 가지고 귀환했다. 유럽 전체가 술렁거렸다. 감독들은 감독들끼리, 교회는 교회끼리 다양한 성물들을 획득하고 전시하는 일로 경쟁했다. 대성당들은 실질적으로 박물관이 되었다. 곧 사람들은 이러한 성유물들을 숭배하기 위해 순례했다.

교회에서 예배자들은 가시 면류관의 가시들, 그리스도의 십자가 조각, 예수님의 옆구리를 만졌던 도마의 손가락 등을 볼 수 있었다. 할버스타트 교회는 골고다에서 사용했던 해융과 갈대를 입수했다. 성 오메르에 있는 어느 교회는 예수의 옆구리를 찌른 창을 입수했다. 아미앵 대성당에는 세례요한의 머리가 은컵에 담아 간직되어 있다. 프랑스에 있는 세 교회들은 각각 막달라 마리아의 시신을 보관하고 있다고 자랑했다. 유럽 곳곳에서 교회들은 노아의 수염, 야곱의 바위, 모세의 막대기, 그리스도의 무덤을 막았던 돌 등을 간직하고 있다고 자랑했다. 또 어떤 곳에서는 그리스도의 못, 성배를 간직하고 있다고 주장하여 순례자들을 감탄하게 만들기도 했다.

심지어 주님의 포피, 배에서 사용하던 밧줄, 마리아의 젖 등이 발견되어 전시되었다고도 한다. 로마에 있는 성 베드로 성당 바실리카에는 베드로와 바울의 시신이 안치되어 있어, 기독교 순례의 궁극적인 목적지가 된다.

그러므로 1247년 10월 13일에 "그리스도의 피"가 런던에 도착했을 때에 영국에 큰 소동이 일어난 것은 그리 놀라운 일이 아니다. 십자군들은 그것이 정말로 그리스도의 피라고 보증했고, 거기에는 예루살렘 총대주교와 성지의 대주교들의 도장이 찍혀 있었다. 헨리 3세는 10월 12일 밤새도록 금식 기도를 했다. 다음날 아침이 밝아오자 그는 사제들을 거느리고 런던 거리를 행진했다. 그는 거룩한 피가 들어 있는 단지를 높이 들었다. 행진은 성 바울 교회에서 웨스트민스터 사원으로 이어졌다. 그리고 노리지의 주교는 그 단지 안에 있는 성유물에 관해 훌륭한 설교를 했다.

그러나 그가 그 성유물을 무시하고 에베소서 1:7의 진리, 즉 "우리가 그리스도 안에서 그의 은혜의 풍성함을 따라 그의 피로 말미암아 구속 곧 죄사함을 받았으니"를 선포하는 것이 더 나았을 것이다.

우리가 그리스도 안에서 그의 은혜의 풍성함을 따라 그의 피로 말미암아 구속 곧 죄사함을 받았으니 이는 그가 모든 지혜와 총명으로 우리에게 넘치게 하사 그 뜻의 비밀을 우리에게 알리셨으니 곧 그 기쁘심을 따라 그리스도 안에서 때가 찬 경륜을 위하여 예정하신 것이니(엡 1:7-9).

10월 14일   종교의 자유를 위해 싸운 아이작 박커스

조지 윗필드가 코네티커트 주 노리지에서 막 설교를 마쳤을 때 한 청년이 올라오더니 악수를 청했다. 그가 바로 아이작 박커스였다. 윗필드의 설교에 깊은 감명을 받은 그는 곧 삶을 그리스도께 헌신하고 세례를 받았고, 목사, 침례교 전도자가 되었다. 박커스는 국내 선교사로서 미국을 900회 이상 여행하며 68,000마일 이상을 말을 타고 다녔다.

그러나 그는 종교의 자유의 수호자로서 가장 잘 알려져 있다. 박커스는 미국 내에서 교회와 국가의 분리를 위해 싸웠다. 처음에 그가 사역을 시작했을 때에는 매서추세츠 주에서 거둔 세금으로 국교회, 즉 뉴잉글랜드의 회중교회를 지원했었다. 박커스는 그 세금 납부를 거부했기 때문에 투옥되었다. 석방된 후에도 그는 국가의 지원을 받는 교회 체계를 폐지하기 위해 지칠줄 모르고 싸웠다.

1774년, 필라델피아에서 제1차 대륙회의가 개최되었을 때, 박커스도 참석하여 대표들을 회유했다. 1774년 10월 14일, 박커스와 동료 목사들은 회의에 참석한 메서추세츠 대표단을 만나서 완전한 종교의 자유를 간절히 호소했다. 그러나 그 정치인들은 화가 났다. 존 애담스는 회중교회 지원을 위해 세금을 거두는 것이 다른 종교집단의 자유를 침해하지 않는다고 주장했다. 그는 4시간 동안의 회의를 마치면서 "여러분, 만일 여러분이 메서추세츠의 종교 관련 법을 바꾸려느니 차라리 하늘에 있는 태양의 궤도를 바꾸는 것이 쉬울 것입니다"라고 말했다.

박커스는 존 핸콕에게 탄원하고, 전체 대륙 회의 앞에서 탄원하기로 결심했다. 그러나 존 애담스가 언제나 그의 노력을 저지했다. 그러나 그의 세상을 뿌리를 내렸다. 박커스가 사망하고 나서 27년이 지난 후 메서추세츠 주의 마지막 국교회가 사라졌다. 미국 내에서의 교회와 국가이 복음적 지위를 규정하고 홍보한 공로는 누구보다도 아이작 박커스에게 돌려야 한다.

사람보다 하나님을 순종하는 것이 마땅하니라 너희가 나무에 달아 죽인 예수를 우리 조상의 하나님이 살리시고 이스라엘로 회개케 하사 죄 사함을 얻게 하시려고 그를 오른손으로 높이사 임금과 구주를 삼았느니라(행 5:29-31).

하나님의 부르심

10월 15일

바울은 "너희를 부르심을 보라…지혜있는 자가 많지 아니하며 능한 자가 많지 아니하며 문벌좋은 자도 많지 아니하도다 그러나 하나님께서 세상의 미련한 것들을 택하사"(고전 1:26, 27)라고 했다.

영국에서 어느 버스 안에서 벌어진 일이다. 제대로 교육을 받지 못한 28세의 글래디스 아일워드는 중국에 선교사가 필요하다는 글을 읽고 있었다. 그 순간부터 중국은 그녀의 삶이요 열정이 되었다. 글래디스는 선교 요원으로 지원했지만 낙방했다. 낙심한 글래디스는 자신의 방에 들어가서 지갑을 뒤집어 보았다. 20페니가 성경 위에 쏟아졌다. 글래디스는 "하나님, 여기에 내 성경책이 있습니다. 내 돈이 있습니다. 그리고 내가 있습니다"라고 기도했다. 글래디스는 중국으로 가기 위해 돈을 모으기 시작했다. 그녀는 배를 타고는 중국으로 갈 수 없다는 것을 알았기 때문에, 비록 전쟁중인 만주 지방을 통과해야 하는 위험이 있기는 하지만 기차를 타고 유럽과 아시아를 질러 가기로 했다. 1932년 10월 15일, 런던의 리버풀 역에는 많은 사람들이 중국으로 떠나는 글래디스를 전송하고 있었다. 여행은 위험했고, 글래디스는 거의 목숨을 잃을 뻔도 했다. 그러나 마침내 글래디스는 중국에 도착하여 어느 나이 지긋한 선교사의 집에 도착했다. 선교사는 글래디스를 맞아들였지만, 과연 그녀와 함께 무슨 일을 해야 할지 몰랐다. 어쨌든 글래디스는 마침내 현대사에서 가장 놀라운 독신 여성 선교사들 중 한 사람이 되었다.

글래디스의 사역 발전이 매우 특이했으므로 그녀는 주목을 받게 되었다. 그녀의 전기는 영화화되었는데, 주연은 잉그리드 버그만이 맡았다. 글래디스는 엘리자베스 여왕과 같은 위대한 인물들과 함께 식사를 하고 커다란 교회에서 연설도 했다. 심지어 그녀는 "이것이 당신의 삶이다"라는 프로그램의 주인공이 되기도 했다. 그러나 글래디스는 세상의 주목을 받는 일에 안주하지 않았다. 그녀의 마음은 항상 아시아에 있었다.

> "나는 중국에서의 사역을 위해 하나님께서 첫번째 선택하신 인물이 아닙니다. 하나님께서 첫번째로 선택하셨던 사람이 누구인지 나는 모릅니다. 그리고 무슨 일이 있었는지도 모릅니다. 아마 그 사람이 죽었을 수도 있고, 하나님의 명령을 따르려고 하지 않았을 수도 있습니다. 그래서 하나님께서는 세상을 내려다 보시다가 글래디스를 발견하신 것입니다."

형제들아 너희를 부르심을 보라 육체를 따라 지혜있는 자가 많지 아니하며 능한 자가 많지 아니하며 문벌 좋은 자가 많지 아니하도다 그러나 하나님께서 세상의 미련한 것들을 택하사 지혜 있는 자들을 부끄럽게 하려 하시고 세상의 약한 것들을 택하사 강한 것들을 부끄럽게 하려 하시며(고전 1: 26-27).

10월 16일 — 영국의 순교자 휴 래티머

영국의 국왕 헨리 8세가 종교개혁을 지지했다고 생각하는 것은 오산이다. 비록 헨리가 로마와 결별했지만, 그는 여전히 가톨릭 교리를 믿고 있었다. 그는 단지 교황이 없는 가톨릭 신앙을 원한 것이었다. 실질적인 영국 종교개혁의 공로는 토마스 빌니라는 켐브리지 대학의 학자에게 돌려야 한다. 그는 에라스무스의 헬라어 신약성서를 읽고 종교개혁의 진리를 받아들였다. 빌니는 화이트 호스 여인숙에 사람들을 모아놓고 비밀리에 성경을 공부하고 기도했다. 그러나 그는 결국 발각되어 1531년 8월 19일에 노리지에서 화형을 당했다. 그러나 그보다 먼저 "영국의 사도"라고 알려진 영적인 용사 휴 래티머가 그보다 먼저 화형을 당했다.

래티머는 전에는 종교개혁을 강력하게 반대했다. 그러나 빌니는 켐브리지 대학에서 루터교를 반대하는 래티머의 설교를 듣고 그를 찾아가서 설득하는 데 성공했다. 곧 래티머는 전에 자신이 말살하려고 노력했던 신앙을 전파하게 되었다. 결국 그는 국왕 헨리의 총애를 잃고 런던 탑에 갇혔다. 에드워드가 왕이 되면서, 래티머는 석방되었다. 그러나 에드워드가 사망하고 메리가 여왕이 되면서 그는 체포되어 사형선고를 받았다. 1555년 10월 16일, 래티머와 니콜라스 리들리는 옥스포드에서 말뚝에 묶여 화형을 당했다. 래티머는 "리들리씨, 기운을 내세요. 오늘 우리는 하나님의 은혜로 말미암아 영국에 하나의 촛불을 밝히게 될 것인데, 그 불은 결코 꺼지지 않을 것입니다"라고 말했다.

> 불길이 타올랐다. 그러나 그 연기는 휴 래티머의 영혼을 질식시키지는 못했다. 그는 "리들리 형제여, 기운을 내세요. 이곳에 하나의 촛불이 밝혀져 있습니다. 하나님의 은혜로 그 촛불은 꺼지지 않을 것입니다"라고 말했다. 그 말은 사방으로 퍼졌다. 아무리 바람이 불어도 래티머의 불은 결코 꺼지지 않을 것이다. 래티머의 불은 다가오는 심판날 나팔이 울릴 때까지 꺼지지 않을 것이다.*

* From *A Flank Boreham Treasury,* compiled by Peter F. Guntry(Chicago: Moody Press, 1984), p. 1.

너희가 피곤하여 낙심치 않기 위하여 죄인들의 이같이 자기에게 거역한 일을 참으신 자를 생각하라(히 12:3).

순교자 이그나티우스

10월 17일

사도 요한은 그의 편지를 받는 사람들을 "나의 자녀들아"라고 부르면서, 아마도 그의 제자인 이그나티우스를 염두에 두고 있었을 것이다. 이그나티우스는 신약성서에는 등장하지 않지만 초대교회사에서 매우 두드러진 인물이다. 69년경에 이그나티우스는 안디옥 교회의 제3대 감독이 되었다(안디옥에서 처음으로 주님을 따르는 사람들이 크리스천이라고 불렸다—행 11:26). 그리고 그는 처음으로 "기독교"라는 용어와 "가톨릭"이라는 용어를 사용했다.

우리는 그의 사역에 대해서는 거의 알지 못한다. 그러나 그는 40년동안 안디옥에서 충실하게 교회를 섬겼다. 박해가 시작되자, 이그나티우스는 체포되어 쇠사슬에 묶였다. 10명의 군인들은 표범처럼 사납게 그를 다루었다. 그가 로마로 호송되는 것을 다룬 이야기를 읽으면 마치 신약성서를 읽는 것 같다.

이그나티우스 일행은 바울의 발자취를 따라 육로와 해로를 따라 갔다. 서머나, 에베소, 빌립보, 데살로니가 등지를 지나갈 때에는 그의 축복을 받기 위해 신자들이 모여 들었다. 이그나티우스는 로마로 호송되는 도중에 7개의 편지를 썼는데, 그 편지들은 교회사에서 매우 유명한 문서에 속한다. 이그나티우스는 로마로 보낸 편지에서, 자신의 순교를 저지하기 위해서 정치적 수단을 사용하지 말라고 호소했다. 그는 "제단이 준비되었으므로 나를 제물로 하나님께 바치는 것을 허락하는 것이 여러분들이 나에게 줄 수 있는 가장 큰 선물입니다"라고 썼다. 그는 자신의 시신을 매장하는 일로 형제들을 괴롭히지 않으려고, 원형경기장에서 자신이 짐승들에게 완전히 먹혀버리기를 원했다. 그는 "짐승들이 내 몸을 남김 없이 먹어 치워 짐승들이 내 무덤이 되기를 원한다"고 했다.

그의 기도는 그대로 이루어졌다. 전하는 말에 의하면 그는 108년 10월 17일에 트라얀 황제를 위한 여흥으로 사자나 호랑이에게 물려 죽었다고 한다. 그러나 그의 영향력은 사라지지 않았다. 1400년 후 어느 젊은 스페인 청년이 이그나티우스의 이야기를 읽고 크게 감동을 받아 자신의 삶을 하나님께 바치고 이름도 (로욜라의) 이그나티우스로 바꾸었다.

나의 자녀들아 내가 이것을 너희에게 씀은 너희로 죄를 범치 않게 하려 함이라 만일 누가 죄를 범하면 아버지 앞에서 우리에게 대언자가 있으니 곧 의로우신 예수 그리스도시라 저는 우리 죄를 위한 화목제물이니 우리만 위할 뿐 아니요 온 세상의 죄를 위하심이라(요일 2:1-2).

10월 18일 — '오늘' 믿으라

스코틀랜드 장로교인들은 매우 중요하다. 캐터린 로벗슨은 스코틀랜드에서 자랐다. 캐더린의 아버지는 세상에서 가장 큰 목화 공장을 소유하고 있었다. 캐더린은 세련되고 부자인데다가 열렬한 장로교인이었다. 캐더린은 목회자이자 교수인 사람과 결혼했다. 두 사람은 오하이오 주 교회에서 사역을 시작했다. 그들에게는 일곱 자녀가 있었는데, 막내인 클래런스 에드워드 노블 매카트니는 20세기의 가장 위대한 장로교 지도자가 되었다.

클래런스는 학문과 토론에 탁월했지만 항상 의심과 씨름했고, 매우 소심했다. 그는 프린스턴 신학교에 입학해서 아치발트 핫지와 B. B. 워필드 밑에서 공부했다. 클래런스는 오랫동안 훌륭하게 일하면서 펜실바니아 주에 있는 세 개의 교회에서 목회했다. 그는 하루 평균 6시간 공부를 했고, 소일거리로 책을 저술하고 독립전쟁에 관한 강연도 했다. 그는 평생 독신으로 지냈다.

1924년에 그는 미국 장로교총회의 총회장이 되었다. 사람들은 그가 품위있고 우아하고 고고했다고 묘사한다. 그는 57권의 서적을 저술했다. 그는 자유주의 시대에 철두철미한 보수주의자였다. 그는 성서의 권위를 부인하는 사람들에게 "성경을 삭제하는 일은 복음을 희석하는 결과를 낳습니다. 성경에 대한 믿음을 상실한 개신교는 그 종교성을 상실하고 있습니다"라고 호령을 쳤다. 그는 우리가 커피에서 카페인을 제거할 수 있고, 담배에서 니코틴을 제거할 수 있지만 기독교를 비기독교화할 수는 없다고 말했다.

강단은 그의 보좌였다. 그는 아무런 메모도 없이 훌륭히 설교했다. 전국에서 여러번 되풀이된 그의 유명한 메시지는 디모데후서 4:21을 본문으로 한 "겨울이 되기 전에 오라"라는 제목의 설교이다. 이 설교는 1915년 10월 18일에 처음으로 한 것인데, 나중으로 미루지 말고 지금 그리스도를 영접해야 한다고 강조한다.

> 성령께서는 사람들을 그리스도께서 초청하시면서 결코 "내일"이라고 말하지 않고 항상 "오늘"이라고 말씀하십니다. 만일 여러분이 성경에서 성령이 "내일 그리스도를 믿으라"거나 "내일 회개하고 구원을 받으라"고 한 구절을 지적해줄 수 있다면, 나는 강단에서 내려가 다시는 설교를 하지 않겠습니다. 왜냐하면 나에게는 전파할 복음이 없을 것이기 때문입니다.

하나님의 은혜를 헛되이 받지 말라 가라사대 내가 은혜 베풀 때에 너를 듣고 구원의 날에 너를 도왔다 하셨으니 보라 지금은 은혜받을 만한 때요 보라 지금은 구원의 날이로다

(고후 6:1-2)

설교의 왕자 찰스 스펄전　　　10월 19일

찰스 스펄전은 학생들에게 "대부분의 사람들은 종종 우울증에 빠진다. 강한 사람들이라고 해서 항상 활기찬 것이 아니며, 명랑한 사람이라고 해서 항상 행복한 것이 아니다"라고 말했다. 스펄전 자신도 그러했다. 그는 우울해 하곤 했다. 가장 심했던 것은 그가 22세때의 일이다. 교인들이 증가하여 교회가 비좁았기 때문에 스펄전은 주일 밤 예배를 드리기 위해서 런던에서 아주 넓고 아름다운 왕립 서리 가든 음악당을 빌리려 했다. 그 음악당은 대체로 세속적인 콘서트, 사육제, 서커스 등을 공연하는 곳이었다. 그곳을 예배 장소로 사용한다는 것은 그 시대에는 전혀 없었던 일이었기 때문에, 소문은 번개같이 런던 전역에 퍼졌다.

1856년 10월 19일 주일날 아침, 스펄전은 뉴파크 스트리트 교회에서 설교하면서 "아마 나는 뇌운이 형성되고 있는 곳, 번개가 치는 곳, 그리고 산꼭대기에서 태풍이 불고 있는 곳에 서라는 부름을 받을지도 모릅니다. 그 때 주님은 위험의 속에서 나에게 용기를 부어주실 것입니다. 고통 속에서 나를 튼튼하게 해주실 것입니다. 오늘밤 우리가 모이는 곳에는 전례없이 많은 사람들이 모일 것입니다. 아마도 그들은 호기심에서 오늘 것일 수도 있습니다. 하나님께서 일으켜 여러분들에게 설교한 음악의 머리 위에 구름이 드리울 때에 하나님께서 어떤 일을 행하시는지 보십시오…"라고 했다.

그날 밤, 서리 음악당에는 12,000명이 입장했고, 입장하지 못하여 정원에서 설교를 들은 사람들도 10,000명이나 되었다. 예배가 시작되었다. 그런데 스펄전이 일어나서 기도를 하려는 순간 어떤 사람이 "불이야! 불이야!"라고 외쳤다. 실제로 불이 난 것이 아니었다. 그러나 사람들은 공포에 질려 황급히 건물에서 나가려다가 일곱 명이 압사했고, 28명이 부상을 당했다.

사람들은 충격을 받은 젊은 목사를 강단에서 내려오게 하여 친구의 집으로 데려갔다. 그는 몇 주일 동안 친구의 집에서 꼼짝도 하지 않고 지냈다. 그는 낮에는 눈물을 흘리고, 밤에는 악몽에 시달렸다. 후일 그는 "내 생각들은 모두가 칼집과 같아서 내 마음을 난도질 했다"고 말했다. 마침내, 빌립보서 2:10을 묵상하면서 그의 영혼은 회복되기 시작했다.

이 끔찍한 재앙을 통해서 찰스 스펄전은 하룻밤 사이에 유명인사가 되어, 온 세상 사람들이 그의 설교를 듣고 싶어했다.

하늘에 있는 자들과 땅에 있는 자들과 땅 아래 있는 자들로 모든 무릎을 예수의 이름에 꿇게 하시고 모든 입으로 예수 그리스도를 주라 시인하며 하나님 아버지께 영광을 돌리게 하셨느니라 (빌 2:10-11).

10월 20일 — 채찍질 고행자

피터 다미앤은 1072년 2월 23일에 세상을 떠났다. 그가 세상을 뜰 당시 교회사에서 아주 이상한 현상이 유행하고 있었다. 베네딕트회 수도사인 다미앤은 극도로 금욕적인 생활을 옹호했다. 그는 세상의 즐거움을 부인하면서, 스스로에게 채찍질을 가하는 것이 유익하다고 생각하여, 그것들 다른 사람들에게도 권했다. 수도사들은 시편을 암송하면서 스스로에게 채찍질을 하기 시작했다. 시편 한편을 암송할 때마다 가죽 끈으로 등을 100차례 때렸다. 시편 전체를 암송하려면 1500차례 이상을 맞아야 했다. 그들은 그것이 그리스도 및 순교자들의 고난을 재연하는 것이며 보속의 행위가 된다고 생각했다. 어떤 수도사들은 자기 자신의 유익 및 영혼들을 연옥에서 구하기 위해서 죽기까지 자신을 채찍질했다.

200년 동안 스스로에게 채찍질을 하는 관습은 수도원 내에서만 제한적으로 행해져 왔는데, 13세기에는 많은 사람들이 그러한 관습을 활용하게 되었다. 흑사병이 창궐하자 사람들은 세상의 종말이 가까웠다고 믿게 되었고, 유럽 전역에는 사람들에게 회개하라고 호소하는 채찍질 고행자들이 등장했다. 1259년 폭동 때에는 각계 각층에서 수천 명의 사람들이 웃옷을 벗은 채 십자가와 깃발을 들고 찬공가를 부르고 스스로를 때리면서 거리를 행진했다.

그후 2세기 동안 채찍질 고행운동은 되풀이해서 나타났다. 1349년의 광적인 행태는 그 전의 모든 형태를 능가하는 것이었다. 갑자기 유럽 전역에 광신자들의 무리들이 등장했다. 그들은 흰옷을 입고 빨간 십자가가 그려진 모자와 외투를 걸치고 깃발을 들고 찬송을 부르면서 이 마을 저 마을로 행진했다. 그들은 사람들이 모이는 광장에 진을 지고서 하루에 두 차례씩 웃옷을 벗고 엎드려 스스로를 채찍으로 때렸다. 끝이 뾰족한 쇠가 달린 채찍을 사용했기 때문에 그들이 찬송을 하면서 때릴 때 온몸에서는 피가 났다.

1349년 10월 20일, 교황이 채찍질 고행을 금지하는 교서를 내린 것은 잘한 일이었다. 우리가 아무리 고통스럽게 피를 흘려도 그것으로는 우리의 죄값을 치를 수 없다. 우리의 몸은 하나님의 전이므로 학대하지 말고 보호해야 한다.

그럼에도 불구하고 1870년에 로마에 채찍질 고행자들이 등장했고, 오늘날에도 간헐적으로 그런 행동을 하는 사람들이 등장한다.

그가 찔림은 우리의 허물을 인함이요 그가 상함은 우리의 죄악을 인함이라 그가 징계를 받음으로 우리가 평화를 누리고 그가 채찍에 맞음으로 우리가 나음을 입었도다 우리가 다 양 같아서 그릇 행하여 각기 제 길로 갔거늘 여호와께서는 우리 무리의 죄악을 그에게 담당시키셨도다 (사 53:5, 6).

아프리카 선교사 제임스 헤닝턴

10월 21일

제임스 해닝턴은 영국의 브라이턴 근처에 있는 아버지의 회계사무소에서 일하면서 평화롭게 지냈다. 그러다가 그는 선교회에서 일하게 되었다. 처음에 그는 아프리카로 가려 했지만 병이 나서 가지 못했다. 회복된 그는 다시 아프리카를 향해 출발하여 1884년 7월 23일에 아프리카 해안에 도착했다. 그는 육로를 통해 우간다로 출발했는데, 아주 위험한 길을 택했다. 동료들은 그를 구하기 위해 사람들을 보냈지만, 그들이 도착했을 때에는 이미 일은 벌어져 있었다. 해닝턴은 므왕가족의 전사들에게 사로잡혔다. 그가 남긴 일기는 아주 감동적이다.

1885년 10월 21일. 20명 정도의 악당들이 우리를 공격했다. 그들은 나를 난폭하게 땅에 쓰러뜨렸다. 나는 두번이나 도망쳤지만 도중에 힘이 빠져 기절했다. 그들은 나의 두 다리를 잡고 끌고 갔다. 나의 옷은 갈갈이 찢어지고 젖었다. 온몸이 쑤시고 죽을 것 같다.

10월 22일. 꽤 큰 오두막집에 갇혀 있다. 이 집은 환기가 되지 않고, 바닥에는 바나나 껍질과 나뭇잎이 썩고 있고 이가 득시글거린다. 너무나 놀라서 성경책을 들 힘도 없다. 여기서 살아나갈 수 있을까? 하나님, 나는 당신의 것입니다.

10월 23일. 온몸이 아프다. 이 모든 일을 어떻게 견뎌낼 것인지 알 수 없지만, 결코 굴복하지 않겠다.

10월 27일. 매우 우울하고 답답하다. 무슨 생각을 해야 할지 모르겠다. 마음속으로 "주님, 당신이 선하게 여기시는 일을 행하십시오"라고 기도한다.

10월 28일. 무서운 밤이었다. 처음에는 술에 취한 경비병 때문에 무서웠고, 나중에는 내 천막에 들어와 들끓는 벌레들 때문에 잠을 잘 수 없었다. 한 시간도 자지 못한 데다가, 열이 나기 시작했다. 오 주님, 나를 불쌍히 여기시고 해방시켜 주십시오. 나는 완전히 상심하여 침울합니다. 시편 27편을 읽고 위로를 받았다.

10월 29일. 시편 30편을 읽고 큰 힘을 얻었다. 지난 밤에는 죽어가는 사람의 냄새를 맡은 하이에나의 울음소리가 들렸다. 내가 하이에나의 밥이 되지 않기를 바랄 뿐이다.

10월 29일자로 그의 일기는 마지막을 맺고 있다. 그날 그는 므왕가족에게 살해되었다.

여호와는 나의 빛이요 나의 구원이시니 내가 누구를 두려워하리요 여호와는 내 생명의 능력이시니 내가 누구를 무서워 하리요 나의 대적, 나의 원수된 행악자가 내 살을 먹으려고 내게로 왔다가 실족하여 넘어졌도다 군대가 나를 대적하여 진칠찌라도 내 마음이 두렵지 아니하며 전쟁이 일어나 나를 치려 할찌라도 내가 오히려 안연하리로다

(시 27:1-3)

10월 22일 — 제7 안식교

1800년대 초에 미국 동북부 지방의 교회들은 연이은 신앙부흥에 힘입어 급속도로 성장했다. 새로운 신자들은 신학적인 교육을 거의 받지 못했지만, 그들 중 많은 사람들은 열심을 갖고 성경의 예언의 세부 내용에 대해 논의하기 시작했다. 그리스도의 재림 날짜에 대한 추론이 들끓었는데, 그렇게 날짜를 추측한 사람들 중에 한 사람이 뉴욕에 사는 윌리엄 밀러였다.

새로 회심한 밀러는 1818년에 다니엘서의 예언들을 분석하여 그리스도께서 1843년이나 1844년에 재림하실 것이라고 주장했다. 후일 그가 설교를 시작하면서 이것은 그의 메시지의 핵심이 되었고, 진지하고 성실하고 유창한 그의 설교 덕분에 그의 설교를 듣는 사람들은 증가했다. 마침내 그는 그리스도께서 1844년 10월 22일에 세상에 다시 오실 것이라고 발표했다.

1839년의 경제공황은 세상의 종말이 얼마 남지 않았다고 믿는 데 기여했다. 그리스도의 재림에 대한 열심이 얼마나 컸는지 신문의 주식시세표와 사건 기사와 병행하여 예언적 도표가 수록되었다. 밀러의 가르침은 뉴잉글랜드를 휩쓸었고, 많은 사람들이 밀러의 가르침을 받아들였다.

1844년 10월 22일 아침이 밝았다. 뉴잉글랜드 전역에 두려움과 불길한 예감으로 가득했다. 사람들은 산꼭대기나 교회 안에 모여 있었다. 갑자기 하늘이 찢어지고 세상이 종말이 올 것이라는 기대로 정상적인 활동은 완전히 정지되었다. 그러나 아무런 일이 없이 그 날이 지나가자, 많은 신자들은 환멸을 느꼈다. 믿지 않는 사람들은 냉소적이 되었다. 이리하여 신앙부흥의 시대는 끝났고, 그로부터 여러 해 동안은 회심하는 사람들이 감소되었다. 그 사건은 "대 실망"이라고 알려졌다.

그러나 밀러를 추종하는 사람들 중 일부는 계속 그 신앙을 고집했고, 그들의 노력의 결과 제7일 안식교 운동이 생겨났다.

그러나 그날과 그때는 아무도 모르나니 하늘의 천사들도, 아들도 모르고 오직 아버지만 아시느니라 노아의 때와 같이 인자의 임함도 그러하리라 홍수 전에 노아가 방주에 들어가던 날까지 사람들이 먹고 마시고 장가들고 시집가고 있으면서 홍수가 나서 저희를 다 멸하기까지 깨닫지 못하였으니 인자의 임함도 이와 같으리라(마 24:36-39).

소중한 성경

10월 23일

    기독교의 귀중한 보물 중의 하나는 400년대 초에 기록된 그리스어 성경 사본인 Codex Alexandriuns이다. 그 사본에는 외경, 일부 찬송가, 로마의 클레멘트의 서신들을 포함하여 완전한 성경이 포함되어 있다.

    그것은 알렉산드리아에 보관되어 있었는데, 1627년에 알렉산드리아의 총대주교인 키릴 루카르가 그것을 영국의 찰스 1세에게 바쳤다. 찰스는 그것을 세인트 제임스 광장에 있는 왕립 도서관에 보관했다. 그러나 청교도 혁명이 일어나 국왕 찰스는 처형되었고, 군인들은 세인트 제임스 광장에 주둔했다. 찰스의 도서관에 있던 책들은 바닥에 쌓여 비를 맞고 먼지를 뒤집어 쓰고 쥐들이 갉아먹는 운명에 처했다.

    1600년에 찰스 2세의 주도 하에 왕정복고가 되었지만, 왕립도서관의 상태는 개선되지 않았다. 1693년에 총명한 고전 학자인 리처드 벤틀리는 알렉산드리아 사본을 임시로 자신의 거처에 가져다가 보관했다. 1700년대 초에 왕립도서관은 커튼 하우스로 이사했고, 이 귀중한 성경 사본은 작고 습기찬 방에 보관되었는데, 그 방은 양쪽 끝부분에 조그만 창문이 있을 뿐이었다. 크리스토퍼 렌은 그 건물이 너무 낡았기 때문에 대부분을 철거해야 하며 도서관에 있는 가치없는 쓰레기들을 정리해야 한다고 생각했다. 1730년에 왕립 도서관은 애쉬번햄으로 이사했는데, 1731년 10월 23일에 그 건물에 불이 났다. 화재경보가 울렸다. 근처에 살던 하원의 대변인 아더 온슬로는 즉시 구조에 나섰다. 사람들은 화재를 피하기 위해서 많은 소중한 책들을 창문 밖으로 내던졌는데, 알렉산드리아 사본만은 안전하게 다루어졌다. 어느 목격자의 말에 의하면 벤틀리 박사는 잠옷을 입은 채 알렉산드리아 사본을 팔에 끼고 그 건물에서 나왔다고 한다.

    화재로 인해 왕립 박물관을 참혹하게 타버렸다. 그러나 한 세대가 지난 후에 새로 대영박물관이 건설되었고, 오늘날 알렉산드리아 사본은 그곳에 안전하게 전시되어 있다.

우리에게 이루어진 사실에 대하여 처음부터 말씀의 목격자되고 일군 된 자들의 전하여 준 그대로 내력을 저술하려고 붓을 든 사람이 많은지라 그 모든 일을 근원부터 자세히 미루어 살핀 나도 데오빌로 각하에게 차례대로 써 보내는 것이 좋은줄 알았노니

(눅 1:1-3)

10월 24일 — 존 페이턴

존 페이턴은 어린 시절 스코틀랜드의 커크마호의 작은 오두막에서 살았다. 그 집은 참나무로 서까래를 대고 돌로 벽을 쌓은 초가집이었다. 세 개의 방에 11명의 자녀들이 살았다. 앞 방은 침실이요 부엌이고 응접실이었다. 뒷방은 아버지가 양말을 만드는 작업실이었다. 중간에 있는 방은 존의 아버지가 날마다 일을 마친 후에 기도하고 성경을 공부하는 방이었다. 그 방에서 들려오는 아버지의 기도소리는 어린 존에게 큰 감명을 주었다.

세월이 흘렀다. 스코틀랜드 개혁교회가 남태평양 선교를 위한 선교사들을 모집한다고 발표했다. 존은 부모님에게 조언을 구했다. 존의 부모님은 이제까지 감추어 두었던 사실을 그에게 말해주었다. 즉 존이 태어나기 전에 그를 해외 선교에 바치기로 서원했다는 것이었다.

존은 1858년 4월 16일에 배를 타고 스코틀랜드를 출발하여 11월에 남태평양 제도에 상륙했다. 그곳에는 식인종들이 살고 있었고 도처에 위험이 도사리고 있었다. 그는 자신이 경험한 한 사건에 대해서 "그들은 우리를 에워쌌다. 한 사람이 다른 사람에게 먼저 우리를 치라고 강요했다. 나는 마음속으로 주 예수를 바라보았다. 나는 주께서 이 모든 장면을 지켜보고 계시는 것을 알았다. 순간 하나님으로부터 오는 파도인 듯 내 마음에 평화가 찾아왔다. 주님께서 나와 함께 행하시는 일을 마치기 전에는 내가 죽지 않을 것을 깨달았다"고 기록했다.

페이턴이 주민들에게 신선한 물을 공급해줄 우물을 파기로 결정하면서 사태는 바뀌었다. 섬 주민들은 "땅에서 비를 끌어낸다"는 사실이 두려워 걱정스레 지켜보았다. 페이턴은 30피트 정도를 파고 들어간 끝에 물줄기를 찾았다. 그의 선교에 대한 반대는 사라졌고, 놀란 섬 주민들은 그를 크게 존경했다. 추장인 마모케이가 그리스도를 영접했고, 이어 몇 사람이 신자가 되었다. 1869년 10월 24일, 섬에 도착하여 11년만에 페이턴은 첫 성례를 거행했다. 12명의 개종한 식인종이 성만찬에 참여했다.

"과거에는 사람을 잡아먹었지만 이제 대속하신 주님의 사랑의 상징에 참여하기 위해 내민 손에 떡과 포도주를 건네줄 때, 나는 가슴이 터질 것만 같은 영광의 기쁨을 맛보았다."

너희가 이 떡을 먹으며 이 잔을 마실 때마다 주의 죽으심을 오실 때까지 전하는 것이니라
(고전 11:26)

에베소 공의회   10월 25일

정통 기독교에서는 예수 그리스도는 인성과 신성을 지니신 한 인격이라고 가르친다. 그런데 5세기의 능력있는 설교자인 네스토리우스는 이 교리에 동의하지 않았다. 그는 성육하신 그리스도 안에 두 개의 인격이 거하고 있는데, 하나는 신이고 나머지 하나는 인간이라고 가르쳤다. 그는 "나는 두 본성을 분리하지만, 예배는 통합한다. 이것이 무슨 의미인지를 숙고해보라. 마리아의 태에서 잉태된 분은 하나님이 아니며, 하나님께서 그를 취하신 것이다"라고 주장했다. 거센 논쟁이 벌어졌다. 테오도시우스 2세는 인기있는 웅변가인 네스토리우스를 콘스탄티노플의 총대주교로 임명했다. 설교자들, 수도사들, 감독들이 그를 공격했다. 교황은 그에게 12가지 저주를 퍼붓고, 12일 내에 그의 주장을 철회할 것을 요구했다.

신학적인 논쟁 때문에 제국이 분열되는 것에 놀란 테오도시우스 황제는 431년, 에베소에 교회 총공의회를 소집했다. 열띤 논쟁이 벌어졌다. 황제의 지지를 받는 네스토리우스는 무장한 16명의 감독의 호위를 받으며 도착했다. 그러나 그는 수적으로 열세였으며, 결국 그에게 불리한 결론에 도달했다.

"네스토리우스를 저주하지 않는 사람은 저주를 받을지어다. 참된 믿음이 그를 저주하며, 거룩한 공회가 그를 거주한다. 네스토리우스와 교제하는 사람은 저주를 받을지어다. 우리 모두는 네스토리우스의 편지와 교리를 저주한다. 우리는 모두 네스토리우스와 그의 추종자들과 그의 경건치 못한 교리를 저주한다."

그러나 테오도시우스 황제는 에베소 회의에 감독들이 모두 참석하지 않았다는 이유로 그 결정은 무효라고 선언했다. 많은 정치, 음모, 불안이 뒤따랐지만, 결과는 마찬가지였다. 네스토리우스는 콘스탄티노플 총대주교직에서 해임되었고, 431년 10월 25일에 그의 후임이 임명되었다. 네스토리우스는 이집트로 추방되어, 그곳에서 『비극』이라는 자서전을 집필한 후에 사망했다.

에베소 공의회는 교회사에서 가장 비극적인 공의회 중의 하나이지만, 그 공의회는 그리스도에 대한 정통 교리를 보존했다. 그러나 그 공의회의 결정을 받아들이지 않은 일부 동방의 감독들은 페르시아에 거점을 두고 별개의 교회를 세웠다. 오늘날도 서아시아와 중앙아시아 지방에 네스토리우스 교회의 신자들이 남아 있다.

이 아들로 말하면 육신으로는 다윗의 혈통에서 나셨고 성결의 영으로는 죽은 자 가운데서 부활하여 능력으로 하나님의 아들로 인정되셨으니 곧 우리 주 예수 그리스도시니라

(롬 1:3-4)

10월 26일 — 토마스 모어

토마스 모어는 미워할 수 없는 사람이었다. 이탈리아의 학자 니콜로 사군디노는 다음과 같이 말했다.

"나는 이 사람에게 완전히 매료되었다. 나는 가끔 그와 교제를 하면서 기분을 푼다. 마치 좋은 집에 머무는 듯한 기분을 느낀다. 그를 만날 때마다 나는 좋은 것을 배우고, 그래서 더 그를 좋아하게 된다. 그보다 더 호감이 가고 매력적이고 기분 좋은 사람은 없을 것이다. 세상 사람들은 작가로서의 그의 훌륭한 능력, 단어 선택과 문장 구사력을 칭찬하지만, 그의 지성, 유머, 기지, 예의 바름 등이 그보다 훨씬 더 뛰어나다."

스위프트 학장은 모어를 영국이 배출한 가장 고결한 사람이라고 생각했고, 에라스무스도 같은 생각을 했다. 그는 모어를 쾌활하고 유머가 있고 원만하며 충실한 남편이요 청중을 사로잡는 웅변가라고 묘사했다. 에라스무스는 "간단히 말해서, 토마스 모어의 천재성은 자연이 만들어낸 중에서 가장 원만하고 달콤하고 행복한 것이다"라고 말했다.

이러한 장점들 덕분에 모어는 1529년 10월 26일에 영국에서 최고위직으로 승진했다. 즉 그는 헨리 8세 밑에서 대법관이 되었다. 그러나 매우 경건한 모어는 이 일 때문에 파멸하게 되었다. 그는 가난한 사람들에게 후하게 구제하고, 켈시에 있는 자기의 교구 교회의 성가대에서 찬송을 했고, 매일 밤 가정예배를 드렸고, 개인적으로 기도하고 성경을 공부하기 위한 장소를 확보하기 위해서 자기 집 옆에 작은 예배실을 지었다. 그는 가끔 매듭이 지어진 끈으로 만든 채찍으로 자기 몸을 때리는 고행을 했다. 그는 개신교를 무섭게 반대했다. 그는 원칙에 충실한 사람이었다.

그런데 헨리 8세는 원칙에 충실한 사람을 싫어했다. 교황으로부터 아라곤의 캐더린과의 이혼 허락을 받아내는 일을 대법관인 토마스 모어가 거절하자 헨리는 크게 노했다. 게다가 모어는 헨리를 영국교회의 수장으로 인정하지 않았기 때문에 헨리는 더욱 크게 노했다. 헨리는 그를 반역죄로 런던 탑에 가두었다. 1535년 7월 7일, 토마스 모어는 교수대에 올랐다. 그는 모인 사람들에게 자신이 왕의 선한 종이지만, 그보다 먼저 하나님의 종이기 때문에 죽게 되었다고 말했다. 그리고 나서 그는 시편 51편을 읽고 머리를 단두대에 올려놓았다.

내가 죄악 중에 출생하였음이여 모친이 죄중에 나를 잉태하였나이다 중심에 진실함을 주께서 원하시오니 내 속에 지혜를 알게 하시리이다 우슬초로 나를 정결케 하소서 내가 정하리이다 나를 씻기소서 내가 눈보다 희리이다(시 51:5-7).

프랜시스 애즈베리

10월 27일

1771년에 영국에서 개최된 감리교 대회에서 존 웨슬리는 "미국에 있는 우리의 형제들이 도움을 청하고 있습니다. 그곳으로 가기를 자원하는 사람이 있습니까?"라고 말했다. 당시 프랜시스 애즈베리는 그 말을 듣고 있었다. 여러 달 동안 애즈베리는 미국으로 가기를 갈망해왔다. "나는 내 뜻을 말하고 미국에 가기로 자원했습니다. 내가 소명을 받았다고 판단한 웨슬리씨는 나를 받아주셨습니다."

애즈베리는 집에 돌아와 그 소식을 부모님께 말씀드렸다. "슬픈 일이었지만, 부모님은 내가 떠나는 데 동의하셨습니다. 내 어머니는 세상에서 가장 마음씨가 고운 분이십니다. 어머니는 이 일을 허락하심으로써 나와 더불어 하나님의 일을 돕는 축복을 받으셨다고 생각합니다."

애즈베리는 9월 4일에 배를 타고 출발했다. "사흘 동안 나는 심한 배멀미로 고생을 했습니다. 세상에서 그렇게 괴로운 일은 없을 것입니다." 그러나 얼마 후 배멀미가 진정되면서, 그는 생각을 가다듬을 수 있었다. "나는 마음 속에 있는 몇 가지를 결정해야 할 것이다. 나는 어디로 가고 있는가? 신세계로 가고 있다. 무엇을 하러 가는가? 명예를 얻기 위해서인가? 그렇지 않다. 돈을 벌기 위해서인가? 그렇지 않다. 나는 하나님을 따라 살며 다른 사람들도 그렇게 살게 만들기 위해서 그곳으로 간다." 애즈베리는 1771년 10월 27일에 미국에 도착했다.

> "오늘 필라델피아에 상륙했다. 우리는 프랜시스 해리스의 집으로 안내되었는데, 그분은 우리를 친절하게 대해 주었다. 그분은 우리를 큰 교회로 데려갔고, 우리는 많은 교인들을 만났다. 사람들은 우리를 마친 하나님의 천사들을 맞이하듯이 맞아주며 즐거운 표정으로 바라보았다. 미국 해안에 접근했을 때, 내가 떠나온 곳, 내가 가고 있는 목적지, 앞으로 내가 할 일을 생각하면서 내 마음이 녹는 것 같았다. 나는 하나님이 이곳에 계신다고 느낀다…"

애즈베리는 한번도 영국으로 돌아가지 않았다. 그는 여러 해 동안 좋지 않은 날씨와 곤경에도 불구하고 밤낮으로 광야를 여행했다. 그는 27,000마일을 여행했다. 그는 자신의 소지품을 두개의 가방에 넣고 다녔다. 애즈베리가 미국에 도착했을 때, 미국의 감리교 신자는 목사가 80명 평신도가 14,000명에 불과했지만, 그가 사망할 무렵에는 목사가 2000명, 평신도가 200,000명이나 되었다.

우리가 우리를 전파하는 것이 아니라 오직 그리스도 예수의 주되신 것과 또 예수를 위하여 우리가 너희의 종된 것을 전파함이라 어두운 데서 빛이 비취리라 하시던 그 하나님께서 예수 그리스도의 얼굴에 있는 하나님의 영광을 아는 빛을 우리 마음에 비취셨느니라

(고후 4:5, 6)

10월 28일 — 콘스탄틴 대제의 회심

4세기 초에 기독교가 로마 제국 내에서 자리를 잡아가면서 브리튼에서부터 카르타고와 페르시아에까지 교회들이 세워졌다. 복음은 입에서 입으로, 사람에게서 사람에게로 전해져서 마침내 무자비한 박해해도 불구하고 복음은 제국 내에 뿌리를 내렸다. 스펄전은 "피 한 방울이 흘릴 때마다, 새로운 신자가 생겨났다"고 말했다.

디오클레티안 황제 때에 마지막으로 가장 가혹한 대박해가 있었다. 그러나 로마인들은 결국 피에 진저리를 냈고, 기독교인 대학살로 말미암아 신자들에 대한 폭넓은 동정심이 형성되었다. 디오클레티안이 양위하자, 콘스탄틴과 막센티우스가 세력다툼을 벌였다. 그들의 군대는 로마 외곽에 있는 밀비안 다리에서 마주쳤다. 후일 역사가 유세비우스가 기록한 바에 의하면, 콘스탄틴은 기독교의 하나님께 도움을 구했다고 한다. 312년 10월 28일, 그는 꿈 속에서 하늘에 십자가와 "이 기호로 싸워 이기라"는 뜻의 그리스어가 나타난 것을 보았다. 이에 힘을 얻은 콘스탄틴은 진격하여 승리했다. 전쟁이 끝난 후에 그는 공개적으로 기독교를 받아들였다. 이제까지 법의 보호를 받지 못했던 교회가 갑자기 세상에 군림하게 되었다.

콘스탄틴은 감독들에게 많은 자유를 부여했다. 그는 십자가 처형을 폐지하고 형벌제도로서 사용되는 검투사 경기도 폐지했다. 그는 밀란 칙령을 발표했는데, 그 내용의 일부는 다음과 같다. "이 순간부터 기독교를 믿으려는 소원을 가진 사람은 아무런 방해나 저지를 받지 않고 자유로이 믿을 수 있다." 콘스탄틴은 주일을 공휴일로 정하고, 교회당을 세우고, 기독교 사업을 재정적으로 지원하고, 감독들을 모아 신학에 대해 논의했다.

그러니 콘스탄틴이 진정으로 중생했는지는 의심스럽다. 그는 교회 지도자들을 정치적인 지원자로 취급했다. 그의 통치 하에서 교회는 자유를 누렸지만, 고귀한 순교자들의 군대였던 교회는 타락하여 반쯤 회심한 이교도들의 혼잡 집단으로 전락했다. 교회와 국가의 긴밀한 협력 관계가 중세 시대에도 나타났고, 오늘날도 영국의 국교회에서 지속되고 있다.

콘스탄틴의 회심은 교회를 위해서는 가장 다행한 일인 동시에 가장 좋지 않은 일이었다.

이제부터 영원까지 여호와의 이름을 찬송할찌로다 해돋는 데부터 해지는 데까지 여호와의 이름이 찬양을 받으시리로다(시 113:2-3).

대주교의 화살　　　10월 29일

모리스 애보트는 런던에서 20마일 떨어진 어느 마을의 옷감장수였다. 임신한 그의 아내 앨리스는 어느날 밤 창꼬치라는 물고기를 잡으면 아들을 낳을 것이라는 꿈을 꾸었다. 앨리스는 근처의 강으로 달려가서 창꼬치 고리를 잡았다. 앨리스는 그것을 요리하여 먹었고, 1562년 10월 29일에 아들을 낳았다.

이 이야기는 미신을 섬기는 마을 전체에 퍼졌고, 많은 사람들이 그 아이의 교육을 지원하기 위해 기부금을 냈다. 이렇게 태어난 조지는 16살 때에 옥스포드 대학에 입학했다. 그의 청교도적 설교는 종종 답답하기도 했지만 능력있고 항상 학구적이었다. 국왕 제임스가 새로운 성경 번역을 허락했을 때, 조지는 복음서와 사도행전과 요한계시록의 번역을 맡았다.

1611년에 흠정역 성경이 배포되었고, 조지는 영국 교회의 수장인 캔터베리 대주교가 되었다. 그는 흠정역 성경 번역에 참가한 사람으로서 그 직위에 오른 유일한 인물이다. 국왕 제임스가 사망한 후에 새로운 왕 찰스 1세의 즉위식을 집행한 사람은 조지였다. 이리하여 조지는 흠정역 번역가로서는 유일하게 군주에게 왕관을 씌워준 인물이 되었다.

한편 조지는 사람을 죽인 유일한 성경번역자요 캔터베리 대주교이기도 하다. 조지는 1621년 여름에 친구들과 사냥을 갔다. 수사슴이 시야에 들어왔기 때문에 그는 화살을 쏘았다. 그런데 화살은 불쌍한 피터 하킨스에게 명중했고 하킨스는 피를 흘리며 즉사했다. 영국 전체가 경악했고, 많은 사람들은 대주교를 비난했다. 대주교 자신은 비탄에 휩싸였다. 특별 회의에서 그의 죄를 사면해주었고, 왕도 사면령을 발표했다. 그러나 많은 교인들은 사람을 죽인 사람이 과연 거룩한 일을 담당할 수 있느냐는 의심을 품었다. 애보트는 병이 들었다. 그는 매주 화요일에는 자신의 실수를 회개하며 금식했다. 그러나 사람들은 다시는 그를 제대로 받아들여주지 않았다. 그럼에도 불구하고, 오늘날 우리가 흠정역 성경의 복음서와 사도행전과 계시록을 읽을 때마다 우리는 그를 기억하며 교훈을 얻는다.

내가 넘어지게 되었고 나의 근심이 항상 내 앞에 있사오니 내 죄악을 고하고 내 죄를 슬퍼함이니이다 내 원수가 활발하며 강하고 무리하게 나를 미워하는 자가 무수하오며 또 악으로 선을 갚는 자들이 내가 선을 좇는 연고로 나를 대적하나이다 여호와여 나를 버리지 마소서 나의 하나님이여 나를 멀리하지 마소서 나를 도우소서 주 나의 구원이여

(시 38:17-21)

10월 30일   타락한 지도자들

1517년 10월 31일은 개신교 역사에서 유명한 날이다. 이 날은 마틴 루터가 비텐베르크 문에 자신의 신념을 쓴 글을 붙여 놓은 날이다. 그러나 마틴 루터가 이렇게 담대한 행동을 하게 되는 데에는 16년 전에 발생한 하나의 사건이 도움이 되었다. 로드리고 보르지아는 1456년에 추기경으로 임명되었다. 그는 추기경이 되고서도 일련의 여인들과 연속하여 방탕한 행각을 벌였다. 그 여인들이 누구인지 우리는 모르며, 아마 로드리고 자신도 그들이 누구인지 몰랐을 것이다. 그의 방탕함은 계속되었지만, 1492년 그는 결국 교황 알렉산더 6세가 되었다.

1501년 10월 30일, 교황 알렉산더는 악명높은 "체스넛 무도회"를 개최했다. 교황의 궁에 접근하던 손님들은 선정적인 자세를 한 나체 동상들을 볼 수 있었다. 식사가 끝난 뒤에는 그 도시에서 가장 아름다운 창녀들이 손님들과 함께 춤을 추면서 옷을 하나씩 벗었다. 교황과 그의 아들들은 이 나체쇼 경기를 채점하는 심판이 되었고, 알렉산더는 사람들에게 상을 주었다.

교황청의 부패는 알렉산더의 후임인 줄리우스 2세 때에는 계속되었다. 줄리우스 2세가 재임할 때인 1510년에 루터는 로마를 방문했는데, "12명의 나체 처녀들"이 시중하는 교황청을 보고서 크게 놀랐다. 루터는 평생 영적 지도자라고 생각하는 사람들이 그리스도의 이름으로 벌인 가증스러운 성적인 행위를 기억했다.

루터로 하여금 박해와 출교의 위협을 무릅쓰고 일어나게 한 것은 교황체의 교리적인 실책 및 교황제의 타락한 본성에 그 원인이 있다. 루터는 거룩한 삶은 순수한 교리와 결합되며, 그 결합은 분리되지 않는다고 생각했다. 그렇기 때문에 "의인은 믿음으로 말미암아 살리라"고 한 것이다.

온갖 더러운 것과 탐욕은 너희 중에서 그 이름이라도 부르지 말라 이는 성도의 마땅한 바니라 누추함과 어리석은 말이나 희롱의 말이 마땅치 아니하니 돌이켜 감사하는 말을 하라 너희도 이것을 정녕히 알거니와 음행하는 자나 더러운 자나 탐하는 자 곧 우상숭배하는 자는 다 그리스도와 하나님 나라에서 기업을 얻지 못하리니(엡 5:3-5).

종교개혁 전야

10월 31일

1517년, 빈털털이가 된 교황 레오 10세는 성 베드로 성당을 재건할 자금이 필요했기 때문에 특별 면죄부 판매를 발표했다. "면죄"라는 단어 자체도 애매한 도덕적 함축을 지니지만, 면죄부는 특히 더 의심스러운 것이었다. "면죄"란 무엇이었을까? 그것은 여러 가지 공로, 이 경우에는 레오의 재정에 기부하는 것을 고려하여 교황이 발표하는 특별한 죄사함을 말한다. 죽어 연옥에 있는 사람들 위해서도 면죄부를 구입할 수 있었다.

도미니코회 수도사인 요한 테첼이 교황의 하수인이 되었다. 그는 영수증 가방과 교황의 깃발이 덮인 커다란 십자가를 내세우고 악대와 함께 돌아다녔다. 테첼이 마을에 도착하면 교회에서는 종을 쳤다. 사람들이 모여들고, 거리의 공연자들은 들떠서 날뛰었다. 테첼은 교회의 본당 회중석에 자리를 잡고는 가방을 열고 "나에게는 사람들의 영혼을 낙원의 거룩한 즐거움으로 이끌어줄 여권이 있습니다. 모금함에 동전이 떨어지는 순간, 영혼은 연옥에서 벗어나 곧바로 천국으로 갑니다"라고 외쳤다. 그는 자신에게 할당된 금액 이상을 모금했다.

그러나 많은 사람들은 근심했다. 마틴 루터는 비텐베르크 사람들이 면죄부를 사는 모습을 보면서 면밀히 관찰한 뒤에 그것이 사기라고 선언했다. 1517년 10월 30일, 33세의 대학교수인 루터는 비텐베르크의 캐슬 교회의 문까지 걸어가서 하나의 문서를 내걸었다. 그 문은 마음의 게시판 역할을 했고, 루터는 알려야 할 내용이 있었던 것이다. 그는 "면죄부의 효용과 능력에 관한 토의"를 요청했다.

몇몇 호기심 많은 행인들이 가까이 가서 그 내용을 훑어보았다. "존경받는 마틴 루터 수사, 인문학 석사요 신학 석사는 믿음에 대한 사랑, 그리고 믿음을 밝히고픈 소원에서 다음과 같은 전제들을 토론하기를 원한다." 그 다음에는 95개 항목이 기록되어 있었다.

루터는 자신이 얼마나 큰 공격을 가했는지 아직 깨닫지 못하고 있었다.

하나님은 우리의 피난처시요 힘이시니 환난 중에 만날 큰 도움이시라⋯이방이 훤화하며 왕국이 동하였더니 저기 소리를 발하시매 땅이 녹았도다 만군의 여호와께서 우리와 함께 하시니 야곱의 하나님은 우리의 피난처시로다(시 46:1, 6-7).

11월

나의 힘이 되신 여호와여 내가 주를
사랑하나이다 여호와는 나의 반석이
시요 나의 요새시요 나를 건지시는 자
시요 나의 하나님이요 나의 피할 바위
시요 나의 방패시요 나의 구원의 뿔이
시요 나의 산성이시로다

-시 18:1, 2-

칼케돈 공의회

11월 1일

콘스탄티노플에서 보스포러스 해협 건너편의 칼케돈의 어느 언덕에 있는 낡은 성 유페미아 교회에서 451년 가을에 제4차 교회 공의회가 개최되었다. 황제는 그리스도의 위격에 관한 일련의 이단들을 공격하고 기독교계를 통일할 신조를 작성하기 위해 감독들을 소집했다.

교회사에서 처음 400년 동안은 그리스도의 본성이 주된 신학적 문제였다. 기독교계는 하나의 정통 신앙 안에 통일되어 있었지만, 간혹 이단자들이 등장했기 때문에 교회에서는 공의회를 소집하여 그리스도에 대한 교회의 믿음을 정의하곤 했다. 325년에 개최된 니케아 공의회에서는 그리스도가 완전한 하나님이시라고 확인했다. 그렇다면 어떻게 그가 참된 인간이실 수 있는 것일까?

칼케돈 공의회에서 바로 이 문제를 다루었는데, 그것은 달갑지 않은 문제였다. 회의에 참석한 감독들과 사절들은 거칠게 논란을 벌이면서 상대방의 말을 가로막고 이성을 잃고 소리를 쳐서 연사의 발언을 방해했다. 어쨌거나, 결국 그 회의에서는 다음과 같이 결정했다. (1) 예수는 완전한 하나님이시다. (2) 예수는 완전한 인간이시다. (3) 예수는 한 위격이시다. (4) 예수는 두 개의 본성을 소유하신다. 교회사에서 가장 중요한 문서 중 하나인 칼케돈 문서를 일부 인용해 보면 다음과 같다:

> 거룩한 아버지들을 좇아 우리는 유일하신 아들, 우리 주 예수 그리스도가 신성에 있어서 완전한 분이시며 인성에 있어서 완전한 참 하나님이시요 참 인간이시라고 한 목소리로 고백합니다. 그분은 하나님으로서 아버지와 동일한 본질을 소유하시며, 또 인간으로서 우리와 동일한 본질을 소유하십니다. 그분은 모든 면에서 우리와 같으나 죄는 없으십니다. 이 한분이시고 동일하신 그리스도, 성자, 주, 독생자는 혼돈됨이 없이 변화됨이 없이 구분됨이 없이 존재하는 두 개의 본성을 가지고 계십니다. 두 본성은 분리될 수 없이 결합되어 있지만, 각 본성의 독특한 특성은 그대로 보존됩니다.

칼케돈 공의회는 예수 그리스도가 신성과 인성을 소유하신 하나의 위격임을 다짐했다. 예수 그리스도는 주님이시다. 그분은 하나님이시며 인간이시다.

칼케돈 공의회는 이렇게 결정하고 451년 11월 1일 해산되었다.

크도다 경건의 비밀이여 그렇지 않다 하는 이 없도다 그는 육신으로 나타난 바 되시고 영으로 의롭다 하심을 입으시고 천사들에게 보이시고 만국에서 전파되시고 세상에서 믿은 바 되시고 영광 가운데서 올리우셨음이니라(딤전 3:16).

11월 2일　　　　　　　　　　**대 화재**

　오늘날은 도시 전체가 타버리는 대화재는 거의 발생하지 않는다. 그러나 과거 시대의 기독교인들은 종종 그러한 재앙을 경험하곤 했다. 네로 황제 시대의 신자들은 부당하게도 로마에서 발생한 화재의 원흉으로 지목되었다. 1666년에는 화재로 런던에서 89개의 교회가 전소되었다. 1871년에 발생한 시카고 대화재 때에 무디는 전재산을 잃었다. 그러나 이것들은 최초의 개신교 선교사들이 중국에서 활동하던 시키에 캔톤을 삼킨 화재와 공포와 비교도 되지 못한다.

　로버트 모리슨은 동인도회사의 염려와 중국인들의 적대감에도 아랑곳하지 않고 캔톤에서 사역했다. 그는 꾸준히 노력하여 7년만에 처음으로 개종자에게 세례를 주었다.

　1822년 11월 1일 금요일 밤, 모리슨은 도시에 무서운 일이 발생했다는 것을 알았다. 빵가게에서 시작된 불이 강한 바람을 타고 목조 건물들이 들어차 있는 지역으로 번졌다. 사람들은 황급히 도피했다. 거리에 사람들이 가득했고, 물을 제대로 대지 못했기 때문에 동인도회사의 소방장비도 거의 소용이 없었다.

　1822년 11월 2일 새벽에 모리슨은 황급히 관리들에게 불길이 번지는 지역의 건물들을 헐어버려 불이 더 번지지 않게 해달라고 호소하는 편지를 썼다. 모리슨이 직접 편지를 가지고 찾아갔지만, 중국인 관리들은 그의 편지를 읽어보지도 않았다. 오전 8시, 불은 도시의 공업지역을 완전히 태웠다. 불길은 바람을 타고 서쪽으로 1.5마일 떨어진 강변 지대로 옮겨갔다. 많은 사람들이 죽고 집을 잃었다. 수천개의 상점들과 집이 타버렸다. 그것은 세계의 종말의 축소판이었다.

　사람들은 불길 속에서 버려진 귀중품들을 약탈했다. 모리슨의 기록에 의하면 한 강도가 어떤 사람의 돈가방을 찢은 후에 돈을 주우려는 사람들 때문에 28명이 압사했다고 한다. 모리슨은 그런대로 운이 좋은 편이었다. 그는 자신이 번역한 신약성서를 출판할 기금 100파운드만을 잃었을 뿐이었다.

땅이 물에서 나와 물로 성립한 것도 하나님의 말씀으로 된 것을 저희가 부러 잊으려 함이로다 이로 말미암아 그때 세상은 물의 넘침으로 멸망하였으되 이제 하늘과 땅은 그 동일한 말씀으로 불사르기 위하여 간수하신 바 되어 경건치 아니한 사람들의 심판과 멸망의 날까지 보존하여 두신 것이니라(벧후 3:5-7).

야생오리 바비   11월 3일

　로버트 레이크스는 1735년에 영국의 글러스터에서 태어났다. 그의 아버지는 「글로스터 저널」을 발행했다. 1757년에 아버지가 세상을 떠난 후, 로버트는 그 신문사를 맡게 되었다. 그는 즉시 신문을 이용하여 도덕적 개혁을 위한 캠페인을 벌였다. 예를 들어, 영국의 감옥은 환기 시설도 없고 위생시설도 없는 비참하고 비인간적인 장소였기 때문에 죄수들은 "감옥 열병"으로 죽어갔다. 레이크스는 죄수들을 방문하고, 기금을 모으고, 글을 가르쳐 주었다. 그는 신문에 계속하여 그들의 참혹상에 관심을 호소하는 기사를 실었다.

　1780년 어느 토요일 오후, 로버트는 자신이 수호해야 할 또 하나의 운동을 발견했다. 그는 어느 원예가와 인터뷰를 하려고 글러스터 교외의 슬럼가에 들어섰다. 많은 아이들이 그를 에워쌌다. 그는 그 아이들이 싸우는 것, 악취, 불결함, 도박, 불경함 등에 충격을 받았다. 집에 돌아온 로버트는 즉시 주일학교를 운영할 계획을 세웠다. 주일학교는 이미 시도된 적이 있었지만 폭넓은 지지를 받지 못하고 있었다. 로버트는 주일날 학교를 열기 위해서 네 명의 여자 신자를 고용했다. 그런데 꼭 일요일에만 학교를 열어야 할 필요가 있을까? 아이들은 주중에는 공장에서 일하지만 주일날은 거칠게 뛰논다.

　풍채좋은 로버트는 단정하게 옷을 입고 멋진 담배갑과 지팡이를 들고 날마다 학생들을 모으러 다녔다. 아이들은 그를 "야생오리 바비"라고 부르기 시작했고, 아이들은 주일학교에서 글을 배워 성경, 요리문답서 등을 읽을 수 있게 되었다.

　3년 후에 학교는 꽤 자리를 잡았다. 로버트는 신문을 이용하여 주일학교를 더 홍보하려 했다. 1783년 11월 3일자 글로스터 저널에는 주일학교의 성공을 다룬 기사가 실렸다. 놀랍게도 런던의 신문들이 그 이야기를 다루었고, 영국 전역에서 질문이 쇄도했다. 그리하여 주일학교 운동은 급속하게 확장되었다.

　주일학교의 형태는 많이 바뀌었지만, 앞으로도 사람들은 매주일 그리스도를 배우기 위해 주일학교에 갈 것이다.

때에 사람들이 예수의 안수하고 기도하심을 바라고 어린 아이들을 데리고 오매 제자들이 꾸짖거늘 예수께서 가라사대 어린아이들을 용납하고 내게 오는 것을 금하지 말라 천국이 이런 자의 것이니라(마 19:13, 14).

11월 4일 — 만세 반석

1740년 11월 4일에 영국의 판험에서 어거스투스 몬태뉴 탑레이디라는 이름을 가진 아기가 태어났다. 아기의 아버지는 전사했다. 어머니는 그 아이를 응석받이로 길렀다. 친구들은 그를 병적이고 신경질쟁이라고 생각했고, 친척들도 그 아이를 싫어했다.

그러나 어거스투스는 주님께 관심을 가지고 있었다. 그는 11살 되던 생일날 "이제 11살이 되었다. 무서운 죄를 짓지 않게 해주신 하나님을 찬양한다. 주님께 영광"이라고 적었다. 12살이 된 그는 아무에게나 설교를 했다. 14살 때에는 찬송가를 쓰기 시작했다. 16살 때에 그는 헛간에서 드리는 어느 예배에 참석했다가 완전히 그리스도께로 회심했다. 22살 때에 그는 성공회 사제가 되었다.

철저한 칼빈주의자인 그는 웨슬리의 알미니안주의 신학을 멸시했다. 그는 웨슬리가 거짓말과 날조된 이야기를 한다고 비방했다. "나는 영국에서 가장 악랄하게 복음의 체계를 미워하는 인물이라고 생각합니다"라고 썼다. 한번은 "웨슬리는 사탄처럼 수치를 모릅니다"라고 말했다. 그는 웨슬리를 프로 권투 선수요 굴뚝청소부라고 묘사했다.

1776년에 어거스투스는 웨슬리를 공격하려는 목적으로 하나님의 죄사함에 대한 기사를 썼는데, 그 끝에 다음과 같은 시를 수록했다.

나를 위해 열린 만세반석이시여
나를 당신 안에 숨겨 주옵소서
당신의 상하신 옆구리에서 흘러나오는 피와 물로
내 죄를 치료해 주옵소서
나를 진노에서 구하시며 정결케 하옵소서.

어거스투스 탑레이디는 38세로 세상을 떠났다. 그러나 그의 시는 그의 사후에도 가장 잘 알려지고 사랑받고 유익한 찬송이 되었다. 이상하게도 그것은 30년 전에 웨슬리가 성만찬을 위한 찬송집 서문에 썼던 것과 아주 비슷하다. "오 구원의 반석이여, 나를 위해 매맞고 쪼개진 반석이시여, 당신의 옆구리에서 흘러나온 피와 물을 통해서 내 영혼을 용서하시고 성결하게 하소서."

아마 이 두 사람은 자기들이 생각했던 것만큼 사이가 나쁘지는 않았던 것같다.

나의 힘이 되신 여호와여 내가 주를 사랑하나이다 여호와는 나의 반석이시요 나의 요새시요 나를 건지시는 자시요 나의 하나님이요 나의 피할 바위시요 나의 방패시요 나의 구원의 뿔이시요 나의 산성이시로다(시 18:1, 2).

콘스탄스 공의회　　11월 5일

　지도자가 둘인 것은 한 사람인 것보다 항상 좋은 일은 아니며, 세 사람이 지도자라고 나서면 아주 우스운 일이 벌어지게 된다.

　중세 시대에 교황은 세상에서 가장 강력한 인물, 종교계와 정치계에 군림하는 수퍼 지도자였다. 그러나 1300년부터 1500년 사이에, 영국과 프랑스의 정치가들은 교황권에 도전하기 시작했다.

　양측 사이의 가장 거센 갈등은 프랑스의 국왕 필립의 군대가 86세의 늙은 교황 보니페이스의 침실에 쳐들어갔고 이에 놀라 교황이 죽은 데서부터 시작되었다. 그의 후임으로 프랑스인인 클레멘트 5세가 교황으로 즉위했다. 클레멘트는 교황의 거처를 프랑스로 옮겼다. 이후 72년 동안 연이어 프랑스인들이 교황이 되었는데, 그들은 모두 로마가 아니라 아비뇽이라는 작은 프랑스 마을에 거주했다. 이 일은 교황청의 바벨론 포로시대라고 불려왔다. 프랑스와 이탈리아 사이의 긴장 상태로 말미암아 결국 프랑스에서 선출한 교황과 이탈리아 진영에서 선출한 교황 등 두 명의 교황이 존재하게 되었다. 이 "교황권의 대분열" 상태는 39년간 지속되었다. 각각의 교황은 나름의 추기경단을 소유하면서 자신이 참된 그리스도의 대리인이라고 주장했다.

　1409년에 양측의 추기경들 다수는 두 명의 교황을 모두 해임하고 새로운 교황을 선출함으로써 이러한 분열상태를 종식시키기로 합의했다. 그 결과는 어떠했을까? 두 명의 교황이 모두 사임을 거부했기 때문에 결국 교황은 셋이 되고 말았다. 325년에 니케아 공의회가 개최된 이후로 교회사에서 가장 중요한 장소가 된 세계 최대의 교회에서 1414년 11월 5일 개최된 콘스탄스 공의회에는 세 명의 교황이 입장하는 우스꽝스러운 광경이 벌어졌다. 당시 이 마을의 인구는 6,000명이었는데, 공의회에 참석한 사절들은 5,000명이었다. 그외에도 그들이 거느리고 온 하인들과 비서들, 의사들, 사기꾼들, 행상인들, 음유 시인들, 그리고 1,500명의 창녀들이 모여들었다. 공의회는 3년간 계속되었는데, 마침내 교황들 중 한 사람을 설득하여 사임하게 했고, 나머지 두 교황은 해임시키는 데 성공했다. 1417년에 이 회의에서는 새로운 교황 마틴 5세를 선출함으로써 대분열과 교황청의 바벨론 시대를 종식시켰다. 그러나 바티칸의 위신은 크게 손상되었고, 그것은 정확하게 100년 뒤에 종교개혁이 발생하는 길을 닦아놓는 역할을 했다.

형제가 연합하여 동거함이 어찌 그리 선하고 아름다운고(시 133:1).

11월 6일 — 멜빌 베버릿지 콕스

서아프리카 북단에 위치한 리베리아는 아프리카 최초의 독립국가이다. 이 나라는 1800년대 초에 아메리카 식민협회의 노력 덕분에 수립되었다. 이 단체는 미국에 거주하는 과거의 노예들을 아프리카 연안 지역의 식민지에 재정착하는 일을 행하는 단체이다.

감리교 감독교회 최초의 선교사인 멜빌 베버릿지 콕스는 그곳에서 3년동안 지도를 받았다. 그는 아내를 잃은 슬픔에 잠겨 지내면서 남아메리카에서 선교하려는 계획을 품고 있었다. 그런데 치명적인 열병의 땅에 보낼 사람을 찾던 주교는 그에게 "리베리아로 가보지 않겠나?"라고 제안했다.

콕스는 이렇게 대답했다. "주님이 원하시는 일이라면, 나는 두려워하지 않겠습니다. 주께서 나를 도와주신다면 아프리카에서 죽는 일도 마다하지 않겠습니다." 콕스는 어느 친구에게 "내가 아프리카에서 오래 살지 못할 것이라고 생각한다네. 그렇지만 만일 하나님의 뜻이라면, 내가 죽어 아프리카에 묻혔으면 좋겠네. 나는 아프리카가 구속될 때까지 깨지지 않을 유대를 본국 교회와 아프리카 사이에 확립해놓고 싶어"라고 말했다.

그는 코네티컷 주에 있는 웨슬리 대학의 학생들에게 "만일 내가 아프리카에서 죽는다면, 여러분들은 반드시 그곳으로 와서 내 묘비를 써주어야 합니다"라고 말했다. 한 학생이 묘비에 무엇이라고 써야 하느냐고 물었더니, "천 명이 쓰러져도 아프리카를 포기하지 말라"고 쓰라고 했다.

그는 마지막으로 아내와 아기의 무덤에 다녀온 후, 1832년 11월 6일에 주피터 호를 타고 아프리카를 향했다. 바다는 몹시 거칠었고, 처음에 그는 배멀미로 크게 고생했다. 그러나 얼마 동안 항해를 한 후, 그는 선교부, 학교, 농장 등을 세울 계획을 세우는 등 일을 시작했다. 멀리 아프리카 해안이 보일 무렵, 그는 "아프리카를 보았다. 나는 살아 있다. 아프리카는 마치 천국의 구름처럼 일어난다!"고 기록했다. 1833년 3월 7일에 몬로비아에 상륙한 그는 곧 일을 시작했다. 그러나 7월 21일에 잠에서 깨어난 그는 진땀을 흘리면서 "주여, 오시옵소서. 속히 오시옵소서"라고 소리쳤다. 그는 사역을 시작한 지 4개월만에 열병으로 세상을 떠났다. 그의 말대로라면 아프리카로 가야 할 사람이 999명이 남았다. 그리고 콕스의 본보기를 따라 5명의 청년이 이미 그곳을 향해 가고 있었다.

내가 비천에 처할 줄도 알고 풍부에 처할 줄도 알아 모든 일에 배부르며 배고픔과 풍부와 궁핍에도 일체의 비결을 배웠노라 내게 능력주시는 자 안에서 내가 모든 것을 할 수 있느니라(빌 4:12, 13).

스코틀랜드 종교개혁

11월 7일

스코틀랜드 종교개혁은 고통스럽게 이루어졌다. 많은 개신교도들이 목숨을 잃었는데, 그중에는 존 니스벳이라는 인물도 포함되어 있었다. 후일 니스벳의 16살짜리 아들은 이 일을 기록으로 남겼다.

1685년 11월 7일, 아버지를 비롯한 세 분은 어느 기독교 모임에 가서 하나의 전쟁을 종식시키려 했습니다. 아버지는 나를 하나님의 자비하신 섭리에 맡긴 채, 그곳을 향해 떠났습니다. 그러나 안식일 아침에 아버지의 일행은 40명의 적들에게 체포되었습니다. 그 전날밤에 나는 루던스 백작의 집으로 갔었는데, 꿈에 아버지가 아주 힘든 길을 가고 계신 것을 보았습니다. 슬퍼하다가 잠에서 깨어난 나는 즉시 자리에서 일어나 기도를 드렸습니다. 나는 완전히 슬픔에 잠겨 하루 종일 가슴아파하며 한숨만 쉬었습니다. 밤에 두 명의 처녀가 나를 찾아왔습니다. 그들은 슬픔에 잠긴 나에게 밥을 먹었느냐고 물었습니다. 나는 하루종일 아무 것도 먹지 않았다고 말했습니다. 이 말을 들은 그들은 치마 속에 감추어온 음식을 꺼내더니 먹으라고 했습니다. 그러나 나는 먹으려 하지 않았습니다. 그 두 처녀는 눈물을 흘렸습니다. 한 처녀는 "오늘 아침에 원수 40명이 당신의 아버지를 붙잡아 펜윅 커크로 데려갔어요. 다른 세 사람을 죽였고, 당신의 아버지는 일곱 군데 상처를 입고 감옥에 갇혔어요"라고 말했습니다. 이 말을 듣는 순간 내 마음을 찢어지는 것 같았습니다. 나는 자리에서 일어나 들판으로 나갔습니다. 그런데 자비하신 하나님의 섭리로 말미암아 캄캄한 밤중에 나는 유명한 신자인 윌리엄 우드번씨를 만났습니다. 그분은 아버지의 친구였습니다. 그분은 아버지가 없는 사람들의 아버지가 되시는 하나님의 지고하신 뜻에 순종하라고 말씀하셨습니다. 이 복되고 유익한 충고를 듣는 순간, 내 무거운 짐이 제거되었고, 슬픔도 어느 정도 사라졌습니다. 나는 그날 밤 아버지가 죽기까지 충성할 수 있도록 힘을 달라고 주님께 기도했습니다.

여호와께서는 영원무궁토록 왕이시니 열방의 왕이 주의 땅에서 멸망하였나이다 여호와여 주는 겸손한 자의 소원을 들으셨으니 저희 마음을 예비하시며 귀를 기울여 들으시고 고아와 압박당하는 자를 위하여 심판하사(시 10:16-18).

11월 8일 — 존 던스 스코투스

　존 던스 스코투스는 스코틀랜드에서 태어나, 영국의 옥스포드 대학에서 신학을 공부하고 성직에 임명되었다. 1304년경에 그는 파리에서 박사 학위를 취득했다. 이어 그는 독일의 쾰른으로 가서 약 1년 동안 신학을 가르치다가 1308년 11월 8일 40세도 못된 젊은 나이로 세상을 떠났다. 1513년에 쾰른에 있는 프란치스코회 교회에 세워진 그의 기념비에는 "나는 스코틀랜드에서 태어나 영국에서 자랐고 프랑스에서 교육을 받았으며 쾰른에 묻혔다"고 쓰여 있다.

　스코투스의 명석한 지성은 중세 신학계를 흔들어 놓았다. 그는 토마스 아퀴나스, 안셀름 등 이전의 가톨릭 신학자들을 거리낌없이 비판했고, 기성 신조들에 도전하여 학생들을 당황하게 하곤 했다. 그러나 많은 신학자들과 마찬가지로, 스코투스는 대답하는 일보다는 질문하는 일에 더 능했다. 그의 신학은 따르기 어려운 것이었으며, 그렇기 때문에 교회사에서 그는 "난해한 박사"라고 알려져 있다. 많은 학생들이 그의 신학 때문에 당황하고 좌절했기 때문에, 그의 이름 "Duns"에서 따서 "Dunce"(열등생)이라는 단어를 만들었다.

　스코투스는 마리아의 무흠수태설, 즉 마리아는 죄가 없이 잉태했다는 것, 마리아는 잉태한 순간부터 순결하고 죄가 없었다는 교리를 옹호한 최초의 신학자이다. 일설에 의하면, 파리에서 개최된 공개 토론에서, 스코투스는 이 주제에 관한 200개의 논거를 가지고 토마스 아퀴나스의 추종자들을 공격했는데, 이 논쟁은 종교개혁 이전의 교회에서 가장 치열한 논쟁 중에 하나였다고 한다.

　그러나 스코투스는 자기의 주장을 하나의 교의로서 가르친 것이 아니라 하나의 개연성으로서 가르친 듯하다. 그는 이렇게 기록했다.

> "이 문제에 관하여 나는 하나님께서는 마리아가 원죄 안에 있지 않게 하실 수 있었다고 생각한다. 동시에 하나님은 마리아로 하여금 한 순간이나 잠시 동안 죄 속에 머물게 하셨거나 마지막 순간에 그 죄를 깨끗하게 씻어주셨을 수도 있다고 생각한다. 이 둘 중 어떤 일이 실제로 발생했는지는 하나님만이 아신다."

　그럼에도 불구하고 1854년에 교황 피우스 9세가 이 주제에 관한 스코투스의 견해를 하나의 교의로 선포함에 따라 그의 견해는 확립된 교회의 가르침이 되었다.

종말로 형제들아 무엇에든지 경건하며 무엇에든지 옳으며 무엇에든지 정결하며 무엇에든지 사랑할 만하며 무엇에든지 칭찬할 만하며 무슨 덕이 있든지 무슨 기림이 있든지 이것을 생각하라 너희는 내게 배우고 받고 듣고 본 바를 행하라 그리하면 평강의 하나님이 너희와 함께 계시리라(빌 4:8, 9).

디트리히 본 회퍼

11월 9일

베를린의 유명한 정신신경과 의사인 칼 본 회퍼는 자기 아들이 과학자나 법학자가 되기를 기대했다. 그러나 젊은 디트리히 본회퍼는 신학자가 되겠다고 선언했다. 가족들이 독일 교회의 결점들을 지적하자, 그는 "앞으로 내가 그런 점들을 개혁하겠어요"라고 대답했다.

그는 아돌프 히틀러 시대에 성년이 되었다. 히틀러는 대부분의 독일 교회 사람들을 속였다. 어느 목사는 "그리스도께서 우리 가운데서 효과적으로 활동하시는 것은 히틀러 덕분이다. 국가사회주의는 행동하는 적극적인 기독교이다"라고 말했다. 본회퍼는 전력을 다해 나치에 반대하면서 교회에 대해 회개를 촉구했다. 거리낌없는 발언 때문에 그는 위험에 처하게 되었다. 날이 가고 해가 갈수록 위험은 커지고 긴장은 심화되었다.

1938년 11월 9일에, 나치는 독일 내의 유대인 공동체들을 공격했다. 그들은 집을 파괴하고 창문을 깨고 회당에 불을 질렀다. 그들은 유대인들을 잔인하게 다루고 감옥에 가두었다. 당시 베를린을 떠나 있던 본회퍼는 베를린으로 돌아와 예언자처럼 서서 폭력에 항의했다. 그는 유대인들은 그리스도를 십자가에 못박은 자들로서 마땅히 받아야 할 대가를 받고 있다며 폭력을 정당화한 기독교인들에게 크게 분노했다. 그는 시편 74:7-8에 밑줄을 긋고 그 옆에 이 재앙의 날짜를 표시해주었다.

결국 본회퍼는 베를린 외관에 있는 텔겔 감옥에 수감되었다. 가로가 6피트, 세로가 9피트인 감방에는 선반, 의자, 양동이, 간이 침대가 있었다. 본회퍼는 이곳에서 1년 반 동안 지내면서 편지도 쓰고 시도 지었다. 그중 일부는 약혼녀인 마리아 폰 베데마이어에게 쓴 것이었다. 그들은 결혼하지 못했다. 본회퍼가 마리아에게 보낸 편지의 일부는 현재 하버드 대학에 소장되어 있는데, 마리아의 요청에 따라 2002년까지 봉인 상태로 보관된다.

본회퍼는 플로센부르크 강제수용소로 이송되었다. 1945년 4월 8일, 본회퍼가 예배를 인도하고 있을 때 게스타포가 들어와서 그를 끌고 나갔다. 그는 "이것이 나의 종말이요, 생명의 시작입니다"라고 소리쳤다. 다음날 아침 5시가 조금 지나서, 그는 숲 속에 있는 처형장으로 끌려갔다. 그는 벌거벗은 채 무릎을 꿇고 기도한 후에 교수대에 올라갔다.

주의 성소를 불사르며 주의 이름이 계신 곳을 더럽혀 땅에 엎었나이다 저희의 마음에 이르기를 우리가 그것을 진멸하자 하고 이 땅에 있는 하나님의 모든 회당을 불살랐나이다

(시 74:7-8)

11월 10일 볼리비아 선교사

1942년에 말레이지아에서 사역하던 폴 플레밍이라는 선교사가 말라리아에 감염되어 귀국했다. 그는 병을 치료하면서 시간이 나면 세실 다이 목사와 함께 오지에 사는 종족들에게 복음을 전해야 할 필요성에 대해 대화를 나누었다. 두 사람은 New Trabes Mission이라는 초교파 기구를 결성했다. 그 직후에 다이와 그의 동생, 그리고 다른 세 사람 및 그들의 가족들은 볼리비아에 도착하여 사나운 인디언 아요레 족 사회에서 사역을 시작했다. 볼리비아인들은 위험하다고 경고했지만, 그들은 정글 한복판으로 가서 기지를 세웠다. 그리고 나서 이 다섯 사람은 아요레족을 찾아나섰다.

한 달이 지났다. 그들을 찾기 위한 수색대가 산속의 험한 길을 따라가고 있었다. 그들이 발견한 것이라곤 금이 간 카메라 렌즈, 양말 한짝, 큰 칼, 그밖에 몇 가지 물건뿐이었다. 두번째 수색 때에는 버려진 아요레족의 거주지에서 더 많은 물건을 발견했다. 분명한 살인을 징벌하기 위해서 군대가 그 지역에 진격하려 했지만, 선교부 대표는 "그러지 마세요. 우리는 그들을 그리스도께로 인도하고 싶습니다"라며 저지했다. 여러 해가 지났다. 아직도 남편들이 살아 있으리라는 희망을 가지고 있는 부인들은 아오레 지역으로 더 깊이 들어갔다. 1948년, 한 무리의 벌거벗은 인디언들이 나타나서는 그들이 주는 선물을 받고 사라졌다. 얼마 후 그들은 선물을 더 받기 위해 돌아와서는 부인들에게 남편들이 죽었다고 말했다.

서서히 진실이 드러났다. 1944년 11월 10일 다섯 명의 선교사가 아오레 족 마을에 접근하자 큰 소동이 벌어졌다. 어느 조급한 인디언 전사가 활을 쏘아 그중 한 사람이 다쳤다. 다른 선교사가 화살을 뽑아주었다. 다섯 사람은 황급히 그곳을 떠났다. 그런데 유포이데라는 전사가 사람들을 이끌고 그들의 뒤를 쫓아와서는 선교사들을 차례로 곤봉으로 때리고 창으로 찔러 죽였다.

부인들은 자신들에게 찾아와서 그 이야기를 해준 사람이 유포이데라는 사실을 알게 되었다. 자신을 용서해줄 것이라고 생각한 유포이데는 자신이 선교사들 살해에 연루되었음을 자백하고 회개하고 그리스도를 받아들였다. 얼마 후에 아요레족 마을에 영구적인 기독교 정착지가 세워졌는데, 이곳은 선교활동을 위한 기지가 되었다. 남아메리카 원주민들을 대상으로 한 선교 사역은 오늘날까지 계속되고 있다.

여호와는 나의 힘이요 노래시며 나의 구원이시로다 그는 나의 하나님이시니 내가 그를 찬송할 것이요 내 아비의 하나님이시니 내가 그를 높이리로다(출 15:2-3).

그리스도를 본받아…   11월 11일

　토마스 아 켐피스라고 알려진 토마스 헤메르켄은 기독교 역사에서 가장 유명한 경건 서적을 저술했다.
　그는 1380년경에 태어났다. 그의 부모는 가난했지만 그를 네덜란드의 공동생활형제단에게 보내어 교육을 받게 했다. 공동생활형제단은 영적인 회심, 실질적인 거룩, 그리스도에 관한 묵상을 강조했다. 젊은 학생 토마스는 이러한 가르침에 감동을 받았고, 주 예수의 제자가 되는 일에 대해 깊이 생각하게 되었다. 1399년, 20세경에 토마스는 네덜란드의 즈볼레 근처 성 아구에스 산에 있는 어거스틴 수도원에 들어갔고, 평생 이곳에서 지냈다. 그곳에서 그는 설교를 하고 사본들을 필사하고, 영적인 조언을 해주고, 책을 저술하며 지내다가 90세 때에 세상을 떠났다. 1897년 11월 11일, 즈볼레에 있는 성 미가엘 교회에 그를 기념하는 기념비가 세워졌다.
　토마스는 조용하게 일생을 보냈지만, 그의 생은 온 인류의 역사 안에서 메아리치고 있다. 가장 잘 알려진 그의 저서인 『그리스도를 본받아』는 원래 익명으로 출판된 4권짜리 책이었다. 이 책은 개신교도와 가톨릭교도 모두에게서 널리 읽혀졌고, 15세기 말까지 99쇄나 발행되었다. 오늘날 이 책은 불후의 경건 고전 서적의 하나로 알려져 있다. 일설에 의하면, 이 책은 기독교 역사상 성경 다음으로 많이 배포된 책이라고 한다. 이 책을 읽는 사람들은 자기를 부인하고 겸손을 받아들이고 하나님을 사랑하려는 도전을 받는다. 이 책의 일부를 인용해 본다.

> 그대의 마음을 눈에 보이는 사랑스러운 것들에게 두지 말고 눈에 보이지 않는 것에 두라…하늘의 별을 바라보면서 자기 자신을 아는 일을 등한히 하는 교만한 철학자보다는 하나님을 섬기는 비천한 농부가 훨씬 더 귀하다…우리는 다른 사람들의 말이나 우리 자신의 감정을 신뢰하지 말아야 한다. 우리는 모든 것이 하나님의 것인지를 주의깊게 인내하면 시험해 보아야 한다. 사람이 겸손해질수록 그만큼 더 하나님께 순종하게 되고 지혜롭게 되며, 그 영혼은 더욱 평화롭게 될 것이다.

그러므로 너희가 그리스도와 함께 다시 살리심을 받았으면 위엣 것을 찾으라 거기는 그리스도께서 하나님 우편에 앉아 계시느니라 위엣 것을 생각하고 땅엣 것을 생각하지 말라 이는 너희가 죽었고 너희 생명이 그리스도와 함께 하나님 안에 감취었음이니라

(골 3:1-3)

11월 12일 — 존 번연

토마스 아 켐피스의 『그리스도를 본받아』와 필적할 만큼 많이 판매된 책을 든다면, 존 번연의 『천로역정』일 것이다. 1660년 11월 12일, 번연은 친구의 집에서 모이는 작은 예배를 인도하기 위해서 집을 나섰다. 그보다 조금 먼저 영국의 국왕 찰스 2세는 왕정을 복고하고 영국 국교회를 원래의 위치로 회복시켰다. 그리하여 비국교 예배처는 모두 폐쇄되었고, 번연이 전하는 복음은 국가에 대한 반역행위가 되었다.

친구의 농가에 도착한 번연은 자신의 체포 영장이 발부되었음을 알게 되었다. 친구들은 그에게 도망치라고 권했다. 그러나 번연은 "아니. 나는 결코 흥분하지 않을 것이며, 또 예배를 그만 두지도 않을테요. 우리는 결코 기가 죽어서는 안됩니다. 하나님의 말씀을 전파하는 것은 선한 일이기 때문에, 만일 우리가 그 일로 인해 고난을 받는다면 그만큼 큰 상을 받게 될 것입니다"라고 말했다. 그러나 곧 예배는 경찰 때문에 중단되었다. 번연은 간신히 몇 마디 작별 인사를 하고 체포되었다. 그는 그로부터 12년간 베드포드에서 감옥생활을 했다. 그동안 그의 가족들은 많은 고난을 당했고, 그의 사랑하는 눈 먼 딸 메리가 세상을 떠났다.

번연은 감옥에서 레이스를 만들어 그 돈으로 가족들을 부양했다. 그러던 중 그는 숨겨져 있던 재능, 즉 글쓰는 능력을 발견했다. 투옥되어 있는 작가로서의 명성 때문에 그의 책들은 잘 팔렸다. 그는 평생 매년 1권씩 60권의 책을 저술했다. 번연의 가장 유명한 저서는 감옥에서 저술한 『천로역정』이다. 그 책은 번연의 생전에 100,000만부가 판매되었고, 그 후 수백만부가 판매되었다. 그 책은 성경을 제외하고는 『그리스도를 본받아』와 더불어 가장 많이 판매된 것이다. 번연은 말년을 베드포드에 있는 작은 오두막집에서 보냈다. 그를 찾아오는 사람들은 종종 그가 공부하고 있는 모습을 발견하곤 했는데, 그의 장서라곤 성경책과 그 자신의 저서 몇권뿐이었다. 번연은 열병으로 투병하면서 두서없는 파격적인 말들을 남겼는데, 사람들은 이 말들을 수집하여 『번연의 임종의 말』(Bunyan's Dying Sayings)라는 제목으로 출판하였다. 이 책에는 다음과 같은 말이 들어 있다.

> "기도의 영은 금과 은보다 귀한 보배이다. 자주 기도하라. 기도는 영혼을 지켜주는 방패이며, 하나님께 드리는 제물이며, 사탄에게 가하는 채찍이다."

이같이 말하는 자들은 본향 찾는 것을 나타냄이라 저희가 나온 바 본향을 생각하였더면 돌아갈 기회가 있었으려니와 저희가 이제는 더 나은 본향을 사모하니 곧 하늘에 있는 것이라(히 11:14 16).

도르트 종교회의

11월 13일

　C. S. 루이스가 관찰한 바에 의하면 기독교인들은 자기들이 의견이 일치하지 않는 사항들의 중요성에 대해서 의견들을 달리한다고 한다. 오늘날 많은 "칼빈주의자들"과 "알미니안들"은 서로 협력하여 일하고 있지만, 이들은 수백년간 앙숙으로 서로 싸움을 벌여왔다. 알미니안이라는 명사는 야코부스 알미니우스의 이름에서 파생된 것이다. 알미니우스는 1559년, 혹은 1560년에 네덜란드의 오데바테르라는 마을에서 태어났다. 그는 훌륭한 교육을 받았지만, 마르부르크 대학에서 수학하던 중 불행하게도 학업을 중단해야 했다. 스페인 군대가 오데바테르를 공격했다는 소식을 듣고 고향으로 돌아간 그는 가족들이 모두 학살되었음을 알게 되었다.

　그 후 그는 유럽의 이 대학 저 대학을 다니면서 마치 스펀지처럼 지식을 흡수했다. 1587년, 그는 암스텔담의 목사로 임명되면서 그곳에 정착했다. 고난을 잘 이해하고 있던 알미니우스는 훌륭한 목사가 되었다. 그는 페스트가 창궐하는 동안에도 병자들을 심방하고, 믿음이 흔들리는 신자들에게 충고를 해주고, 신학적인 문제들에 대해 관용할 것을 조언했다. 그의 설교는 인기가 있었다.

　몇 년이 지난 후, 알미니우스는 대학에서 강의하기 위해 라이덴으로 이사했다. 그곳에서 6년을 지내는 동안 그는 칼빈의 후계자인 테오도레 베자(Theodore Beza)의 칼빈주의 해석과 관련된 논쟁에 휩싸였다. 베자는 하나님께서 자신의 주권적인 뜻에 따라 어떤 사람을 구원하시고 어떤 사람은 저주하도록 섭리하셨다는 칼빈주의 신앙을 더욱 강화했다. 베자의 주장이 하나님께서 죄를 만드셨다는 의미로 해석될 것을 염려한 알미니우스는 구원으로의 선택은 믿음에 의해 조절된다고 주장했다. 둘 사이의 논쟁이 치열해졌으므로, 마침내 네덜란드 국민회의에서는 양측에게 자신의 주장을 서면으로 제출하라고 요구했다. 알미니우스는 논쟁이 시작될 즈음 세상을 떠났다. 이후 서적, 설교 등을 통한 논쟁으로 네덜란드가 크게 분열되었으므로, 국민회의에서는 1618년 11월 13일 도르트 종교회의를 소집했다. 회의는 처음부터 알미니우스의 추종자들을 이단으로 간주했고, 1619년 1월 14일, 알미니우스는 정죄되었다. 200명의 알미니안파 목사들은 모두 해직되었고, 침묵을 지키지 않는 사람은 추방당했다. 그러나 문제는 해결되지 않았다. 그 후 기독교인들은 이러한 교리들 및 그 중요성에 대해 계속 논란을 벌여왔다.

베드로가 가로되 너희가 회개하여 각각 예수 그리스도의 이름으로 세례를 받고 죄사함을 얻으라 그리하면 성령을 선물로 받으리니 이 약속은 너희와 너희 자녀와 모든 먼 데 사람 곧 주 우리 하나님이 얼마든지 부르시는 자들에게 하신 것이다(행 2:38, 39).

11월 14일   자이레 선교사 윌리엄 맥체스니

1960년대에 콩코(자이레)에서 내란이 발발했을 때, 세계복음화 십자군 소속의 선교사 윌리엄 맥체스니가 체포되었다. 윌리엄은 체격은 작았지만 원만한 성품에 항상 미소를 잃지 않았다. 그의 동역자들은 그를 "미소짓는 빌"이라고 했다.

1964년 11월 14일, 말라리아에 걸려 앓고 있던 윌리엄은 콩코 반군들에게 체포되었다. 당시 그는 28세였다. 열흘 후에 그는 무자비하게 매를 맞고 벌거벗긴 상태로 더럽고 비좁은 감방에 투옥되었다. 말라리아에 걸려 앓고 있던 윌리엄에게 가톨릭 사제들은 자기들의 옷을 벗어주었다. 그 다음날 윌리엄은 감방에서 끌려나가 살해되었다.

윌리엄은 아프리카를 향해 떠나기 전에 해외 선교에 대한 자신의 소원을 설명하는 시를 지었는데, 그 내용의 일부를 인용하면 다음과 같다.

> 아침 8시에는 햄과 계란으로 식사를 하고
> 1시에는 잘 익힌 스테이크를 먹고,
> 일과를 마친 후에 멋진 저녁 식사를 하고 싶습니다.
> 초현대적인 집에 살고 싶습니다
> 방마다 전화가 놓여 있고,
> 문에는 예쁜 커텐을 달겠소.
> 깔끔하고 멋진 옷장에
> 최신 유행의 옷들을 걸고 싶습니다.
> 기독교인들이라고 해서 최상의 것을 갖지 말라는 법은 없으니까
> 그러나 그 때 분명한 음성으로
> "비천한 갈릴리 사람인 나를 따라오너라"라고 말씀하시는
> 주님의 음성을 들을 수 있답니다.
> 만일 나같은 죄인을 위해서
> 하나님께서 그처럼 큰 희생을 하시어
> 나를 위해 죽으셨다면,
> 나 또한 예수님을 위해서 모든 일을 하렵니다.
> 그렇습니다. 나는 주님이 걸어가신 길을 가렵니다.
> 내 하나님이 기뻐하시는 길로만 가렵니다.
> 영원히 그 길을 선택하렵니다.

누구든지 자기 십자가를 지고 나를 좇지 않는 자는 능히 나의 제자가 되지 못하리라
(눅 14:27)

오스월드 챔버스

11월 15일

오스월드 챔버스는 기독교계의 불후의 명작을 저술했지만, 자신은 그 사실을 알지 못했다.

오스월드는 일찍이 예술가로서의 재능을 나타냈다. 장학금을 받고 유럽의 유수한 예술 학교에 입학하게 되었으므로 그의 장래는 보장된 듯이 보였다. 그러나 찰스 스펄전에 의해 그리스도께 귀의한 그는 장학금을 거절하고 더눈 성경학교에 등록했다. 그는 가족들에게 "제가 대학에 가지 않는다고 해서 섭섭하게 생각하지 마세요. 대학에 가지 않아도 나는 최고가 될 겁니다. 나는 주님을 위해서 내 힘이 닿는 한 스스로를 교육할 겁니다"라고 말했다. 그는 일기에 "어렸을 때부터 이상하고 위대한 일, 깊고 신기한 경험을 하려는 확신을 가지고 있었다"고 적었다.

더눈에서 공부하는 동안, 챔버스는 F. B. 마이어 박사로부터 성령에 대한 설교를 들었다. 그는 자신이 영적인 능력에 대해서 아무 것도 알지 못한다고 생각하면서 자기 방으로 돌아왔다. 그는 아주 불행했다. 그는 "오직 하나님의 은혜와 친구들의 친절함 덕분에 나는 정신적 곤경에서 빠져 나올 수 있었다. 나는 내가 가지고 있는 것이 기독교라면, 그것은 잘못된 것이라는 것을 깨달았다"고 했다.

마침 그는 누가복음 11:13—"너희가 악할찌라도 좋은 것을 자식에게 줄줄 알거든 하물며 너희 천부께서 구하는 자에게 성령을 주시지 않겠느냐"—을 발견했다.

그는 "나는 집요하게 누가복음 11:13을 의지하여 성령의 은사를 요구했습니다. 그러나 나는 천국이나 천사들을 보지 못했습니다. 전과 마찬가지로 메마르고 공허했고, 하나님의 능력을 체험하지 못했습니다. 그러던 중에 나는 어느 집회에서 강연해달라는 요청을 받았는데, 그곳에서 40명이 회심했습니다"라고 말했다. 챔버스는 사역의 능력을 발견했는데, 그 능력은 그의 생전에는 물론 그의 사후에도 세상에 영향을 주었다.

그는 제1차 세계대전 중인 1917년 11월 15일에 영국군으로 복무하던 중 이집트에서 갑자기 사망하여 카이로에 묻혔다. 그의 묘비에는 누가복음 11:13이 새겨져 있다. 후일 그의 아내는 그가 남긴 원고, 메모, 강의안, 설교들을 편집하여 *My Utmost for His Highest*라는 제목으로 출판했는데, 이 책은 오늘날까지도 기독교인들에게 많은 영향을 준다.

너희 중에 아비된 자 주가 아들이 생선을 달라 하면 생선 대신에 뱀을 주며 알을 달라 하면 전갈을 주겠느냐 너희가 악할찌라도 좋은 것을 자식에게 줄줄 알거늘 하물며 너희 천부께서 구하는 자에게 성령을 주시지 않겠느냐 하시니라(눅 11:11-13).

11월 16일

경건한 유산

1572년 11월 16일, 주일, 에딘버러의 로버트 페얼리는 예배를 마친 후에 집으로 가지 않았다. 종교개혁자인 존 낙스가 근처에서 임종하고 있었는데, 그는 그를 만나러 갔다. 페얼리는 낙스의 침대 근처에 놓인 탁자 앞에 앉았다. 두 사람은 함께 음식을 먹으며 교제했다.

위대한 종교개혁자의 생전의 모습을 가장 마지막으로 본 사람이 되고 싶어 했던 페얼리는 낙스의 병상을 지켰다. 임종이 멀지 않았음을 감지한 그는 목요일에 다시 낙스를 찾아갔다. 다른 사람들이 모두 방에서 나가기를 기다리면서 그는 기어서 낙스의 곁으로 갔다. 낙스는 그를 바라보면서 "나는 당신에게 큰 빚을 지었는데, 그 빚을 갚을 수 없을 것 같군요. 그렇지만 나는 당신의 빚을 갚아주실 능력이 있는 분에게 당신을 맡기겠습니다. 그분은 곧 영원하신 하나님이십니다"라고 말했다.

페얼리는 그 말을 잊지 않았고, 자녀들에게 그 말을 해주었다. 그리고 그의 자녀들은 그 말을 다시 그 자녀들에게 전해주었다. 그 이야기는 대대로 전해져서 어린 매리온 페얼리는 "존 낙스는 기도 중에 너의 고조부를 하나님께 맡기셨단다"라는 말을 들었다. 이 말, 그리고 아버지의 말에 감동을 받은 매리온은 그리스도께 헌신했다.

매리온은 장성하여 경건한 윌리엄 바이치와 결혼했다. 어느 날 밤에 군인들이 쳐들어와서는 복음을 전파했다는 이유로 윌리엄을 체포해갔다. 후일 매리온은 "군인들이 집 안에 있는 동안 내내 주께서 나를 지탱해주셨기 때문에 나는 그들 앞에서 조금도 기운을 잃지 않았습니다"라고 적었다.

윌리엄이 교수형을 당한다는 소식이 전해졌다. 매리온은 1월 눈이 내리는 날에 말을 타고 출발하여 한밤중에 몰펫 감옥에 도착하여, 새벽 무렵에 잠시 남편을 만났다. "그리고 나는 친구의 집으로 가서 힘없이 울었습니다." 그날 토마스 벨 검사는 "바이치는 내일 교수형에 처해질 것이다"라고 선고했다.

그날 저녁, 검사는 친구의 집에서 밤 10시까지 술을 마시면서 이야기를 나누다가 캄캄한 밤에 그곳을 떠났다. 그런데 벨 검사는 집에 도착하지 않았다. 이틀 후에 얼어붙은 그의 시신이 강에서 발견되었다. 윌리엄 바이치는 석방되었다. 매리온과 윌리엄은 함께 해로하면서 자신의 경건한 유산을 자녀들과 손자들에게 전해주었다.

이는 우리가 들은 바요 아는 바요 우리 열조가 우리에게 전한 바라 우리가 이를 그 자손에게 숨기지 아니하고 여호와의 영예와 그 능력과 기이한 사적을 후대에게 전하리로다
(시 78:3, 4)

찰스 H. 메이슨

11월 17일

찰스 H. 메이슨은 남북 전쟁이 끝날 무렵 멤피스 교외에서 해방 노예인 제리 메이슨과 엘리자 사이에서 태어났다. 엘리자는 아들이 하나님께 헌신하게 해달라고 기도했다. 찰스는 어머니의 기도 안에서 성장한 자신이 어머니의 은혜의 보좌에 동참하여, 부모님의 신앙과 같은 신앙을 갖게 해달라고 기도했다.

찰스가 12살이 되었을 때, 그 지역에 황열병이 발생했다. 즉시 찰스의 가족들은 얼마 되지는 않지만 재산을 정리하여 알칸사스 주 플러머스빌로 이사했다. 그들은 그곳 농장에서 소작농으로 일했다. 그러나 찰스의 아버지 제리가 전염병에 걸려 세상을 떠났다. 어린 찰스 역시 전염되었다. 찰스도 분명히 죽을 것 같았다. 그러나 후일 그의 아내가 저술한 바에 의하면 어느 일요일 아침, "하나님의 영광이 찰스에게 나타났다. 하나님의 임재로 말미암아 즉시 병이 나은 그는 침대에서 일어나 혼자서 밖으로 나갔다. 그는 아침 하늘 아래서 자신의 병을 낫게 해주신 하나님을 찬양하고 기도했다. 그 순간 그는 새로이 자신을 하나님께 맡겼다." 한편 아들의 상태를 살피려고 방에 들어간 그의 어머니는 침대가 비어있는 것을 보고 크게 놀랐다. 밖에서 아들을 발견한 어머니는 펄쩍 뛰면서 "하나님께 영광! 할렐루야! 하나님의 성호를 찬양하라!"고 외쳤다.

메이슨은 자라서 설교자가 되었다. 그러나 동료 침례교인들은 메이슨이 전하는 성결의 메시지를 혐오했다. 어느날 데살로니가전서 2:14을 묵상하면서 길을 걷는 도중에 The Church of God in Christ라는 명사가 떠올랐다. 메이슨과 같은 생각을 가진 형제들은 하나의 새로운 집단을 만들었다. 1897년부터 1906년 사이에 이 조직은 괄목할 만큼 성장했다. 1907년에 로스앨젤레스 아주사 거리에서 개최된 신앙부흥회에서 메이슨은 성령세례를 받았다. 그는 뜨거운 열심을 가지고 집으로 돌아갔고, 이 신흥 교파는 새로이 조직되어 뜨겁게 타올랐다.

The Church of God in Christ는 아주사 거리의 신앙 열정에서 출발한 최초의 주요 교파이다. 메이슨은 1961년 11월 17일에 세상을 떠났는데, 그 무렵 이 교파는 미국 내에서 가장 규모가 큰 오순절 교파들 중의 하나가 되어 있었다.

이러므로 우리가 하나님께 감사함은 너희가 우리에게 들을 바 하나님의 말씀을 받을 때에 사람의 말로 아니하고 하나님의 말씀으로 받음이니 진실로 그러하다 이 말씀이 또한 너희 믿는 자 속에서 역사하느니라 형제들아 너희가 그리스도 예수 안에서 유대에 있는 하나님의 교회들을 본받은 자 되었으니(살전 2:13, 14).

11월 18일 — 예비해주시는 하나님

허드슨 테일러는 1865년에 중국내륙선교회를 설립하면서 결코 선교에 필요한 기금을 모금하지 않고 오직 하나님만 의지하겠다고 결심했다. 이러한 정책이 모든 종류의 사역에 적절한 것은 아니겠지만, 이 정책을 통해서 테일러는 수천 번이나 하나님의 신실하심을 경험했다. 1857년 11월 18일에 쓴 편지에서 그 예를 볼 수 있다.

내가 대단히 가난하다고 생각하는 사람들이 많은 듯합니다. 어떻게 보면 그것은 사실입니다. 그러나 나는 가난한 것 같지만 많은 사람들을 부요하게 해주시는 하나님께 감사합니다. 나의 하나님께서는 내게 필요한 모든 것을 공급해주실 것입니다. 나는 온전히 하나님만 의지하며 사람들을 도와주는 통로로 사용되기만 원합니다.

토요일에 우리는 언제나처럼 가난한 사람들에게 아침을 제공했습니다. 70명이나 되었습니다. 어떤 때는 40명이 못되지만 80명이 넘는 때도 있습니다. 우리는 매일같이 가난한 사람들에게 식사를 제공합니다. 그러나 주일날 식사를 제공하려면 우리의 다른 의무를 제대로 수행할 수 없기 때문에 주일날에는 식사를 제공하지 못합니다. 그런데, 어느 토요일 아침에 경비를 모두 지불하고 우리가 다음날 사용할 것을 구입하고 나니 수중에 1달러도 남지 않았습니다. 월요일에 사용할 돈을 주께서 어떻게 공급해주실지 우리는 알 수 없었습니다. 그러나 우리의 벽난로 장식 위에는 중국어로 쓴 "주께서 지금까지 우리를 도와주셨다"는 뜻의 '에벤에셀'이라는 글자와 "주께서 모든 것을 예비해주실 것이다"라는 뜻의 '여호와 이레'라는 액자가 걸려 있습니다. 우리는 한 순간도 주님을 의심하지 않았습니다. 그날 우리가 예상했던 것보다 한 주일이나 일찍 우편물이 도착했고, 존즈 씨는 214달러를 받았습니다. 우리는 하나님께 감사하고 용기를 얻었습니다. 월요일에 가난한 사람들은 평상시와 마찬가지로 아침식사를 할 수 있게 되었습니다. 공중의 새들을 먹이시는 하나님께서 은혜로 우리 자신에게 필요한 것 뿐만 아니라 과부들과 고아들, 장님들과 절름발이들, 친구가 없는 사람들과 궁핍한 사람들에게 필요한 것까지도 공급해주시는 것을 보면서 우리는 하염없이 눈물을 흘렸습니다.

그러므로 염려하여 이르기를 무엇을 먹을까 무엇을 마실까 무엇을 입을까 염려하지 말라 이는 다 이방인들이 구하는 것이라 너희 천부께서 이 모든 것이 너희에게 있어야 할 줄을 아시느니라 너희는 먼저 그의 나라와 그의 의를 구하라 그리하면 이 모든 것을 너희에게 더하시리라(마 6:31-33).

리차드 백스터

11월 19일

영국에서 가장 위대한 설교자는 누구였을까? 어떤 사람들은 17세기 영국의 청교도인 리차드 백스터를 꼽는다. 그러나 백스터는 전성기에 10년 동안이나 설교를 하지 못했다.

백스터는 17세기의 인물이다. 그는 1615년에 태어났다. 그는 영국의 찰스 1세와 의회가 분쟁을 벌여 찰스 1세는 처형되고 크롬웰이 공화정을 펴던 시기에 살았다. 이 사건의 중심을 이루었던 청교도들은 1660년에 정치적 판도가 자신에게 불리하게 전개되고 있음을 발견했다. 찰스 2세와 더불어 왕정복고가 이루어졌다. 얼마 후에 백스터(당시 45세)를 비롯하여 2000명의 청교도 설교자들이 강단에서 쫓겨났다. 백스터는 체포되어 감옥에서 몇 년을 지냈다. 그는 재산을 잃었다. 게다가 담석증, 폐결핵, 편두통, 기침, 신장 결석, 소화불량 등으로 고생했다.

10년 동안 백스터는 강단에 서지 못했고, 합법적으로 하나님의 말씀을 선포하지 못했다. 그러나 그는 기도의 사람이었다. 그리고 고난을 겪으면서 『성도의 영원한 안식』(Saint's Everlasting Rest), 『개혁 목회자』(The Reformed Paster) 등을 포함한 138편의 능력있는 저서들을 배출했다.

마침내 그의 시련은 끝이 났다. 1672년 11월 19일의 일기에는 다음과 같이 기록되어 있다.

> "11월 19일은 10년만에 처음으로 내가 공적으로 설교를 하게 된 날이다. 그러나 축성된 교회에서 설교하지 못하고 불법적으로 나의 집에서 설교를 했다."

녹음기가 발명되어, 10년 동안 기도와 묵상과 연구와 고난의 세월을 보낸 백스터의 능력있는 설교를 들을 수 있었다면 참으로 감동적일 것이다. 백스터는 "열심히 연구하십시오. 영적 지식의 우물은 깊고, 우리의 두뇌는 얕습니다"라고 기록했다.

백스터는 열심히 연구하고 지칠 줄 모르고 수고하다가 1691년에 76세로 성도의 영원한 안식에 들어갔다.

모든 성경은 하나님의 감동으로 된 것으로 교훈과 책망과 바르게 함과 의로 교육하기에 유익하니 이는 하나님의 사람으로 온전케 하며 모든 선한 일을 행하기에 온전케 하려 함이니라…너는 말씀을 전파하라(딤후 3:16, 4:2).

11월 20일   어느 의사의 맹세

1759년 11월 20일, 서인도제도에서 벗어난 바다에서 '아룬델'호는 알지 못하는 배에 접근했다. 함장인 찰스 미들턴이 조사하기 위해 일부 선원들을 그 배에 승선하게 했고, 검게 그을은 선원들은 긴장하여 대포 곁에 서서 만일의 사태에 대비했다. '스위프트'호는 기니로 가는 노예 무역선이라는 것이 밝혀졌다. 그런데 그 배에 흑사병이 발생했던 것이다.

미들턴은 자기 배의 의사인 제임스 램지를 불렀다. 램지는 미들턴이 그리스도께로 인도한 젊은 의사였다. 스위프트 호에 승선한 램지는 공포에 질렸다. 선창에는 줄줄이 쇠사슬에 묶인 벌거벗은 노예들로 가득했는데, 그들은 흑사병에 걸려 몸을 비틀고 신음하고 땀을 흘리며 죽어가고 있었다. 참을 수 없는 악취가 나고 믿을 수 없을 정도로 더러웠다. 램지는 노예들을 위해서 최선을 다하겠다고 맹세하고 그 배를 떠났다.

얼마 후 그는 해군에서 제대하여 서인도제도의 세인트 키트 섬의 목사로 부임했다. 그는 압제자들로부터 노예 10명을 사서 그들에게 성경을 가르치고 치료도 해주었다. 인근에 있는 대규모 농장을 방문하여 채찍질이나 인두질로 인한 상처들을 치료해주면서 노예제도에 대한 그의 증오심은 더욱 커졌다. 램지가 노예들을 인간적으로 다루라고 요구하자 노예를 소유한 주인들은 그를 위협했다. 램지가 노예제도 폐지를 요구하자 지방 신문들은 그를 공격했고, 시민들은 그를 비난했으며, 그는 섬에서 축출되었다.

램지는 영국으로 돌아가 켄트주 외곽에서 목회를 했다. 48살밖에 되지 않았는데도 그는 늙어 보였다. 밤낮 노예들의 비명소리가 그를 괴롭혔다. 그는 1759년 11월 20일의 일을 잊을 수 없었다. 그는 자신의 느낌을 책으로 펴내어 또 한번 돌풍을 일으켰다. 그러나 이번에는 그는 혼자가 아니었다. 당시 의회에 진출한 옛 함장 미들턴이 그를 지원해주었다. 미들턴은 램지가 벌인 운동에 참여하면서도, 그 운동의 지도자가 될 보다 젊고 유능한 의원을 찾아보았다. 그는 윌리엄 윌버포스를 선택했다.

윌버포스가 영국에서 일생동안 벌인 노예제도 폐지 운동은 너무나 잘 알려져 있다. 그러나 그 운동이 시작된 근원은 1759년 11월 어느날 기독교인 의사가 한 맹세였음을 아는 사람들은 많지 않다.

예수께서 그 자라신 곳 나사렛에 이르사 안식일에 자기 규례대로 회당에 들어가사 성경을 읽으려고 서시매 선지자 이사야의 글을 드리거늘 책을 펴서 이렇게 기록한 데를 찾으시니 곧 주의 성령이 내게 임하셨으니 이는 가난한 자에게 복음을 전하게 하시려고 내게 기름을 부으시고 나를 보내사 포로된 자에게 자유를…전파하게 하려 하심이라 하였더니 (눅 4:16-18).

제2차 바티칸 공의회   11월 21일

　9시경 무섭게 쏟아지던 빗발이 약해졌다. 흰옷을 입은 가톨릭 주교들이 역사적인 제2차 바티칸 공의회에 참석하기 위해 성 베드로 광장을 통과할 때에는 아침 햇살이 빛났다. 이 날은 1962년 10월 11일이었다. 이 회의를 소집한 교황 요한 23세는 77세 때에 교황으로 선출되었으며 그가 이렇게 오래 재위하리라고 기대한 사람은 거의 없었다. 그런데 그는 이 공의회를 소집하면서 그 생각이 갑작스런 성령의 영감이라고 주장하여 모든 사람을 놀라게 했다.

　주교들이 자리에 앉은 후, 늙은 교황은 발언하기 위해 천천히 일어섰다. 그는 교회가 현대 시대에 살고 있음을 청중들에게 환기시켰다. "믿음의 축적물"은 불변하지만, 그것을 어떻게 제공하느냐는 별개의 문제이다. 형태, 방법, 태도 등은 현대화되어야 한다.

　그로부터 3년간 주교들은 생각하고 토론하고 고민하고 기도했다. 보수파와 진보파 사이에 전선이 형성되었다. 교황 요한은 1963년 6월 3일에 세상을 떠났다. 그러나 그의 후임은 바울 6세는 계속 회의를 추진했다. 결국 16개의 문서가 채택되었다. 가톨릭 예전은 단순화되었고, 라틴어가 아닌 각 민족의 언어로 교회의 의식을 거행하는 것도 허용되었다. 성경을 보다 많이 사용하고, 예배자들이 보다 더 참여할 수 있게 되었다. 성경 주석과 회중 찬송도 장려되었다. 그 회의에서는 새로이 자유를 강조했다.

　다른 기독교 집단들에 대한 가톨릭 교회의 태도 변화 역시 중요한 것이다. 교황 요한 23세는 바티칸 공의회를 소집하면서 "분리된 형제"인 동방 교회와 서방 교회 사이의 대화와 교제, 기독교계의 새로운 통일체를 꿈꾸었다. 1964년 11월 21일에 제3차 회기를 마쳤는데, 투표 결과 2137:11로 *Decree of Ecumenism*을 포함하여 세개의 문서가 채택되었다. 그 회의에서는 교회 분열의 책임은 가톨릭과 개신교 양측 모두에 있다고 선언했고, 에큐메니칼 운동의 성장을 격찬했다. 다른 기독교 집단들을 의심하고 경쟁하기보다는 서로 대화해야 한다고 했다.

　제2차 바티칸 공의회에서는 기본 교리들을 개정하지 않았지만, 태도와 접근 방법의 변화로 말미암아 가톨릭 교회는 영구적인 변화를 이루었다.

　　아버지께 참으로 예배하는 자들은 신령과 진정으로 예배할 때가 오나니 곧 이때라 아버지께서는 이렇게 자기에게 예배하는 자를 찾으시느니라 하나님은 영이시니 예배하는 자가 신령과 진정으로 예배할찌니라(요 4:23, 24).

11월 22일　　　　　　　　　　　　# 큰 풍파

　1873년 11월, 시카고에 사는 변호사 호레이쇼 G. 스패포드는 아내와 네 딸, 매기, 타네타, 애니, 벳시를 데리고 뉴욕으로 가서, 화려한 프랑스 유람선인 S. S. Ville du Havre호에 그들을 태웠다. 시카고 대화재로 재산을 모두 잃은 스패포드는 시카고의 학교들이 재건될 때까지 딸들을 영국 학교로 보내려 한 것이다. 가족들이 선실에 들어가는 모습을 지켜보던 그는 마음이 불안하여 그들을 뱃머리에 가까운 선실로 옮겨주었다. 그리고 나서 그는 나중에 프랑스에서 만나자고 약속하고 가족들과 작별했다.

　1873년 11월 22일 깊은 밤, 배는 잔잔한 바다를 항해하고 있었다. 갑자기 배가 흔들리면서 승객들은 침대에서 떨어졌다. 배가 '로천'이라는 화물선과 충돌한 것이다. 물이 밀려들어오고, 배는 위험할 정도로 기울어졌다. 무서운 공포에 휩싸인 승객들의 비명소리, 기도하는 소리, 맹세하는 소리 등이 뒤섞여 들려왔다. 캄캄한 밤에 승객들은 기둥에 매달리거나, 바다에 빠졌다. 서로 붙들고 있던 사랑하는 사람들이 힘을 잃고 손을 놓쳐 깊은 바다 속으로 사라졌다. 2시간이 못되어 그 거대한 배는 완전히 침몰하고 말았다. 226명의 사망자들 중에는 매기, 타네타, 애니, 벳시가 포함되어 있었다. 스패포드 부인은 파선한 배의 일부를 붙들고 표류하다가 의식을 잃은 상태로 발견되었다. 9일 후 생존자들이 웨일즈의 카디프에 상륙한 스패포드 부인은 남편에게 "나만 살았습니다"라고 전보를 쳤다.

　스패포드는 즉시 아내에게 가려고 여권을 신청했다. 추운 12월 어느 날 밤, 항해를 하던 중, 선장은 그를 한쪽으로 불러내더니 "우리는 지금 Ville du Havre가 침몰한 지점을 통과하고 있습니다"라고 말해 주었다. 스패포드는 자기 선실로 갔지만 잠을 잘 수 없었다. 그는 "하나님의 뜻대로 이루어질 거야"라며 혼잣말을 했다. 나중에 그는 이 말을 보내토 하여 유명한 찬송가를 지었다.

　　　　내 평생에 가는 길 순탄하여
　　　　늘 잔잔한 강 같든지
　　　　큰 풍파로 무섭고 어렵든지
　　　　나의 영혼은 늘 편하다.

주의 폭포 소리에 깊은 바다가 서로 부르며 주의 파도와 물결이 나를 엄몰하도소이다 낮에는 여호와께서 그 인자함을 베푸시고 밤에는 그 찬송이 내게 있어 생명의 하나님께 기도하리이다 (시 42:7, 8).

블레이즈 파스칼

11월 23일

블레이즈 파스칼는 짧지만 훌륭한 일생을 살았다. 그는 40세가 못되어 세상을 떠났지만, 떠나기 전에 불후의 흔적을 남겼다. 1623년에 프랑스에서 태어난 파스칼은 파리에서 교육을 받았다. 그는 16세 때에 기하학, 물리학, 수학 등에 공헌을 하기 시작했다. 그는 신속하게 부와 명성을 축적했고, 동시에 종교적 성향도 증대했다. 1646년 1월, 그의 아버지가 넘어져 다리가 부러졌다. 간호원들은 신실한 가톨릭 신자였는데, 파스칼은 그들과 대화를 나누면서 진지하게 가톨릭 신앙을 취하기 시작했다. 파리 사회에서의 그의 명성은 급속도로 성장했다. 그는 자연에 대해서 연구할수록 그만큼 더 많은 창조주의 증거를 보았다.

1654년 11월 23일에 요한복음 17장을 읽던 중, 파스칼은 친히 예수 그리스도를 만났는데, 그때의 느낌을 종이에 적어 두었다.

> "밤 10시 반경부터 12시 반 사이, 불! 철학자들이나 과학자들의 하나님이 아닌 아브라함의 하나님, 이삭의 하나님, 야곱의 하나님. 확신. 느낌. 기쁨. 평화. 유일하신 참 하나님, 당신께서 보내신 예수 그리스도를 아는 것이 영생이다."

파스칼은 이 쪽지를 코트안에 꿰매어 두고는, 유혹을 받을 때면 손으로 그것을 만지면서 그 메시지를 마음에 새겼다. 그의 삶은 변화되었다. 그는 가난한 사람들을 구제하는 데 많은 돈을 썼다. 그는 학문 연구보다는 영적인 추구에 힘썼다.

그가 저술한 책들은 그의 대단한 언어 구사 능력을 보여준다. 불신자인 볼테르까지도 파스칼의 저술들은 프랑스 최초의 천재적인 작품이라고 평가했다. 그는 프랑스의 세익스피어, 단테, 플라톤, 유클리드가 되었다. 그는 세계 최초로 계산기를 고안했고, 기압계와 개연성의 이론들 발명의 길을 마련했다.

건강이 악화되자, 파스칼은 기독교 신앙을 위한 변증서, 무신론자들에게 기독교를 뒷받침하는 증거들을 제시하는 최후의 저서를 남기려 했다. 그는 메모를 하기 시작하고 얼마 안되어, 두통이 악화되었다. 그래서 그는 약 1,000여개의 미완성의 메모를 남기게 되었는데, 이것들을 모아 출판한 것이 기독교 문학의 고전인 『팡세』이다.

또 증거는 이것이니 하나님이 우리에게 영생을 주신 것과 이 생명이 그의 아들 안에 있는 그것이니라 아들이 있는 자에게는 생명이 있고 하나님의 아들이 없는 자에게는 생명이 없느니라
(요일 5:11, 12).

11월 24일　　　　믿음의 다중 초점 렌즈

어떤 이유에서인지 피터 마샬은 미국 역사상 가장 사랑받는 상원 원목 중의 한 사람이었다. 이것이 그의 스코틀랜드 억양 때문일 수도 있고, 장난스러운 미소 때문일 수도 있고, 설교의 단순함 때문일 수도 있고, 혹은 대담하고 신랄한 기도 때문일 수도 있다.

마샬은 미국으로 이주하여 1927년에 엘리스 섬에 도착했다. 그로부터 19년이 못되어 그는 상원 원목으로 임명되었다. 그는 조지아 주에서 목회를 하다가 워싱턴에 있는 장로교회에서 목회를 했다. 1947년 1월 5일, 그는 상원 원목으로 임명되었는데, 그의 기도는 즉시 국민들에게 감동을 주었다. 다음은 그가 1947년 11월 24일에 미국 상원에서 행한 "믿음의 다중 초점 렌즈"라는 기도이다.

> 우리 선조들의 하나님, 우리의 하나님, 이 시대가 아무리 어둡고 불확실하지만, 궁극적인 의의 승리를 믿는 믿음을 주십시오.
> 우리에게 믿음의 다중 초점 렌즈를 주십시오. 즉 이 시대의 절망과 궁핍함을 보는 동시에 친히 만드신 세상에서 자신의 계획대로 행하시는 하나님의 안내를 볼 수 있게 해주십시오.
> 우리의 화폐에 새겨진 표어의 의미를 당신의 종들이 해석하는 일을 도와주십시오. 오늘 우리를 도와주시사 당신이 행하라고 하신 일을 행하며 행해서는 안된다고 하신 일을 행하지 않는 정직한 믿음을 주십시오.
> 당신께서 말씀하신 것을 하나도 행하지 않으면서 우리가 어떻게 당신을 믿는다거나 믿고 싶다고 말할 수 있겠습니까? 우리가 행하는 일 속에 우리의 믿음이 나타나게 해 주십시오. 우리 주 예수 그리스도의 이름으로 기도합니다. 아멘.

그로부터 1년이 지나서, 46세의 피터 마샬은 가슴과 팔의 심한 통증 때문에 급히 병원으로 실려갔다. 그는 심장마비로 세상을 떠났고, 온 국민들은 그의 죽음을 애도했다. 그러나 그의 전기를 저술한 그의 아내 캐너린 마샬의 노력 덕분에 그의 기도, 설교, 그리고 생애는 기독교 문학에서 영구히 살아남게 되었다.

또 기도할 때에 이방인과 같이 중언부언하지 말라 저희는 말을 많이 하여야 들으실 줄 생각하느니라 그러므로 저희를 본받지 말라 구하기 전에 너희에게 있어야 할 것을 하나님 너희 아버지께서 아시느니라 그러므로 너희는 이렇게 기도하라 하늘에 계신 우리 아버지여 이름이 거룩히 여김을 받으시오며(마 6:7-9).

신화와 전설

11월 25일

성경의 진리는 다이아몬드처럼 단단하고 분명하여, 삶과 죽음을 위한 견고한 토대를 제공해준다. 예수님은 요한복음 10:35에서 "성경은 폐하지 못하리라"고 말씀하셨다. 그러나 우리는 교회사에 등장하는 전설이나 미심쩍은 진리들에 대해 토론할 수 있다. 예를 들어, 알렉산드리아의 성녀 캐더린에 대한 이야기를 살펴보자.

3세기에 알렉산드리아의 기독교 귀족 가문에서 태어난 아름다운 캐더린은 자신을 그리스도께 헌신하고는 이방 신들을 섬기는 일을 거절했다. 캐더린을 탐낸 막센티우스 황제는 캐더린에게 자신과 잠자리를 함께 하면 용서해주겠다고 했다. 캐더린은 자신은 그리스도의 신부라고 말하면서 그 제의를 거절했다. 막센티우스는 캐더린을 설득하려고 50명의 훌륭한 학자들을 불러 그녀와 토론하게 했다. 그러나 캐더린은 토론에서 이겼을 뿐만 아니라 그들 모두를 기독교 신앙으로 인도했다. 그들은 회심의 대가로 화형을 당했다.

한편 캐더린은 황제의 아내, 최고 사령관, 그리고 200명의 출중한 군인들을 회심시켰다. 이들 역시 곧 처형되었다. 화가 난 막센티우스는 캐더린을 못이 박힌 바퀴에 묶어 고문하라고 명령했다. 그러나 바퀴가 부러졌으므로, 막센티우스는 형리에게 그녀의 목을 베라고 명했다. 그녀의 목을 베었는데, 목에서는 붉은 피가 아니라 흰 피가 흘러나왔다.

이 처녀 순교자는 고대의 여인들이 가장 숭배하는 인물이 되었다. 그리고 교회력에서 11월 25일은 캐더린의 축일로 정해졌다. 중세 시대의 신자들은 캐더린을 크게 찬양했다. 캐더린은 젊은 여인들, 학자들, 수레바퀴 제조인 등의 수호성인이 되었다.

그러나 이 캐더린의 이야기 중 과연 얼마나 사실일까? 아마 그리 많지 않을 것이다. 이 전설들의 배후에는, 완전한 이야기는 천국에서만 알려져 있는 아름다운 순교자가 있었을 것이다. 그러나 캐더린에 대한 최초의 언급은 9세기로 거슬러 올라간다. 일설에 의하면, 당시 그녀의 유해가 시내 산의 수도원으로 이장되었다고 한다. 캐더린의 이야기를 다룬 초기의 전기들은 10세기의 것들이다. 비록 중세 시대의 많은 사람들은 캐더린을 위대한 영웅들 중 하나로 여겼지만, 알렉산드리아의 캐더린이 실제로 존재했는지를 증명할 근거는 거의 없다.

신화와 끝없는 족보에 착념치 말게 하려 함이라 이런 것은 믿음 안에 있는 하나님의 경륜을 이룸보다 도리어 변론을 내는 것이라 경계의 목적은 청결한 마음과 선한 양심과 거짓이 없는 믿음으로 나는 사랑이거늘 사람들이 이에서 벗어나 헛된 말에 빠져…

(딤전 1:4-6)

11월 26일

말조심

한 마디 말의 힘은 대단하다. 야고보서 3:5에서는 "보라 어떻게 작은 불이 어떻게 많은 나무를 태우는가"라고 지적한다. 이 구절은 1095년 11월 26일에 교황, 설교자, 혹은 공작이 행한 가장 효과적인 설교에 가장 잘 들어맞는다. 그것은 교황 우르반 2세가 프랑스의 클레르몽에서 십자군 원정을 시작하면서 행한 설교이다.

여러 해 동안 기독교계는 회교도인 투르크족이 팔레스틴을 장악하는 것을 못마땅하게 여겨 왔었다. 마침내 교황 우르반은 클레르몽에서 개최된 공회에서 이 문제를 거론했다. 그는 옥외에서 성직자들과 일반 대중에게 연설하면서 "저주받은 민족"인 투르크족이 하나님의 나라를 불태우고 약탈하면서 얼마나 황폐하게 했는지 묘사했다. 세계의 중심지인 예루살렘은 황폐해졌고, 안디옥도 폐허가 되었다. 성지는 야만족들의 수중에 놓여 있었다. 예루살렘을 탈환해야 했다.

흥분한 군중들은 "하나님께서 원하신다! 하나님께서 원하신다!"라고 외쳤다. 우르반 2세는 "이것이 하나님의 뜻이다. 그대들이 칼을 사용할 때에 이 말을 군호로 삼으시오. 여러분은 십자가의 군사들입니다. 여러분의 가슴이나 어깨에 붉은 십자가 표적을 다십시오"라고 말했다.

수많은 사람들은 즉시 자신의 의복에 십자가를 달았다. 어떤 사람들은 인두로 살에 십자가를 새겼다. 유럽 대륙 전체가 십자군의 열기에 휩싸였다. 교황이 고취한 십자군의 열정이 사람들을 사로잡으면서 유럽 역사의 새로운 시대가 시작되었다. 십자군 시대는 1096년부터 1291년까지 지속되었다. 역사에 비추어 보면, 이것은 끔찍한 잘못이었다. 하나님의 나라는 군사적으로 확장될 수 없다. 십자군은 부분적이고 일시적으로만 팔레스틴을 해방하는 데 성공했을 뿐, 200년 동안 악습, 폭력, 질병, 자인함, 비난의 세월만을 야기했다.

보라 어떻게 작은 불이 어떻게 많은 나무를 태우는가 혀는 곧 불이요 불의의 세계라 혀는 우리 지체 중에서 온몸을 더럽히고 생의 바퀴를 불사르나니 그 사르는 것이 지옥에서 나느니라 여러 종류의 짐승과 새며 벌레와 해물은 다 길들므로 사람에게 길들었거니와 혀는 능히 길들일 사람이 없나니(약 3:5-8).

어네스트 프레스우드

11월 27일

어네스트 프레스우드는 1908년에 캐나다에서 태어났고, 11세 때에 주일학교에 참석하면서 그리스도인이 되었다. 후일 "집시" 스미스의 설교를 들으면서 그는 그리스도를 위해 봉사하기로 결심했다. 그는 뉴욕에 있는 기독교 선교협회에 등록하여, 1930년에는 보르네오로 파송되었다.

곧 젊은 백인의 메시지가 악한 사람들을 선하게 만들고 술고래들을 온전하게 만들고, 난폭한 사람들은 하나님의 사람으로 변화시키고 있다는 소문이 섬 전체에 퍼졌다. 그의 메시지가 사람들의 삶을 변화시켰기 때문에, 섬 사람들은 그를 "변화의 사람"이라고 불렀다. 어떤 사람은 "그분에 대한 소문을 듣고서 나는 그분을 직접 보고 싶어서 잠도 잘 수 없었습니다. 우리는 모두 그분을 만나러 갔습니다. 그분은 부활에 대해 설교했습니다. 그 설교는 처음부터 나에게 감명을 주었습니다. 나는 그 설교에 흠뻑 취했습니다. 나는 처음 설교를 듣는 순간 믿게 되었습니다"라고 말했다.

25세의 어네스트는 산길을 통해서 먼 곳의 마을을 찾아갔다. 그의 두 발은 거머리에 물려서 엉망이 되었지만, 그의 열심은 조금도 식지 않았다. 그는 언젠가 전도 여행을 마친 후에 "참으로 보람있는 기간이었다. 육체적으로는 어려웠지만, 결과는 좋았다. 대략 600명이 메시지를 받아들였다"라고 기록했다. 또 한번은 "아침 일찍부터 밤 늦게까지 쉬지도 못하고 바삐 지내고 있습니다. 나를 위해 기도해주십시오. 130명에게 세례를 주었는데, 앞으로 최소한 그 두배가 세례를 받게 될 것 같습니다"라고 썼다.

휴가차 잠시 미국으로 돌아온 어네스트는 로라 하몬과 결혼해서 함께 보르네오로 돌아갔다. 로라는 유산하여 그 후유증으로 사망했는데, 어네스트는 집을 지으려던 목재로 관을 만들어 아내를 묻어 주었다. 어네스트는 다시 혼자서 사역을 계속했다.

전쟁 때문에 그의 사역은 1940년부터 1045년까지 중단되었다. 5년 동안 어네스트는 고난을 당하고 있는 자기의 양들을 걱정하면서 지냈다. 1945년 11월 27일에 보르네오로 돌아온 그는 많은 신자들이 죽었지만, 교회가 승리했음을 발견했다. 어느날 어네스트는 뗏목 사고를 당한 후 폐렴에 걸려 고생하다가 세상을 떠났다. 그가 세운 교회는 오늘날까지 활발하게 사역하고 있다.

저가 네 모든 죄악을 사하시며 네 모든 병을 고치시며 네 생명을 파멸에서 구원하시고 인자와 긍휼로 관을 씌우시며 좋은 것으로 네 소원을 만족케 하사 네 청춘으로 독수리 같이 새롭게 하시는도다(시 103:3-5).

11월 28일 — 1년간의 사역

젊은 휴 맥케일은 스코틀랜드에서 불법으로 규정된 종교개혁의 진리를 전파했다. 그러나 그는 오래 그 일을 하지 못했다. 그는 20세 때에 설교할 수 있는 자격을 얻었는데, 21세 때에 마지막 설교를 했다. 그의 마지막 메시지는 "하나님의 백성은 때로 권좌에 오른 아합과 같은 사람, 때로는 하만과 같은 정치가, 때로는 교회 내에 있는 유다와 같은 사람들로부터 박해를 받습니다"였다.

바로 그날 스코틀랜드 당국자들—아합, 하만, 유다—은 그를 따라와서는 그에게 신변이 위험하니 도망치라고 강요했다. 결국 그는 체포되어 1666년 11월 28일에 재판을 받았다. 개혁 신앙을 철회하기를 거부했기 때문에, 휴는 다리와 무릎에 꼭 죄는 쇠로 만든 장화를 신고 의자에 묶였다. 쇠로 만든 쐐기가 삽입되었다. 그의 곁에는 형리가 커다란 쇠망치를 들고서 명령이 떨어지기를 기다리며 서 있었다. 그의 가까이에는 의사가 앉아서 엄지 손가락으로 휴의 맥박을 쟀다. 판사가 고개를 끄덕였다. 형리는 망치를 꼭 쥐고 겨냥을 한 뒤에 쐐기를 내리쳤다. 뼈가 깨지고 살이 찢어졌다. 형리는 두번, 세번을 내리쳤다. 다리와 발가락에서 피가 흘렀다. 이러한 고문이 계속되면서 휴의 다리는 엉망이 되었다. 온몸이 아프지 않은 곳이 없었다. 형리는 그를 의자에서 일으켜 지하 감옥에 가두었다.

며칠 후 다리의 상태가 어떠냐는 질문을 받은 휴는 씁쓸한 표정으로 미소를 지으면서 다리에 대해서는 걱정이 되지 않지만 목이 걱정된다고 했다. 얼마 후에 형장으로 끌려간 그는 교수대로 올라가라는 명을 받았다. 많은 사람들이 모여 있었다. 맥케일은 소리를 높여 "내가 아버지의 집으로 가게 될 것이므로, 이 계단을 올라가는 일이 두렵지 않습니까"라고 밀했다. 그는 움직일 수 없게 된 다리를 간신히 계단 위에 올려 놓고는 뒤를 돌아보며 "한 계단을 올라가면 그만큼 천국에 더 가까워집니다"라고 말했다. 꼭대기에 올라선 그는 주머니에서 성경을 꺼내어 마지막 장을 읽고 그리스도에 대해 말했다. 이윽고 그의 목에 밧줄이 걸렸다. 아직 소년 티를 벗지 못한 휴는 이렇게 세상을 하직하고 하나님 나라로 갔다.

보라 내가 속히 오리니 내가 줄 상이 내게 있어 각 사람에게 그의 일한 대로 갚아주리라 나는 알파와 오메가요 처음과 나중이요 시작과 끝이라 그 두루마기를 빠는 자들은 복이 있으니 이는 저희가 생명 나무에 나아가며 문들을 통하여 성에 들어갈 권세를 얻으려 함이로다(계 22:12-14).

좋은 아내

11월 29일

제임스 길모어는 1870년에 중국을 향해 떠났다. 당시 그는 젊고 튼튼했으며 아내도 필요했다. 그는 몽고에서 런던선교협회의 사역을 재개하는 일이 투신했는데, 아무도 의지할 사람이 없었다. 그는 "나에게는 동료를 만나리라는 희망이 거의 없으며, 고독이 나를 엄습합니다"라고 편지를 썼다. 하는 일이 증가될수록, 고독감도 증가했다. 그는 일기에 "오늘은 내가 마치 광야의 엘리야처럼 느껴졌다. 엘리야는 죽을지도 모른다고 기도했지만…나는 자살할까 두렵다. 선교는 두 사람이 해야 한다. 너무나 고독하다…"라고 적었다.

스코틀랜드 처녀에게 구혼했으나 거절당하면서 길모어의 아픔은 더욱 깊어졌다. "나는 나 자신과 이 일의 방향, 즉 아내를 구하는 일을 하나님의 손에 맡기고, 나에게 선한 아내를 찾아달라고 기도했습니다."

1873년에 길모어는 북경에 있는 친구 미치의 집을 방문했다. 제임스는 미치의 처제인 에밀리 프랜카드의 사진을 보고서 그녀에 대해 질문을 했다. 에밀리에 대한 이야기를 들으면서 길모어는 그녀가 마음에 들었다. 그는 에밀리의 사진을 곰곰이 바라보고 그녀가 보낸 편지 몇 장도 읽어보고 그녀에 대해 많은 질문을 했다.

이듬해 초에 길모어는 에밀리에게 처음으로 편지를 보내면서 청혼을 했다. 그는 스코틀랜드에 있는 부모님께 편지했다.

> "저는 영국에 살고 있는 처녀에게 편지로 청혼을 했습니다. 나는 한번도 그 여자를 본 적이 없고, 또 그녀에 대해 아는 것도 거의 없습니다. 그렇지만 아는 모든 일을 하나님께 맡깁니다. 만일 그녀와 결혼하는 것이 가장 좋은 일이라면 결혼하게 해주시고 그렇지 않다면 결혼하지 못하게 해달라고 기도합니다. 하나님께서는 모든 일을 선하게 섭리하실 것입니다."

길모어의 편지를 받은 에밀리는 즉시 그 문제를 놓고 기도했다. 후일 길모어는 "나는 첫번째 편지에서 청혼을 했고, 에밀리는 첫번째 편지에서 내 청혼을 받아들였다"고 했다. 에밀리는 1874년 11월 29일에 중국에 도착했다. 일주일 후에 두 사람을 결혼했다. 길모어는 아내와 동역자를 얻은 것이다. 두 사람은 여러 해 동안 함께 일하면서 중국인들을 그리스도께로 인도했다.

"아내를 얻는 자는 복을 얻고 여호와께 은총을 받는 자니라" (잠 18:22).

누가 현숙한 여인을 찾아 얻겠느냐 그 값은 진주보다 더 하니라 그런 자의 남편의 마음은 그를 믿나니 산업이 핍절치 아니하겠으며 그런 자는 살아있는 동안에 그 남편에게 선을 행하고 악을 행치 아니하느니라(잠 31:10-12).

11월 30일 — 가망없는 선교

존 클로는 밭에서 일하던 중에 선교사로 부름을 받았다.

그는 종교적인 성향 없이 성장했고, 대학을 다닐 때에는 그를 전도하려는 친구들의 노력을 무시했다. 그와 같은 방을 사용한 친구는 매일 밤 성경을 읽고 함께 기도하려고 했지만, 화가 난 존은 방 가운데 선을 긋고 친구에게 그 선을 넘어와서 기도하거나 성경을 읽지 말라고 말했다. 그러나 성령께서는 그의 마음에 역사하셨다. 어느날 밤 마음이 답답하여 공부가 되지 않자, 존은 방에 그어놓은 선을 넘어가 친구의 옆에 무릎을 꿇었다. 그로부터 얼마 후 어느 선교사의 설교를 들으면서 존은 하나님께서 자기를 해외 선교사로 부르시는 것이라고 생각하여 선교사로 지원했다.

어느날 존이 밭에서 곡식을 수확하고 있을 때에 일꾼이 보스톤에서 온 편지를 가져왔다. 존은 땀을 닦고 편지를 읽어 보았다. 그것은 침례교 해외 선교회에서 보낸 것이었다. 그는 "협회에서는 내가 인도 선교사로 가기를 원하고 있어!"라고 외쳤다.

선교회 간부들은 그를 "성공할 희망이 없는 지역"인 인도의 텔레구로 보내려 했다. 그곳은 17년 동안 어렵게 사역했으나 가시적인 결과를 거두지 못한 곳이었다. 1864년 11월 30일에, 존과 아내는 바다를 항해하는 데는 어울리지 않는 작은 배를 타고 보스턴을 떠났다. 천신만고 끝에 다음해 4월에 그 배는 인도에 도착했다. 존은 사역을 시작했으나 곧 난관에 봉착했다. 상류층의 인도인들이 하층 사람들과 함께 예배 보기를 거부했다. 존은 지혜를 달라고 기도하면서 성경책을 아무 데나 폈는데, 하나님께서 비천한 사람들을 택하신 기사를 다룬 고린도전서 1장 26-29이었다. 같은 시간에 그의 아내도 되는 대로 성경을 폈는데 역시 같은 말씀이었다. 존은 이것을 하나님의 인도하심이라고 생각했다. 그는 자기 교회는 누구든 환영하며 신분차별을 하는 사람은 받아들이지 않는다고 선언했다.

존은 복음 전파를 시작했는데, 회심하는 사람들이 증가되었다. 15달 후의 일이다. 두 명의 인도인 선교자들이 강에서 개종자들에게 세례를 주기 시작했다. 그들이 지치기 시작했으므로, 다른 설교자들이 그들을 대신했다. 5시까지 2,222명이 세례를 받았고, 세례식은 이틀 동안 계속되었다.

내 형제들아 영광의 주 곧 우리 주 예수 그리스도를 믿는 믿음을 너희가 받았으니 사람을 외모로 취하지 말라…내 사랑하는 형제들아 들을찌어다 하나님이 세상에 대하여는 가난한 자를 택하사 믿음에 부요하게 하시고 또 자기를 사랑하는 자들에게 약속하신 나라를 유업으로 받게 아니하셨느냐(약 2:1-5).

12월

내가 그리스도와 함께 십자가에 못박
혔나니 그런즉 이제는 내가 산 것이
아니요 오직 내 안에 그리스도께서 사
신 것이라 이제 내가 육체 가운데 사
는 것은 나를 사랑하사 나를 위하여
자기 몸을 버리신 하나님의 아들을 믿
는 믿음 안에서 사는 것이라

-갈 2:20-

12월 1일 — 헨리 2세와 토마스 베켓

헨리 2세는 영국에서 대단히 훌륭한 왕으로서 강력하고 총명했다. 그러나 그는 자신의 친한 친구인 토마스 베켓과 말다툼을 한 것으로 유명하다. 베켓은 1118년에 런던에서 태어났다. 그의 부친은 십자군이었고, 모친은 공주였다. 베켓은 외모 면에서 헨리와 비슷했다. 그는 잘 생겼고, 키가 크고 건장하고 민첩했다. 헨리는 37세의 베켓을 최고위직인 대법관에 임명했다. 베켓은 7년 동안 화려한 생활을 하며 영화와 권세를 누렸다. 그는 헨리의 최측근으로서 사실상의 국왕이 되었다.

1162년에 헨리는 베켓을 켄터베리 대주교로 임명하려 했다. 베켓은 그렇게 되면 친구를 잃게 될 것이라고 경고했지만, 헨리는 그를 영국 교회의 수장으로 임명했다. 켄터베리 대주교로 임명된 직후, 베켓은 크게 변했다. 그는 화려한 옷 대신에 누더기를 입고 과거에 지은 죄를 회개하는 눈물을 흘리며 수도원 회랑을 배회했다. 그는 스스로에게 채찍질을 하는 고행을 하고, 성경을 읽고 여러 시간 기도했다. 헨리로서는 끔찍하게도, 베켓은 항상 왕권에 맞서 교회의 편을 들었다. 화가 난 왕은 베켓을 국외로 추방했다.

베켓은 1170년 12월 1일에 귀국하여 영국 전체를 놀라게 했다. 화가 머리끝까지 난 헨리는 "내 겁쟁이 조신들 중에는 이 불온한 사제에게서 나를 구해줄 사람이 없단 말이냐?"라고 외쳤다. 네 명의 기사가 그 일을 맡겠다고 나섰다. 12월 29일에 그들은 저녁 기도를 드리는 베켓을 공격했다. 베켓은 죽으면서 "그리스도의 이름으로, 그리고 그의 교회를 방어하기 위해서 죽을 준비가 되어 있습니다. 주님 내 영혼을 받으소서"라고 말했다. 암살자들은 그의 머리를 내리쳤다. 그 순간 이 무서운 천둥 번개가 쳤다.

기독교계는 공포에 사로잡혔고, 헨리는 형세가 자기에게 불리하다는 것을 알았다. 그는 발에서 피를 흘리면서 켄터베리 거리를 통과하여 사원에 들어가 베켓이 숨을 거둔 장소에 입을 맞추고 베켓의 무덤에 자기의 머리와 어깨를 올려 놓았다. 그곳에서 그는 사제들로부터 채찍에 맞았다. 그의 남은 생애는 불운했다. 그는 자신의 삶을 저주하면서 상한 심령으로 숨을 거두었다.

노하기를 더디하는 자는 용사보다 낫고 자기의 마음을 다스리는 자는 성을 빼앗는 자보다 나으니라 사람이 제비는 뽑으나 작정하기는 여호와께 있느니라(잠 16:32, 33).

완전한 헌신

12월 2일

프랜시스 리들리 해버걸은 젊어서 그리스도를 영접했지만 여러 해 동안 기독교인으로서 승리하기 위해 노력했다.

"나는 험한 바위와 계곡이나 늪지대에서 비틀거리지 않고 평지에 도착하여 잠시 동안 햇빛 속을 걷게 되기를 원했습니다. 그러나 나는 죄로 말미암은 많은 짜증거리들과 더불어 온갖 과거의 어려움 속에 다시 돌아와 있는 것 같습니다. 내 생각에 내 환난과 소외의 근본은 내가 하나님께 하나도 남김없이 완전히 굴복하지 않는 데 있는 것 같습니다. 그렇게 하지 않는 한 나는 평화를 누리지 못할 것입니다. 분명히 그렇게 생각합니다."

해버걸은 20대, 30대 시절 내내 한편으로는 그녀의 노래를 사랑하는 많은 런던 사람들의 환호, 다른 한편으로는 성령 사이에서 갈등하며 지냈다. 36세 때의 어느날, 해버걸은 『모든 것은 예수님을 위한 것』이라는 소책자를 읽었는데, 그 책은 그리스도를 삶의 모든 면의 왕으로 삼는 것의 중요성을 말하는 책이었다. 프랜시스는 새로이 하나님께 헌신했다. 몇년 후에 여동생이 그 일에 대해 질문했을 때, 해버걸은 이렇게 대답했다.

"1873년 12월 2일, 강림절에 나는 처음으로 분명히 참된 헌신이 얼마나 복된 일인지를 깨달았단다. 그것은 마치 섬광같은 깨달음이었어. 완전한 축복을 받으려면 먼저 완전히 하나님께 복종해야 한단다. 하나님은 완전한 복종에 의해서 완전한 축복으로 우리를 영접해주신단다. 그분은 이것을 아주 분명하게 보여주셨어."

얼마 후에 프랜시스는 열 사람과 함께 며칠을 보내게 되었는데, 그중 몇 사람은 회심하지 않은 사람이고 나머지도 기독교인이었지만 완전히 하나님께 헌신하지는 않은 사람들이었다. 해버걸은 "주님, 이곳에 있는 사람들을 모두 저에게 주십시오"라고 기도했다. 해버걸이 그곳을 떠나기 전에 열 사람 모두가 기독교인이 되었다. 마지막날 밤에 해버걸은 너무나 흥분하여 잠을 이루지 못하고 「나 주의 도움받고자」를 지었다. 이 찬송은 해버걸의 평생의 주제가 되었다. 그녀는 매년 12월 2일이 되면 그 찬송의 가사를 진지하게 되새겨 보면서 기도했고, 필요할 때면 자신의 삶과 생활방식을 바꾸었다. 이 찬송의 1절은 다음과 같다.

> 나 주의 도움받고자 주 예수님께 빕니다
> 그 구원 허락하시사 날 받으옵소서
> 내 모습 이대로 주 받으옵소서.
> 날 위해 돌아가신 주 날 받으옵소서.

내가 그리스도와 함께 십자가에 못박혔나니 그런즉 이제는 내가 산 것이 아니요 오직 내 안에 그리스도께서 사신 것이라 이제 내가 육체 가운데 사는 것은 나를 사랑하사 나를 위하여 자기 몸을 버리신 하나님의 아들을 믿는 믿음 안에서 사는 것이라(갈 2:20).

12월 3일 — 존경하는 인물이 미치는 감화력

우리는 자녀가 좋아하는 인물이 자녀에게 미치는 영향을 과소평가해서는 안된다. 프란시스 사비에르는 16살 때에 북부 스페인을 떠나 프랑스로 가서 파리 대학에 등록했다. 그는 여자들 사이에서 "매력있고, 재치있고, 잘 생기고, 음악을 잘하는 사람"으로 인기가 있었다. 그는 때로는 완전한 속물이었다. 그러던 어느날 그는 이그나티우스 로욜라를 만났다. 로욜라는 로마 교회내에서의 개혁을 추구하고 있었다. 로욜라의 확신은 프란시스에게 큰 영향을 주었으므로, 프란시스는 평생 로욜라에게 편지를 쓰거나 그에게서 온 편지를 읽을 때면 무릎을 꿇었다. 1534년에 두 사람은 힘을 합하여 예수회를 세웠다.

1530년대 말에 로욜라와 사비에르는 베니스로 가서, 그곳 병원에서 봉사하고 설교했다. 그 후 사비에르는 교황 요한 3세의 축복을 받으면서 동양의 선교사로 떠났다. 1542년에 인도에 도착한 사비에르는 남루한 옷을 입고 작은 종을 치면서 시골 지방을 다니면서 사람들에게 이교 신앙을 버리고 그리스도께 돌아오라고 했다. 그는 어린아이들에게 초점을 두고 전도했으며, 동역자에게 "진지하게 충고합니다. 어린아이들을 가르치십시오…어른들은 낙원을 동경하지 않습니다"라고 충고했다.

사비에르는 일본으로 건너갔다. 그곳에서 그는 남루한 옷을 벗어버리고 비싼 옷을 입고 공개적으로 불교 승려들과 토론을 했다. 많은 일본인들이 기독교 신앙을 받아들였다. 그러나 사비에르는 일본을 복음화하려면 먼저 중국을 복음화해야 한다고 생각했기 때문에 중국으로 떠났다. 사비에르는 포교 허락을 기다리다가 열병에 걸려 1552년 12월 3일에 세상을 떠났다.

프란시스 사베에르는 현대 가톨릭 선교의 아버지이다. 그는 처음에는 방탕한 삶을 살았지만 선교사에서 가장 담대한 인물들 중 한 사람이 되었다. 그는 가톨릭 교회 내에 동양 복음화의 초석을 놓았는데, 그 일을 불과 10년 동안에 이룩했다.

이것이 바로 그가 존경한 로욜라의 감화력 덕분이었다.

지혜로운 자와 동행하면 지혜를 얻고 미련한 자와 사귀면 해를 받느니라 재앙은 죄인을 따르고 선한 보응은 의인에게 이르느니라(잠 13:20-21).

마지막 그리스 교부   12월 4일

바울이 다메섹 도상에서 회심한 후 약 600년이 지나서, 존 맨사우어라는 소년이 태어났다. 당시 다마스커스는 회교도가 통치하고 있었다. 존의 아버지는 칼리프 압둘멜레드의 재무장관이었는데, 기독교인으로서 법정에서 교회의 이익을 대변했다. 존은 기독교인이 되었고, 그의 아버지가 몸값을 지불하여 노예에서 해방된 이탈리아인 수도사에게서 교육을 받았다. 그는 학문이 탁월했다. 아버지가 세상을 떠나자 칼리프는 그를 고위직에 임명했다.

그러나 세월이 지나면서, 존은 자기에게 사역의 소명이 있다고 느꼈다. 그는 다마스커스를 떠나서 예루살렘과 사해 중간에 있는 세인트 사바스 수도원에 정착했다. 그곳에서 그는 사제가 되어 일생을 연구하고 저술하고 비천한 일을 하면서 지냈다. 그의 축일은 12월 4일이다.

존은 성상과 성화를 숭배하는 동방교회의 관습을 열렬히 옹호했다. 그러나 그는 신학적 업적으로 더 유명하다. 그는 그리스 신학을 체계화했는데, 이것은 500년 후에 토마스 아퀴나스가 라틴 신학을 체계화한 것에 비견할 수 있다. 그는 "벌이 꿀을 모으듯이, 나는 진리에 일치하는 것은 모두 모아들인다…나는 나 자신의 결론들을 제공하는 것이 아니라, 탁월한 신학자들이 수고하여 얻어낸 것들을 제공한다. 나는 단지 그것들을 수집하여 되도록 하나의 논문집으로 요약할 뿐이다"라고 기록했다.

존은 찬송가도 지었다. 시간을 내어 옛 찬송을 찾아보면 그가 지은 위대한 부활 찬송을 발견할 수 있다. 그것은 1400년 전의 찬송이지만, 그 가사는 지금도 우리 마음에 아름다운 그림을 그려준다.

> 오늘은 영혼들의 봄, 그리스도가 무덤에서 부활하신 날
> 사흘 동안의 죽음의 잠에서 마치 태양처럼 솟아나신 날
> 길고 어두운 우리 죄의 겨울은 그의 빛 앞에서 사라지네
> 영원히 그분을 찬양하고 찬송하리라.
>
> 알렐루야! 우리는 영원히 살아계신 왕께 외치네
> 무덤 문을 깨고 승리하신 분께.
> 알렐루야! 성자와 함께 성부 하나님을 찬양하네
> 알렐루야! 성령을 찬양하네.

그러나 이제 그리스도께서 죽은 자 가운데서 살아 잠자는 자들의 첫 열매가 되셨도다 사망이 사람으로 말미암았으니 죽은 자의 부활도 사람으로 말미암는도다 아담 안에서 모든 사람이 죽은 것같이 그리스도 안에서 모든 사람이 삶을 얻으리라(고전 15:20, 21).

12월 5일   **사막의 은둔자 성 사바스**

성 사바스(St. Sabas)는 439년에 태어났는데, 그의 부모는 아기를 원하지 않았다. 장교였던 그의 아버지는 아내와 사바스를 데리고 널리 여행했다. 사바스는 두번이나 가출했고, 그러다 10살 때에 수도원에서 평화와 고요를 찾았고 주님을 알게 되었다.

10년 후, 젊은 사바스는 팔레스틴의 사막에 경건한 은수사들과 수도사들이 살고 있다는 소문들 듣고서 예루살렘을 향해 여행을 떠났다. 금욕고행자인 성 유티미우스가 그의 정신적 스승이 되었는데, 유티미우스는 사바스의 완전한 독거 요청을 거절했다. 사바스가 30세가 되었을 때, 사바스는 다시 유티미우스에게 침묵 생활을 하게 해달라고 간절히 청했다. 유티미우스는 일주일에 닷새를 멀리 떨어진 동굴 속에서 기도하고 바구니를 짜면서 보내도 좋다고 허락했다. 매주 일요일 밤이면 사바스는 야자나무 줄기 다발을 들고 수도원을 떠났다가 토요일 아침이면 손수 만든 50개의 바구니를 가지고 수도원으로 돌아왔다.

유티미우스가 세상을 떠난 후, 사바스는 기드론 강 근처의 동굴로 들어갔다. 그는 그곳에서 철저히 사람들과 관계를 갖지 않고 여러 해 동안 살았다. 그러나 결국 순례자들이 찾아와서 조언을 구하고 그의 제자가 되기를 청하기 시작했다. 얼마 안되어 100명의 은수사들이 한 곳에 모여 지내게 되었다. 당시 53세가 된 사바스는 사제로 임명되었다. 구호소와 여인숙이 세워지고 자선 사역이 자리를 잡았다. 493년에 예루살렘 총대주교는 사바스를 팔레스틴 은수사들의 수장으로 임명했다.

사바스는 자신이 거느리고 있는 수도사들 및 교회 전체가 자신을 원하고 있음을 발견했다. 몇 가지 이단이 교회를 위협하고 있었는데, 사바스는 강력하게 정통교리를 옹호했다. 그는 황제에게 교리적인 문제들을 가르치기 위해서 콘스탄티노플로 갔고, 널리 여행하면서 신앙을 전파하고 정통 교리를 옹호했다.

그는 91세 때에 마지막으로 콘스탄티노플로 가서 팔레스틴에서의 정치적 억압에 대해 황제에게 중재했다. 성공적으로 맡은 일을 수행하고 수도사들의 공동체로 돌아왔다. 후일 그는 병이 들어 앓다가 532년 12월 5일에 94세로 세상을 떠났다.

광야에 외치는 자의 소리가 있어 가로되 너희는 주의 길을 예비하라 그의 첩경을 평탄케 하라 모든 골짜기가 메워지고 모든 산과 작은 산이 낮아지고 굽은 것이 곧아지고 험한 길이 평탄해 질 것이요 모든 육체가 하나님의 구원하심을 보리라 함과 같으니라

(눅 3:4-6)

토마스 아퀴나스

12월 6일

사람에게 있는 잠재력을 측정하기는 매우 어렵다. 예를 들어, "벙어리 황소"라는 별명을 가진 과묵하고 뚱뚱하고 둔한 소년이 중세 시대에 가장 위대한 신학자가 되어 장래 시대를 위한 가톨릭 신학을 확립할 것이라고 누가 예측했겠는가?

토마스 아퀴나스는 1225년에 귀족 가문에서 태어나, 14살 때에 나폴리 대학에 입학했다. 가족들은 그가 성직을 추구하는 일을 장려했지만, 그가 도미니코 수도회에 입회하여 가난을 서원하기 위해 성직 사회의 특권을 포기할 때에는 크게 두려워했다. 형제들은 그를 납치하여 15달간 가두어 두었다. 형제들은 돈으로 그를 유혹했고, 심지어 창녀를 고용하여 그를 타락시키려 했다. 토마스는 탈출하여 파리로 가서 위대한 교사 알버투스 마구누스 밑에 들어갔다.

당시 학계에서는 두 개의 지적 세력이 충돌하고 있었다. 하나는 전통적인 신학이었고, 다른 하나는 아리스토텔레스를 비롯하여 회교도인 아베로에스와 아비케나와 같은 비기독교 저술가들이었다. 이성을 강조하는 철학자들의 주장은 믿음을 강조하는 신학자들의 주장을 약화시키는 듯이 보였다. 토마스는 그 두 세력 사이의 교량 역할을 하기로 결심했다. 그는 모든 진리는 일관성이 있다고 생각했다. 세상을 창조하신 분은 성경의 저자이시며, 따라서 참된 사실과 참된 믿음은 결코 상충되지 않는다. 그러나 이성만으로는 부족하다. 계시, 신학, 그리고 믿음의 교리들은 삼위 하나님을 아주 상세하게 보여준다.

토마스는 탁월한 지성 외에 강단에서의 탁월한 재능을 지니고 있었다. 그는 때때로 설교를 도중에 중단하여 회중들이 울음을 그칠 시간을 주어야 했다. 그의 기도 생활은 한층 더 열렬했다. 어느 친구는 "그는 공부하거나 토론하거나 가르치거나 글을 쓰거나 구술하기 전에 먼저 하나님 앞에서 은밀히 울며 기도하면서 하나님의 비밀을 계시해달라고 간구했다"고 했다.

1273년 12월 6일, 성 니콜라스 예배당에서 미사를 집전하는 도중에 토마스는 엄청난 신비체험을 했다. 그 후 토마스는 다시는 신학책을 저술하지 않았다. 그는 자신의 하인에게 "나는 더 이상 신학책을 저술할 수가 없어. 내게 계시된 것에 비해볼 때 지금까지 내가 저술한 것들은 지푸라기에 불과하다네. 이제 나는 삶의 종말을 기다리고 있다네"라고 말했다.

> 우리가 세상의 영을 받지 아니하고 오직 하나님께로 온 영을 받았으니 이는 우리로 하여금 하나님께서 우리에게 은혜로 주신 것들을 알게 하려 하심이라(고전 2:1-2).

12월 7일 - 믿음의 유산

　18세기에 영국 시골에서 살던 제임스 테일러는 웨슬리의 순회 전도자들을 미워하여 그들에게 썩은 달걀을 던지곤 했다. 그런데 어느날 썩은 달걀을 던지려는데, 한 전도자가 여호수아 24:15—"오직 나와 내 집은 여호와를 섬기겠노라"—을 인용했다. 결혼을 앞두고 있던 제임스는 양심의 가책을 받았다. 결혼식 날에 그는 오랫 동안 기도하다가 결혼식에 지각했다. 그는 자신이 기독교 신자가 되었다고 발표했다. 그는 신부를 데리고 침실에 들어가서 억지로 무릎을 꿇고 기도하게 하였고, 끝내 기독교 신자가 되게 하였다.

　이들의 믿음은 후대에 전해져서 그들의 증손자인 제임스 허드슨 테일러에게까지 전해졌다. 허드슨 테일러는 중국내륙선교회를 세우고 중국 내륙에 복음을 전한 사람이다.

　그의 손자인 제임스 허드슨 테일러 2세는 제2차 세계대전이 발발하기 전에 선교사로서 가족들을 데리고 중국으로 갔다. 아이들은 부모가 있는 곳에서 1,000마일이나 떨어진 곳에 있는 기숙학교에 다녔다. 그들은 1941년 12월 7일 일본군이 진주만을 공격했을 당시 그곳에 있었는데 이 소식을 들은 테일러 부인은 두려움에 싸여 무릎을 꿇었지만 기도할 수가 없었다. 걱정하는 중에 마태복음 6: 33의 "네가 하나님께 귀한 것들을 돌아본다면 하나님께서도 너에게 귀중한 것들을 돌보시리라"는 말씀이 떠올랐다.

　한편 테일러의 네 자녀는 일본군이 점령한 지역에 있는 강제수용소에 끌려갔는데, 끌려가면서 "하나님은 우리의 피난처시요 힘이시며 환난 중에 도움이시라"고 찬송했다. 그들은 5년간 수용소에서 생활하다가 석방되어 부모님에게 돌아갔다.

　그중 하나인 제임스 허드슨 테일러 3세는 사라시 중국내륙선교회의 총감독이 되었다. 이 사람이 바로 "나와 내 집은 여호와를 섬기겠노라"고 성혼선언을 했던 제임스 허드슨 1세의 증손자의 증손자이다.

만일 여호와를 섬기는 것이 너희에게 좋지 않게 보이거든 너희 열조가 강 저편에서 섬기던 신이든지 혹 너희의 거하는 땅 아모리 사람의 신이든지 너희 섬길자를 오늘날 택하라 오직 나와 내 집은 여호와를 섬기겠노라(수 24:15).

로저 윌리암스

12월 8일

로저 윌리엄스는 영국 국교회의 신자였다가, 청교도에서 분리파, 그리고 침례교도에서 나중에는 "구도자"가 되었다. 그는 세속 지도자들과 말다툼을 하고, 교회 지도자들을 공격했으며, 인디언을 사랑했다. 그는 미국에 식민주를 세우고 최초의 침례교회를 세웠다. 무엇보다도 하나님의 절대적인 섭리를 신뢰했기 때문에 한 도시에 그것을 기념하는 이름을 붙였다.

로저 윌리엄스는 1603년에 영국에서 태어났다. 그는 이단자들을 처형하는 곳으로 유명한 뉴게이트 감옥 앞 광장 근처에서 자랐다. 젊은 로저는 이단자들이 처형되는 모습을 보면서 종교적 신앙이 다른 사람들을 박해하는 것에 대한 혐오를 느꼈다. 18세 때에 그는 법원의 기록 담당자로 일하면서 이단과 관련된 사건 기록을 필사했다. 캠브리지 대학을 졸업한 윌리엄스는 능력있는 설교자, 종교의 자유를 열렬히 옹호하는 사람이 되었다.

찰스 1세 시대인 1630년에 윌리엄스의 친구였던 청교도인 알렉산더 아리턴 박사에게 터무니 없는 형벌이 가해진 것을 보고 크게 분노했다. 알렉산더는 성직을 박탈당하고, 많은 벌금을 내고, 공개적으로 채찍질을 당하고, 두 귀를 잘리고, 양 옆구리를 찔리고 얼굴에는 SS(Sower of Sedition의 약자)라는 낙인이 찍힌 채 평생 감옥에서 지내게 되었다.

의분을 느낀 윌리엄스는 정교 연합 및 그에 따른 강압과 박해 정책을 공격하는 설교를 하고 글을 쓰기 시작했다. 신변의 위협을 느낀 그는 보스턴에 있는 청교도들의 초청을 받아들여 1630년 12월 8일에 미국으로 가는 배에 몰래 승선했다.

그러나 그는 미국의 청교도 지도자들 역시 관대하지 못하다는 것을 알았다. 그들 역시 법적인 규제를 통해서 자기들의 신앙을 강요하려 했다.

어느날 밤 당국자들이 그를 체포하여 영국으로 송환하려 한다는 소식을 들었다. 그는 추위에 대비하여 옷을 든든히 입고 인디언이 사는 지방으로 도망쳤다. 나라간셋만 해안에서, 윌리엄스는 인디언들에게 돈을 주고 상륙허가를 받아 그곳에 상륙하여 정착지를 세우고 이름을 프로비던스라고 지었다. 이곳에서는 누구나 자유로이 예배할 수 있었다. 그는 그곳에 미국 최초의 침례교회를 세웠고, 또 로드 아일랜드라는 식민주를 세웠다.

요한이 여짜오되 주여 어떤 사람이 주의 이름으로 귀신을 내어 쫓는 것을 우리가 보고 우리와 함께 따르지 아니하므로 금하였나이다 예수께서 가라사대 금하지 말라 너희를 반대하지 않는 자는 너희를 위하는 자니라 하시니라(눅 9:49, 50).

12월 9일 꿈의 선교단

영국인들은 귀족 출신인 캠브리지 대학의 운동선수 7명이 재산과 명성을 버리고 중국내륙선교회 선교사가 되어 아시아의 오지에서 그리스도를 섬기기로 했다는 이야기에 매우 놀랐다. 사람들은 그들을 꿈의 선교단이라고 했다. 그들 중에서 가장 말을 잘하는 사람은 스탠리 스미스였였고, 조정팀의 주장이었다. 크리켓 팀의 주장이었던 찰스 T. 스터드는 말솜씨는 없지만 호감이 가는 외모의 소유자였다. 스미스, 스터드, 그리고 다섯 명의 동료들은 중국으로 떠나기 전에 영국 제도를 돌면서 그리스도를 전파했다. 매스컴들은 연일 그들에 대해 다루었다.

1884년 12월 9일, 스미스와 스터드는 에딘버러 대학생들에게 연설하기 위해 에딘버러에 도착했다. 그들은 여러 단과대학에서 밤을 지새우면서 학생들과 이야기를 하고 기도했다. 후일 스터드가 표현한 바에 의하면 그들은 "극도의 두려움"에 빠졌다. 조직위에서는 강연장을 빌리고 전단을 배포하고 플래카드를 든 사람들을 거리에 세웠다. 그들의 두려움은 두 가지였다. 어떤 사람들은 회의적인 스코틀랜드 학생들이 거의 참석하지 않을까 두려워했고, 어떤 사람들은 질문공세 때문에 집회가 중단될 것을 염려했다. 스탠리와 스미스는 오후 내내 기도하여 마침내 승리를 거두었다.

시간이 되기도 전에 집회장소는 만원이 되었다. 두 운동선수가 입장할 때에 사람들은 환호했다. 먼저 스터드가 연설을 했다. 그의 연설은 유창하지는 못했지만 그리스도에 대한 그의 헌신은 모인 사람들을 감동시켰다. 다음에 스미스가 완전하게 하나님께 헌신하지 않는 기독교인들의 위선에 대해 강연했다. 영적 능력으로 긴장된 분위기였다. 연설을 마친 후 지상 명령 및 그리스도에 대해 더 많은 이야기를 들으려는 학생들이 그의 주위에 몰려들었다. 그날 밤 늦게 누 정년이 기차를 타려고 역에 도착했는데, 그곳에는 많은 젊은 이들이 모여 "연설해주십시오"라고 외치고 있었다. 기차가 역을 출발할 때에 학생들은 "우리 다시 만날 때까지 하나님과 함께 계셔"를 찬송하면서 그 뒤를 따라갔다.

캠브리지 대학 출신의 일곱 선교사 덕분에 중국내륙선교회는 온세계의 주목을 받게 되었다. 1885년에 그들이 중국에 도착했을 무렵, 그곳에는 중국내륙선교회 소속 선교사들이 일하고 있었고, 1900년에는 그 수가 800명이 되었다.

이 천국 복음이 모든 민족에게 증거되기 위하여 온 세상에 전파되리니 그제야 끝이 오리라(마 24:14).

인내

12월 10일

히브리서 11장을 보면, 모세는 보이지 않는 분을 보았기 때문에 참았다고 한다. "참다"(persevere)라는 단어는 "통하여"를 의미하는 접두사 pre와 severe가 결합된 것이다. 즉 주위 환경으로부터의 분리를 통해서 믿음을 추진한다는 것이다. 예를 들어, 미국 북서부의 원주민에게 복음을 전한 부부 선교사인 마르커스와 나르시사 휫트먼에 대해 살펴보자.

1802년에 뉴욕에서 태어난 마르커스는 회심하여 장로교인이 되었다. 그는 의학을 공부했는데, 서부 지역의 인디언들을 대상으로 하는 의료 선교의 소명을 느꼈다. 그의 여자 친구 나르시사는 그의 사역에 동참했다. 그들은 결혼하던 날에 오레건주를 향해 떠났다. 나르시사는 미국 대륙을 횡단한 최초의 백인 여인이 되었는데, 하나님의 창조의 영광에 경외심을 느꼈고 이 큰 모험을 사랑했다. 그녀는 여행 도중 임신했다.

2,000마일을 여행한 끝에 이들 부부는 오레곤 주에 도착하여 사나운 인디언 사회에 정착했다. 마르커스는 자기들이 거처할 오두막집을 지었고, 1835년 12월 10일에 그 집에 입주했다. 그로부터 석달 후에 맏딸 엘리스가 태어났다.

마르커스와 나르시사는 선교센터를 건축하고 농사를 짓고 환자를 돌보면서 원주민들에게 복음을 전했다. 그들에게는 상상할 수도 없는 어려움과 슬픔이 밀어닥쳤다. 그들은 과로하여 지치고 낙심했다. 다른 선교사들과의 관계도 원만하지 못했다. 게다가 어느날 마르커스가 책을 읽는 동안 앨리스가 길을 잃고 헤메다가 근처의 개울에 빠져 죽고 말았다. 그러나 이들 부부는 계속 사심없이 고아들과 병자들, 무관심한 사람들, 그들의 말을 듣고자 하는 사람 등에게 사역을 계속했다.

이러한 열심 때문에 그들은 목숨을 잃게 되었다. 1847년에 홍역이 발생하여 몇 명의 인디언이 죽었는데, 인디언들은 그것이 마르커스 때문이라고 생각했다. 어느 가을 밤, 한 무리의 인디언들이 선교부를 공격하여 도끼로 마르커스와 나르시사, 그리고 12명의 동역자들을 살해했다. 그러나 거친 환경에도 불구하고 끝까지 참고 믿음을 지킨 이 부부 덕분에 원주민 사회에 복음의 씨앗이 뿌려졌다. 그들은 보이지 않는 분을 보았기 때문에 참고 인내했다.

믿음으로 애굽을 떠나 임금의 노함을 무서워 아니하고 곧 보이지 아니하는 자를 보는 것 같이 하여 참았으며 믿음으로 유월절과 피뿌리는 예를 정했으니 이는 장자를 말하는 자로 저희를 건드리지 않게 하려 한 것이며 믿음으로 저희가 홍해를 육지 같이 건넜으나(히 11:27-29).

12월 11일
알 수 없는 하나님의 섭리

앙골라의 말란게에서 사역하는 감리교 선교사 수잔 탈보트 웬간츠는 1929년 12월 11일 수요일 아침에 정원을 거닐면서 장미꽃 향기도 맡고 있었다. 수잔은 꽃을 한 아름 꺾어 들고 아침 성경공부 준비를 하려고 집을 향했다. 그런데 갑자기 커다란 개가 수잔을 향해 달려왔다. 수잔은 개를 피하려 했지만 수잔에게 달려들었고, 수잔은 개에게 물리고 말았다. 수잔은 근처 병원으로 갔지만 그 병원에는 광견병 예방 혈청이 없었다. 그래서 그들은 배를 타려고 급히 항구로 갔지만 배들은 모두 떠나고 없었다. 차를 타고 벨기에령 콩고로 가려 했지만, 비가 많이 와서 도로가 유실된 곳이 많았다.

곧 리스본, 케이프타운, 요하네스버그, 콩고 등지로 전보를 쳤는데, 전보를 받은 모든 곳에서 광견병 주사액을 포장하여 우송했다. 참을 수 없는 긴장 속에 며칠이 지났다. 그동안 앙골라의 원주민 신자들을 눈물을 흘리며 금식기도를 했다. 여러 가지 이유로 주사액의 도착이 지연되었다. 수잔은 고통이나 아픔을 전혀 느끼지 않았다. 상처는 나았고, 수잔은 평상시처럼 일을 했다. 주사액이 담긴 소포 하나가 도착하자 수잔은 주사를 맞기 시작했다.

개에게 물린 지 한 달 후에, 수잔은 남편에게 팔이 아프다고 말했다. 팔의 통증은 갈수록 심해졌기 때문에 수잔은 자리에 눕게 되었다. 수잔은 급속히 쇠약해졌다. 수잔은 "천국 음악 소리가 들려요. 예수님이 보여요. 이제 나는 예수님의 이름으로 잠들거예요"라고 작은 소리로 말했다.

우리는 하나님께서 미친 개가 수잔의 정원에 들어오는 것을 왜 허락하셨는지 이해할 수 없다. 하나님은 우리에게 대답이 불가능한 질문을 던지기도 하신다. 밴스 해브너는 불가해한 일들에 대해 숙고하면서 "하나님과 하나님의 전능하심에의 좌초"라는 말을 했다. 찰스 스펄전은 "하나님의 손을 발견하지 못할 때, 우리는 그분의 마음을 신뢰할 수 없다"고 말했다.

마르다가 예수께 여짜오되 주께서 여기 계셨더면 내 오라비가 죽지 아니하였겠나이다…예수께서 가라사대 나는 부활이요 생명이니 나를 믿는 자는 죽어도 살겠고 무릇 살아서 나를 믿는 자는 영원히 죽지 아니하리니 (요 11:21, 25-26).

잔인한 박해자 알바 공작

12월 12일

역사에는 피흘림을 즐겼던 악한 사람들이 등장한다. 스페인의 장군인 페르난도 데 알바레즈 톨레도, 즉 알바 공작도 그런 사람들 중 하나이다. 그의 잔인성은 악마와 같다고 밖에 설명할 수 없었다.

그는 종교개혁이 시작되던 1508년에 스페인의 귀족 가문에서 태어났다. 조부인 톨레도의 프레데릭은 페르난도의 청년기를 지배하면서 그를 담대한 용사로 훈련시켰다. 그는 16세 때에 처음으로 전쟁에 참전했다. 교활하고 용감한 그는 승진을 계속했다. 그는 총명한 장군이었지만, 자기의 사령관인 스페인의 필립 2세와 마찬가지로 광적으로 잔인하고 무자비하며 믿지 못할 사람이었다.

종교개혁, 특히 칼빈주의는 네덜란드에서 비옥한 토대를 발견했다. 그곳에서는 이미 여러 해 전에 성경이 플랑드르어로 번역되었었다. 그러나 네덜란드는 스페인의 필립이 지배하고 있었다. 필립은 네덜란드에 종교재판소를 설치하여 국민들의 반역을 도발했다. 1517년에 그는 종교개혁을 진합하며 복음적 "이단"을 근절하고 시민들에 대한 통제력을 다시 확보하기 위해서 10,000명의 군사를 거느린 알바 공작을 네덜란드로 파견했다.

그로부터 6년이 넘는 기간 동안, 6,000명의 저지대 주민들이 알바 공작의 "피의 의회"에서 사형선고를 받았다. 어떤 통계에 의하면 여자와 어린이들을 포함한 순교자들이 100,000명이었다고 한다. 어느 역사가는 이 기간에 죽은 신자들이 교회사의 처음 300년 동안 로마 제국에서 진행된 박해에서 순교한 사람들보다 더 많았다고 주장한다. 알바는 과도한 세금을 부과하고, 네덜란드의 경제를 파괴했고, 시민의 자유를 침범하고, 시민들을 고문했는데 그로 인해 발발한 전쟁은 800년간이나 지속되었다.

사람은 심은 대로 거두는 법이다. 1580년에 알바는 포르투갈을 진압하는 전쟁에 참전하여 승리를 거두었다. 그러나 돌아오는 도중에 열병에 걸렸다. 그는 서서히 기력을 잃었다. 무력하게 고통하는 신자들의 피를 마시던 그는 여인의 가슴에서 짠 젖만 겨우 넘기게 되었다. 그리고 1582년 12월 12일 숨을 거두었다.

악을 밭갈고 독을 뿌리는 자는 그대로 거두나니 다 하나님의 입기운에 멸망하고 그 콧김에 사라지느니라 사자의 우는 소리와 사자의 목소리가 그치고 젊은 사자의 이가 부러지며 늙은 사자는 움킨 것이 없어 죽고 암사자의 새끼는 흩어지느니라(욥 4:8-11).

12월 13일 — 교황 셀레스틴 5세

모론의 피터는 은둔 생활을 갈망했다. 그의 금욕생활은 다른 사람들의 마음을 움직였다. 1254년에 그는 '성 다미안의 은수사들'이라는 교단을 세웠다. 그는 80세가 넘도록 동굴에서 은둔생활을 했다. 한편 로마에서는 교황 니콜라스 4세가 세상을 떠났고, 교회에서는 27개월간 그의 후계자를 선출하려고 노력했다. 합의를 이루지 못한 그들은 결국 피터를 지명했다. 피터가 교황으로 선출되었음을 알리기 위해서 세 명의 감독이 150마일을 여행하여 그가 은둔하고 있는 산의 험한 기슭을 기어올라갔다. 그들은 숨을 헐떡거리고 땀을 흘리면서 좁은 바위턱에 접근한 그들은 피터가 임시로 만든 대문의 빗장 사이로 내다보고 있는 모습을 보았다. 창백하며 단정하지 못하고 병들어 늙는 그는 그들의 말을 거의 알아듣지 못했다.

피터는 웃옷을 입고 배낭을 매고 당나귀에 올라타고 주교들을 따라 이탈리아의 아킬라로 갔다. 그곳에서 그는 2000명 앞에서 교황으로 즉위했다. 그는 나폴리에 거처하면서 자신을 교황 셀레스틴 5세라고 불렀다. 그는 작은 수실을 짓고, 빵부스러기를 먹으며 살았다.

셀레스틴은 교회의 정치, 세속사, 정치적 음모 등에 대해서는 아무것도 알지 못했다. 그래서 그는 거듭 잘못된 판단을 내렸으며, 곧 그는 자신이 어쩔 수 없이 휘말려있음을 깨달았다. 교회는 위기를 향해 치닫고 있었다. 그는 "하나님, 내가 다른 사람들의 영혼을 다스리면서 나 자신의 영혼을 잃고 있습니다!"라고 했다. 성직자들은 그의 무능함을 두려워했다. 어떤 이야기에 따르면, 가에타니 추기경은 셀레스틴의 방에 갈대를 밀어넣고 하늘의 음성인 듯이 가장하여 그가 사임하는 것이 하나님의 뜻이라고 말했다고 한다.

셀레스틴은 교황으로서의 마지막 행동으로서 교황들에게 사임할 수 있는 권리를 부여하는 법을 발표했다. 그리고 나서 그는 교황으로 즉위하여 불과 15주만인 1294년 12월 13일에 사임하여 세상을 놀라게 했다. 보다 나은 생활과 양심의 평안을 추구하기 위해서, 그리고 그의 몸의 허약함과 사람들의 악함 때문에 사임한다고 설명했다. "하늘의 음성"인 가에타니가 교황 보니페이스 8세로 선출되었다. 그는 셀레스틴을 어느 성에 가두었는데, 셀레스틴은 그 성에서 지내다가 1296년에 세상을 떠났다.

나의 말이 내가 비둘기 같이 날개가 있으면 날아가서 편히 쉬리로다 내가 멀리 날아가서 광야에 거하리로다 내가 피난처에 속히 가서 폭풍과 광풍을 피하리라 하였도다

(시 55:6-8)

휘튼 대학의 설립

12월 14일

1831년에 커네티컷 출신인 에라스터서 그레이가 처음으로 일리노이 주 휘튼 부근에 정착했다. 6년 후에 역시 커네티컷 토박이인 워렌 휘튼이 그곳에 도착하여 오늘날의 루즈벨트가 한 모퉁이에 집을 지었다. 철도가 들어오고 식품점이 생기고, 여관과 술집도 들어섰다. 곧 그곳 주민은 800명이 되었다.

노예제도에 반대하는 감리교인들이 휘튼에 정착했다. 그들은 자녀들이 노예제도에 공감하는 교사들 밑에서 교육을 받게 되는 것을 염려하여, 자기들 나름의 학교를 세우기로 결정했다. 1852년 어느 여름날, 그들 중 일부는 기차 정거장에서 1마일 정도 떨어진 곳에 있는 조그만 언덕 풀밭에 엎드려 기도했다. 그들은 "그 산과 그곳에 세워지는 모든 것"을 하나님께 바치겠다고 기도했다. 10,000달러로 3층 건물이 세워졌다. 1853년 12월 14일에 존 크로스 목사의 지도 하에 일리노이 대학이 문을 열었다. 곧 그 대학은 학생들이 가득하게 되었고, 또 난로 연기가 제대로 배출되지 않아 연기로 가득하게 되었다. 학생들의 말에 의하면 난로를 때는 것 외에는 연기를 배출하는 일은 완전히 금지되었다.

한 세대가 지난 후에 이들 감리교 설립자들의 후손 중 한 사람은 "이들 설립자들은 대부분 재산이 거의 없는 사람들"이었다고 기록했다. "그들은 개혁자들로서, 특히 노예제도를 반대했다. 이 대학 설립의 목적은 어느 교파의 학교를 세우려는 것이 아니라 그들 자신의 원리가 저지되지 않는 장소를 확보하는 데 있었다."

그러나 곧 그 대학은 경제적으로 실패하게 되었다. 1860년에 이 대학 이사회는 부유한 회중교회 사람들에게 도움을 요청했다. 학자이자 장로교 목사인 조나단 블랜카드가 학장으로 임명되었다. 그는 많은 재산을 기증하며 대한 이름을 휘튼 대학으로 한다는 조건으로 워렌 휘튼에게 접근했다. 블렌카드는 "그렇게 하면 당신의 후손들은 훌륭한 기념비를 세우는 비용을 줄일 수 있게 될 것입니다"라고 했다.

회중교회 사람들은 감리교도들을 지원을 받아 장로교인을 총장으로 하여 그 대학을 다시 개교했다. 그후 100년이 넘도록 휘튼 대학은 "그리스도와 그의 나라"를 위해 젊은 사람들을 교육해오고 있다.

지혜있는 자는 듣고 학식이 더할 것이요 명철한 자는 모략을 얻을 것이라 잠언과 비유와 지혜있는 자의 말과 그 오묘한 말을 깨달으리라 여호와를 경외하는 것이 지식의 근본이어늘 미련한 자는 지혜와 훈계를 멸시하느니라(잠 1:5-7).

12월 15일 — 영국의 순교자 올드 캐슬

존 올드캐슬은 놀랄 정도로 많은 역할을 했다. 그는 약 39년간 기사, 정치가, 군인, 설교자, 백작, 피난민, 순교자였다. 또한 그는 세익스피어의 극에 등장하는 인물 폴스타프의 모형이다.

루터보다 약 100년쯤 전에 존 위클리프는 영국에서 종교개혁의 견해를 선포했고, 롤라즈라는 설교자 단체는 그의 메시지를 전국에 전파했다. 위클리프가 사망한 후 존 올드캐슬은 롤라드 사역을 보호하고 촉진하려 했다. 그에 맞서 켄터베리 대주교가 일어나서 왕에게 올드캐슬과 롤라드 집단을 침묵시켜 달라고 호소했다. 국왕 헨리는 올드캐슬을 만나 "거룩한 어머니 교회"에 순종하라고 간절히 부탁했다. 그러나 올드캐슬은 "저는 국왕이시며 기름부음을 받은 하나님의 종이심을 알기 때문에 항상 폐하에게 기꺼이 복종합니다…그렇지만 교황 및 그의 영성과 관련해서는 그에게 부탁할 것도 없고 봉사할 것도 없습니다"라고 대답했다.

헨리는 올드캐슬에 대한 지원을 끊었다. 올드캐슬은 체포되어 런던 탑에 갇혀 사형선고를 받았다. 그러나 그는 사형 직전에 그는 탈출하여 웨일즈로 도망했다.

헨리는 그를 체포하는 사람에게 큰 상금을 주겠다고 했다. 올드캐슬을 대충 4년간 무사히 지냈다. 그런데 돈이 탐이 나서인지 아니면 그리스도의 참된 교리를 미워해서인지, 포위스 경이 가룟 유다와 같이 겉으로는 큰 호의를 베푸는 척하면서 비겁하게 올드캐슬을 체포하여 런던으로 호송했다.

1418년 12월 15일, 올드캐슬은 런던의 스미스필드로 끌려갔다. 그곳에서 그는 쇠사슬로 허리를 묶인채 매달려 산채로 화형을 당했다. 그는 숨이 끊어질 때까지 하나님의 이름을 찬양했다.

그러므로 우리가 믿음으로 의롭다 함을 얻었은즉 우리 주 예수 그리스도로 말미암아 하나님으로 더불어 화평을 누리자…다만 이뿐 아니라 우리가 환난 중에도 즐거워 하나니 이는 환난은 인내를, 인내는 연단을, 연단은 소망을 이루는 줄 앎이로다(롬 5:1, 3).

지진

12월 16일

1811년 12월 16일에 미국 남부 지방에 큰 지진이 발생했는데, 그 여진으로 필라델피아에 있는 교회의 종들이 울릴 정도였다. 테네시 주의 틸푸트 호수는 그때 생겨났다. 미국에서 유명한 순회복음전도자 중 하나인 감리교 전도자 피터 카트라이트는 자신의 전기에 몇 가지 지진 체험을 기록했다. 카트라이트는 케인 릿지 신앙부흥을 통해서 회심하여 그후 약 70년 동안 남부와 중서부 지방을 다니면서 복음을 전하고 신앙부흥 운동을 전개하며 교회를 세우는 활동을 한 인물이다. 그는 다음과 같이 기록해 두었다.

미시시피 강의 흐름이 멈추고, 선착장에 묶어둔 배들이 풀려 유실되고, 땅이 갈라지는 것 같았다. 이 지진 때문에 많은 사람들이 두려워 떨었다. 공포에 질린 사람들은 교회로 몰려들었다. 이번 지진과 관련하여 많은 재미있는 사건들이 있었다. 나는 두번째 무서운 충격이 임하기 전날 밤에 내쉬빌에서 설교를 했다. 다음날 아침 일찍 일어난 나는 내가 머물고 있는 집 근처의 산을 향했다. 그 때 나는 어느 흑인 여인이 머리에 빈 양동이를 이고서 산 아래 있는 샘을 향해 달려내려오는 모습을 보았다. 그 여인이 내가 선 곳 가까이에 왔을 때, 땅이 흔들리기 시작했다. 굴뚝들이 무너져내리고, 건물 신축장에 설치된 발판들이 큰 소리를 내며 무너졌다. 잠에서 깨어난 시민들은 놀라서 거리로 뛰쳐나왔다. 많은 사람들은 심판날이 임했다고 생각했다. 앞에서 말한 흑인 여인의 젊은 여주인들은 그녀의 뒤를 따라 달리면서 자기들을 위해 기도해 달라고 애원했다. 그 흑인은 소리를 높여서 "나의 주님이 구름을 타고 하늘로부터 오고 계십니다. 당신들을 위해 기도할 시간이 없습니다. 나는 어서 가서 그분을 만나야 합니다. 나는 당신들에게 그분이 오실 것이라고 말했지만, 당신들은 내 말을 믿지 않았습니다. 안녕히 계십시오. 할렐루야! 주님이 오십니다. 나는 주님 맞을 준비가 되어 있습니다. 할렐루야, 아멘!" 이라고 소리쳤다. 그 여인은 머리에는 빈 양동이를 인 채 소리를 치고 손뼉을 치면서 계속 앞으로 갔다.

난리와 난리 소문을 들을 때에 두려워 말라 이런 일이 있어야 하되 아직 끝은 아니니라 민족이 민족을, 나라가 나라를 대적하여 일어나겠고 처처에 지진이 있으니 이는 재난의 시작이니라…그러나 그날과 그때는 아무도 모르고 아버지만 아시느니라 주의하라 깨어 있으라 그때가 언제인지 알지 못함이니라(막 13:7, 8, 32).

12월 17일 — 후회 없는 삶

1912년 12월 17일, 빌 보든은 이집트를 경유하여 중국으로 가는 배에 승선했다. 선교사로서의 그의 일생은 역사상 가장 짧지만 아주 효과적인 일생이었다.

보든은 시카고의 골드 코스트에서 상류 가정에서 태어났다. 그는 많은 부동산과 낙농시설을 상속받았다. 어린 빌은 어머니와 함께 시카고 무디 교회에 다니면서 신앙을 갖게 되었다. 얼마 후 R. A. 토레이 목사가 신자들에게 하나님을 봉사하는 데 일생을 바치라고 설교했는데, 그때 어린 빌은 조용히 자리에서 일어섰다. 그는 예배가 진행되는 동안 내내 조금도 요동함이 없이 서있었다. 그는 그 헌신의 자세에서 조금도 물러서지 않았다.

예일 대학 시절, 빌은 잘 생기고 인기있는 운동선수였다. 그는 그리스도께 헌신했다. 내쉬빌에서 개최된 어느 학생 선교 대회 때에, 그는 선교 새무얼 즈웨머의 감화를 받아 회교도 선교에 관심을 갖게 되었다. 대학을 졸업한 후 그는 자신의 막대한 유산을 세계 선교 운동에 바치겠다고 선언했다. 그는 중국 내의 회교도들에게 전도할 계획으로 중국 내륙선교회에 가입했다. 그러나 먼저 이집트에서 어학 공부를 해야 했다. 떠나기 전날 밤에 그의 홀어머니는 빌이 재산을 포기하고 조국을 떠나는 것이 과연 옳은 일이냐고 물었다. "그날 밤 피곤하고 지치고 서글픈 마음으로 자리에 누워, 나는 '이것이 가치가 있는 일일까?'라고 자문하면서 잠이 들었다. 아침에 잠에서 깨었을 때 마음 속에서 작은 음성이 '하나님이 세상을 이처럼 사랑하사 독생자를 주셨으니…'라고 대답해주었다."

이집트에 도착하고 한 날 후 보든은 뇌막염에 걸렸다. 2주 후에 그는 세상을 떠났는데, "아낌없이! 뒤로 물러섬이 없이! 후회도 없이!"라고 쓴 종이를 베게 밑에 집어 넣어 두었다.

그의 희생적인 삶의 이야기가 미국 전역의 신문에서 다루어지고 그의 전기가 출판되자, 주님을 위해 산 제물로 자신을 바치려는 젊은 이들이 크게 증가했다.

여호와께서 아브람에게 이르시되 너는 너의 본토 친척 아비집을 떠나 내가 네게 지시할 땅으로 가라 내가 너로 큰 민족을 이루고 네게 복을 주어 네 이름을 창대케 하리니 너는 복의 근원이 될찌라 너를 축복하는 자에게는 내가 복을 내리고 너를 저주하는 자에게는 내가 저주하리니 땅의 모든 족속이 너를 인하여 복을 얻을 것이니라 하신지라

(창 12:1-3)

존 필포트

12월 18일

존 폭스는 메리 여왕 시절 영국에서 순교한 많은 신자들의 고난에 대해 조사하여 기록했다. 그중 1555년 12월 18일에 화형을 당한 존 필포트의 이야기를 보자.

진리에 대한 믿음이 확고부동한 것을 본 주교는 그에게 사형을 선고했다. 필포트는 "하나님, 제가 저주받은 당신의 교회에서 벗어난 이단자가 되게 해주시니 감사합니다. 그러나 하나님 앞에서 나는 이단자가 아닙니다. 하나님께서 당신을 축복하시며 은혜를 주시어 당신의 악한 행동을 회개하게 해주실 것이며 모든 사람들로 당신의 잔인한 교회를 경계하게 해주실 것입니다"라고 말했다. 관리들은 그를 뉴게이트 감옥으로 넘겼다. 필포트는 "이것이 하나님의 약속이므로 나는 만족해야 합니다. 내가 어떻게 행동해야 하는지 가르쳐주십시오"라고 말했다. 주교는 "만일 당신이 죄를 뉘우친다면, 내 능력이 닿는 대로 관용을 베풀겠다"고 말했다. 필포트는 "내가 살아있는 한 뉘우치는 일은 없을 것입니다. 내가 이제까지 말한 것은 분명한 진리입니다. 나는 내 피로 인침으로써 그것을 증명할 것입니다"라고 말했다.
그러자 알렉산더가 "그 말은 너희 이단자들 무리가 하는 전형적인 말이다"라고 말하고는 그를 단두대에 앉히고 많은 쇳덩이를 매달아놓으라고 명령했다.
1555년 12월 17일, 화요일 저녁에 다음날 처형된다는 소식이 전해졌다. 필포트는 "나는 준비가 되어 있다. 하나님께서 나에게 힘을 주시고 즐거운 부활을 허락하실 것이다"라고 말했다. 그는 온 힘을 기울여 주 하나님께 기도하면서 하나님의 진리를 위해 고난을 받을 수 있게 해주신 하나님의 자비하심에 대해 진심으로 감사했다.
다음날 아침 8시경에 형리가 도착했고, 필포트는 기쁜 마음으로 그들을 맞았다. 형장에 도착했을 때, 그는 "나의 구세주께서 나를 대신하여 십자가 상에서의 죽음을 거절하지 않으셨는데, 내가 어찌 이 말뚝에서의 죽음을 마다하리요"라고 말했다. 그는 무서운 불길 속에서 영혼을 전능하신 하나님의 손에 맡겼다.

그의 죽으심은 죄에 대하여 단번에 죽으심이요 그의 살으심은 하나님께 대하여 살으심이니 이와 같이 너희도 너희 자신을 죄에 대하여는 죽은 자요 그리스도 예수 안에서 하나님을 대하여는 산 자로 여길찌어다(롬 6:10, 11).

12월 19일   래티머와 버켄햄

영국의 개혁자인 휴 래티머는 1529년 12월 19일에 켐브리지 대학의 성 에드워드 교회에서 설교해달라는 부탁을 받았다. 래티머는 세례 요한의 예를 들면서 하나님께서 우리를 다루시는 방법에 대해 설교하기로 했다. 그는 우리 모두는 유대인들이 요한에게 했던 질문—"너는 누구냐"—에 대답해야 한다고 주장했다. 그리스도가 없다면 우리는 "나는 죄 때문에 정죄 아래 있습니다"라고 대답해야 할 것이다. 그러나 회개하고 용서를 받았기 때문에 우리는 "나는 크리스천입니다"라고 대답할 수 있다. 신약성서를 공부하면서 하나님께서 우리에게 원하시는 삶이 무엇인지를 배우는 것은 마치 카드놀이를 하는 것과 같다.

래티머는 12월 19일에 교회 내에 있는 육각형의 작은 강단에 올라갔다. 그는 분명한 음성으로 라틴어 성경을 읽고 그것을 영어로 번역한 후에 설교를 시작했다.

버켄햄이라는 수도사가 한쌍의 주사위라는 개념을 사용하여 그와 반대되는 설교를 했다. 그는 하나님의 주사위의 한편에는 다섯 가 그려져 있고 반대편에는 4개가 그려져 있다고 말했다. 그는 다섯개의 성경구절과 네 명의 교회박사들—암브로스, 어거스틴, 제롬, 그레고리—을 인용하면서 종교개혁을 공격했다. 버켄햄은 래티머가 영어 성경을 사용하는 것을 조롱하면서 "평민들은 성경의 비유적인 표현을 이해하지 못할 것이다"라고 단언했다. 예를 들어, 사람의 눈을 뽑아 버리라는 구절을 문자 그대로 실행하려는 사람들도 있을 것이라고 말했다.

래티머는 영국인들은 지혜롭기 때문에 은유적인 표현들을 충분히 이해할 수 있다고 말했다. 그는 "예를 들어, 화가가 수도사의 두건에 여우를 그려놓는다고 해서, 실제로 여우가 설교하고 있다고 상상하는 사람은 한 사람도 없습니다. 화가의 의도는 수도사의 두건 뒤에 감추어져 있는 위선, 간교함, 교활한 은폐 등을 나타내려는 것입니다"라고 말했다.

후일 존 폭스는 "이 설교를 한 버켄햄 수도사는 완패했기 때문에 그 후 다시는 래티머를 공격하는 설교를 하지 않았다"고 기록했다.

그러면 이제 우리가 그 피를 인하여 의롭다 하심을 얻었은즉 더욱 의로 말미암아 진노하심에서 구원을 얻을 것이니 곧 우리가 원수되었을 때에 그 아들의 죽으심으로 말미암아 하나님을 더불어 회복되었은즉 화목된 자로서는 저욱 그의 살으심을 인하여 구원을 얻을 것이니라(롬 5:9-10).

에드먼드 그린달

12월 20일

에드먼드 그린달은 책을 사랑했기 때문에 목숨을 구할 수 있었다. 어느날 코트 안에 책을 넣고 들판을 걸어가는데 사냥꾼이 쏜 화살이 날아와 그의 책에 꽂혀 목숨을 구했다. 그리고 또 한번 그는 책 때문에 목숨을 구했다. 즉 성경을 통해서 그린달은 그리스도를 영접하게 된 것이다. 그린달의 믿음은 성장하여 사역을 시작하게 되었다. 그러나 잔인한 메리 여왕이 즉위하자, 그린달은 독일로 피신하여 개신교도인 엘리자베스 1세가 즉위할 때까지 그곳에서 지냈다. 영국으로 돌아온 그린달은 1575년에 캔터베리 대주교로 임명되었다.

엘리자베스 여왕은 새로 임명된 대주교에게 너무 많은 설교가 폭동의 온상이 된다면서 일년에 세 번이나 네 번의 설교면 족하다고 말했다. 여왕은 그린달에게 영국 전역에서 설교하는 일을 줄이라고 명령했다. 1576년 12월 20일, 그린달은 여왕에게 장문의 편지를 보냈는데, 그 중 일부를 인용하면 다음과 같다.

> 설교자들을 감축하며 목사들의 회의를 완전히 억압하는 것과 관련하여 폐하께서 저에게 하신 말씀은 참으로 실망스러운 말씀이었습니다. 폐하, 성경은 지극히 분명하기 때문에 그리스도의 복음은 풍성하게 전파되어야 하는 것이 아닙니까? 솔로몬의 성전 건축에 동원된 일꾼이 150,000명이고 감독이 300명이었습니다. 그런데 그리스도의 영적 성전을 세우는 일을 불과 몇 명의 설교자들이 충분히 해낼 수 있다고 생각해야 합니까? 사도 바울은 "말씀을 전파하라"고 말했습니다. 하나님의 말씀을 공적으로 끊임없이 전파하는 것은 구원을 확보하는 일상적인 도구가 됩니다. 나는 양심상 그들을 억압하는 일에 동의할 수 없습니다. 폐하, 만일 제가 하늘에 계신 하나님께 범죄하기보다 차라리 세상의 임금께 범죄하는 편을 택하더라도 용서하십시오. 폐하, 하나님의 위엄을 중히 여기시며 "내 뜻이 아니라 당신의 뜻이 이루어지이다"라고 말씀하십시오.

불같이 화가 난 여왕은 그린달을 자택에 연금했다. 그러나 복음의 문은 닫히지 않았다. 여왕의 염려에도 불구하고 복음은 영국제도 구석구석까지 전파되었다.

나의 복음과 같이 다윗의 씨로 죽은 자 가운데서 다시 살으신 예수 그리스도를 기억하라 복음을 인하여 내가 죄인과 같이 매이는 데까지 고난을 받았으나 하나님의 말씀은 매이지 아니하니라(딤후 2:8-9).

12월 21일 — 그리스도의 이름으로 자행되는 악

헤르난도 코르테즈를 비롯한 스페인 탐험가들이 아즈텍 제국과 잉카 제국을 정복하려 한 목적은 땅을 차지하여 금을 확보하고 믿음을 전파하려는 데 있었다. 그들은 그리스도의 이름으로 수천 명을 살해하고 노예로 삼았다. 그들은 잉카 문명과 아즈텍 문명을 말살했다. 정복자들 중 일부는 자신들이 믿음을 전파하고 있다고 믿었다. 심지어 어떤 사람은 "인디언들에게 쏘는 화약은 주님께 드리는 향기"라고 말했다. 그러나 우리는 교회 내에서 그에 반대하는 의로운 사람들이 많이 있었음을 알아야 한다.

1511년 12월 21일에 안토니오 데스 몬테시노스는 자신이 섬기는 히스파뇰라에 있는 교회에서 다음과 같은 불같은 말을 쏟아놓았다.

> 나는 여러분들의 죄를 깨닫게 하기 위해서 이 강단에 섰습니다. 나는 이 광야같은 섬에서 외치는 그리스도의 음성입니다. 여러분은 내 말을 무관심하게 들어서는 안됩니다. 여러분은 큰 죄 속에 있습니다. 여러분은 그 안에 있을 뿐만 아니라 그 안에서 살고 있으며 그 안에서 죽을 것입니다. 여러분은 이 무죄한 백성들에게 폭정을 행하며 잔인한 행동을 하고 있습니다. 여러분이 무슨 권리로 고요하고 평화롭게 살고 있는 민족들을 상대로 전쟁을 일으키는 것입니까? 도대체 무슨 이유로 여러분은 그들을 학대하고 약탈하며, 먹을 것도 충분히 주지 않는 것입니까? 여러분은 날마다 보다 많은 금을 채취하기 위해서, 그들을 죽게 하고 있습니다.
> 그들은 인간이 아닙니까? 그들에게는 영혼이 없습니까? 여러분이 자신을 사랑하듯이 그들을 사랑해야 하지 않습니까? 여러분은 어찌 그리 무감각할 수 있습니까? 이런 상태에서는 여러분은 예수 그리스도에 대한 믿음을 거부하는 무어족이나 투르크족을 구원할 수 없다고 나는 장담합니다.

설교를 듣는 사람들은 큰 충격을 받았다. 그의 설교는 바다 건너까지 전해졌다. 성난 스페인의 국왕 페르디난드는 크리스토퍼 콜럼부스에게 "나는 그의 설교를 들은 적이 있소…그는 인세나 밀썽을 일으기는 설교자였지만, 이번 설교는 정말 나를 놀라게 했소. 왜냐하면 그 설교는 신학이나 법에 토대를 두고 있지 않기 때문이오"라고 말했다.

몬테시노스는 그의 주장을 철회하라는 명령을 거부했고, 그에게 동조하는 사람들이 크게 증가했다. 이것은 세상에서 그리스도의 이름으로 행해지는 일이 모두가 그리스도의 일은 아님을 상기시켜 준다.

너는 말씀을 전파하라 때를 얻든지 못 얻든지 항상 힘쓰라 범사에 오래 참음과 가르침으로 경책하며 경계하며 권하라(딤후 4:2).

식인종에게 전도한 선교사　　12월 22일

    존 헌트는 어렸을 때 종종 난롯가에 앉아서 아버지가 들려주는 군대의 모험 이야기를 듣곤 했다. 16살 때에 헌트는 뇌막염에 걸려 거의 죽을 뻔 했다. 병이 회복되는 중에 그는 어느 감리교회에서 주님을 찾았다. 장성한 그는 한나 서머즈와 결혼했다. 1838년 12월 22일에 헌트 부부는 선교사가 되어 피지 제도에 도착했다.

    그들은 섬에서 자행되는 일을 보고 몸서리를 쳤다. 어린이들의 2/3이 잡혀 먹고 있었기 때문이다. 각 마을에는 사람을 잡는 백정들이 있었다. 아이들은 늙은 부모를 잡아 먹었다. 남자들은 종종 자기의 아내나 어린 아이를 잡아서 가까운 친구에게 대접하곤 했다.

    그들이 도착하고 나서 얼마 후에 추장의 막내 아들이 바다에서 실종되었는데, 그 일로 17명의 여인들이 살해되어 잡아 먹혔고, 한나는 어쩔 수 없이 그 장면을 지켜봐야 했다. 섬 주민들은 선교사들에게 그곳을 떠나라고 요구했다. 그러나 헌트 부부는 그들의 요구를 거절했다. 그들의 말에 귀를 기울이는 주민들이 점차 증가했다. 바이와의 여왕은 크게 양심의 가책을 느껴 두번이나 기절했고, 자비를 구하게 되었다. 그 마을에 신앙부흥이 일어났고, 이어 다른 마을에도 신앙부흥이 일어났다.

    헌트는 신약성경을 피지어로 번역하고, 두려움 없이 복음을 전했다. 개종자들이 늘어났고, 교회들이 세워졌다. 그러던 중 헌트는 건강을 해치게 되었다. 헌트가 병이 들자, 사람들은 교회에 몰려가서 그의 회복을 위해 기도했다. 엘리야 베라니라는 사람은 "주님, 우리는 악한 사람들입니다. 그렇지만 당신의 종을 살려주십시오. 꼭 한 사람이 죽어야 한다면, 나를 데려 가십시오. 우리 중에 열 사람을 데려가시더라도, 당신의 종의 목숨을 살려주시어 그리스도를 전파하게 해주십시오"라고 기도했다. 그러나 헌트는 자신이 죽을 것을 알았다. 그는 아내를 주님께 맡기고 "주님, 피지를 축복해주십시오. 피지를 구원해주십시오"라고 기도했다. 그 다음에 그는 아내를 돌아보면서 "내가 죽는다 해도 주님을 찬양하시오! 내게 주님을 크게 찬양할 기운이 있었으면 좋겠소…할렐루야!"라고 했다.

    그 말을 하고 그는 숨을 거두었다. 섬 전체가 그의 죽음에 감동을 받았다. 악한 추장 타콤바우도 공개적으로 그리스도를 받아들였다. 피지의 대부분이 변화되었다. 어느 역사가는 피지를 "선교의 왕관에 박힌 금강석"이라고 불렀다.

성도들의 인내가 여기 있나니 저희는 하나님의 계명과 예수 믿음을 지키는 자니라 또 내가 들으니 하늘에서 음성이 나서 가로되 기록하라 지금 이후로 주 안에서 죽는 자들은 복이 있도다 하시매 성령이 가라사대 그러하다 저희 수고를 그치고 쉬리니 이는 저희의 행한 일이 따름이라 하시더라(계 14:12, 13).

12월 23일

아버지의 충고

하인리히 불링거는 선한 목사였으며, 아주 훌륭한 아버지였다. 그는 1504년에 종교개혁 사상을 받아들인 사제의 아들로 태어났다. 그 그의 부친은 개혁 사상을 받아들였기 때문에 교회를 잃었지만 아들을 얻었다. 어린 하인리히는 루터나 멜란히톤의 저서를 즐겨 읽었고, 성경 공부를 열심히 했다. 27세 때인 1531년 12월 23일에 하인리히는 스위스의 개혁자 울리히 즈빙글리의 후임으로 취리히의 그로스문스터 교회의 목사가 되었다.

불링거는 성경을 한 권씩 차례로 한절씩 설교하는 즈빙글리의 습관을 그대로 이어받았다. 그의 집은 아침부터 밤까지 개방되어 있었다. 그는 가난한 사람들에게 음식과 의복과 돈을 아낌없이 나누어 주었다. 그의 지혜와 영향력은 유럽 전역에 퍼졌다. 그의 감화를 가장 많이 받은 사람은 바로 아들 헨리였다. 아들이 스트라스부르그에 있는 대학에서 공부하기 위해 집을 떠날 때, 하인리히는 다음과 같은 10가지 생활 규칙을 아들에게 주었다.

- 항상 하나님을 경외하며, 하나님을 경외하는 것이 지혜의 근본임을 기억하라.
- 하나님 앞에서 겸손하며, 우리의 중보자요 대언자이신 그리스도를 통해서 하나님께 기도하라.
- 하나님께서 아들을 통하여 우리 구원을 위한 모든 일을 행하셨음을 굳게 믿어라.
- 무엇보다도 사랑안에서 튼튼한 믿음을 갖게 해달라고 기도하라.
- 하나님께서 너의 선한 이름을 보호해주시며 너를 죄와 질병과 나쁜 친구들로부터 지켜주실 것을 기도하거라.
- 너의 조국, 사랑하는 부모, 그리고 하나님의 말씀 전파를 위해 기도하라.
- 말을 아껴라. 말하기보다는 듣는 편에 서며, 제대로 알지 못하는 일에 개입하지 말아라.
- 부지런히 공부하거라…날마다 성경을 3장 읽어라.
- 몸을 깨끗이하고 옷을 단정하게 입으며, 먹고 마시는 일에 절제하거라.
- 사람들과 대화할 때에 예의바르고 쾌활하고 온건하게 하거라.

헨리는 아버지의 충고를 따랐다. 그는 할아버지, 아버지와 마찬가지로 훌륭한 복음의 사역자가 되었다.

또 아비들아 너희 자녀를 노엽게 하지 말고 오직 주의 교양과 훈계로 양육하라

(엡 6:4).

성탄절의 의미

12월 24일

오늘날 성탄절은 그리스도가 없는 성탄절이 되고 말았다. 영광되고 거룩한 날이 아닌 현란한 휴일로 전락했다. 이 문제의 근원은 아씨시의 성 프란시스코 시대로 거슬러 올라간다. 프란시스코는 1182년에 이탈리아에서 부유한 상인의 아들로 태어났다. 그는 교육을 제대로 받지 못한 상태에서 군인이 되어 전쟁에 참가했다가 포로가 되었다. 석방되고 나서 얼마 후에 그는 그리스도를 영접했다. 그 직후에 그는 복음을 전파하면서 여러 지방을 여행했다. 1209년 2월, 어느 미사에서 마태복음 10장을 낭독하는 것을 듣던 중 프란시스코는 큰 감명을 받았다.

"가면서 전파하여 말하되 천국이 가까왔다 하고 병든 자를 고치며 죽은 자를 살리며 문둥이를 깨끗하게 하며 귀신을 쫓아내되 너희가 거저 받았으니 거저 주어라 너희 전대에 금이나 은이나 동이나 가지지 말고 여행을 위하여 주머니나 두 벌 옷이나 신이나 지팡이를 가지지 말라."

프란시스코는 이 말씀을 그리스도께서 자기에게 직접 하시는 말씀이라고 느꼈다. 그는 이 말씀에 문자 그대로 순종하기로 결심하고 아무것도 소유하지 않고 하나님 나라를 전파했다. 그것은 1200년이라는 세월을 거슬러 올라가서 예수님의 원래 제자들이 신었던 신을 신는 것과 같은 일이었다.

프란시스코는 자신이 만나는 모든 사람에게 그리스도를 생생하게 재현해주는 생활을 했다. 그는 역사상 최초의 성탄 장면으로 사람들을 이끌어 주려는 열정을 품고 살았다. 1223년 12월 24일에, 프란치스코는 그레치오 근처에서 동굴을 발견하고서 그 동굴에 그리스도의 탄생과 관련된 동물들을 데리고 들어갔다. (프란시스코는 동물을 사랑했으며, 동물들에게 설교하기도 했다). 그는 마구간을 만들고 건초를 놓아 그리스도의 탄생하신 장면을 연출했다. 사람들은 호기심을 가지고 몰려들었다. 성탄절 전날 저녁에 그곳에서 프란시스코는 인간이 되셔서 갓난 아기로 구유에 태어나신 하나님의 경이에 대해 설교했다. 그는 "여러분의 하나님을 보십시오. 그분은 마굿간에서 가난하고 무력한 아기로 태어나셨습니다. 하나님은 우리와 같은 육신을 취하셨습니다"라고 설교했다.

그날 밤 그레치오 주민들은 새로 성탄절의 의미를 깨달으면서, 현란한 성탄절이 아닌 영광스런 성탄절의 의미를 되새겼다.

맏아들을 낳아 강보로 싸서 구유에 뉘었으니 이는 사관에 있을 곳이 없음이러라 그 지경에 목자들이 밖에서 밤에 자기 양떼를 지키더니 주의 사자가 곁에 서고 주의 영광이 저희를 두루 비취매 크게 무서워 하는지라 천사가 이르되 무서워 말라 보라 내가 온 백성에게 미칠 큰 기쁨의 소식을 너희에게 전하노라 오늘날 다윗의 동네에 너희를 위하여 구주가 나셨으니 곧 그리스도 주시니라(눅 2:7-11).

12월 25일

최초의 대규모 회심

크리스마스 캐롤을 부른다고 해서 모두가 기독교인은 아니다. 때로 진정한 믿음 대신에 피상적인 감정이 표출되기도 한다.

클로비스를 예로 들어보자. 로마 제국이 붕괴한 후 무정부 상태가 되었다. 당시 15살이었던 클로비스가 고올 지방 한 구석에 있는 작은 왕국의 왕이 되었다. 왕이 된 클로비스는 인접 국가들을 장악하고, 고올 지방을 통일했으며, 수도를 파리로 옮기고 프랑스라는 국가를 세웠다.

493년에 클로비스는 기독교인과 결혼했다. 왕후인 클로틸드는 새로 태어난 아들이 세례받기를 원했고, 클로비스는 왕후의 생각이 동의했다. 그러나 아기가 세례복을 입고 사망했기 때문에, 클로비스는 기독교의 하나님을 비난했다. 둘째 아이 역시 세례를 받은 후 병이 들자, 왕후 클로틸드는 열심히 기도했고, 아이가 회복되자, 이에 왕은 감동을 받았다.

클로비스는 30살 때 전쟁을 하게 되었다. 그는 "예수 그리스도시여, 내 아내는 당신이 하나님의 아들이시며 당신에게 소망을 두는 사람들에게 승리를 주실 수 있다고 말합니다. 나에게 승리를 주신다면 세례를 받겠습니다"라고 기도했다. 전세는 역전되었다. 클로비스는 자기가 약속한 대로 496년 12월 25일에 랭스의 대성당에 들어갔다. 사제는 그에게 "폐하께서 과거에 불태웠던 것을 예배하고, 과거에 예배했던 것을 불태우십시오"라고 말했다.

그날 3,000명의 군인들이 클로비스의 뒤를 따라 세례를 받았다. 군인들은 강을 따라 행진했는데, 그 강에서 사제들은 세례 공식을 암송하면서 나뭇 가지를 물에 담구었다가 군인들에게 물을 뿌렸다.

이날은 교회사에서 기념비적인 날이었다. 왜냐하면 이 날은 최초로 엄청나게 많은 사람들이 회심하여 세례를 받은 날로서, 이를 계기로 유럽 대륙이 기독교 대륙이 되었기 때문이다. 그러나 클로비스나 그의 군대는 그다지 변화되지 않았다. 그들은 전과 마찬가지로 이교도였으며, 그리스도는 자기들에게 승리를 보장해준 전쟁신 정도로만 여겼다. 그러나 이를 계기로 많은 참 신자들이 베들레헴의 아기 탄생의 메시지를 유럽 전역에 전파하게 되었다.

천사가 일러 가로되 마리아여 무서워 말라 네가 하나님께 은혜를 얻었느니라 보라 네가 수태하여 아들을 낳으리니 그 이름을 예수라 하라 저가 큰 자가 되고 지극히 높으신 이의 아들이라 일컬을 것이요 주 하나님께서 그 조상 다윗의 위를 저에게 주시리니 영원히 야곱의 집에 왕노릇 하신 것이며 그 나라가 무궁하리라(눅 1:30-33).

무디의 죽음

12월 26일

지나치게 뚱뚱한 드와이트 L. 무디는 캔사스에서 병이 들어 모든 약속을 취소하고 고향인 매서추세츠 주 노스필드로 돌아왔다. 그는 저녁을 먹기 위해서 옷을 갈아 입으려고 무거운 몸을 이끌고 간신히 침실로 들어갔지만 너무나 기운이 없어서 자리에 누웠다. 그는 급속도로 쇠약해지기 시작했다. 그는 "심장의 지방 변성"이라는 병으로 얼마 살지 못할 것이 분명했다. 12월 22일에 무디는 갑자기 눈을 뜨더니 "땅이 기울고 있다! 내 앞에 천국이 열린다"고 분명하게 말했다. 가까이에 앉아 있던 아들은 그가 꿈을 꾸고 있다고 말했다. 무디는 "꿈이 아니야. 그것은 아름답고 황홀해. 만일 그것이 죽음이라면, 그것은 참으로 달콤한 것이야! 하나님께서 나를 부르고 계시니, 나는 가야해"라고 대답했다.

가족들이 그의 주위에 모였다. 무디는 "오늘은 내가 승리하는 날, 면류관을 쓰는 날입니다. 나는 오랫동안 이날을 기다려 왔어요!"라고 말했다. 그의 얼굴이 갑자기 밝아졌다. "드와이트와 아이렌의 얼굴이 보입니다!" 드와이트와 아이렌은 얼마 전에 죽은 손자와 손녀였다. 무디는 눈을 감았다. 잠시 후 그는 다시 "고통도 없고, 골짜기도 없다! 이것이 죽음이라면 결코 나쁘지 않고, 오히려 달콤하다!"고 말했다.

잠시 후에 그는 몸을 일으키더니 "도대체 어찌된 일입니까? 당신들은 여기서 무얼 하고 있소?"라고 물었다. 아내는 그의 건강이 좋지 않았다고 설명해주었다. 무디는 침대에 다시 눕더니 "정말 이상하구나! 사망의 문을 넘어 하늘나라 입구에 갔었는데, 다시 이곳에 있다니, 정말 이상한 일이야"라고 말했다. 그리고 나서 그는 "확실치는 않지만 하나님께서 기적을 행하셔서 나를 살려주신 것 같습니다. 나는 자리에서 일어나 저 의자에 앉겠습니다. 하나님께서 기적을 행하여서 나를 낫게 해주셔도 좋고, 그렇지 않아서 저 의자에 앉아서 죽어도 좋습니다"라고 말했다. 무디는 일어나서 걸어가서 안락의자에 앉아 모든 사람들을 놀라게 했다. 그러나 그는 곧 기진맥진하여 침대로 돌아와 눕더니 몇 마디를 더 하고는 하늘나라로 갔다. 그의 장례식은 1899년 12월 26일에 C. I. 스코필드의 집전으로 거행되었고, 그는 노스필드에 있는 헐몬 산꼭대기에 묻혔다.

오직 우리의 시민권은 하늘에 있는지라 거기로서 구원하는 자 곧 주 예수 그리스도를 기다리노니 그가 만물을 자기에게 복종케 하실 수 있는 자의 역사로 우리 낮은 몸을 자기 영광의 몸의 형체와 같이 변케 하시리라(빌 3:20, 21).

12월 27일 — 모범적인 선교사 부부

튼튼하고 건장한 청년 로버트 모팻은 밖에서 일하는 것을 좋아했다. 던킨필드 탁아소를 경영하는 제임스 스미스가 그를 고용했다. 그런데 스미스는 두 가지 걱정이 있었다. 첫째는 자기의 외동딸 메리가 잘 생긴 로버트를 좋아하게 될까 하는 것이고, 둘째는 로버트가 선교사가 되면 어떻게 하나 하는 걱정이었다.

그런데 스미스의 걱정은 들어맞았다. 로버트는 정원에서 일하다가 메리를 만났다. 로버트는 메리가 모라비아 학교에서 교육을 받았고 선교에 관심을 가진 신자라는 사실을 알게 되었다. 메리의 부모는 몰랐지만, 메리는 2년 동안 하나님께 자신을 아프리카 선교사로 보내달라고 기도하고 있었다.

둘 사이는 아주 가까워졌다. 이 젊은이들이 결혼하여 선교사가 되어 영국을 떠나 남아프리카로 가겠다고 발표했을 때, 가족들은 크게 반대했다. 로버트의 집에서는 체념하는 것 같았지만, 메리의 집에서는 그들의 결혼을 허락하지 않았다. 호소도 하고 애걸도 했지만 헛수고였다. 결국 로버트는 가슴 아프지만 결혼을 포기하고 혼자 선교지로 출발하기로 결심했다. 그는 부모님에게 "하나님께서는 분명한 섭리로 나에게 혼자서 출발하라고 명령하십니다. 주님 보시기에 선하신 대로 행하실 것입니다"라고 편지를 썼다. 1816년 10월 18일에 로버트 모팻은 남 아프리카를 향해 출발했다.

그는 깊은 고독 속에 선교지에 도착했다. 그는 부모님에게 "나는 혼자서 많은 어려움에 직면하고 있습니다"라고 편지했다. 한편 영국에 남은 메리 역시 불행했다. 3년의 세월이 흘렀다. 마침내 메리는 로버트와 결합할 희망을 완전히 포기했다는 편지를 보냈다.

그러나 한 달 후에 보낸 메리의 편지에는 다른 소식이 담겨 있었다. "어젯밤에 부모님은 더이상 나를 억제하지 않고 주님의 손에 맡기겠다고 말씀하셨습니다." 메리는 곧 짐을 싸고는 번민하는 부모님에게 작별 인사를 하고 남아프리카를 향했다. 그녀는 부모님을 다시 만나리라는 기대는 전혀 하지 않았다. 메리와 로버트는 1819년 12월 27일에 몇몇 친구들 앞에서 결혼했다. 그들은 남아프리카에서 53년간 함께 사역하면서 선교사상 가장 훌륭한 부부 선교사의 모범을 남겼다.

또 여호와를 기뻐하라 저가 네 마음의 소원을 이루어 주시리로다 너의 길을 여호와께 맡기라 저를 의지하면 저가 이루시고 네 의를 빛같이 나타내시며 네 공의를 정오의 빛같이 하시리로다 여호와 앞에 잠잠하고 참아 기다리라(시 37:4-7).

하늘의 별을 보라

12월 28일

밴스 해브너는 선조들이 피를 흘리면서 지켜온 진리를 들으면서 많은 신자들이 하품을 하고 있다고 탄식하면서 "죽은 사람들의 산 믿음이 산 자들의 죽은 믿음이 되었다"고 했다. 그러나 미국의 위대한 신학자중 한 사람인 찰스 핫지에게는 이 말이 해당되지 않는다. 핫지는 1797년 12월 28일에 태어났다. 그는 신선한 흥분을 느끼면서 성서를 공부했다. 프린스톤 신학교에서는 3000명이 공부하고 있었고, 많은 사람들은 세 권으로 된 그의 저서『조직신학』의 혜택을 보고 있다. 언젠가 핫지는 설교하면서 청중들에게 성경에 싫증을 느끼는 일에 대해 경고했다. 그는 로마서 3:29, "하나님은 홀로 유대인의 하나님뿐이시요 또 이방인의 하나님은 아니시뇨 진실로 이방인의 하나님도 되시느니라"를 토대로 다음과 같이 말했다.

> 우리는 이 말씀에 담긴 진리에 너무나 익숙해져 있어서 그 중요성을 인식하지 못하고 있습니다. 우리는 이 세상의 여러 가지 아름다움에 익숙해져 있기 때문에 경이로운 것들을 보면서도 무감각합니다. 우리는 매일 밤 아름다운 하늘을 바라보지도 않습니다. 그러나 만일 장님이 눈을 뜨게 된다면, 그들은 우리가 무관심하게 여겼던 것들을 황홀하게 바라볼 것입니다. 이처럼 하나님이 한 민족의 하나님이 아니며 어느 족속이나 민족의 하나님이 아니라 온 인류의 하나님 아버지시라는 사실, 그리고 복음은 온 인류를 위해 고안된 것이라는 사실은 사도들에게 놀라움과 기쁨을 가득 채워주었습니다. 그들은 이 진리를 더디 깨달았습니다. 그들은 오순절이 지나서야 그것을 분명히 깨달았습니다. 성령 세례를 받은 후 그들의 감정과 견해는 놀랍게 변화되었습니다. 그 사건 이전의 그들은 유대인이었지만, 그 사건 이후 그들은 크리스천이 되었습니다.

랠프 왈도 에머슨은 만일 별들이 삼천년에 한번만 나타난다면, 그것이 얼마나 흥분되는 일이겠느냐고 말했다. 그러나 별들이 매일 밤 하늘에 나타나기 때문에, 우리는 거의 별들을 바라보지 않고 지낸다.

집시 스미스는 "그 경이로움을 놓치지 말라"고 말했다. 하나님의 자비는 매일 아침 새로이 임하며, 그의 말씀도 매일 새로워진다.

여호와는 나의 산업과 나의 잔의 소득이시니 나의 분깃을 지키시나이다…나를 훈계하신 여호와를 송축할찌라 밤마다 내 심장이 나를 교훈하도다…이러므로 내 마음이 기쁘고 내 영광도 즐거워하며 내 육체도 안전히 거하리라…주께서 생명의 길로 내게 보이시리니 주의 앞에는 기쁨이 충만하고 주의 우편에는 영원한 즐거움이 있나이다

(시 16:5, 7, 9, 11)

12월 29일 — 찬송가 작가 필립 폴 블리스

필립 폴 블리스는 펜실바니아 주 북부의 산림 지대의 통나무 집에서 태어났다. 그의 부모는 가수였다. 그는 11살 때에 취직을 하여 집을 떠났고, 12살 때에 공개적으로 신앙을 고백했다. 그는 십대 시절을 벌목장과 제재소에서 보냈다. 그렇지만 그는 노래를 사랑했고, 음악 교육을 받기 위해서 노력했다. 그는 놀랄 만큼 성량이 풍부하고 유연했으며 저음에서 고음까지 낼 수 있었다.

필립은 파니라는 늙은 말을 타고 20달러짜리 멜로디온을 가지고서 전문적인 음악교사로서 여러 곳을 여행하기 시작했다. 1858년에 필립은 루시 영과 결혼했다. 음악가요 시인이었던 루시는 필립을 격려하여 재능을 개발하도록 했다. 그 덕분에 그는 1864년에 처음으로 곡을 만들었다. 그 곡에 대한 사람들의 반응이 좋았다. 이듬해 폴은 시카고로 가서 로트 & 캐디 음악사에서 일하게 되었다. 이윽고 그는 음악협회들을 지휘하고, 콘서트를 열고, 주일학교 음악을 작곡하면서 사람들에게 인기를 끌었다. 블리스는 "하나님 아버지 주신 책은", "하나님의 진리 등대" 등 오늘날 우리가 즐겨 부르는 많은 찬송 및 성가를 작곡했다. 1876년 성탄절 휴가 기간에, 블리스의 가족들은 펜실바니아에 살고 있는 블리스의 어머니를 찾아갔다. 1876년 12월 29일에, 그들은 시카고로 돌아가기 위해서 버팔로에서 퍼시픽 익스프레스호를 탔다. 그날 밤 8시경 눈보라 속에서 기차가 골짜기를 달리고 있을 때, 나무로 된 다리가 무너졌다. 휴가를 즐기던 승객들이 찬 자동차들은 75피트 아래 차가운 강으로 떨어졌고, 불이 붙었다. 그 사고로 100명 이상이 목숨을 잃었는데, 그 중에는 필립 블리스와 그의 가족들도 포함되어 있었다. 당시 필립은 38세였다.

우연히 다른 기차에 실렸던 필립의 가방은 안전하게 시카고에 도착했는데, 친구들은 그 안에서 그가 지은 마지막 찬송을 발견했다.

> 속죄하신 구세주를 내가 찬송하리라
> 내게 자유 주시려고 주가 고난 당했네
> 크신 사랑 찬양하리 나의 죄 사하시려고
> 십자가에 돌아가신 나의 주 찬양하리.

온땅이여 여호와께 즐거이 소리할찌어다 소리를 발하여 즐거이 노래하며 찬송할찌어다 수금으로 여호와를 찬양하며 수금과 음성으로 찬양할찌어다 나팔과 호각으로 왕 여호와 앞에 즐거이 소리할찌어다(시 98:4-6).

경건한 퍼스트 레이디　　12월 30일

　　미국의 대통령 당선자인 루터포드 B. 헤이즈도 퍼시픽 익스프레스호에 탔다가 희생당한 필립 블리스 및 여러 사람들의 죽음을 슬퍼했다. 그는 곧 공식적으로 1876년 선거의 당선자로 선포될 예정이었다. 당시 미국은 남북전쟁 이후 남부 각 주가 합중국에 재통합되는 기간이었고, 경제 불황, 그리고 율리시즈 S. 그랜트의 정치적 스캔들 등으로 동요하고 있었다. 대통령에 당선된 헤이즈는 예리한 지성, 문학에 대한 사랑, 그리고 용기를 가지고 있었다. 그는 남북전쟁에 참전하여 4차례나 부상을 당했고, 그가 타고 있었던 말이 네 마리나 총격을 받았다. 헤이즈에게는 비밀 무기가 있었다. 그것은 1852년 12월 30일에 그와 결혼한 아내 루시였다. 루시는 미국 역사상 대통령의 부인으로서 학사 학위를 가진 최초의 인물이었다. 루시는 사람들 대접하기를 좋아했고, 예수 그리스도께 완전히 헌신한 여인이었다.

　　그러나 루시는 대통령 관저에 술을 한 방울도 들여 놓지 않았다. 워싱턴의 관리들은 관저에서 술을 완전히 금지한 사실에 크게 놀랐고, 영부인에게 "레모네이드 루시"라는 별명을 붙여주었다. 루시는 "내가 하나의 선례를 깨뜨리고 있음은 사실입니다. 그렇지만 나는 남편이 지키겠다고 맹세한 헌법을 범하지는 않겠습니다"라고 말했다. 후일 루시는 친구에게 "내 세 아들이 성장하여 어른이 되었는데, 나는 그 애들에게 한번도 포도주를 권하지 않았다"고 말했다.

　　루시를 싫어한 국무장관은 어느날 관저에서의 저녁 식사 후에 "참으로 훌륭한 식사였습니다. 물이 샴페인처럼 흘렀습니다"라고 불평을 했다.

　　대통령 부부는 하루를 기도로 시작했고, 평생 가정예배를 드렸다. 그들은 대부분 하루를 노래하는 일로 마쳤다. 그들은 열렬한 감리교 신자였다. 워싱턴에서 지내는 동안, 그들은 파운드리 감리교회에 다녔다. 루시는 감리교 여선교회의 초대 회장이 되었다. 백악관에서는 매주 저녁에 예배를 드렸다. 루시는 찬송가를 나누어주고 필립 블리스 및 여러 사람들이 지은 찬송을 열심히 불렀다.

포도주를 마시는 것이 왕에게 마땅치 아니하고 독주를 찾는 것이 주권자에게 마땅치 않도다 술을 마시다가 법을 잊어 버리고 그 모든 간곤한 백성에게 공의를 굽게 할까 두려우니라 독주는 죽게 된 자에게, 포도주는 마음에 근심하는 자에게 줄찌어다

(잠 31:4-6)

12월 31일 — 위클리프의 유해

가장 암울한 시대는 신앙부흥을 위한 가장 무르익은 시대이다. 존 폭스는 "순수한 교리의 불꽃이 전혀 남아 있지 않은 듯이 보이는 시대에 하나님의 섭리로 말미암아 위클리프가 일어섰다. 하나님께서는 세상을 깨우기 위해 그를 택하신 것이다"라고 말했다. 존 위클리프는 옥스포드 대학의 교수였는데, 논리적이고 인기가 있어 영국의 지도적인 신학자가 되었다. 그러나 위클리프는 루터보다 훨씬 전에 가톨릭 성직자들의 오만함과 권력과 부를 탄핵하고 교황 무류설을 거부함으로써 교회로 하여금 두려움을 느끼게 했다. 그는 성경을 유일한 진리의 원천으로 삼고서 믿음을 통한 은혜로 말미암은 칭의의 복음을 선포했다. 위클리프가 교황권을 비판한 최초의 인물은 아니다. 그러나 그는 교황권의 신학을 뒷받침하는 교리들을 공격한 최초의 인물들 중 한 사람이다. 그 때문에 그는 "종교개혁의 샛별"이라고 불린다.

교회의 권세자들은 그를 공격했다. "신학교수인 존 위클리프라는 사람이 가증스러운 어리석음에 빠져 두려움없이 잘못되고 거짓된 전제와 결론들을 가르치고 전파하고 있다…" 그러나 위클리프는 백성들의 지지를 받았다. 런던 대주교가 그의 설교를 금지했을 때, 위클리프는 최초의 영어 성경을 번역하면서 세월을 보냈다.

책을 저술하는 일은 위클리프를 노쇠하게 했다. 60세 때인 1384년의 마지막 주일날, 위클리프는 성만찬을 주재하다가 마비되어 쓰러졌다. 그는 회복되지 못하고 1384년 12월 31일에 숨을 거두었다. 41년 후, 그를 미워하던 그의 원수들은 그의 유해를 캐내어 불에 태운 뒤에 강물에 던져버렸다. 어느 전기작가는 "그들은 그의 유해를 태운 뒤에 재를 스위프트 강에 뿌렸다. 그 강은 그 재를 아본 강으로, 아본 강은 세베른 강으로, 세베른 강은 작은 바다로, 작은 바다는 큰 대양으로 흘려 보냈다. 그러므로 그의 교리를 상징하는 그의 유해는 전세계로 퍼지게 되었다"고 기록했다.

복있는 사람은 악인의 꾀를 좇지 아니하며 죄인의 길에 서지 아니하며 오만한 자의 자리에 앉지 아니하고…저는 시냇가의 심은 나무가 시절을 좇아 과실을 맺으며 그 잎사귀가 마르지 아니함 같으니 그 행사가 형통하리로다(시 1:1, 3).